学校保健・健康教育用語辞典

大修館書店

序

　本書の前身は1981年に大修館書店から出版された「保健用語小辞典」(田中恒男編)に遡ります。この小辞典はやがて1987年には改訂版の「新版保健用語小辞典」と装いを一新しておおいに読者の好評を得たと聞きます。歳月は往き，さしもの小辞典も幾星霜の中で絶版となりついに21世紀を迎え今日に至りました。

　省庁再編にともなって文部省は文部科学省と名を変え，新しく編まれた学習指導要領も総合学習を加えるところとなり，保健学習は小学校から行われるところとなっております。

　かねてより保健体育，健康教育および学校保健関係者からは，本書の出版が待たれていたと聞いておりますが，新学習指導要領の施行を待ち，満を持して大修館書店はここに新時代の学校保健の用語をできるだけわかりやすく解説する「学校保健・健康教育用語辞典」を企画するに至りました。

　むろん，かつて「保健用語小辞典」が出版された時代とは保健体育，学校保健を取り巻く環境は大きく変貌し，子どもの健康像も変わっております。同時に，これを解説する情報の中身自体も10年前とは大きく変わってしまっております。10年前の保健知識はすでに陳腐化して使い物にならなくなってしまったものが少なくありません。

　したがって，学習で使用される用語もおのずから変容してしまっておりますので，新たな知識を伝える辞典が準備されねばならないのは，1つの進歩であり，必然のようです。

　そこで，この新辞典の編集にあたっては改めて，時代にあわせて用語を選択しなおし，可能な限り，わかりやすく解説することとしました。本書は新学習指導要領や教科書に登場する用語を網羅して簡明に解説し，またそれに関連する用語も精選して収録しました。執筆に際してはできるだけ最適の方にお願いしたつもりです。

　本書が保健体育，健康教育，学校保健に関係する方々によって手軽に利用され，ひいては児童生徒諸君が楽しく，正しく保健知識を獲得できることに役立てれば，執筆者一同，これに勝る喜びはありません。最後に，筆者以外の4人の編者と113人の執筆者，そして実務にあたって尽力していただいた，大修館書店の山川雅弘氏には心からその労に対して感謝申し上げます。

2004年3月
編者，執筆者に代わって
大澤清二

■編者
大澤	清二	大妻女子大学人間生活科学研究所
田嶋	八千代	埼玉県立常磐高等学校
礒辺	啓二郎	千葉大学教育学部
田神	一美	筑波大学体育科学系
渡邉	正樹	東京学芸大学第四部

■執筆者

赤坂	守人	朝倉	隆司
浅野	尚	朝広	信彦
阿部	慶賀	綾部	真雄
荒川	長巳	荒島	真一郎
家田	重晴	五十嵐	辰男
石崎	トモイ	礒辺	啓二郎
礒辺	真理子	市村	國夫
井戸	ゆかり	伊藤	亜矢子
伊藤	直樹	稲垣	敦
稲葉	裕	井上	栄
猪股	丈二	今村	修
植田	誠治	上地	勝
内山	勝弘	大川	健次郎
大川	玲子	大久保	智哉
大澤	清二	大澤	崇人
太田	晶子	大貫	義人
柿山	哲治	笠井	直美
加藤	守匡	上濱	龍也
鴨下	馨	軽部	光男
北村	邦夫	鬼頭	英明
寄藤	和彦	木村	正治
金	俊東	久野	譜也
小磯	透	國土	将平
小玉	正博	小林	剛
小林	芳文	近藤	卓
斎藤	美麿	坂本	譲
佐竹	隆	杉下	順一郎
鈴木	和弘	鈴木	耕太郎
角南	兼朗	角南	祐子

執筆者

田井村　明博	高倉　実
田神　一美	瀧澤　利行
竹内　一夫	竹内　宏一
田嶋　八千代	田島　織絵
田代　悦章	田中　喜代次
田中　茂穂	田中　哲郎
田中　宏暁	千葉　百子
辻　和男	寺井　勝
照屋　博行	戸部　秀之
中川　正宣	西川　武志
西嶋　尚彦	長谷川　恵子
花澤　寿	花田　雅憲
林　ルミ子	日置　潤一
樋口　進	樋田　幸恵
平山　素子	福田　潤
本田　靖	前田　美穂
益本　仁雄	松岡　優
松岡　治子	松村　秋芳
松本　健治	松本　幸三
松本　寿昭	三木　とみ子
皆川　興栄	宮脇　優子
村岡　三枝子	村田　光範
村松　成司	森川　嗣夫
森光　敬子	山岸　侯彦
山崎　一人	山崎　秀夫
吉田　勝美	吉永　勝訓
和田　清	渡辺　朗子
渡邉　正樹	渡部　基

凡　例

I．見出し語の配列

❶原則として，関連する諸領域で用いられる基本的な術語を小項目方式により解説している．

❷配列は五十音順としている．

❸略号等は原則として1字ずつ読んで配列している．その際，欧文の読みは下記にしたがっている．

【ローマ字】

A	エー	B	ビー	C	シー	D	ディー	E	イー	F	エフ
G	ジー	H	エイチ	I	アイ	J	ジェー	K	ケー	L	エル
M	エム	N	エヌ	O	オー	P	ピー	Q	キュー	R	アール
S	エス	T	ティー	U	ユー	V	ヴィー	W	ダブリュー	X	エックス
Y	ワイ	Z	ゼット								

II．説明文

末尾の➡は，記号の後の項目中にその説明がある，あるいは参照すると理解の助けになることを示している．

III．索引

❶索引は，見出し語および解説文中の述語からなっている．

❷欧文索引は，見出し語と解説文中の語を索引として収録し，アルファベット順に配列している．

❸ページを示す数字のうち，太字体はその語が見出し語（あるいは相当する語）として収録されていることを，細字体は解説文中に含まれていることを表している．

学校保健・健康教育用語辞典

索　引　418

欧文索引　443

ア行

ILO （あいえるおー）

International Labour Organization。国際労働機関。ベルサイユ講和条約（1919年）に基づいて設立され，1948年に国際労働機関憲章を掲げて国際連合の専門機関となった。労働条件の改善を推進しながら労働者の保護を図る。総会・理事会は加盟国の政府・使用者・労働者の各代表で構成され（三者代表制），三者が独立の投票権を持つ。［山崎秀］

IQ （あいきゅう）
➡知能指数

アイコンタクト

互いの目と目の合図で意思の疎通を図る非言語的コミュニケーションのこと。視線を一致させることで，相手の意思を確認したり自身の意思を伝えることができる。また，好意を示す場合と敵意を示す場合もあり，カウンセリングでのコミュニケーションやスポーツでのプレイの確認で用いられる。［西嶋］

IgE （あいじーいー）
➡抗体

IgA腎症 （あいじーえーじんしょう）

慢性糸球体腎炎症候群を示す腎糸球体疾患の1つで，IgA糸球体腎炎ともいう。小児から成人まで多く認められ，偶然の機会に顕微鏡的血尿，あるいは血尿と軽度のタンパク尿で発見されることが多い。その他，血圧や腎機能は正常で，進行性に乏しい。約15～20％の症例は，発見時すでに腎機能障害，高度のタンパク尿，高血圧を示し，しだいに腎不全に陥る。検査成績では，血清中の免疫グロブリンの1つであるIgAの上昇が50％の症例に認められる。［礒辺啓］
➡慢性糸球体腎炎症候群，抗体

ICD-10 （あいしーでぃーてん）
➡国際疾病分類

ICU （あいしーゆー）

intensive care unitの略。内科系・外科系を問わず，呼吸・循環・代謝・その他の重篤な急性機能不全の患者を収容し，強力かつ集中的に治療看護を行うことにより，その効果を期待する部門。最近では，高次の救急医療で重要な役割を果たしており，各種の検査・治療器具をそろえ，また，知識・経験の豊富な医師・看護師が配置されている。［西川］

愛着障害 （あいちゃくしょうがい）

愛着とは「ある人間や動物が特定の人間や動物との間で形成する情愛的な結びつき」と定義されており，イギリスのボウルビィが「赤ん坊が母親と他の人々とを区別し，母親

という特定の人物に対して注意や関心を集中させていく心理的機制をアタッチメント（愛着ATと略）と呼んだ。それ以来，愛情を伴った心の結びつきを指す用語として用いられるようになった。ATは後年の精神発達の基盤となるものであり，「特定の対象（母）と乳児との母子相互作用で形成される，時間や空間を越えて持続する情緒的な結びつき」である。ATは発達年齢によって変化し，乳児は新生児期から特定の対象（母）との間で泣き，微笑，呼びかけ，身振りなどのシグナル行動で絆を形成していく。乳児は自分のシグナルに一貫して適切に応答してくれる人物に対して情緒的絆を求めて，選択的に反応し，この人物との相互作用でATを形成する。特定の対象（母）は乳児からのシグナルに対して刺激を受け，即応的にほほ笑み返したり，だっこしたりごく自然な交流の過程でATが育まれていく。この母子間の相互作用の障害を愛着障害という。［猪股］

アイデンティティ

アメリカの心理学者エリクソンによって定義された精神分析学の概念であり，自我同一性と訳される。自分とは何か，どのように生きていくかなどと自己に対する問いかけを意味する。アイデンティティを確立することは，私たちが自分自身を受け入れるとともに，自分が所属する社会や集団に受け入れられ，その一員としての機能をもつようになることである。そして，エリクソンは，それが青年期の大切な課題であることを示唆している。つまり，青年期は子どもではないが，大人にもなりきっていない不安定な状況に置かれていることが多く，成人になるためのモラトリアム（社会からの一時的な成人としての労働などの責任猶予期間）が，アイデンティティ形成において重要であると述べている。モラトリアムはアイデンティティ確立を先延ばしにしている状態ともいえるが，その期間を通していろいろな役割を試み，自分が本当にしたいことは何かを模索し，自己の在り方を選択していく。［井戸］
→モラトリアム

アイバンク

角膜移植を行う際に屍体眼からの角膜を角膜移植を必要とする患者へ斡旋する組織。1963年，眼球提供あっせん業の許可基準が示され，わが国初のアイバンクが設立され日本全国に50か所以上に増えているが，いまだ角膜移植待機患者数に比べて提供角膜は少ない。臓器の移植に関する法律により規定されている。［礒辺真］

アヴェロンの野生児　（──やせいじ）

1799年，フランスのラ・コーヌの森でオオカミと行動する12歳くらいの男児（ビクトール）が発見され，フランスの精神医学者イタールによって教育された。5年たっても学習は進まず，精神遅滞を思わせた。ビクトールは40歳まで生存したが，6歳の子どもの平均知能程度だったといわれており，人間形成における環境の大切さが示唆された。［井戸］

亜鉛欠乏症　（あえんけつぼうしょう）

先天性に亜鉛吸収が障害されている場合と経口摂取が不能で完全静脈栄養などの際，必要量が補給されないで二次的に起きる場合がある。血中亜鉛濃度が低下する主な症状は腸性肢端皮膚炎，口，眼，鼻，肛門の周囲，手足に水疱性びらんを生ずる。脱毛もある。味覚障害の一部に血清亜鉛の低下を示す者も認められる。［荒島］

アオコ

藍藻類が湖沼等で大量に発生し，水の色が濃い緑色になる現象。原因としては，家庭の雑排水や畜産汚水が湖沼に流入したことによる湖沼の富栄養化と考えられる。梅雨期から夏にかけて水温が上昇するとアオコの生育は活発になり，排水中のリンや窒素化合物等を栄養源として増殖し，強い異臭を発する。また，アオコには強い毒性がある。［照屋］

→富栄養化

青潮 （あおしお）

海底の窪みで水が停滞すると低層の水は嫌気化し、硫黄細菌の作用で硫化水素が発生するようになる。春先の季節風では表層水が移動して低層水が上昇し、水は青白色を呈する。これを青潮という。東京湾では夏から初秋にかけて起こる。青潮発生時には表層は無酸素状態となり、酸欠と硫化水素のため、魚貝類の斃死を招くようになる。［照屋］

赤潮 （あかしお）

梅雨期から夏にかけて、生活雑排水や鉱業排水、雨水等が湖沼や浅海の内湾に流入し、停滞すると植物プランクトンが大量に発生して、水面を赤く変色させる。必ずしも赤く変色するばかりではなく、茶褐色や褐色等の色を呈することもある。赤潮が発生する環境条件は、浅海で内海のような水域で、その水の移動が少ないことや窒素、リン等の栄養塩類が豊富に存在していること、そして、十分な日照時間も必要である。赤潮が発生するとその水域の酸素が大量に消費されることによって大量の魚貝類を死滅させている。近年、赤潮は海水域だけではなく、琵琶湖のような淡水域においても発生しており、その発生する場所や発生の頻度は増加する傾向がみられている。［照屋］
→栄養塩類

アキレス腱炎 （――けんえん）

ランニング、ジャンプなどでの負荷が繰り返しかかることが原因となって発生する。運動時の疼痛が主な症状である。アキレス腱の一部に腫脹、圧痛を認める。［森川］

アキレス腱断裂 （――けんだんれつ）

30歳以上に多く発生する。ジャンプの踏み切り、スタートなどの瞬間に強い痛みが生じる。棒で殴られる、ボールが当たる、蹴られるなどの感じがある。ギプス固定のみでの保存療法と手術により断裂部を直接縫合する観血的治療がある。［森川］

悪臭 （あくしゅう）

人間に不快感を与える臭気で、騒音、振動と並んで感覚公害に属する。悪臭は特定の事業活動等によって発生し、生活環境を著しく破壊する可能性がある。悪臭防止法では生活環境を保全し、国民の健康の保護するために工場・事業場における事業活動に伴って発生する悪臭について、特定悪臭物質の濃度を規制値域内に規制している。特定悪臭物質としては、アンモニア、メチルメルカプタン、硫化水素、硫化メチル、二硫化メチル、トリメチルアミン、アセトアルデヒド、スチレン、プロピオン酸、ノルマル酪酸、ノルマル吉草酸、イソ吉草酸、トルエン、キシレン、酢酸エチル、メチルイソブチルケトン、イソブタノール、プロピオンアルデヒド、ノルマルブチルアルデヒド、イソブチルアルデヒド、ノルマルバレルアルデヒド、イソバレルアルデヒドの22物質を指定している。［大澤巣］

悪性腫瘍 （あくせいしゅよう）

通常の生体の調節機構からはずれて、無制限に増殖する新生物のこと。上皮が増殖するがんと、それ以外のもの（筋肉、骨、神経、血管、血液等）が増殖する肉腫に分けられる。悪性の定義は、発育速度の速いこと、転移を起こすことである。［稲葉］
→がん

悪性新生物 （あくせいしんせいぶつ）

悪性腫瘍と同義。国際疾病分類ではこの語が使用される。原因は遺伝子の異常であることが判ってきた。発生要因として、化学物質、ウイルス、放射線などがあり、促進要因や抑制要因も解明されつつある。［稲葉］
→がん

悪性貧血 （あくせいひんけつ）

末梢血液中に大球性赤血球が、骨髄中には

巨赤芽球が出現する。巨赤芽球性貧血と呼ばれているが，わが国の小児では極めて稀な貧血である。原因は食事中のビタミンB_{12}の吸収に必要な胃液中の内因子が欠乏することによって起こるものを悪性貧血という。葉酸の欠乏でも同様の血液所見を呈するので両者の鑑別が必要である。［福田］

アクティブセイフティ

事故が起きた場合の傷害防止がパッシブセイフティであるのに対して，積極的に事故を回避しようとするのが，アクティブセイフティの考え方である。事故の可能性を予測し，環境中の危険箇所を安全にしたり，事故につながりにくい行動をとったりするといった積極的なやり方で事故防止を図ることをいう。アクティブセイフティの立場から，潜在危険の発見と除去の訓練を重ね，またそれを実生活に活かすことが必要である。［家田］
→パッシブセイフティ

あくび

眠いとき，飽きたとき，疲れたときなどにおこる生理現象である。思わず口を大きく開いて深く息を吸い込み，その息を短く吐き出す呼吸運動である。血液中の二酸化炭素の濃度が高くなると，呼吸中枢が刺激されて起こる。［木村］

アスベスト
→石綿

アスペルガー症候群
（──しょうこうぐん）

AS。言語あるいは認知的発達面では明らかな遅延はみられないが，自閉症と同様の相互的な社会関係の質的障害つまり対人的なスキル，話しことばや非言語的コミュニケーションの障害（遅延性の反響言語，ジェスチャーの自発的な使用や顔の表情など）であり，一方的な特有な対人行動が特徴的であり，さらに関心や活動は限局的で反復常同的である。有病率は0.36％，男女比は 4 対 1 （ギルバーク）。［猪股］

アセチルコリン

運動神経の神経筋接合部，副交感神経末端，神経筋の節前・節後線維間のシナプスの伝達物質であり，中枢神経系においても神経伝達物質として働いている。主に，神経末端において合成，貯蔵，遊離されており，受容体との結合により作用を及ぼす。アセチルコリンを放出するニューロンをコリン作動性ニューロンという。［久野・金・加藤］

アタマジラミ

人に寄生するシラミのうち，特に頭の髪の毛に寄生するもの。多くの場合衛生的に不潔な場合が多い。最近ではプールでの感染は否定されている。［辻］

アデノイド

腺様増殖症。のど（咽頭）にある 4 つの扁桃輪（ワルダイエル扁桃輪または咽頭輪）の中の 1 つの咽頭扁桃が肥大増殖し，病的な症状を来す場合のこと。鼻の奥の上咽頭にあり，肥大により耳管炎や滲出性中耳炎，鼻呼吸障害による鼻声（閉鼻声）や鼻・副鼻腔炎，睡眠時呼吸障害などの様々な障害を起こす。アデノイド顔貌（口呼吸による口唇の肥厚，鼻唇溝の消失，顔面筋の緊張低下）はよく知られている。［浅野］

アデノシン 3 燐酸 （──さんりんさん）

ATP。生命現象を営むためのエネルギーを供給する。生体内の量は僅かであり，例えば骨格筋内には全力運動で数秒のエネルギー供給しかできない程度の量である。ATPがアデノシン 2 燐酸（ADP）に分解される過程でエネルギーを供給するが，即座に再合成するエネルギーが供給される。ATPの再合成のエネルギーは，体内に存在する高エネルギー化合物であるクレアチン燐酸の分解，グリコーゲン又はグルコースの解糖と酸化，脂

肪酸の酸化により得られる。[田中宏]

後産 （あとざん）

こうざん，のちざんとも読む。胎児が娩出した後10～30分で，後産痛とともに胎盤，卵膜，臍帯などが排出されることをいう。後産の娩出にかかる時間は経産婦と未産婦では多少異なり，経産婦では10～20分，初産婦では15～30分位である。胎児が娩出すると，子宮収縮とともに子宮内腔は急激に減少するが，胎盤はこれに伴って縮小することができず，子宮と胎盤との間のズレによって，胎盤が剝離し後産が起こるとされている。後産の出血や不十分な剝離が問題になる。[北村]

アトピー

1923年コカとクークが，ヒトに特有で遺伝的素因の濃厚なある型の過敏症に対し，ギリシャ語のアトピアatopia（奇妙な病気を意味する）からとったアトピーという名称を提唱し，この中にはぜん息や枯草熱などの疾患が含まれていた。1933年，ザルツベルガーはこの概念を皮膚疾患に導入し，アトピー性皮膚炎という病名が用いられるようになった。その後，1966年石坂らによる免疫グロブリンE（IgE）の発見により，アトピーとは「IgEを産生しやすい遺伝的体質」とされるようになった。なお，アトピー性皮膚炎に関しては，現在ではコカらのいうアトピー性疾患（ぜん息，アレルギー性鼻炎等）とは異なる発症機序によるものと考えられており，アトピーという名称を用いるのが適当か否かについても議論がなされている。[寄藤]
→抗体，アレルギー，アレルギー性鼻炎

アトピー性皮膚炎 （——せいひふえん）

寛解・増悪を繰り返す，瘙痒のある湿疹を主病変とする疾患であり，患者の多くはアトピー素因を持つ。皮膚生理機能異常と免疫機能異常が認められ，環境因子と搔破行為が皮疹増悪に関与している。皮膚刺激物質を避け，保湿剤・適切なステロイド剤の外用と抗ヒスタミン薬・抗アレルギー薬の内服にて治療する。[寄藤]

アドラー

Adler, Alfred (1870-1937) 個人心理学の創始者。アドラーは人格を一貫した統合体（生の様式）とみなし，幼児期の無力感や無能感から生じる劣等感の補償（権力意志，優越意志）を人の根源欲求と考えた。その考え方は，人間を目標や理想を持った未来志向的存在とみなすことにつながっている。アドラーは自らの理論を児童の治療教育に応用し，大きな成果をあげた。[小玉]

アドレナリン
→エピネフリン

アナフィラキシー

ある抗原によって感作された生体が，再びその抗原にさらされた時，その抗原が肥満細胞や好塩基性細胞に固着した抗体（ヒトの場合は主にIgE抗体）と反応し，その結果これら細胞から脱顆粒によってヒスタミンなどの化学伝達物質が放出され短時間のうちに，低血圧，呼吸困難，じんま疹などアナフィラキシーショックと呼ばれる症状を引起こす。[竹内宏]
→抗原，抗体

アニキサス症 （——しょう）

線虫の一種であるアニキサス属幼虫によって発症する幼線虫移行症の1つである。主に胃壁および腸壁にこの幼虫が穿入して，胃では急性胃炎，腸では急性腸症などをもたらす。海産の魚類を生食することにより，その筋肉中に潜む幼虫がヒトに摂り込まれ発症するもので，100種を超える魚類及びスルメイカにみられる。サバ，イワシ，ニシン，タラ，スケソウダラなど感染経路として多く，魚の腹腔内臓器の表面や筋肉中に幼虫がみられる。胃では魚肉を生食してから5～6時間後に発症する場合が多い。症状は胃腸の穿孔

を思わせる劇症から，慢性胃炎や胃潰瘍を思わせるものまで様々である。胃のポリープ・潰瘍・がん，急性虫垂炎，イレウスなどの疑いで手術し，切除病巣の組織学的検査の結果，本症と診断されることがある。近年は，内視鏡検査によって，幼虫を摘出して診断と治療が一挙にできるようになった。幼虫は高温に弱く，60℃において数秒で死ぬ。［竹内宏］

アノミー

ギリシャ語のanomiaからきており，フランスの社会学者デュルケームによって名づけられた。秩序を支える道徳や倫理といった規範的要素が混沌としている状態をいう。アノミーは自殺の研究から出てきた概念であり，現在では，無規範状態，無連帯，無力感，不安感，孤立感など自律性を喪失した状態をいうことが多い。［井戸］

アヘン
→麻薬

アポクリン腺　（――せん）

細胞の一部がくびれてちぎれ，分泌物となる腺で，毛包に開口する汗腺など。特定の部位にのみ存在する。既ち腋窩部，外耳道，乳輪，肛門周囲〜外陰部にかけてよく発達している。幼児期には発育が悪く，思春期に至って急激に発達する。性誘因物質との関連が示唆されている。［大貫］

アミノ酸　（――さん）

タンパク質の構成成分で約20種類存在する。アミノ酸の種類や数，並び方により，約10万種類のタンパク質が作られる。これらのアミノ酸のうち，身体の中で合成することのできない9種類のアミノ酸（バリン，ロイシン，イソロイシン，リジン，スレオニン，メチオニン，トリプファン，フェニルアラニン，ヒスチジン）を必須アミノ酸という。またバリン，ロイシン，イソロイシンは分岐鎖アミノ酸と呼ばれ，タンパク質の構成成分であると同時に長時間運動のエネルギー源として使われる。［田中宏］
→タンパク質

アメリカ疾病管理センター　（――しっぺいかんり――）

CDC（Centers for Disease Control and Prevention）。米国保健福祉省の研究機関であり，米国内外の健康・安全に関する研究を行うとともに，情報提供を行うことを活動の目的としている。学校保健に関係する活動としては，全米規模の青少年危険行動調査の実施や，喫煙防止，身体運動，エイズ予防等の教育ガイドラインを作成するなどの活動があげられる。［渡邉］

亜硫酸ガス　（ありゅうさん――）

二酸化硫黄。SO_2。無色で刺激臭のある気体で，0.012％以上の濃度で人体に害があるといわれる。金属鉱山や化学工場で結膜炎，咽頭炎，せき，声枯れ，気管支炎といった症状を引き起こす原因になることがあり，四日市ぜん息の原因物質でもある。化石燃料の燃焼によって発生し，酸性雨の原因となることでも問題となっている。天然の発生源として火山がある。2001年の新島噴火で長期間の避難を強いられた原因となったのは，このガスであった。［大澤楽］
→二酸化硫黄，酸性雨

RI　（あーるあい）
→ラジオアイソトープ，放射性同位体

RNA　（あーるえぬえー）
→リボ核酸

アルキル水銀　（――すいぎん）

アルキル基と水銀が結合した有機水銀化合物で，メチル水銀やエチル水銀などはアルキル水銀の一種である。アルキル水銀は，環境基本法において，公共用水域の水質汚濁に係

る環境上の条件として，人の健康の保護に関する環境基準の測定項目に設定されている。なお，環境水中では有機水銀化合物は無機水銀に分解され，無機水銀は微生物の働きによってメチル水銀に変換されることが知られている。[日置]
→メチル水銀

アルキル水銀中毒　（——すいぎんちゅうどく）

アルキル水銀が体内に蓄積されることによって引き起こされる健康被害をいう。特にメチル水銀の場合，大脳の感覚，視覚，聴覚を司る部分や小脳など中枢神経系が最も強い影響を受け，初期症状として感覚異常，倦怠感，目のかすみ，視野狭窄，難聴，言語障害，運動障害などが起こる。水俣病はメチル水銀がその原因とされている。[日置]
→メチル水銀，水俣病，新潟水俣病

アルキルフェノール類　（——るい）

合成洗剤，塗料，除草剤，殺虫剤などに利用される，非イオン界面活性剤アルキルフェノールポリエトキシレート（APEs）が好気的微生物によって分解されたものをいう。アルキルフェノール類は下水を通じて広く環境中に放出され，水環境中では容易に分解されない性質を持つとともに，生体の脂肪中に取り込まれるといわれ，内分泌かく乱作用についても疑いが持たれている。[日置]

アルコール

OH基を有する有機物質のこと。ここではエチルアルコール（エタノール，以後アルコール）について説明する。アルコールは他の薬物と異なり，神経細胞に対応する受容体を持たず，細胞膜や様々な受容体に作用しその効果を示す。中枢神経系全般には抑制的に働く。急性使用では多幸感をもたらし，精神依存を引き起こす。慢性使用では，神経細胞がアルコールの影響下で普通に働くように機能変化を起こす。この状態は身体依存と呼ばれ，アルコール依存症の中心的症状とされて

いる。アルコールは主に肝臓で代謝され，最終的に炭酸ガスと水に分解される。この過程を通じ，1gのアルコールから7.1kcalのエネルギーが産成される。アルコールの代謝は個人差が大きく，一般的に大人より未成年者，飲酒後顔の赤くならない人（白型）よりなる人（赤型），男性より女性でそれぞれ分解が遅い。同量飲酒しても，代謝の遅い人は血中濃度の高い状態が長時間続くので，体に対する障害や急性アルコール中毒のリスクがより高くなる。白/赤型は，アセトアルデヒド代謝に関係した体質的な差を反映している。これを簡便に判定する方法として，エタノールパッチテストがある。[樋口]
→薬物依存，アルコール中毒，アルデヒド

アルコール多飲　（——たいん）

アルコールを多量に飲めば，依存が進むだめでなく身体に障害を与える。その障害は広範で，ほぼすべての臓器に及ぶ。例を挙げると，肝障害，膵炎，高血圧，心筋症，胃炎・胃潰瘍，食道がん，糖尿病，骨粗鬆症，高尿酸血症，高脂血症，ホルモン異常，脳萎縮，脳卒中，末梢神経障害などである。多量飲酒に関する国際的に認められた定義は存在しないが，厚生労働省は1日純アルコール換算で60g，ビールに換算すると中ビン（500mℓ）で3本以上の飲酒としている。しかし，これは成人に対する基準である。未成年者の飲酒は法律で禁じられており，本来彼らには「アルコール多飲」という概念は存在しない。ところが，一方で多くの者が飲酒しているという現実がある。この実態を踏まえ，Q-Fスケールと呼ばれる飲酒頻度及び1回飲酒量を基準にした未成年用の問題飲酒尺度が提唱されている。法律以外に未成年者が飲酒してはならない根拠として，成人に比べて，彼らのアルコール代謝能力が低いこと，アルコールで臓器がより傷害されやすいことが挙げられている。また，飲酒開始が早ければ早いほど，将来のアルコールによる健康障害のリスクが高くなることも知られている。[樋口]

アルコール中毒　（――ちゅうどく）

　慢性アルコール中毒の略称である。長期の大量飲酒で引き起こされた身体・精神・行動障害であり，その中心症状は，飲酒行動の異常と身体依存にある。最近，その病態からアルコール依存症とうい名称で統一され，詳細な診断基準も提唱されている。飲酒行動の異常としては，万難を排して酒を手に入れる（薬物探索行動），数時間おきに飲酒し，体内のアルコールを常に一定レベルに保つ（飲酒のコントロール喪失，連続飲酒），飲酒中心の生活，などが挙げられる。その結果，家庭・社会生活への悪影響をもたらす。また，身体依存の症状として，同じ量のアルコールでは酔えない（耐性形成），手の震え，発汗，不眠などのアルコール離脱症状などが見られる。アルコール依存症から回復するためには，断酒が絶対条件となる。そのためにはまず，患者が病気を理解し，断酒の必要性を納得する必要がある。断酒継続のためには，治療機関での長期にわたるケアーや自助グループへの参加が求められる。長期断酒を達成できるのは，治療した者の30％程度とされる。断酒できなかった場合の予後は著しく悪い。〔樋口〕

➟アルコール，AA，薬物依存

アルツハイマー型痴呆　（――がたちほう）

　一般に60歳以上で発病し，老年期痴呆と呼ばれるもので，初発症状としては物忘れ（記憶力障害）ではじまることが多い。性差では3：2の割合で女性が多いとされており，脳の全体に高度の萎縮が生じる。原因が不明であるので，特に有効な治療法はなく，患者に対する集団及び個別の精神療法や生活指導などが大切である。〔花田〕

アルデヒド

　飲酒をすれば，体内に入ったエタノールは肝臓で90％以上が代謝され，アセトアルデヒドに酸化される。このアセトアルデヒドは1型アルデヒド脱水素酵素と2型アルデヒド脱水素酵素により酸化され，酢酸になる。2型アルデヒド脱水素酵素は東洋人にのみ認められ，飲酒後の顔面紅潮，心悸亢進，頭痛を生じ，アルコール依存症の発生をガードしている。〔花田〕

➟アルコール

アレルギー

　細菌やウイルスを排除したり，がん細胞や移植細胞を攻撃する免疫能がヒトにはある。一方，免疫能が必要以上に外界の異物に反応する場合にアレルギーがある。既ち，ある抗原（アレルゲン）に対して，過敏に反応し，自らが病的状況になりアレルギー症状を表す。アレルギーの発症には遺伝と環境が大きく，遺伝的要素をアトピー素因という。そして発病する部位によってアレルギー性鼻炎，アレルギー性結膜炎，気管支ぜん息，アトピー性皮膚炎，口腔アレルギーなどと診断される。また，アレルギー発症の原因となるアレルゲンを主体に花粉症，食物アレルギー，金属アレルギー，シックハウス症候群などという言い方もされる。IgEが関与するⅠ型アレルギーには家ゴミ，ダニ，カビが多く認められる。また，乳幼児の食物アレルギーには卵，牛乳，大豆，小麦が多く，成人はエビ，カニ，魚介などである。〔松岡〕

➟免疫，抗原，アレルゲン，アトピー，抗体

アレルギー性結膜炎　（――せいけつまくえん）

　体内に外部から花粉，薬物，ダニなどの抗原が入ると，これに反応して抗体ができる。そして，再びその異物が体内に侵入してくると，結合組織の中の肥満細胞に抗原抗体反応が起きて，ヒスタミンなどの活性物質が放出され，結膜などにアレルギー反応が起こる。侵入後10～20分して眼部の激しい掻痒感と充血や浮腫などが起きるアレルギー性結膜炎（即時相）と数時間後に肥満細胞が好酸球などを局所に動員して慢性炎症を起こすアトピー性角結膜炎や春季カタルなどがある（遅発

相)。診断は搔痒感などの自覚的所見と，結膜の浮腫，混濁などの他覚的所見及び好酸球の検出，抗原検出(血中IgE抗体)，皮膚反応テストがある。父母など遺伝的な要素も強い。日常生活上の注意は，①抗原の発生を防ぐなど環境整備に努める。②抗原から逃避する。③十分な睡眠をとり疲労を取り除く。症状及び程度により治療を要する。[朝広]
➡抗体，抗原，抗原対抗反応

アレルギー性鼻炎 (——せいびえん)

アレルギーが原因で起こる鼻疾患で，くしゃみ，鼻水，鼻づまりの3症状を特徴とする。原因となる物質(抗原)はホコリ，花粉が最も多い。ホコリ(室内ダニ)が原因の場合は1年を通して症状があるが(通年性)，花粉の場合は季節により症状が変動する(季節性)。診断は，鼻内の特有な所見(鼻粘膜の蒼白化，水様性鼻汁)と血液検査(血中IgE抗体測定が普及している)による。他に喘息，アトピー性皮膚炎の合併も参考にする。治療は，抗原からの逃避，生活環境の整備，自己鍛錬と薬物治療である。特に生活環境の整備では，室内の清掃をこまめに行い，部屋の冷暖房，衣服の調整を適正に行う。またたばこ，排気ガス，花火，シンナーなどに注意すること。自己鍛錬としては乾布摩擦，水泳，規則正しい生活，適度の睡眠，などが奨められる。[浅野]
➡抗原，抗体

アレルギー・マーチ

アトピー素因のある人に，アレルギー性疾患が加齢とともに次から次へと症状を変えて発症していく様子をいう。アレルギーの行進。馬場実先生が提唱した言葉。既ち，乳児期に多い湿疹や消化器アレルギーから始まり，加齢に従いアトピー性皮膚炎，気管支ぜん息，アレルギー性鼻炎，アレルギー性結膜炎へと変化していくことをいう。背景には遺伝的なアレルギー素因(アトピー素因)がある。主なアレルゲン(アレルギーの抗原)としては乳児期の食物(主なアレルゲンは卵，牛乳，小麦，大豆)そし皮膚及び気道から進入する家ゴミ，ダニ，カビなどがある。予防にはアレルギー素因があり，何らかのアレルギー症状があれば，早いうちからアレルギーの予防をしていくことが重要である。その意味では，アレルギーの経年的変化を意味するアレルギー・マーチの概念が重要である。
[松岡優]
➡アトピー，抗原，アレルギー

アレルゲン

アレルギーを起こす原因になるものという意味である。食べ物に含まれるもの(食物性アレルゲン)として牛乳，卵，大豆など，大気中に浮遊しているもの(吸入性アレルゲン)として花粉，カビやダニなどを含むほこりなど，皮膚や粘膜に接触するもの(接触性アレルゲン)として漆，化学物質などがある。アレルゲンが体に入ると，IgE抗体がつくられ，抗原であるアレルゲンとIgE抗体が抗原抗体反応を起こして，気管支ぜん息，アトピー性皮膚炎，花粉症などのアレルギー症状を起こす。アレルゲンを見つける方法には，誘発試験，パッチテスト，特異的IgE抗体の測定など多くの方法がある。アレルゲンが判明すれば，そのアレルゲンを生活環境から除去したり，そのアレルゲンと接触することを避けることにより，気管支ぜん息，アトピー性皮膚炎，花粉症などのアレルギー症状が起こらないですむ可能性を高めることができる。[村田]
➡アレルギー，抗体

安全衛生教育 (あんぜんえいせいきょういく)

産業活動の円滑な展開に必要な正しい衛生知識の普及を図り，誤った保健行動や態度を正しく変容させることを主な目的とする営みで，労働が労働者の健康に与える影響や健康障害を防ぐための労働衛生管理体制，作業環境管理，作業管理及び健康管理について，労働者が正しく理解することを目的として行わ

れる健康教育のこと。労働安全衛生法により規定されており、事業者は新規雇入れ時、作業内容変更時などに、その業務に関して必要な安全・衛生について教育を行わなければならないとされる。通常、産業医（医学的内容）、衛生管理者（実際的内容）、各職長（作業手順・基準）などが分担して行っている。［松岡・山崎秀］

安全管理　（あんぜんかんり）

学校安全の構成領域の1つで、児童生徒の学校生活が安全に営まれるよう、安全に関して必要な条件整備を図る。学校における児童生徒の行動や学校環境などに関しての危険を早期発見し、速やかに除去するとともに、事故災害が発生した場合には適切な応急手当などができる体制を確立し、児童生徒の安全を確保することを目指している。通常、対人管理と対物管理に分けて考える。対人管理の内容は、事故災害発生の要因となる心身状態の把握や分析、日常の行動観察、事故災害発生時の応急手当や緊急救急体制の確立など、児童生徒の心身の安全管理に関わる側面と、学校生活（各教科・特別活動・休憩時・放課後等）や校外生活（通学・遊び・運動等）における安全など、児童生徒の生活の安全管理に関わる側面への配慮から構成されている。対物管理の内容としては、校舎内外の施設設備の安全点検と事後措置を中心とする学校環境の安全管理が含まれる。［山崎秀］

安全教育　（あんぜんきょういく）

学校安全、生活安全、交通安全などの領域がある。学校においては、学習指導要領、総則第3「体育・健康」の方針に基づいて、学校における教育活動全体を通じて行われる。その中で安全学習は、体育科、保健体育科等の教科で、安全指導は、学校行事や学級活動などの特別活動で、各々、計画的・組織的に行われる。なお、現行の安全学習では、生活安全（家庭や地域での事故）の扱いが少ないので、これらの項目については「総合的な学習」などで補う必要があろう。［家田］

安全指導　（あんぜんしどう）

安全教育の構成領域の1つで、安全に関する原理原則を具体的な行動場面に適用し、常に的確な判断の下に安全な行動がとれる態度や能力を養うもの。特別活動の学級活動・ホームルーム活動・学校行事を中心に、児童会・生徒会活動など児童生徒の自発的・自治的活動を通して展開される。文部科学省により小・中学校における安全指導の手引が作成され具体的な指針が示されるとともに、講習会などが開催され教員の指導力の向上が図られている。安全指導の内容としては、生活安全関連（学習時の安全、休憩時間中の安全、作業時の安全、校外生活における安全、登下校時の安全等）、交通安全関連（道路の歩行、道路の横断、乗り物の安全、二輪車の安全等）、災害安全関連（火災時の安全、地震時の安全、風水害時の安全等）が含まれる。［山崎秀］

安全能力　（あんぜんのうりょく）

事故災害から自他の安全を確保することのできる能力を指す。一般に、安全能力は知的安全能力・身体的安全能力・精神的安全能力と広範囲にわたる。発育発達過程でみると、児童生徒は保護期から脱して積極的指導やトレーニングを必要とする時期に入っている。したがって、「危険だからいけない」という禁止ではなく、「どうすれば安全に行動できるか」という方向に導く必要がある。そのためには、児童生徒の安全能力を適切に開発していくことが不可欠で、安全教育などの営みにおいてPlan−Do−Seeを効果的に展開させる必要がある。特に、安全教育の実施による効果の判定は、その後の教育的方法を立案するために重要である。安全能力が知的・身体的・精神的などの多要素に及ぶため、その評価には観察法・内省法などの主観的方法、運動能力テストなどの実験的方法、事故傾向予測検査・交通安全診断テストなどの客観的

方法など様々な手法が用いられる。[山崎秀]

安全文化 （あんぜんぶんか）

　社会において安全が尊重されている状態を示す言葉である。事故の少ない社会を作るためには，安全文化を育てなければならない。産業界においても，事故防止は極めて大きな課題であり，次のような考え方によって安全の確保が図られている。①本質安全によるリスクの削減，②安全防護によるリスクの削減，③使用上の情報／設置のための情報によるリスクの削減，④訓練，個人防具，体制によるリスクの削減である。また，「安全」の判断を第3者が行うという考え方が重要だとしており，それは組織の安全管理についても当てはまるという。次に，事故の法律的責任に関する基本的な考え方を把握しておくことも，事故防止のために重要である。また，それは監督者が責任を問われて損害賠償を請求されるのを防ぐことにもなる。すなわち，事故が予見可能であり，被害者への指導や環境の改善などによって傷害を回避する機会があったのに，そのための手段をとらなかった場合には，監督者の責任が問われるということである。[家田]

安全保護具 （あんぜんほごぐ）
→労働衛生保護具，個人用保護具

アンチロック・ブレーキ

　自動車の走行中急ブレーキをかけると，タイヤがロックする。するとハンドルが効かなくなる。高速走行中や滑りやすい状況の道路は特に危険である。アンチロック・ブレーキ（ABS）とは，急ブレーキでタイヤがロックしそうになった時，ブレーキを自動的にゆるめ，ロックを防ぐ装置である。ABSを装着した自動車では急ブレーキ時に，短い距離でかつ安定した状態で停止する。[渡邉]

アンフェタミン

　覚せい剤取締法により規制されている薬物は，メタンフェタミンとアンフェタミンの2種類である。中枢神経を興奮させ，気分の高揚，覚せい作用があるため，医療上ではナルコレプシー（居眠り症）に使用される。気分爽快，自信感の増大，多幸感，疲労感の減少，食欲減退等の作用があるために精神的依存性を生じることが多い。連用した場合，速やかに耐性が形成され，薬用量は増加し，正常人の致死量の10倍〜30倍量にも耐えられるようになる。習慣になって後，薬の使用を中止すると，脱力感，疲労感，不快感等が現れるが，明らかな身体異常（身体的依存による禁断症状）は認められない。慢性中毒になると幻覚，妄想などの統合失調症の症状に類似した症状が現れる。1941年に，日本ではぜん息の特効薬としてメタンフェミンがヒロポンという商品名で発売された。第二次世界大戦直後にはヒロポンの中毒者が大量に出現して日本の覚せい剤禍の元凶となった。[笠井]
→覚せい剤，覚せい剤取締法

安楽死 （あんらくし）

　激しい苦痛を伴う病気などに苦しむ患者に対し，苦痛除去を目的として，延命手段を中止したり死期を早めるなどして意図的に死亡させたり，患者に自殺の手段を提供したりすること。1994年アメリカ・オレゴン州で「安楽死法」が成立して以来，2001年にはオランダ，2002年にはベルギーでも同様の法律が成立してきた。[長谷川]
→尊厳死

胃炎 （いえん）

　胃の粘膜に炎症が起きている状態をいう。急性胃炎は，食欲不振・嘔吐・胃部不快感などで発症する。アルコール，薬剤又は食品の過敏症，食中毒，重金属中毒などが原因で，適切な治療で改善する。慢性胃炎は加齢とともに進行する萎縮性胃炎が多い。自覚症状も発生要因も多種にわたり，治療が困難である。[稲葉]

硫黄酸化物　（いおうさんかぶつ）

　酸化硫黄としては，一酸化硫黄(SO)，三酸化二硫黄(S_2O_3)，二酸化硫黄(SO_2)，三酸化硫黄(SO_3)，七酸化二硫黄(S_2O_7)，四酸化硫黄(SO_4)の6つが知られている。酸化硫黄のうちSO_Xと略称される環境汚染物質には二酸化硫黄(SO_2)，三酸化硫黄(SO_3)，硫酸ミスト(H_2SO_4)などが含まれる。亜硫酸ガス（二酸化硫黄）が大気中の水分に溶けると亜硫酸になり，オキシダントによって酸化されて硫酸になる。これらが大気中に霧状に存在するものを硫酸ミストと呼ぶ。硫酸ミストがすすに吸着してぼたん雪状に成長したものをアシッドスマットといい腐食作用が強い。環境基本法に基づいて二酸化硫黄には環境基準が定められている。また大気汚染防止法では硫黄酸化物排出基準を定め，さらに総量規制も実施されている。［大澤※］
➡二酸化硫黄，オキシダント

胃潰瘍　（いかいよう）

　胃粘膜の一部が欠損する状態。胃液の過剰分泌と胃粘膜の抵抗力減弱が要因。幽門近くに多く認められる。空腹時の心窩部痛を訴えることが多いが，無症状の場合もある。ピロリ菌，薬物，喫煙，ストレスが発症や治癒の遅延に関連している。適切な治療薬と生活習慣の改善で完治が期待できる疾患である。［稲葉］
➡ヘリコバクター・ピロリ

異化作用　（いかさよう）

　生体の機能維持に必要なエネルギーは，食物により摂取，あるいは生体内に存在している炭水化物，タンパク質，脂質などを酸化分解して得られる。この酸化分解の過程をいう。［田井村］
➡同化作用

E型肝炎ウイルス（E型肝炎）　（いーがたかんえん——）

　分類が確定していないウイルスで，妊娠後期の妊婦が感染した時に致命的な肝炎を発症させ，死亡率は10～20％に達する。A型ウイルスと同様に経口感染するが，感染力はA型ウイルスより弱い。国内の発症は少ないといわれているが，検査体制の未整備による可能性もある。主としてアジア，中近東とアフリカに患者が多く，青年以上の成人が発病する。慢性化することはないが，劇症化する割合はA型肝炎よりも高い。［田神］
➡ウイルス性肝炎，A型肝炎ウイルス

胃がん　（い——）

　胃の粘膜から発生する悪性新生物。最近の日本では死亡率が減少傾向を示しているが，それでも部位別がん死亡統計では男性で2位，女性では1位である。症状の出る以前に発見されたものでは，5年生存率が90％を超えており，外科的手術で完治するがんである。ピロリ菌と高塩食品の摂取がリスクをあげ，野菜の摂取がリスクを下げる。［稲葉］
➡悪性新生物，ヘリコバクター・ピロリ

閾値　（いきち）

　応答を引き起こすある一定の刺激強度をいう。聴力の閾値とは，きこえる音の強さときこえない音の強さの境目の強さのこと，既ちきこえる最小限界の音の強さで，最小可聴閾値という。周波数によって異なる。測定は，きこえない強さの音から少しずつ強くしていき，きこえ始めたときの強さを測定する上昇法で行う。最大可聴閾値は，音を強くしていって，痛みを感じはじめた時の強さで，周波数によってあまり変わりはない。［浅野］

生きる力　（いきるちから）

　1996（平成8）年の中央教育審議会第一次答申で提言されたスローガンであり，「ゆとり」とともに教育施策の柱となっている。文

部科学省によると，生きる力とは「自分で課題を見つけ，自ら学び，自ら考え，主体的に判断し，行動し，よりよく問題を解決する能力」と「自らを律しつつ，他人と協調し，他人を思いやる心や感動する心など豊かな人間性とたくましく生きるための健康や体力」と説明されている。学校教育全体に関わる概念であるが，学校保健の面からは，前者は特に保健学習の基盤であり，後者は学校健康教育全般に関わって育成されるべき内容と考えることができるであろう。［渡邉］

育児 （いくじ）

乳幼児期の子どもを育てること。両親及び地域社会などが，子どもが心身ともにより健やかに成長するように環境を整え，発育に即した援助をしていくこと。子どもに十分な栄養を与え，身体の発育を保護・助長し，社会の一員として，円満で平和な社会生活を送るのに必要な生活習慣を教え，必要な知識技能を習得させる過程。［平山］

医原病 （いげんびょう）

医師の医療行為によって，引き起こされた疾患。医療中に医師によって引き起こされる有害な効果をも意味し，診断や治療に伴って起きた障害だけでなく，医師の発言や行動による障害も含まれる。今ではずさんな医療行為が原因で引き起こされる疾病も指すようになった。［吉田］

医師 （いし）

医師法に基づき，医療と保健指導をつかさどり，公衆衛生の向上と増進に寄与し，国民の健康な生活を確保する。［吉田］

意識障害 （いしきしょうがい）

意識の清明度が低下することで，もうろう状態，一過性の失神，持続性の傾眠，昏睡などの段階があり，事故，高所からの転落，脳腫瘍，脳内出血などにより起こる。開眼しているか，呼び掛けに答えるか，刺激に反応す

るかなどで意識障害の種類や程度を判定し，状態によっては医療機関へ搬送するなどの素早い対処が要求される。［田中哲］

意識喪失 （いしきそうしつ）

事故や脳出血などの疾患により意識が失われることで，耳元で名前を呼んだり，手足を刺激しても反応のない状態を指す。意識が失われると全身の筋肉の緊張がゆるみ，舌が喉に落ち込み呼吸ができなくなるので気道確保を行い，自発呼吸がある場合には昏睡体位に寝かせ，衣服をゆるめ体を保温して医療機関へ搬送する。［田中哲］
→昏睡体位

意識調査 （いしきちょうさ）

人間に内在する意識に関する調査。調査方法は主に面接法，質問紙法などが多用される。質問の回答は探索的に要因を探ることを目的として，個人の自由な意見を記述する自由記述法や，ある事象に対して「非常にそう思う」「ややそう思う」「わからない」「あまりそう思わない」「全くそう思わない」といった他段階の順序尺度を選択させる方法，ある事象に対して「明るい―暗い」といった対比する形容詞を左右に並べ自分の意識を多段階尺度で回答するSD法（シマンティック・ディファレンシャル法）などが用いられる。人に意識は単一の質問項目で調査することは難しく，事前に知りたい意識構造を仮定し，各々の構造について複数の質問項目で構成するのが一般的である。解析に関しては，単純集計はもちろんのこと，主成分分析や因子分析を活用しながら構成概念の妥当性を検討しつつ，検討を進めることが望ましい。［國土］

易刺激性 （いしげきせい）

外界からの刺激に対する，生体側の反応のしやすさを指す。例えば，感情が高ぶっていて，ちょっとした他人の言葉や態度によって，怒ったり泣き出したりしやすくなっている状態を，「易刺激性が亢進している」など

と表現することがある。[竹内—]

意志決定・行動選択
(いしけってい・こうどうせんたく)

個人がある問題を判断し、あるいは解決する上で、期待された効果を最大限に実現するために、いくつかの選択肢の中から最良と考えられるものを1つ選択する行動である。意志決定は一連のプロセスに従って行われる。既に「問題の識別」「選択肢の列挙」「情報の収集」「各選択肢の結果予測」「最終選択（決断）」「結果の評価」である。これらのステップを踏むことにより、問題を解決し、最終的にはそれぞれの生活場面で自己コントロールする方法で行動を変容し、自己イメージと自己肯定感を高めることを促す。人は重要な問題であっても小さな問題でもどう選択するかを迫られたとき、上記の意志決定プロセスを使うと、完全無欠な意志決定はないが、大きなミスやエラーは避けられる。生活習慣病の予防、薬物使用行動のコントロール、性行動のコントロールなどに直接・間接的に有効に働き、獲得された知識が態度形成と健康的な行動変容に結びつくことになる。[皆川]

いじめ

自分より弱い者に対して、単独あるいは集団で一方的に身体的・心理的攻撃を継続し、被害者に深刻な苦痛を感じさせる行動である。昭和50年代からいじめは深刻化し、被害者を自殺に追い込むなど陰湿化、残酷化して社会問題化した。いじめの構造は加害者、被害者と観衆・傍観者的立場の三層となっている。その心理は自分たちとは異質の排除、金品の強要、暴行を加えるなど様々な形態がある。年齢的には幼児期には他者を意識するようになるにつれて、他を排除する行為がみられるようになる。少年期には、自分自身の心理的葛藤を発散させるための手段として、遊び感覚の行為が遷延化していくことがある。青年期には、自己欲求不満によるいら立ち、攻撃性や加虐性を弱者に向け次第に常習化、深刻化していく。集団での加虐性は、次第にエスカレートして自殺に追い込むことがある。現在のいじめの特徴は、加害者はいじめの事実を隠蔽し、被害者にも隠蔽を強要し罪悪感は稀薄である。[猪股]

異常人格　(いじょうじんかく)

人格の異常についての議論は多くの未解決な問題をはらんでいる。そもそも異常と正常、病気と健康、障害と健常などの境界があいまいだからである。1つの基準として用いられることが多いのは、$DSM-IV$における人格障害の診断基準である。それによれば、人格障害の全般的な診断基準は「その人の属する文化から期待されるものより著しく偏った、内的体験及び行動の持続的様式」であるとされており、具体的には11の診断名が与えられる。[近藤]

石綿　(いしわた)

天然の繊維状ケイ酸塩鉱物中、商業的に採掘されているものの総称名である。アスベストと同義。その物理・化学的特性（断熱、耐摩耗、安定）が注目され、第二次世界大戦中に飛躍的に消費量が増加した。石綿繊維の直径は毛髪の数千分の一であり、長さにより工業的用途（石綿セメント、パッキング、フィルター等）が異なるが、いずれも肺に吸入される。現在のわが国では、石綿は特定化学物質障害予防規則で管理されている。[太田]

石綿肺　(いしわたはい)

石綿（アスベスト）を吸入することによって肺に線維増殖性変化が生じたものをいう。吸入後、平均10〜20年という長期間を経て、胸部X線上に陰影が出現する。本症は不可逆的病変であり、暴露中止後も病変はさらに進行することが知られている。時に肺がんを引き起こしうる。十分な健康管理を要する疾患である。[太田]

イタイイタイ病
→カドミウム(中毒)

一次救命処置 （いちじきゅうめいしょち）

　BLS（basic life support）ともいい，傷病者を医療機関へ搬送するまでの間に行う救急処置のことで，器具や薬品を用いることなく医師以外の者でも行える救命処置である。一次救命処置には心肺蘇生法があり，気道確保，人工呼吸，心臓マッサージを状況に応じて行うことで，救命率をあげる事ができる。［田中哲］
→心肺蘇生法

一次消費者 （いちじしょうひしゃ）

　食物連鎖の出発点であり，植物のように無機物と太陽光エネルギーから有機物を合成することができる独立栄養生物（一次生産者）を食料とする生物群をいう。昆虫から哺乳動物まで広範な生物が含まれる。［田神］

一次生産者 （いちじせいさんしゃ）

　陸上の植物や水中の海草のように無機物と太陽光エネルギーから有機物を合成することができる生物をいう。独立栄養生物とも呼ばれる。［田神］

一次的欲求 （いちじてきよっきゅう）

　生まれながらに備わっている基本的欲求のことを指し，学習経験により獲得される二次的欲求と対比される。具体的には，渇き・飢え・性・排泄・睡眠・苦痛回避などの生命維持に必要な生理的・身体的欲求を指す。この欲求が基礎になって他の欲求が生じるため一次的という。［荒川］
→欲求，二次的欲求

1類感染症 （いちるいかんせんしょう）

　感染力，罹患した場合の重篤度等に基づく総合的な観点からみて危険性が極めて高い感染症。対象疾患としてエボラ出血熱，クリミア・コンゴ出血熱，ペスト，マールブルグ病，ラッサ熱がこれに分類される。［上地］
→エボラ出血熱，2類感染症，3類感染症，4類感染症

イッキ飲み

　以前から若者の間で，大量の酒を一気に飲むような飲み方のこと。この飲み方には様々な問題がある。自分の許容量を超えて飲むことになり，急性アルコール中毒の危険性が高くなる。一般に，血中濃度の上昇速度が速ければ速いほど中毒症状が重症になるため，この飲み方で命を落とす若者も少なくない。さらに，障害の程度は血中濃度に比例して高くなるため，アルコールに敏感な若者の臓器はイッキのみにより重大なダメージを受けることになる。［樋口］
→急性アルコール中毒，アルコール

一酸化炭素 （いっさんかたんそ）

　石油や木炭などの炭素または炭素化合物が不十分な酸素供給の下で，不完全燃焼した場合に生ずる有毒な気体である。無色無臭。自動車も発生源の1つ。一定量以上の一酸化炭素を吸引すると中毒症状が起こる。これを一酸化炭素中毒という。一酸化炭素が血液中のヘモグロビンと結合し，酸素の運搬が妨げられ，酸欠状態になる。これによって，頭痛，めまい，吐き気，全身の脱力感が起こり，意識が侵される前に，体の自由が利かなくなり，やがて意識不明となって死に至ることもある。一酸化炭素の環境基準は，「1時間値の1日平均値が10ppm以下であり，かつ，1時間値の8時間平均値が20ppm以下であること」と定められている。［植田］

一斉授業・一斉学習
（いっせいじゅぎょう・いっせいがくしゅう）

　学級のすべての児童生徒を対象に，同一の内容を同一の方法で同時に指導する方法である。しばしば教師の一方的な説明，指示，発問による誘導などによって，教師中心の授業

となりやすい。この方法は経済的，効率的であり，学校教育の普及・発展には役立ったことも見逃せない。多様な学習指導法の1つとしてとらえるべきである。〔鈴木和〕

一斉保育 （いっせいほいく）

保育者の立てた指導計画に沿って，クラスすべての幼児に対して同じ種類の活動を一斉に行う保育形態。自由保育と対比される。協調性が養われる，子どもたちに同質の経験を共有させられる等の利点がある反面，1人ひとりの子どものニーズに応じ難い，子どもの自主性や自発的な活動，創造性を発揮させにくい等の弱点もある。〔平山〕

逸脱行動 （いつだつこうどう）

研究は古くから社会学や社会心理学の領域で盛んに行われてきた。ホワイトの『ストリートコーナー・ソサエティ』や，日本における暴走族といわれる青少年のグループについての研究などが知られている。それらの多くは，参与観察法を用いた記述的な研究方法をとっている。近年，逸脱行動に対する精神医学的あるいは臨床心理学的なアプローチが盛んになりつつある。〔近藤〕

一般廃棄物 （いっぱんはいきぶつ）

「廃棄物の処理及び清掃に関する法律」（廃棄物処理法）によると，廃棄物とは，ごみ，粗大ごみ，燃えがら，汚泥，糞尿，廃油，廃酸，廃アルカリ，動物の死体，その他の汚物又は不要物であって，固形状又は液状のもの（放射性物質とそれに汚染されたものを除く）とされている。産業廃棄物と一般廃棄物に分かれる。産業廃棄物とは，事業活動に伴って生じた廃棄物のうち，燃えがら，汚泥，廃油，廃酸，廃アルカリ，廃プラスチック類その他政令で定めた19種類の廃棄物とされており，産業廃棄物以外の廃棄物が一般廃棄物とされている。よって，工場からの廃棄物にも一般廃棄物と産業廃棄物両方が存在する。〔本田〕

→廃棄物，産業廃棄物

遺伝 （いでん）

親の特徴（形質）が子孫に受け継がれること。子やそれ以後の世代の個体，あるいは後の細胞世代への遺伝子伝授の現象を指す。生命の設計図は，生殖細胞に含まれる遺伝子DNAによって両親から子へと伝えられる。ヒトでは22種類の常染色体とX，Yの性染色体からなる1組のゲノムにほぼすべての遺伝情報を保持する。体細胞の核は2組ずつのゲノム（46本の染色体）を持つが，遺伝情報のほとんどすべてがこれらの染色体DNAに存在し，残りは細胞質に含まれるミトコンドリアのDNAに存在する。ミトコンドリアDNAの遺伝情報は，卵細胞の細胞質を通して子に伝わる。減数分裂によってヒトの卵巣や睾丸で卵や精子ができるとき，母細胞のDNAが2倍になった後，第一分裂で染色体の数が母細胞の半分の1組23本になり，第二分裂では染色体は数を変化させずに分裂して，精子あるいは卵に取り込まれる。子は原則的に両親から染色体DNAの塩基配列を半分ずつ受け継ぐが，親のどちらか一方の形質が他方の形質をおさえて，表面的には片親の形質しか現れないことがある。表面に現れる形質の方を優性遺伝形質といい，現れない方を劣性遺伝形質という。〔松村〕

→デオキシリボ核酸，常染色体，性染色体，劣性遺伝

遺伝子 （いでんし）

遺伝形質を発現させる因子，遺伝情報を伝える単位のことである。遺伝子の存在は生物の形質を担う抽象概念として，メンデルにより19世紀に想定された。20世紀前半にモーガンはショウジョウバエ染色体の遺伝子地図をつくり，遺伝子が染色体上の因子であるという実体をとらえた。物質レベルでは，染色体のDNAを構成する4種類の塩基（アデニン，グアニン，シトシン，チミン）によってつくられる配列の一定区画が1つの酵素タンパク

質を合成する暗号になっており，これが1つの遺伝子に相当する。通常，染色体DNAにおける1つの遺伝子の長さは，1万～1万5,000塩基対程度である。遺伝子DNAの塩基配列は伝令RNAに転写され，これをもとに翻訳されたアミノ酸配列は，つながって折りたたまれ，立体的なタンパク質をつくる。遺伝子DNAは，機能を持つタンパク質を合成する暗号となる塩基配列の他に，転移RNA，リボソームRNAやイントロンを含めた転写産物を造るための暗号部分を含む。遺伝情報は生殖細胞に含まれるDNAの形で親から子に伝えられる。ヒトのゲノムDNAは約30億の塩基配列からなり，この中に3～4万の遺伝子があると推定されている。ミトコンドリアDNAでは，1万6,569の塩基配列の中に37の遺伝子がある。［松村］
➡染色体，デオキシリボ核酸

遺伝子組み換え食品 （いでんしくみかえしょくひん）

　遺伝子組み換え技術を利用して生産された生物に由来する食品。食品衛生法上では，組み換えDNA技術応用食品と呼ばれる。遺伝子組み換え技術，組み換えDNA技術とは，ある生物が持つ有用な遺伝子DNAを他の生物のDNA配列に組み入れて，新たな性質を与える遺伝子工学の技術である。この技術を用いて日持ちの良いトマトが1994年に生産された。土壌中の微生物から除草剤に強い遺伝子を取り出して大豆の遺伝子に組み込むことにより，除草剤を使っても枯れない大豆が造られた。その他，除草剤に負けないナタネ，害虫に強いジャガイモやトウモロコシなどの遺伝子組み換え作物が，安全性の審査を経たうえで食品として商品化されている。このような農作物の長所として，①従来の品種改良のように交配を重ねる必要がないので短期間で改良ができること，②改良範囲が大幅に拡大されること，③他の有用な性質を変えることなく特定の病気や害虫に強い作物への改良が可能であること，などが挙げられる。遺伝子組み換え作物は生産開始から日が浅いので，長期の間に生態系や人体に及ぼす影響については未知の部分が残されている。遺伝子組み換え家畜に由来する生産物，遺伝子組み換え微生物が関与する食品，あるいは遺伝子組み換え魚は，研究開発が進行中であるが，技術面，安全性や倫理面などの観点から今後に課題を残している。［松村］
➡デオキシリボ核酸

遺伝子工学 （いでんしこうがく）

　DNAを取り扱う多様な技術の総称。DNAを制限酵素によって切断したり，リガーゼを用いて結合したりすることにより，遺伝子を組み換えて従来存在しない塩基配列を持つDNAの分子を作り出す技術。電気泳動による遺伝子DNAの分類，組み換えプラスミドDNAの大腸菌への導入と増殖，受精卵への遺伝子導入，クローン動物作成等の技術を含む。［松村］
➡デオキシリボ核酸，クローン

遺伝子診断 （いでんししんだん）

　病気になる前にその危険性や可能性を診断する発症前診断やリスク判定診断のことを一般的に意味する。子ども，胎児，あるいは受精後の一部の細胞からDNAを抽出して病気の親と同じ遺伝子異常を持つかどうかを調べる。例えば家族性大腸ポリポーシス症家系では，染色体DNAにおいて塩基5個が欠落した異常なAPC遺伝子を正常なものと区別できる。［松村］

遺伝子操作 （いでんしそうさ）

　生物の遺伝子とその組み合わせを人為的に変化させること。遺伝子DNAを受精卵や動植物細胞，微生物へ導入して組み換えを行う操作や遺伝子治療は，遺伝子操作の一種である。具体的には，①遺伝子を取り出す，②その遺伝子をベクターに組み込み微生物や細胞に導入する，③微生物を増殖して物質を作らせる，④産物の精製，などの操作を含む。［松村］

遺伝子治療　（いでんしちりょう）

遺伝子に異常が起きたために発生する疾患の根本的治療方法。患者の欠陥遺伝子を見つけ、それの正常遺伝子を健康な人から採取して遺伝子の運び屋（ベクター）に入れる。次に、患者の体外に取り出した細胞のDNAに運び屋を利用して正常遺伝子を取り込ませ、この細胞を再び患者の体内に注入して戻す。遺伝子治療は現状では未完成である。[松村]

遺伝情報　（いでんじょうほう）

親から子、細胞から細胞に伝えられる形質を規定する情報のこと。個々の生殖細胞や体細胞は、細胞分裂によって遺伝情報を受け継ぐ。その物質的な実態は、細胞の核及びミトコンドリア内に存在するDNAの塩基配列である。遺伝子を構成するDNAの塩基配列は、遺伝暗号として働き、RNAあるいはタンパク質に変換されてその機能が発現される。[松村]
→遺伝子, デオキシリボ核酸, リボ核酸

遺伝相談　（いでんそうだん）

遺伝が関係すると考えられる様々な病気や先天異常（奇形）、あるいは出生前診断などに関連して生ずる諸問題の解決に向けて、来談者と相談者との間で行われるカウンセリング・プロセスのこと。専門のカウンセラーが医学及び遺伝学の知識をもとにして相談に応じる。来談者の自主的な意思決定を援助する医療行為である。[松村]
→遺伝, 遺伝子

遺伝病　（いでんびょう）

遺伝現象を担っている遺伝子（DNA）や染色体の異常によって起こる病気のことである。すべてが遺伝するとは限らない。先天的、あるいは後天的に遺伝子の塩基配列に変化が生じた場合、遺伝性の病気になったり、病気になりやすい状態となる。ダウン症、糖尿病、自己免疫病、アルツハイマー病、がんなどは、遺伝子の要因が関与する。[松村]
→遺伝子, デオキシリボ核酸

移動性ペースメーカー　（いどうせい——）

ここでいうペースメーカー（歩調取り）は、心臓自体が規則正しく拡張と収縮を繰り返す歩調を取る一連の機構のことである。この機構には、上から下へ向かって洞房結節、心房内結節間経路、房室結節、ヒス束、左右脚、プルキンエ線維などがある。正常な状態では、洞房結節（洞結節）が最初に心房と心室の拡張と収縮に関する歩調取りを行い、この歩調が次の段階に伝えられている。ペースメーカーとしての最初の指令が、洞房結節から他の部分に移動することをペースメーカー移動という。このペースメーカー移動が、頻回に起こる場合を移動性ペースメーカーという。自覚症状は少なく、子どもに多いので、学校での心電図検査で発見されるが、治療の必要はない。[村田]

遺尿　（いにょう）

主に昼間の排尿コントロール不全を指し、夜間遺尿は夜尿症と呼ぶ。原因として器質的疾患の他、しつけ不良や環境ストレスなどが考えられる。治療はホルモン治療などの薬物療法に重点が置かれているが、中止に伴う再発率が高いことが難点である。条件づけ法や遊戯療法などの心理療法、食事療法や生活指導が併用されることが多い。[小玉]

いのちの電話　（——でんわ）

1953年にロンドンで始まり、日本では1971年に開設された。現在では全国46か所で7,600人の相談員が電話で対応している。1997年度の相談件数は約59万件で30代から50代の人の相談が増えており、即応的な対応に努め貢献している。人口動態統計では不況やリストラが反映されて2000年度の自殺件数は30,226人と3年連続して3万人を超えている。[猪股]

異物除去　（いぶつじょきょ）

　傷病者の口を開け，口の中及び喉の奥に異物が見えていれば，ガーゼなどを巻いた指を口に入れて異物を掻きだす。指で取れない場合には，傷病者の背中の中央部からやや上を連続して叩く，両手で後ろから抱え込むようにして傷病者の手の下から自分の手を入れ胃のあたりを拳で圧迫する，45°下向きにして背中を叩くなどの方法で異物を除去する。
[田中哲]
→上腹部圧迫法

イメージトレーニング

　頭の中で理想的な行動を思い浮かべることで，実際に体を動かさずに描いた行動を習熟させるトレーニングである。ビジュアライゼーショントレーニングやイメージリィとも呼ばれる。カウンセリングやスポーツ選手のメンタルトレーニング法の1つとして幅広く実践されている。人間の脳は，現実の出来事と現実と同じくらい鮮明に描いたイメージとは区別がつかず，思い描かれたイメージは実際に体験しているのと同様に，脳で情報が処理され生理反応を起こすと報告されている。これを応用し新しい技術の獲得，人前で緊張してうまく話すことができないなどのあがり症の克服，けがの回復などに用いられる。イメージは曖昧なものでは効果がなく，現実と同じくらい鮮明なものでなければならない。そのためビデオテープを見て行うものや，自身に話しかけるセルフトークなどを用いることにより効果的なものとなる。[西嶋]

医薬品　（いやくひん）

　日本薬局法に収められており，人や動物の疾病の診断，治療，予防に使用される。医薬品の承認には，動物実験，臨床試験等を実施し，有効性と共に安全性の確保が求められる。市販後も副作用情報収集が行われ，安全性対策がとられている。承認後に使用成績等の調査を行い，6年ないしは4年後に有効性，安全性の再確認を行う。[吉田]

医薬品副作用被害救済制度
（いやくひんふくさようひがいきゅうさいせいど）

　スモン，サリマイドといった医薬品の副作用被害を踏まえ，適正に使用したにもかかわらず発生した副作用による疾病，障害又は死亡に関して，医療費，傷害年金，遺族年金等の給付を行うこと等により，医薬品の副作用による健康被害の救済を図ることを目的として創設された制度。本制度により，現行の民事責任の元では責任追及の難しい副作用被害等について，迅速な救済が図られている。
[森光]
→スモン，サリドマイド，副作用，薬害

医薬部外品　（いやくぶがいひん）

　人体に対する作用が緩和で，厚生労働大臣が指定するものである。人や動物の疾病の診断，治療，予防に使用される。その目的は，①吐き気・不快感・口臭・体臭の防止，②あせも・ただれ等の防止，③脱毛の防止・育毛・除毛，④人・動物の保健のためのネズミ・ハエ・カ・ノミ・等の駆除・防止である。
[吉田]

医薬分業　（いやくぶんぎょう）

　医師が診断治療を行い，薬剤師が医師の処方せんに基づく調剤や薬歴管理，服薬指導を行うことにより，それぞれの職能を発揮して国民医療の質の向上を図ろうとするもの。医薬分業の進展は，一般用医薬品を含め，複数診療科受診による，重複投薬，相互作用の有無の確認等ができ，薬物療法の有効性，安全性が向上するものと期待されている。[森光]

医療関係者　（いりょうかんけいしゃ）

　法的に国家資格と認定されている，医師・歯科医師・薬剤師・看護師・准看護師・保健師・助産師・診療放射線技師，臨床検査技師・理学療法士・作業療法士・歯科衛生士・歯科技工士・按摩マッサージ指圧師・鍼灸師・

柔道整復師等に加え，救命救急士・視機能訓練士・言語聴覚療法士・臨床工学士・義肢装具士等が制定されている。[吉田]

医療圏 （いりょうけん）

医療法に基づき，日常生活圏として二次医療圏を定め，都道府県単位を三次医療圏としている。二次医療圏内の一般病床を人口や受療率などから基準病床数を定め，当該地域の病床をどの程度整備するかの整備目標とするとともに，病床増加の抑制指標としている。2002年3月現在，医療計画に基づく二次医療件は363圏域である。[吉田]
→二次医療圏，三次医療圏

医療サービス （いりょう——）

医療行為や医療機関等で提供されるサービスについて，医療の評価や医療経済の視点から，サービスの1つとして評価分析する際によく用いられてきたが，今日では，病院や診療所を始めとする医療機関等で提供される医療に関するサービスを総称して用いられることが多い。[森光]

医療少年院 （いりょうしょうねんいん）

少年院法で定められており，家裁の審判などで「医療措置が必要」と認定された14歳以上26歳未満の少年の治療と矯正教育を行う施設。全国に4か所あり，精神障害，けがなどの治療の他，知的障害や情緒障害のある少年に対応した特別な教育を行っている。精神科，内科，外科などの医師が常勤。教育面では基本的な生活習慣を身に付けさせることの他に，心理療法として心理劇や音楽療法などを取り入れた指導を行っている。[長谷川]

医療制度 （いりょうせいど）

社会保険により運営される，主として疾病治療とリハビリテーションのための制度である。基本は国民皆保険であり，社会保険による医療がすべての国民に補償されている。保険診療においては，診察，薬剤，治療材料，処置，手術，入院，看護，在宅医療などの診療行為は現物給付され，患者は一部の自己負担を支払う。[吉田]
→社会保険

医療的ケア （いりょうてき——）

医療・在宅医療の進歩やノーマライゼーションの理念の普及に伴い，養護学校に在籍する児童生徒の障害の重度・重複化や多様化の傾向が著しくなっている状況を踏まえ，児童生徒等の障害の種類，程度に応じた医療的ケアの重要性が指摘されている。医療的ケアには，在宅医療で医師の指示のもと保護者がわが子に行う行為と，学校における医療的ケア（日常的・応急的手当）が挙げられる。一般に学校での「医療的ケア」と呼ばれている行為は，医師の指示を受け保護者が家庭で実施している医療的ケアのうち，学校で実施しても比較的危険性の少ないもので，①咽頭より手前の痰の吸引，②自己導尿の補助，③咳や嘔吐，喘鳴等問題のない児童生徒で，留置されている管からの注入による経管栄養等であるといわれている。日常的に医療的ケアが必要な児童生徒等への対応について，1998（平成10）年度より国から都道府県教育委員会に委嘱し調査研究を行ってきたが，これまでの医療的ケアの実施に係わる調査研究の結果を踏まえ，文部科学省と厚生労働省では，今後の養護学校における医療的ケアの実施体制の整備について検討を行っている。[田嶋]

医療電子工学 （いりょうでんしこうがく）

メディカル・エンジニアリング，医用工学，医用電子工学ともいう。電子工学技術を医学に応用する学問を指す。代表的なものにレーザーなどを用いた外科的処置の他に，近年では，補装具などの開発・研究を行うリハビリテーション工学など福祉分野にもその幅を広げている。[吉田]

医療費 （いりょうひ）

医療機関において診断，治療を受けた時

に，健康保険法に定められた診療報酬に基づいて計算した費用で，医療機関が受け取る金額のこと。この費用には，診療費の他，医薬品の購入費，検査費，入院費や在宅療養費などが含まる。[森光]

医療保険　(いりょうほけん)

加入者が掛け金を払い込むことにより，もし将来病気になった時に治療に要する費用が保険から支払われる制度で，各個人の病気になるという危険（リスク）を個人間で相互にプールし合って，集団的に医療費の危険負担を行うもの。日本を含め多くの諸外国で社会保険として運営されているが，米国では私保険が主流となっている。[森光]
→社会保険

医療保障　(いりょうほしょう)

医療に関する社会保障であり，具体的には様々な医療保険制度を指している。日本では1961年に国民皆保険体制が実現した。代表的な医療保険制度である国民健康保険法は1938年に制定されたが，その後しばしば改正されている。2002年の改正では，被用者保険本人の3割負担の導入などが決まった。老人医療は1973年から無料化が実施されたが，その後老人保健法（1983年施行）によって一部負担が導入されている。また介護保険法の施行（2000年）に伴い，医療保険の対象となっていた一部の費用は，介護保険の費用に移行した。[渡邉]
→国民皆保険体制，国民健康保険，老人医療，老人保健法，介護保険，介護保険制度

陰萎　(いんい)

陰茎が勃起しないことによる性交障害。勃起障害（ED）と同義。[五十嵐]
→陰茎

陰核　(いんかく)

英語名クリトリス。女性外性器の一部で小陰唇の上縁にあり，男性の陰茎（ペニス）に相当する。ペニスに比べ，非常に小さく，尿道は通っていない。ペニスと同様，包皮を持ち，刺激に敏感で性的興奮時に勃起し，オーガズムに至る性感を生じる。[大川]

陰茎　(いんけい)

ペニス。男性生殖器の一部。先端に亀頭があり，亀頭包皮に覆われている。中心部に白膜で覆われた陰茎海綿体があり，腹側に尿道海綿体に包まれた尿道が走っている。性的興奮や陰茎への機械的刺激により海綿体に血液が充満し，勃起が起こる。[五十嵐]

飲酒　(いんしゅ)

酒を飲む行為は，古来より宗教や社交の儀礼や慣習として営まれ，多くの社会や民族において独特の文化を形成している。また対人関係を円滑に調整したり，ストレスの緩和などの役割も担っている。一方，不適正な飲酒は，アルコール依存症や肝臓病などの弊害をもたらす。経口摂取されたアルコールは胃から約20％，小腸から約80％が吸収され血中に入り，大部分が肝臓でアセトアルデヒドを経て酢酸に分解される。酢酸は，筋肉や脂肪組織などで水と二酸化炭素に分解されて体外に排出される。血中アルコールが脳に到達すると，脳の神経細胞に作用しその働きを抑制して麻痺させる。ビールは633mℓ，日本酒は180mℓ，ウイスキーは60mℓ，焼酎は110mℓが，アルコール摂取量の基準である酒の1単位と評価し，1単位を純アルコールに換算すると約23gとなる。体重約60kgの人が30分以内に摂取した場合，1単位のアルコールは約3時間体内に留まる。[笠井]
→アルコール，アルデヒド

インスリン

生体の代謝に関与する最重要ホルモンである。膵ランゲルハンス島のβ細胞で生合成される。同化ホルモンで筋肉，脂肪組織及び肝細胞にグルコースの取り込みを促し，グリコーゲンの合成を刺激して血糖を低下させる。

インスリンの絶対的あるいは相対的不足によって糖尿病が引き起こされる。[木村]
→グリコーゲン，糖尿病

インスリン依存型糖尿病
（——いぞんがたとうにょうびょう）

糖尿病の病態による分類で，膵臓β細胞から分泌されるインスリンが絶対的に欠乏し，生命維持のためにはインスリン製剤による治療が不可欠のものである。[松本☆]
→糖尿病

インスリン非依存型糖尿病
（——ひいぞんがたとうにょうびょう）

自己のインスリン分泌能が低下しており，血糖コントロールがインスリン製剤を用いなくても可能な場合と，インスリン製剤が必要な場合とに分けられる。治療法は経口薬か，またはインスリン製剤による。上記の分類に対して，2000年に日本糖尿病学会が糖尿病を成因と病態の両面から分類し，糖尿病と耐糖能（経口ブドウ糖負荷試験で負荷前後の血糖値の変動や時間的経過で負荷前の血糖への復帰の経過）低下を来す疾患として，表のように示した。この分類ではインスリン依存型が1型に，インスリン非依存型が2型にほぼ当てはまるが，さらにその他の特定の機序，疾患によるものと妊娠糖尿病に分けられた。
[松本☆]
→糖尿病

I．1型
β細胞の破壊，通常は絶対的インスリン欠乏に至る。 1）自己免疫性 2）特発性
II．2型
インスリン分泌低下を主体とするものとインスリン抵抗性が主体で，それにインスリンの相対的不足を伴うものなどがある。
III．その他の特定の機序，疾患によるもの
A．遺伝因子として遺伝子異常が同定されたもの ①膵臓β細胞機能にかかわる遺伝子異常 ②インスリン作用の伝達機構にかかわる遺伝子異常 B．他の疾患，条件に伴うもの ①膵外分泌疾患 ②内分泌疾患 ③肝疾患 ④薬剤や化学物質によるもの ⑤感染症 ⑥免疫機序によるまれな病態 ⑦その他の遺伝的症候群で糖尿病を伴うことの多いもの
IV．妊娠糖尿病
妊娠によって引き起こされた耐糖能低下

インセスト・タブー

相互に近親関係にあるとされる人物どうしが，性関係及び婚姻関係を結ぶことを禁止するような社会規範全般を指す。「近親相姦の禁忌」という日本語をあてることもできるが，「近親相姦」が母子間や父娘間，兄弟姉妹間等の性関係を連想させやすいのに対し，学術用語としての「インセスト」は，当事者間の血縁関係の有無，面識の有無にかかわらず，結婚と性関係を禁止する範囲を広く指し示すより包括的な概念として多くの研究者に用いられてきた。同じ姓を持つもの同士の婚姻を禁ずる中国や韓国の同姓不婚（もしくは同姓同本不婚）などもまた，広義のインセスト・タブーの一例である。また，人類にはほぼ普遍的に見られるものと考えられており，多くの学者がその理由を同定しようと試みてきた。医学者や心理学者，精神分析学者なども様々な分析を加えてきたが，現時点までで最も広く受け入れられている解釈は，文化人類学者レヴィ・ストロースの「親族内部での女性の自家消費を避け，女性を外部へ婚出させて広い社会関係を確立しようとする人間の無意識的心性」に基づくとするものであろう。
[綾部]

インターフェロン

　interferon（IFN）。ウイルス抑制因子として発見された糖タンパク。Ⅰ型IFNに分類されるIFN-α，β，ωとⅡ型IFNに分類されるIFN-γの4種類がある。IFN-ω以外は臨床応用されており，C型肝炎ウィルスの排除や，腎がん，悪性黒色腫，形質細胞腫のような悪性腫瘍に対し抗腫瘍薬として使用されている。［五十嵐］

インテーク

　クライエントとの面接において，クライエントの主訴（問題），生育史，来談までの経緯等をインテーク用紙（クライエントが事前に記入したもの）及び面接から聴きとりながら，アセスメント（心理査定），援助方法を含めた治療方針を立て，治療経過全体の見通しを立てることをいう。［井戸］

咽頭結膜熱　（いんとうけつまくねつ）

　主としてアデノウイルス3型によるウイルス性結膜炎でプール熱ともいう。5～6日の潜伏期の後に，急性濾胞性結膜炎が発症する。30～40度の発熱，咽頭痛があり，眼症状は結膜充血，眼痛，眼脂がある。7日ぐらいで治癒する。角膜炎などの併発はない。飛沫感染をする。小児・学童などの罹患が高く，学校において流行が広がる可能性がある。登校は原則として，主要症状が消褪した後2日を経過するまで出席停止とする（学校保健法施行規則第2章，第20条）。治療を要する。［朝広］

院内感染　（いんないかんせん）

　①医療施設における入院患者が原疾患とは別に新たに罹患した感染症，②医療従事者が病院内において感染した感染症のこと。人から人又は医療器具などを媒介として感染する。特に，免疫力の低下した患者や新生児，老人などは通常の病原微生物だけではなく，感染力の弱い細菌により院内感染（日和見感染）を起こす場合がある。院内感染を引き起こす微生物は細菌，真菌，ウイルス，原虫・寄生虫等多数ある。特に易感染患者にとって危険性のある細菌としては，メチシリン耐性黄色ブドウ球菌，バンコマイシン耐性黄色ブドウ球菌，セラチア，レジオネラ菌等がある。感染経路は接触感染，空気感染，飛沫感染等が主である。［鬼頭］

インピンジメント症候群　（――しょうこうぐん）

　上腕骨頭と烏口肩峰靱帯と肩峰とで形成されるドームとの間で回旋筋腱板が挟みこまれ腱板炎や肩峰下滑液包炎を生じる症候群。野球のスローイング，テニスのサーブ，水泳のストロークなどで生じることが多い。上腕を肩より高く挙げたり，上腕を強く外転せると痛みが生じる。上腕を60度から120度外転すると痛みは強くなる。局所の安静の後，理学療法，ストレッチング，筋力トレーニング等の保存療法を行う。症状の改善されない時には関節鏡視下手術を行う。［森川］

インフォームドコンセント

　医師が患者に対して行う医療行為における医師の患者に対する説明と患者の同意のことをいう。医師は病名や病状の他，治療法や検査法について複数の選択肢を用意し，個々の患者にそれぞれの選択肢の長所や短所を含め納得できるように説明する義務がある。患者はその説明を受け，示された選択肢の中から治療法や検査法を選択し，検査又は治療のために医学的侵襲を受けることに同意する権利がある。このような患者個人の権利と医師の義務という見地から見た法的概念を示している。［森光］

インフルエンザ

　A型，B型とC型のインフルエンザウイルス（オルソミクソウイルス科）が気道に飛沫（空気）感染し，粘膜上皮細胞で増殖して上気道から気管支に及ぶ炎症を形成する状態をいう。また，この結果，粘膜上皮細胞の線毛

は脱落して，感染に対して無防備となった肺への細菌感染に伴う諸症状をも含めていう。症例は多くはないが，乳幼児のインフルエンザ脳症が報告され始めている。本症は，「スペインかぜ」「香港かぜ」「ソ連かぜ」などの俗称で呼ばれ死者，数千万人規模の歴史的世界大流行を起こしてきた。このウイルスは鳥類，ブタとヒトの間に相互に感染できる性質を有し，複製の機会が多いために遺伝子の突然変異が蓄積しやすい。人類が免疫を持たない変異株の出現は，大流行の原因になる。最近では，1997年に香港に出現した致死性のA型変異株は，すべての家禽を処分する方法で防疫に成功した。予防はワクチン接種によるが，死亡率の高い小児と老人を中心に任意接種が勧められている。抗ウイルス薬と酵素抗体法による迅速ウイルス検査の両方が臨床利用可能になって，A型とB型ウイルスによる本症の治療が行われるようになった。[田神]
→鳥インフルエンザ

インポテンス

日本性機能学会では「性交時に有効な勃起が得られないため満足な性交が行えない状態」と定義している。勃起は正常であるが，精神的な要因などにより性交ができないものを機能的インポテンス，神経や内分泌などの障害によるものを器質的インポテンスという。前者の多くはストレスなど心因性であり，カウンセリングや精神療法，行動療法が有効である。後者では基礎疾患の治療が優先されるが補助装具が使われることもある。[北村]

VRE （ヴぃーあーるぃー）

→バンコマイシン耐性腸球菌

VDT作業 （ヴぃーでぃーてぃーさぎょう）

ワープロやパソコンなどのディスプレイ，キーボード等により構成されるVDT (visual display terminals) 機器を使用して，データの入力・検索・照合等，文章・画像等の作成・編集・修正等，プログラミング，監視等を行う作業をいう。厚生労働省はVDT作業者の心身の負担をより軽減するため，「VDT作業における労働衛生管理のためのガイドライン」(2002年)を策定した。[松本健]

ウイルス

遺伝子（RNA又はDNAのどちらか）がタンパクの殻に囲まれた構造を持つ微生物。ウイルスによっては，タンパクの殻の外側をさらに脂質を含む被膜（エンベロープ）が囲む。大きさは0.1ミクロン（0.0001ミリメートル）以下なので，光学顕微鏡では見えない。生きた細胞の中でのみ，細胞の核酸合成，タンパク合成機構を利用して自分自身を複製する。つまり細胞内でウイルス遺伝子に指令されたウイルスタンパクが合成されると同時に，ウイルス遺伝子も複製されて，その遺伝子の周りをタンパクの殻が囲んで，多数の新しいウイルス粒子が生ずる。ここが細菌と根本的に異なる点である。細菌はそれ自身が細胞で，栄養分を含む培地で二分裂しながら増殖する。ウイルスは細胞外では無生物として挙動するが，ウイルス核酸，タンパクが変性を受けると，細胞内での増殖能を失う。紫外線照射，煮沸（100℃加熱），70%エチルアルコール，0.1%次亜塩素酸ソーダなどが消毒に使われる。有機溶媒や逆性石鹸は外被を持つウイルスを不活化する。ウイルスの種類によって，乾燥に強いものと弱いものがある。細菌に有効な抗生物質はウイルスに無効である。人間の細胞で増殖するウイルスが人間に病気を起こす。多くのウイルスはヒトに感染しても一過性感染で終わる。人体の免疫機構によって排除されるからである。通常，幼少時に感染した方が成人になって感染するより症状が軽い。感染による症状をさらに軽くさせるためには，前もってワクチン接種によって免疫をつけておく。不活化ウイルス粒子ワクチンと弱毒生ウイルスワクチンがある。前者にはインフルエンザ，A型肝炎，狂犬病など，後者には麻疹，風疹，水痘，黄熱

などがある。ポリオに対しては，弱毒生ワクチンが使われてきたが，将来は不活化ワクチンの方向で進んでいる。エイズウイルス（HIV）には今のところ有効なワクチンはない。[井上]
→遺伝子，リボ核酸，デオキシリボ核酸，免疫，ワクチン

ウイルス性肝炎 （——せいかんえん）

ウイルス感染にともなう肝臓の炎症性疾患の総称。つまり，ウイルス感染した肝細胞を自己の免疫細胞が攻撃することによって細胞が破壊されて発症する。黄疸症状にまわりの人が気付いて発見されることが多い。急性症状は劇症型で致死的，慢性症状は肝硬変型と呼ばれ肝臓がんに移行すると考えられている。ヒトに感染する原因ウイルスは，経口感染するA型とE型，輸血，注射針の使い回しや医療従事者の医療事故，性行為のような血液感染をするB型，C型，D型とG型，さらにどちらの経路でも感染すると考えられているTTウイルスの7種類が知られている。本疾患の劇症型による年間死亡者数は，約5,000名である。経口感染の予防は，肉や魚介類の調理法の改善，し尿の完全処理とワクチン接種が行われる。血液感染の予防は，輸血用血液のスクリーニングによって輸血後感染の撲滅が図られている。B型についてはワクチンが市販されている。治療には，ウイルス排除を目的とした長期間のインターフェロン投与と免疫グロブリン療法，肝臓の症状を押さえる対症療法が行われる。[田神]

ウイルス性結膜炎 （——せいけつまくえん）

ウイルス感染が原因で発症する結膜炎。次の3症状がある。急性出血性結膜炎は，エンテロウイルス70型とコクサッキーウイルスA24変異型が原因ウイルスとなって発症する。角結膜炎は，アデノウイルス8型，単純ヘルペスウイルスと水痘－帯状疱疹ウイルスが原因である。また，咽頭結膜熱はアデノウイルス3型，4型及び7型が原因である。[田神]

ウイルス性疾患 （——せいしっかん）

ウイルス感染が原因で発症する疾病の総称。[田神]

ウィンドウ・ピリオド

HIVに感染してから血液検査で検出可能な量のHIV抗体ができるまでの期間のことで，平均22日間，人によってはおよそ2か月間かかることもあり，この期間は，HIV感染があっても血液検査では陰性と判定されるため，すり抜けてしまう可能性があることから，このように呼ばれている。日本でも，少数ながら，この期間の献血血液による感染が報告されている。[渡部]
→HIV，HIV抗体検査

ウェクスラー式知能検査 （——しきちのうけんさ）

ウェクスラー児童知能検査とウェクスラー成人知能検査がある。これらの検査は，1939年にニューヨーク大学教授であったウェクスラーによって作られた。これらの検査の特徴は，検査を言語性検査と動作性検査の2つの検査に分けている点である。そして，それぞれの検査において知能指数を測定することが可能になっている。また，この検査は知能指数だけではなく人格特性を検査することもできる。[大久保]
→知能テスト，知能

う歯 （うし）

う蝕。むし歯。口腔内の連鎖球菌（ミュータンス菌）がしょ糖（砂糖）を素材にして歯面に歯垢を生成する。この歯垢にブドウ糖など各種の炭水化物が浸透し，歯垢内の細菌の作用を受け代謝され乳酸が生成される。この有機酸が歯表面結晶を脱灰し，う窩として肉眼的に観察される。学校における健康診断で最も多く検出される疾患である。わが国のう歯被患は先進国の中で依然としてトップクラスであって，第1大臼歯は12歳の1人平均う

歯数は平均2.6歯であり，歯がはえて間もない2～3年間が最もう歯に罹りやすい。近年，児童生徒の口腔内環境が改善され被患率も低下し，軽症になっているので，初期う歯の検出も明らかにう窩であるものとし，検出基準の目を荒く（COの導入）し，児童生徒の保健指導の充実を図るようにした。予防法としては，①規則的な間食摂取，特に就寝前は注意，②歯面の汚れの歯磨き，③フッ素化合物の応用などが有効である。[赤坂]

→歯垢，ミュースタンス連鎖球菌

う蝕活動性試験　（うしょくかつどうせいしけん）

ある時点から一定期間に，ある（個）人が新しいむし歯を発生しやすい状態かどうか，あるいは，現在有するむし歯が進行しやすいかどうかを検査する方法である。採取した唾液，歯垢等の細菌数，pH変化，あるいは酸産生能などを指標に判定する。[田代]

宇宙船地球号　（うちゅうせんちきゅうごう）

リチャード・バックミンスター・フラー（1895-1983）によって提唱された概念で，地球を宇宙に存在する1つの宇宙船に見立て，人類を一乗組員として相対化する観点から発生した言葉。主に地球環境問題を論じる際に使用される。[大澤崇]

うつ病　（――びょう）

感情障害であり，その症状は抑うつ気分，精神運動の抑制（意欲や行為面の障害）睡眠障害（早朝覚醒が特徴），疲労倦怠感，注意集中力の減退，自己評価の低下，自信喪失，罪悪感と無価値感，将来に対する希望のない悲観的な見方，自傷あるいは自殺の観念や行為などがみられる。また，各種の自律神経機能障害（呼吸困難などの呼吸器系，心悸亢進などの心臓血管系，食欲不振・悪心嘔吐などの消化器系，頻尿などの尿路器官の症状）や内分泌機能障害などが合併し，身体的愁訴（頭重，頭痛，めまい，耳なり，異常感覚，背部，関節痛）などもみられることがある。

最近のうつ病の特徴は，軽症化しており，身体化障害，老年期のうつ病の増加，心気的訴えが強いタイプ，遷延例などが増加している。うつ病の出現率は17%であり，そのうち大うつ病は6.9%，小うつ病は1.1%，症状性うつ病は8.3%である。2001年の自殺者は29,300人でそのうちの78%はうつ病であると推定されている。[猪股]

右脳・左脳　（うのう・さのう）

アメリカの大脳生理学者であるスペリー博士によって，大脳の右半球と左半球で分業制があることが示された。頭蓋骨内においては，左右に1つずつ大きな半球がある。この左右の両半球は脳梁と呼ばれる部位によって結合している。右側の半球つまり右脳は左半身の神経・感覚を司り，左側の半球である左脳は右半身の神経・感覚につながっている。さらに，代数的・言語的・論理的な思考や行動は主に左脳の働きであるとされ，対して右脳ではイメージ力・絵画的認識力などが活発に働き，主に幾何的・直観的・全体的な思考や行動を司っているとされている。しかし，実際は右脳と左脳は完全に分業しているわけではなく，相互補完し協調しながら統制をとっている。したがって，脳の発達途中にどちらかの半球の一部の働きを失ったとしても，発達過程でもう一方の半球がその役目を代わりに果たすといったこともある。[大久保]

運動技能　（うんどうぎのう）

運動者が個人や集団・チームの運動課題を解決し，運動を遂行するための総合的な能力。運動技能には個々の発育，発達状態や体力に応じた身体の動かし方（操作）や動き方（移動）がある。個人の運動技能では，四肢や体幹部の調和のとれた適切な位置や動きを表現・遂行・感知する能力，外に力を発揮したり用器具を用いる場合には，用具やボールなど力の作用点に対する自分の身体部位の位置や動き，力の発揮の程度，リズム，タイミングなど把握・表現できることが重要な要素

である。自分と飛んでくるボールやゴールの位置関係を把握できることなど，空間的な位置関係を動的に認識する能力も重要な運動技能である。また，集団における運動技能は攻撃，防御など，自チームや対戦チームの選手のポジショニングと状況判断，それに応じたポジショニングなどがある。運動技術は運動技能を向上させるための動きや運動の方法，戦術など客観的情報を体系化・一般化したものである。［國土］

運動失語 （うんどうしつご）

下前頭回後部（Brodmannのarea44）で前頭弁蓋に相当する部分の障害。ブローカ失語ともいう。言葉の了解は比較的良好で自発言語が障害される。言葉は流暢でなく，発音も悪く言葉の出だしが悪い。前置詞，助詞を省いた名詞のみの言葉となる。復唱は常に障害される。書字も常に障害され，書きなぐったような，誤りの多い字となる。［角南兼］
→ブローカ中枢

運動失行 （うんどうしっこう）

筋力低下，運動失調，筋トーヌスの異常などがないにもかかわらず，命ぜられた運動がスムーズにできず拙劣になる現象をいう。どこに出現するかにより，肢節運動失行，顔面失行，開眼失行，眼球運動失行，歩行失行などがある。例えば肢節運動失行では，麻痺がないにもかかわらずボタンを止める，細い紐を結ぶなどを行わせてもできなくなる。［角南兼］

運動失調症 （うんどうしっちょうしょう）

1つの運動又は動作をする場合には，いくつかの筋が共同して働くが，個々の筋群には麻痺がないのに，制御機能の障害によって運動がうまくいかない状態を，運動失調という。脊髄性，小脳性，迷路性，大脳性に分けられる。［角南兼］

運動障害 （うんどうしょうがい）

筋力低下，失調症，不随意運動，筋トーヌス異常，骨・筋・関節の障害，体幹・四肢の変形あるいは欠損等により，日常生活に何らかの運動制限をもたらす状態である。失行など大脳高位機能障害，前庭迷路系障害，深部感覚障害による運動機能障害も含まれる。［角南兼］

運動処方 （うんどうしょほう）

運動の効用を最大限に生かし，危険性を最小限に抑えるように，運動の種類，強度，時間，及び頻度などの条件を決める手続きのことである。基本条件は「安全である」「効果が大きい」「楽しい」である。同じ運動でも楽しみながらするか否かで効果が異なる。運動する人の年齢，体力，健康状態などの個人の条件，運動の目的によって処方される運動内容は異なる。処方の前に行う検査はメディカルチェックと体力テストである。これによって，リスクファクターの検出と運動耐容能を評価する。事前検査に基づいて運動の可否を決定し，運動を可とするものに対しては，一般原則に基づいて運動内容を決定し，一定期間試行しながら必要な微調整を加えて，的確な運動処方を完成させる。一般的に，運動種目として有酸素運動が用いられ，強度は最大酸素摂取量の40〜80％の範囲から選定し，1回の運動時間は20〜40分で，頻度は週3〜6回が適当である。［西嶋］

運動神経 （うんどうしんけい）

一般にニューロンの軸索すなわち神経線維が骨格筋線維に直接分布し，神経筋接合部を介してこれらを支配している場合，そのニューロンのことをいう。脊椎動物では，運動神経の細胞体は脊髄前角にあり，細胞体や樹状突起の表面には求心性線維，遠心性線維，介在ニューロンなどの神経終末が多数のシナプスを形成している。［角南兼］

運動性動脈血低酸素症
（うんどうせいどうみゃくけつていさんそしょう）

　持久性の身体トレーニングを継続している運動選手が，強度の運動を持続した時に生じる，動脈血酸素飽和度の低下した状態をいう。これは一流のスポーツ選手の心循環系や活動筋の代謝系の機能が高度に向上しているのに対し，肺におけるガス交換系には限界があり，機能的制限が加わることを意味する。長時間の激しい持久的運動におけるパフォーマンスの制限因子として肺拡散能を考慮する必要がある。［礒辺啓］
→ガス交換

運動性無月経　（うんどうせいむげっけい）

　激しいトレーニングを重ねたりして，初経発来が遅延したり，月経が停止することをいう。特にバレリーナ，長距離選手や体操選手に観察されることが多い。ストレス，体脂肪の減少の影響が強い。通常はトレーニング量を軽減すれば回復する。［田中宏］
→月経，無月経

運動能力　（うんどうのうりょく）

　走運動，跳躍運動，投てき運動などのような身体運動に要求され，発揮される能力である。運動技能よりも広義な概念である。能力は課題を成し遂げるために要求され，個人に潜在する比較的安定した特性である。能力特性には先天性のものと発達過程で学習により後天的に獲得したものとがある。能力特性は一連の技能の遂行を基礎づけ，成人においては変容を受け入れることは少ない。運動能力は具体的な運動課題遂行の効率に対応し，学習によって容易に変化する。運動能力は複数の運動課題の遂行に共通に関与するもの（共通因子）と仮定されており，各運動課題の成績（パフォーマンス）との関連で検討される。因子分析などの統計的手法により，複数の運動課題における共通因子として推定される。［西嶋］

運動発達　（うんどうはったつ）

　乳幼児期から成人に至るまでの運動能力や運動技能の発達であり，新たな動作が獲得されるような質的な発達と，筋力や持久力などが向上するような量的な発達に分類される。一般的に，運動能力や運動技能は，その運動課題によって発達時期が異なり，発達が最も促進される至適期がある。乳児期では身体を支える支持能力の発達が著しく，それに続く移動能力の発達は幼児期まで続く。また，幼児期から10～12歳までの思春期開始前では神経系の発達に伴う「動き」や身体をコントロールする能力の発達が著しい。このような身体調整能力は運動能力の基礎をなし，将来の運動能力を大きく左右する。思春期には呼吸循環器系を中心とした持久力，思春期後期では筋力やパワーなどの発達が著しい。運動能力は自然に発達するという考え方もあるが，学校生活や家庭生活などの生活環境中で，視覚的な刺激も含めた運動経験により発達が促進される。［國土］
→運動能力，運動技能

運動負荷心電図検査
（うんどうふかしんでんずけんさ）

　心電図は，心臓の動きを電気信号に変えて記録したものである。安静にしている時の心電図では異常がなくても，運動をした時の心電図には異常があって，これを事前に見つければ，運動中の突然死を予防できる可能性が高くなる。この目的で行う検査が運動負荷心電図検査である。［村田］
→心電図

運動不足病　（うんどうぶそくびょう）

　身体活動の不足が一因である病気で，廃用症候群の1つ。一般に，肥満，高血圧症，高脂血症，糖尿病，動脈硬化症，骨粗鬆症，老年期痴呆症で，がんを除いた生活習慣病に相当。1956年にハンス・クラウスとウイルヘルム・ラープが命名。リハビリテーションの領

域では，筋力低下，心肺機能低下，起立性低血圧，骨萎縮，関節拘縮，褥瘡も指す。［稲垣］
→生活習慣病

運動麻痺 （うんどうまひ）

運動を支配する神経系が障害されると，筋肉の随意運動ができなくなる。この症状のことをいう。運動麻痺はその障害部位によって，中枢性麻痺と末梢性麻痺に分類される。また，麻痺の性質によって痙性麻痺と弛緩性麻痺に，そして麻痺の強さによって完全麻痺と不完全麻痺とに分類される。［角南兼］
→麻痺，随意運動

運動誘発アナフィラキシー
（うんどうゆうはつ——）

運動開始5～30分後に，10～15mmの蕁麻疹，掻痒，血管性浮腫が出現する。重症ではぜん鳴，血圧低下を呈し，アナフィラキシーとなる。患者の多くは若い運動選手とされていたが，近年の運動人口の増加に伴い，患者数も増加傾向にある。痒みが生じた場合，運動中止，その後の運動軽減，エピネフリン自己注射の用意が必要である。［吉田］
→アナフィラキシー，食物依存性運動誘発アナフィラキシー

運動誘発性ぜん息 （うんどうゆうはつせいぜんそく）

ぜん息とは気管及び気管支の種々の刺激に対する反応性の亢進を特徴とし，気道系の広範な狭窄を生じ，その強さが自然に，あるいは治療により変化する疾患をいう。ただし，慢性の気管支炎，肺の破壊的疾患，心血管系疾患によるものは除かれる。非アレルギー性の原因で気道過敏性が出現する喘息のうち，運動時の過換気により誘発されるものを運動誘発性喘息という。ウォーミングアップやインタールの運動前吸入などがその予防に有用であり，また水泳では起きにくいとされる。
［磯辺啓］
→ぜん息

運動誘発性低酸素血症
（うんどうゆうはつせいていさんそけっしょう）

運動に起因する動脈血酸素分圧の低下。肺でのガス交換が満足に行えない場合，動脈血への酸素供給は低下し，動脈血二酸化炭素濃度や水素イオン濃度は，ほぼ正常あるいは増加する。肺に障害を持つ患者が運動を行うと，酸素分圧低下と共に二酸化炭素分圧や水素イオン濃度をも同時に増加させ，極端に強い換気刺激が生じる。［村松］

運動領 （うんどうりょう）

前頭葉の中心前回から，これに続く中心傍小葉前部にある。脳地図では4野になる。第5層のベッツの巨大錐体細胞から生じた軸索は皮質脊髄路となる。運動領には体部位局在あり，中心前回の上端部は下肢，上部と中央部は上肢，下部は顔面，舌の運動を支配する。体幹の支配域は下肢と上肢の間の狭い領域となる。［角南兼］

運動療法 （うんどうりょうほう）

習慣的な運動により疾病の治療を行うことをいう。糖尿病，高脂血症，肥満，高血圧などの内科的疾患と，腰痛症や変形性関節症などの整形外科的疾患が対象となる。前者は運動の質と量の選択で生じる刺激に対する代謝改善により，また後者は筋の増強により治療効果が生まれる。［田中宏］

エアバッグ

衝突の際に瞬間的に窒素ガスを充満させることにより空気袋（エアバッグ）を膨らませ，運転席や助手席にいる人の体が前に飛び出すのを防ぐ装置である。自動車の前部に強い衝撃が加わった時に作動し，重大なけがを防ぐ効果がある。しかし，シートベルトを着用しないと効果が発揮されないし，逆にエアバッグによってけがをすることもある。特に子どもは生命に関わる重大な傷害を受ける恐れがあるので，後部座席で，シートベルトを

着用させる（あるいはチャイルドシートに座らせる）べきである。[家田]
→シートベルト，チャイルドシート

エアロゾル

　大気中に浮遊している様々な種類の固体あるいは液体の微細な粒子。エアロゾルのうち粒径が2.5マイクロメートル以下の微小粒子を特にPM2.5といい，健康に与える障害が特に大きい。米国を中心とした疫学研究ではPM2.5の環境濃度と呼吸器・循環器系疾患による死亡や発症との間に有意な相関が認められている。[大澤巣]

エイジング

　加齢と同義。人は新生児期から思春期までの急激な発育発達を経て成人に達し，その後はゆっくりと形態的，機能的に低下あるいは退行していき，ついには死に至る。この誕生とともに始まり，死に至るまでの生涯を通じての心身の変化の過程のことをいうが，このうち，老化過程をのみ強調してエイジングという場合が多い。老化としてのエイジングは次の基準を満たす場合をいう。時間の経過とともに進行し，ついには死に至る，減少的な肉体的変化（構造的及び機能的）を指す。寿命の最終局面に限られるものではなく，成長がピークに達した後の退行期の変化である。老化現象として次の4つの基準を満足するものを老化とする，①普遍性：生命あるものすべてに起こる現象，②固有性：出生，発育，死といった現象と同じく固体に内在するものであり，必然的に生ずる現象，③進行性：突発的なものではなく，固体を構成する細胞や細胞間物質の変化が経年的に蓄積されて徐々に固体に現れてくる過程，④有害性：老化現象で最も特徴的なもの，機能は直線的に低下し，死の確率は加齢とともに対数的に増加する。これらの影響は，視覚と聴覚に最も早く現れ，次に単純な運動機能，最後に筋の協調性などの複雑な機能に現れる。中でも運動系の機能は加齢の影響を顕著に受け，成人以降最も早く急激な低下を示す要素の1つである。[西嶋]
→加齢現象，老化

エイズ

　AIDS（acquired immunodeficiency syndrome）。後天性免疫不全症候群。ヒト免疫不全ウイルス（HIV：human immunodeficiency virus）はレトロウイルスに属する。このウイルスの特徴は，遺伝子RNAが感染細胞内でDNAとなり，それが細胞DNAの中に組み込まれ持続感染が起こることである。感染する細胞は免疫系の細胞（CD4陽性Tリンパ球，マクロファージ）で，ウイルスが増殖すると感染細胞が破壊されるが，さらに新たな細胞に感染していく。ウイルス遺伝子にはこの間どんどん変異が起こる。この過程が長く続くと（平均10年），最終的に細胞の供給がなくなり，免疫系の機能不全が生ずる。すると，通常は病原性のない微生物が体内の様々な場所で増殖し（日和見感染），腫瘍が発生する（日和見腫瘍）。この状態をエイズと呼ぶ。肺に常在していたカリニ真菌による肺炎，サイトメガロウイルスによる網膜炎，腸内細菌による下痢などが起こり，重症である。常在していない通常の病原体に感染すれば，免疫能が低下しているので極めて重症になる。腫瘍ではカポジ肉腫が発生しやすい。HIVの感染経路は，性接触，母子，血液製剤，注射器共用である。性接触では男性同性愛行為の方が異性愛行為より感染が起こりやすい。血液製剤では，過去に血友病治療製剤がウイルスに汚染されて薬害エイズが起こったが，現在はウイルス不活化の処理がなされて安全になった。医療現場での注射器の共用は先進国では今は行われていない。しかし，麻薬中毒者間での注射器の回し打ちによるHIV伝播は，先進国・途上国で起こっている。HIVに感染しても平均10年間の潜伏期には症状なく，血液検査をしない限り感染がわからないので，その間に無意識にウイルスを他人にうつす。一方，エイズ症状が出た時

にはウイルスは大量に血液に出るが，性接触でうつすことはできなくなる。急性ウイルス感染症の場合には，症状が出た時が一番ウイルスを他人にうつしやすいのであるが，この点でHIV感染はまったく異なっている。1990年代後半から発展した抗レトロウイルス療法は，ウイルス増殖を抑える薬剤を複数併用してエイズ発症を抑えるものである。細胞DNAに組み込まれたウイルス遺伝子を排除はできないので，薬剤を長期間飲み続けなくてはならない。日本は他国に比較して性接触による感染者数が少ないが，現在，男性同性愛者，異性愛者ともに感染者が増加しつづけている。十代後半，二十代前半の異性愛感染者では男性より女性の割合が多い。予防にはコンドームの普及が最重要である。[井上]
→HIV，レトロウイルス，RNA，DNA，CD4，日和見感染，薬害エイズ

エイズ教育　（——きょういく）

エイズ感染の予防としては，知識の普及，適切な態度と行動の育成が最も重要である。したがって，エイズに関する病理の理解に並行して，免疫機構，性感染症，社会的背景，血友病と輸入血液製剤による薬害の問題，人権などエイズ感染予防に関わる様々な教育内容が含まれなければならない。特に学校では多くの機会を持つことが期待される。エイズに関する指導は，保健教育と同様に，保健体育のみならず，理科，社会，家庭などの教科のほか，特別活動などの教育活動全体を通じて適切に行われることが必要である。[笠井]

エイズ予防法　（——よぼうほう）

通称エイズ（後天性免疫不全症候群）予防法は，1989年2月より施行された。その後，1998年10月，「感染症の予防及び感染症の患者に対する医療に関する法律」（感染症新法）が公布，1999年4月より施行されたため，エイズ予防法は廃止となり，「後天性免疫不全症候群の予防に関する法律」が施行された。この法律の目的は，エイズの蔓延の防止を図ることによって公衆衛生の向上及び増進に貢献することである。全16条からなり，国及び地方公共団体に対してもエイズ予防のための施策を行い，教育活動などを通じてエイズに関する正しい知識を普及することを義務づけている。医師がHIV感染者を診断した場合は，当該感染者の居住地を管轄する都道府県知事へ，年齢及び性別，感染原因，その他厚生労働省令で定める事項を7日以内に文書で報告することが義務づけられている。また，血液凝固因子製剤による感染は報告する必要がない。[笠井]

衛生害虫　（えいせいがいちゅう）

人体に害を及ぼした実績のある生物のうち，病原体を除く一群をいう。[田神]
→衛生動物

衛生管理　（えいせいかんり）

生命を維持し，安全に生活を送るために必要な営みはすべて衛生管理である。衛生管理者は，すべての職場における労働者の健康の管理確保と快適な職場環境づくりを専門家の立場から立案・実施する業務を負う。常時50人以上の労働者を使用する事業場では，衛生管理者の資格を有する者又はその免許を受けた者の中から，労働者の数に応じ一定数以上の衛生管理者を選任し，安全衛生業務（危険や健康障害の防止，安全衛生教育，健康診断の実施・健康の保持増進，労働災害の原因及び再発防止，週1回の作業所巡視など）のうち，衛生に係わる技術的な事項を管理させなければならない。医師，歯科医師，衛生コンサルタント，保健体育（保健）又は養護教諭免許を有する常勤の教諭，大学又は高等専門学校で保健体育に関する教科を担当する常勤の教官はその資格を有する。また，衛生管理者免許試験合格者，医師，保健師，歯科医師，薬剤師は免許を受けることができる。[上地]

衛生教育 (えいせいきょういく)

宮坂忠夫は「健康教育の実際として，健康教育，衛生教育，保健教育，と使用する場所で異なって呼んでいるがいずれも同義である」とし，また，小田清一は「健康教育は衛生教育といわれることもあり，公衆衛生上重要な要素である」としており，健康教育，保健教育と同義に用いている。衛生教育という語は，安全衛生教育，食品衛生教育，労働衛生教育など，労働衛生，産業保健などの領域で用いられることが多い。[上地]

衛生行政 (えいせいぎょうせい)

憲法第25条の規定に基づき，すべての国民の健康の保持増進をはかるために国及び地方公共団体が主体となって行う公の活動である。衛生行政を担当する機関としては，中央においては厚生労働省を始めとする各省庁，地方においては都道府県及び市町村などがある。特に保健所，地域保健センターなどが第一線の機関として設置されている。わが国では1872年に文部省内に医務課が設置されたことに始まり，1874年に医制が公布され，衛生行政組織，医事，薬事，公衆衛生，医学教育について定められた。当初は急性感染症に主力が注がれたが，その後，結核，性病などの慢性感染症及び精神障害に対して法規制の実施などが行われてきた。1937年に保健所法の制定（1994年に地域保健法に改定），1938年に厚生省が設置され，行政組織の体制化が図られた。その後，公衆衛生の発展，医療供給体制の整備により，国民の健康水準は急速に改善された。最近では人口の高齢化，生活習慣病の増加に対する対策が求められている。[千葉]

衛生検査技師 (えいせいけんさぎし)

臨床検査技師，衛生検査技師等に関する法律に基づき，医師の指導監督の下に微生物学的検査，血清学的検査，血液学的検査，病理学的検査，寄生虫学的検査及び生化学的検査を行う医療系技術者である。臨床検査技師は上記の項目に加え，心電図検査，心音図検査など生理学的検査業務を行うことができる。[上地]

衛生工学 (えいせいこうがく)

人々の健康の保持・増進に関係する諸科学のうち，環境の汚染防止・保全技術を実際の場面に適用するための学問分野。もともとは上下水道の安全を確保するための土木工学が主であったが，健康観の変化や環境問題の広がりから守備範囲が広がった。例えば，毒性の強い産業廃棄物を毒性の弱いものに変更する工程といった個別の研究も，化学工業における有害物質管理方法といった包括的な研究も衛生工学に含まれる。守備範囲拡大に伴い，基礎となる学問分野も，生理学，毒性学といったヒトの個体に関するもの，土木工学，化学工学，微生物工学などの化学物質・微生物処理に関するもの，計画数学，都市計画学，公衆衛生学，経済学などの管理に関するものなど広い分野にわたるようになった。[本田]

衛生動物 (えいせいどうぶつ)

皮膚から吸血する，体内に寄生して病害をもたらす，病原体を媒介する，病原体の中間宿主である，毒物やアレルゲンをもたらす，直接的な危害を加える，食中毒を起こす，食品を劣化させる，著しい不快感や恐怖感をもたらす等によってヒトの健康を害する一群の動物をいう。[田神]

HIV (えいちあいヴぃー)

human immunodeficiency virusの略。ヒト免疫不全ウイルスのこと。ヒトに後天性免疫不全症候群（エイズ：AIDS）を発症させる病原体である。HIVに感染すると，しばらくは無症状な期間（潜伏期）が続くが，一部の人には，感染して数週間後に風邪に似た症状が現れる。ヘルパーT細胞が減少して，免疫力が低下するために，それまで免疫力に

抑えられて増殖できなかった病原体や体表面に普通に生息している微生物，細菌，ウイルスやカビ等が体内で増殖を始める日和見感染症があらわれるようになる。これがエイズの発病である。感染から発症までは通常数年を要する。HIVは，エイズ患者・HIV感染者の血液，精液，腟分泌液，母乳やリンパ組織等に含まれている。このうち日常の社会生活で感染源となり得るのは血液，精液，腟分泌液である。感染経路としては性交渉，母子垂直感染，血液感染，などが知られている。食べ物，飲み物，食器，グラス，シャワー，風呂，プール，くしゃみ，咳，握手，抱擁，便座，電話機，吊革，衣類，洗濯，その他の器物感染はしない。蚊，ハエ，ノミ等の吸鬼昆虫が媒介することはない。ネズミ，猫等の異種動物には感染しない。[鈴木耕]
→エイズ，日和見感染

HIV検査　（えいちあいヴぃーけんさ）

後天性免疫不全症候群（AIDS）の原因ウイルス（HIV）に感染しているかどうかを調べる検査のこと。通常のHIV検査では一次検査として抗体検査を行い，陽性反応があればHIVの遺伝子にコードされたタンパクを調べ確認検査とする。現在，全国の保健所等で，匿名・無料のHIV検査・相談が実施されている。また，医療機関では有料で検査を受けられる。[鈴木耕]

HIV抗体検査　（えいちあいヴぃーこうたいけんさ）

血中にHIVに対する抗体濃度を調べる検査のこと。体内に病原体が入ると，生体は病原体と闘うために，その病原体に特異的に反応する抗体を産生する。これにより，抗体は病原体を中和する。[鈴木耕]

HQC　（えいちきゅーしー）

health quality controlの略。健康の基礎となるライフスタイルの変容によって，健康問題の解決を図る主体的な健康づくり手法である。個人の社会生活行動，心身の健康状態，基本的生活習慣に関するデータを時系列に収集し，個人に固有な健康の特性要因や健康需要を把握し，ライフスタイルの変容により目標とする望ましい社会的，精神的，身体的な健康状態を獲得することができる主体的なヘルスケア及びヘルスプロモーションの手法である。[西嶋]

HTPテスト　（えいちてぃーぴー――）

バック（Buck, J. N）によって考案された投影的心理検査（描画法）である。被験者に家（house），木（tree），人物（person）を順に別々の紙に描かせ，それぞれの絵について質問し，その解答とともに，絵の形式的分析（大きさや位置等），内容分析などから知能や人格の査定・解釈が行われる。その他，一枚の紙を用いるなど様々な方法が考案されている。[小玉]

HB抗原　（えいちびーこうたい）

B型肝炎を発症する原因ウィルス関連物質である。B型肝炎は輸血後肝炎の一部に相当し，HB抗原の鋭敏な検査法が普及するにつれて患者は激減した。わが国には120～140万人のキャリアがいるといわれる。キャリアの妊婦から出生した子に，垂直感染を予防するためにヒトHBグロブリン，HBワクチンの投与が行われている。[木村]
→B型肝炎ウイルス，母子感染

栄養塩類　（えいようえんるい）

生物がその生命を維持し，正常な生活を営むために不可欠で，体外より摂取する塩類をいう。生体を構成する主要元素と微量元素のうち，一般には炭素，水素，酸素以外の主に塩類として摂取される物質を指す。水域の富栄養化に大きく関連している。自然界では，栄養塩として窒素，リン，カリウムが他の栄養塩類と比較して相対的に少なく，水域では特に窒素とリンが植物プランクトンの増殖の制限栄養因子となっている場合が多い。このため，水域に人為的活動による排水などが流

入することで，窒素やリンが過剰に補給されると，植物プランクトンが大増殖し，赤潮や水の華が発生することになる。なお，いったん植物細胞に取り込まれた栄養塩は，食物連鎖を通じて動物プランクトンや魚類などへ移行し，生物が死んで分解された後は，再度，栄養塩類として水域に戻る。[日置]
→富栄養化，赤潮，食物連鎖

栄養価　（えいようか）

食物の栄養としての価値で，栄養成分の体内利用の度合いなどによって決まる。例えば，食品中に含まれるタンパク質は，それを構成するアミノ酸の種類によって体内利用度が異なっており，タンパク質の栄養価は，必須アミノ酸（体内でまったく合成できない，又は必要量を合成できないアミノ酸）の組成によって一義的に定められている（アミノ酸価）。また，タンパク質の栄養価は，生物学的評価法（試験動物に対する栄養効果を評価する方法）によっても評価されている（生物価）。[田島]
→必須アミノ酸

栄養教育　（えいようきょういく）

健康の維持・増進，疾病予防や治療を目的とした栄養状態の改善のために，個人や個人を取り巻く環境（集団，地域自治体等）に対して，栄養学上の知識や情報を教育的手段によって伝達すること。多様化した食生活環境の中で，栄養摂取状態の過不足，アンバランス状態を改善し，個人が適正な食生活を営むために，望ましい食物選択の自己管理能力を身につけ，生活の質（QOL）の向上を目指した日常行動の変容を促すように指導を行う。また，その効果を客観的に評価し，明示することも必要である。公衆栄養における栄養教育活動の一般原則は，①必要性の検討，②計画，③実施，④評価，の手順で行われ，このプロセスを繰り返すことで目標に近づけていくことである。栄養教育を計画する際には，地域特性や実情を理解し，社会的ニーズを客観的に把握する必要がある。[田島]
→クオリティ・オブ・ライフ

栄養士　（えいようし）

栄養士法第1条により「栄養の指導を業とする」と定義され，厚生労働大臣の指定認可した養成施設で2年以上，必要な知識や技能を修得し，卒業後に各都道府県知事に申請することによって免許証が交付される。各種集団給食施設（病院，事業所，学校，老人福祉施設等）で，給食管理業務に従事する。[田島]

栄養失調　（えいようしっちょう）

栄養素摂取の質的・量的な不足による栄養障害で，体重減少，皮下脂肪減少，浮腫，血圧・体温低下などの症状を示し（栄養欠陥症），感染症や化膿を引き起こしやすくなる。また，臨床的徴候がなくても，生化学的機能に変化が認められることもある。[田島]

栄養障害　（えいようしょうがい）

摂取した食物（栄養素）の過不足や摂取栄養素の体内利用が円滑に行われていない状態。社会的，経済的，文化的及び環境的な背景に起因する集団栄養障害を起こすことがある。栄養障害には身体的な要因が大きく関与しており，①摂食障害（食欲不振，過食，口腔疾患，消化管通過障害など），②消化・吸収障害（消化液の分泌異常，消化管の機能障害など），③栄養素の代謝異常（肝機能障害，内分泌異常など），④排泄・体成分損失の増大（糖尿病，腎疾患，火傷など），⑤栄養素要求量の増加（身体活動量の増大，妊娠・授乳，発熱など），⑥栄養素の過剰摂取に大別される。[田島]

栄養所要量　（えいようしょようりょう）

国民が健康を維持し，毎日の生活活動を充実して営むために摂取すべき各栄養素の目標値を示したもので，特定の年齢や性別集団の97〜98％の人たちが1日の必要量を満たすの

に十分な量（生理的な最低必要量に安全率を加味した値）としている。第6次改定日本人の栄養所要量（2000年度～2004年度まで使用）においては，栄養欠乏症を予防する観点から，特定の年齢や性別集団における50％の人が必要量を満たすと推定される1日の摂取量を「平均必要量」とし，平均必要量に標準偏差の2倍を加えた値を「栄養所要量」として算定している。また，過剰摂取による健康障害を防止する観点から「許容上限摂取量」が策定され，栄養所要量と許容上限摂取量との間であれば，摂取安全領域であると考えられている。なお，第6次改定では，国際的動向や最新の科学的知見をふまえ，ビタミン6種類（ビタミンE，B_6，葉酸，B_{12}，ビオチン，パントテン酸），ミネラル7種類（銅，ヨウ素，マンガン，セレン，亜鉛，クロム，モリブデン）が新規項目として追加された。［田島］

栄養素　（えいようそ）

飲食物に含まれる成分のうち，生体が発育・発達及び生命維持をし，健全な生活活動を営むために不可欠な成分。通常，経口的に摂取され，消化管において体内で利用可能な形まで分解されたのち，吸収され，生体形成や生命維持・生活活動に利用される。栄養素は化学構造と生理作用によって5つに大別されており，さらに生命活動の維持に必要なエネルギーを供給する炭水化物（糖質と繊維が含まれる）・脂質・タンパク質を三大熱量素（三大栄養素），代謝を円滑にさせる無機質（ミネラル）・ビタミンは保全素として分類されている。生体にとって必要な栄養素の種類や量は，生物種，年齢，性別，労作程度によって異なっているが，栄養素の機能には①生体の構成材料（タンパク質，無機質，水），②エネルギー源（糖質，脂質，タンパク質），③物質代謝を円滑にする（ビタミン，無機質，水），などがある。［田島］

→食品成分

栄養低下　（えいようていか）

栄養素全体の量的欠乏による量的栄養不良（低栄養）で，エネルギーの代謝障害を伴う。栄養素摂取の過不足は最終的には身体的徴候として現れるので，個人の栄養状態は身体計測や生化学的検査によって判断される。栄養低下に伴う一般的な徴候としては，食欲不振，体重増加停止，精神的発育遅延，身体活動性低下，不眠，無感覚，慢性下痢あるいは便秘，吐き気，口唇・舌・肛門の腫脹，倦怠・疲労感，知覚異常，浮腫などがある。また，極端な減食による栄養低下では無月経状態を招くこともある。［田島］

栄養不良　（えいようふりょう）

栄養素全体の量的な欠乏による量的栄養不良と，ある種の成分（ビタミンやアミノ酸など）のみの欠乏による質的（部分的）栄養不良に大別される。［田島］

栄養療法　（えいようりょうほう）

人体の栄養状態を的確に把握し，疾病治療のために，制限食や強化食，特定保健用食品，健康補助食品，特別用途食品，栄養剤などを与えて，適切な栄養成分を補給すること。静脈栄養法，強制経腸栄養法，食事療法などに分類される。［田島］

AA　（えーえー）

匿名断酒会。alcoholics anonymousの頭文字をとったものである。米国で1935年に2人のアルコール依存症者によって始められた。アルコール依存症者がミーティングと呼ばれる集まりに参加し，互いの経験を分かち合うことにより，断酒を継続して人間的な回復に至る。この方法は全世界に広がるとともに，アルコール依存症だけでなく，薬物など様々な依存症の治療に使われている。わが国には1975年に導入され，現在約5,000人の会員を擁す。また，わが国には，AAの影響を受けながらも独自に発展してきた断酒会とい

う同様なグループがある。これらの集まりは総称して自助グループと呼ばれている。[樋口]

A型肝炎ウイルス（A型肝炎）
（えーがたかんえん——）

ピコルナウイルス科へパトウイルス属に分類され，ヒト成人にA型肝炎を発症させる。ヒトが唯一の感染源であり，ヒトのみが発病する。感染経路は糞便中のウイルスによる食品の汚染（経口感染）であり，60°Cに数時間耐える耐熱性を有するので集団で発症することがある。発展途上国への渡航にはワクチン接種が推奨されている。[田神]
→ウイルス性肝炎

疫学 （えきがく）

ドイツ語でepidemiologie，英語でepidemiology。ギリシャ語のepiは英語のupon，over，demosは人々という意味である。したがって，疫学とは「人間集団についての学問である」ということになる。わが国では明治時代に疫癘学，疫病学などと訳している。その後，流行病学，疫学，疫理学などの言葉が用いられたが，現在は疫学に定着している。疫学は人間の健康及びその異常の原因を宿主，病因，環境の各方面から集団的・包括的に解析し，その増進と予防を図る。疫学的手法を大別すると記述疫学，分析疫学，実験疫学に分かれる。記述疫学は，対象とする地域や職域等の人口集団の健康状態や疾病の頻度を正確に把握するもので，最も基本的な疫学である。健康状態や疾患の地域差，経時変化の地域差，経時変化をもたらした原因などを究明することにより，健康状態や疾患の発生を規定する因子についての手がかりを得ようとする。方法として，疾患地図や関連要因の地図や疾患の頻度や関連要因の経時変化を示すグラフを作成し，疾患と関連要因の関係や経時変化を検討する。[大澤清]

疫学調査 （えきがくちょうさ）

記述疫学，分析疫学，実験疫学などの方法がある。

1）調査の種類

調査方法の種類は多い。時間的観点からは断面調査と縦断調査に二分される。

A）断面調査

一定時点で特定の集団に対して行われる調査で，国勢調査，患者調査，国民健康調査などのように特定月日について行われるもの。また一定範囲内の異なった時点で行ったものを，まとめて1つのものとする断面調査もある。例としては学校保健統計調査，3歳児健診，成人病基礎調査などがある。

B）縦断調査

対象集団を時間的に連続して調査する方法で，時間軸上の方向によって，過去に向かうものと，未来に向かうものとに大別できる。前者には後向き調査，後者には前向き調査とコーホート調査などがある。

・後向き調査：現実の状況をまずとらえ，それから過去に向かってその原因を探求しようとするもの，患者一対照比較研究がその典型である。

・前向き調査：原因（となりうるもの）をまずとらえ，それから未来に向かって結果を探求しようとするもの。調査者及び被調査者の主観に基づく誤差が介入しないように，両者とも（二重盲検法）あるいは，どちらか一方（盲検法）が，調査内容を知らずに参加する方式をとることが望ましい。

・コーホート調査：条件づけられた集団に対して，その後の経過と帰結を知るために，未来に向かって集団を追跡していく立場。前向き調査と異なる点は，病因に関する作業仮説をもたず，一般に，対照群を必要としない。

C）その他

・予備調査：本格的な調査（本調査）を行う前に，調査方針を確立し，あわせて調査者が方法に熟練するよう行う小規模な調査。

- スクリーニング調査：大きな母集団の中から比較的少数の患者を探し出そうとする時，これを能率よく行うには，最初は簡単な方法を用いて該当者の他に，その疑いのあるものを含めて広く選び出し，そのようにして選出された部分集団について，さらにより精度の高い方法を用いて，より確実なものだけを選定しようと，漸次対象をしぼっていく方法をいう。

2）調査誤差

調査者誤差と被調査者誤差とに大別。

a）調査者誤差

- 調査者内誤差：同一調査者の記述結果に不一致のある場合をいう。使用する機器により，また調査者自身の熟練度及び意識により，この種の誤差が生ずる。
- 調査者間誤差：技術水準の不均衡，意識の不統一，標準化の不徹底などによって，調査者間に生ずる誤差である。

b）被調査者誤差

被調査者側の質問に対する理解不十分ないし誤解，質問による誘導，不十分あるいは不適切な表現による回答，さらに意識的ないし無意識的な虚偽申立てによって生ずる。［大澤清］

腋下動脈 （えきかどうみゃく）

鎖骨下縁から大胸筋下縁を走る動脈で，中でも腋窩のくぼんだ点の下を走る部位は体表面に近いことより体温測定や，出血時の止血点などとして用いられる。また，上記の理由より発熱時や熱中症などで体温が上がった時などに，腋下動脈を氷等で冷却することもある。［田中哲］

液性抗体 （えきせいこうたい）

体内への抗原の進入に対して，免疫反応によってその抗原に特異的に結合する性質を持つタンパク質（免疫グロブリン：Ig），すなわち抗体が体液中に生産される。通常，血清中に存在する免疫グロブリン，別名液性抗体は，物理化学的，免疫学的な性状から5つのクラスとして，IgG，IgM，IgA，IgD，IgEに分類される。［笠井］

→抗体，免疫

疫痢 （えきり）

幼少児（2～6歳）にみられる，赤痢菌を主とする消化管の細菌感染における重症型で，小児赤痢の特異な病型と考えられる。初期症状は中等度程度であるが，次第に発熱，腹痛，嘔吐，下痢の症状が強くなり，心悸亢進，頻脈，顔面蒼白，四肢冷感などの循環障害と意識障害・痙攣などの急激な脳障害を起こし，短時間で死亡することもある。致命率は，約30％と高い。赤痢の激減とともに近年疫痢の発生頻度は，激減してきている。原因に関しては，赤痢菌感染によって腸内で産生される神経毒，有毒アミン，内毒素，低カルシウム血症，ヒスタミン中毒といった多くの説があるが，不明な点が多い。治療は，循環血液量の保持，高張性脱水症是正のため，輸液が最も大切であるが，同時に抗生剤療法・対症療法も行う。［林・竹内—］

エクリン腺 （——せん）

分泌細胞膜に形態的変化を示さずに分泌を行う腺で，主として毛包に無関係に皮膚に開口する汗腺を指す。全身の皮膚に分布し，総数200～400万個あるといわれる。発汗により体温調節の機能を有する。交感神経が分布しているにもかかわらず，発汗はコリン作動性である。［大貫］

エゴグラム

交流分析のうちの1つである構造分析において用いられるバイオグラフのこと。人格特徴をとらえるために仮定される3つの自我状態（親，大人，子ども）を5タイプ（批判的親・保護的親・大人・自由な子ども・適応的な子ども）に分け，そのバランスによって個人の人格プロフィールを視覚的に表現するものである。東大式エゴグラム（TEG）などがある。［小玉］

エコー検査 （――けんさ）

　超音波（約3〜10MHz）を断続的に体に当てて，そこからの反射波（エコー）をとらえて，画像に変える検査で，超音波検査ともいわれる。超音波は空気で満ちた肺，ガスを含む消化管，骨では伝わらないが，心臓，腎臓，卵巣，子宮，それに胎児などの画像診断に応用されている。［村田］
→超音波，超音波診断法

エコシステム

　生態系と同義語であるが，「人間を取り巻く自然環境と社会環境との相互関係をなすシステム」という人間の関与を強調する定義もある。環境白書（2002）では，持続可能な社会づくりのためには，社会経済システムと自然環境の2つの健全な循環が必要であると指摘している。大量生産・大量消費・大量廃棄型の社会経済システムを見直し，省資源によって環境負荷を低減させるとともに，生態系の環境保全を行うことが，今後の社会において極めて重要である。［家田］
→生態系

エコスペース

→環境容量

エコノミークラス症候群 （――しょうこうぐん）

　長時間窮屈な座席に座っていたために下肢の静脈に血栓が形成され，それが血流に乗って肺に運ばれて肺血管の閉塞状態を生じ，胸部圧迫感，あるいは血中酸素濃度の低下による呼吸困難や意識消失がみられる病態と考えられている。長時間飛行機に乗った後，呼吸困難などを訴える人が増えているため名づけられた。座席での足の運動，水分の補給，アルコールの飲みすぎを控えること，比較的ゆったりとした衣服を着ることなどが推奨されている。［礒辺啓］

エコマーク

　環境への負荷が少ない，環境保全に役立つと認められた製品に付けられるマークであり，（財）日本環境協会が実施している事業である。エコマークを付けることによって，消費者が環境的によりよい商品を選択することが可能となる。エコマークを付けるためには，メーカーや流通業者が（財）日本環境協会に製品を申請し，審査を受けてから付けることが許される。［渡邉］

エコロジー

　生物と生物の関係や，生物と，それを取り巻く環境の関係を研究する科学である。地球上では，植物，動物及び微生物がお互いに複雑な関係を持ちながら存在している。既ち，植物は光合成を行い，無機質から有機質を合成する生産者の役割を持つ。動物は，植物が生産した物質を直接または間接に栄養として取り入れる消費者である。そして，微生物は，動物の死骸や排泄物の中の有機物を無機物にまで分解する分解者として存在する。また，動物間には，食う－食われる（捕食者－被捕食者）という関係があり，このつながりを食物連鎖という。次に，特定の化学物質が生物体内などで外界よりも高濃度になることを生物濃縮と呼ぶ。環境ホルモンなどの有害物質が，生物によって分解されず，体内に取り込まれていくうちに高濃度になる。さらに，食物連鎖の上位の捕食者（例えば大型の魚）では，もっと生物濃縮が進んでいく。そして，その有害物質を含んだ魚を人間が食べて被害を受けることがある（例えば，有機水銀による水俣病など）。［家田］
→生態系，生態学，一次生産者，一次消費者，分解者，食物連鎖，食物環，生物濃縮

壊死 （えし）

　体の組織や細胞が死んでいる状態をいう。学校においてはスポーツ活動中の事故で挫創による壊死が多い。教室内では化学実験中に

ガスの炎による熱傷第Ⅲ度，化学薬品による皮膚粘膜の腐食による壊死がある。冬期の校外学習ではスキー中の凍傷，いたずらや遊びでゴム輪を指に巻きつけ放置したための血行障害による壊死もある。[福田]

SRSV食中毒
（えすあーるえすヴぃーしょくちゅうどく）

ノロウイルス食中毒。ノロウイルスは，以前小型球形ウイルス（SRSV：small round structured virus）と呼ばれたため，この名がある。このウイルスは外被を持たず，様々な環境条件に対し丈夫で，酸性にも強い。ヒトの胃と腸の細胞で増殖し，一過性の嘔吐，下痢の症状を起こす。患者の吐物，下痢便に大量のウイルスが含まれる。保育園，小学校で冬季に嘔吐下痢症の集団発生が起こる。老人ホームでも集団発生が起こる。ウイルスの伝播は，吐物や下痢便に触れた手を介してのものが主であると考えられている（食中毒ではない）。一方，下痢便からのウイルスは水洗トイレから下水処理場に入るが，そこで塩素消毒をしても有機物に保護されて不活化されない。ウイルスは川から海に入り，カキに取り込まれ濃縮され（カキの細胞では増殖しない），そのカキを生で食べて胃腸炎が起こる。これは食中毒と呼ばれることもあり，生カキを食べる大人に多い。しかしフライにすれば，ウイルスは加熱で不活化されるので安全である。生カキ以外の喫食で食中毒が起こる場合は，感染した調理人の手で食品が汚染された場合である。細菌性食中毒との大きな違いは，細菌は食品中で増殖するがウイルスは増殖しないことである。つまり，カキの養殖・輸送・保存中にウイルスが殖えることはない。飲み水がウイルスで汚染されても，塩素消毒で不活化される。[井上]
➡食中毒，細菌性食中毒，感染型食中毒，毒素型食中毒

ST （えすてぃー）
speech therapy（言語療法，言語聴覚療法，言語治療）又はspeech therapist（言語聴覚士）の略。[吉永]
➡言語療法，言語聴覚士

STD （えすてぃーでぃー）
➡性感染症

エストロゲン
➡女性ホルモン

エスノグラフィ

民族誌とも呼ぶ。狭義には，ある特定の民族のもとで長期間にわたるフィールドワークを行った上で執筆された，当該民族の社会，文化，経済，政治，芸術等々に関する網羅的記述を指す。参与観察と呼ばれる，研究対象となる人々の生活の現実に限りなく近づこうとする観察方法に依拠しており，研究者自らの目と足で獲得した一次資料に重きをおいて執筆される。20世紀初頭に活躍したマリノフスキーら機能主義人類学者の作成した調査報告にその起源を持つともいわれる。だが，現在ではエスノグラフィの定義も非常に緩いものへと変わっており，先進国の都市内部の様々なコミュニティやサブ・カルチャー集団（ロンドンの下町の労働者集団，渋谷の若者集団，伝統芸能集団等）に一定期間入り込んで得た調査データの集成をもエスノグラフィと呼ぶことが多い。信頼できる調査報告として長らく重宝されてきたが，80年代以降に生じてきたその客観性や調査者の倫理をめぐる問いかけは，近年のエスノグラフィのあり方を大きく変質させてきた。[綾部]

エスノメソドロジー

社会学者ハロルド・ガーフィンケルが1950年代に生み出した用語であり，目に見えない日常的文脈を共有した何らかのローカルな集団に焦点をあて，彼らの生活のリアリティに接近しつつ，その文脈を浮き彫りにさせる方法論である。したがって，文化人類学者の行うフィールドワーク，及び彼らが執筆するエ

スノグラフィにおいて取る方法論と通底するものを多く持つが、極めて細かなディテールへのこだわり、文化を「そこにあるもの」としてではなく不断の流動性の中に位置付ける態度、会話分析（ディスコース・アナリシス）への偏重などにおいて一線を画す。研究対象としては、暴走族、受刑者、精神病患者、性転換者など、ある意味社会の周縁部を生きる人々を選択することが多く、それらの人々にとっての「あたりまえ」の所在を徹底的な会話分析から抽出しようとする試みに特徴がある。[綾部]

X線検査　（えっくすせんけんさ）

X線間接撮影、間接撮影ともいう。結核の集団検診を目的として開発されたもので、胸部を通過したX線を蛍光板上にうけた可視像をカメラで縮少して撮影する方法である。小さいフィルムで低価格であるが、直接撮影像と比べると像が小さいので拡大して読影しなければならない。撮影、現像、整理、保存が簡単であるので、その他に、胃、12指腸等の集団検診に利用されている。[福田]

AD/HD　（えーでぃーえいちでぃー）

attention deticit / hyperactivity disorderの略。注意欠陥／多動障害のこと。
→注意欠陥／多動障害

ADL　（えーでぃーえる）

activities of daily livingの略。日常生活活動度。老年医学やリハビリテーション医学の分野で多くは用いられ、日常動作がどの程度自分の力で遂行できるかを計るための尺度であり、介護の必要度も表す。基本的日常生活活動度（basic ADL：BADL）と、手段的日常生活活動度（instrumental ADL：IADL）に大別される。入浴、食事、排泄、移動、衣服の着脱などの最も基本的な生活機能の項目を評価し、総合点が高いほど自立度が高いと判定される。[吉田]

エナメル質　（——しつ）

歯の表面を覆うもので、大部分の無機質と僅かな有機質により構成される硬組織である。学童期のう歯はほとんどエナメル質から発生する。歯が萌えて間もない時期は、化学的な反応を受けやすいため、酸の影響を受けて脱灰を起しやすい反面、フッ素などの物質を取り込みやすい。[赤坂]

NGO　（えぬじーおー）
→非政府組織

NPO　（えぬぴーおー）

Non Profit Organizationの略。非営利組織又は民間非営利組織。政府・自治体あるいは企業の活動とは違い、利益を得ることを目的とするのではなく、社会的な問題の解決などのために自発的に活動する組織のことである。なお日本では、市民活動団体を非営利法人とするためのNPO法が作られている。[渡邉]

エネルギー代謝　（——たいしゃ）

エネルギーを放出あるいは供給するための代謝反応。生体内で食物の異化作用により放出されるエネルギーの量と、その食物を生体外で燃焼した時に放出されるエネルギーの量とは相等しい。異化作用の各課程で放出されるエネルギーは、生体の各種機能の維持、食物の消化や代謝、体温調節やエネルギーの貯蔵に用いられる。エネルギーの標準的な単位は、カロリー（cal）又はキロカロリー（kcal又はCal）である。[西嶋]

ABO式血液型　（えーびーおーしきけつえきがた）

個人の血液にある凝集原と凝集素に基づき血液型が分類される。臨床上重要な血液型はABO式血液型とRh式血液型である。ABO式血液型では、人間の血液型をA型、B型、AB型、O型の4種に分類する。赤血球の表面には抗原性を持つ糖タンパクである凝集原

AとBがある。血漿中には凝集原Aと反応すると赤血球同士を凝集させる凝集素Aが，同様に凝集原Bと反応する凝集素Bがあり，同一個人の血液には同型の凝集原と凝集素は存在しない。すなわち，A型は赤血球に凝集原Aを持ち，血漿中に凝集素Bを持つ。B型では赤血球に凝集原Bを持ち，血漿中に凝集素Aを持つ。AB型は赤血球に凝集原A及びBの両方を持つが凝集素は持たない。O型では両方の凝集原は持たず両方の凝集素を持つ。ABO式血液型は輸血において重要である。かつては両方の凝集原を持たないO型の血液を他の型の人に輸血するようなこともあったが，今は輸血は必ず同じ血液同士で行われる。［戸部］
→血液型

エピネフリン

副腎髄質で生合成され血中に分泌されるカテコールアミンの1種で，アドレナリンともいう。アドレナリン作動性受容体の$\alpha 1$受容体が存在する皮膚，粘膜，内臓の血管を収縮させ血流を減少させる。$\beta 1$受容体を有する心臓には収縮力増強，心拍数増加作用を示す。気道平滑筋に対しては$\beta 2$受容体を刺激して気管・気管支を拡張させる。肝，骨格筋のグリコーゲン分解を促進して血糖値を上昇させ，脂肪組織での脂肪分解を促進し，血中遊離脂肪酸を増量する。さらに，中枢神経系を興奮させることにより運動性と精神作用を高める働きがある。［礒辺喜］
→カテコールアミン

エボラ出血熱 （――しゅっけつねつ）

アフリカ中央部のスーダンとコンゴ共和国を含む一帯で最初に発見された激しい症状と高い死亡率を示す出血熱。エボラウイルス（フィロウイルス科）が病原体であるが，自然界における宿主とヒトへの一次感染の経緯はわかっていない。ヒトからヒトへの二次感染は，医療器具を介した院内感染と考えられている。［田神］

エマージング・ウイルス

1970年以降，エボラ出血熱，ラッサ熱，マールブルク病といったウイルス性出血熱やエイズなど，未知のウイルスによる感染症が突然出現する事態が続き，このように新しく人類の前に出現してきた病原ウイルスのこと。エマージング・ウイルス出現の背景には，開発などによる生態系の変化，都市化，人の行動様式の変化，人・物の移動が極めて短期間で行われるようになったのに伴い病原体もまた新しい地域に運ばれるようになったこと，などがあげられる。エイズは1980年代初めに出現し，その後急速に世界規模の流行を示し，最も重要なエマージング・ウイルスといえる。また，1970年以降，少なくとも30以上のこれまで知られなかった感染症が出現し，ウイルスによるもの以外も含めて，新興感染症（エマージング・ディジーズ）と総称している。新興感染症は，新たに人や動物の集団の中に出現した感染症，または以前から存在していたものが急激に発生が増加もしくは広い地域に拡がってきた感染症をいう。［太田］
→新興感染症・再興感染症

MRI （えむあーるあい）
→磁気共鳴映像法

MRSA （えむあーるえすえー）
→メチシリン耐性黄色ブドウ球菌

LSD （えるえすでぃー）

マイクログラム単位の微量で，時間・空間の自覚的ゆがみ，幻覚，（時には）幻聴を惹起する強力な催幻覚薬で，依存形成作用がある。医薬品としての効能はない。ライ麦に寄生する麦角菌に含まれるリゼルグ酸から合成される。通常は，紙にしみこませた形で密売されている。［和田］
→幻覚（剤）

LD₅₀ （えるでぃーごじゅう）
→50％致死量

円形脱毛症 （えんけいだつもうしょう）

毛髪が脱落し，消失した状態を脱毛症といラが，境界鮮明で円形に脱毛した状態を円形脱毛症という。原因は不明なことが多く，ストレスが要因との説もある。ステロイドローションの塗布が有効である。子どもがテレビを見ながら，自分の毛を抜く抜毛症と鑑別する必要がある。［福田］

遠視 （えんし）

無調節状態で平行光線が網膜（カメラのフィルムに該当）の後方に焦点を結ぶ目をいう。焦点を結ぶ前の像が網膜に当たるため，ぼやけた像を見ていることになる。理由は，眼球の奥行き（眼軸長という）が短いか，又は目の角膜や水晶体の屈折率が弱いために起こる。よく見えるためには，調節力を必要とするので眼精疲労が起こりやすい。また強度の遠視は，調節性内斜視や弱視の原因となるので早期受診が必要である。［朝広］

炎症 （えんしょう）

身体の一部に発赤，腫脹，疼痛，発熱を起こすこと。生体の防御反応。［辻］

延髄 （えんずい）

聴神経，舌咽神経，迷走神経，副神経，舌下神経の脳神経核を持つ。また，呼吸中枢，心臓・循環中枢，咳嗽中枢，嘔吐中枢，嚥下中枢，発汗中枢，唾液分泌中枢など，生命維持に欠かせない中枢がある。［角南兼］

エントロピー

無秩序性の程度を表す概念もしくは単位。物質やエネルギー，情報は使用可能なものから使用不可能なものへ，秩序化されたものから無秩序化されたものに変化し，決して逆戻りさせられない。つまり物質やエネルギー，情報は形を変えてもその総量は変わらないが，元の形に戻すことは決してできず，使用不可能なものの方向に変化する。この性質はエントロピーの法則あるいはエントロピー増大の法則と呼ばれる。今日の環境問題は，エントロピーの増大に合致する。生命系は，ある一定秩序が保たれ，エントロピーの法則には合致していない。［國土］

円背 （えんぱい）

人の脊柱は頸部と腰部が前わん位をとり，胸部と仙尾部が後わん位にある。いずれも生理的なものであるが，胸椎部がなだらかなわん曲を示すものを円背という。頸椎部は逆に前わん位となり顔が前に出るため不良姿勢として注意されることが多い。装具使用や体操療法で背筋や腹筋などの体幹筋を強化し姿勢の改善をはかる。［福田］

O157（O157：H7） （おーいちごーなな）

大腸菌の一種であるベロ毒素産生性腸管出血性大腸菌（VTEC），又は志賀毒素産生性腸管出血性大腸菌と呼ばれる細菌の代表的なものである。血清学的分類により，菌体抗原（O抗原）に対する157番目の抗血清と鞭毛抗原（H抗原）に対する7番目の抗血清で凝集するという意味である。本菌は新たに指定伝染病に指定された腸管出血性大腸菌感染症（食中毒）の原因菌で，この菌に汚染された食物（菌量100個程度）を摂取することで感染し，4～8日の潜伏期をおいて発症する。この菌の産生する毒素によって下痢，激しい腹痛，頻回の水様便，著しい血便とともに重篤な合併症を起こし，死に至るものまで様々な症状を呈する。O157は熱には弱く，75℃で1分間加熱すれば死滅するが，低温条件及び酸性条件に強く，水の中では長時間生存するといわれている。［上濱］

→大腸菌O157，腸管出血性大腸菌感染症

横隔膜 （おうかくまく）

哺乳類の胸腔と腹腔を分ける筋肉性の膜。

上面は心臓，肺があり，下面には胃，肝臓がある。腹式呼吸に関わり，しゃっくりは横隔膜の痙攣で起こる。この膜が上下することで，呼吸を助ける。[辻]

応急手当　（おうきゅうてあて）

けが人や急病者が出た場合に医療機関以外の場所での簡単な手当をさすことが多い。また，傷病が重い場合は，医療機関に搬送するまでの待ち時間に，現状よりも悪化しないように行う一時的な手当てのことをさし，その目的は①救命，②悪化防止，③苦痛の軽減などである。応急手当を行う際に大切な事は，出血や骨折など目で見てひどい症状から始めるのではなく緊急度と重症度を判断し，緊急度の高いものから処置を行うことである。緊急度の低い場合で喋られる状態ならば問診をし，傷病者の顔つき，顔色・皮膚の色，瞳孔の開き方，姿勢，歩行の様子，四肢の動き方，精神状態等を視診し，必要があれば聴診や触診も行い，医療機関への搬送が必要かどうかを判断する。しかし「意識がない」「呼吸をしていない」「脈に触れない」「大出血している」「広範囲の火傷がある」「ショック状態やけいれん」などの緊急度の高い場合には心肺蘇生等の処置をしながら救急車で至急病院に運ぶよう手配する。[田中晋]
→心肺蘇生法

黄色ブドウ球菌　（おうしょく――きゅうきん）

健常者でものどや鼻，皮膚などから高率に検出されるグラム陽性球菌で，顕微鏡で見ると，ぶどうの房のように集まっていることから，この名前が付けられた。この菌は，外毒素と呼ばれる多種の毒素を菌体外に放出する。その代表的なものとして，ブドウ球菌腸毒素Bがあり，毒素は腹痛，下痢を引き起こすことからエンテロトキシン（「腸管毒」又は「腸毒素」）と呼ばれる。菌自体は熱に弱いため，加熱により死滅するが，この毒素は熱に強く，100℃30分の加熱でも毒性を失わず，胃酸や消化酵素で分解されることもない。また，食中毒の原因となるだけでなく，肺炎や伝染性膿痂疹（とびひ），麦粒腫（目もらい），おでき，ニキビや水虫などの化膿性疾患の代表的起因菌でもある。[上濱]
→病原性ブドウ球菌

黄体形成ホルモン　（おうたいけいせい――）

LH。黄体化ホルモンともいう。脳下垂体で分泌する糖タンパクホルモン。女性では，卵胞刺激ホルモン（FSH）とともに，卵胞の発育，排卵，黄体の形成を促す。男性では，テストステロンの分泌を促す。
→卵胞刺激ホルモン，テストステロン

黄体ホルモン　（おうたい――）

別名プロゲステロン。女性ホルモン（エストロゲン）とともに，卵巣から分泌されるステロイドホルモン。黄体（排卵後に卵胞が変化したもので，黄色である）から分泌され，子宮内膜に作用して，受精卵の着床や妊娠の状態を維持する。妊娠しない場合はほぼ2週間続いた後（黄体期）消失し，子宮内膜は脱落して月経となる。[大川]
→女性ホルモン，卵巣，子宮内膜

横断的方法・縦断的方法　（おうだんてきほうほう・じゅうだんてきほうほう）

経時的変化傾向を検討する場合のデータ収集方法。発育発達研究等で用いられることが多い横断的方法は，ある1時点ですべての年齢の調査対象者について調査を実施する方法。縦断的方法は，調査対象者を継続的に調査する方法。身長発育を例として考えると，縦断的方法では個人の変化傾向や発育の特徴を明らかにできる。しかし，データをすべて集めるためには長い期間が必要であり，集団的な特徴の記述には向いていない。横断的方法は一度の調査で大標本の調査が可能であり，これらの標本を用いて全体像を記述することが可能である。その反面，発育のスパートなどの特徴を検討できないこと，20年近い時代差が横断的調査では考慮されないことを

留意する必要がある。[國土]

黄熱　(おうねつ)

　南米又はアフリカの熱帯，亜熱帯地域でみられるウイルス性出血熱。黒吐病ともいう。患者や野生動物から伝染する。ネッタイシマカの媒介するフラビウイルスが病原体。4〜5日の潜伏期の後悪寒高熱で発症，その際筋肉痛，嘔吐を伴う。しばしば再発を繰り返し，黄疸，出血傾向が現れ吐血する。10％の死亡率とされる。[荒島]

横紋筋　(おうもんきん)

　筋肉の一種で，筋肉の筋線維を顕微鏡で見ると無数の横紋を有する。手足眼舌耳などを思いのままに動かすことができる筋肉。心臓の筋肉の心筋は横紋筋ではるが不随意筋。筋肉は他に平滑筋がある。[辻]
➡平滑筋，不随意筋

おおい試験　(——しけん)

　斜視，潜伏斜視など，眼位異常の簡便な検査方法であり3つの方法がある。①おおい試験はペンライトを用い，指標のペンライトを見てもらい，片眼をおおい板でおおい，他の目の動きを見る。正位では目は動かない。顕性斜視を知ることができる。②おおい・おおいとり試験は片眼をおおい，他の目で指標を見てもらい，おおいを取った時にその目の動きを見る。潜伏斜視（斜位）を知ることができる。③交代おおい試験は左右の目を交互におおい，おおいをとる側の目の動きを見る。斜視の偏位量を知ることができる。[朝広]

オキシダント

　ヨウ化カリウム溶液からヨウ素を遊離させる性質を持つ酸化性物質の総称。公害分野では特に光化学オキシダントを指す。[大澤㳫]
➡光化学オキシダント

オギノ式　(——しき)

　女性の性周期から次の月経日，排卵日を計算する受胎調節法である。排卵は，月経周期の長短にかかわらず次の月経の12〜16日前に起きるという，荻野の発見に基づいている。周期法としては，排卵後の黄体期に体温上昇することを利用した，基礎体温法がより確実である。[大川]
➡基礎体温法

オージオメータ

　聞こえる音の範囲を純音を用いて測定するための機器。音の高さ（周波数，Hz）と強さ（音圧，dB）を測定できる。外耳道，鼓膜を通して聞く気導聴力と，頭蓋骨を介して内耳に伝えられる骨導聴力を測定することにより，伝音難聴，感音難聴，混合難聴を診断する。機種により語音聴力検査も可能である。[浅野]
➡聴力検査，伝音難聴，感音難聴，混合難聴

オスグッド・シュラッター病　(——びょう)

　発育期に激しい運動を行う少年に多く発生する。脛骨結節が膨隆し，疼痛を訴える疾患。13歳前後の男子に好発し，脛骨結節膨隆部に一致して圧痛があるが，熱感はない。疼痛は数年継続することがあるが，15，16歳頃には自然に消失するのが普通である。[森川]

汚染者負担の原則　(おせんしゃふたんのげんそく)

　1972年，経済協力開発機構（OECD）がその勧告の中で述べた考え方で，環境の汚染に対しては，その原因者がその処理費用を負担すべきであるというもの。この原則は，道徳的にも当然のことであり，より効率的な汚染防止にも有効な原則である。さらに，OECDがこの原則を提唱する理由として，国際競争の公平化があった。補助金，税制優遇といった措置で企業を援助する国は，そうでない国に対して有利になるので，それを避けるためにも，企業自身が環境汚染に関する費用を支払うことを要請するのである。環境汚染対策の原則としては重要であり，わが国でも採用はされている。しかし，環境基準が国際的に

統一されているわけでもなく，また各国で優遇措置などもとられており，国際的な観点からはその原則がうまく機能しているとは言い難い。[本田]

オゾン

O_3。酸素の同素体。分子は頂角117°の二等辺三角形。強い酸化力を有する有毒物質で，濃度が濃いと呼吸器を侵す。地球大気中には太陽紫外線による酸素の光化学反応によって生成したオゾンが存在し，このオゾンによって上空25km付近にオゾン層が形成されている。[大澤崇]

オゾン層 （——そう）

オゾンの濃度が相対的に高い地球大気の領域で，上空25km付近に厚さ20kmにわたって存在する。しかし，オゾン層に存在するオゾンの全量は標準状態で厚さ3mmにすぎない。オゾンは大気中の酸素が太陽紫外線によって光化学反応することによって生じ，この反応によって大気が暖められるので成層圏が生じる。オゾン層は陸上生物にとって大敵である太陽紫外線を遮る働きがあるため，陸上生物の生存には欠かせない。ところが昨今，このオゾン層が人為的に破壊されて南極のオゾン層に穴が開く現象（オゾンホール）が報告されている。いくつかの破壊原因の中でもフレオン（炭化水素のフルオロクロロ置換体に対するデュポン社の商標：freon，日本ではフロン：fron：と呼ばれる）による破壊が最も深刻視されている。フレオンは洗浄剤，冷媒，発泡剤，噴射財として広範に利用されていたため，早急な完全製造中止が叫ばれており，そのためにはフレオンの代替物質（代替フロン）の開発が欠かせない。しかし，代替フロンは二酸化炭素の数千倍から数万倍もの温暖化作用を持つため，フロン問題は複雑化の様相を呈している。[大澤崇]

オタワ憲章 （——けんしょう）

1986年にカナダのオタワにおいて，WHO（世界保健機関）による第1回ヘルスプロモーション国際会議が開催された。その会議では「2000年までにすべての人に健康を(Health for All by the Year 2000)」の行動指針が採択された。それが「ヘルスプロモーションに関するオタワ憲章」であり，ヘルスプロモーションの基本理念が示されている。[渡邉]

OT （おーてぃー）

occupational therapy（作業療法）又はoccupational therapist（作業療法士）の略。[吉永]
➡作業療法，作業療法士

OD （おーでぃー）
➡起立性調節障害

ODA （おーでぃーえー）
➡政府開発援助

オーバートレーニング症候群 （——しょうこうぐん）

過剰なトレーニング負荷及び不十分な休息とそのアンバランスなどによって視床下部－脳下垂体系の機能異常を引き起こし，慢性的な疲労に陥った状態の総称。日常生活の易疲労感，睡眠障害，食欲不振，体重減少，モチベーションの低下，抑うつ状態などの精神障害，原因不明のパフォーマンス低下，立ちくらみ，頭痛，下痢などを伴い，練習意欲がなくなる。処置としては，競技から離れ，心身ともに休養をとることであるが，回復が長引くことが多く，数週から数か月かかることもある。[森川]

オーファンドラッグ

希用医薬品又は希少疾患用医薬品ともいう。医療上の必要性は極めて高いが，対象となる疾患の患者数が少ないため，採算面で市販品としての開発が見込めない薬をいう。そのため厚生労働大臣が，対象者数が一定人数

以下（例えば5万人）であり，医療上その開発が必要であるとして指定している当該医薬品に対して，研究開発促進のための措置として，資金の助成，税制上の優遇措置，優先審査の実施などの配慮がなされている。後天性免疫不全症候群（エイズAIDS）治療薬のジドブジン（AZD）やジダノシン，カリニ肺炎治療薬のイセチオン酸ペンタミジン，血管肉腫治療薬のセルモロイキンやテセロイキン，慢性骨髄性白血病治療薬のヒドロキシカルバミド，新生児呼吸窮迫症候群（特発性呼吸窮迫症候群）治療薬のウシ肺サーファクタント，糞線虫症治療薬のチアベンダゾール（TBZ）などはこれにあたる。［千葉］

オープン・エデュケーション

　授業時間，教育内容あるいは学校内の物理的空間などが開放的である教育形態の総称である。例えば，既存の教科ごとの指導はなくしたり，授業時間を固定しないという形態が挙げられる。また，そのような教育を行うために，教室と廊下を仕切る壁をなくしたり，オープンスペースを設けたりという物理的な空間の利用もまたオープン・エデュケーションの一部である。［渡邉］

オープンスクール

　オープン・エデュケーションを推進するために，カリキュラムや学習単位を弾力的に運用するように工夫された学校のことである。児童生徒の能力や適性に応じて指導計画を立てたり，児童生徒が主体的に学ぶことができるなどの利点がある。不登校児への対応が可能など，多くの面で柔軟性を持っている。［渡邉］

オープンスペース

　従来の教室以外の多目的な空間スペースのことである。オープン・エデュケーションの導入を容易にし，教育方法の多様化に対応することができる。［渡邉］

親子関係診断テスト
（おやこかんけいしんだん——）

　サイモンズの親子関係理論に基づき，標準化されたもので，「田研式親子関係診断テスト」「TK式診断的新親子関係検査（田研式親子関係診断テストの改訂版）」などがある。これらは，親の子どもに対する養育態度を親の自己評価，及び子どもからの評価によって測定するものである。評定尺度は，養育態度を支配，保護，服従，拒否，矛盾・不一致の面から診断し，それらはさらに2つの型に分けられ，10類型（積極的拒否型，消極的拒否型，厳格型，期待型，干渉型，不安型，溺愛型，盲愛型，矛盾型，不一致型）される。各類型の程度は診断グラフに示され，「安全」「中間」「危険」のどこに当てはまるかが表示される。その結果，全体的なバランス，養育態度についての親子間の認識のずれが確認できる。［井戸］

音響外傷　（おんきょうがいしょう）

　爆発音や破裂音などの強大音によって急激に発症する聴力障害。内耳有毛細胞の障害で，難聴は一般に高度である。早期の治療開始で回復する場合がある。音響による聴力障害には，他にコンサートやディスコ，ヘッドホンによる急性音響性難聴と，長期間の騒音曝露によって徐々に進行する騒音性（職業性）難聴がある。［浅野］

温室効果　（おんしつこうか）

　大気中の二酸化炭素や水蒸気などは，太陽からの短波長放射を通り抜けさせて地表を暖め，地表から放射される長波長の熱線の一部を吸収して地表に返す。この機構によって惑星の表面が保温されることを温室効果と呼ぶ。温室効果をもつ気体として，他にはメタンやフロンがある。［本田］

温湿布　（おんしっぷ）

　湯に浸したタオルやガーゼなどの布を用い

て患部をあたため温熱刺激を与える療法で,筋肉の緊張をほぐしたり,血液循環を促し血行をよくする効果があるので,腰痛や膝痛などの慢性の痛みや日数の経過した打撲・捻挫などに効果がある。しかし打撲・捻挫の初期状態,急性の疾患など炎症を起こしている場合には,温湿布ではなく冷湿布を用いる。
[田中哲]

音声言語異常　(おんせいげんごいじょう)

声の異常(嗄声,変声障害,鼻声)と話しことばの異常(構音障害,吃音,言語発達障害)に分けられる。声の異常には,声帯の異常(結節,ポリープ,まれに腫瘍)と共鳴腔の異常(口蓋裂,鼻閉),話しことばの異常には,発音の異常(カ行,サ行,イ列など),リズムの異常(吃音),ことばの理解や発語の遅れ,がある。[浅野]

温度感覚　(おんどかんかく)

狭義の温度感覚と温熱的快適感の2種類をはっきり区別する必要がある。前者は皮膚に加わる温度刺激に対し,「熱い」あるいは「冷たい」と表現されるような,外界に向かう感覚である。一方,後者は「暑い」,「寒い」などの言葉で表される主観的なものである。温度感覚は温覚と冷覚に分けられる。
[大貫]

温熱性発汗　(おんねつせいはっかん)

内的・外的温熱刺激によって起こる一般体表面の発汗をいう。手掌,足底の精神性発汗と区別する。温熱性発汗の分泌速度は1時間に1～2ℓ,1日10ℓにも及ぶ。ヒトの比熱を0.83,汗1gの潜熱を0.58kcalとすると,100gの汗が蒸発すると体重70kgの人の体温は1℃下降させる働きがある。[大貫]
→精神性発汗

温熱中枢　(おんねつちゅうすう)

人の体温は視床下部にある体温調節中枢の働きにより,身体の深部では約37℃に調節されているが,この中で体温上昇を抑制する役割を有するのが温熱中枢である。高環境温暴露や身体運動の実践など体温を上昇させる刺激が入力されると,温熱中枢が働いて皮膚血管の拡張,さらには発汗という手段で熱放散が活発に図られる。[田中喜]
→体温調節中枢

温排水公害　(おんはいすいこうがい)

種々の生産活動の後に排出される温水によって周辺の環境に悪影響を及ぼす現象をいう。排出源としては工場や発電所などがあり,温排水が多量に放出されると,水温の上昇や溶存酸素の減少などの原因となって,環境への影響が無視できなくなる。このため,温排水を排出する施設にあっては,その立地や排水の放流の在り方に配慮する必要がある。[日置]

カ行

外因性 (がいいんせい)
→内因性・外因性

外因性内分泌かく乱物質
(がいいんせいないぶんぴつかくらんぶっしつ)
→内分泌かく乱化学物質

壊血病 (かいけつびょう)
　ビタミンCの重度の欠乏で発症する。結合組織や骨，象牙質のセメント質形成に障害が発生し，そのために毛細血管が弱くなり出血が生じる。また，骨やその関連構造の障害がみられる。無気力，脱力，体重減少，筋肉痛，関節痛などの徴候がみられる。治療はアスコルビン酸（ビタミンC）を投与する。[寺井]

開口障害 (かいこうしょうがい)
　顎関節の診査には開口時の顎関節部の雑音，開口障害，咀嚼筋の疼痛などを問診，診査を行い，このうちに症状がみられたときに顎関節症を疑う。開口障害の診査は，診査者の指を被検者の開口時に口腔内に挿入し，挿入可能な指の数をもって診断する。開口障害は，スポーツなどによる顔面外傷時の骨折によっても起こることがある。[赤坂]

外呼吸 (がいこきゅう)
　呼吸器によって空気または水から酸素を取り入れ，二酸化炭素を出すこと。細胞が行うと内呼吸という。[辻]
→内呼吸

介護サービス (かいご——)
　日常生活上の様々な困難に対応するための援助活動の総称。この言葉は，例えば訪問介護サービス，育児・介護サービス，身体介護サービス，施設サービスというように，分野を越えて様々な場面で用いられる。近年では，公的介護保険制度の関係から，高齢者分野で用いられることが多く，そこでいわれる介護サービスは大きく2種類に分かれる。1つは在宅サービスで，多くの場合，自宅でホームヘルパーや民間の家政婦らによって行われ，訪問介護（ホームヘルプサービス），通所介護（デイサービス），短期入所生活介護（ショートステイ）などが該当する。2つ目は施設サービスで，入所・通所施設などでケアワーカーや寮母（父）などによって行われ，特別養護老人ホームや介護老人保健施設などで行われる様々なサービスが該当する。サービスの提供主体は，かつては自治体など公的機関が中心だったが，近年，民間団体や企業が参入し，広がりをみせている。[長谷川]

→通所介護，デイサービス，ショートステイ

外骨腫　（がいこつしゅ）

　長管骨の骨幹端に茸状あるいは台地状に膨隆した良性の骨性腫瘤であり，骨腫瘍の中でもがんの骨転移に次いで2番目に頻度が高い。膝関節周辺の大腿骨下端，脛骨上端，あるいは上腕骨上端が好発部位であり，10歳代の発育期の子どもに最も多く出現する。症状としては，腫瘤形成による圧迫症状と骨の変形であり，増大した場合には手術的に切除を行う。[礒辺啓]

介護福祉士　（かいごふくしし）

　1987年の社会福祉士及び介護福祉士法によって創設された名称独占資格で，「専門知識及び技術を持って，身体上もしくは精神上の障害があることにより，日常生活を営むのに支障がある者につき入浴・排泄・食事，その他の介護を行い，並びにその者及びその介護者に対して介護の指導を行うことを業とする者を言う」とされている。指定校，養成施設の卒業者の他，3年以上介護業務に従事し試験に合格した者等に与えられる。資格制度創設後10年以上を経て，介護福祉士に求められる役割は身の回りの援助をするだけの介護から，高齢者や障害者等の生き方や生活全体にかかわることで利用者の暮らしを支え，自立に向けた介護利用者や家族と共に実践することへと変わってきている。[長谷川]

介護保険　（かいごほけん）

　社会全体で高齢者を支えあうことが必要という認識のもとに，介護や支援の必要な高齢者に保険給付を行う社会保険。わが国では健康保険，国民健康保険，雇用保険，労災保険に次ぐ5つ目の社会保険として位置づけられている。保険給付の内容及び水準は，被保険者が可能な限り，その居宅で自立した日常生活を営むことができることを目標としている。[長谷川]
→社会保険

介護保険制度　（かいごほけんせいど）

　従来，福祉サービスと保健医療サービスは別々の制度体系で運営されていたが，公的介護保険制度は，両制度を再編成し，給付と負担の関係が明確な社会保険方式により社会全体で介護を支える新たな仕組みを創設し，利用者の選択に基づく介護サービスを総合的に利用できるようにした。1997年の介護保険法に基づく。[長谷川]

介護療養型医療施設
（かいごりょうようがたいりょうしせつ）

　療養型病床群など，介護職員が多く配置された病院などの施設。長期にわたる療養を必要とする要介護者に対し，施設サービス計画に基づいて，療養上の管理，看護，医学的管理の下における介護その他の援助，及び機能訓練その他の必要な医療を行う生活施設である。[樋田・竹内—]

介護老人保健施設
（かいごろうじんほけんしせつ）

　施設サービス計画に基づいて，看護，医学的管理の下における介護及び機能訓練その他必要な医療並びに日常生活上の援助を行うことにより，入所者がその有する能力に応じ自立した日常生活を営むことができるようにする施設。その者の居宅における生活への復帰を目指す。しかし，現状では自宅への復帰は，生活環境の整備不十分などにより困難な状況にあるといえる。[樋田・竹内—]

概日リズム　（がいじつ——）
→サーカディアンリズム，生体リズム

外斜視　（がいしゃし）

　斜視は自分が見ようとする目標に両眼が同時に向かない，また両眼の視線が眼球の後方で交差するものをいう。2〜4歳以下の早期に発生する。正位合間に斜視となる間欠性外斜視と常に斜視である恒常性外斜視に分類さ

れる。特に恒常性外斜視は両眼視機能異常により同時視，融像，立体視が不可能となる。斜視眼は使用されないため，弱視が起こる危険がある。幼児期での早期受診が大切である。［朝広］
→内斜視

外出血 （がいしゅっけつ）

血管内にある血液成分が，けがなどにより皮膚表面や体粘膜の外に流れ出ることをさし，指先などの細い血管からの外出血はにじみでるようにゆっくりと，動脈などの太い血管からの外出血は吹き出すように出血する。出血量が多いと血圧が低下し，心停止を起こす可能性もあるので，外傷部位や出血量に注意して止血などの手当てを行う。［田中哲］
→内出血

外傷 （がいしょう）

外力によって身体組織が損傷されることをいう。解剖学的変化を伴う損傷には，皮膚や粘膜の損傷を伴う開放性損傷（創）と非開放性損傷（傷）があり，両方を含めて創傷という。解剖学的変化を伴わない損傷を震盪症という。非開放性損傷には，皮膚挫傷，皮下出血など表在性のものと，筋，腱，神経，血管，骨などの損傷，内臓損傷などの深部性のものがある。［礒辺啓］

外傷後ストレス障害
（がいしょうご――しょうがい）

心的外傷に関連した精神症状は古来より知られていたが，DSM-Ⅲで初めてPTSDという概念が精神医学の臨床に登場してきた。基本的には，極度に外傷的なストレス因子へ暴露された後，それに引き続く特徴的な症状の発現である。客観的には，死にかけるとか重症を負うような自分や他者の身体や生命の危険を直接体験するか，主観的には，そのような出来事を目撃し，強い恐怖，無力感，戦慄を味わうことによる。例えば戦争，テロ，暴行・虐待，レイプ，災害，事故，犯罪の被害，致命的な病気の診断等が考えられる。その結果，不眠，悪夢，外傷的な出来事が心理的に再体験され恐怖感等が再現されるフラッシュバック，外傷的な出来事に関連した刺激の持続的な回避あるいは想起不能，強い興奮・過敏・警戒心などの精神状態が持続し，社会生活やその他の生活領域にも影響が及び機能不全となる。学校保健では神戸淡路大震災，大教大附属池田小学校事件を体験した児童のPTSDが問題となっている。［朝倉］
→PTSD

外傷性腓骨筋腱脱臼
（がいしょうせいひこつきんけんだっきゅう）

腓骨筋腱が外傷，あるいは明瞭な外傷がなくて，腓骨筋支帯の断裂・弛緩によって外果の骨溝から前方に滑脱する。足関節の背屈によって著明となる。習慣性脱臼の症状は外果部の弾撥音や逸脱感に伴う疼痛であるが，比較的穏やかなことが多い。種々の観血的治療法が報告されており，軟部組織で制動をはかる方法と骨性に制動をはかる方法がある。［森川］

カイスの輪 （――わ）

むし歯の発生要因を微生物，食べ物，歯と宿主に分類し，3つの輪の重なりでむし歯の発生を説明したカイス（Keyes）氏の原図の

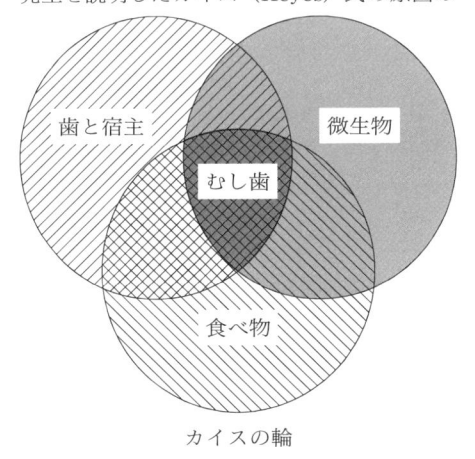

カイスの輪

ことである。[田代]

外側上顆炎 （がいそくじょうかえん）

上腕骨外側上顆には回外筋及び手指の伸筋群が付いてる。この外顆を被う骨膜部とそこに付着する伸筋群の炎症あるいは腱を構成する線維の部分断裂と考えられている。40～50歳の人に多い。テニスの選手によくみられるのでテニス肘（外側型）とも呼ばれる。[森川]

→テニス肘

外側側副靱帯損傷
（がいそくそくふくじんたいそんしょう）

膝に内反ストレスを受け生じる。膝窩筋腱，後外側関節包とともに損傷することも多く，この場合後外側支持機構損傷と呼ばれる。単独型は比較的まれで十字靱帯損傷を合併した複合型が多い。治療法としては，Ⅰ度の単独損傷の場合は保存療法を行う。Ⅱ度以上の場合，十字靱帯損傷を合併していることが多く，可及的早期に一次修復または再建を行うことが多い。[森川]

ガイダンス

児童生徒，学生に対して行われる教育上の指導のことであり，「指導・案内・手引き」ともいう。1998（平成10）年12月の学習指導要領の改訂において「ガイダンスの機能の充実」が，学校生活における１人ひとりの自己実現を進める観点から初めて示された。具体的には，「生徒が学校や学級での生活によりよく適応するとともに，現在及び将来の生き方を考え行動する態度や能力を育成することができるよう，学校の教育活動全体を通じ，ガイダンスの機能の充実を図ること。」（中学校学習指導要領第1章総則第６の２（５））と規定されている。ガイダンスは，学年や学級を対象にして集団的に日常行われることが多いが，もともとの意味は個人に対して行われる援助であり，指導方法は教授的ではなく，適切な情報提供や案内・説明，活動体験，各種の援助・相談活動などを通して行うことが望ましい。具体的には，学習活動など学校生活への適応，好ましい人間関係の形成，学業や進路の選択，自己の生き方等に関わって，生徒がよりよく適応し，主体的な選択や自己決定ができるように援助することで，単なる事前の説明や資料の配布にとどまってはならない。[石崎]

回虫症 （かいちゅうしょう）

回虫が人体に寄生し成長することによって起こる寄生虫病である。回虫は，大型の線虫で，雌は約30cm，雄は約20cmの長さになる。食品などを介して回虫卵が経口感染し，胃や腸で孵化し，肝臓，心臓，肺と移行し，気管，食道，胃を経て小腸に達し，約２か月で成虫になる。通常は，時々腹痛が起こる程度であるが，腸閉塞を起こしたり，胆管などに入り込んだ場合には激しい腹痛を伴う。[上濱]

→寄生虫病

解糖 （かいとう）

生体内で行われるエネルギー獲得のため，グリコーゲン又はグルコースを分解する代謝過程。その分解は嫌気的（無酸素的過程）に行われ，いくつかの過程をへてピルビン酸に分解され，それが還元され最終産物として乳酸が産生される。[田井村]

→グリコーゲン

介入授業 （かいにゅうじゅぎょう）

経験豊かな教員が，新人や中堅の教員の授業に適時介入して自ら授業を行い，教員に対する指導を行うこと。[竹内−]

海馬 （かいば）

系統発生学的に原始的な皮質から成り，辺縁系の重要な部分となる。これは海馬傍回の上縁にある海馬溝から側脳室下角内に巻き込んだような皮質で，側脳室の内側壁の大部分を作る。この部分の前方は指のように分かれ

て肥厚する。他の辺縁系構造との間に相互の線維連絡を有する。情動，記憶，学習などに関与すると考えられる。［角南兼］

灰白質　（かいはくしつ）

脳及び脊髄で肉眼的に灰白色にみえる部分をいう。神経細胞体，樹状突起，無髄の軸索および神経膠細胞の集まったものである。大脳半球表面を覆うが，深部にも大脳基底核と呼ばれる神経細胞の集団がある。脊髄では，灰白質はその中心部にある。［角南兼］

外反膝　（がいはんしつ）

膝部で大腿と下腿が内方凸の屈曲を示すものをいう。両側性の場合はX脚となる。2歳から6歳にかけての軽度又は中等度の外反は生理的外反膝であることが多い。外反膝が左右非対称の場合や一側性の時には生理的外反膝以外のものを疑って検索する必要がある。生理的外反膝は特に治療の対象にはならない。［森川］

外反肘　（がいはんちゅう）

上腕軸と前腕軸のなす角が増強したもの。骨端軟骨層の発育障害，あるいは小児の上腕骨外顆骨折後に起こる。機能障害はないことが多いが，長い経過中に遅発性尺骨神経麻痺を生じることがある。［森川］

外反扁平足　（がいはんへんぺいそく）

扁平足とは足の長軸のアーチが低下もしくは消失した状態で，小児の多くは外反扁平足となる。全身関節弛緩症の1症状で，足部の骨格構造を正常に保持する筋・靭帯・関節包などの支持組織が弱いため，荷重時に踵が外反し足部全体が外側に押し曲げられた状態になる。疲れやすく，歩くのを嫌がる。足底筋，下肢筋の筋力増強が必要である。［福田］

外反母趾　（がいはんぼし）

足の親指が小指の方向に15°以上曲がって変形している状態をいう。一般的には中年以降の女性に多いが，小学生や男性にもみられるとの報告がある。親指の外反が将来の痛みや歩行障害を暗示するわけではなく，変形に痛みを伴う場合に治療の対象になる。［田神］

回避　（かいひ）

生体が罰刺激あるいは危機状況に晒されないように事前に迂回する行動をとること。回避には，ある特定の行動を起こすことで罰を避ける能動的回避とある特定の行動を起こさないことで罰を避ける受動的回避がある。回避と逃避との違いは，前者が事前に罰刺激を避けるのに対して後者は事後に逃れようとする行動である。［小玉］
→逃避

回避性人格障害　（かいひせいじんかくしょうがい）

国際的な診断基準であるDSM-Ⅳ，ICD-10により分類される精神疾患のひとつ。自己の行動に不適切感を抱くとともに，他者からの批判，拒絶，否定的な評価を受けることをおそれ，新しい対人関係を築いたり，重要な社会的な場面を避けるといった行動が様々な状況で見られるもので，成人期早期頃から始まるとされる。［伊藤直］

回復体位　（かいふくたいい）

横向きの状態に寝かせ，下顎を前にだし，上側の膝を90度に曲げて腹部の方へ軽く引き寄せ，上側の上肢を前方にだし肘を曲げた状態にする体位である。傷病者に意識がないが自発呼吸がある場合に，筋肉がゆるみ舌が喉に落ち込んで呼吸をとめたり，吐瀉物により窒息を起こす可能性があるので，この体位で寝かせ気道を確保する。頸椎損傷が疑われる場合は適応外とする。［田中哲］

開放性骨折　（かいほうせいこっせつ）

事故，墜落，激しいスポーツなどにより，骨折部近辺の皮膚が破れ骨折部が皮膚表面へでた骨折のことで，骨折部に骨髄炎などの細菌感染を起こす危険性がある。感染の予防に

は，骨折後できるだけ早く生理食塩水による洗浄を行うことが重要である。また，大腿骨のような大きな骨の骨折では，大量出血することもあるので注意する。[田中哲]
→骨折

海洋汚染及び海上災害の防止に関する法律 （かいようおせんおよびかいじょうさいがいのぼうしにかんするほうりつ）

船舶，海洋施設及び航空機から海洋に油，有害液体物質等や廃棄物の排出，加えて船舶や海洋施設において，油，有害液体物質等や廃棄物を焼却することを規制する法律である。海洋環境の保全と人の生命，身体並びに財産を保護することを目的とする。油や有害液体物質，廃棄物等が海洋に排出されることを防除することによって，海上火災の発生，拡大の防止や，海洋の汚染を防止し，海洋の汚染や海上災害の防止に関する国際約束の適確な実施を確保している。[樋田・竹内—]

外来伝染病 （がいらいでんせんびょう）

海外から日本に入ってくる伝染病をいい，輸入感染症といわれることもある。主な疾患は，赤痢と腸チフスである。[田神]
→伝染病，輸入感染症

解離性障害 （かいりせいしょうがい）

強い情動体験や外傷的な記憶により，意識や人格の統合的機能が一時的に障害されたり，交代する現象を解離という。その結果，出現する心因性の意識変容として，もうろう状態，夢遊症，心因性健忘，心因性遁走，多重人格，憑依状態等がある。その多くはヒステリーの精神症状に属している。アメリカでは離人症を解離性障害に含めている。[猪股]
→ヒステリー

カウプ指数 （——しすう）

発育状態の評価にあたっては，身長，体重のような個々の指標の値を見るだけでなく，それらのバランスを考慮し総合的に評価を行う必要がある。カウプ指数，ローレル指数，BMI，肥満度などはいずれも身長と体重の値から，両者のバランスを考慮して体格のバランスや栄養状態を評価する方法である。カウプ指数は乳幼児に広く適用されている指標で，体重$(g)÷身長^2(cm)×10$によって求める。成人の体格評価で用いるBMIと実際には同じ計算式である。カウプ指数の平均値は，乳幼児期から幼児期にかけて若干低下し，その後上昇に転じる。このような値の変化のため発育期を通した一定の判定基準はなく，大規模データをもとに作成したパーセンタイル値をもとに評価するのが普通である。[戸部]
→ローレル指数，BMI，肥満

カウンセラー

相談者に対して相談を受ける立場の人である。精神科領域や心理相談室，教育相談センターや養教センターなどでの治療的関与，あるいは学校や職場などで精神的健康を維持していくための相談やアドバイスなど，所属する機関によって治療目標やその技法も異なり，直接面接による相談と電話相談の2種がある。学校カウンセリングには2つの考え方がある。1つは学校に専門的なスクール・カウンセラーを配置し，悩みを持つ児童生徒を対象として教育相談室や適応指導教室などで相談を担当する。他の1つは教員すべてにカウンセリング・マインド，つまり教育相談的な考え方を身につけて，特定の児童生徒ばかりではなくすべての児童生徒の心身の状態に配慮し，自我発達を促進して人格の成長を意とするものである。教師がカウンセリング・マインドを持っていれば，教科指導に際してもそれがいかされ，子どもとのよい関係を形成して問題行動の発生が予防されるという利点がある。[猪股]

カウンセリング

クライエントに対して面接やグループワークによる言語的あるいは非言語的コミュニケ

ーションを通しての心理的相互作用により，行動や考え方の変容を試みようとする援助方法であり，クライエントの人格統合の水準を高めようとする心理的技法である。カウンセラーがクライエントの悩みを共感的に理解し，受容的対応で接することにより，クライエントの自己実現の可能性をひき出すことができる。ロジャーズはカウンセリングを「個人との持続的・直接的接触によって，その個人を援助して行動・態度の変容を図ること」と定義している。生物は自分がもっている可能性を建設的な方向へ伸ばそうとする基本的な傾向（自己実現傾向）がある。人間は自分にできる方法をつかんで成長し，適応しようとする方向に向かって進んでいくように運命づけられており，それを援助するのがカウンセリングである。精神療法は精神障害を持つ患者を対象とし，カウンセリングは親子関係，対人関係，職場の問題など健常な人をも対象としている。[猪股]
→クライエント

火炎滅菌 （かえんめっきん）

火炎の熱によって変性・破壊することがない器具に用いられる。器具を火炎の中を通過させて，赤熱させて微生物を死滅させる簡便な滅菌方法である。この方法は，金属部分に付着している雑菌を完全に死滅させ，雑菌の混入を防ぐ場合，また，菌の取扱い後に金属部分に付着している病原菌などを消毒する場合に行われる。先端部分をバーナーの火炎の中に上からゆっくり入れ発赤するまで焼き，これをゆっくり冷ましてから使用する（白金の場合は30秒，ニクロム線は60秒ほど行う）。
[鈴木耕]
→滅菌法

化学的酸素要求量
（かがくてきさんそようきゅうりょう）

CODと略称される。水中の有機物を酸化剤で化学的に酸化した際，消費（還元）される酸化剤の量を酸素に換算した値をいい，この値が高いことはその水中に有機物が多いことを示している。この測定には過マンガン酸カリウムを用いる方法と重クロム酸カリウムを用いる方法があり，過マンガン酸カリウムを用いる方法はすべての有機物を酸化させることはできず，また，化合物によって酸化される度合いが異なるため，有機物の絶対量を示すものでなく，化学的に酸化されやすい物質の尺度といえる。湖沼及び海域における汚濁指標として重要な項目であり，水質汚濁に係る生活環境の保全に関する湖沼及び海域の環境基準項目に定められているとともに，水質汚濁防止法に基づく総量規制項目に含まれている。[日置]
→COD，BOD，生物化学的酸素要求量

化学物質過敏症 （かがくぶっしつかびんしょう）

地球環境中には様々な種類の化学物質が存在して，工業化に伴いますます増加している。これらの化学物質に対して過敏に反応して，体調が悪化する者がいる。症状としては疲れ，肩こり，頭痛，目の痛み・異物感，視力低下，めまい，涙，目のかすみ，皮膚のちかちか，鼻詰まり，鼻水，くしゃみ，鼻血，耳のかゆみ，耳鳴り，難聴，のどの痛み，口やのどの乾き，下痢，吐き気，性的な衝動の低下，手足の冷え，咳，息苦しさ，アレルギーの悪化などである。よく知られているものにシックハウス症候群やシックビル症候群に関係しているホルムアルデヒド，大気汚染に関係しているディーゼル排気ガス・農薬散布，ダイオキシンのでるごみ焼却，トイレ芳香剤や防虫剤に使われるパラジクロロベンゼンなどの化学物質である。なお，ひとつの化学物質は安全でも，2種類以上が複合した場合の安全性についても重要である。しかし現実には組み合わせが天文学的にありわかっていないことが多い。[松岡優]
→ホルムアルデヒド，ダイオキシン

化学物質の審査及び製造等の規制に関する法律 （かがくぶっしつのしんさおよびせいぞうなどのきせいにかんするほうりつ）

　難分解性で，かつ人の健康を損なうおそれがある化学物質による環境の汚染を防止するために制定された法律。新規の化学物質の製造又は輸入に際し，事前にその化学物質が難分解性等であるかどうかを審査する制度を設け，その性状等に応じて，化学物質の製造，輸入，使用等について必要な規制を行うことを目的としている。この法律において「化学物質」とは，元素又は化合物に化学反応を起こさせることにより得られる化合物をいう。［樋田・竹内—］

かかりつけ医　（——い）

　地域医療のプライマリ・ケアを担う医師・医療機関のこと。明確な定義はないが，個人又は家族の日常の健康管理全般にはじまり，病気の早期発見，プライマリ・ケアや慢性疾患の治療・経過観察などを主に行うほか，在宅医療，家庭看護，福祉介護，健康増進，予防注射などの相談を受けたりする。また，そのかかりつけ医の専門外の病気や特殊な検査や入院による治療など高度医療が必要な場合などには，地域において連携している適切な医療機関など高度で専門的な医療機関を紹介するなどの対応をする。［森光］
→ホームドクター

過換気症候群　（かかんきしょうこうぐん）
→過呼吸症候群

顎関節症　（がくかんせつしょう）

　近年，成人を含む中学，高校生にも顎関節部に症状を訴えるものが増えている。1994（平成6）年学校保健法施行規則の一部改正後，顎関節の診査が加わった。顎関節に異常がある場合は，耳の前方部に顎の開閉時にザラザラなどの異常な音，咀嚼筋の痛み，開口障害などがみられる。これらの症状が持続したときは精密な診査を受ける。原因は，歯列咬合異常やストレスなど心理的要因が関与している。［赤坂］
→開口障害

角結膜炎　（かくけつまくえん）

　角膜及び結膜に病変が及ぶ感染性又は非感染性の急性・慢性炎症。充血，流涙，眼脂，不快感が症状で角膜に及ぶと眼瞼羞明も起こる。流行性角結膜炎はアデノウイルスによる伝染力の強い結膜炎であらゆる年齢に起こる。乳幼児では偽膜形成も起こる。接触感染するので学校伝染病に指定され治癒まで出席停止とする。［礒辺真］
→ウイルス性結膜炎，流行性角結膜炎

核酸　（かくさん）

　糖とリン酸，塩基からなる高分子物質。核酸の名は，核に多く含まれていてアデニン，グアニン，チミン，シトシン，ウラシルの5種類の有機塩基とリン酸を含む物質に対して19世紀に付けられた。その後，核酸には糖としてリボースを含むリボ核酸（RNA）とデオキシリボースを含むデオキシリボ核酸（DNA）があることがわかった。［松村］
→リボ核酸，デオキシリボ核酸

学習　（がくしゅう）

　経験を通じて，知識，情緒的反応，及び行動などを獲得する過程をいう。回りの環境やそこにある物を調べ，危険なものか自分の生存に役立つものかなどを区別する行動は，動物の個体や種の生存確率を高めることにつながる。そのため，このような学習行動のプログラムは，動物の遺伝子に組み込まれている。未知の物事に対して興味を示す「知的好奇心」は，それを示すものといえよう。学習は，自覚的に行われる場合と無自覚的に行われる場合がある。特に，行動の学習では無自覚的に行われる傾向が強い。行動の学習に対しては，行動を導く刺激（先行刺激）と行動に伴う刺激（随伴刺激）の役割が大きい。な

お，社会的学習は対人関係を基礎にした学習であるが，身近な他者の行動をまねるというモデリング（観察による学習）や他者の行動が強化される場面を見ることによって，その人の行動も間接的に強化されるという代理強化などがこれに当たる。［家田］
➡一斉授業・一斉学習

学習意欲　（がくしゅういよく）

　積極的に勉学に取り組もうとする気持ちをいう。学習者自身が目的を持って，そのために必要な課題に取り組もうとするときに，学習意欲が高いと考えられる。したがって，一般にその課題を学習する意味を明確にし，あるいは学習者の生活との関連を明らかにすることは，学習意欲を高めるのに役立つ。その他，興味や関心を引く教材の工夫，教師・家族からの励ましや，生徒同士の，あるいは教師も交えた協同学習などが，学習意欲を喚起し，積極的・主体的な学習を導くであろう。［家田］

学習形態　（がくしゅうけいたい）

　一斉学習，グループ学習，個別学習などがある。一斉学習では，学級人数が問題となる。現在の40人学級から，自治体独自に30人学級に変更するところも出てきた。また，ティーム・ティーチングが導入され，一斉授業（学習）の中に個別指導（学習）を組み入れるような試みも始まっている。個別学習は，ドリルの学習やインターネットを利用した学習などで用いられる。オープン・エデュケーションでは，広い教室にいろいろな教科のコーナーが用意され，児童が自分で教科を選んで個別学習をしていく。［家田］
➡一斉授業・一斉学習，ティーム・ティーチング，オープン・エデュケーション

学習指導　（がくしゅうしどう）

　様式には，講義形式，発問形式，及び作業形式がある。講義形式は，伝達できる情報量が多い。発問形式は，発問という形で生徒の参加を促すものである。作業形式には，調査型，実験・実習・体験型，リポート・発表型，話し合い型，ゲーム型など，様々なタイプがある。作業は，問題に対する理解を深めたり，技術を習得したりするのに役立つ。また，近年は，ワークショップ型のグループ活動を中心とした授業方法も注目されている。［家田］

学習指導案　（がくしゅうしどうあん）

　一般に学習指導案とは，1単位時間の授業計画を記載したものである。特に決められた形式があるわけではないが，通常は日付，授業の実施者，単元名，単元目標，本時の目標が最初に記載され，次いで1単位時間の時間軸にそって，導入，展開，まとめの順で指導内容が書かれる。指導案に発問，指示，板書等を記載すると，授業をイメージしやすく，また再現性も高くなる。［渡邉］

学習指導要領　（がくしゅうしどうようりょう）

　文部科学大臣によって告示される学校教育課程の基準。幼・小・中・高等学校及び盲・聾・養護学校の教育内容や学習指導の項目，授業時間数などの編成基準が示されている。国家が定める教育課程の基準を示したものであり，法的拘束力を有している。全学校種を対象に，平成10，11年に戦後7回目の改訂が行われた。なお，今回の改訂後，これは最低基準を示すものであるとの見解が出された。その背景には，授業時間数の削減に伴う学力低下の問題がある。［鈴木和］

学習障害　（がくしゅうしょうがい）

　知的発達に関わって全般的に遅れは認められないが，何らかの特定の能力，例えば聞く，話す，読む，書く，計算する，又は推論する等の習得に困難を来たし，学習が困難となることをいう。特定の能力のみに遅れが認められ，全般的な能力には異常は認められない，従来，知的障害とされてきたものが，科学の発達に伴い，障害を分化して学習障害と

されたものであり，比較的新しい障害の定義である。ある教科に対しての意欲のなさや，怠学によるものではないが，医学的にこれといった器質に異常のあることはまだ認められていない。視覚，聴覚など何らかの特定の機能の障害のよって起こるものであればその原因を除去すれば解決するものであるが，特定の原因はなく，機能的に限定されたある種の能力の欠如という形であらわれる。[斎藤]

学習の転移　(がくしゅうのてんい)

ある学習の結果が，後続の学習に影響を与えること。このとき影響が促進的であれば正の転移，妨害的であれば負の転移という。転移が生じる原因を説明する理論には，①前学習と後学習の間に同一，あるいは類似の要素がある場合に転移が生じるとするソーンダイクの同一要素説や，②ある学習経験が一般化され，他の場面へ適用されるときに転移が生じるとするシャッドの一般化説などが挙げられる。[阿部]

学習評価　(がくしゅうひょうか)

学習とは，経験の結果としてのある程度永続的な行動の変容を指す。教育場面における学習とは学力を意味することが多く，学力とは自己と周囲の状況を客観的・合理的に認識し，適切に対応することのできる獲得された行動能力あるいは行動傾向を指す。こうした能力の評価基準として，一般に広く知られるのが学力偏差値であり，学力偏差値SSは次の式で計算される。SS＝{10(X－M)／SD}＋50。ここで，Xは個人の得点，Mは平均点，SDは標準偏差である。偏差値は50が平均，60，70と上昇するにつれ成績が良くなり，反面40，30と下降するにつれ成績が劣ると解釈される。その他，学習評価の基準としては学力指数AQが挙げられ，次の式のいずれかで計算される。[山岸・中川]

　AQ＝(教育年齢／精神年齢)×100
　AQ＝(教育指数／知能指数)×100
　AQ＝(学力偏差値／知能偏差値)×100

➡学習，偏差値

覚せい亢進症状　(かくせいこうしんしょうじょう)

生体には睡眠と覚せいの概日リズム（サーカディアンリズム）がある。その人の環境にふさわしい睡眠・覚醒スケジュールに同期しないと不眠あるいは過眠の訴えが生じることになる。覚せいの持続時間が亢進すると不眠が起こる。これは心理的あるいは器質的要因が関与している。通常，感情障害や人格障害など精神科的病態と結びついた心理的障害（PTSD等）が認められる。[猪股]
➡サーカディアンリズム

覚せい剤　(かくせいざい)

覚せい剤取締法第2条により指定された薬物の総称。具体的には①フェニルアミノプロパン（アンフェタミン），フェニルメチルアミノプロパン（メタンフェタミン）及び各その塩類，②それらと同種の覚せい作用を有する物であつて制令で指定するもの，③以上のいずれかを含有する物をいう。したがって，覚せい剤という単一薬物があるわけではない。わが国で乱用されている覚せい剤はほとんどメタンフェタミンである。覚せい剤は中枢神経興奮作用を有し，特有の快体験，気分の高揚，万能感などを引き起こす。強烈な精神依存惹起作用があり，容易に覚せい剤中毒を引き起こす。第一次乱用期（1945年～1957年）には「ヒロポン」（商品名）と称されたが，第二次乱用期（1970年～1994年）には，「骨までしゃぶる」と言う意味で「シャブ」と呼ばれ，第三次乱用期（1995年～）の今日では「スピード」「エス」と呼ばれることが多い。わが国で最も乱用が深刻な依存性薬物である。[和田]
➡アンフェタミン

覚せい剤中毒　(かくせいざいちゅうどく)

覚せい剤の直接的薬理作用に基づく急性中毒と覚せい剤の長期使用の結果として生じる中枢神経系の2次的変化による慢性中毒とが

ある。急性中毒は，覚せい剤使用後1時間以内に出現し，大部分は24時間以内に消失する。瞳孔は散大し，血圧上昇，頻脈となり，気分が高揚し，万能感のもとに多弁，多動となり，食事摂取，睡眠を忘れ，快体験を経験する。ただし，強迫的使用や1回大量使用後には，知覚過敏，錯覚，幻覚，妄想知覚，被害・追跡・関係妄想や時には意識障害を呈することもある。その後，薬効の消失とともに，疲労，脱力，抑うつ気分，嗜眠，過食などが数日間続くことが多い。この繰り返しの中から，薬物依存が生まれ，依存に基づく使用の繰り返しの結果，慢性中毒が発生する。慢性中毒では覚せい剤を使用していないにも関わらず，被害・追跡・関係妄想と幻聴などが持続し，覚せい剤精神病と称される。多くは治療により1か月以内に回復するが，中には症状の持続が6か月以上にも及び，時には半永久化して固定することもある。この慢性中毒状態では，精神症状再燃の準備性が亢進しており，時には非特異的ストレスにより自然再燃（フラッシュバック現象）をみることもある。［和田］
→フラッシュバック現象

覚せい剤取締法　（かくせいざいとりしまりほう）

第二次世界大戦後，覚せい剤の乱用・依存とその中毒が社会問題化したため，それまで法規制を受けていなかった覚せい剤を法規制の対象にするために1951年より施行された法律。これにより，覚せい剤は輸入，輸出，製造，所持，譲渡，譲受に限らず，使用自体が事実上禁じられた。営利目的の覚せい剤の輸出・輸入，製造は最高無期懲役である。［和田］

覚せい・睡眠中枢　（かくせい・すいみんちゅうすう）

間脳〜脳幹に位置する上行網様賦活系が重要な役割を演じているが，睡眠の脳内機序はまだ正確には明らかになっていない。電気生理学的実験からノンレム睡眠の除波睡眠は視床下部前部や延髄孤束核で，レム睡眠はこれよりも下位の橋の被蓋巨大細胞野や青斑核などが関係していると考えられている。［花田］
→逆説睡眠

喀痰検査　（かくたんけんさ）

最も重要なことは，気道分泌物である喀痰を確実に採取することであり，喀痰の採取には熟練を要する。喀痰に含まれる細胞，細菌，ウイルスなどを調べることによって，肺がん，結核などの肺疾患を診断することができる。最近では，肺がんの確定診断に使われることが多い。［村田］

獲得免疫　（かくとくめんえき）

細菌やウイルスなどの抗原の感染によって免疫細胞に特別に増強された免疫反応である。免疫細胞は侵入した抗原を記憶し，同じ抗原が再度侵入した時には，最初の時よりも素早く強力に反応する能力を備える。この反応性の変化は一度目の抗原の侵入後に獲得されたと考えられるので，自然免疫に対して獲得免疫と呼ばれている。［坂本］
→抗原，免疫，抗体

学年閉鎖　（がくねんへいさ）
→学校閉鎖

過呼吸症候群　（かこきゅうしょうこうぐん）

過換気症候群とも呼ばれ，緊張，不安，興奮，恐怖などの心因性要因や，疼痛，疲労などの身体的要因により，脳内にある呼吸中枢が刺激され，呼吸を多くしすぎて，血液中の二酸化炭素が過度に体外に排出され，血液が強いアルカリ性になり，呼吸が苦しくなるもので若い女性に多く見られる。この発作が起きると血圧低下，脳血流減少，心拍出量増加，胸部絞扼感などの症状が起き，頭痛，めまい，四肢の痺れ，痙攣等の症状が起きる場合もある。過呼吸症候群が起きた時は，落ち着かせてゆっくり呼吸をさせながら，紙袋を口にあて自分の吐いた息を再び吸い込むことを繰り返し，血液中の二酸化炭素をあげる方

法（ペーパーバック法）で，血液中の炭酸ガス濃度が正常に戻す。鎮痛剤，抗不安薬の投与が効果的な場合もある。[田中哲]

過酸化脂質 （かさんかししつ）

不飽和脂肪酸の酸化によって生じる物質。細胞膜の構成成分である不飽和脂肪酸が活性酸素で酸化され過酸化脂質が蓄積することにより細胞膜の機能が低下する。また低密度リポタンパク質（LDL）にも酸化されやすい不飽和脂肪酸が含まれており，活性酸素で酸化されたLDLがアテローム性動脈硬化症を引き起こすと考えられている。[田中宏]

下肢長 （かしちょう）

四肢の中の下肢の長さをいう。厳密に下肢長を知るには，大腿骨頭の位置を知らなければならない。しかし，これを直接計測することは非常に難しいので，上前腸骨棘高，恥骨結合上縁高を測定して下肢長に代えることがある。また，身長から座高を減じた値を下肢長とすることがある。下肢の長さを反映し，簡便であるのでよく用いられる。下肢長の発育は，座高ないしは体幹長の発育より早く終了する。[佐竹]

過失傷害致死罪 （かしつしょうがいちしざい）

過失によって人を傷害した者に対する罪で，30万円以下の罰金または科料に処される。過失致死の場合は，50万円以下の罰金が科される。自動車の運転者には「業務上過失致死傷罪」が適用され，5年以下の懲役もしくは50万円以下の罰金となる。なお，平成12年に，「危険運転致死傷罪」が新設された。飲酒運転や極端なスピード超過などによる事故に適用される。被害者が死亡した場合には，1年以上15年以下の懲役となる。[家田]

過剰歯 （かじょうし）

主に上顎の切歯部に過剰な歯が萌えたり，あるいは顎骨内に埋まっていることがある。過剰歯が萌えているときは歯科健診でも検出されるが，埋まっているときは特異的な歯列不正がみられ，レントゲン写真で診断される。[赤坂]

過食症 （かしょくしょう）

食事をめぐって子どもに起こる様々な障害に，拒食と過食と異食がある。拒食は親による食事の強制が要因の1つであるが，過食はよく食べる事が親をよろこばせる結果になると考えて生じる場合と，親から無視され，冷淡に取り扱われた子どもが，食べることにおいてのみ楽しみを見出す結果生じることもある。[花田]

→食思異常，思春期やせ症，神経性食思不振症，摂食障害

下垂体 （かすいたい）

頭蓋のトルコ鞍のなかにあるホルモン分泌を役割とする器官である。前葉からは，成長ホルモン，副腎皮質刺激ホルモン，甲状腺刺激ホルモン，卵胞刺激ホルモン，黄体刺激ホルモン，プロラクチンなどが，後葉からは，子宮収縮ホルモン，抗利尿ホルモンなどが分泌される。[前田]

→ホルモン

下垂体機能障害 （かすいたいきのうしょうがい）

下垂体前葉機能低下症のことをいう場合が多い。下垂体前葉ホルモンの分泌低下により，標的内分泌腺の萎縮とホルモン分泌能の低下がみられる。原因として下垂体及び周辺部の腫瘍，分娩後の壊死，手術や放射線照射などの治療に伴うものなどがあるが，原因不明の特発性の場合もある。[前田]

ガス交換 （──こうかん）

肺胞から酸素を取り入れ，炭酸ガスを排出する働きをいう。大気汚染物質の生体影響としてのガス交換能の低下について様々な報告が成されている。二酸化窒素（NO_2）は肺の酸素炭酸ガス交換能の低下を引き起こすことが知られ，オゾンはこの効果が増すとい

う。粉じんによる気管支や肺胞への影響も肺機能障害を引き起こし，ガス交換能の低下を引き起こす。[大澤 清]

ガス中毒　（——ちゅうどく）

　ガス体の毒物による中毒であり，最も多いのは，燃料の不完全燃焼時に発する一酸化炭素中毒である。この他に，都市ガスやプロパンガスによる中毒，塩素系漂白剤と酸性洗浄剤が混ざった時に発生する塩素ガスによる中毒などがある。急性中毒は偶発事故によることが多いが，慢性中毒は化学工場や燃料工場など職業性に発生することが多い。一酸化炭素中毒の症状は，まず欠伸がでる，次いで前頭部の頭痛，眩暈，心悸亢進が出現し，呼吸困難となる。また，悪心，腹痛，耳鳴，意識障害などが続く。さらに，意識はあるが歩くことも，這うこともできなくなり，そのうちに意識不明に陥る。ガスの曝露の停止，安静，吐物の気管内嚥下の防止，呼吸停止に対しては人工呼吸，酸素吸入，呼吸中枢刺激剤投与などにより治療を行う。[松岡 治]
→一酸化炭素

ガス滅菌　（——めっきん）

　酸化エチレンガスを微生物のDNAに作用させて死滅させる。高温加熱のできないゴムやプラスチック製品の滅菌に利用される。拡散浸透しやすいのでプラスチックや紙，繊維などで包んだ状態で器具を滅菌できる。欠点は，ガスの残留毒性，引火，爆発性，また滅菌に要する時間が長いなどである。[鈴木 耕]
→滅菌法

かぜ症候群　（——しょうこうぐん）

　上気道感染症状をもって発症するウイルス感染症の総称であって，くしゃみ，鼻汁，咽頭痛などで始まり，鼻閉，軽い咳が続く，通常発熱はないか軽微である。全経過は約1週間で治癒する。原因菌としてはライノウイルス，パラインフルエンザウイルス，アデノウイルスが考えられ，抗生剤は無効である。

[木村]

仮説実験授業　（かせつじっけんじゅぎょう）

　板倉聖宣によって1963年に提唱された「科学の最も基礎的な概念や原理的な法則」を教えることを意図した，科学教育の授業方法に関する理論・方法。問題－予想（仮説）－討論－実験というプロセスで進行する。その授業展開の中核には授業書と呼ばれる一種の「指導案＋教科書＋ノート」の性格を兼ね備えた印刷物が使われる。これによりあまり科学に詳しくない教師でも効果的な授業ができるようになった。当初は小中学校の力学教育から始まったが，その後研究・実践が進展し，社会その他の科学に関する授業書も開発されている。保健教育においては，保健教材研究会が，仮説実験授業の授業書を模した「授業書」方式という授業を行っている。これは問題－予想（仮説）－討論－お話（検証）という仮説実験授業とほとんど同じ過程で進められるが，仮説実験授業とは異なり，最後の検証の場面で実際の実験を行うことがほとんどできない。しかし，この方式により保健授業が実践しやすくなったとともに，授業・教材づくりの質も高くなったといわれる。[小磯]
→授業書

家族計画　（かぞくけいかく）

　目的は，親としての責任を自覚して，子どもを産み育て，幸せな家庭を築いていこうということである。そのためには，健康状態や年齢，子どもの数や出産間隔，家庭の経済力などを考えて，よりよい状態の下で，すべての子どもは待ち望まれた子として産むことが期待される。したがって，子どもを多く産むとか少なく産むとは関係がない。その意味からは，母体の健康を守り，健やかな子どもを育てることを目的とした母子保健と表裏一体のものといえる。[北村]
→母子保健

課題分析 (かだいぶんせき)

ある課題や学習目標を達成できるためには、それを達成するための様々な技術や知識、能力が前提になる。以前に学習したり、体験したり、訓練をした結果として獲得されたそれらが転移して初めてより高次の課題や学習が可能となる。既ち、ある1つの課題や学習目標を達成するためにはそれに対応する下位の能力や知識が基礎となり、それら下位の力に対応したさらにはそれより下位の能力要素が存在すると考える。これらの能力は階層構造をなし、相互に関係しあっているとする。以上がガニエRMによって提案された学習階層の考え方である。この階層構造を分析し明らかにする方法が課題分析である。いま目標としているある高次の課題がある時、それを達成するためには一段低次のどのような課題が達成できていなければならないか、何を学習していなければならないかを、高次の能力から低次の能力に向けて順次明らかにしていくのである。ガニエは知的学習についての実例を挙げているが、能力の階層構造分析という観点から見ると、それは知的課題に限らず身体運動や職業能力、芸術についての課題や学習でも同様である。既に体力や運動能力、職業能力などについての階層構造を分析した結果が明らかになっている。健康の維持増進にかかわる能力においても課題分析は有効な方法の1つであろう。［大澤清］

カタルシス

浄化作用を意味する概念である。不安や葛藤、悲しみなどを抱えているとき、それらのことから目をそらさずに、いわばその問題を丸ごと受け止め苦しみに浸ることによって、その後に平安な心を取り戻そうとする自己治癒力に頼ることといってもよい。悲しみのただ中で思いっきり泣き涙を流す方が、そこで悲しみを押し殺し抑圧することより尾を引かないという経験は日常体験することである。［近藤］

学級活動 (がっきゅうかつどう)

1つの学級を単位として行われる主として集団を中心とした活動。小・中学校においてはこの名称であるが、高等学校ではホームルーム活動と呼ばれる。教育課程の中では、特別活動の領域に週1単位時間位置づけられている。この活動は、学級や学校生活への適応を図り、その充実・向上を目指している。学級活動における指導は、学級担任の力量形成上、きわめて重要である。［鈴木和］

学級閉鎖 (がっきゅうへいさ)
→学校閉鎖

脚気 (かっけ)

ビタミンB_1の欠乏によって起きる。食糧事情の悪い発展途上国などに見られる。知覚鈍麻や知覚障害、重症化すると歩行障害に進行する。わが国ではほとんど見られなくなった。自炊高校生のインスタント食品のみの長期摂取によって本症が発症し、話題になったことがある。［荒島］

学校安全 (がっこうあんぜん)

学校における安全に関する配慮の総称で、法令上、安全教育と安全管理を包括する概念である。安全教育は児童生徒の安全にとって望ましい行動変容に必要な態度・能力を育むもので、安全学習（体育科・保健体育科における保健学習の安全に関する内容、社会科・理科等関連教科の学習における安全に関する内容、「総合的な学習の時間」の学習活動、道徳など）と安全指導（学級活動・ホームルーム活動における指導、学校行事における指導、児童会活動・生徒会活動における指導、日常の学校生活での指導、個別指導、道徳）に分けられる。安全管理は児童生徒の学校生活が安全に営まれるよう必要な条件整備を図るもので、対人管理（心身状態把握・行動観察・応急手当などの心身の安全管理、学校内外の生活行動に関する生活の安全管理）と対

物管理（校舎内外の施設設備の安全点検・事後措置などの学校環境の安全管理）に大別できる。また，防災体制の確立も重大な要件である。[山崎秀]

学校医　（がっこうい）

学校保健法第16条に基づき，地方自治体の教育委員会に委嘱された医師をいう。健康診断と事後措置の他，児童生徒の日常における健康管理のための健康相談などを担う。近年，再興感染症としての結核や未知の病原体による新興感染症に対する体制整備，心電図検査による潜在性心疾患や検尿による腎疾患の早期発見，生活習慣病の若年化への対応，さらに学校保健委員会などにおける児童生徒の健康問題に関する啓発活動や健康教育など，活動の変化と拡大がみられている。[礒辺啓]

➡安全教育，安全管理，安全指導

学校医所見　（がっこういしょけん）

定期健康診断施行後に，健康診断票を作成する（施行規則第6条）。この健康診断票に担当学校医所見の項目があり，この欄に健康診断の結果，学校においてとるべき事後措置に関連して，担当学校医が必要と認める所見を記入し，さらに耳鼻科，眼科検診の結果も確認し，総合判定の意味を含めて押印する。[福田]

➡健康診断票

学校栄養士　（がっこうえいようし）

➡学校栄養職員

学校栄養職員　（がっこうえいようしょくいん）

公立小・中学校や特殊教育諸学校，又は共同調理場において学校給食の栄養に関する専門的事項をつかさどる職員であり，栄養士の資格を有する者。安全で楽しい学校給食の実施を通して，児童・生徒の栄養管理に携わるとともに，食に関する指導にあたる。また，保護者や地域住民に対しても講演会等を通じて食生活指導を行うことが期待されている。[田島]

学校開放　（がっこうかいほう）

学校教育以外の目的のために，学校の機能（施設・設備，教職員，情報など）を地域社会に役立てようとすること。体育館やグラウンド，図書館，教室などの施設・設備を非在学者が利用したり，その学校や関係者が公開講座を実施することなどがある。また，教職員が社会教育活動に講師などとして参加・協力することも含まれるであろう。これら学校施設の目的外使用については，教育基本法第7条，学校教育法第85条「学校教育上支障のない限り，学校には，社会教育に関する施設を附置し，又は学校の施設を社会教育その他公共のために，利用させることができる。」，社会教育法第44条「学校の管理機関は，学校教育上支障がないと認める限り，その管理する学校の施設を社会教育のために利用に供するように努めなければならない。」など多くの法的根拠を持つ。学校は，児童・生徒・学生，教職員のためだけのものではなく，地域の生涯学習センター的位置づけともなっている。[小磯]

学校環境衛生　（がっこうかんきょうえいせい）

学校保健法第3条（学校においては換気，採光，照明及び保温を適切に行い，清潔を保つ等環境衛生の維持に努め，必要に応じてその改善を図らなければならない）に基づいて実施されている活動・内容。1964（昭和39）年，保健体育審議会によりまとめられた「学校環境衛生の基準」に従い，飲料水の水質検査を始めとする定期・臨時の環境衛生検査，事後措置，日常における環境衛生活動が実施されている。1992年，科学技術の進展や学校を取り巻く環境の変化を踏まえ同基準が全面改訂され，「学校環境衛生の基準」（文部省体育局長通知）が定められた。具体的には，「排水の管理」の項目の追加，教室等の照度基準の引き上げ，コンピュータ等設置室の照

度確保などが考慮されている。その後も部分改訂が行われ，1994年に飲料水の検査項目が追加され，1996年に学校給食の食品衛生項目の充実が図られ，1998年に「学校給食衛生管理の基準」との整合性が図られている。[山崎秀]

学校環境衛生基準
（がっこうかんきょうえいせいきじゅん）

学校環境衛生の維持・改善を図るため定められている基準。1964年に保健体育審議会によりまとめられ，1992年6月全面改訂され「学校環境衛生の基準」（文部省体育局長通知）が定められた。法的には，学校保健法第3条の規定を直接受けているが，水道法，労働安全衛生法など他法の規定や公害関連法令などの適用も受けている。[山崎秀]

学校管理 （がっこうかんり）

法令上，教育委員会が所管している学校の運営管理の全般にわたる権限は，効率的な管理運営や学校・教職員の専門性などを考慮して学校（校長）にそれらの権限の一部が委任・補助執行されている。「地方教育行政の組織及び運営に関する法律」第33条第1項に基づき，教育委員会がその所管に属する学校などの施設，設備，組織編制，教育課程，教材の取扱など基本事項について，法令又は条例に違反しない範囲で学校などに権限委任しているものである。従来，学校間格差をなくし均等な教育サービスの提供を図ることが行政施策の目標とされてきたことから，教育委員会の関与が学校管理規則に詳細に規定され，学校などの自主性が制約される傾向にあった。しかし，中教審答申「今後の地方教育行政の在り方について」（1998年）は，地域に開かれた特色ある学校づくりを実現するため，各学校の裁量権限を拡大させ教育委員会の関与を縮小整理する方向性を示している。[山崎秀]

学校管理規則 （がっこうかんりきそく）

学校の運営管理の全般にわたる権限は法令上教育委員会が所管しているが，管理運営の効率性などを考慮し，その権限の一部を学校（校長）に委任・補助執行させている。その際の教育委員会の学校運営への関与の程度，学校（校長）への委任の程度などを示した一般的規則のことを学校管理規則という。教育委員会規則として示されている。[山崎秀]

学校基本調査 （がっこうきほんちょうさ）

学校教育行政に必要な学校に関する基本的事項を明らかにすることを目的として，文部科学省が実施する調査。[鬼頭]

学校給食 （がっこうきゅうしょく）

健康教育の一環と位置づけられる給食制度。各教育委員会の管理下で運営され，義務教育諸学校で児童又は生徒を対象に実施されている。学校給食の目的は食事を通して好ましい人間関係の育成を図ることであり，①日常生活における食事について正しい知識と望ましい習慣を養うこと，②学校生活を豊かにし，明るい社交性を養うこと，③食生活の合理化，栄養改善，及び健康増進を図ること，④食糧の生産，配分，及び消費について正しい理解を導くこと，の4点を目標に定め，児童・生徒の発達段階に合わせた自主的活動を重んじて，学校給食指導が行われている。また，学校給食の指導に際し，学校給食職員は，教師や給食従事者，給食委員会等との共通理解を深めることが重要であり，給食時間の他，学級活動時間，学校行事を通して学校給食指導を行う。[田島]

学校給食法 （がっこうきゅうしょくほう）

学校給食の実施に必要な事項を定め，学校給食の普及・充実を図ることを目的に制定された。学校給食の目標，定義，国及び地方公共団体の任務，学校栄養職員，経費の負担などを示している。[田島]

学校教育法 (がっこうきょういくほう)

　わが国の学校教育の制度や内容に関する基本的な法律である。憲法や教育基本法の教育に関する基本方針を受けて昭和22年に制定された。この法律で，学校とは，小学校，中学校，高等学校，中等教育学校（中高一貫校），大学，高等専門学校，盲学校，聾学校，養護学校及び幼稚園である。第12条は学校保健法の根拠法文であり，第28条では「養護教諭は，児童の養護をつかさどる。」と養護教諭の職務を規定している。［高倉］

学校災害 (がっこうさいがい)

　学校の管理下における児童，生徒，学生，幼児の災害（負傷・疾病・障害・死亡）を指し，その救済は，国家賠償法・民法・自動車損害賠償保障法による損害賠償制度や健康保険法・国民健康保険法・国家公務員等共済組合法などによる社会保険の給付制度による。学校の管理下で発生する災害では，損害賠償の適用を受ける場合はまれで，社会保険の適用でも十分とはいい難い現実がある。そのため，独立行政法人日本体育スポーツ振興センターによる災害共済給付の制度が創設，運営されている。同センターの規定によると学校の管理下の範囲は，①法令の規定により学校が編成した教育課程に基づく授業を受けている時，②学校の教育計画に基づいて行われる課外指導を受けている時，③休憩時間中に学校にある時，その他校長の指示又は承認に基づいて学校にある時，④通常の経路及び方法により通学する時，⑤その他①〜④に準ずるものとして文部科学省令で定める場合，となっている。［山崎秀］

学校歯科医 (がっこうしかい)

　学校保健法によりすべての学校に任命されている。学校での健診を行い，幼児・児童・生徒の保健管理に努めながら，保健学習・保健指導など保健教育に参加し，又は学校関係者に専門家の立場からの支援を行わなければならない。［赤坂］

学校施設管理者賠償責任保険 (がっこうしせつかんりしゃばいしょうせきにんほけん)

　この保険は，損害保険会社と学校の設置者が個別に保険契約を締結する場合と全国町村会，全国市長会，都道府県教育委員会連合会，特別区協議会，全国私立中学高等学校連合会などが加盟の団体，学校等の申し込みを取りまとめ，損害保険会社と保険契約を締結する場合がある。後者の保険の趣旨は，全国町村会の例でみると「町村の所有，使用管理する公共施設の瑕疵及び町村の業務遂行上の過失に起因して，町村が法律上の賠償責任を負った場合に生じる賠償金の支出によってもたらされる財政運営への支障を避け，町村行政の円滑な推進に寄与する。」とし，町村の互助救済事業として実施するとしている。なお，団体が契約を取りまとめている場合は，独立行政法人日本スポーツ振興センター法（2002年法律第162号）に基づく，災害共済給付契約の免責特約と重複しない仕組みとし，学校管理下の災害については，災害共済給付金を上回る損害賠償責任を対象としている。さらに団体によっては団体傷害保険が組み合わされ，学校管理下の災害について，死亡補償金，後遺障害補償金，入院医療補償金が支給される場合もある。［鴨下］

学校施設・設備 (がっこうしせつ・せつび)

　学校保健法（1958年法律第56号）が1978年法律第14号により改正され，「学校においては安全点検，その他安全に関する事項について計画を立て，これを実施しなければならない。」，「学校においては，施設及び設備の点検を適切に行い，必要に応じて修繕する等危険を防止するための処置を講じ，安全な環境の維持を図らなければならない。」とする規定が設けられた。前者は学校の事情により保健に関する事項と一括してもよいこととされているが学校安全計画であり，後者は学校環境に関する規定でいずれも学校に義務づけた

ものである。学校施設・設備は、学校災害の事例などを参考に定期・臨時の安全点検の実施と事後処置、学校生活の安全に関する決まりの設定、児童生徒等の安全に関する意識・行動の調査などを盛り込んで、安全な環境の確保を図らなければならない。なお、学校施設・設備に関しては、プール水の循環口・排水口の吸い込まれ、サッカーゴールポストなどの移動式体育用具の倒れ、地中に埋められた遊具・フェンスなどの鉄柱の腐食、防火扉などの電気設備の誤作動などで重大な事故が発生している。[鴨下]
➡学校災害

学校週5日制 （がっこうしゅういつかせい）

学校教育において、土・日曜日の2日間をを休日とし、残りの5日間で教育課程を実施する制度。日本におけるこの制度成立の背景は、労働時間の短縮を先進各国から求められたことであった。1992年9月から月1回の土曜休業に始まり、1995年には月2回の土曜休業となった。その後、2002年度から、土曜日をすべて休業日とする完全学校週5日制が、全面実施となった。これは、国公立のすべての学校（幼・小・中・高・大及び特殊諸学校）を対象としている（学校教育法施行規則の改正、1999年3月29日）。[鈴木和]

学校生活管理指導表 （がっこうせいかつかんりしどうひょう）

学校の健康診断で腎疾患や心疾患があると判定された児童生徒ついて、学校における具体的な生活管理指導のガイドラインを定めたもの。病気の状態によって運動をするときの注意を中心に具体的に解説してある。2002年に改訂が行われた。[村田]

学校伝染病 （がっこうでんせんびょう）

法で定められ、学校において特に予防に注意しなければならない伝染病で、第1種に分類される11疾患、第2種の8疾患、及び第3種の3疾患とその他の伝染病に分類され、該当する児童生徒学生及び幼児の出席停止期間の基準が定められている。近年、ベロ毒素を分泌し、少ない菌数でも発症するとされ問題となっているO157による腸管出血性大腸菌感染症は、第3種に分類されている。[礒辺啓]
➡学校閉鎖、腸管出血性大腸菌感染症

学校閉鎖（学年閉鎖，学級閉鎖） （がっこうへいさ：がくねんへいさ，がっきゅうへいさ）

1958（昭和33）年施行の学校保健法第13条では「学校の設置者は、伝染病予防上必要があるときは、臨時に、学校の全部又は一部の休業を行うことができる」と規定されている。伝染病予防からの学校、学年及び学級の閉鎖の目的は、病原体排出者と感受性者の接触遮断である。1998年10月に制定された「感染症の予防及び感染症の患者に対する医療に関する法律」を受けて、学校保健法施行規則（1958年施行）は同年12月に一部改正が行われ、第19条では以下の様に定められている。第一種：エボラ出血熱、クリミア・コンゴ出血熱、ペスト、マールブルグ病、ラッサ熱、急性灰白髄炎、コレラ、細菌性赤痢、ジフテリア、腸チフス、パラチフス。第二種：インフルエンザ、百日咳、麻疹、流行性耳下腺炎、風疹、水痘、咽頭結膜熱、結核。第三種：腸管出血性大腸菌感染症、流行性角結膜炎、急性出血性結膜炎、その他の伝染病。[笠井]

学校防災 （がっこうぼうさい）

わが国は社会的な条件、自然的な条件から、自然災害や火災により多くの生命、財産が失われている状況があり、学校管理下の災害においても、落雷による電撃死や豪雨時に道路側溝に流される事故が発生しており、地震や火災ばかりでなく広範な自然災害に対する対応が必要である。学校における防災管理と防災教育は広く学校安全の一環であるが、特に防災活動の重要性から「学校防災」として取り扱われている。防災管理は、児童1人

ひとりに対する日頃の行動特性の把握，災害発生時の救急体制の確立，災害における行動や場所の規制，情報連絡体制の整備，避難経路の確認，校舎内外の施設・設備の安全点検とその事後処置など危険の早期発見及びその危険の早期除去，災害時の適切な応急措置・安全措置がとれる体制（安全の確保）の確立である。防災教育は，児童生徒等が災害から自らの生命を守るに必要な知識や技能の習得を図るとともに，災害時の状況に応じ的確な判断のもとに安全な行動ができる主体的な態度や能力の育成を目指す。さらに自ら進んで他の人々や集団地域の安全に役立つことができるようにすることを目指すものである。学校においては，安全教育の重点内容として，各教科・道徳及び特別活動において実施されるようになっている。より効果的に推進するには教育活動全体を通じて，計画的，組織的に指導を行うことができるようにする必要がある。[鴨下]

学校保健　（がっこうほけん）

　学校におけるすべての保健活動を網羅するもので，児童，生徒，学生，幼児，職員を対象とした健康上の配慮と健康に関する教育を包括している。保健教育と保健管理からなり，両者を円滑に運営するための保健組織活動を含んでいる。保健教育は保健学習（教科体育・保健体育における「保健」，他教科の健康に関わる学習）と保健指導（特別活動，教育課程外の活動における健康に関する指導）に分かれ，保健管理には健康管理，環境管理，生活管理などがあり，法令上，学校環境衛生，健康診断，健康相談，伝染病予防を含んでいる。学校保健活動は，校長，保健主事，養護教諭，一般教員，学校医，学校歯科医師，学校薬剤師，学校栄養職員などにより運営される。行政的には，国においては文部科学省スポーツ・青少年局学校健康教育課が主管し，地方自治体では教育委員会の学校保健主管課など（公立学校）や知事部局の私学担当課（私立学校）が担当している。[山崎秀]

➡学校保健管理，保健教育，保健指導

学校保健安全計画
（がっこうほけんあんぜんけいかく）

　「学校においては，児童，生徒，学生又は幼児及び職員の健康診断，環境衛生検査，安全点検その他の保健又は安全に関する事項について計画を立て，これを実行しなければならない。」と学校保健法第2条にて規定されている。学校保健安全計画とは，学校において児童，生徒，学生または幼児及び職員の健康の保持増進を図るため，学校保健法，同法施行令及び同法施行規則の規定に従いながら，その地域や学校の実状に応じて，具体的，実際的，組織的，効果的な保健管理，保健教育及び安全教育，安全管理の実施をめざす具体的実施計画をいう。学校保健安全計画の必要性として，学校教育が教育課程に基づき教育指導計画を立て意図的・計画的に進められている関係上，保健管理及び安全管理そのものの合理的・円滑な実施をねらいとしており，さらには教育課程に基づく保健教育と保健管理，教育課程に基づく安全教育と安全管理との関係の調整を図るうえからも，効果的であるからである。学校の事情により，保健に関する事項と安全に関する事項とを一括して学校保健安全計画として立てても，保健に関する事項と安全に関する事項とを別個にして学校保健計画及び学校安全計画として立てても差し支えないとしている。しかし，文部科学省では，学校保健，学校安全の課題が深刻かつ多様になっていることを踏まえ，教育及び家庭や地域との連携活動の内容を加え，それぞれの計画，実施運営の充実のためには別個に計画を作成することが望ましいとしている。学校保健計画は，学校保健法，同法施行令及び同法施行規則に規定された健康診断，健康相談あるいは学校環境衛生などに関することの具体的な実施計画を内容とすることはもとより，同法の運営をより効果的にさせるための諸活動，例えば学校保健委員会の開催及びその活動計画なども含むものであ

って，年間計画及び月間計画を立てこれを実施すべきものであるとしている。年間計画は，①学校保健法第6条の児童，生徒，学生及び幼児の定期又は臨時の健康診断，②学校保健法第7条の健康診断結果に基づく事後措置，③学校における伝染病及び食中毒の予防措置，④学校の環境衛生検査，⑤学校の施設及び設備の衛生的改善，⑥大掃除，⑦夏期保健施設の開催，⑧その他必要な事項についての時期，準備，運営等に関する具体的実施計画とすることとしている。学校における安全管理に関する事項として，①学校の施設，設備の安全点検，②学校の施設，設備の安全上の措置，③通学路の選定と点検及び通学の安全管理のきまりの設定，④火災，地震などの防災に関する事項，⑤その他必要な事項について実施計画を立てることとしている。決定された学校保健安全計画は，実施担当者はもちろん，教職員，保護者，児童生徒，学校保健関係機関等にそれぞれ連絡周知し，実務に努めなければならない。実施に当たっては，学校保健委員会・学校安全委員会の意見を聞き，学校における保健管理と保健教育，安全管理と安全教育との関係の調整を図り，一層成果のあがるように努めることが大切である。［田嶋］

学校保健委員会 （がっこうほけんいいんかい）

学校における健康問題について協議や連絡調整を行い，実践活動をする組織であり，学校保健組織活動の要となる。児童生徒及び教職員の健康問題は，学校や家庭，地域での生活のあり方と深く関わっているので，健康問題の把握，発見，解決や健康増進のためには3者の協同の取り組みが必要である。1949（昭和24）年「中学校保健計画実施要項（試案）」（文部省）が初めて学校長の諮問機関として出された。その後，1958（昭和33）年に学校保健法が公布され，同年，文部省体育局長通達において，学校保健委員会の開催及び活動の計画についても学校保健計画に盛り込んで，年間を通じて計画的に実施すべきことが示された。構成は，①学校職員（校長，教頭，教務主任，体育・安全・給食などの主任，保健主事，養護教諭，一般教諭，学校栄養職員），②学校三師（学校医，学校歯科医，学校薬剤師），③保護者代表（PTA会長，PTA保健部委員長など），④その他の代表（状況に応じて，児童・生徒会及び保健部代表者や地域関係者）である。委員会開催に当たっては，保健主事が企画・運営の中心となる。議題には学校の健康問題や緊急の課題，家庭や地域に連なる問題などを設定するが，具体的な内容に絞り込んだり，年間を通した重点課題を設定したりする工夫が必要である。委員会の運営を効果的に進めるためには，学校保健安全計画に明確に位置づけ，年5～6回の開催を目標とした年間計画を立てる。また，委員会で協議された事項を実践し，評価を行うことが重要となる。1997年の保健体育審議会答申において，家庭，地域社会の教育力を充実する観点から，運営の強化や活性化の必要性が指摘されている。［高倉・皆川］

学校保健管理 （がっこうほけんかんり）

学校教育の円滑な実施とその成果の確保に資するため，児童，生徒，学生，幼児，職員の健康の保持増進を図るもので，法令上は学校環境衛生，健康診断，健康相談，伝染病予防を指す。学校保健管理に関係する主な職員は，保健主事，養護教諭，学校医，学校歯科医，学校薬剤師などである。学校環境衛生は学校保健法，学校環境衛生の基準（文部省体育局長通知：当時）などに基づき実施される定期・臨時の環境衛生検査，日常点検，事後措置などの活動である。健康診断は「就学時の健康診断」「児童，生徒，学生及び幼児の定期・臨時の健康診断」「職員の定期・臨時の健康診断」が学校保健法（同施行令，同施行規則）・局長通達などに基づき実施される。健康相談は，学校保健法・局長通達などに基づき展開される保健管理活動である。伝染病予防は，学校保健法・感染症法・結核予

防法などに基づき，学校における感染予防や感染時の対応などについての系統的な活動である。[皆川・山崎秀]
➡学校環境衛生，健康診断，健康相談

学校保健行政　（がっこうほけんぎょうせい）

任務は，学校保健の目的を遂行するために必要とされる諸条件の整備確立を目標として行われる。国における学校保健に関する行政は，文部科学省スポーツ・青少年局学校健康教育課が担当している（文部科学省設置法第4条）。文部科学省組織令第82条によれば，学校健康教育課は健康教育の振興，学校保健，学校安全，学校給食及び災害共済給付に関する事務をつかさどると定められている。また，文部科学大臣の諮問機関として保健体育審議会が置かれている。地方における学校保健行政は，都道府県教育委員会の学校保健主管課及び市町村教育委員会の学校保健主管課・係が管理，執行しており，専門的教育職員として指導主事等が置かれている（地方教育行政の組織及び運営に関する法律）。児童生徒の生活が家庭や地域に根ざしていることから，学校保健活動の円滑な実施を進める上で，地域保健行政・機関，特に保健所との協力関係が非常に重要なものになる。[高倉]

学校保健統計　（がっこうほけんとうけい）

児童生徒及び幼児の発育及び健康状態を明らかにし，学校保健行政上の基礎資料を得ることを目的として，文部科学省によって実施される調査で，統計法による指定統計である。1948年から毎年実施され，全国の小，中，高等学校，中等教育学校及び幼稚園を範囲として確率比例抽出により調査校を抽出し，それらから系統抽出により選出された児童生徒を対象に，学校保健法による健康診断の結果に基づき，児童生徒及び幼児の発育・健康状態を調査する。[高倉]

学校保健法　（がっこうほけんほう）

学校における保健管理及び安全管理に関する最も重要な法律である。学校教育法第12条「学校においては，別に法律で定めるところにより，学生，生徒，児童及び幼児並びに職員の健康の保持増進を図るため，健康診断を行い…」と規定されている「別の法律」とは学校保健法のことである。この条文を受けて学校保健法は1958年に制定された。第一条に「学校における保健管理及び安全管理に関し必要な事項を定め，児童，生徒，学生及び幼児並びに職員の健康の保持増進を図り，もって学校教育の円滑な実施とその成果の確保に資することを目的とする。」と記されているように，学校保健の目的を明示して，それを遂行するための保健管理と安全管理について基本的な事項を定めている。具体的な項目として，学校保健安全計画，学校環境衛生・安全，健康診断及び健康相談，伝染病の予防，学校保健技師並びに学校三師，地方公共団体の援助及び国の補助，保健室，保健所との連絡などがある。[高倉]
➡学校教育法

学校保健法施行規則　（がっこうほけんほうしこうきそく）

学校保健法の規定を実際に実施するために定められた省令のことである。健康診断，伝染病の予防，環境衛生検査及び安全点検，学校三師の職務執行，国の補助等について細かく規定されている。社会の変化とともに一部改正がなされるが，最近では，就学時健康診断の知能検査法が変更され，定期健康診断から色覚検査が削除された。[高倉]

学校薬剤師　（がっこうやくざいし）

学校における保健管理に関係する主な職員は学校教育法と学校保健法に規定されている。学校保健法ではすべての学校に学校医を，大学を除くすべての学校に学校歯科医及び学校薬剤師をおくことを規定している。学校薬剤師の業務は学校環境衛生検査の実施及びその結果に基づく事後措置並びに学校環境衛生活動全般について指導助言することであ

る。[千葉]

葛藤 （かっとう）

どちらかを選択することが困難な同じ程度の強さの動機が存在し、それがその個人に心的な負担を与える場合をいう。逆に言えば、選択を放棄すれば葛藤からも解放されるということである。しかし現実には選択を放棄できない事情のほうが多いので、日常生活から葛藤がなくなることはない。このことを別の側面から言うならば、私たちの心に欲求というものがあるから葛藤が生じるともいえる。葛藤の結果、何らかの選択をすることによって、そこには欲求不満（フラストレーション）が生じることになるのである。葛藤が生じる場合には3つの基本的な型があるとされる。第1の型は、目標を達成したいという2つの動機が対立する場合であり、これは接近－接近の葛藤と呼ばれる。第2の型は、回避したい2つの目標を選択せざるを得ない状況に追い込まれる場合であり、回避－回避の葛藤と呼ばれる。第3の型は、1つの目標が到達したい動機と回避したい動機を同時にもたらす場合であり、接近－回避の葛藤と呼ばれる。現実場面では、上記3つのパターンが複数組み合わさった複雑な葛藤が多い。解決が困難な葛藤を長期的に抱えることは、様々な精神疾患を引き起こす誘因となることが指摘されている。一方、すべての人は人生の途上で多かれ少なかれ葛藤を抱えるものであり、その意味では、その葛藤にいかに取り組むかということが、人間的な成長を左右するともいえる。[伊藤直・近藤]

→フラストレーション，欲求，欲求不満

合併処理浄化槽 （がっぺいしょりじょうかそう）

し尿と生活雑排水（台所、洗濯、風呂などの排水）を処理する浄化槽のこと。し尿だけを処理するのは単独処理浄化槽という。浄化槽は、下水道のない地域でし尿などの処理のために各戸に設けられる設備であり、浄化槽の中にいる多数の微生物が汚水中の物質を食べ分解することで水が浄化される。合併処理浄化槽は単独処理浄化槽に比べ、河川に流される汚れは8分の1以下になるといわれている。構造は建築基準法で定められている。処理方法は長時間曝気方式、接触曝気方式などの活性汚泥法や生物膜法、土壌処理法（地下浸透処理法）など、基本的には通常の下水処理方式と同じであるが、流入量が少ない点の配慮がなされている。わが国では下水道普及が遅れているので、単独処理浄化槽が普及している。[植田・千葉]

→単独処理浄化槽

家庭相談員 （かていそうだんいん）

児童相談所よりも地域に密着した相談機関として、1964年度から福祉事務所内に家庭児童相談室が設置されており、社会福祉主事とともに家庭相談員が配置されている。家庭相談員は家庭における適性な児童養育のほか、家庭児童福祉の向上を図るため、子どもの問題で困ったり悩んでいる人に対し、相談に応じ適切な助言指導を行う。主な相談内容としては、家庭における養育に関すること、家庭の人間関係に関すること、子どもの福祉に関すること、児童相談所からの指導委託ケースへの調査や援助、児童相談所との連携による相談活動、施設入所が必要な者の児童相談所への送致等がある。[井戸]

→児童相談所

家庭内暴力 （かていないぼうりょく）

米国の家族社会学で初めて用いられ、家族構成員間に生じる種々の形態の暴力（物理的、肉体的な暴力行為だけではなく、無視や遺棄などの心理的暴力も含まれる）を意味していた。つまり夫婦間の暴力、幼児虐待、老人いじめなど。日本では1970年代の後半に注目が集められるようになり、思春期や青年期の子どもの親に対する特殊な暴力行為を意味しており、警察用語として作成された「家庭内暴力」という言葉は米国で用いられた内容とは異なった意味あいで用いられた。総務庁

の判断基準（青少年白書）では，①家庭内暴力のみ，②家庭内暴力＋登校拒否，③家庭内暴力＋登校拒否＋非行，④家庭内暴力＋非行に分類されている。夫が妻に暴力をふるう家庭内暴力（DV）の件数は増加し，2001年10月にDV防止法が施行された。一方，子どもの不登校問題は1960年代から社会問題化し，1999年度では小・中学生の不登校（30日以上欠席）は130,208人と過去最高値を示した。不登校の問題と同時に，子どもが親に暴力をふるう家庭内暴力は1980年代から増加してきた。［猪股］

カテコールアミン

分子構造の一部にカテコール基を有するアミン体であるドーパミン，ノルアドレナリン，アドレナリンの総称である。ドーパミンは脳で神経伝達物質として働き，ノルアドレナリンやアドレナリンは副腎髄質ホルモンとして，生体内の代謝調節（グリコーゲン代謝，脂質分解等）や血圧調節に重要な役割を果たしている。［田中₃］
→副腎髄質ホルモン

家電リサイクル法　（かでん——ほう）

特定家庭用機器再商品化法。小売業者が家庭などの排出者から家電製品を特定の料金で引き取り，リサイクルのため家電メーカーなどへ引き渡すことを定めた法律。2001年4月に施行された。なお，対象となる家電製品は，エアコン・テレビ・冷蔵庫・洗濯機の4品目である。［渡邉］

カドミウム（中毒）　（——：ちゅうどく）

青白色の光沢を有する軽い金属で空気中では錆にくい。顔料，合成樹脂安定剤，蓄電池極板，電気メッキなどに用いられている。カドミウム中毒はわが国では，富山県神通川流域の住民の中に日夜「痛い，痛い」と苦しんでいる人がみられていた。また，そのような症状を訴えている人の中には転んだだけで腕を骨折したり，咳をしただけで肋骨にひびが入ったりして，骨が異常にもろくなっていることが臨床所見として挙げられている。1955年地元の荻野昇医師によって患者の苦しんでいる様子から，この疾患は「イタイイタイ病」と名づけられ，この疾患に関する報告がなされた。神通川上流には，亜鉛精錬を主とする三井金属鉱業株式会社神岡鉱業所があり，荻野医師らは，この鉱業所から流出したカドミウムが地域環境を汚染し，本症の発症に密接に関連していることの研究結果を発表した。［照屋］

カーナビゲーション

自動車の現在位置や走行方向などの情報を，車内に設置したモニターを使って運転者に知らせるシステムである。主たる利用目的は，位置情報や目的地への案内であるが，居眠り運転を防止するための「ふらつき運転検知機能」など安全機能を備えたシステムも登場している。［渡邉］

カネミ油症　（——ゆしょう）

1968年に福岡県，長崎県を中心に発生した米糠油（ライスオイル）の摂食に起因した中毒事例。症状は塩素痤瘡（クロルアクネ，にきび様皮疹）が主徴であり，色素沈着，脂肪過多などの他，全身倦怠感，四肢の感覚異常，腹痛などがみられる。メラニン色素沈着新生児，低体重児の誕生，小児の成長抑制，永久歯の萌出遅延などが知られている。原因は食用油の製造工程で熱媒体として使用されていたカネクロール400が食用油に混入したことによる。汚染食用油にはカネクロール400中のPCBとその熱変化により生じるポリ塩化ジベンゾフラン，ポリ塩化クオータフェニルとそのエステルなどが含まれ，それらが中毒症状を惹起したと考えられている。PCBは分解されにくい化学物質であるため，解毒剤の効果は弱い。［千葉］
→PCB

過敏性腸症候群
（かびんせいちょうしょうこうぐん）

思春期によくみられる心身症の1つ。腸管の機能異常による便秘，下痢，便秘と下痢が交互にくるなどの便通異常とそれに伴う腹痛，ガスがたまる腹部膨満などを主な症状とする。体質的な要因と疲労などの身体的状態，緊張，不安などの精神的要因により発症する。反復難治である。不登校に伴う場合も多い。［荒島］
→心身症

かぶれ
→接触性皮膚炎

花粉症 （かふんしょう）

花粉が原因であるが，花粉そのものが抗原（アレルゲン）ではなく，花粉に含まれるタンパク質の一種が抗原となる。主な症状はクシャミ，鼻水，鼻づまり，鼻のかゆみのアレルギー性鼻炎，目のかゆみ，目やに，眼の充血，まぶたの腫れなどのアレルギー性結膜炎である。原因は樹木（スギ，ヒノキ等）と草花（イネ科のカモガヤ，キク科のブタクサ・ヨモギ等）の花粉が空中に浮遊しそれが粘膜に付着することから始まる。スギの開花は春で九州では2月上旬，東北は4月上旬である。スギ花粉は直径が約100分の3ミリ，ブタクサ花粉は約100分の2ミリである。抗原を処理するために，体の中に抗体が産生される。そして肥満細胞を中心に抗原抗体反応が起こり，肥満細胞からヒスタミンなどいくつかの化学物質が放出される。ヒスタミンなどは，神経や血管を刺激し，くしゃみや粘膜の腫れを起こす。［松岡優］
→抗原，抗体，抗原抗体反応，スギ花粉症

過保護・過干渉 （かほご・かかんしょう）

親の養育態度として最も好ましくないものの1つ。当然のことながら，親が子どもに対して保護したり干渉したりすることは必要不可欠なことである。独立した存在として一個の人間として認める姿勢を持ちながらも，あらゆる面で未成熟で弱い存在としての子どもに対して保護的に接することや，必要に応じて干渉することを怖れてはならない。［近藤］

体ほぐし （からだ——）

生涯にわたり積極的に運動に親しんでいく基盤として，すべての児童生徒が体を動かす楽しさや心地よさを味わうことが大切になるとの考えから，小学校5・6学年の体育及び中学・高校の保健体育科目の体つくり運動の構成領域として，体ほぐしの運動が位置づけられた。ねらいは，①自分や仲間の体や心の状態に気づくこと，②日常生活での身のこなしや体の調子を整えるとともに，精神的なストレスの解消に役立てること，③仲間と豊かにかかわることの楽しさを体験し，さらには仲間のよさを認めることである。技能の向上や勝敗を競うスポーツではなく，また，体力の向上を目指すトレーニングや体操でもなく，子どもの心と体の解放をテーマにした第3の運動ともいえるタイプの運動である。体ほぐし運動の特性は，機能的特性としての欲求の充足（楽しさ）や必要の充足（体力づくり）といった観点とは別に，子どもが身体感や運動感，仲間との一体感などを感じとる運動であり，子どもが自分や仲間の体に気づく運動である。［西嶋］

カリキュラム

教育課程と訳され，教育内容の全体計画を指す言葉である。学習指導要領では，教育課程は「各教科」「道徳」「特別活動」の3領域に分けられている。また，特別活動には，「学級活動」「児童（生徒）会活動」「学校行事」の3領域がある。教育課程の編成に当たっては，各学校が学習指導要領を基に，地域の特性などを考慮してそれぞれ工夫することが求められる。1998年，1999年の学習指導要領改訂で，学校における「健康」に関する指導を，教育課程全体を通じて行うことが明文

化された。また，「総合的な学習」においても福祉・健康や環境に関して扱うことが例示されている。したがって，教育課程の全体において，健康教育が重視されるべきである。また，環境の整備・改善を強調するヘルスプロモーションの考え方が重視されてきており，学校環境をより健康的なものにする努力が強く求められている。なお，地域の第三者を交えた学校評議会を設置する動きが広がってきた。学校及び学校教育を地域にどのように開くかが重要な課題となっている。［家田］
→健康教育，ヘルスプロモーション

加齢現象 （かれいげんしょう）

時間経過に伴う身体の形態・機能の不可逆的変化をいう。人の一生には，乳児期，幼児期，学童期，青年期，壮年期，老年期など加齢に伴う区分（ライフステージ）がある。発育・発達は身体が完成に向かう加齢現象で，老化は身体が退縮していく加齢現象を指す。一般的に，加齢というと老化をさす場合が多い。［佐竹］
→エイジング，老化

過労死 （かろうし）

過重な労働負担や職業的ストレスが誘因となり，高血圧や動脈硬化等のもともとあった基礎疾患を急激に悪化させ，脳出血・くも膜下出血，脳梗塞などの脳血管疾患，心筋梗塞などの虚血性心疾患，急性心不全などを急に起こし，生涯労働不能あるいは死亡（突然死）に至った状態とされている。循環器系の病気の危険因子でもある喫煙，過剰飲酒，偏ったり不規則な食事等の様々な悪い生活習慣により動脈硬化の下地ができ，これに過重な労働が加わると，過労死を招きやすくなる。2001年12月12日，厚生労働省は過労死の新認定基準「脳血管疾患及び虚血性心疾患等（負傷に起因するものを除く。）の認定基準について」（厚生労働省労働基準局長基発第1063号）その運用上の留意点について（基労補発第31号）を通達した。新認定基準のポイントは，以下の5点である。①発症前おおむね6か月間にわたる疲労の蓄積を評価する。②時間外労働時間の目安を定めた。③負荷要因を明確にした。④過重性判断の主観的基準である「同僚等」の定義を拡大した。⑤リスクファクターの評価を限定した。［松本健］

川崎病 （かわさきびょう）

4歳以下の乳幼児に好発する原因不明の急性熱性疾患。年間8,000人以上の患者発生がある。5日以上続く発熱，眼球結膜の充血，口唇の炎症，発疹，四肢末端の変化，頸部リンパ節腫脹が主症状である。最大の合併症は冠動脈瘤で，無治療だと4人に1人に発症する。ガンマグロブリン治療は，冠動脈瘤発症予防に有用で，そのためにも早期の診断が必要となる。［寺井］

がん

細胞と組織の自律的増殖を腫瘍といい，そのうち生物学的性状の悪いものを悪性腫瘍という。また，身体や体腔・管の内面をおおったり，腺を形成する組織を上皮組織といい，上皮性の悪性腫瘍をがんという。これに対し非上皮性の悪性腫瘍を肉腫という。がんと肉腫を合わせた意味でがんと表現することがあるが，この場合，上皮性の悪性腫瘍をがん腫と呼んで区別する。がんはその発生臓器により皮膚がん，胃がん，膀胱がん，肺がん，肝がん，乳がん，甲状腺がんのように呼ぶ。また，発生母組織により扁平上皮がん，腺がんなどに分類する。進行度により早期がん，表在がん，進行がんに分類される。がんの拡がり方には原発巣から直接，連続的に拡がる膨張性発育や浸潤性発育と，原発巣から遊離した腫瘍細胞が遠隔部位に運ばれ（リンパ行性，血行性，播種），そこで自律性増殖する転移に分類される。がんの治療は手術治療，化学療法，放射線療法が適宜選択され，それらを体系的に組み合わせた集学的治療法が選択される場合もある。［礒辺啓］
→悪性腫瘍

眼位検査 (がんいけんさ)

　眼位とは両眼の向きのことをいう。眼位検査は，学校保健施行規則第1条6条，第4条5号に定められ，その目的は斜視など眼位異常の有無を検査し，眼位異常による視機能の低下などの予防と眼精疲労などを治療するために行う。検査は角膜反射法とおおい試験がある。①角膜反射法は，ペンライトを指標として被験者に見てもらう。角膜に映った光反射像が固視眼では瞳孔の中心に見えるのに対して，非固視眼で瞳孔の中心にあれば正位，内側にずれれば外斜視，外側にずれれば内斜視である。②おおい試験は，おおい試験，おおい・おおい取り試験，交代おおい試験の3つがある。[朝広]
→おおい試験

簡易水道 (かんいすいどう)

　水道施設は上水道，簡易水道，専用水道に分けられるが，簡易水道とは給水人口100人以上5,000人以下の水道のこと。[鬼頭]
→上水道，簡易水道

簡易生命表 (かんいせいめいひょう)

　わが国では，毎年，生命表が発表されている。特に，国勢調査実施年は詳細な生命表が作成される。これを完全生命表といい，これに対して，国勢調査年（西暦年の末尾が0と5の年）以外の年では，人口動態統計概数と推計人口に基づく簡易生命表が作成されている。5年ごとには都道府県別の生命表が，時には市町村別生命表が発表される。また人口が，数千程度の集団について生命表をつくる場合には年齢を5歳階級ごとにした簡易生命表をつくることがある。[大澤滑]
→生命表

肝炎 (かんえん)

→ウイルス性肝炎

肝炎ウイルス (かんえん——)

　肝炎を発症させるウイルスの総称。[田神]
→ウイルス性肝炎，A型肝炎ウイルス，B型肝炎ウイルス，C型肝炎ウイルス

肝炎の感染経路 (かんえんのかんせんけいろ)

　肝炎ウイルスの2大感染経路は，経口感染と輸血などの血液感染である。経口感染は，消化器伝染病と同様に，飲料水や食品が病原体で汚染されて発生する。血液感染は，汚染血液の輸血，汚染血液製剤の投与，注射針の繰返し使用や感染者に使用した針の指刺し事故，感染妊婦から生まれた新生児への産道内感染，性行為感染とスポーツによる激しい身体接触等の場面で発生している。[田神]
→肝炎ウイルス，ウイルス性肝炎

肝炎の検査法 (かんえんのけんさほう)

　A型肝炎は，発病時にはすでにウイルスの排出が終わっているので，血清中の抗体を測定する方法で検査される。B型肝炎は，ウイルスの表面抗原（HBs），コア抗原（HBc）と翻訳開始点の異なるコア抗原（HBe）とそれぞれに対するIgGやIgMを組み合わせることによって感染状況，ウイルスの活動状況などを知ることができる。C型肝炎でも抗体検査が一般的であるが，ウイルス遺伝子を直接増幅するPCR法を用いた感染直後の検査が可能となった。[田神]
→A型肝炎ウイルス，B型肝炎ウイルス，C型肝炎ウイルス

肝炎の自覚症状 (かんえんのじかくしょうじょう)

　A型肝炎では，約4週間の潜伏期の後，全身倦怠感，腹部の不快感，食欲不振，発熱などの非特異的症状を示す。発熱後3～5日後に肝臓の腫脹と圧痛と同時に黄疸症状が出る。予後は一般的に良好で慢性化することも無い。B型肝炎では，1～6か月の潜伏期の後にA型と同様の非特異的症状がでる。この約3分の1に黄疸がみられ，さらにこの1％

が劇症化する。B型肝炎が劇症化した場合の死亡率は8割に達する。［田神］
→A型肝炎ウイルス，B型肝炎ウイルス

肝炎のスポーツ感染　（かんえんの――かんせん）

　輸血後肝炎や性行為で感染するB型とC型肝炎ウイルスは，身体接触の激しいスポーツ種目の競技中に伝染する可能性がある。現に，高校の相撲部でB型肝炎ウイルスの集団感染事例が報告されている。チーム内に感染者がいる場合の対応としては，B型であればワクチン接種が可能であるが，C型に対しては，予防策はない。感染者とのスポーツコンタクトには，予防投与を考慮すべきである。［田神］
→B型肝炎ウイルス，C型肝炎ウイルス

肝炎の治療法　（かんえんのちりょうほう）

　ウイルス性肝炎の症状には大別すると急性肝炎と慢性肝炎とがあり，急性肝炎の重篤な症状を劇症肝炎と呼ぶ。ウイルス性の急性肝炎の治療は，安静，食事療法，肝庇護剤（グリチルリチンやグルタチオンなど）と劇症化が必至の場合に限って，自己のT細胞の攻撃から肝細胞を守るための免疫抑制効果をねらった副腎皮質ホルモンの大量投与が行われてきた。インターフェロンが肝炎の根治療法として登場したが，すべての症例に有効ではない，副作用が重い，高価格等から，十分に普及するにいたっていない。最近，エイズの発症予防薬として開発されたウイルスの増殖を抑える薬が登場し，これが急性肝炎治療に応用されるようになった。副作用と耐性ウイルス出現の問題を抱えているが，わが国での治験の結果でも，20％以上がウイルスの排除に成功しているという。急性肝炎から劇症肝炎に移行する割合は1％未満といわれるが，劇症肝炎患者の8割以上が死亡する極めて予後の悪い病気である。交換輸血だけが唯一の治療法といわれ，肝細胞を攻撃しているリンパ球を排除して，この間に肝細胞の再生を促す治療法である。慢性肝炎の治療は，急性肝炎の治療に準ずる。［田神］
→インターフェロン

感音難聴　（かんおんなんちょう）

　外耳道から鼓膜，中耳を経て内耳（蝸牛），聴神経（蝸牛神経），聴覚中枢（大脳皮質聴覚野）に至る聴覚伝導路のうち，内耳から大脳皮質までの部位の器質性の障害によって起こる難聴。中耳までの障害によって起こる伝音難聴と対比される。先天性の他，内耳あるいは聴神経・脳の炎症や腫瘍，薬物中毒などが原因として挙げられる。老人性難聴の多くが感音難聴である。語音の聞き取りの明瞭度が低下する。［浅野・猪股］

寛解状態　（かんかいじょうたい）

　重篤な疾患の経過中で一時的に症状の鎮静化や所見が好転化した状態を，また治癒見込みのない難病では社会生活が可能になった状態をいう。この他，統合失調症において，精神症状が消失し，病気の進行が止まったとみえる状態にも使われている。［松本幸］

感覚器　（かんかくき）

　物理的化学的刺激を受容するために特別に発達した構造を持ち，その刺激を感覚として中枢に伝える器官。［辻］

感覚記憶　（かんかくきおく）

　感覚情報貯蔵ともいう。記憶は，その保持時間により感覚記憶・短期記憶・長期記憶に分けられるが，感覚記憶の保持時間は一番短い。感覚記憶では，視覚や聴覚によって得た刺激をそのままの形で短時間保存する。一般に，保持時間は視覚的情報なら1秒程度，聴覚的情報なら4秒程度といわれている。この感覚記憶から得られた刺激はその後，さらなる処理を受けて短期記憶へと貯蔵される。そして，残りは消失してしまう。［大久保］
→記憶

感覚性失語症　(かんかくせいしつごしょう)

　失語症には感覚性失語症と運動性失語症の2種類がある。感覚性失語症は、言語の理解や了解の障害の他にも読み書き障害も著しく、非言語的な精神能力にも種々の障害が見られ、自発語には語健忘（物品の名称を忘れる）、保続（同じ言葉ををくり返す）、錯語（言いまちがえ）などが多い。しかし運動性失語症にみられるような運動性の渋滞はない。［猪股］

感覚中枢　(かんかくちゅうすう)

　中心溝のすぐ後方にある中心後回にある。感覚野ともいわれ、反対側の身体各部からの温度覚、痛覚、触覚、深部感覚などの感覚が、視床を経てここに伝達される。感覚の微細な程度を識別し、強さを認識する。この部を刺激すると、反対側の錯感覚を来す。破壊すると、感覚閾値が上昇するが、表在及び深部感覚が残り、完全な感覚麻痺にはならない。［角南※］

眼科検査　(がんかけんさ)

　視力検査と眼の疾病及び異常の2項目がある。視力検査は定期健康診断前に養護教諭等学校関係者によって実施される予診的検査である。定期健康診断及び就学時健康診断時に、全学年を対象にして、目の疾病及び異常の有無について検査する。その内容は伝染性疾患その他の外眼部疾患（眼瞼、睫毛、結膜、角膜、強膜など）及び眼位の異常等に注意する（学校保健法施行規則）。また必要がある時は、臨時に児童、生徒、学生又は幼児の健康診断を行う（学校保健法第6条2項）。［朝広］

換気　(かんき)

　新鮮な空気を室内に取り入れ、有害なガスや水蒸気を屋外に排出することをいう。換気不足によるホルムアルデヒド等の有害ガスの蓄積は人体に悪影響を与え、健康を阻害する原因となる。1人1時間あたり30m³の新鮮な空気を取り入れ、二酸化炭素や水蒸気を含む空気を室外に計画的に排気することが健康維持には必要である。［大澤※］

眼球運動　(がんきゅううんどう)

　眼球が眼窩内にて回旋点を中心として行う運動のこと。回旋点とは、頭部も視線もまっすぐ前方に向いている時（第1眼位という）に、眼軸上角膜頂点から後方約13mmの部位にあり、赤道よりやや後方に位置する。眼球運動は、6つの外眼筋（上・下直筋、内・外直筋、上・下斜筋）の共同作用によって行われ均衡が保たれている。［朝広］

眼球銀行　(がんきゅうぎんこう)

→アイバンク

環境　(かんきょう)

　自己を取り巻く様々な状況。環境問題でいうところの環境は人間を取り巻く大気、土壌、河川や海洋、森林などの自然だけでなく、社会状況等も含む広範な概念となる。しかし、通常の場合あくまでも地球表面の数キロの表層に極限化された環境を意味しており、宇宙環境が問題になることはほとんどない。環境と人間は対立概念のように考えられがちであるが、人間は環境の中に含まれる存在であるので人間の経済活動はどうしても環境を改変せざるを得ない。その結果、地球温暖化、オゾン層の破壊等の汎地球的環境問題が人間の経済活動によって生じ、人類そのものの生存さえ脅かしかねない結果を招いている。［大澤※］

環境アセスメント　(かんきょう——)

　環境に影響を与える可能性のある計画・事業などについて、計画案を決定する前に、代替案も含めてその影響を予測・評価し、最良の案を選択しようとすること。研究者によっては計画案の実施にあたっての監視とその結果としての計画見直し、是正までを含む。環

境アセスメント実施に際して，環境の現状把握，予測・評価のためにどのような項目と手法を用いるかを決定することが重要である。調査・評価項目としては，いわゆる公害と自然環境はもちろん，最近では生物多様性の把握や里山などの二次的自然までを考慮に入れるように求められている。そのため，事業の主体だけでなく，専門家，関連のある地域の住民の参加が不可欠である。［本田］

環境影響評価 （かんきょうえいきょうひょうか）
→環境アセスメント

環境衛生 （かんきょうえいせい）

環境が人体に及ぼす影響を追究する学問分野。環境の範疇は非常に広い。また，人体への影響もプラス面とマイナス面がある。19世紀の末に病原微生物が発見されるまでは疾病は環境によると考えられていた。モヘンジョダロの遺跡などにみられるように，人は環境中の有害因子が健康障害に関係があることを経験的に知り，上，下水道，ごみ処理，風呂など住宅衛生，生活環境に配慮したと考えられる。最近では輻射線，騒音，悪臭，大気中及び水中の有害物質による健康障害を公害，労働衛生の面から考察し，環境保全に留意するようになった。また，自然環境を利用した「いやし」，植物成分のフィトンチッド，アオバアルデヒドなど森林浴の効果もいわれるようになり，環境衛生は人間科学，人間生態学となりつつある。［千葉］
→環境保健

環境衛生監視員 （かんきょうえいせいかんしいん）

日常生活に欠かせない多くの環境衛生関係施設の許認可や監視・指導など，衛生的で良好な生活環境を守る仕事を行う。保健所などに寄せられる生活環境に関わる苦情や相談に応じたり，飲料水の検査，銭湯やプールの水質検査，ねずみや昆虫の防除指導，ホール・映画館の空気環境測定など広範の業務がある。医師，歯科医師，薬剤師又は獣医師の他，大学又は専門学校，あるいは旧国立公衆衛生院において定められた課程を修めて卒業した者が，任命権者の任命により業務に当たる。特段の資格・免許はない。［千葉］

環境衛生検査 （かんきょうえいせいけんさ）

学校保健法第22条の2により，学校薬剤師が毎学年定期に行う環境衛生検査項目が定められている。①飲料水及びプール水の水質並びに排水の状況，②水道水及び水泳プール（付属する施設及び設備を含む）並びに学校給食用の施設及び設備の衛生状態並びに浄化消毒等のための設備の機能，③教室その他学校における採光及び照明，④教室その他学校における空気，暖房，換気方法及び騒音，⑤その他校長が必要と認める項目。［千葉］

環境汚染 （かんきょうおせん）

人間の生存，健康，快適な生活の前提となる環境要因（大気，水，土壌等）が，人間の生存，健康，快適な生活を維持できない方向に変更を受けることをいう。環境汚染による被害の典型的な例としては，工場の排水に含まれていた有機水銀によって起こった水俣病，石油化学工場の排気ガスによって起こった川崎ぜん息，四日市ぜん息などがある。近年では，汚染が国境を越える地球環境問題として，地球温暖化，オゾン層の破壊，酸性雨などが大きな問題となっている。［本田］
→水俣病，新潟水俣病，四日市ぜん息，横浜ぜん息，地球温暖化，オゾン層，酸性雨

環境科学 （かんきょうかがく）

人間とそれをとりまく自然環境（大気，水，土壌などや生物）との関係を追求する科学の一分野。中心的な枠組みは，環境全体をシステムとしてとらえてその関連を調べようとする生態学である。ただし，公害問題を契機として環境科学が誕生してきたことから明らかなように，関連そのものというよりも，人間（社会）が将来にわたって快適に存続できるために環境に対してどのようなアプローチを

とればよいかを考えることに主眼がおかれている。そのため，単に自然科学的な面だけでなく，人間にとって望ましい環境は何であるかといった人文・社会科学的な面を持つ，総合的な科学体系として発展する必要がある。[本田]

環境基準　（かんきょうきじゅん）

環境基本法によれば，人の健康を保護し，また生活環境を保全するために維持されることが望ましい環境上の条件についての基準をいう。環境基準は，科学的な知見を参考にはしているものの，この基準が守られれば住民の健康が冒されることがないというレベルを示すものではない。また，環境行政の到達すべき目標ではあるものの，それ自体は守られなくても罰則はない。ただし，基準を確保するために大気汚染防止法，水質汚濁防止法などによる規制，行政指導が行われる。わが国で現在までに設定された基準には，大気汚染，水質汚濁，騒音，土壌汚染に関するものがある。1999年にはダイオキシン類対策特別措置法が成立し，大気，水，土壌にダイオキシン類の基準が設けられた。[本田]

環境基本法　（かんきょうきほんほう）

環境の保全について，国，地方公共団体，事業者及び国民の責務を明らかにし，環境の保全に関する施策の基本となる事項を定めたもの。環境の保全に関する施策を総合的かつ計画的に推進し，もって現在及び将来の国民の健康で文化的な生活の確保に寄与するとともに人類の福祉に貢献することを目的とする。1990年前後から，①通常の社会経済活動による環境への負荷の増大，②地球規模で対処すべき問題が顕在化し，「地球サミット」（1992年）で，これらが重要な課題として世界的な認識として共有され，環境基本法の制定につながった。環境の保全は，社会経済活動その他の活動による環境への負荷をできる限り低減させ，環境の保全に関する行動がすべての者の公平な役割分担の下で，自主的か

つ積極的に行われるようになることが望ましい。健全で恵み豊かな環境を維持しつつ，持続的に発展することができる社会が構築されること，科学的知見の充実の下に環境の保全上の支障が未然に防がれることを目指している。[樋田・竹内—]

環境教育　（かんきょうきょういく）

環境や環境問題に関心・知識を持ち，人間活動と環境との関わりについての総合的な理解と認識の上にたって，環境の保全に配慮した望ましい働きかけのできる技能や思考力，判断力を身につけ，よりよい環境の創造活動に主体的に参加し環境への責任ある行動がとれる態度を育成すること。全人教育であり，さらには一定期間行われる学校教育だけでは十分ではなく，生涯教育という位置づけのもとに長期的な展望で，各年齢層に対応した形で実施されることが必要である。学校における環境教育とは，①環境及び環境に関連する様々な問題に対して関心を持たせるようにする。②環境及びそれと深く関連している社会的・経済的・政治的諸問題についての知識を学び，それらを解決するに必要な実際的な技術・能力を身につけさせる。③環境問題に進んで取り組む態度を培う。④生物の生態系を正しく理解させるとともに環境倫理を啓発する，ことなどからなる。[鬼頭]

環境省　（かんきょうしょう）

2001年1月，橋本行革の目玉として，母体の環境庁から環境省が発足した。環境庁が生まれた1971年当時は，公害問題が社会を揺るがしていた。70年の通称「公害国会」で公害対策基本法を始め14本の法案・改正案が通過し，総理府の外局として環境庁が設置された。環境庁は公害対策を基本としたために規制行政が中心だったが，生活排水や自動車排ガス問題をはじめとする都市型，生活型の環境問題が深刻になり，さらに80年代後半からは地球温暖化問題が顕在化して，次第に組織拡充の機運が高まった。省への昇格によっ

て，厚生省（当時）が担当していた廃棄物・リサイクル部門と自治体が担っていた一般廃棄物と産業廃棄物行政を受け持つことになった。しかし，リサイクル部門では，経済産業省，農水省など関係省庁と役割分担している部分も多い。［田神］

環境心理学　（かんきょうしんりがく）

科学技術の急速な発展により高度に発達した情報化社会と都市環境を中心とした生活環境の急激な変化に伴って，新たに起きてきた心理的影響を取り扱う領域。日本では，「日本列島改造」によって大都市圏を中心に大きな環境の変化が人々の心に大きな影響を与えた。例えば，都市空間の高層化は高層住宅を生んだが，それは特に長時間そこで過ごす専業主婦，子ども，老人達の交流の機会を奪い，孤独な状態へと追い込んだ。また，地方と都市を結ぶ総合的交通体系の改造は，高速道路におけるスピードオーバーによる事故の激増，通勤ラッシュや遠距離通勤によるストレスを生んだ。また，都市への極度の人口の集中と，地方の過疎化は，一方で過密化によるストレス（ピアノ殺人など），他方で，介助なき老人の暮らしを生むことにもなった。こうした状況は，人間の存在と幸福にとって果たして望ましいといえるかどうかという点で環境の再評価が求められている。そして，望ましい状態を作るための手だてが求められている。環境心理学が扱う問題領域は，第1に騒音，温度，照明，風圧，周期などの量や質が人間の感覚に与える影響，言い換えれば人間の平衡感や安定感を保証する範囲等の測定と評価（環境アセスメント）の問題がある。例えば，高速道路開通による騒音測定の問題。第2は人間の集中密度（過疎，過密の状態）の認知と適正規模の研究。第3は住居空間，生活空間の選択性とパーソナリティの研究，従来の建築心理学の分野，第4は様々な環境公害（ごみ処理問題）が及ぼす心理的影響の研究，第5は交通問題や宇宙空間などが生み出す人間の心理への影響の研究。第6は人間の密集や離散の動態の心理的要因の研究など。［鬼頭］

環境対策車　（かんきょうたいさくしゃ）

大気汚染を軽減するために有害ガスの放出量を抑えたハイブリッドカーや低燃費車等の低公害車のこと。エコ・カーともいう。メタノール改質型燃料電池や純水素型燃料電池を利用した車，液体窒素自動車等，様々な種類の環境対策車の研究開発が本格化している。［大澤樂］

→ハイブリッドカー

環境の質　（かんきょうのしつ）

環境科学では人間の生存・快適性のために環境を研究する。この立場からは人間の生存・快適に有利な状態にあれば環境の質が高く，そうでなければ低いということになる。とはいえ，有利かどうかの判定には総合的な評価が必要で複雑な内容を含んでいる。［本田］

環境負荷　（かんきょうふか）

人が環境に与える負担のこと。環境に排出された人為的な物質が完全に中和・分解され安定化されるまでに必要とするエネルギーと言い換えることもできる。単独では環境への悪影響を及ぼさないが，集積することで悪影響を及ぼすものも含む。環境基本法第2条2項では，環境への負荷を「人の活動により，環境に加えられる影響であって，環境の保全上の支障の原因となるおそれのあるものをいう。」と定義している。［田神］

環境保健　（かんきょうほけん）

環境とはヒトを含めた生物の生存に関係する外的条件のすべてである。環境とヒトは常に相互に係わり合い，影響し合う。この係わり合いを研究し，ヒトの健康を守り増進させることを目的とした予防医学が環境保健学である。この外部環境が多少変化しても，人体の有する調節系の働きにより，人体内の体液成分など内部環境は一定に保たれる。これを

恒常性維持機能（ホメオスタシス保持）という。外部環境の変化が，体内の調節系の働きを超え，恒常性を維持できない場合に，健康に異常が生じる。外部環境としては物理的，化学的，生物学的，社会経済的，文化的環境などに分けられる。[千葉]
→環境衛生，環境要因，恒常性

環境保全　（かんきょうほぜん）

人の活動に伴う地球全体の温暖化，オゾン層の破壊の進行，海洋の汚染，野生生物の種の減少などに影響を及ぼす事態を未然に防止し，発生してしまった事態に対しては改善を進める活動をいう。[田神]

環境ホルモン　（かんきょう――）
→内分泌かく乱化学物質

環境要因　（かんきょうよういん）

環境と生物の係わり合いを観察する場合，環境を形成している諸条件の中で，特に関係の深いものをいう。環境保健において環境の健康への影響という立場から環境を要因に分類し，ある要因によるある結果を想定して環境を捕らえる時に役立つ。人間環境系においては，環境要因となりうることが多いのは物理的要因（光，熱，放射線，音，振動，圧，気湿など），化学的要因（粉塵，ガス，蒸気，溶剤，金属など），生物的要因（細菌，寄生虫，ウィルスなど），社会経済的要因（学校，職場，地域社会，家庭，友人など），文化的要因（習慣，宗教，言語，友人，娯楽施設，産業など）などがあげられる。社会経済的要因および文化的要因は客観的，量的な把握が難しいものが多い。[千葉]
→環境保健

環境容量　（かんきょうようりょう）

エコスペースともいう。将来の世代の資源利用の権利を犯さない範囲内で，全世界の現代人1人がどの程度のエネルギー，水，その他資源の利用や消費活動，そして環境汚染が許されるのか算定した数字。つまり，持続可能社会の実現に向けて，過剰生産・消費を修正して南北間だけではなく世代間の公平をも考慮して，地球市民として共有しなければならない指針のこと。[田神]

環境リスク評価　（かんきょうりすくひょうか）

環境は多くの要因が複雑に絡み合ったシステムとして存在し，現状ではその要因・関連をすべて明らかにはできていない。そのため，ある要因が環境に与える影響を正確に予測することは不可能である。そこで確率論的な方法論を用いてその不確実性を評価しようとするのが環境リスク評価である。これは，よりよい環境をめざすための環境リスク対策の一部であり，有害性の同定（有害性の有無に関する調査）の後に行われ，リスク低減のための管理方法を考える環境リスク・マネジメント，リスクに関する情報や認識を共有するための環境リスクコミュニケーションに情報を提供する役割を担う。[本田]

眼筋麻痺　（がんきんまひ）

麻痺性斜視。末梢性と中枢性の2つに分類される。①末梢性麻痺は動眼神経麻痺，滑車神経麻痺，外転神経麻痺に分類される。動眼神経は内直筋，上直筋，下直筋，下斜筋，滑車神経は上斜筋，外転神経は外直筋をそれぞれ支配している結果，動眼神経麻痺は眼瞼下垂，患眼の外転とわずかな下転・内旋を起こす。瞳孔括約筋，毛様体筋もおかされれば調節麻痺，散瞳が起こる。滑車神経麻痺は上斜視と頭位異常，外転神経麻痺は内斜視を起こす。②中枢性麻痺は前頭葉の障害では注視麻痺，四丘体の障害では上下の注視麻痺（Parinaud症候群），内側縦束の障害では核間麻痺（MLF症候群）により複視等が起きる。中脳の病変では，輻輳麻痺により近見時に複視，その他原因不明だが開散麻痺により遠見時に複視が起きる。いずれも治療を要する。[朝広]

眼瞼下垂　(がんけんかすい)

　上眼瞼の挙上が不完全で開眼ができない，または不十分な状態をいう。先天的なものと後天的なものがあるが，眼瞼下垂の90％は先天的なものである。先天的なものには，上眼瞼挙筋の発育不全が原因であり，程度によっては視力の発達が妨げられるので早期の手術が必要となる。児童生徒にしばしば認められるので，注意が必要である。後天的なものには，動眼神経麻痺と交感神経麻痺，又は症候性麻痺があり原因疾患の治療を行う。〔朝広〕

がん検診　(——けんしん)

　がんの早期発見・早期治療を目的として，地域・職場で行う集団検診。対象者の負担が少なくて発見する方法があること，発見したがんの早期治療の効果が確認されていることが条件となる。日本では，現在，胃・大腸・子宮・乳・肺が多くの地域で対象となっている。〔稲葉〕

眼瞼内反　(がんけんないはん)

　睫毛内反。主として下眼瞼が眼球側に屈曲して，睫毛が眼球結膜や角膜に触れている状態をいう。角膜炎や結膜炎の原因となる。幼児・児童に多く認められ，成長とともに治ることが多い。〔朝広〕

看護　(かんご)

　古くは人間の母性愛，母親のいたわり，思いやり，子どもの世話などを起源とし，人間の生活とともに存在してきた活動であるが，やがて傷病人や老人などの世話をする看病と同義となった。しかし，現在では，個人や集団に対する傷病治療の世話ばかりでなく，健康回復への援助，病気の予防や健康増進への助言を含めた保健指導などを行うことをいう。具体的な仕事の内容としては，病院，診療所などにおける臨床看護として医師に協力して行う診断，治療，処置の介助，患者の世話及び療養生活の指導があり，また，保健所，市町村等の保健サービス事業の中では，公衆衛生看護として病気の予防，健康増進等を含む保健指導などが挙げられる。これらの実行のためには，人間愛の精神，看護に対する専門的知識と一般的教養知識，それに看護技術の三要素が必要である。看護を職業として行うためには，看護師，保健師，助産師のいずれかの資格が必要であり，これらは保健師助産師看護師法（2001年一部改正）に基づいている。〔田嶋〕

肝硬変　(かんこうへん)

　諸種の原因で起こった慢性・進行性の肝障害の終末像で肝細胞機能全体の減退がみられる。最も普通にみられる肝硬変は，アルコールの過剰摂取，ウイルス性肝炎，自己免疫のいずれかが関与していると考えられている。世界各国のアルコール摂取量と肝硬変による死亡率との関係をみると強い相関関係があることがわかる。ウイルス性肝炎後の肝硬変については，B型肝炎ウイルスの持続感染によるものが多いが，C型肝炎ウイルスも肝硬変の病因として重要なことが明らかとなってきている。〔礒辺啓〕

→アルコール，ウイルス性肝炎，B型肝炎ウイルス，C型肝炎ウイルス

看護師　(かんごし)

　保健師助産師看護師法では，「厚生労働大臣の免許を受けて，傷病者若しくはじょく婦に対する療養上の世話又は診療の補助を行うことを業とする者をいう」とされている。看護師という名称は，上記法律の改正により，2002年3月1日付けで変更になった。その大きな理由は，男女差別をなくすことと専門職としての位置づけを明確にすることであり，それまでの名称は，男性の資格者を看護士，准看護士としていた。看護師になるためのコースはいろいろあり，1つ目は高等学校を卒業後看護大学で学ぶコース，2つ目は3年間の看護専門学校や看護系短期大学で学ぶコース，3つ目は准看護師の資格を取ってから2

年間の看護専門学校で学ぶコースである。いずれも看護師に必要な課程の単位を修得した後に、厚生労働省が行う国家試験に合格し、免許申請をして看護師の資格を得ることになる。[石崎]

観察学習 (かんさつがくしゅう)

観察学習の定義には2種類ある。第1に自然などの実態を観察し、その実態を理解しようとする方法である。総合学習の時間などで実施される学習形態の1つである。理科などの自然観察学習に代表され、自然や生活の中で起こる事象を観察記録し、違いを比較したり経時的変化を確認し、知識の深い理解に役立てる。第2に心理学で用いられ、他の人の姿や行動をモデルとして観察することによって、自分の新しい価値観や行動を身につけることをいう。例えば、兄弟で兄がとった行動を親がほめたのを、弟がみていて、その行動をまねるようになる場合などを指す。[國土]

患者調査 (かんじゃちょうさ)

病院及び診療所などの医療施設を利用する患者について、その傷病状況等の実態を明らかにし、医療行政の基礎資料を得ることを目的として、厚生労働省が3年ごとに実施する調査。この調査では全国の医療施設を利用する患者を対象とし、層化無作為により医療施設を抽出し、入院及び入院外の患者を客体として調査が実施される。[森光]

患者の運搬法 (かんじゃのうんぱんほう)

患者の状況と移送する場所の条件から運搬法を決定する。担架や車椅子などの器具がない場合には棒と毛布(シーツ)で代用担架にしたり、肘付きの回転椅子を用いたりする。また、2人で手を組んだ上に患者を座らせて運ぶ方法もある。1人が先頭にたって道案内役をするとスムーズに移送できる。[田中喜]

感受性者 (かんじゅせいしゃ)

感染する可能性のある者をいう。体内に病原体が侵入してもすべての個体が感染するとは限らない。これは個体により感受性に差があるためであり、免疫、遺伝的素因、性、年齢、栄養などの条件によってその差が生じる。この中で感受性に最も関与しているのが免疫である。免疫とは特定の感染症に対する特異的な抵抗力であり、感受性者が後天的に免疫を獲得することを目的として行われるのが予防接種である。[上地]

冠循環 (かんじゅんかん)

大動脈から枝分かれした冠状動脈による心筋内部への血液供給回路である。冠循環にかかる時間は6～8秒であり、1分間に200～250mℓの血液が心筋へ流れる。運動時には、心臓への血流量は安静時の5倍にまで増加し、心筋の活動を支えている。[田中喜]

冠状動脈 (かんじょうどうみゃく)

心臓そのものに酸素や栄養を与えている血管である。大動脈から枝分かれしており、主に右冠状動脈と左冠状動脈(前下行枝、回旋枝)といった血管枝からなる。これらの血管枝は、心臓外膜の下を通過しながらさらに細かく枝分かれして、心房と心室全体に分布している。[田中喜]

眼精疲労 (がんせいひろう)

何らかの原因で眼が疲れることをいう。原因は1つ、あるいは複雑多数のこともある。原因により5種類に分類される。①筋性眼精疲労は輻輳障害(内よせ障害)、斜位などの際に起きる。プリズム眼鏡などが有効である。②調節性眼精疲労は遠視、乱視など屈折異常の際に起きる。適正な眼鏡が有効である。③不等像性眼精疲労は、不同視を完全矯正した際の不等像視によって起きる。コンタクトレンズ使用が有効である。④症候性眼精疲労は、結膜炎、角膜炎、緑内障初期などの際に起きる。原因疾患の治療が大切である。⑤神経性眼精疲労は、神経症、心身症などによって起きる。原因疾患の治療が大切であ

る。[朝広]

間接圧迫法 (かんせつあっぱくほう)

直接圧迫法で止血できない場合は，傷口よりも心臓に近い指圧止血点を押さえる間接圧迫法を行う。例えば肘から先の出血の場合は，止血点は上腕内側の中央になる。ポイントは止血点を押す場合に，骨に向かって動脈を押しつけるようにすることである。また，状況によっては直接圧迫法と間接圧迫法を併用することもある。[田中哲]
→直接圧迫法

関節炎 (かんせつえん)

関節に生じる炎症の総称。原因としては感染，外傷，代謝異常，リウマチ，膠原病，アレルギーなどが考えられ，症状としては関節の腫脹，疼痛，熱感，運動機能障害などがある。[森川]

間接喫煙 (かんせつきつえん)
→受動喫煙

間接撮影 (かんせつさつえい)
→X線検査

関節疾患 (かんせつしっかん)

定期健康診断に際して骨・関節の異常及び四肢の状態にも注意することになっている。具体的には膝関節を中心とするO脚・X脚のチェックとともに中学・高校ではスポーツによる成長軟骨障害が重要である。これには①骨端線障害－リトルリーグ肩，②関節軟骨障害－膝・足関節離断性骨軟骨症，③骨端症－オスグッドシュラッター病等がある。[福田]

関節鼠 (かんせつねずみ)

生体組織由来の関節腔内遊離体を総称している。遊離体を生じる疾患としては離断性骨軟骨炎，滑膜性骨軟骨腫症，変形性関節症，骨軟骨骨折，シャルコー関節などがある。症状は基礎疾患に左右されるが，疼痛や運動制限，関節水腫などがあり，特有な症状として嵌頓症状がある。[森川]

感染 (かんせん)

病原微生物（細菌，ウィルス，寄生虫など）が生体内に侵入，定着，増殖し，生体に何らかの病的変化を与えることをいう。臨床的な病状はなくてもよい。宿主体内で病原微生物が増殖すると，一般には宿主は何らかの生理機能の障害を起こすが，必ずしも強い病変や障害を起こさない場合もある。これは，病原体の繁殖力，組織親和性，また病原体の産生する毒素の強さなどが問題であり，一方，生体側の免疫力や感受性も問題となる。経気道，経口，経皮，経胎盤などの経路がある。臨床症状または健康障害を起こした状態を発病といい，その病気を感染症という。[林・竹内—]
→感染症

汗腺 (かんせん)

哺乳類の皮脂腺の一種で，汗を分泌する。汗腺にはエクリン腺とアポクリン腺があり，それぞれ普通の汗と臭いと粘りのある汗を分泌する。ヒトでは大部分がエクリン腺で，脇と外耳道と肛門周囲にはアポクリン腺がある。[辻]
→エクリン腺，アポクリン腺

感染型食中毒 (かんせんがたしょくちゅうどく)

飲食物中で増加した数百万～数千万個の細菌が，生きたまま体内に入ることによって発病する細菌性食中毒。腸管にたどりついた細菌が腸管内でさらに増殖し，腸管組織に侵入して組織を壊し，炎症を起こす。感染型食中毒の代表例は，サルモネラ菌や腸炎ビブリオによるもので，激しい胃腸炎症状（腹痛・下痢・嘔吐・発熱など）を引き起こす。[田島]
→食中毒，毒素型食中毒

感染経路 (かんせんけいろ)

病原体が新たな感受性宿主に侵入するまで

の道筋をいう。その伝播様式（直接伝播，間接伝播）からみる場合と，侵入門戸（皮膚，呼吸器粘膜，消化器粘膜，眼，泌尿・性器粘膜等）からみる場合がある。[上地]
→病原体

感染源 （かんせんげん）

病原体を宿主に直接運ぶ媒体のことをいう。一方，病原体が生息し増殖する場所を病原巣といい，感染源とは区別して考える。病原巣が直接感染源となることもあるが，病原体に汚染された食品，水や器物などが主要な感染源である。[上地]
→病原体，宿主（しゅくしゅ）

感染症 （かんせんしょう）

感染とは，病原体が宿主の体表面や体内に定着し増殖または成長する状態をいい，それによって引き起こされる疾病を感染症という。ウイルス，クラミジア，リケッチア，細菌，真菌，原虫，寄生虫など様々な病原体が関与している。感染症が成立するためには，感染源（病原体），感染経路，宿主の感受性の3つの条件がそろわなければならない。[上地]
→病原体，宿主，ウイルス，クラミジア，リケッチア，細菌，真菌，原虫，寄生虫

感染症法 （かんせんしょうほう）

1999年4月1日に施行された「感染症の予防及び感染症の患者に対する医療に関する法律」の略称。これまでの伝染病予防法，性病予防法，エイズ予防法を廃止・統合して制定されたものであり，結核以外のすべての感染症が対象となる。この改正の背景には，近年の感染症に関する状況の変化があった。つまり，エボラ出血熱，エイズ，C型肝炎，SARS（重症急性呼吸症候群）などの新たな感染症（新興感染症）や，結核，マラリアなどのようにすでに克服したと考えられていたが，再び問題となっている感染症（再興感染症）の存在である。これには航空輸送能力の発達，開発等による環境変化，国際交流の拡大，保健医療サービスの高度化などが大きく関わっており，これら社会状況の変化に即して対応していく必要が生じていた。感染症法では，その感染力や罹患した場合の症状の重篤性などに基づいて感染症を1類から4類に分類し，類別に応じて入院等の措置が講じられることになった。また，指定感染症，新感染症の制度を設けて1類から4類に分類されていない感染症についても国民の生命と健康に影響を及ぼすことが判明した時には，国がこの法律に基づいて対策を行うことが定められた。[上地・鬼頭]
→性病予防法，エイズ予防法，新興感染症・再興感染症，1類感染症，2類感染症，3類感染症，4類感染症

感染症予防法 （かんせんしょうよぼうほう）

「感染症の予防及び感染症の患者に対する医療に関する法律」の一般的な呼称の1つ。朝日新聞社はもっぱら感染症法を用い，自治体は感染症予防法を用いる傾向にあるが，厚生労働省の文書にはどちらも用いられていない。[田神]
→感染症法

感染の門戸 （かんせんのもんこ）

病原体が宿主に侵入する際の入口をさし，皮膚，消化器粘膜，呼吸器粘膜，泌尿・性器粘膜，眼結膜などがある。傷口が侵入門戸となる場合もある。[上地]

肝臓 （かんぞう）

右横隔膜直下にある人体で最大の臓器。成人では1,200～1,500gある。発生学的には原腸由来の腺臓器だが，物質代謝の中心として多くの代謝機能（糖質代謝・脂質代謝・蛋白代謝・胆汁色素代謝・ビタミン及びホルモン代謝）を行っている。また，種々の物質を解毒する機能（アルコールやアルデヒドの酸化など）も有している。[西川]

乾燥肌 （かんそうはだ）
→乾燥皮膚

乾燥皮膚 （かんそうひふ）
　皮脂腺と汗腺の機能が低下して，分泌が減少し，皮膚が乾燥した状態をいう。皮膚の光沢を失い，粃糠様鱗屑（皮膚が乾燥して米ぬかのように細かく剥離すること）及び浅い亀裂を生じ，掻痒を伴う。幼児，特に中高年に多くみられる。冬期に発症し，春になると自然に軽状する。また，透析療法をしていたり，水の調節が不十分な場合にもみられることがある。［松本幸］

冠動脈硬化症 （かんどうみゃくこうかしょう）
　心筋の栄養動脈である冠動脈の粥状動脈硬化により発症する病変の総称。一般的に心筋梗塞や狭心症などの虚血性心疾患のことを指す。冠動脈内皮下に蓄積した低比重リポタンパク（LDL）により泡沫化されたマクロファージで形成されたプラークが破裂して内皮障害や血栓形成がもたらされたり，内膜肥厚が促進されて内腔の閉塞，狭窄が引き起こされて発症する。［角南祐］

冠動脈障害 （かんどうみゃくしょうがい）
　冠動脈が閉塞し，心筋の壊死を生じる心筋梗塞や，血管のけいれんや狭窄によって胸部痛が生じ，心筋梗塞の引き金ともなりうる狭心症発作などが代表的な障害である。冠動脈は吻合がないために，生じた障害は致命的となることもある。［田中喜］

間脳 （かんのう）
　中脳と終脳の間にあって，第三脳室を左右から囲み背方は終脳に取り囲まれている。主要部分は視床を中心に視床上部・視床下部・視床後部・視床腹部よりなる。視床の後内側・外側腹側核には末梢からの知覚路が終わる。視床後部の外側膝状体には視索の線維が終わり，内側膝状体には聴神経からの線維が終わる。視床下部は自律神経の中枢として重要である。［西川］

顔面神経麻痺 （がんめんしんけいまひ）
　本症には中枢性と末梢性がある。前者は脳内の病変により脳症状と共に顔面神経の麻痺が出現する。後者は顔面神経の末梢部の損傷によるもので，この神経の支配領域である前額部のしわの消失，眼閉不能，患側部の鼻唇溝の消失がみられる。小児では冬期スポーツ（スキー，スケート，アイスホッケー）寒冷刺戟が誘因となり本症が出現することがある。［福田］

緘黙症 （かんもくしょう）
　言語化能力はあるにもかかわらず，ことばを発しない状態で場面や状況にかかわらずまったく発語がみられない全緘黙と，特定の場でのみ口をきかない場面緘黙の2種がある。臨床場面で問題となるのは心因性場面緘黙で，これは家庭内や安心感のもてる場所ではふつうに会話が成立するが，学校や近所の人前など特定の人物に対してのみ発語しない状態をいう。［猪股］

管理栄養士 （かんりえいようし）
　栄養士法第1条に「厚生労働大臣の免許を受けて，管理栄養士の名称を用いて，傷病者に対する療養のための必要な栄養の指導，個人の身体の状況，栄養状態等に応じた高度の専門的知識及び技術を要する健康の保持増進のための栄養の指導並びに特定多数人に対して継続的に食事を提供する施設における利用者の身体の状況，栄養状態，利用の状況等に応じた特別の配慮を必要とする給食管理及びこれらの施設に対する栄養改善上必要な指導等を行うことを業とする者をいう」とある。特定かつ多数の者に対して継続的に食事を供給する特定給食施設のうち特別の栄養管理が必要なものの設置者は，当該特定給食施設に管理栄養士を置かなければならない。［田島・平山］

寒冷中枢 （かんれいちゅうすう）

脳の温度を下げると放電頻度を増す冷感受性ニューロンの存在する視床下部の中枢のこと。また，反対は温感受性ニューロンの存在する温熱中枢という。これらの中枢は互いの放電頻度の交点があると考えられ，体温のセットポイント説という。発熱時の悪寒戦慄や解熱時の発汗を説明するのに都合がよい。［大貫］

既往歴 （きおうれき）

保健調査にあたって既往歴の項目がある。罹患した疾病のうち麻疹，風疹，水痘，ムンプス等の学校伝染病が中心となる。また予防接種についても接種済のワクチンの種類を記入するようにする。その他，腎臓病，心臓病，糖尿病，喘息等の慢性疾患についても発病の時期や，治癒せず経過観察中であるかどうかの記載も必要である。［福田］

記憶 （きおく）

過去に自らが経験したことを貯蔵または保持することをいう。また，必要に応じて再現することができる機能を持つものを記憶と呼ぶ。記憶は3つの処理過程を持つ。すなわち，経験を獲得することを意味する記銘。そして，その記銘された情報を選択的に保存する保持（貯蔵）。最後は，保持（貯蔵）された情報を想起することを意味する再現の3つである。記憶の特性に関しては，現在までに多くの対比的分類をすることによって明らかにされている。まず，保持される情報の時間的特性によって分類を行うとすれば，感覚記憶・短期記憶・長期記憶の3つに分けられる。また，保持する情報内容によって分類を行うとすれば，宣言的記憶・手続き的記憶の2つに分けることができる。さらに，宣言的記憶に関してはエピソード記憶・意味記憶に分けられることが知られている。［大久保］
→感覚記憶

危害分析重要管理点方式
（きがいぶんせきじゅうようかんりてんほうしき）
→HACCP

器官 （きかん）

生体のどこかに塊として存在し，特定の生理機能を持つもの。［辻］

気管 （きかん）

無脊椎動物では表皮の一部が細管を作って体組織内に入り込んだもの。脊椎動物では，肺呼吸する動物の喉頭から気管支までの管。［辻］

気管支 （きかんし）

気管から先の肺胞までの部分。気管支の内側には繊毛があり，異物の排出を行う。［辻］

気管支炎 （きかんしえん）

気管に炎症が生じたもの。原因は，細菌やウイルス，物理化学的刺激，アレルギーなどがある。痰と咳が症状としてでる。時には呼吸困難を起こす。［辻］

気管支ぜん息 （きかんしぜんそく）

気管支腔が狭くなることで起こる呼吸困難。気管支粘膜の腫脹，粘液の分泌亢進，気管支壁平滑筋の収縮による。発作性の息切れとぜん鳴を伴う。［辻］
→ぜん息

危機管理 （ききかんり）

事故災害や犯罪などの危機に対処するための政策・体制をいう。近年，大規模地震や水害，学校での犯罪等に対する危機管理体制の重要性が叫ばれている。危機管理には，事故や犯罪の防止（リスク管理）と事故・災害の発生後の対処（クライシス管理）という2つの側面がある。危機管理のためには，緊急時の組織的体制や外部との連絡体制を確立しておく必要がある。また，危機対応マニュアル

を作成して，通報・避難・救命処置・搬送処置の方法を明確にし，訓練を実施しなければならない。[家田]

危機理論 （ききりろん）

1940年代から1960年代にかけて，キャプランやリンデマンらによって構築された理論である。危機理論の創始者ともいわれるキャプランは，危機状態とは，「人が大切な目標に向かう時，障害に直面し，習慣的な問題解決の方法を用いてもそれを克服できない時に発生する一定期間の状態である」と定義している。また，同理論は，「危機はそこに留まり続けるものではなく，適応への出発点としてとらえられ，人は心理的危機状態に陥った時，本来備えている適応行動としての様々な対処機制を用いて心理的恒常性を維持するものである」と前提しており，地域精神衛生，災害医療等で活用されることが多い。危機は，発達的危機と，偶発的危機とに分けることができる。前者は，結婚，定年など生涯発達における人生の特定の時期で発生する予測可能な危機的状況であり，後者は，火災，地震，暴動など予測が困難なものである。[井戸]

奇形 （きけい）

先天奇形のこと。出生時に存在する形態，行動，機能，及び代謝の異常である先天異常とほぼ同義であるが，通常，形態異常を表すことが多い。先天性の場合，適切あるいは正常の形態発生が失敗し，一次的な構造の欠如した状態。例えば唇裂。後天性に構造が正常な形や大きさから恒久性に逸脱し，醜状を呈することもある。遺伝的因子，感染症や薬剤などの環境因子，及び両者の相互作用などが原因に挙げられるが，原因の不明なものが約半数を占めるとされている。[山崎─・吉田]

→ 先天異常

気質 （きしつ）

人間の思考や行動を規定する特性のこと。個人差を説明する構成概念（因子）の1つだといえる。気質は，先天的に備っているものでその人間個人にとって恒常的なものとされている。したがって，気質を体液などの内分泌などの遺伝的要因と結びつけて考える場合が多かった。現在でも，気質は内分泌系や神経系を含み生物学的要因との関連が深いと考えられている。気質の分類で有名なのは，クレッチマーである。彼によれば，人間は①内気，神経質，温和な特徴を持つ分裂質，②社交的，活発，柔和であるそううつ質，③粘り強く，鈍重，従順である粘着質に分けられるとしている。また，気質と体系の関係も彼によって調べられている。それによれば，肥満型と躁うつ質・細長型と分裂質・闘士型と粘着質にそれぞれ関連があるとされている。[大久保]

器質的障害 （きしつてきしょうがい）

器官が変形又は変異を示すようになった障害をいう。「器質的」とは「機能的」に対応する言葉で，器官の形及び内容に関して，形態学的に認識できる障害といった意味を持っている。病理学的には，形態学的に把握できるような異常をいう。[林・竹内─]

キシリトール

白樺などの樹木から採れる成分（キシラン・ヘミセルロース）を原料とする糖質甘味料のこと。むし歯を誘発しない性質があるので，シュガーレスのチューインガム，キャンディー等に利用されている。糖アルコールであるので，過剰に摂取すると下痢などの副作用を生じるため，注意が必要である。[田代]

キス病 （──びょう）

EB（Epstein-Barr：ともに発見者の名）ウイルスの感染による伝染性単核球症のことをいう。EBウイルスとは，バーキットリンパ腫より分離されたヒトヘルペス科ウイルスであり，咽頭がんの原因ウイルスとして知られている。ヒトからヒトへは唾液を介しての

経口または飛沫感染によるが，キスにより感染することもあるため，キス病ともいわれている。症状は，持続する高熱，のどの痛み，リンパ節のはれ，肝・脾腫，発疹などである。通常は数週間で軽快する予後のよい疾患であり，症状が軽い場合の治療は安静が基本となるが，肝障害，脳炎や脾臓破裂といった合併症には注意が必要である。初感染する年齢層により症状は多様であり，小児期に感染した時は，症状が現れないことが多い。思春期や成人期では無症状のことや，伝染性単核球症として認められることがある。[太田]

寄生虫 (きせいちゅう)

他生物の身体の内外に一時的または長期間にわたって住んで，栄養をその生物（宿主）に依存して生きる生物のこと。宿主に健康上の害を与える場合を寄生，害を与えない場合を片利共生，互いに利益を得ている場合を共利共生といって区別することがある。[田神]

寄生虫病 (きせいちゅうびょう)

他の生物に栄養分を求め，その生体内部あるいは表面に棲息する動物を寄生虫と呼んでいる。寄生虫病とは，寄生虫が人体内に侵入したり，体表面に付着することが原因となって，人体に器質的あるいは機能的変化が起こり，病的状態になることをいう。これには，寄生虫の侵入，移行による機械的障害作用（例えば大量の回虫寄生は腸閉塞を引き起こしうる），寄生虫の毒作用（例えば節足動物の刺咬時の唾液毒），寄生虫が体内に吸収された際の炎症反応，栄養障害などがある。障害は，寄生虫の種類，数，寄生部位，作用機序など種々の条件によって異なる。寄生虫に起因するヒトの病気は，4つの大きな群に分けられる。原虫症（アメーバ症，マラリア等），蠕虫症（回虫症，糸状虫症等），節足動物に起因する寄生虫症，その他の寄生虫症などである。寄生虫病と診断された場合，多くは化学療法剤である駆虫薬で治療することが可能である。わが国においては寄生虫病が減少したと思われていたが，近年の海外旅行の増加，ペットブーム，グルメブームなどにより，これまでわが国ではあまり見られなかった症例が検出されるようになり，寄生虫病の重要性が再認識されるようになっている。[太田]

寄生虫病予防法 (きせいちゅうびょうよぼうほう)

1931年に制定され，1994の感染症予防法に統合されるまで施行された寄生虫病（回虫病，十二指腸虫病，住血吸虫病，肝臓「ジストマ」病，その他）予防のための法律。検査や治療施設などの経費負担を国と地方自治体が行うこと，罰則について定めている。[田神]

→感染症法

寄生虫卵検査 (きせいちゅうらんけんさ)

寄生虫病検査の1つで，糞便を材料として，寄生虫卵の検出を行う方法で，直接塗抹法と集卵法がある。集卵法には，糞便と虫卵の比重の差を利用して，目的に合った試薬を用い，顕微鏡下に寄生虫卵を検出する浮遊法と沈殿法がある。浮遊法は，回虫卵，鞭虫卵，鉤虫卵，東洋毛様線虫卵などの検出に，沈殿法は遠心沈殿法により吸虫卵，蠕虫卵，原虫卵などの検出に適している。特殊検出法として蟯虫卵や条虫卵の検出に肛門とその周辺にはりつけるセロファンテープ法があるが，中でも蟯虫卵については学校保健上，幼稚園，小学校の1，2，3学年で集団検便が行われている。[松本幸]

→直接塗抹法

基礎体温 (きそたいおん)

起床時，活動を開始する前に，舌下で測定した体温を基礎体温という。測定した体温を基礎体温表に記入すると，卵巣が正常に機能しているならば，低温期と高温期の二相に分かれているのを確認できる。高温期は排卵後の黄体から分泌されるプロゲステロンの作用によると考えられている。また基礎体温から

は妊娠，流産の危険性，黄体機能不全などの診断ができる。無排卵月経周期では低温一相性である。［北村］

基礎体温法 （きそたいおんほう）

基礎体温を用いた避妊法。卵の受精能力はだいたい8～24時間以内とされている。したがって排卵日がわかれば，妊娠しやすい時期を知ることができるので，その周辺の時期には禁欲するか避妊することで妊娠を防止することが可能となる。一般に，月経の初日から4日目までと高温期の3日目以降は妊娠しないといわれており，基礎体温上，低温と高温が明確になれば，避妊を必要としない時期を特定できることになる。［北村］

➡避妊

基礎代謝 （きそたいしゃ）

生体が生命を維持するのに要する最小限のエネルギー消費量であり，その1日当たりのエネルギー消費量を基礎代謝率（basal metabolic rate：BMR）という。8時間以上の睡眠をとった後の早朝空腹時，快適な環境温度下，仰臥時（覚せい）の状態で測定され，体重，体組成，体表面積，性，年齢などにより変動する。［田井村］

喫煙 （きつえん）

たばこは，コロンブスが南米からヨーロッパに持ち帰ったとされる。現在の紙巻たばこは，第1次世界大戦の際に兵隊に支給されたのをきっかけとして，世界中に広がった。たばこはニコチンの供給装置であり，喫煙はニコチンを体に取り込む行為である。喫煙には極めて多くの害がある。まず，喫煙によってニコチン依存症になりやすい。次に，各種のがんが起きる。たばこ煙中のタールやベンツピレンなどは発がん物質であり，米国ではたばこ煙自体を発がん物質に認定している。また，ニコチンや一酸化炭素は血管の動脈硬化を起こし，さらに狭心症や心筋梗塞といった心臓疾患や脳梗塞などの脳血管疾患，歯周病，バージャー病など，全身の病気を起こす。また，細胞への刺激や細胞の破壊により慢性気管支炎，ぜん息や肺気腫になる。その他，喫煙は，肌荒れ，しわ，しみの原因にもなるし，男性ではインポテンスの原因にもなる。なお，ニコチン依存症の対策として，ニコチンガム（市販）やニコチンパッチ（医師の指示書が必要）の禁煙補助剤が用いられ，効果を上げている。世界のたばこ対策の動きは次のとおりである。1996年に米国政府は，たばこを「依存性薬物」と認定した。WHOは，2000年の世界禁煙デーのスローガンで「たばこは人を殺す。だまされるな！」と警告した。2001年から，「たばこ規制枠組み条約」の政府間交渉が始まった。たばこ広告の禁止やたばこに対する増税，パッケージ警告表示の強化，自動販売機の規制などを求めるものである。2003年5月の世界保健会議で同条約が採択された。［家田］

➡タール，ベンツピレン，ニコチン，一酸化炭素，ニコチンガム，ニコチン中毒，ニコチンパッチ

喫煙防止教育 （きつえんぼうしきょういく）

喫煙は薬物乱用への入口になっているので，喫煙防止教育は，薬物乱用防止のためにも重要である。喫煙防止教育は小学校から行われている。対象者の年齢にもよるが，教育内容としては次の項目が重要であろう。①たばことは何だろう？（たばこは，ニコチンを体の中に入れるためのものである。ニコチンのためにニコチン依存症になる。たばこ煙には有害物質がいっぱい。）②たばこを吸うメリットと吸わないメリット（本当は吸わないメリットはない。）③たばこによる病気は，こんなに恐い。（肺気腫で穴だらけになった肺の写真，バージャー病で手足の指や下肢を切断した写真，喉頭ガンの手術で声帯をなくした人からのメッセージ，外国のたばこ病CM）④たばこ会社は，こうして青少年にたばこを買わせようとしている。⑤諸外国ではたばこ対策が進んでいる，日本でもいろいろ

な対策が始められた。⑥禁煙のためのポスターを作ろう。⑦たばこを勧められたら、どう断る？⑧身近なところから禁煙運動を始めよう。⑨禁煙のための工夫にはこんなものがある。[家田]

吃音　（きつおん）

発語の際の流暢さを欠く話し方である。単音・音節・単語をうまく喋られず、何度も繰り返したり、引き延ばしたり、または何度も口ごもったり、休止したりする会話が特徴的である。その話し方は、音の繰り返し、引き伸ばし、音のつかえである。吃音児は話し方の条件により流暢さを欠くが、それは、①発話の内容、②発話様式の違い、③発話時の心身の状況、④聞き手の対応により支配される。吃音の原因としては、生物的なものと環境的なものが考えられている。特に、母子分離の始る3歳頃と小学校入学前後の6歳頃に出現しやすく、背後に不安の存在が考えられる。[小林芳・花田]

拮抗作用　（きっこうさよう）

1つの方向に力（作用）が及ぶ時、その反対の方向性を示す力が働く。この相反する方向性の力（作用）をいう。筋肉においては収縮筋（主動筋）に対してその反対に伸張する筋（拮抗筋）の間の拮抗作用を指す。薬やホルモンにおいてもまったく反対の作用を示す物質が存在しており、それらは1つの現象に対して拮抗的に作用する。そのメカニズムにおいて薬理学的（競合、非競合）、生理学的、化学的拮抗作用がある。[村松]

気道確保　（きどうかくほ）

傷病者に意識がない場合は全身の筋肉の緊張がなくなり、舌がのどの奥に落ち込み、空気の通り道である気道をふさぐ危険性があるので、気道を開放し呼吸が停止しないようにすることをいう。傷病者に意識がないことを確認したら、傷病者の口を開け、口の中及びのどの奥に異物や吐瀉物があれば指にハンカチ等を巻き付け口内を異物を掻きだす。次に救助者の片手を傷病者の額にあて、傷病者の頭を後ろの方へそらせるか（頭部後屈法）、又は傷病者の額に手をあて、もう一方の手の人差し指と中指で、傷病者の顎を持ち上げるようにして頭を後ろへそらせて顎を持ち上げ（おとがい部挙上法）、救助者の耳を傷病者の口、鼻に近付け呼吸音、吐息を確かめる。これらの処置をすることにより気道が確保され、自分で呼吸する力があれば空気が肺に入り顔色や唇の色がよくなるが、呼吸が確認できない場合は、「呼吸なし」と判断し、直ちに人工呼吸を開始する。[田中哲]
→頭部後屈あご先挙上法，人工呼吸

気道閉塞　（きどうへいそく）

舌根の沈下によって気道が塞がれて呼吸ができなくなることをいう。気道確保を速やかに行わないと予後に影響する。気道確保をしたら、必ず呼吸ができているか確認をする。自発呼吸がみられない場合にはすぐに人工呼吸を開始する。エアウェイという器具があり、使用に熟練していれば利用するとよい。[田中哲]
→人工呼吸

キネシオロジー

kinesiology。ギリシャ語のkinesis（運動）とlogia（学）に由来する合成語で、1980年頃までは身体を科学的に研究する学問と定義され、身体運動学と呼ばれていた。キネシオロジーは、身体運動を科学的に研究するという見地から、その研究過程において解剖学、生理学、力学などの身体運動に付随した広範囲にわたる学門の諸原則を基礎として、身体運動を科学的に解明するものへと発展した。また、発展過程において力学的見地からの研究が顕著であったこともあり、最近ではその分野の研究領域である運動力学を特にバイオメカニクスと呼ぶようになった。最近では一般的に、解剖学や筋電図装置を用いて力学的な観点から身体運動をとらえる学問及び研究

を総称してキネシオロジーと呼ぶ。また，北米における体育科学系大学の学部の名称にもキネシオロジーが使用されているところもある。［西嶋］

技能 （ぎのう）

定められた目的のために状況に対応し，適した状態で習得した技術を遂行する能力のことである。ゴットル・オットリリエンフェルトは，技術は客観的なものであり，技能は主観的なものとして区別した。ここで技術はどのようにしてするのかの実際的仕方とその補助的手段であるのに対して，技能はどのようにしてするかが知られている能力であると説明される。人がある技術を学習によって身につけたとき，その技術についての技能を持つことになる。技能には読書や計算などの高度な知的理解が要求される精神技能と，文字を書く，跳び箱を跳ぶなどの運動技能とがある。［西嶋］
→運動技能

技能教育 （ぎのうきょういく）

動作や作業過程の協調が意識の関与なしに行われる場合に自動化されたものとみなされ，技能教育は特定の動作や作業経過の自動化を目標とする。技能はいくつかの要素（下位領域）から構成され，単純から複雑，部分から全体（上位構造）と階層構造を成す。技能の階層構造にしたがい，技能の発達段階を考慮して技能教育プログラムが実施される。［西嶋］

キノホルム

クリオキノール。化学式 C_9H_5ClINO で示される，淡黄色〜淡黄褐色の粉末。ブドウ球菌，連鎖球菌，大腸菌，アメーバ原虫などの殺菌，静菌作用があり，古くから内用，外用薬として用いられた。1955年頃から下痢を伴う脳脊髄炎症（視力障害，知覚異常，運動障害）が問題となり，この神経症状はSMON＝スモンと呼ばれた。その原因がキノホルムであることが解かり，発売停止となった。［千葉］
→スモン

キーパンチャー病 （——びょう）

作業条件による健康障害で，上肢を同一肢位に保持又は反復する作業により，神経・筋疲労を生じる結果起こる。歴史的には事務労働の機械化に伴い，1960年代にキーパンチャーやタイピストなどに手指，前腕，上腕，肩，頸に痛み，凝り，だるさ，しびれなどの症状を訴える頸肩腕症候群が多発した。作業条件，作業環境，及び職場の人間関係を含めた健康管理が望まれる。［礒辺啓］

基本的人権 （きほんてきじんけん）

人間が生活する上で，基本的・最低限の権利であり，わが国では，憲法によって以下の各権利が保障されている。ただし，保障されている範囲は，「国」によって各人権が侵害されないことを意味し，個人間の侵害から人権が保護されることではない。
自由権：思想良心の自由(19条)，信教の自由(20条)，表現の自由(21条)，学問の自由(23条)，職業選択の自由(22条)，財産権(29条)，適性手続きの保障(31条)
社会権：生存権(25条)，教育をうける権利(26条)，勤労の権利(21条)，労働基本権(28条)
国務請求権：請願権(16条)，国家賠償請求権(17条)，裁判を受ける権利(32条)，刑事補償請求権(40条)
参政権：選挙権(15条)，最高裁判所裁判官の国民審査権(79条)，地方特別法の投票権(95条)，憲法改正承認権(96条) ［軽部］

基本的生活習慣 （きほんてきせいかつしゅうかん）

主に睡眠，食事，排泄，衣類の着脱，清潔の5つの生活習慣のことをいう。具体的には，気持ちのよい挨拶をすること，食事の前に手を洗うこと，身のまわりを清潔にすること，衣服の脱着を行うこと，十分な睡眠やバランスの取れた食事をすること，排泄など生

活に必要な生活行動を指し，これらは健康な心と体を育て，自ら安全で健康な生活を作り出す基礎となるものである。また，社会の中で日常生活を送るためには，基本的生活習慣をきちんと身につけておく必要があり，社会性を豊かにするためにも欠くことのできないものである。特に幼児においては基本的生活習慣の獲得が重要視され，自分たちの生活にとって必要な行動やルールがあることに気づかせるとともに，基本的生活習慣の獲得によって自立心，自律性が育つことになる。[西嶋]

基本的欲求 （きほんてきよっきゅう）

マズローは人間の基本的欲求を，下位領域から順に生理的欲求，安全欲求，所属・愛情欲求，承認（尊重）欲求，自己実現欲求の5つの階層構造に分類した。下位領域の欲求が充足されれば，次位の欲求が自然に現れることとなる。例えば，生命の維持に最低限必要な食欲，睡眠欲，排泄欲などの生理的欲求が充足されれば，身辺の安全を保持するといった安全欲求が発現する。[國土]
→欲求，基本的欲求

逆説睡眠 （ぎゃくせつすいみん）

レム（REM）睡眠。睡眠は，脳波などの検査により，レム睡眠とノンレム睡眠とに分けられる。逆説睡眠は，急速眼球運動の出現，抗重力筋の筋緊張低下，脳波で覚醒状態に近似した低振幅パターンの出現を特徴とする。逆説睡眠は約20分続き，ほぼ60〜90分の間隔で夜の間，周期的に反覆し，この間に夢をみていることが多いとされる。[花田]
→睡眠

逆転写酵素 （ぎゃくてんしゃこうそ）

1970年，テミンとボルチモアの腫瘍ウイルス研究の途上で発見された酵素でRNAを鋳型としてDNAを合成する反応を触媒する。レトロウイルス科に特有の酵素で，RNAウイルスの遺伝子情報を宿主細胞のDNAに侵入させるときに働く。精製した逆転写酵素は，不安定なmRNAから安定なcDNAに変換して遺伝情報を保存する分子生物学研究の基本技術になっている。[田神]
→RNA，DNA，レトロウイルス，mRNA

逆転層 （ぎゃくてんそう）

通常大気の温度は高度に伴って下がるが，これが逆転した気層をいう。逆転の原因によって放射性逆転，地形性逆転，前線性逆転，沈降性逆転，移流性逆転に区別される。逆転層が発生する現象を気温の逆転と呼ぶ。逆転層が発生すると大気汚染物質が鉛直方向に拡散しにくいため，局地的な大気汚染を引き起こす場合がある。光化学スモッグの発生は一般に逆転層の形成に影響されるといわれる。地表から地上数十mから百数十mの間で起こる接地逆転は層状となるため接地逆転層と呼ばれており，都市部の大気汚染を深刻化する。ごみ焼却所や火力発電所等は高い煙突を作ることによって逆転層より上の気層へ汚染物質を放出している。晴天日の夜間に地面が放射冷却にすることによって発生した放射性逆転層が日の出後に崩壊する際，上空に漂っていた大気汚染物質が地上に降下する現象（フュミゲーション）によっても地上付近が高濃度汚染の被害を受けることがある。[大澤崇]
→大気汚染物質，光化学スモッグ

キャノン

Cannon, Walter B（1871-1945）。アメリカの生理学者。出血ショックと副腎髄質の研究で著名。神経細胞の終末からアドレナリンに似た物質が分泌されることを見つけ"sympathin"と名づけた。また戦うか逃避するかといった緊急状態でのアドレナリンの役割を研究した。ホメオスタシスの概念を提唱したことで有名である。[田中宏]
→恒常性

救急救命処置 （きゅうきゅうきゅうめいしょち）

傷病者を発見した時は，まず事故発生の状

況，原因等の周囲の状況をよく観察し，二次災害の危険性がないことを確認してから救助を始める。手順は，心肺蘇生法ABCをもとに①意識のない時は気道確保，②呼吸が止まっている時は人工呼吸，③循環のサインがない時は心臓マッサージをの順に行う。また，出血が激しい場合は，血圧低下によりショック状態になるおそれがあるので，大傷口を圧迫止血し，圧迫止血で止まらない場合は，動脈部分を手で圧迫もしくは，止血帯でしばって止血する。心肺蘇生法は，通常の呼吸や心臓の循環を補う処置なので，通常の成人や子どもの呼吸数や心拍数などの身体の生理を理解し，緊急時に実際に行うことができる技術・知識にしておく必要がある。[田中哲]
➡心肺蘇生法

救急用絆創膏 （きゅうきゅうようばんそうこう）

外傷の処置でガーゼ固定がすぐできるように，ガーゼに固定用の絆創膏がついて個別に包装された救急用品のことをいう。ロール状で長さを自由に切って調節できるタイプや指先専用など，大きさや形も多種ある。また，ガーゼが傷に着きにくい，水が通りにくい，スポーツ用にクッションがきいている，敏感肌に配慮しているなど素材も多様化している。[田中哲]

救急連絡網 （きゅうきゅうれんらくもう）

緊急事故発生時に備えて作る連絡網のこと。連絡先を記入する場合にはプライバシーの保護に注意する。実際に使う時のことを考えて，目につく色の紙に印刷する，ゴシック体などの書体で見やすくする，使いやすい場所を保管場所にする，関係諸機関の電話番号は毎年確認する。また，年度当初に教職員に内容，保管場所を周知する。できれば，緊急事故発生を想定して，連絡網を使う訓練をすると内容のチェックができてよい。[田中哲]

給食指導 （きゅうしょくしどう）

学校給食を通じて，生涯にわたって健康で生き生きとした生活を送ることを目指し，児童生徒1人ひとりに正しい食事の在り方や望ましい食習慣を身につけさせ，自らの健康管理ができるようにすること。また，楽しい食事や給食活動を通じて，豊かな心を育成し社会性を養うこと。具体的には，①望ましい食習慣の形成，②食事を通じた人間関係の育成，③心身の健全な発育発達，④食事・栄養についての理解，⑤身辺や環境の安全衛生，⑥食事のマナー・エチケット，⑦食べることの楽しさと感謝などが挙げられる。また，食に関する指導の充実を図るため，学校栄養職員と教員によるティームティーチングや特別非常勤講師制度の活用が進められており，栄養教諭制度の導入も検討されている。[平山]

給食設備 （きゅうしょくせつび）

学校給食の施設・設備の基準は，学校給食基準に基づいて設置されなければならない。学校給食設備には，釜，流し，調理台，機械，器具類，食器類があり，学校給食施設は，調理室，調理従業者室，パン置場，食糧貯蔵庫，その他学校給食の運営に必要な施設である。これらの学校給食設備・施設は，保健衛生上及び管理上適切なものでなければならない。衛生上の管理は合理的，能率的であると同時に徹底的に実施されなければならず，この点については「学校給食衛生管理の基準」に定められている。[平山]

給食調理員 （きゅうしょくちょうりいん）

学校給食法に基づいて実施する学校給食の調理に従事する職員をいう。標準的職務内容は，①給食調理に関すること，②食材の受領，検収，整理及び管理に関すること，③機械，器具等の保管及び管理に関すること，④機械，器具等の洗浄及び消毒に関すること，⑤給食の運搬に関すること，⑥清掃に関すること，⑦衛生保持に関すること，⑧その他学校運営上必要と認められる業務に関すること等である。調理師の資格を必要としている自治体もある。[平山]

急性アルコール中毒
（きゅうせい——ちゅうどく）

本来，酩酊を意味する用語であるが，慣用的にアルコールによる急性の影響で，生命の危険を伴うまでに至った状態を指すことが多い。一般的に成人では，血中濃度で0.2％以上が急性アルコール中毒域と考えられている。症状としては，意識レベルの低下とともに，激しい嘔吐，低体温，血圧低下，頻脈，呼吸数減少，尿・便失禁などの症状が現れ，血中濃度が0.4％を超えると，昏睡から死にいたる可能性がある。未成年者では，アルコールに対する感受性が高い分，より低い血中濃度でこれらの症状が現れる。[樋口]

急性灰白髄炎　（きゅうせいかいはくずいえん）

ポリオ又は小児麻痺とも呼ばれ，ポリオウイルス（ピコルナウイルス科，エンテロウイルス属）感染者のおよそ0.1％が発症する。ウイルスは脳関門を突破して中枢神経に達し，脊髄前角，脳幹，大脳皮質運動野などの運動神経細胞を破壊するために四肢の運動麻痺という重い後遺症状を残す。ウイルスは経口感染する。わが国には1981年以降の野生株による発症は確認されていないが，世界的には依然としてこの脅威にさらされている子どもが多く，WHOによる根絶計画が進行中である。予防は不活化ワクチンまたは弱毒生ワクチンなどのワクチン接種で行われている。[田神]

急性糸球体腎炎症候群　（きゅうせいしきゅうたいじんえんしょうこうぐん）

従来の急性腎炎に相当するもので，主として糸球体（腎における尿の濾過装置）の障害により急激に発症し，尿量減少，浮腫，蛋白尿，高血圧を伴う。主に，A群β溶連菌（溶血性連鎖球菌の感染を血清学的に証明する抗ストレプトリジンOが高値を示す）感染後，1〜2週間で発症する。小児に好発し，先行する溶連菌感染症は扁桃炎，咽頭炎が最も多い。予後は発病後1〜2か月以内にほとんど治癒し，特に小児の予後はよい。（急性腎炎，慢性腎炎，慢性糸球体腎炎の項目については，WHO［1982/1995］の原発性糸球体疾患の分類に従った。）[松本幸]
➡慢性糸球体腎炎症候群

急性出血性結膜炎
（きゅうせいしゅっけつせいけつまくえん）

結膜下に出血を起こすのが特徴の結膜炎である。アポロ11号が月着陸に成功した1969年にガーナで流行した。世界中に拡がったので，別名アポロ病と呼ばれた。主として，エンテロウイルス70型の感染による急性濾胞性結膜炎である。接触感染である。感染力は強い。潜伏期間は24〜36時間，球結膜下出血，眼瞼腫脹，異物感，眼脂や感冒様症状がある。経過は1週間ぐらいである。手洗いの励行が大切である。登校は医師により伝染のおそれがないと認められるまで出席停止とする（学校保健法施行規則第2章第20条）。[朝広]

急性虫垂炎　（きゅうせいちゅうすいえん）

虫垂に急性炎症が発生したもの。盲腸炎との呼び名も用いられる。糞石・粘膜リンパ濾胞増生・寄生虫・異物などによる虫垂内腔の閉塞に血流・リンパ還流障害，ウィルス・腸内細菌感染が加わって発症すると考えられる。10〜20歳台に好発する。高齢者・小児では症状訴えが小さく注意を要する。[西川]

Q熱　（きゅーねつ）

もともと「解らないQuery熱」からつけられた名称で，リケッチアであるCoxiella burnetiiにより引き起こされる人獣共通感染症である。ヒトでは，高熱，頭痛などいわゆるインフルエンザ様症状を呈す。わが国でも，最近のペットブームにより急性及び慢性のQ熱が広がりつつある。[太田]
➡リケッチア

QOL （きゅーおーえる）
→クオリティ・オブ・ライフ

教育委員会 （きょういくいいんかい）

「地方教育行政の組織及び運営に関する法律」（1956年）に基づいて設置されている教育行政機関。もともとは1948年に公布施行された「教育委員会法」によって全国すべての都道府県，市町村に創設された。その後，地教行法に引き継がれ同法は廃止された。学校教育，社会教育，文化等に関する事項を管理・執行する合議制の行政委員会。その職務は，学校その他の教育機関の設置・管理及び廃止，職員の人事，学校の組織編成，教育課程，学習指導，生徒指導，職業指導，教科書や教材，青少年教育，婦人教育，公民館の事業，社会教育，文化財の保護，そして区域内における教育に関する事務という包括的規定など極めて広範にわたっている。教育委員は，地方公共団体の長が議会の同意を得て任命される。任期は4年で5名，町村によっては3名で構成することもできる。［小磯］

教育課程 （きょういくかてい）

カリキュラムの訳語。各学校における教育目的を達成するための教育内容を選択し，計画的・組織的に配当した学校の全体教育計画。学校が児童・生徒のよりよい成長発達を期して行う教育的な活動全体を指す。この基準となるのは文部科学省が告示する学習指導要領である。小・中学校では，各教科，道徳，特別活動，総合的な学習，高等学校では，各教科，特別活動，総合的な学習で構成されている。実際には，目標，ねらい，教育内容（方法），配列・配当，教材・教具，授業時数，評価（評定），行事，生徒指導，相談活動，など多々ある。また，こうした具体的働きかけ以外の児童・生徒の成長に与える学校生活の影響力を潜在的カリキュラムと呼んでいる。［小磯］
→カリキュラム，潜在的カリキュラム，学習指導要領

教育基本法 （きょういくきほんほう）

1947年3月31日公布・施行。日本国憲法の教育に関する条項（23，26条等）を具現化すると同時に，その理念を実現化しようと教育の基本的な目的や方針を明示したわが国の教育の基本・根本となる（前文を有する）法律で前文と11条から成る。教育憲章的，教育に関する準憲法的性格を有する。教育について戦前は勅令主義であったのが法律主義に転換したことを明確に示している。学校保健法は，この第1条の学校におけるより具体化として制定されている。［小磯］

教育計画 （きょういくけいかく）

学校の教育目的や対象の特質に応じて構造化された教育内容及びその実施計画をいう。1998（平成10年）及び1999年の学習指導要領改訂では，総合的な学習の時間等の新設もあり，各学校の特色を出せる教育計画の立案が可能になった。英語のカリキュラムに対応する言葉であるが，カリキュラムの方がより広い意味で使われている。［鈴木和］
→教育課程

教育相談 （きょういくそうだん）

教育上の様々な問題について，教師やカウンセラーが行う相談面接活動あるいはカウンセリングのことである。対象は主に問題解決を必要とする児童生徒であるが，保護者や担任教師である場合もある。教育相談の内容は，児童生徒の学習活動の諸問題に関する学業相談，将来の進学・就職などに関する進路相談，行為上・人格上の問題を有する児童生徒に関する適応相談に分けられる。［高倉］

強化 （きょうか）

オペラント条件づけの手続きのうち，行動の頻度を高める働きかけを「強化」，（不適切な）行動の頻度を低下させるための働きかけを「罰」と呼ぶ。強化を行う際には，すぐに

強化すること（即時性），及び同じ行動に対して同じように強化すること（一貫性）が重要である。また，スモール・ステップの原則がある。これは，達成しやすい目標行動を選ぶことにより，強化の機会を最大化しようとするものである。目標行動が達成されたら，もう一段階高い目標を設定し，しだいに最終的な目標に近づけていく。[家田]

境界性人格障害　（きょうかいせいじんかくしょうがい）

BPD（borderline personality disorder）。情緒不安定性人格障害には衝動型と境界型の2種類がある。情緒が不安定で，自分自身の自己像や目的及び内的な選択（性的なものも含む）が不明瞭で混乱している。たえず空虚感があり，不安定な対人関係にのめりこむ傾向のために，感情的な危機が繰り返され，自暴自棄を避けるための過度な努力と，連続する自殺の脅迫や自傷行為を伴うことがある。[猪股]

胸郭変形　（きょうかくへんけい）

胸郭は胸部の外郭を形成し，胸椎部，肋骨，肋軟骨，胸骨からなっている。胸郭は前胸壁，側胸壁，後胸壁に区分され，底部の広い円錐形で，大きさは個人差がある。胸骨が異常に突出したのが鳩胸で，胸骨など肋軟骨が漏斗状に陥没したのを漏斗胸という。ひどくなると心臓が左方に転位する。心肺機能が障害される時は外科的治療の対象となる。[福田]

狂牛病　（きょうぎゅうびょう）

1986年にイギリスで発見された牛の病気（牛海綿状脳症，BSE）で，大脳の神経細胞が死滅して歩行や立位を維持できなくなる。病原体は異常プリオンと呼ばれ，神経細胞に特有のタンパク質が変異した物質（プリオン）が蓄積する。異常プリオンに汚染された動物の脳などの危険部位を食べることによって経口感染する。異常プリオンは，加熱，紫外線処理，消毒剤などでは容易に分解できない。羊に特有の病気（スクレイピー）が同じ原因で発病するといわれ，羊の肉骨粉を牛の飼料に混ぜるようになったことが，種を越えて牛にまでこの病気が広がった原因と考えられている。この病原体は，ヒトでは若者に新型クロイツフェルト・ヤコブ病という痴呆を伴う致死性の精神疾患を起こす可能性が指摘されて，国内産の牛に狂牛病の発生が確認された際（2002年）に大きな社会問題となった。[田神]
→プリオン，クロイツフェルト・ヤコブ病

教室環境　（きょうしつかんきょう）

児童生徒の健康や学習能率の向上を図るため考慮されるべき教室内の環境。空気（温度・湿度・二酸化炭素・一酸化炭素・浮遊粉じん・落下細菌・気流・換気など），照明（照度・まぶしさなど），騒音，清潔，校具（机・いす・黒板）などの環境条件が良好に保たれるよう，「学校環境衛生の基準」にしたがい定期検査・臨時検査・日常点検が行われている。[山崎秀]

教授・学習過程　（きょうじゅ・がくしゅうかてい）

教師による教授・指導活動と学習者による学習活動によって，相互依存・補完的に展開される学習過程のことを指す。この概念は旧来の教授側の経験，指導を中心にした観点，学習者の学習だけを重視する観点への反省から生まれた。教授・学習過程には，①授業での各教授方法（講義，質疑応答，実験，ディスカッションなど），②教授活動の目標を達成するための段階（導入，展開，まとめといった区分や問題提起，議論，結論といった手続き），③授業展開の論理的，発見的側面，④各種学習理論に基づく授業の形式（問題解決学習，判例学習など），⑤授業の形態（一斉学習，個別指導など）といった要素があり，これらの相互作用が教授・学習過程に影響を及ぼす。教授心理学や教育工学などの研究分野では，こういった要素を考慮し，客観

教職員健康診断
(きょうしょくいんけんこうしんだん)

　学校において，疾病異常の早期発見及び健康の保持増進を図るために行われることはもとより，児童生徒の健康も職員の健康が前提となるため，適正な健康診断が実施されることが重要である。教職員の健康診断は，学校保健法第8条に規定されており，実施者は学校の設置者である。[三木]

狭心症　(きょうしんしょう)

　心臓を養っている血管（冠動脈）の血流が不足して起こる症状である。激しい痛みを伴い，胸が締めつけられる感じが主な症状である。症状は数分以内で治まり，症状が長時間続く場合は，急性心筋梗塞を考えなくてはならない。血流が不足する原因としては，動脈硬化などで冠動脈の1部が狭くなっていて必要な血流が流れない場合や，冠動脈が一時的に収縮する場合がある。原因は，運動，精神的興奮，寒気，過食などである。診断は症状がある時に心電図が撮れれば特徴的な所見があり容易であるが，多くは症状から狭心症を疑い，運動負荷や寒冷負荷時の症状や心電図の変化を調べて診断している。症状が出たときは，ニトログリセリンや亜硝酸薬を舌下に含むと効果がある。狭心症と診断されたら，医師の指示をよく守ることが必要である。[村田]

矯正視力　(きょうせいしりょく)

　屈折異常をレンズ又はコンタクトレンズ等によって，矯正して測定した眼の視力をいう。一般的には，5mの距離から左右一眼ずつランドルト環指標を矯正によって読むことができた一番小さな指標の数値をもって矯正視力とする。[朝広]

胸腺　(きょうせん)

　脊椎動物の免疫器官。免疫細胞の1つであるT細胞の分化する場所。胸骨上部の後ろにある。胎生期，幼児期には発達するが，思春期以降は退縮して脂肪塊となる。[辻]

ぎょう虫症　(——ちゅうしょう)

　蟯虫症。寄生虫感染の中で最も多い。ぎょう虫の産卵により，小児の肛門周囲及び会陰部に起きる皮膚炎。激しいかゆみを伴い，不眠，集中障害を起こすことがある。肛門にテープをあててぬぐい，これを鏡検して診断する。成虫はヒトの小腸下部，盲腸において寄生する。雌は体長10mmで，夜間就寝中に肛門周囲や会陰部に産卵する。駆虫薬で治療可能である。[稲葉・寺井]

強迫観念　(きょうはくかんねん)

　強迫症状を構成する要素のうち強迫体験に基づく観念であり，強迫思考ともいわれる。これは，例えばある人間が，他者から無意味で，非合理な内容であって，しかも根拠のない理由による支配的態度をとられ，しかもそれが持続するにもかかわらず，それを取り消すことができない意識内容である。[松本寿]

強迫行為　(きょうはくこうい)

　強迫体験に支配された行為であり，又はこの強迫体験を取り消したり，克服する意図で行う「反復行為」である。この場合，周囲の者が無理に制止すると，不安が生じる場合がある。例えば，若者の家庭内暴力等の場合，周囲から強制的に中止させられたり，強制したり，これが拒否された場合に起こることが多い。[松本寿]

強迫神経症　(きょうはくしんけいしょう)

　ある一定の考えや衝動が，不合理，無意味，ばからしいと自分でも自覚できるにもかかわらず繰り返し頭に浮かんで振りはらえず（強迫観念），行動に移さざるを得なくなる

（強迫行為）のが強迫現象であるが，これを主症状とし，自らもそれを悩んでいる状態が持続し，精神病や脳器質性の障害を否定することができる場合をいう。[花澤]

強迫性障害　（きょうはくせいしょうがい）

従来，強迫神経症と呼ばれてきた疾患の現代的診断名である。強迫神経症の項目を参照のこと。米国精神医学会作成の精神疾患の分類・診断基準（DSM）では，神経症概念が棄却され，従来の神経症は，その症状によって○○性障害と呼称される。わが国でもDSMによる診断が一般化しつつあるが，強迫神経症の診断名も依然使われている。[花澤]

→強迫神経症

恐怖症　（きょうふしょう）

特定の状況において，めまい感，フラフラする，気が遠くなる感じがして，気が狂いそうで，死ぬのではないかという恐怖感が現れる。動悸，発汗，呼吸困難，赤面，排尿や排便の差し迫った感じなどの身体症状を伴う。雑踏，公共の場所，一人旅，家から離れての旅行などで生じやすい。[花田]

胸部誘導　（きょうぶゆうどう）

心電図をとるときに，心臓の動きに伴って発生する電気をとらえる部位として手足を選ぶものを四肢誘導といい，これに対して胸の部位（国際的に6部位が決められている）を選ぶものを胸部誘導という。四肢誘導が心臓全体の電気の流れをとらえるのに対して，胸部誘導は差し陰湿，右心室といった心臓の各部位の動きを調べるのに適している。[村田]

業務上疾病　（ぎょうむじょうしっぺい）

労働者に生じる疾病は，多数の原因や条件が競合して発生するのが普通である。そのような疾病の中で，とりわけ業務と疾病との間に，因果関係があると認められるものを業務上疾病と呼んでいる。次のような3つの要件が満たされる場合は，原則として業務上疾病と認められる。①労働の場における有害因子の存在…この場合の有害因子は，業務に内在する有害な物理的因子，化学物質，身体に過度の負担がかかる作業形態，病原体等の諸因子を指す。②有害因子へのばく露条件…健康障害は有害因子のばく露によって起こるが，その健康障害を起こすに足りるばく露があったかどうかが重要である。基本的にはばく露の程度とばく露期間ならびにどのような形態でばく露を受けたかなどのばく露条件の把握が必要となる。③発症の経過および病態…発症の時期は，有害因子へのばく露中または被ばく直後のみに限定されるものではないが，有害因子の性質，ばく露条件などからみて医学的に妥当でなければならない。また，業務上疾病の症状・障害は，一般的に有害因子の性質，ばく露条件等に対応する特徴を持ち，臨床医学，病理学，免疫学等によって確立された知見に基づいて業務起因性の立証を求められる。[植田]

虚血性心疾患　（きょけつせいしんしっかん）

冠動脈血流と心筋における需要と供給の不均衡に基づく急性・慢性の心筋障害を指し，主として冠動脈の器質的・機能的な病的状態に起因する。大部分は狭心症と心筋梗塞に大別される。また，心筋虚血によって起こる胸痛・胸部圧迫感を狭心痛という。一部に狭心痛がみられない無痛性心筋梗塞も存在する。ほとんどは冠動脈硬化を基礎的病態として有し，その他としては，冠動脈攣縮・冠塞栓などが挙げられる。[西川]

拒食症　（きょしょくしょう）

→神経性食思不振症，思春期やせ症

許容線量　（きょようせんりょう）

放射線による障害を受けないために，被爆線量を許容できる範囲に制限する必要がある。国際放射線防護委員会（ICRP）は「現在の知識に照らして生涯のいずれの時期にお

許容度 （きょようど）

　生活環境または労働環境中の有害要因をある範囲以内に留めることによって，そこに生活する大部分のヒトに有害な影響を与えず，健康を保護できると考えられる環境条件の程度をいう。環境容量が自然環境の保全を目的としているのに対して，許容度は主としてヒトへの影響という立場からの安全域を示すものである。応用的に各分野で指標として使われるものに許容濃度（職場環境），環境基準（一般生活環境），許容1日摂取量などがある。〔千葉〕
→環境容量

切り傷 （きりきず）

　身体を器物等で切ったためにできる創傷のことをいう。学校ではすり傷とともに多いけがである。負傷個所，負傷程度により医療機関受診をする。最近ではアトピー性皮膚炎などアレルギーを持っている児童生徒が多いので，使用薬品，器材について処置をする前に使用の可否を確認する必要がある。〔田中哲〕
→創傷，すり傷

起立性タンパク尿 （きりつせい——にょう）

　生理的タンパク尿の1つで，安静臥床時や夜間睡眠時は尿タンパクは陰性であるが，起立時，特に腰部を前屈させることによって尿タンパクが陽性になるものをいう。児童生徒に多くみられるが，1日中に失われるタンパク量は少なく，予後は良好である。立位負荷試験を行って診断を確実にして，間歇的にタンパク尿がみられるような慢性糸球体腎炎との鑑別が重要である。〔松本幸〕

起立性調節障害 （きりつせいちょうせつしょうがい）

　ODともいい，自律神経系の不安定さに由来し，起立に伴う循環調節障害を主訴とする症候群で思春期の小児に多発する。朝おきにくい等を主症状とする自律神経失調症である。思春期のやせて運動嫌いの女生徒に多く，季節的には春から夏にかけて出現しやすい。症状は立ちくらみ，脳貧血，入浴時悪心，午前中の体調不良，息切れ・動悸，顔色不良，食欲不振，頭痛，腹痛，疲労・倦怠感，乗り物酔いなどの多様な症状を示す。特に午前中は体調不良で注意力散漫の傾向となりやすく，親や先生からは怠業などという評価を受けやすい。周囲も本人もそれとは気づかずにいるケースが多く，放置される傾向にあるが教育上は問題が大きい。診断基準は前述の症状のほか起立試験による心電図，血圧の変化が所定の数ある場合を陽性とする。夜更かし，睡眠不足，食生活の乱れ，運動不足などの生活習慣のゆがみも症状の発現に影響を与えるといわれる。2000年の全国調査（日本学校保健会）では陽性率は小学生では1〜4％，中学生では男子は14％，女子では26％，高校生では，男子が18％，女子が29％であった。治療は薬物療法，鍛練療法，心理療法が行われる。〔大澤清・福田〕

菌 （きん）

　有核で光合成を行わず，有性又は無性的に繁殖する。その栄養体の多くは糸状で分岐し従属栄養を営む。胞子を形成し，細胞壁は多くの場合キチンあるいはセルロースで構成されて，細胞質内にはミトコンドリアなどの構造体がある。大きく変形菌，真菌に2つに大別され，後者はさらに鞭毛菌類，接合菌類，子嚢菌類，担子菌類，不完全菌類に分けられる。菌の生息場所は極めて多様で，淡水の河川，湖沼にはミズカビ群が生息し，陸上では土壌に最も多く，物質の分解に大きく関与している。ヒトに感染し病原性を持つ菌類は，担子菌類を除くすべての分類にみられ，これら病原菌類の感染によって発症した病気を真菌症という。〔鈴木耕〕
→真菌症

禁煙 （きんえん）

2つの意味がある。①たばこを吸う習慣を断つこと，②たばこを吸うことを禁止すること。1960年代に欧米で高まった禁煙運動が，WHOの積極的な取り組みで全世界に発展した。WHOは1988年5月31日から世界禁煙デーとして「たばこか健康か選ぶのはあなた」の標語を最初に毎年標語を変え，禁煙活動をすすめている。［皆川］

禁煙ガム （きんえんがむ）

ニコチンを含有させたガムで，ニコチン切れ症状を予防するために使われる。喫煙習慣を持つ者が喫煙を断ったり，航空機内などで一時的にやめなければならない時に使われる。ニコチン入り禁煙ガムを入手するには医師の診断を受け，処方箋が交付されないと薬局で購入できない。これは，最初大量に使い，徐々に減らして禁煙するようにしむけるように処方される。［皆川］

緊急避難 （きんきゅうひなん）

緊急事故発生時の対応の1つとして，二次災害発生や被害の広がりを防ぐために避難することをいう。状況によって校内，校外を避難場所として選び，大規模な災害の場合には地域の広域避難所に避難する。そのため，どのような場合にどこへ避難するかは年度当初に教職員だけでなく，保護者にも周知する。安全に避難する方法を定期的に訓練するだけでなく，抜きうちの訓練を実施するとよい。［田中哲］

筋挫傷 （きんざしょう）

→肉離れ

近視 （きんし）

無調節状態で，平行光線が眼球の網膜面に到達する以前に焦点を結ぶ状態をいう。したがって，網膜面では焦点が解散した状態でありボケて見える。凹レンズによって網膜面に焦点を結ぶことによって良好な視力が得られる。［朝広］

筋ジストロフイー （きん――）

筋線維の変性・壊死により進行性の筋力低下，筋萎縮を来す遺伝性疾患である。遺伝様式，臨床症状，病理学的特徴，予後などが異なるいくつかの病型に分けられる。病型別の相対頻度はデュシェンヌ型（重症型）が最も高く，肢体型，顔面・肩甲・上腕型と続く。デュシェンヌ型のような進行が速いものでは，自力による起立や歩行は不可能となり，呼吸筋，心筋が侵され，死の転機をとる。まだ根本的治療法はなく，対症療法として各種ビタミン，副腎皮質ステロイドなどの薬剤が使用されている。骨格筋の廃用を抑え，関節の変形を阻止するため日常生活の指導，理学療法が重要である。特に適度な運動は大切である。進行期には呼吸不全・心不全治療を含めた全身的なケアを要する。近年，分子生物学の進歩に伴って病態が遺伝子・タンパク質レベルで解明されつつある。［太田］

筋電図 （きんでんず）

筋が収縮する際に発する活動電位を記録するものであり，主に横紋筋の収縮活動を測定対象としている。筋電図を記録するための電極には，対表面に貼付する表面電極と筋内に刺入する挿入電極がある。表面電極は非侵襲的であり活動筋を広範囲に測定できることから神経筋疾患の診断や運動系機能の分析に用いられている。［久野・金・加藤］

筋力 （きんりょく）

筋断面積，筋線維数及び筋線維タイプである構造的因子と中枢興奮水準である機能的因子との2要因により規定される。構造的因子と筋力との関係について，筋断面積と筋力は相関関係にあり筋肥大により筋力は増加する。また，筋線維タイプと筋力については，収縮速度が速く発揮張力の高い筋線維ほど高い能力を発揮し，収縮速度が遅く発揮張力も

低いが持久性能力の高い遅筋線維が多いほど長時間一定の筋力を発揮し続けることができる。一方，機能的因子と筋力との関係について，筋線維は脊髄からの運動神経支配を受けており，それはまた大脳からの支配を受けている。そのため，大脳皮質の興奮水準の変化により，刺激される運動神経細胞の数が変化する。この刺激される運動神経細胞数の変化により支配されて活動する筋線維の数も変化し，筋力が変化することになる。[久野・金・加藤]

空気感染 （くうきかんせん）

空気中に浮遊する，病原体を含んだ微粒子を吸入したり，それらが皮膚，粘膜に付着することによって起こる感染様式のこと。飛沫核感染，塵埃（じんあい）感染に分けられる。前者は，空気中に排出された飛沫の水分が蒸発してできた残留物によって，後者は，汚染された床や衣服，土壌などから生じる微粒子によって感染する場合をいう。[上地]

クオリティ・オブ・ライフ

QOL（quality of life）。日本語訳として使われる生活の質という言葉は，保健・医療・福祉のあらゆる領域で用いられている。QOLの概念を一言で述べることは難しいが，生活の中の満足感や充実感，あるいは幸福感を表す言葉として用いられることが多い。WHO（世界保健機関）は，QOLを「個人が生活する文化，価値システムの中で，自分の目標，期待，基準及び関心に関連して，自分自身が生活の中でおかれている状況に対する認識」と定義している。健康とQOLとの関係は密接であるが，単純な関係ではない。QOLを高める前提要因として健康をとらえるという視点もあれば，健康観の中にQOLを包含するという見方もできる。時にはQOLと医療とが相容れない場合もある。例えば，治癒が困難な重大な疾患の場合，苦痛をともなう治療によって延命を図ることよりも，患者のQOLを重視して，充実した生活を過ごして死を迎えることを良しとする立場も考えられる。[渡邉]

くしゃみ

呼吸器系の防御反応の一種である。吸気による刺激のため鼻粘膜の知覚受容体から，三叉神経と嗅神経を介して不随意的，発作的に呼気反射が出現し，鼻・口から空気が爆発的に放出される現象をいう。アレルギー性鼻炎では主症状の1つとなっている。[木村]

口対口法 （くちたいくちほう）
→マウス・ツー・マウス法

駆虫 （くちゅう）

寄生虫は原虫類，吸虫類，条虫類，鉤虫類，線虫類，昆虫類，ダニ類と多くの種類がある。寄生虫が体内に入ると，宿主（人体）に対して様々な障害を引き起こすことから，寄生虫を宿主から駆除する必要がある。このことをいう。駆虫には寄生虫のそれぞれに適した駆除方法がある。寄生虫疾患は減少してきて，現在，学校保健では児童のぎょう虫の駆除が中心になっている。[松本幸]

駆虫薬 （くちゅうやく）

寄生虫症の病原体を排除するための治療薬のこと。例えば，ぎょう虫症に対してはピルビニウム・パモエート（5 mg/kg，商標名：ポキール）やピランテル・パモエート（10mg/kg，商標名：コンバントリン）が，回虫症に対しては，ピランテル・パモエート，サントニン・カイニン酸合剤が用いられる。いずれの薬も空腹時頓服で処方される。[田神]

屈折異常 （くっせついじょう）

無調節状態で，平行光線が眼球の網膜面を基準にして前後に焦点を結ぶ状態をいう。前ならば近視，後ならば遠視。縦と横の軸で焦点の結ぶ位置が違う乱視も含まれる。[朝広]

クライエント

　心に問題を持ち、心の援助を必要とする人をクライエントという。クライエントの悩みは、学校に行きたくない、友達関係がうまくいかない、家庭内暴力、アルコール依存等多岐にわたるが、不安、恐れ、ゆううつさを感じるなどの精神症状、不眠、動悸、頭痛などの身体症状、職場に行かれないなどの行動上の問題などを伴うことが多い。[井戸]
→カウンセラー

クライエント中心療法（——ちゅうしんりょうほう）

　1940～50年代にかけて、ロジャーズが提唱した治療理念である。来談者中心療法ともいわれる。それまではカウンセラーがクライエントに対し、積極的に指示・助言をしていたが、ロジャーズは非指示的カウンセリングを提唱し、治療の中心はクライエントであり、診断のための検査、指示・助言などを排除した。彼は臨床経験を重ねる中で、①クライエントの私的な世界をあたかも自分自身のように感じ取る共感的理解、②クラエイエントの状態や言動に対して条件をつけずにあるがままに受け入れる無条件の肯定的尊重、③カウンセラーがクライエントとの関係の中で態度に裏表なく、ありのままで純粋である自己一致というカウンセラーがとる3つの態度条件を重視したクライエント中心療法へと移っていった。[井戸]

クラミジア

　0.3～1.0μmのグラム陰性細菌に類似した微生物であるが、普通の細菌やウイルス、リケッチアとは異なる特性を持つ。クラミジアは抗生物質に対する感受性を有し、リケッチアとともに細菌に属するが、エネルギー産生系を欠くためにヒトや動物の細胞内に寄生し、分裂増殖するというウイルスに近い性質も持つ（偏性細胞寄生性の生物）。また、クラミジアは生きている細胞の中で増殖する時、増殖環と呼ばれる一定のサイクルを持ち、この増殖サイクルは2～3日間であるとされている。ヒトに病原性のあるクラミジアは3群に分類される。トラコーマ・クラミジアは、トラコーマや非りん菌性尿道炎、封入体結膜炎、性病性リンパ肉芽腫症などを起こす。一方、オウム病クラミジアは、オウム病の原因であり、肺炎クラミジアは、肺炎様の急性呼吸器感染症や中耳炎などを起こす。[上濱]

クリオキノール
→キノホルム

グリコーゲン

　動物の肝や筋肉に蓄えられている多糖類。肝のグリコーゲンは血中のグルコース濃度を維持するために使われる。筋肉の貯蔵量は肝に比べて遙かに多い。筋肉では筋収縮の主要エネルギー源として使われる。マラソンのような持久的運動では筋肉のグリコーゲンの枯渇が疲労の最たる原因となる。[田中宏]

クリトリス
→陰核

クリーニング業法（——ぎょうほう）

　クリーニング業に対して、主として公衆衛生の見地から必要な指導及び取締を行い、もってその経営を公共の福祉の適合させることを目的とする法律。[鬼頭]

クリプトスポリジウム

　水道に侵入して大規模な集団下痢症を起こすことで知られた原虫（コクシジウム類）。宿主の腸上皮細胞内で細胞分裂（無性生殖）して増殖を繰り返す。十分に数が増えると、有性生殖をして多数の胞子（オーシスト）が作られる。胞子は便とともに外界に出た後に、水や食料とともに新たな宿主の体内に取り込まれる（水系感染）。胞子は、小形で浄水場のろ過器を通過し、丈夫な殻に包まれて

いるために塩素消毒に耐える。平成8年夏に埼玉県下で発生した大流行を機に、濾過器の改修が進められている。［田神］

グリーン購入 （――こうにゅう）

できるだけ環境への負荷が少ない製品やサービスを優先し、物を購入することをいう。ごみの減量・リサイクルと同様に、身近でできる重要な環境対策の1つである。なお、グリーン購入の取り組みを推進している企業・行政・消費者団体等によるネットワーク組織は、グリーン購入ネットワークと呼ばれている。［渡邉］
→環境負荷

くる病 （――びょう）

脂溶性ビタミンであるビタミンDの欠乏によって生じる代謝性の骨疾患。日照不足や摂取不足により生じる。低カルシウム血症、高アルカリフォスファターゼ血症及び副甲状腺ホルモンの高値がみられる。わが国ではビタミンD欠乏症はみられなくなっている。［寺井］

グループ・ダイナミクス

集団力学と訳される場合もある。集団と集団、集団と個人、集団の集合である組織と集団との間にみる諸法則、特性を実証的に示していく研究分野のことを指す。その研究関心には、集団に関する関係、集団の形成過程、集団成員性、成員間の斉一性などに働く圧力の諸条件、集団内の勢力関係とその影響の波及過程、リーダーシップ、集団目標と成員の動機付けの関係、集団構造の特性といったものが挙げられる。この研究分野の特徴として、研究成果の実用性を重視する側面があり、小集団による実験室実験の結果と現場実験の結果の比較や、アクション・リサーチなどが研究の手法として用いられる。レヴィンらの唱える「場の理論」（1930）が創始とされるが、グループ・ダイナミクスという語自体は「社会的風土に関する研究」（1939）の中で初めて用いられた。また、広く認知されるようになったのは、1945年のグループ・ダイナミクス研究所の設立以降といわれている。［阿部］

クロイツフェルト・ヤコブ病 （――びょう）

CJDともいう。精神症状と記憶力低下、計算力低下、行動異常などの高次脳機能の低下を主症状として高齢者が発病し、数か月で痴呆、妄想が急速に進行して起立、歩行不能に陥り、3～7か月で言語能力や感情表現を失う。1～2年で全身衰弱、呼吸麻痺、肺炎などで死亡する。100万人に1人の割で発生する極めて稀な病気だが、わが国では病原体で汚染されていた医療用の脳硬膜によって発病した症例が多い。1920年代にクロイツフェルトとヤコブによって記載され、次の新型と区別する場合には「古典的」を冠する。新型は10～20代の若年が不安感、感覚障害を初期症状として訴えて発症し、約1年かけて言語能力や感情表現を徐々に失っていく。多くの共通点があるものの、死亡した患者の脳に古典的にみられない特徴があり、脳波の所見も異なることから、近年イギリスで発生した若年性のクロイツフェルト・ヤコブ病には「新型」が冠されることになった。狂牛病の病原体が原因との可能性が高まっている。［田神］
→プリオン、狂牛病

クロム公害 （――こうがい）

金属メッキ材料などを生産している日本化学工業が、六価クロムを含む廃棄物（鉱さい）を東京都に譲渡した工場跡地に大量に投棄していたことが1975年に発覚して大きな社会問題となった事件をいう。同社従業員の中には肺がんによる死者や鼻中隔穿孔などの労働災害が発生していた。その後、日本化学工業及び都は汚染土壌の浄化処理を進めたが、今でも工場跡地を利用した公園の側溝や表面土壌から高濃度の6価クロムが検出されている。これまでのところ、周辺住民の健康被害は報告されていない。6価クロムは、経口摂

取により，腎・肝臓，造血系，中枢神経系の障害などの全身障害を起こし，吸入により，鼻中隔の潰瘍や肺活量の減少などの呼吸器系の障害，肺がんの発生リスクを高めることが知られている。[田神]
→6価クロム

クローン

もとのものと同じ遺伝情報を有するものが新しくできることをいい，個体を指す場合，細胞を指す場合，遺伝を指す場合がある。もともとの語はギリシャ語の「植物の木枝」からきている。[竹内宏]

ケア・マネージメント

高齢者，身体障害者，知的障害者など，生活上で何らかの社会的サービスを必要とする人々に対して，必要なサービスを効率よく，調整・管理して支援する一連の活動。在宅で生活する場合，多種多様な社会福祉へのニーズを持っているため，その生活支援には各種の支援を必要とすること，また，支援には限界があること，支援に要する社会的費用の効率化を図る必要があることなどからこの考え方が生まれた。ケア・マネージメントは，要介護者のニーズを充足させることを目指し，結果的に要援護者の生活の質の向上につながりやすい。また，マネージメントをすることにより，効率よくサービス利用を促進，最適なコストで最高のサービスを提供することが可能になるといえる。[樋田・竹内−]

ケア・マネージャー

ケア・マネージメントを遂行する専門職。介護保険法では介護支援専門員と呼ばれる。ケア・マネージャーは，ケア・マネージメントをするために，支援を必要とする人の生活状況をアセスメント（課題分析）し，その調査結果に基づいて支援計画（ケアプラン）を立案する。次いで各種サービスの調整を行い，実施。その後もその計画が適切であるかどうかの管理と反省（モニタリング）を随時行う。[樋田・竹内−]

経過観察指導 （けいかかんさつしどう）

心・胃疾患などを持つ慢性疾患児は専門医から提出された学校生活管理指導表に従って学校生活を送っている。慢性疾患は年とともに悪化するもの，治癒に向かうもの様々であるので，学校での日々の経過観察指導が重要である。その情報を専門医に提供し，障害児のQOLを考えた生活規正の変更が実施されることが大切である。[福田]

経験学習 （けいけんがくしゅう）

学習者の興味・関心に基づき，その生活経験と密着して，特に問題解決に主体的に取り組む活発な自己活動を中心として展開する学習。経験学習では知識や学問そのものではなく，むしろそれを理解したり，経験の中に生かしていく子ども自身の能力や有能さが大切である。[國土]

経験主義教育 （けいけんしゅぎきょういく）

デューイに代表される，子どもの興味・関心を基礎にしながら社会生活に必要な諸領域の経験を重視する教育。昭和24年制定の教育指導要領でカリキュラムが示され，実践された。当時の社会経済状況では，理念が先行した結果となった。また，子どもの活動，生活が重視されるあまり，基礎的な学力が低下したなどの批判により，昭和33年の指導要領改訂で見直された。しかし，今日，総合的学習のように自らの経験や体験を通した学習の重要性も再認識されている。[國土]

頸肩腕障害 （けいけんわんしょうがい）

首から肩，腕，さらに手指にかけて痛みやしびれ，頸椎の運動制限，筋の萎縮，緊張などを主訴とする障害。日本産業衛生学会では上肢を同一肢位に保持，または反復使用する作業により神経，筋疲労を生ずる結果起こる機能的あるいは器質的障害であると定義している。[松本健]

経口感染 (けいこうかんせん)

病原体の宿主体内への侵入経路が消化器である場合をいう。汚染された水や食物によるものが多く，赤痢，コレラ，回虫，蟯虫，A型肝炎などがこの感染様式をとる。［上地］

経口避妊薬 (けいこうひにんやく)

→ピル，低用量ピル

ケイ酸 (――さん)

化学ではケイ酸塩をつくる弱酸基。岩石学では二酸化ケイ素（シリカ：SiO_2）を指し，最も普遍的な鉱物でガラスの材料となる。［鬼頭・田神］

計算障害 (けいさんしょうがい)

学習障害の一型であり，算数障害と同義である。すなわち，算数の能力が，年齢，全般的知能，教育程度から期待されるものよりも明らかに低く，算数能力を必要とする学業成績や日常活動を著明に損なっている場合をいう。または，算数障害のうち，特に計算能力が低いタイプをいう。［花澤］

形成的評価 (けいせいてきひょうか)

教育プログラムの開始後，教育目標に応じた成果が得られているかについて，指導過程の途上で適宜把握，判断し，その結果をそれ以降の教育や学習活動の計画に活用していくための評価をいう。ブルームによって体系化された。関連する評価としては，診断的評価，総括的評価がある。［鈴木和］
→診断的評価

経線弱視 (けいせんじゃくし)

乱視によって，網膜上にピントが合わなければ網膜上に鮮明な映像が得られず弱視が生じることをいう。早期に円柱レンズ等によって矯正をしなければならない。なお，臨床的には一般化した名称ではなく，屈折性弱視の範疇に入る。［朝広］

ケイソン病 (――びょう)

別名，減圧病，潜水夫病。地下鉄工事などで使われる土木工事の方法（ケイソン工法）に由来し，地下水脈からの出水を防止するために加圧下で作業が行われる。深海での潜水作業やスキューバダイビングの際にみられる。高気圧から常圧に戻る際に減圧速度が速すぎると，体内に溶解していた窒素ガスが気泡を形成，気泡のガス塞栓により循環障害を起こし（ガス塞栓），組織を圧迫したりすることにより，種々の症状が起こる。急性症状としては，出血斑などの皮膚症状，関節痛，前胸部痛，頻呼吸，息切れを起こし，重症では四肢麻痺や意識障害を来す。予防は常圧までゆっくりと減圧することである。［木村・松岡治］

頸椎損傷 (けいついそんしょう)

首の骨の損傷（脱臼や骨折），背骨の間には，脊髄という中枢神経が通っていて，脳からの司令を手足に伝えたり，逆に脳に伝えるという重大な役目がある。頸椎を損傷すると，その中を通る頸髄に傷をつけてしまい，骨がくっついても，その後，損傷した部分から下が麻痺したり，程度によって異なるが，体が動かせなくなり，身体からの感覚が脳に伝わらなくなる。［田中哲］

ゲイトウェイ・ドラッグ

ある薬物Aを乱用すると，結果的に薬物Bの乱用が始まりやすくなる場合，薬物Aは薬物B乱用へのゲイトウェイ・ドラッグであるということがある。大麻はより依存性の強い薬物へのゲイトウェイ・ドラッグとなりやすい。わが国では有機溶剤が覚せい剤乱用へのゲイトウェイ・ドラッグであると目されている。［和田］

系統学習 (けいとうがくしゅう)

科学や学問分野の成果としての文化の知識体系や技術の系統を重視した学習形態。問題

解決学習と対比されることが多い。教科内容を科学の体系に基づいて系統化しようという，内容編成論であり，その系統に従って学習させようとする。このため，受け身的な学習となり，自主的，主体的学習となりにくい批判もあり，学習者の主体性を培う手段も必要である。［小磯］
→問題解決学習

頸動脈　（けいどうみゃく）

頸部にある動脈，ひとさし指と中指をのどぼとけから手前にずらし，のどぼとけと筋肉の間のくぼみで確認できる。意識がない場合の救急処置の時，頸動脈に指先を5〜10秒あてて，脈拍の確認を行う。［田中哲］

珪肺　（けいはい）

異物粒子が慢性に吸入され，肺実質内に沈着し発症する病態をじん肺という。不可逆性の線維性変化・瘢痕形成となり，肺機能障害・発癌状態を作り出す。代表的なものに，珪肺・ベリリウム肺・石綿肺などがある。珪肺は遊離の結晶シリカSiO_2の沈着によるもので，鉱夫・石工・ガラス工・鋳造工などにみられる。［西川］
→じん肺症

経皮感染　（けいひかんせん）

病原体の宿主体内への侵入経路が皮膚の場合をいう。病原体が皮膚の創傷に直接接触したり，節足動物の刺傷，咬傷などによって起こる。破傷風，ペスト，マラリア，狂犬病，日本脳炎などがこの経路を経て感染する。［上地］

けいれん

痙攣。息を止めて手足が突っ張るように固くなってけいれんするタイプ（強直性けいれん）と，手や足や顔をガクガク動かしてまぶたをピクピクするタイプ（間代性けいれん），最初，身体をかたく突っ張り，次にガクガクするタイプ（強直間代性けいれん）がある。大部分，意識障害があり，本人は覚えていない。けいれんが15分以上持続したり，短時間に何度もおこす場合は，生命や後遺症の危険があるので，できるだけ早く救急車にて病院に搬送する。［田中哲］
→ひきつけ

下血　（げけつ）

肛門から血液が排泄されるか，便に血が混じる状態である。急性胃腸炎，静脈瘤，潰瘍，及びがんなどの病変部から胃腸内に出血すると下血が起きる。食道，胃，十二指腸や小腸からの出血では腸の中で血液が酸化されて黒色便（タール便）になる。大腸は出血の部位が直腸など肛門に近づくほど鮮やかな赤色になる。排便後に鮮やかな血液が滴下する場合には痔によることが多い。［内山］

KJ法　（けーじぇーほう）

カードを利用し，問題構造を把握する方法。1枚に1つの内容を記載したカードを作成する。数名の合議によってカードを分類し，分類ごとに名称をつける。さらに，似通ったグループを近づけて大分類とし，名称をつける。分類された内容を組織図で表現し，問題構造を把握する。［國土］

ゲシュタルト療法　（──りょうほう）

アメリカの精神科医・精神分析家パールズによって創始された心理療法。「今，ここ」という現実経験を重要視し，その時々の感情に素直になることが大切であるとしている。クライエントは欲求や感情を素直に表現することで，「気づき」が起こり，さらに自己の内面や外側からの自己を洞察することにより，人格をよりいっそう統合することができる。［井戸］

下水処理　（げすいしょり）

下水とは，下水道法によると，「生活若しくは事業（耕作の事業を除く）に起因し，若しくは附随する廃水または雨水をいう」とさ

れている。この下水を下水道に集め，放流に適した水質にすることを下水処理という。下水道は，家庭排水・工場排水と共に雨水を集める合流式下水道と雨水を扱わない分流式下水道に大別される。基本的な下水処理には，固形物を除くための沈殿，有機物を除くための生物学的処理（活性汚泥法，散水濾床法など），そして病原微生物を除くための消毒がある。この処理に伴い，下水汚泥が生成される。これは濃縮・脱水などを経て無害化・安定化されて処分される。［本田］

下水道　（げすいどう）

雨水，家庭下水，工場排水などを流通・処理させるための排水管，排水処理施設などの総称。公共下水道，流域下水道と都市下水路の3種がある。下水道は，下水の性質上，市とか町の行政区域だけで決定されるものではなく，地勢，地理的条件などから流入に関連する流域をまとめた下水道を計画しなければならない。［鬼頭］

下水道整備緊急措置法
（げすいどうせいびきんきゅうそちほう）

下水道の緊急かつ計画的な整備を促進することにより，都市環境の改善を図り，もって都市の健全な発達と公衆衛生の向上とに寄与し，あわせて公共用水域の水質の保全に資することを目的とする法律。［鬼頭］

下水道普及率　（げすいどうふきゅうりつ）
→上水道・下水道普及率

下水道法　（げすいどうほう）

流域別下水道整備総合計画の策定に関する事項並びに公共下水道，流域下水道及び都市下水路の設置その他の管理の基準等を定めて，下水道の整備を図り，もって都市の健全な発達及び公衆衛生の向上に寄与し，あわせて公共用水域の水質の保全に資することを目的とする法律。［鬼頭］

ゲス・フー・テスト

ハーツホン，メイ，マラーによって考案されたもので，ある集団に属する個人の人格や行動特性などをその集団の中における他者評価により総合的にとらえようとするものである。ソシオメトリックテストの一種である。基本的生活習慣，自主性，責任感，勤労意欲，根気強さ，創意工夫，情緒の安定，寛容，協力性，公正，公共心などの項目に関して行動特性を具体的な文章で記述しておき，集団の成員に，そのような行動特性を持っている者は誰か推測させ，集団の中で当てはまると思われる個人の名前を記入させるものである。選択する人数は，一般的に2～4名程度であり，望ましい特性を持つ者とそうでない者の両者を記入する。評定者の成員への好き嫌いが直接影響する可能性があり，その点を留意する必要がある。また，実施後の心理的フォローも十分に行う必要がある。［井戸］

ケースワーク

個人や家族が直面する疾病や心身の障害，家族関係の問題，失業等による生活上の困難を解決したり，ニーズを充足するための援助を行う個別援助技術である。社会福祉の様々なサービスの提供や環境の調整，心理的援助を通して，クライエント（利用者）の社会的な自律を目標にしている。ケースワークはクライエント個人のみならず，クライエントを取り巻く社会環境（学校，職場，医療機関等）の双方に焦点をあて，双方の関係性の調整を行う。［井戸］

血圧　（けつあつ）

血液によって血管壁（特に動脈）に生じる圧力（側圧）で，水銀柱の高さ（mmHg）で表す。心臓の収縮に対する血圧は最も高く，収縮期血圧という。心臓の弛緩に対する血圧は最も低く，弛緩期血圧といい，前者との差を脈圧と呼ぶ。［田井村］

血液型 （けつえきがた）

血清学的方法によって検出する赤血球表面の抗原型のことをいう。代表的なものにABO式血液型，Rh型血液型があるが，その他にも多くの血液型がある。血液型の遺伝はメンデルの法則に従うが，その発現頻度は人種間により異なる。［前田］
→ABO式血液型

血液検査 （けつえきけんさ）

血液中に正常状態で含まれているものが正常範囲以上，又は以下になる，あるいは正常状態では含まれないものを測定して，病気を診断する方法。目的には，病気のスクリーニングと確定診断とがある。血液検査として貧血，脂質代謝異常などを対象にしている学校がある。［村田］

血液疾患 （けつえきしっかん）

血液には液性成分と有形成分があり，有形成分の病気のことをいう。有形成分には赤血球，白血球，血小板があり，それぞれにいろいろな病気がある。赤血球では貧血（酸素運搬能力が落ちる），白血球では白血病（悪性疾患），血小板では血小板減少症（出血傾向）が最もよく知られている。［村田］

血液製剤 （けつえきせいざい）

血液を原料として製造した薬剤のことで，手術で大量に出血した時の輸血などに使われる輸血用血液と，血友病患者の治療などに使われる血漿分画製剤がある。輸血用血液は，すべて国内自給を達成しているが，血漿分画製剤やその原料の多くは輸入に頼っている。日本の場合は，すべての献血血液に対してHIVなどのウイルスを検出するための最新の検査を義務づけるなど，国内外において，その安全性を向上させるための努力が続けられている。［渡部］

結核 （けっかく）

結核菌により発症する慢性の感染症で，まず肺に初期原発巣をつくり，菌が増殖し，一部はリンパ節病巣をつくる。結核症の85％は肺結核で，残りは，肺の病巣から結核菌が移行することによる，髄膜炎，腹膜炎，腎結核，骨関節結核などの肺外結核症である。結核菌への感染は，ほぼ100％が吸入感染で，患者の咳や痰に含まれている菌を直接または塵埃などと共に間接的に吸い込むことによる。近年の日本における結核発病者の半数以上は抵抗力の衰えてくる60歳以上の高齢者であり，これらの多くは数十年前に感染した菌による発病と考えられ，これを内因性再燃と呼ぶ。結核予防法によるツベルクリン反応の判定基準は発赤長径9mm以下が陰性で，その場合は原則として感染を否定できるが，日本ではBCG接種が普及しているため，陽性でも必ずしも結核菌の感染を意味しない。一方，最近では，多剤耐性結核菌による小規模感染や集団感染が頻発しているので，注意が必要である。［上濱］
→結核予防法，ツベルクリン反応，BCG

結核休暇 （けっかくきゅうか）

結核の発病が確認された時に他への感染防止のためにとらなければならない休暇。事業所ごとに，それぞれ独自に条例や就業規定等によって定められている。勤務年数等によって休暇期間に差を設けているところもあるが，概ね1年以内としているところが多い。［上地］

結核菌 （けっかくきん）

抗酸菌属の偏性好気性杆菌で，鞭毛，芽胞，莢膜を欠き，多形性を示す。結核菌の薬剤耐性は自然に生ずる染色体遺伝子の突然変異によると考えられる。多剤に耐性を獲得している分離菌では少なくとも2つ以上の遺伝子に変異がみられるため，1つの細胞の中で個々の薬剤に対する耐性が独立して獲得さ

れ，多剤耐性が発現すると考えられている。[上濱]

結核健康診断予防接種月報 （けっかくけんこうしんだんよぼうせっしゅげっぽう）

結核予防法の下で健康診断・予防接種を実施した場合に，実施者が受診者数，その他厚生労働省令で定められた事項について，当該地域の保健所長を経由して都道府県知事に対して行う報告のこと。[上地]

結核検診 （けっかくけんしん）

定期に行われるものと定期外に行われるものがある。定期検診は事業所，学校及び施設においてはその長が，それ以外の一般住民においては市町村長が実施義務者となり実施される。定期外検診は患者の家族など感染リスクの高い者に対して行われ，都道府県知事が実施責任者となって実施される。学校においては，これまで小・中学校の1年時に行われていたツベルクリン反応検査とBCG再接種は廃止された。現在は各学年とも定期検診（内科検診）で結核の問診を事前に実施し，問診を踏まえて診療した学校医等の意見，さらには各教育委員会に設置される結核対策委員会の意見に基づき，学校の設置者が必要と認める者に対して，胸部X線直接撮影等の検査を行うことになった。一方，結核患者と接触した者に対し実施される接触者検診での患者発見率は高く，その実施の徹底が求められている。[上地]
→ツベルクリン反応，X線検査

結核予防法 （けっかくよぼうほう）

1951年法律96号。この法律は結核の予防と結核患者に対する適正な医療の普及を図り，公共の福祉を増進することを目的としたものである。[鬼頭]

血管運動反射 （けっかんうんどうはんしゃ）

細動脈が血管運動を行う際，交感神経の働きにより血管平滑筋の収縮度合を調節し，末梢血管抵抗を制御する。この交感神経の末端からは，活動電位の発射頻度に依存してノルアドレナリンが分泌する。このノルアドレナリンが血管平滑筋の形質膜状に分布するカテコールアミンのα受容体を刺激して収縮反応を誘起する。[村松]

月経 （げっけい）

卵巣から分泌された性ホルモン（女性ホルモン，黄体ホルモン）により増殖・肥厚した子宮内膜が，これらのホルモンの消退により剝離し血液や分泌物と共に腟から排出されること。女性の初経から閉経まで，おおよそ28～33日周期で繰り返される。月経時，下腹痛，腰痛を伴う場合もある。[大川]
→性ホルモン，女性ホルモン，黄体ホルモン

月経異常 （げっけいいじょう）

月経周期，月経血量，随伴症状などの異常及び無月経。月経周期の異常には周期が39日以上に延長する稀発月経，24日以内に短縮する頻発月経がある。月経血量の異常には過少月経，過多月経がある。無月経には18歳になっても月経が始まらない原発性無月経，これまであった月経が3か月以上閉止する続発性無月経がある。[大川]
→無月経

月経障害 （げっけいしょうがい）

月経に随伴する障害。時に日常生活に支障をきたすほど強く，就床や鎮痛剤などを必要とすることもある。症状は下腹痛，腰痛，吐き気，嘔吐，頭痛，下痢など。子宮などに疾患があって起こる場合（症候性）と，ないもの（原発性）がある。原発性は，排卵が生じる18歳頃始まることが多い。月経前の数日から1週間，腹部膨満感，脱力感，食欲不振，いらいら，憂鬱，乳頭痛，乳房緊満感などを生じる場合を月経前症候群（PMS）という。[大川]

血行障害 （けっこうしょうがい）

①動脈硬化による血管の狭窄又は閉塞による虚血。②寒冷などによる毛細血管及び細い静脈の血流の停止（血行静止）。③血管内に静脈血が充満したうっ血状態（心疾患による全身性，血栓などによる局所性あり）。以上，様々なものがある。［荒島］

血色素 （けっしきそ）

ヘモグロビンともいわれ，肺で酸素と結合すると酸化型ヘモグロビンになり，体の組織に酸素を受け渡す働きをしている。組織から炭酸ガスを受け取ると，還元型ヘモグロビンになり，再び肺で酸素と結合して組織に酸素を運ぶことになる。酸化型ヘモグロビンが多くなると，血液が真っ赤になる（鮮血）ので血色素といわれる。血色素をつくるには鉄が必要で，鉄の摂取が不足すると血色素が少なくなり，鉄欠乏性貧血になる。一酸化炭素は酸素よりも血色素との結合力が強く，このため一酸化炭素中毒では酸素欠乏を起こして死亡する。［村田］
→酸化ヘモグロビン，鉄欠乏性貧血

血漿 （けっしょう）

血液を採取する時，ヘパリン又はクエン酸ナトリウム，EDTAなどの抗凝固剤を加えて行い，遠心により血球を除去した液体成分。淡黄色，比重1.024-1.029，90％は水分であるが残りはタンパク質，非タンパク窒素化合物，脂質，糖質，電解質などである。免疫抗体補体，ホルモン，血液凝固物質などを含む。［荒島］

欠食 （けっしょく）

食事を抜くこと。第2次世界大戦直後は食料不足や貧困などの理由で欠食する割合が多かったが，近年では前夜遅くまで起きていたため食欲がなかった，食事をする時間がなかった，あるいは食事が用意されていないなどの理由で，朝食を欠食する児童生徒が多い。国民栄養調査結果（平成13年）によると，男女とも20歳代で最も朝食の欠食率が高く，15～19歳では男7.8％，女6.7％でみられる。欠食をする子どもは，1人で食事をするいわゆる孤食や，夜食をとるもの，就寝時間が遅いものに多くみられ，保護者が欠食する場合は子どもも欠食する傾向が認められた。欠食に対する指導としては，生活のリズムを整えるよう指導することが望まれる。［平山］

血清 （けっせい）

血液は赤血球，白血球，血小板から成る血球成分と血漿と呼ばれる液体成分で構成されている。血清とは，血液から血球成分と液体成分中の血液凝固因子を取り除いたものをいう。血清中にはタンパク質やその他様々な有機成分，無機成分が含まれ，健康診断の血液化学的検査で使用されている。［坂本］
→血漿

血糖 （けっとう）

血液中のブドウ糖のことで，あらゆる臓器や神経の細胞の栄養となり，生命を維持するためには必須な成分である。よって，血液中の血糖値は一定範囲内に保たれていなければならない。正常な人の場合，血糖は朝食を摂る前で，血液100cc中100mg以下である。血糖値が異常に高い状態が続くと糖尿病になる。その状態を放置すると，体内の血管に障害が起こり，いわゆる糖尿病の合併症に至ることが多い。［竹内宏］
→糖尿病

血糖測定パッチ （けっとうそくてい——）

米国で開発された非侵襲性で継続型の腕時計型自動血糖測定法。採血をしないで長時間の継続的な血糖測定が可能である。［竹内宏］

血糖調節中枢 （けっとうちょうせつちゅうすう）

血液中のブドウ糖濃度は，空腹時で80～100mg/dℓ，食後で150～160mg/dℓに調節されているが，血糖上昇は膵臓のランゲルハン

ス島からインスリン分泌を促進し，グルカゴン分泌を抑制し，血糖低下はグルカゴン分泌を促進するという細胞レベルのフィードバック作用が存在する。また，内臓神経（交感性）刺激によりインスリン分泌は抑制され，グルカゴン分泌促進する。迷走神経（副交感性）刺激によりインスリン分泌，グルカゴン分泌はともに促進する。さらに，間脳の視床下部には摂食中枢が存在し，ブドウ糖の利用度を感知し摂食行動を発現させる。[礒辺啓]

血尿 （けつにょう）

腎尿路の疾患にみられる尿中に赤血球が排泄された状態。肉眼的にそれとわかる鮮血尿（急性腎炎，出血性膀胱炎など）と一見清明であるが遠心後顕微鏡下で認められる顕微鏡的血尿（慢性腎炎）がある。腎腫瘍，尿路（尿管，膀胱，尿道）の結石でも血尿がでる。[荒島]

結膜炎 （けつまくえん）

感染性と非感染性に分けられる。感染は細菌とウイルス，クラミジアによる。細菌によるものは細菌性結膜炎といい，起炎菌は黄色ブドウ球菌，肺炎連鎖球菌などである。乳幼児や学童に多い。ウイルスによるものはウイルス性結膜炎といい，代表的なものは流行性角結膜炎，出血性結膜炎，咽頭結膜熱などである。いずれも感染力が強く，感染力がある間は登園や登校ができない。クラミジア結膜炎は，古典的なトラコーマと封入体結膜炎に分類される。古典的なトラコーマは，わが国では全滅したとされる。封入体結膜炎は，眼と泌尿生殖器の間に感染サイクルがある。成人型封入体結膜炎は，トラコーマと同様な症状がある。しかし合併症，後遺症はない。新生児型封入体結膜炎は産道感染によるもので，充血，浮腫と眼脂を伴う。また，アレルギーによるものは，アレルギー性結膜炎，春季カタルなどである。[朝広]
→ウイルス性結膜炎，流行性角結膜炎，出血性結膜炎，咽頭結膜熱，トラコーマ

血友病 （けつゆうびょう）

血液凝固因子の欠損のため出血傾向を来たす遺伝性疾患である。第8因子が欠乏する血友病Aと第9因子が欠乏する血友病Bがある。伴性劣性遺伝のため患者はほとんど男性に限られる。出血は深部出血の形を取り，筋肉内血腫を形成したり，関節内出血が多い。治療は欠乏因子を補充することで，血液製剤が用いられる。[木村]

下痢 （げり）

食べ物が原因で腸炎や大腸炎を引き起こし，下痢が起こることが多い。多くの人に一度に起きた場合には食中毒を考えなければならない。出血を伴う下痢の場合にはO157大腸菌による腸管出血性大腸菌感染症や赤痢などの可能性がある。過敏性腸症候群（過敏性腸炎）では腹痛を伴う習慣性の下痢，特に登校時や出勤時にみられることが多く，ストレスが原因であると考えられている。[内山]
→食中毒，腸管出血性大腸菌，過敏性腸症候群

原因療法(薬) （げんいんりょうほう：やく）

疾患にはその症状を発症させている原因がある。その原因に直接働きかけて症状を改善させようとする治療が原因療法である。例えば，性感染症の梅毒はスピロフェーターにより，淋病はゴノコッカスによって発症する。インフルエンザはインフルエンザ・ウィルスにより，肺炎は肺炎球菌によって発症する。この場合，原因菌に直接作用する薬剤（抗生物質や抗ウィルス剤）のことを原因療法薬という。[猪股]

検疫(所) （けんえき：じょ）

国内に常在しない伝染病が船舶や航空機を介して国内に侵入するのを防ぐために，海港，飛行場，国境などにおいて旅客その他に対し，診察，検査などの必要な措置を行うこと。わが国では検疫法に基いて実施され，検疫法の対象となる検疫伝染病としてコレラ，

ペスト，痘瘡，及び黄熱が指定されている。検疫法によれば，外国から来航した船舶や飛行機については検疫を受けた後でなければ，上陸，陸揚げしてはならない，と規定されている。また，検疫伝染病の病原体に汚染したおそれのある船舶や航空機については，患者の隔離，汚染のおそれのあるものの停留，汚染物・汚染場所の消毒，汚染物の使用禁止，移動禁止，ねずみや昆虫類の駆除，予防接種などの必要な措置を講じることなどが規定されている。[鬼頭]
➡伝染病，感染症，外来伝染病，輸入感染症

検疫伝染病 （けんえきでんせんびょう）

現在，国際的には世界保健機関（WHO）によって，コレラ，ペスト，黄熱の3種に定められている。これらの伝染病は，通常，風土病として特定地域にだけ存在し，時に旅行者，貨物，船舶，航空機などを介して他国にまで流行が広がる。コレラの流行は熱帯地域で，中南米，アフリカ，インド亜大陸では特に患者が多い。時に先進諸国に輸入例がみられる。黄熱の発生はアフリカ，南米にみられる。ペストは，森林の齧歯類が保菌するためアジア・アメリカ・アフリカに発生がみられ，近年ではアジアでの発生が過半数を占める。わが国では1926年以来発生はない。なお，痘瘡はかつて検疫伝染病の1つであったが，WHOが天然痘根絶計画を推進し，1980年の第33回世界保健総会において「天然痘根絶宣言」がなされたのと同時に除外された。[林・竹内−]
➡天然痘，天然痘根絶宣言

嫌煙権 （けんえんけん）

たばこ煙によって目や鼻への刺激や頭痛などの不快感を感じたりストレスを受けたりすることから，1978年に市民団体が初めて，非喫煙者がたばこの煙を吸わされない権利（嫌煙権）を主張した。その後，受動喫煙による肺がんや呼吸器疾患などの健康被害も明らかになり，受動喫煙対策の重要性が叫ばれるようになった。日本においては，厚生労働省の「たばこ行動計画検討会報告書」（1995年），「公共の場所における分煙のあり方検討会報告書」（1996年），「職場における喫煙対策のためのガイドラインについて」（1996年，2003年改正）などにより，公共の場や職場における分煙対策の指針が示された。旧厚生省の「健康日本21」においても，たばこに関する2010年までの行動目標として，職場や公共の場における禁煙又は分煙の100％達成を上げている。これらを受けて，職場や公共の場での分煙が進み始めたが，これに比べて飲食店等や路上での対策は遅れており，大きな問題となっている。[家田]
➡たばこ，受動喫煙，健康日本21，禁煙，分煙

幻覚(剤) （げんかく：ざい）

実体のないものを感覚領域で知覚する現象をいう。聴覚領域の幻聴，視覚領域の幻視，触覚領域の幻触，味覚領域の幻味，嗅覚領域の幻嗅などがある。統合失調症では被害的内容の幻聴が多く，アルコール中毒で蟻走感などの幻触や幻視，側頭葉に局在するてんかん発作の前兆では幻嗅，幻味が挙げられる。幻覚剤とは視覚，聴覚などの知覚異常や感情，意欲の異常を引き起こす薬物で，LSD-25，幻覚性キノコなどがある。マジックマッシュルームは，2002年6月麻薬原料植物に指定された。[猪股]
➡統合失調症

原核細胞 （げんかくさいぼう）

植物のように細胞壁と細胞膜を持つが，DNAを収容する核膜がなく，DNAはリボソームや他の細胞内タンパク物質とともに細胞質の中に存在する。また，DNA自体も原核細胞では単一分子であり，さらにミトコンドリアや小胞体，葉緑体ゴルジ体などの器官もなく，細胞質の内部には膜構造が一切見られない。ラン藻やバクテリアは原核細胞からできている。[上濱]
➡真核細胞

減感作療法 (げんかんさりょうほう)

　従来，脱感作療法と呼ばれ，アレルギー疾患の治療に用いられ，医療の管理の元にアレルゲンを徐々に増やすことによって，感作をなくしアレルギー症状をなくす完治療法として用いられてきた。また吃音の治療法として，系統的脱感作として，吃音に遭遇する場面を徐々に体験させることにより吃音の軽減を図ることを目的とした治療法となっていったが，「脱」よりも減少させる方が言葉として適当ということで，減感作療法として定着してきた。［斎藤］
→アレルギー，アレルゲン，吃音

嫌気性菌 (けんきせいきん)

　酸素のない環境下で生存している細菌で，発酵によってエネルギーを得ている。酸素は菌の増殖を阻害するため，酸素存在下では菌は死滅する。これらには，偏性嫌気性菌と耐気性嫌気性菌の2種類があり，偏性嫌気性菌とは大気中ではまったく発育しない細菌のことで，耐気性嫌気性菌は酸素に抵抗性を獲得したため，大気中でもある程度増殖できるようになった細菌のことをいう。一方，酸素があってもなくても生存できる通性嫌気性菌（好気性菌と呼ぶ）もおり，両者は嫌気性の環境下では一緒に生存している。人の粘膜上では嫌気性菌と好気性菌は，人に有益であるが，粘膜が傷つくと組織内に深く侵入して病気をおこす。嫌気性菌による病気には，慢性中耳炎・慢性副鼻腔炎などの慢性化膿性感染症，破傷風などの外因性嫌気性菌による疾患，食中毒，歯周病，細菌性腟症などがある。［上濱・田神］
→好気性菌

原級留置 (げんきゅうとめおき)

　何らかの理由で留年すること。同じ学年を2度繰り返すこと。単位制の高校では，この制度はない。［皆川］

健康 (けんこう)

　WHOは「健康とは身体的，精神的，社会的に完璧に良好な状態をいい，単に病気ではないとか虚弱ではないということではない」と定義しているが，これは最も一般的に受け入れられている考え方といえよう。体力，運動能力，体位等が優れていることや疾病を持っていないことのような身体的な状態はいうに及ばず精神的な安寧が保たれていることや学校生活，友人関係といった社会的側面においても調和がとれ健やかな発育をもたらすような状態を指している。「完璧に良好な状態」は非現実的であるが「理想の健康像」であり到達目標として考える意義は大きい。また，学校教育において考える健康とは教育基本法第1条（教育の目的）において「…心身ともに健康な国民の育成を期して…」とあるように，わが国の教育の主要な目的となっており，加えて学習指導要領においても学校の教育活動全体を通して取り組む必要性が指摘されている。［市村］
→世界保健機関，教育基本法

健康安全・体育的行事 (けんこうあんぜん・たいいくてきぎょうじ)

　特別活動の中の学校行事の1つ。ねらいは，児童生徒が自己の発育や健康状態に関心を持ち，心身の健康の保持・増進につとめ，安全な生活に対して理解を深めること，また体育的な集団活動を通じて健康生活の実践に必要な習慣や態度を育成することとされる。具体的には，健康診断の事前指導や水泳大会の事前指導，避難訓練，交通安全行事，運動会などが挙げられる。［高倉・渡邉］

健康観察 (けんこうかんさつ)

　あらゆる教育活動の機会を通じて，児童生徒が心身ともに健康であるかを外見の視診と本人の自覚症状の聞き取りによって，健康状態を把握することであり，児童生徒の健康管理・指導等の基礎となるものである。近年の

健康上の問題は，日常生活やライフスタイルに起因するものが多く，日常の健康観察が重要となっている。［三木］

健康管理 （けんこうかんり）

学校保健法第1条（目的）で，「この法律は，学校における保健管理及び安全管理に関して必要な事項を定め，児童，生徒，学生及び幼児並びに職員の健康の保持増進を図り，…」とあるように，学校における健康管理は法的にその必要性が認められている。用語としては保健管理とされているが，内容的には対人管理，対物管理を含み健康，生活の管理から環境衛生，安全までも含み，健康管理と同意となっている。学校での健康の保持増進は学校教育の円滑な実施とその成果の確保に不可欠のことであり，具体的には定期健康診断，健康観察，健康相談，要観察者の継続観察，救急処置等をはじめとして多様な重要事項が挙げられる。各々の事業の方法や基準は学校保健法施行令や同施行規則に定められている。近年，児童・生徒，教職員の間ともにストレスに起因すると考えられる健康障害が目立つようになって来ており，健康保持のうえからもストレスコントロールへも配慮が求められている。［市村］

→学校保健法，保健管理，定期健康診断，健康観察，健康相談

健康教育 （けんこうきょういく）

米国でヘルスエデュケーション（health education）といわれて使われ始めた言葉がもとになり，多くの研究者によって様々に定義されてきている。近年ではラロンド（カナダ）らによって生活習慣病を予防する方策として健康的なライフスタイルを形成することの重要性が唱えられ，そこにおける健康教育が強調されている。学習指導要領の総則，第1の3学校における体育・健康に関する指導の中で，学校の教育活動全体を通じて適切に行うものとし，また，生涯を通じて健康で安全な生活を送るための基礎が培われるよう配慮しなければならないとして，健康教育の取り組み方や留意点を示している。保健学習や保健指導が健康教育の中心となるであろうが，理科，家庭科，社会科などの教科においても，補完的部分を含むこともあり，加えて特別活動においても保健指導の意味合いの強い健康の保持増進に関する指導場面が多いことも考えられよう。学校における健康教育とは保健学習よりも広い概念としてとらえる必要があろう。［市村］

→生活習慣病，保健学習，保健指導

健康指標 （けんこうしひょう）

個人又は集団の健康状態を表す計量的な表現で，様々な健康指標が提案されている。最近では，平均余命（寿命）に対して健康寿命などという指標も用いられている。大別して，人口動態調査などによって得られる，平均余命，粗死亡率，訂正死亡率，乳児死亡率，PMIなどの死亡に関する指標，患者調査などによって得られる病気に関する指標，学校保健統計調査や国民健康・栄養調査，スポーツテストなどによって得られる発育と栄養，体力などに関する指標，また医師数や病床数などの保健サービスに関する指標，上下水道普及率，塵芥処理率など環境衛生に関する指標など，多数の指標がある。［大澤清］

→平均余命，平均寿命，健康寿命，粗死亡率，訂正死亡率，乳児死亡率，PMI，患者調査，学校保健統計，国民健康・栄養調査，文部科学省新体力テスト

健康寿命 （けんこうじゅみょう）

人々が「より健康で長生きする」期間，すなわち平均的にどのくらいの期間，病気や他人の介助等がなく生存できるかという指標のこと。健康寿命を求めるために，具体的にはいくつかの指標がある。疾病障害によって健康寿命を全うできなかった期間を算出した「損失生存年数」，1人の人が自分の力だけで日常生活上の動作がどの程度こなせるかを評価する「日常生活動作（ADL）」，そして日

常生活に支障を来す様々な障害に重みづけをした「障害調整生存年数（DALY）」などである。WHO（世界保健機関）は，2000年に世界各国の健康寿命を発表している。それによると，日本人は男女あわせて平均74.5年であり，世界最長であった。その理由として，日本の伝統的な低脂肪の食事によって心臓病が少ないことなどが挙げられている。しかし，近年の日本における肉食中心の食生活や高い喫煙者率が，やがて健康寿命へ影響すると予想されている。［渡邉］

健康食品　（けんこうしょくひん）

明確な定義はないが，消費者に対して，「通常の食品に比べ，その常在成分に特徴があり，通常の食品よりも積極的な意味での保健，健康維持・増進などの効果を期待させる食品」というイメージを持たせている食品のこと。栄養補助食品，サプリメント，機能性食品，マルチビタミン，特定保健用食品，栄養強化食品など，高い健康効果が期待される食品を総称して，健康食品（ヘルスフード）と呼ぶ場合が多い。厚生労働省は，健康に何らかの効果が期待できる食品として，①病者用食品，妊産婦・授乳婦用食品，乳児用調製粉乳，高齢者用食品など特定の用途に適する「特別用途食品」と，②特別用途食品のうち，食生活において特定の保健目的で摂取する者に対して特定の保健効果が期待できる証拠や安全性が証明されている「特定保健用食品」の2種類を認可している。［田島］

健康診断　（けんこうしんだん）

学校における健康診断は，1888（明治21）年の「学生・生徒の活力検査に関する訓令」から始まり，いく度かの改正を経て，1958（昭和33）年に現行の学校保健法が制定され，名称も身体検査から健康診断へ改称された。健康診断は，児童・生徒及び職員等の健康の保持増進を図り，学校教育の円滑な実施を図ることを目的（法第1条）として行われ，①就学時の健康診断，②児童・生徒・学生及び幼児の健康診断，③職員の健康診断に分けられている（②及び③には，定期と臨時の健康診断がある）。近年，児童生徒等の健康問題の変化，医学や検査技術の進歩等を考慮し，検査項目等の改正が行われたところである（平成6年）。健康診断は，保健管理の中核的行事であり，特別活動の健康安全・体育的行事に位置づけられていることを踏まえ，すべての学校教育者及び保護者等の協力のもとに教育的側面を考慮し，適切に実施するものである。［三木］

→定期健康診断，臨時健康診断

健康診断の事後措置　（けんこうしんだんのじごそち）

学校保健法第7条及び同法施行規則第7条により法的に位置づけられている。健康診断の結果は，実施後21日以内に児童生徒及び保護者等へ通知するとともに，学校医の所見に照らして，疾病の予防措置，治療の指示，運動や作業を軽減する等の適切な措置を取らなければならない。［三木］

健康診断票　（けんこうしんだんひょう）

取り扱いについては，学校保健法施行規則に規定されており，作成及び保存期間等について定められている。保存は，児童生徒については，卒業後5年間とし，進学者は進学先へ送付する。職員についても同様に，転勤先への送付と退職後5年間の保存が義務づけられている。［三木］

健康相談　（けんこうそうだん）

学校保健法第11条に示されており，ここでは学校医の職務として執行すると規定されている（施行規則第23条）。健康相談の対象者は実施基準の中で6項目が示されているが，要約すると「定期健康診断で疾病や異常が発見された者，担任や保護者が日常の観察の中で異常を感じた者，生徒自身が心身に異常を感じた者，病気，欠席がちの者，修学旅行や対外運動競技への参加が気になる者」である。実施方法としては，校長が学校医に行わ

せ，担任の教員及び必要に応じて保護者も立ち合う。毎月定期的に，必要あれば臨時に時刻を定めて保健室で行う。相談対象者と内容があらかじめわかっているので学校医は健康診断相談型か，保健相談型かを想定し準備ができるので，きめの細かい相談が期待される。相談の結果精密検査が必要な場合には専門医を，学校関係者だけでは解決できず，より高度のカウンセリングが必要な場合には専門機関を紹介することになる。［福田］
➡学校医

健康相談活動　（けんこうそうだんかつどう）

1997年の保健体育審議会答申の中で，養護教諭の新たな役割として述べられており，重要視されている。ヘルスカウンセリングと同義。「養護教諭の職務の特質や保健室の機能を十分に生かし，児童生徒の様々な訴えに対して，常に心的な要因や背景を念頭において，心身の観察，問題の背景の分析，解決のための支援関係者との連携など，心と体の両面への対応を行う活動である」と定義されている（保健体育審議合答申）［三木］
➡ヘルスカウンセリング，養護教諭

健康手帳　（けんこうてちょう）

保健管理の徹底をはかるために1961年に文部省体育局長通達でその使用が推奨された。その目的は児童・生徒に自分の健康について理解させ，健康の保持増進を実践させることにある。そのため学校と家庭との連絡を密にし，その情報を健康診断や健康相談に活用することができる。現在，各学校独自の「健康の記録」「健康カード」等で本来の主旨を生かしている。［福田］

健康日本21　（けんこうにっぽんにじゅういち）

WHOが提唱するヘルスプロモーションの理念に基づいて，2000年にスタートしたのが「21世紀における国民健康づくり運動（健康日本21）」である。目的は，「21世紀のわが国を，すべての国民が健やかで心豊かに生活できる活力ある社会とするため，壮年期死亡の減少，健康寿命の延伸及び生活の質の向上を実現することを目的とする」である。健康に関連するすべての関係機関・団体等はもちろん，国民自身も主体的に健康づくり運動を総合的かつ効果的に推進しようとする取り組みである。その期間を2010年度までとする期限付きの取り組みである。2005年度を目途に中間評価を行うとともに，2010年度に最終評価を行って，その評価を後の活動へ反映させることとしている。対象となる健康課題として挙げられている領域は，①栄養・食生活，②身体活動・運動，③休養・こころの健康づくり，④たばこ，⑤アルコール，⑥歯の健康，⑦糖尿病，⑧循環器病，⑨がん，の9領域である。健康日本21の特徴として，それぞれの健康課題について，年齢階層ごとに具体的な達成目標を設定している点が挙げられる。各課題の目標の設定には，様々な健康指標や健康改善の可能性，また経済的効率が考慮され，死亡率や有病率のみならず，生活の質の改善にも考慮している。［渡邉］
➡ヘルスプロモーション

健康保険　（けんこうほけん）

医療保険の中核をなす国の制度である。わが国では，被保険者と事業主が保険料を出し合い，業務外の事由による病気やけがなどの治療を受けたときに，被保険者とその被扶養者を対象に治療費の支払いや手当金などを支給する。健康保険法は，法人事務所及び従業員5人以上の個人事業所で働くすべての人が健康保険に加入することを定めている。政府と健康保険組合の2つが保険者，加入者が被保険者，被保険者の収入で生計を維持している家族が被扶養者となる。保険料は被保険者の報酬月額によって決められる。健康保険組合はこの制度を国に代わって運営しているが，組合に加入している証明として「健康保険被保険者証（健康保険証）」が交付される。健康保険を扱っている病院や診療所（保険医療機関）を利用するときこれを提示すれば，

一部の自己負担を支払うだけで診療，治療，薬の支給，入院などの保険給付を受けることができる。[長谷川]
→医療保険

健康保険法　（けんこうほけんほう）

　健康保険の具体的な内容を定めた法律。1922（大正11）年公布。1996（平成8）年以来頻繁に改正が行われ，近年では2000（平成12）年に医療保険制度の抜本的改革の第1歩として，①老人について定率1割負担制の導入，②高額療養費の見直し，③保険料率上限の見直しが行われた。現在も引き続き改定が続けられている。[長谷川]

健康リテラシー　（けんこう――）

　1990年代初めより米国を中心に医療，看護及び健康教育の領域において用いられるようになった用語である。リテラシーには識字能力，すなわち文字を読み書きする能力という意味があるが，健康リテラシーは健康に関する識字能力に止まらない概念である。米国の健康教育用語合同委員会は，健康リテラシーを「基本的な健康情報や健康サービスを知り，それを解釈・理解することのできる能力であり，また健康状態を高めるようにそのような情報やサービスを活用できる能力」と定義した。例えばカリフォルニア州の学校健康教育では，健康リテラシーを教育目標にかかげている。またWHO（世界保健機関）は，健康リテラシーを「健康を保持増進するように，情報を得て，理解し，利用するための動機づけと能力を決定する認知的・社会的スキル」と定義し，ヘルスプロモーションの評価指標の1つとして健康リテラシーをあげている。[渡邉]

言語障害　（げんごしょうがい）

　中枢神経系に問題があり，言語が習得されないもので，「表出性言語障害」（話し言葉の理解は年齢相応に可能だが，話す能力が発達していない），「受容性言語障害」（話し言葉の理解と表出の両方が発達していない），「構音障害」（発音がうまくできない音があり，サ行がタ行になるなどがみられる）の3種類に分けられる。[花田]
→構音障害

言語障害児教育　（げんごしょうがいじきょういく）

　何らかの原因で言語に障害を持った児童生徒のことばの教育をいう。言語障害には，①耳で聞いた特徴に基づくもの（構音障害，吃音などリズム障害，話し声の異常），②言語発達に基づくもの（言語発達遅滞），③原因または伴っている病気から見たもの（口蓋裂に伴う言語の異常，脳性まひに伴う言語の異常，聴覚障害に伴う言語の異常）の分類がある。この中の構音障害・吃音は専門教師である程度，改善されることが知られている。言語発達遅滞については，精神発達遅滞，自閉症，学習障害，そして中枢神経系の障害などに起因するもので，このような子どもの教育は，主な原因を捉えそれに関わる教育を進めることにある。教育の場所は養護学校でも行われるが，その多くが通常学級に並んで併設している通級制の言語障害学級（通称，ことばの教室）である。[小林芳]
→養護学校

言語中枢　（げんごちゅうすう）

　脳の中で言葉の理解や表出を司どる部位。大脳皮質の前頭回付近にあり人間では特に発達している。右利きの人では通常左半球にあり，左利きの人では右にある場合と左にある場合がある。脳卒中などでこの部位が損傷を受けると失語症になる。[吉永]

言語聴覚士　（げんごちょうかくし）

　ST（speech therapist）。言語や発語・発声の障害，あるいは聴覚に障害がある者に対して評価と訓練・治療を行う専門職。病院では嚥下訓練も担当する。以前から言語療法士と呼ばれていたが，平成10年度に言語聴覚士の呼称で身分法が施行され，現在では養成校

卒業後に国家試験を経てその資格が与えられる。[吉永]

言語治療　(げんごちりょう)

言語に障害を持つ児童生徒の言語発達や矯正指導をいうが、それを言語訓練ともいう。言語治療の対象は、構音障害、吃音、口蓋裂、難聴、脳性まひ、発達障害を示す人であるので、それぞれの障害の様相や実態に応じた指導訓練が必要になる。わが国ではようやく言語聴覚士（ST）が国家試験の資格認定の下に養成されるようになり、このST資格を持つ専門教師も増えてきたことで言語障害児の治療や教育が一層厚みをみるようになった。言語治療は、上述のように多様な障害像を呈する児童生徒に関わるので、米国でいう言語病理学と呼ばれる専門領域まで関わるのが、本来の姿であろうが、わが国でのSTのそれは今後の課題であろう。いずれにせよ言語治療は言語という人間の表現伝達の総合機能に関わっているので、医学、教育学、心理学、言語学、コミュニケーション学、電気音響学、聴覚障害学などの専門が必要とされる治療である。[小林芳]

言語発達障害（遅滞）
（げんごはったつしょうがい：ちたい）

ことばによるコミュニケーションが同年齢の他の子どもに比して著しく遅れている状態。理解語の障害と自発語の障害を区別するが、両方共に障害されていることも多い。難聴、知的機能の障害、対人関係の障害（自閉的傾向）、生活体験の不足などが原因とされる。吃音や構音障害、共鳴の異常（口蓋裂）を含める場合もある。[浅野]

言語療法　(げんごりょうほう)

ST（speech therapy）。言葉の理解・発音・発声などの諸障害あるいは聴覚障害を持つ者に対して、そのコミュニケーションの改善のために評価と訓練・治療を行うこと。言語聴覚士により医療・福祉・教育の分野で実施されている。病院で医師の指導監督下に実施される場合には言語聴覚療法と呼称される。[吉永]

→言語聴覚士

言語療法士　(げんごりょうほうし)

→言語聴覚士

検査　(けんさ)

→テスト(検査)

原子爆弾被爆者の医療等に関する法律
（げんしばくだんひばくしゃのいりょうとうにかんするほうりつ）

1957年に施行され、がんや放射線白内障などの指定疾患について被爆者健康手帳の交付を受けた人に対して無料で医療が実施された。1960年には対象が爆心地から2km未満で被爆した人の全疾患、1962年には3km未満で被爆した人の全疾患に広げられ、1974年には給付対象は原爆時に広島・長崎市内にいた人全員にまで拡大された。[戸部]

剣状突起　(けんじょうとっき)

胸骨下端にある、剣の先のような形状をした部分をいう。胸骨圧迫心臓マッサージを行う場合、圧迫部位を特定する際の目安となる。すなわち肋骨縁を人差し指で中央にたどり、剣状突起と肋骨縁で形成される切痕に至った後、中指をその位置に持ってきた時、人差し指の場所が圧迫部位となる。心臓マッサージの際には、剣状突起を強く押してはならない。[今村]

→心臓マッサージ

原始卵胞　(げんしらんほう)

成熟した女性の卵巣には約1万個の原始卵胞がつまっていて、それぞれに1つずつ卵子が入っており、顆粒膜、莢膜細胞に包まれている。卵胞期には、下垂体から卵胞刺激ホルモンが分泌され、数多い卵胞の中から数個の原始卵胞が成熟卵胞へ変化する。そして、黄

体化ホルモンの刺激で最も成熟した卵胞より排卵が起きる。［大川］
→卵子，卵胞刺激ホルモン

原子力災害　（げんしりょくさいがい）

　原子力発電所の事故としては，1986年に旧ソビエト連邦のウクライナ共和国で起きた，チェルノブイリ原発の大事故が有名である。原子炉の爆発とそれに続く火災によって，大量の放射性物質が放出された。その結果，高濃度の汚染が，原発から300km離れた地域にまで広がった。住民に小児甲状腺がんが急増するなど，健康被害がもたらされた。日本における原子力関係の主な事故としては，福井県敦賀原発，高速増殖炉「もんじゅ」のナトリウム漏れによる火災事故（1995年），茨城県東海村JCO東海事業所における臨界爆発事故（1999年），静岡県浜岡原発の1号炉における水素爆発事故（2001年）などがある。このような想定外事故の発生に加えて，地震やテロ攻撃による事故も心配されている。原子力施設の安全を保つことは非常に難しいので，ドイツが原発廃止を表明するなど，すでに世界の多くの国々では原発離れが進んでいる。［家田］
→チェルノブイリ原発事故，放射性物質

検診用アンケート　（けんしんよう——）

　健康診断をより有意義に行うために，保健調査を実施する。検診用アンケートは，内科，歯科，耳鼻科等の各検診を行うに当たって実施し，健康診断時の補助資料とするとともに，スクリーニングとしての健康診断を補うために実施される。個人のプライバシーに十分配慮しつつ児童生徒の保健管理・保健指導等に活用する。［三木］
→健康診断，スクリーニングテスト

建築物用地下水の採取の規制に関する法律　（けんちくぶつようちかすいのさいしゅのきせいにかんするほうりつ）

　1962（昭和37）年に地盤沈下の激しい地域を指定し，その防止を目的としてビル等の地下水利用を制限するために制定された罰則の付いた法律。工業用水については別の法律（工業用水法）がある。［田神］

原虫　（げんちゅう）

　単一細胞の動物をいい，栄養摂取，排泄，移動などのための小器官がみられる。核膜を有することで細菌と区別される。赤痢アメーバ，アカントアメーバ，ランブル鞭毛虫，クリプトスポリジウム，トリコモナス，マラリア，トキソプラズマ等の寄生性のものは，保健上重要な衛生動物である。エイズ患者の重要な死因となるカリニ肺炎の病原体は，カリニ原虫である。［田神］
→衛生動物

顕微鏡　（けんびきょう）

　ルーペでは見えない小さなものを拡大して観察するための道具。17世紀後半にオランダ人のレーベンフークが発明し，細菌などの微生物を発見した。彼の顕微鏡は，ビーズ球ほどのレンズ1個を用いた簡単な装置であったが，今日では倍率が1,000倍，映像撮影記録装置，画像処理解析装置などが組み込まれるようになった。また最近では，光学技術を活用して標本の組成や材質の違いを際立たせる位相差装置や標本をあたかもレリーフのごとく見せることができ，表面構造の観察に適した微分干渉装置などが用意されている。光線を利用した光学顕微鏡の拡大倍率の限界は，1,000倍といわれている。この限界を打ち破った電子顕微鏡では，原子を見ることが可能となった。［田神］
→レーベンフーク

高圧蒸気滅菌　（こうあつじょうきめっきん）

　高温の飽和水蒸気により微生物のタンパク質に変性を生じさせて微生物を死滅させる操作をいう。高圧にするのは蒸気の温度を上げるのが目的で，加圧自体には微生物を死滅させる効果はない。高圧蒸気滅菌にはオートク

レーブが用いられ，1.5気圧，121°C20分以上にコンピューター制御されている．滅菌の対象となるのは，金属製器材，紙，繊維，ガラス製品，シリコン，ゴム製品，液状の試薬や培地などである．[鈴木耕]
→滅菌法

後遺症 (こういしょう)

疾病・外傷の症状が治癒しても，人体に残存している当該疾病・外傷が原因と考えられる機能障害．例えば，骨折治癒後の変形や神経麻痺，脳出血後の四肢麻痺など．[西川]

行為障害 (こういしょうがい)

conduct disorder (CD)．国際的な診断基準であるDSM-Ⅳ，ICD-10により分類される精神疾患の1つであり，幼児期から青年期において，他者の人権を侵害したり，社会的な規範を破ったりという行動を繰り返すものをいう．例えば，人や動物を執拗に虐めたり，制止にもかかわらず公共物を破壊し続けたり，嘘を頻繁についたりといった行動がみられる．少年期発症型は10歳になるまでにその特徴がみられ，青年期発症型は10歳になるまではその特徴がまったくみられない．[伊藤直・猪股]

抗HIV剤 (こうえいちあいヴぃーざい)

HIVの増殖を抑えるための薬のことで，その進歩は著しく，日本でも現在，20種類近くの薬剤が承認されている．使用方法は，HIVが薬に対する抵抗力（薬剤耐性）を獲得しやすいため，通常3～4種類の抗HIV剤を併用することから，カクテル療法とも呼ばれる．しかし，副作用が多く，薬を飲む時間を厳密に守らないと薬剤耐性を獲得してしまうなどの問題点もある．[渡部]
→エイズ，HIV

構音障害 (こうおんしょうがい)

言語能力は正常な水準にあるが，精神年齢相応の水準以下の話音を使用する特異的発達障害をいう．異常な発達とは，話音の獲得が遅滞または偏りがあり，構音の誤りのため会話内容の理解の困難である．構音の障害は，発達年齢の正常な変位の範囲を越えているが神経学的異常には起因せず，非言語的知能や表出性・受容性言語能力は正常範囲である．[猪股]
→言語障害

高温適応限界温 (こうおんてきおうげんかいおん)

環境温の変化により，生体が血管運動などにより生理的に調節している中性温度域から，さらに上昇すると，発汗による熱放散の増加と熱産生量の低下によっても体温の上昇を保つことができなくなる環境温度．[大貫]

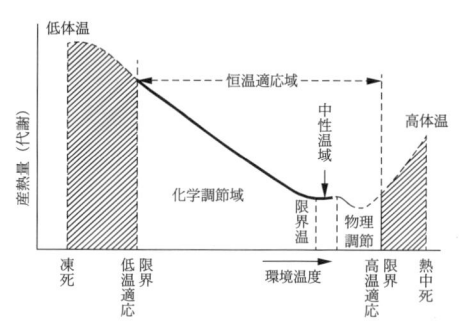

図 体温調節範囲の諸区分（生気象学）[吉村，1977]

公害 (こうがい)

事業活動その他の人の活動が原因となって住民の健康・生活環境がおかされること．わが国の場合，公害対策基本法では典型7公害として，大気汚染，水質汚濁，土壌汚染，騒音，震動，地盤沈下及び悪臭が規定されており，これらに対しては行政が対応することになっている．しかし，人口の増加，エネルギー消費の増大が進んだ結果，これらの狭い公害問題のみでなく，地球温暖化，オゾン層の破壊といった地球規模の新たな環境問題が顕在化してきている．そこで，人類が将来にわたって健康で文化的な生活を送れるよう，総合的，国際的に環境問題に対処するために，

1993年，公害対策基本法は廃止され，環境基本法が成立・施行された。[本田]
→公害対策基本法，環境基本法

公害教育 （こうがいきょういく）

1960年代の高度成長経済に伴う環境破壊を教材としたわが国に自然発生した環境教育の実践手法。国際的には1970年代の国連環境開発会議（地球サミット）から「持続可能な開発」を掲げた地球保護のための教育として出発した。最近では，貧困，人道，健康，食糧の確保，民主主義，人権，平和の諸問題を包含する総合教育の方向に進んでいる。[田神]
→環境教育

公害健康被害補償制度
（こうがいけんこうひがいほしょうせいど）

1973（昭和48）年の公害健康被害補償法の成立に基づき，大気汚染による健康被害者を迅速に救済するために，本来，汚染原因者と公害健康被害者との間で損害賠償として処理されることがらについて，制度的に解決しようとするもの。しかし，その後の大気汚染の態様の変化等を踏まえ，同法は1987（昭和62）年9月に改正され，それに伴い新規認定者は認めていない。[樋田・竹内—]
→大気汚染

公害健康被害補償法
（こうがいけんこうひがいほしょうほう）

公害による健康被害に関わる損害を塡補するための補償を行うことにより，被害者への迅速な保護を図ることを目的とした法律。1973年の公害健康被害補償制度発足後，二酸化硫黄（SO_2）による汚染は著しく改善され，多くの地域で環境基準が達成された。その一方で，窒素酸化物（NOx）や浮遊粒子状物質（SPM）の汚染は，ほぼ横ばいに推移するなど大気汚染の態様に変化がみられた。この結果，公害健康被害補償法は，1987年，公害健康被害の補償等に関する法律に改正されている。[樋田・竹内—]

→二酸化硫黄，窒素酸化物，浮遊粒子状物質

公害対策基本法 （こうがいたいさくきほんほう）

1967年に制定。「公害対策は経済の発展と調和をはかるようにする」と定められ，制定当時は，経済発展のためにはある程度の公害はしかたがないという考えもみられた。そこで，1970年に改正され，国民の健康を守ることを第1にして公害対策を進めることとなった。しかし，環境破壊の拡大に対処するため，1993年にこの法律を廃止し，新たに環境基本法が定められることになった。この法律は，1960年代に，各地で発生した公害問題に対する国民世論が急速な高まりを見せた際，公害の対象範囲，公害発生源者の責任，国，地方公共団体の責務の明確化など，施策推進の前提となる基本原則を明らかにするべきであるとの認識の下，成立した。公害対策の総合的推進を図り，もって国民の健康を保護するとともに，生活環境を保全することを目的としている。具体的には，ばい煙，汚水，廃棄物等の処理による公害防止のための事業者の責務の他，国，地方公共団体，住民の責務が定められ，政府による環境基準の設定なども定められていた。[樋田・竹内—]
→環境基本法

公害病 （こうがいびょう）

公害が原因で起こる疾病。ただし，狭義には公害健康被害補償法に指定されている疾病を指す。一般的な大気汚染による非特異的な疾病の起こる地域を第一種地域，特定の汚染物質による大気汚染や水質汚濁を原因とする特異的疾病の起こる地域を第二種地域とし，それぞれ政令により指定地域と指定疾病が定められている。第一種地域における疾病の例としては気管支ぜん息などがあり，第二種地域における疾病には水俣病などがある。救済するに当たり，公害病の認定が必要であるが，汚染物質に曝露すれば必ず発病するわけではなく，汚染物質に曝露していても，実はそれと無関係に発病することもあるため，立

証することが困難なことが多い。わが国では，その地域に住んで汚染物質に曝露していることが証明され，指定疾病と診断されれば，真の因果関係を問わず公害病と認定することになっている。[本田]

公害防止計画策定地域
（こうがいぼうしけいかくさくていちいき）

公害対策基本法第17条を根拠に公害防止計画を策定する地域。①現在，公害が著しく，公害の防止に関する施策を総合的に講じなければ公害の防止を図ることが著しく困難である地域，及び②人口及び産業の急速な集中その他の事情により，公害が著しくなるおそれがあり，公害の防止に関する施策を総合的に講じなければ公害の防止を図ることが著しく困難になる地域について，都道府県知事は，その地域において実施されるべき公害の防止に関する施策の基本方針を示し，その施策の計画・策定をすることが義務づけられていた。[樋田・竹内--]

口蓋裂　（こうがいれつ）

口蓋が癒合せず破裂しており，両側性と片側性がある。一般に上口唇にも裂を伴うことがある。約500人の出生に1人発現する。哺乳，摂食，発語などの口腔機能に影響を及ぼす。しかし，現在では早期から形成手術が行なわれ，また手術法の改良などによって，機能面あるいは術後の審美面にも影響が少なくなっている。[赤坂]

光化学オキシダント　（こうかがく——）

オキシダントとはヨウ化カリウム溶液からヨウ素を遊離させる性質を持つ酸化性物質の総称で，大気中の炭化水素や窒素酸化物が太陽の強い紫外線によって光化学反応を起こして生成する。オゾン，過酸化物，ペルオキシアセチルニトラート（PAN）等が含まれる。光化学オキシダントに起因するスモッグを光化学スモッグという。[大澤₊]

光化学スモッグ　（こうかがく——）

光化学オキシダントからできたスモッグのこと。ロサンゼルス型スモッグとして知られていた。光化学スモッグの発生は4月から10月にかけての日差しが強く風が弱い日に発生し，特に気温の高くなる6月から8月にかけて発生しやすくなる。昭和45年7月18日の杉並区での被害以降，わが国でも注目されるようになった。高濃度の光化学オキシダントは目や呼吸器系への健康障害の他，植物へも影響を与える。環境基本法に基づき，環境基準が設けられており，1時間値が0.06ppm以下とされている。[大澤₊]

口角炎　（こうかくえん）

口角部に亀裂様のびらん，潰瘍を形成し，炎症症状を示す。幼児・学童の場合は細菌感染（ブドウ球菌）が多い。一方，全身疾患の一部分症として糖尿病，鉄欠乏貧血，ビタミンB2欠乏症などによっても発症する。ブドウ球菌の感染には抗生物質軟膏が有効である。[赤坂]

高額療養費　（こうがくりょうようひ）

医療保険における被保険者又は被扶養者の医療費の1月の自己負担額（差額ベッドなどの特定療養費を除く）が一定額以上になった場合，その一定額を超えた金額を申請によって医療保険から払い戻される制度。なお，高額療養費の対象となる自己負担額の下限は年間所得等により3段階に分けられている。[森光]

→医療保険

交感神経　（こうかんしんけい）

内臓，血管，腺など全身の不随意性器官に作用し，心身の恒常性のバランスをコントロールする自律神経の1つで副交感神経と拮抗的に作用する。交感神経が興奮した状態は交感神経活動高進という。交感神経系の高進により，動向は散大，心臓血管系は促進する，

一方，消化吸収系，泌尿生殖系の運動及び分泌活動は抑制される。交感神経が高進している状態では，いわば闘争的になって活動水準が高まる。解剖学的には，交感神経の本幹は脊柱に沿って，頭蓋底より鼻骨まで達する交感神経幹で，ここから胸・腹部の内臓や血管，皮膚に分布する。［大澤清］
→副交感神経

後期死産 （こうきしざん）

死産とは妊娠第12週以後の死児の出産のことをいうが，中でも妊娠22週以降の死産を後期死産という。妊娠22週以降は母体外生存可能な胎児死亡とみなされるため，母子衛生上重要とされる。［大川］

好気性菌 （こうきせいきん）

増殖の環境条件として酸素が必要となる細菌をいう。酸素が無いと増殖できない細菌を特に偏性好気性菌と呼び，酸素の有無に関わらず増殖する細菌を通性嫌気性菌と呼んで区別する場合がある。［田神］
→嫌気性菌

興行場法 （こうぎょうじょうほう）

1948（昭和23）年法律137号。興行場・興行場営業を公衆衛生の面から規制することを目的とする法律。内容としては，営業の許可，措置，立ち入り検査，停止等を規定している。［鬼頭］

口腔咽喉頭疾患 （こうくういんこうとうしっかん）

口腔内の種々の疾患（口内炎，舌炎，口蓋裂他）をはじめ，アデノイド，扁桃肥大，扁桃炎が主となる。特に粘膜下口蓋裂は構音障害の原因の1つとして，また扁桃肥大，アデノイドは睡眠時呼吸障害の原因として重要である。また，音声言語検査により喉頭の疾患の有無もチェックされる（嗄声を伴う喉頭炎など）。［浅野］

航空機騒音 （こうくうきそうおん）

離発着する航空機のエンジン音を音源とする騒音。環境庁（当時）告示の中で，民間機と自衛隊機の航空機騒音の環境基準が詳しく定められている。［田神］
→騒音

航空機騒音障害防止法 （こうくうきそうおんしょうがいぼうしほう）

「公共用飛行場周辺における航空機騒音による障害の防止等に関する法律」の略称。目的は，公共用飛行場の周辺における航空機の騒音により生ずる障害の防止であり，航空機の離着陸の頻繁な実施により生ずる損失の補償その他必要な措置について定め，関係住民の生活の安定及び福祉の向上に寄与することである。［大川健・竹内一］

口腔疾患 （こうくうしっかん）

摂食及び発語などの口腔機能に関係して，口腔の疾患・異常が重視されるようになり，学校歯科健診で検査すべき口腔疾患は以下の如くである。歯の疾患・異常については歯の萌出状態（現在歯），う歯被患歯，外傷による歯の破折・脱臼，形成（形態）不全歯，歯の欠損などがある。歯列・咬合の異常には叢生，反対咬合，上顎前突，開咬などがみられる。また最近では児童生徒の顎関節症がある。口腔の軟組織の疾患・異常については，歯肉炎・歯周症，上唇・舌小帯の異常，各種の口内炎がある。［赤坂］

攻撃性 （こうげきせい）

怒りの感情を表出すること。人間の攻撃に関する説明は，フロイトやロレンツに代表される本能説が最も古く，またよく知られている。本能説の特徴は，その自発的動因性にある。一方，ダラードの非本能説は，攻撃は，個人内部の衝動からではなく，外的条件によって誘発されると考え，その外的条件が欲求不満と呼ばれた（攻撃－欲求不満説）。攻撃

一欲求不満説によれば，攻撃反応の目的は，つねに，欲求不満を現実的に解決することではなく，欲求不満によって生じた不快感情（怒り）を発散させ，減少させることにあるとする。[宮脇・村岡]
➡ フロイト，欲求不満

高血圧　（こうけつあつ）

　血液は心臓から全身の血管に押し出されている。この血液が血管の壁に与える圧力のことを血圧という。心臓から送り出される血液が多かったり，血管壁が硬かったりすると高血圧になる。血圧は心臓が収縮すると最も高くなり，この時の血圧を最大血圧，弛緩すると最小となり最小血圧という。WHOによると，最大血圧で140以上または最小血圧で90以上の場合が高血圧である。[竹内宏]

抗原　（こうげん）

　抗体を生成させたり免疫細胞を活性化させたりといった免疫反応を起こさせる原因となる物質の総称である。この名称の由来は，抗体を生成する物質という意味から抗原と名づけられた。抗原には，抗体を作る能力（免疫原性）と特定の抗体と結合したときに抗原抗体反応を起こす能力（抗原性）の2つの特別な性質がある。しかし，すべての抗原がそれ自身だけで抗体の生成に関与できるわけではない。抗原には免疫原性を欠くために抗体の生成には関与しないが，特定の抗体とは結合する性質を持つ不完全抗原と，免疫原性と抗原性のどちらの性質も有している完全抗原とに分類することができる。また，抗原となることのできる物質は，生体内に存在しない異物であり，なおかつ分子量がある程度以上に大きな有機化合物である必要がある。[坂本]
➡ 抗体

抗原抗体反応　（こうげんこうたいはんのう）

　抗原と抗体が結合する反応をいう。この反応は，抗体の生成を刺激した抗原にのみ特定の抗体が選択的に結合する反応である。生体内で起こる抗原抗体反応は，そのほとんどを試験管内で再現することができ，その再現方法によって沈降反応，凝集反応，中和反応，溶血反応，溶菌反応，免疫粘着反応，免疫食作用などの名称で呼ばれている。抗原抗体反応のプロセスは便宜上3つに分けて考えられる。①構造的に鍵と鍵穴の関係にある抗原と抗体の結合部位が水素結合などの比較的弱い力を介して物理的に結合する。②抗原と抗体が結合した結果，抗体もしくは抗原の性質や状態が変化し沈降反応や凝集反応，中和反応などの抗原抗体反応が起こる。③抗原抗体反応が起こった結果，この反応が原因となりさらに強力な免疫反応が起こる。通常，この反応は生体に侵入した異物に対して起こるように制御されているが，何らかの原因で自己の細胞や組織に対して起こった場合，自己免疫疾患を引き起こす。[坂本]
➡ 抗原，抗体

膠原病　（こうげんびょう）

　全身諸臓器の結合織が免疫反応や炎症性過程の場となり，その結果結合組織にフィブリノイド変性，炎症細胞の浸潤，肉芽腫などが生ずる疾患群の総称である。全身性エリテマトージス，皮膚筋炎，多発性筋炎，関節リウマチ，ベーチェット病などの疾患が含まれ，いずれも完治が難しい難病である。[木村]

咬合異常　（こうごういじょう）

　1994（平成6）年学校保健法施行規則一部改正から健診項目に加わった。歯列咬合異常を有する児童生徒は，歯列咬合異常によって咀嚼，発語など口腔機能に影響を及ぼすこと，また歯面に汚れが停滞しやすくう歯，歯周疾患を誘発しやすいことに注意する。要観察児は，事後措置としてこの点を配慮して学校での歯磨き指導を行う。また要精検児は保護者の要望などを考慮して決める。[赤坂]

光合成　（こうごうせい）

　太陽の光エネルギーを使って二酸化炭素と

水をグルコース（ブドウ糖）などの炭化水素に合成する生物過程で，独立栄養の一形式。地球大気中に存在する酸素は光合成反応によって副次的に生じた酸素である。従属栄養生物は植物の光合成によって生産された有機物に全面的に依拠して生きている。光合成反応は明反応と暗反応に分けられ，光が直接関与する明反応は葉緑体に含まれる葉緑素（クロロフィル）によって起きるATPの生成と水の分解反応に関連し，光が直接関与しない暗反応は糖生成代謝回路（ジカルボン酸回路，カルヴィン回路）を主に指す。［大澤俊］

後産　（こうざん）

→後産（あとざん）

高山病　（こうざんびょう）

高所に滞在する時にみられる異常心身状態で，3,000〜4,000mを超えるような高山に登ったとき現れる障害のこと。急性期には末梢の浮腫，あるいは脱水，眼底出血，激しい頭痛，不眠，吐気，嘔吐，周期性呼吸，運動失調などが現れる。特に急性の肺水腫を伴うときは，ガス交換が障害されるので危険である。慢性高山病では赤血球増多症のため末梢循環障害が起こり，強い低酸素症を呈する。予防は，行動上の注意として，高山病圏内へなるべく徒歩で入山すること，1日当たりの登高差を少なくすること，ゆっくり登ること，身体を急激に動かさないこと，過労を避けること，深呼吸を心がけることなどである。消化系注意として，十分に水分（3ℓ/日以上）を摂取し脱水症を防ぐこと，炭水化物によって筋疲労を改善すること，抗酸化物質であるビタミンCとEによって活性酸素による障害を防ぐこと，飲酒と喫煙を控えること，便通を整えることなどである。［大貫］

高脂血症　（こうしけっしょう）

血中脂質であるコレステロール，トリグリセリド（中性脂肪），リン脂質，遊離脂肪酸のうち，どれか1つ以上が増加した場合をいう。生活習慣病の1つである。［竹内宏］
→コレステロール，中性脂肪

公衆衛生　（こうしゅうえいせい）

共同社会の組織的な努力を通じて，疾病を予防し，寿命を延長し，身体的・精神的健康と能率の増進を図る科学及び技術である。内容としては環境保健，疾病予防，健康教育，健康管理，衛生行政，医療制度及び社会保障などであると1949年にWHOのウィンスロウが定義した。「全ての人に健康を」が公衆衛生の目標であり，課題である。日本では患者の早期発見のための健康診断が結核で効を奏し，その集団検診方式が成人病対策，母子保健対策，職業病対策に受け継がれた。環境対策では予防と治療の総合的な活動となった。現在，国際的にプライマリーヘルスケアの時代である。人々の生活環境をよりよいものとし，病人を早期に見つけて，必要な治療を行って，普通の生活に戻し，その人々を一層健康な状態に保とうとする。臨床医学が個々の患者を対象とするのに対して，公衆衛生は普通に生活している人々を対象とする。実践は行政，各種機関・団体が行い，そのための活動の基盤となる知識・技術の体系が衛生・公衆衛生学である。［千葉］
→プライマリーヘルスケア

後十字靱帯損傷
（こうじゅうじじんたいそんしょう）

コンタクトスポーツで，下腿前面を膝屈曲位で打撲することにより生じるが，膝くずれや脱臼感は生じず，何とかプレー続行可能なことが多い。交通事故のような高エネルギー損傷では他の靱帯損傷を伴う複合型となることがあり，不安定感や膝くずれを訴える。単独損傷の場合保存療法が第一選択となるが，他の靱帯損傷を伴う場合には再建，修復術が必要となる。［森川］

公衆浴場法　（こうしゅうよくじょうほう）

1948（昭和23）年法律第139号。公衆を入

浴させる施設について，設置の場所や構造を適正にすること，営業者は換気や清潔などの入浴者の衛生と風紀に必要な措置を講ずることや伝染病にかかっている者の入浴を拒否しなくてはならないことなどが定められている。また，入浴者は公衆衛生に害を及ぼす行為をしてはならないとしている。［大川健・竹内—］

恒常性　（こうじょうせい）

ホメオスタシス。1932年にキャノン（1932）により，生体機能の一般的原理として提唱されたもので，生体が外的，内的環境の連続的な変化に応じて，その生理的状態（浸透圧，体温，pHの調節など）を正常範囲内に保とうとする性質。特に，自律神経系と内分泌系が関与している。［田井村］
→キャノン

甲状腺　（こうじょうせん）

前頸部にあり，左右葉とそれをつなぐ狭部とからなる。内部は多数の濾胞と，その間を満たす濾胞間結合組織からなる。それぞれの濾胞は単層の濾胞上皮細胞とそれによって囲まれた濾胞腔からなる。濾胞上皮細胞の基底側には傍濾胞細胞が散在する。濾胞上皮細胞からチロキシンを，傍濾胞細胞からカルシトニンを分泌する。［大貫］

甲状腺刺激ホルモン
（こうじょうせんしげき——）

甲状腺機能を促進してホルモン分泌増加を起こす下垂体前葉ホルモン。甲状腺濾胞細胞の成長促進，甲状腺ホルモン合成に関与する諸酵素の活性化，甲状腺ホルモンの分泌の促進などの作用がある。TSH (thyroid-stimulating hormone) 分泌は視床下部から分泌される甲状腺刺激ホルモン放出因子により促進される。［大貫］
→甲状腺，下垂体，ホルモン

工場騒音　（こうじょうそうおん）

工場・事業場と建設現場の操業に伴って発生する騒音で，苦情届出の約6割を占める。知事が指定する地域の工場・事業場と建設現場に設置されたプレス機などが発する騒音をいう。［田神］
→騒音

工場排水　（こうじょうはいすい）

第二次産業の生産工程からの排水。ただし，鉱業に関するものは除く。水質汚濁防止法やそれに基づく都道府県条例による規制を受ける。紙・パルプ工業，化学工業，鉄鋼業，繊維工業などが排水の排出量が多い産業である。［本田］

工場法　（こうじょうほう）

劣悪な労働環境の状況下，1802年イギリスで制定された。日本では1911（明治44）年に制定された。主な内容は，①女子と12歳以上15歳未満の男子を保護職工として労働時間を制限，②行政側が安全衛生上の必要事項を工業主に命じることができる，などである。その後，工場法は労働基準法の中に吸収された。［大川健・竹内—］
→労働基準法

口唇炎　（こうしんえん）

口唇部の炎症を総称するが，口唇粘膜に限局して発症する場合があるが，各種の口内炎の継発症として現われることが多い。［赤坂］

口唇ヘルペス　（こうしん——）

単純ヘルペスウイルスの感染により，口唇粘膜及び赤唇縁を越えて皮膚に集落的に小水疱がみられる。初感染は幼児期にみられるが，再感染は20歳代の女性に多い。誘因は感冒など熱性疾患，太陽光線の刺激，精神的緊張などである。小水疱はまもなく破れびらんとなり，表面はかさぶたで覆われるようになる。［赤坂］

向精神薬 （こうせいしんやく）

　一般的には精神作用（気分，思考，意欲，知覚，覚醒度，記憶など中枢神経系への薬理作用）のある薬物の総称として使う。その意味では，睡眠薬，抗不安薬（精神安定剤），抗精神病薬などの医薬品以外に，覚せい剤，幻覚剤なども向精神薬である。麻薬及び向精神薬取締法でいう向精神薬とは，麻薬や覚せい剤ほどには依存性が強くはないが，乱用される危険性がある薬物を指しており，睡眠薬，抗不安薬，抗精神病薬以外に鎮痛薬の一部も含まれている。［和田］
→精神安定剤，覚せい剤，幻覚剤，麻薬及び向精神薬取締法，麻薬，睡眠薬

合成洗剤 （ごうせいせんざい）

　天然の油脂を原料とする石けんに対し，石油を原料とする化学合成された界面活性剤を主成分とする洗浄剤をいう。陰イオン界面活性剤系の合成洗剤に関しては，洗浄効果や起泡性を高めるための助剤として含まれていたリン酸塩が水域の富栄養化の原因物質となっていたが，現在は代替の助剤に置き換えられている。［日置］
→富栄養化

抗生物質 （こうせいぶっしつ）

　微生物が作り出すもので，微生物や生きている細胞の発育その他の機能を阻止する。ペニシリンが有名。［辻］

厚生労働省設置法 （こうせいろうどうしょうせっちほう）

　厚生労働省の設置並びに任務及びこれを達成するため必要となる明確な範囲の所掌事務を定めるとともに，その所掌する行政事務を能率的に遂行するため必要な組織を定めることを目的とする法律。［鬼頭］

抗体 （こうたい）

　抗原が体内に侵入することで活性化された免疫反応によって生体内に生成されるタンパク質であり，B細胞が合成し分泌する。抗体の生成を刺激した特定の抗原に結合する性質をもつ。別名，免疫グロブリンとも呼ばれ，Igと表記される。抗体は構造上の違いからIgM，IgG，IgA，IgD，IgEの5つの種類に分類されている。それぞれの抗体の血中相対存在量は，IgG（80％），IgA（10～15％），IgE（5～10％），IgD（0.1％以下），IgE（0.01％以下）である。一方，唾液や消化管液，気道分泌液，鼻汁などの粘膜液中では，IgAが約80％，残りはIgGとIgMである。病原体の感染防御に関係するのは，血中では主にIgGであり，消化管などの粘膜ではIgAである。IgMは感染初期の防御に関与し，IgDはB細胞の機能に影響を及ぼす。また，IgEは消化管内で寄生虫の感染を防御する一方で，ぜん息や花粉症など多くのアレルギー反応の原因となる抗体でもある。［坂本］
→抗原，抗原抗体反応，花粉症

抗体検査 （こうたいけんさ）

　抗原抗体反応を利用した免疫学的検査法の総称であり，保有している自己抗原の判別や特定の疾病への感染経験及び実際に感染しているかどうかの判定が，特定の抗原に対する抗体量の測定によって行われている。代表的な抗体検査としては，赤血球の凝集反応を利用した血液型（ABO型）の判別，関節リウマチや膠原病など自己免疫疾患の検査で用いられる自己の細胞や組織に反応する抗体を測定する自己抗体検査，インフルエンザや日本脳炎，風疹，エイズ，クラミジア，淋病など，ウイルスや細菌，寄生虫の感染によって生体内で生成される抗体を測定し，疾病への感染や疾病に対する免疫の有無を検査するウイルス抗体検査などがある。また，ツベルクリン試験や花粉症，ダニアレルギーなどの検査のように生体内や皮膚上に直接抗原を接種して，数日後の生体の免疫反応を直接診断するような抗体検査もある。［坂本］
→抗原抗体反応

抗体産生能 (こうたいさんせいのう)

　生体内に抗原が侵入することよって，骨髄由来の免疫細胞（Bリンパ球）は成熟して抗体の生成・分泌に特化した抗体産生細胞に変化する。この抗体産生細胞によって行われる特定の抗原に対する抗体の生成及び分泌能力のことである。［坂本］

鉤虫症 (こうちゅうしょう)

　小型の線虫のズビニ鉤虫又はアメリカ鉤虫による寄生虫病である。熱帯に多く，皮膚から侵入し，血管を介して小腸に達する。かゆみを伴う丘疹性紅斑がでることがあり，初回感染時には，20～30日後に発症し，十二指腸炎を起こす。腹部痛や下痢などが起こるが，再感染時には下痢程度となる。主症状は，鉤虫の吸血による貧血である。栄養状態が悪い子どもなどは身体の発達が抑制され，妊婦では，流産や早産の原因となる。［上濱］
→寄生虫病

交通安全 (こうつうあんぜん)

　自動車事故による死者数は毎年約9千人にも上り，依然として大きな社会問題となっている。また，近年，社会の高齢化に伴い高齢者の死亡事故が増加している。また，高齢者が運転者として起こす死亡事故も増加している。自動車運転者の死亡事故では，半数以上がシートベルト非着用者であった。さらに，自転車対歩行者の事故も増加してきた。したがって，これらの問題への対策が重要である。道路交通環境については，歩行者が安全に横断できる歩行者分離信号の設置を求める声が強くなっている。2001年には，危険な運転に対する厳罰を求める声に応えて，刑法の改正により「危険運転致死傷罪」（最高15年の懲役）が制定された。また，2002年には道路交通法が改正され，酒気帯び運転，酒酔い運転及び引き逃げ等に対する罰則が強化され，各々，懲役1年または30万円の罰金，懲役3年または50万円の罰金，及び懲役5年または50万円の罰金に引き上げられた。なお，交通被害者への事故概要や捜査経過等の情報提供など，被害者対策の強化が検討されている。［家田］

交通安全指導 (こうつうあんぜんしどう)

　交通事故防止のためには，発生しやすい事故パターンの確認，事故事例についての事故原因と事故防止対策の検討などが重要である。したがって，教育・指導の機会に，それらに関する十分な情報と作業を用いた学習の機会を提供すべきである。また，事故の起こりやすい場所の点検（ヒヤリ地図の作成）や交通場面における潜在危険発見の練習なども，生徒の危険感受性を高めるのに役立つ。自分の行動や判断に対する自己チェックを行うことや，心身状態を自己監視し，危険な行動につながりやすい心身状態に陥るのを防ぐことも必要である。さらに，交通事故（自転車対歩行者を含む）の加害者の責任も扱うべきである。損害賠償については，およその金額を計算できるようにする。なお，幼児期から小学校低学年では，飛び出し事故や車の直前直後横断による事故を防ぐために，道路に入る時の安全確保の行動を，小学校中学年から中学校，高校にかけては，自転車で交差点に入る時や交差点を渡る時の安全確保の行動を，重点的に訓練することが必要である。［家田］

交通事故統計 (こうつうじことうけい)

　かつて交通災害は労働災害による被災者数に匹敵するほど多いといわれていたが，近年（平成10年代）では逆転して100万人の交通事故被災者を数えるに至った。データは警察庁によって集計され，発生件数，死亡者数，負傷者数，年齢，状態別（自動車，二輪車，自転車，歩行），発生時間帯別，性別などの統計が「交通統計」として公表されている。また，独立行政法人日本体育スポーツ振興センターでも，学校管理下における児童生徒の交通事故統計を集計し公表している。［大澤］

交通騒音 (こうつうそうおん)

　一般道と高速道を通過する自動車交通，鉄道や航空機の通過に際して発生する騒音を総括的にいう。[田神]
→騒音

後天性心疾患 (こうてんせいしんしっかん)

　生まれた後から起こった心臓の病気という意味である。小児期では，かつて溶血性連鎖球菌感染症が原因であるリウマチ熱の合併症として僧帽弁閉鎖不全や狭窄が代表的な病気であったが，わが国では医学の進歩によりこの病気はまったくみられなくなり，川崎病や動脈硬化による心筋梗塞，ウイルス感染による心筋炎などが問題になっている。[村田]
→心疾患，先天性心疾患

後天性素因 (こうてんせいそいん)

　疾病に対する生体の抵抗力を低下させる要因のうち，出生後に個体（身体）が受けた内面的因子のことである。具体的には，栄養，体型，生活習慣，精神的ストレス，婚姻，家族歴，妊娠の有無などが含まれる。栄養と体型が疾病発症に及ぼす影響を調査することで，循環器疾患の発症に肥満が関与していることが明らかにされた。また，悪性新生物に関しては，低線維食と高脂肪食により大腸がんの発生率が増加することが知られている。さらにキリスト教の一派であるモルモン教では非飲酒非喫煙を守っているため，モルモン教徒での心臓病，悪性新生物の発病率が低いことが知られている。精神ストレスの要因では，循環器疾患の発症にA型行動歴（几帳面でせっかちであり，仕事に熱心な性格）が関与することが知られている。結婚・妊娠・出産についても多くの疾患と関連しており，高年齢で結婚した女性では，子宮体がん，乳がんでの死亡率が高いこと，また妊娠中にトキソプラズマ症に感染すると水痘症の胎児を出産する危険性が高くなることが知られている。[坂本]

後天性免疫不全症候群
(こうてんせいめんえきふぜんしょうこうぐん)
→エイズ

後天梅毒 (こうてんばいどく)

　いわゆる梅毒で，主に性行為によるトレポネーマ・パリドムへの感染で起こる。第1期から第4期に分類されており，「3週3か月3年」が区切りとなる。ペニシリン系薬剤の発達により典型的症例は少なくなっているが，不顕性梅毒はまだ存在している。適切で持続的な化学療法剤により病気の進行は防げるが，各期の境目で一旦症状が軽快したようにみえるので，その時に治療を中断するとその後の治療は困難になる。[上濱]
→梅毒

行動主義 (こうどうしゅぎ)

　ワトソンによって1913年に提唱された心理学は行動の科学であるとする立場。それ以前の心理学は，意識の構造や機能に関心を向け内観法にたよっていた。しかし，ワトソンは客観的に観察可能な出来事を対象とするのが科学であるから，内観法という非客観的な方法によってのみ観察可能な私的出来事である意識を対象とする心理学は科学とはなりえないとし，動物心理学が動物の行動からその心を知ろうとしていたことと同様に，心理学は客観的に観察可能な行動を対象とすべきと考えて内観法を排した。そこで科学の方法として観察・実験・テストなどの客観的方法のみを用いるべきであるとするとともに，心理学における概念は，刺激・反応・習慣といった行動的概念でなければならないとした。さらに人間の行動と動物の行動との間には本質的な相違はなく，動物実験によって人間行動の基本的原理を見いだすことができるとした。[大澤清]

後頭葉 (こうとうよう)

　視覚中枢であり，鳥距回は一次視覚野とい

われ17野に当たる。18～19野は二次視覚野である。同名半盲，視覚失認，視覚性失読などを起こす。両側性の障害で皮質盲を起こす。盲であることの認識を欠く場合をアントン症状という。[角南兼]

更年期 （こうねんき）

女性の生涯のうち，妊娠可能な性成熟期から老年期への移行期，つまり閉経前後の数年間をいう。個人差が大きいが，閉経は45歳から55歳くらいまでに起こることが多い。卵巣の老化のため月経は不規則となり，女性ホルモンの急速な低下から，自律神経失調症状など心身の不調を来すこと（更年期障害）も多い。[大川]

紅斑 （こうはん）

皮膚表面で肉眼的，あるいは触れてみて部分的な異常所見を発疹といい，発疹は健常皮膚に最初に出現する原発疹と二次的に出現する続発疹に分けられる。原発疹には斑，即ち，限局性の皮膚の色調の変化を主体とする発疹，その他，丘疹，水疱，膿疱，結節などがる。斑の中で紅色を呈するものが紅斑であり，真皮の血管と乳頭層の毛細血管の炎症反応によるもので，ガラス板で圧迫すると紅色調は消える。学校保健上の代表的紅斑には伝染性紅斑がある。[松本幸]
→発疹

公費負担制度 （こうひふたんせいど）

公衆衛生，社会福祉，国家補償といった観点から，結核予防法，精神保健及び精神障害者福祉に関する法律，感染症の予防及び感染症の患者に対する医療に関する法律，生活保護法，身体障害者福祉法，児童福祉法，戦傷病者特別援護法の7つの法律において定められた公費による医療費の一部又は全部を負担する制度。[森光]

硬膜下血腫 （こうまくかけっしゅ）

血腫が硬膜と脳表の間に生じる。急性と慢性があり発生機序が異なる。急性のものは若年者では交通事故，高齢者では転落事故が多い。脳皮質の動脈や架橋静脈の損傷で出血が起こる。CTでは三日月型の高吸収域がみられる。脳挫傷を合併することが多く，例え減圧開頭血腫除去術を施行しても死亡率は55％と予後が悪い。[角南兼]
→CT

校務分掌 （こうむぶんしょう）

学校教育目標の実現を目指して，校務のすべてを教職員で分担・協力し，それぞれの責任を明確にすることをいう。校務とは，学校の教職員が行う学校の仕事のすべてをいう。学校教育法第28条第3項には「校長は，校務をつかさどり，所属職員を監督する。」とされていることから，校長は学校の責任者として校務の分掌を組織的に整え学校運営の円滑化を図ることが重要な仕事になる。校務を大まかに分けると，児童生徒の教育活動，教育活動を円滑に行う学校事務，教職員の資質向上を目指す研修の3つである。校務分掌を作成するに当たって留意する点は，①分坦を固定せず，児童生徒の実態に応じた教育目標の理念が生かせるようにすること，②職員を適材適所に生かした分担にすること，③学校運営が合理的・能率的に運べる分坦であること，④全職員の分坦の量が平均化していること，等である。[石崎]

合理化 （ごうりか）

精神分析によって明らかにされた適応（防衛）機制の1つ。葛藤や罪悪感を伴う行動や感情を正当化するために社会的に承認されそうな理由づけを行う試み。合理化の表れ方には，イソップ童話に出てくるキツネが，手の届かないブドウを，すっぱいからと拒絶する「すっぱいブドウ」式の理屈づけのほか，失敗の原因を偶然に求めたり，外的な要因に求める場合などがある。[宮脇・村岡]
→適応機制

合理的機制 （ごうりてきせい）

様々な欲求から生じる葛藤を解消する心の働きを一般に機制といい，代償，同一化，抑圧，逃避などの適応機制（防衛機制，自我防衛機制）がよく知られている。合理的機制はそうした適応機制とは異なり，合理的な方法によって障害を取り除き，欲求を充足し葛藤を解決することである。適応機制がいわば気持ちの持ち方で問題に対処することであるのに対して，合理的機制は問題を根本的に解決することである。［近藤］
➡適応機制

高齢化社会 （こうれいかしゃかい）
➡高齢社会

高齢社会 （こうれいしゃかい）

高齢化が進み，老年人口割合が高い水準にある社会のこと。高齢化社会と同義で使われることが多いが，高齢化社会は特に人口の高齢化が進んでいる社会のことをいう。国連では，65歳以上の人口が，全人口に占める割合（老年人口割合）が7％を超えた国のことを高齢の（aged）国としている。わが国の人口が高齢化してきたのは，第二次世界大戦後のことで，出生率と死亡率の低下によってもたらされた。高齢化のスピードは，老年人口割合が7％から14％になるのにかかった年数で測られることが多い。それでみると，フランスは115年，スウェーデンは80年，旧西ドイツやイギリスでも45年かかっているのに対して，わが国の場合，1970年に7％を超えてから，1994年に14％を超えるまでに25年しかかかっておらず，いかに高齢化が急速に進んでいるかがわかる。今後，わが国の高齢化はさらに進み，老年人口割合は，2014年には25％，2033年には30％を超えると予測されている。［森光］
➡老年人口

コカイン

南米に自生するコカの葉に含まれている化学物質。中枢神経興奮作用を有し，強烈な精神依存惹起作用を有するが，身体依存性と耐性はないとされている。使用直後より多幸感，万能感を体験しやすいが，1時間後には逆に不安感，抑うつ感，焦燥感を感じやすい。慢性使用では猜疑心が高まり，幻覚妄想状態となることもある（コカイン精神病）。
［和田］
➡薬物依存，耐性

呼気吹きこみ法 （こきふきこみほう）
➡マウス・ツー・マウス法

呼吸 （こきゅう）

酸素（O_2）を体内に取り入れ，二酸化炭素（CO_2）を体外に排出するガス交換を基本とした生きるための基本的活動をいう。呼吸は肺におけるガス交換（外呼吸），及び細胞と循環血液との間のガス交換（内呼吸）に分けられる。特に肺と生体外との間でのガスの出入りを換気といい，これは呼吸の一過程である。［田中🈩］
➡ガス交換

呼吸運動 （こきゅううんどう）

胸郭の拡大・縮小により，肺を伸展（吸息）・縮小（呼息）させて肺胞ガスの換気を行うこと。安静時の吸息運動を引き起こす呼吸筋は横隔膜と外肋間筋である。横隔膜が約7割の役割をはたす。これら吸息筋の収縮により胸郭が拡大し，肺が伸展する。安静時の呼息運動は，呼息筋の活動停止による。受動的に肺が機能的残気量の位置に戻る。［西川］

呼吸器 （こきゅうき）

外界から酸素を取り入れ，血液を介して体細胞に供給し，栄養素を燃焼させエネルギーを生成し，その際に発生する二酸化炭素を大気中に放出している。このガスの交換を呼吸

という。呼吸を行う気管を呼吸器という。呼吸器を構成するのは，上気道（鼻，咽頭，喉頭）・気管・気管支・肺と，これらを取り囲み呼吸運動に関与する胸膜，縦膜，横隔膜，胸壁である。[西川]

呼吸器系　（こきゅうきけい）

呼吸器を構成するのは上気道，気管，気管支，肺という気道と呼吸運動に関与する胸膜，縦隔，横隔膜，胸壁である。人体構造から勘案すると，いわゆる呼吸に携わる臓器といえるこれらをまとめて呼吸器系と称する。これらの臓器のどれかに病気があれば，呼吸器系疾患と呼称される。[西川]

呼吸中枢　（こきゅうちゅうすう）

主に，疑核・後疑核・後顔面神経核とその周辺の延髄腹側部（腹側呼吸群）と，弧束核周辺の延髄背側部（背側呼吸群）の呼吸ニューロンからなる。腹側呼吸群とその周辺には脊髄への呼吸遠心路・脳神経遠心路がある。背側呼吸群には肺伸展受容器・末梢化学受容器からの投射部と脊髄への遠心路がある。また，腹側呼吸群の吻側周辺に呼吸リズム制御機構があり，延髄内呼吸ニューロンを支配する。延髄内の血液ガスが適切ならば延髄のみで正常に近い呼吸リズムが生じる。[西川]

呼吸停止　（こきゅうていし）

気道閉塞，呼吸性駆動の低下，又は呼吸筋の筋力低下によって起こる。最も多い原因は，口咽頭部への舌後部の落ち込みで起こる上気道の閉塞である。その他の原因は，血液，腫瘍，粘液，吐物，又は異物，声帯けいれん浮腫，咽喉頭部の炎症，腫瘍，外相がある。完全な呼吸停止は，臨床的には意識のない人における自発的な換気運動の消失によって明らかになる。呼吸停止を認めたらただちに気道確保の上，人工呼吸を行う。[田中哲]

➡気道確保，人工呼吸

国際自然保護連合　（こくさいしぜんほごれんごう）

IUCN。1948年に設立された国，政府機関，NGOからなる国際的な自然保護機関。IUCN日本委員会は，IUCNに加盟する国内団体の連絡組織として1980年に設立された。外務省や環境省といった政府機関及び野生生物の生息及び生育環境の保護などに努める日本自然保護協会など，民間の16団体が加盟している。[田神]

国際疾病分類　（こくさいしっぺいぶんるい）

国際的に疾病の分類を統一しコード化しようとする試みは，まず1900年に死因の分類を統一するという国際統計協会の会議から始まった。その後ほぼ10年毎に改訂が行われ，1948年の第6回修正分類から，WHOの責任のもとに疾病の分類についても使用されることになった。最新のものは1990年にWHO総会で採択された第10回修正分類（ICD-10）で，日本では1995年から採用している。この特徴は，14,000項目の基本分類が含まれるため，3桁の最初の桁をアルファベットで示し，21の大分類にまとめたことである。また，コンピュータの発達に対応して，疾患のみでなく，病歴管理や医療保険にも利用可能となるように工夫され，疾患名のつかない関連分類も含むようになっている。このようにコード化することで国際比較が容易になっているが，修正のたびに，修正前との疾病の概念が変化すること，国ごとに疾病の定義に差があることなどを十分考慮する必要がある。[稲葉]

国際伝染病　（こくさいでんせんびょう）

国内に予防法，治療法が確立していない，致命率・伝染力の高い伝染病。エボラ出血熱，ラッサ熱，マールブルグ病，ハンタ・ウイルス肺症候群など。国際監視伝染病ということもある。[大澤清]

➡エボラ出血熱，ハンタウイルス

国勢調査 （こくせいちょうさ）

　全数調査のことを一般にセンサスというが，日本では人口センサスのことを国勢調査と呼んでいる。この調査は全人口の属性について，西暦年の0年に本調査，5の年には簡易調査を行っている。世帯ごとに調査が行われており，住所，氏名，年齢，性別，配偶関係，職業，教育，就業地，通勤手段，現住地での居住年数などに関するデータが収集されている。［大澤清］

国民医療費 （こくみんいりょうひ）

　医療機関における傷病の治療に要する費用等を年度単位で推計した金額。1954（昭和29）年度以降引き続いて算出されている。この場合に傷病というのは，厚生労働省統計情報部の定めている「傷病」であることから，正常な分娩，健康診断，予防接種などの費用は除かれている。また，入院時の室料差額分，歯科の差額徴収分，老人保健施設における食費やおむつ代等の費用は含まれていないが，医療保険制度による患者負担分と全額を支払う自由診療分は含まれている。要するに，全国民が1年度間にどのくらいの医療費を支払ったかを知ることができるものである。しかし，国によって国民医療費の内容がそれぞれに異なるために，これの国際比較は困難な点が多い。2000年度の国民医療費は30兆3,583億円で，1人当たりにすると23万9,200円になる。65歳以上の老人の1人当たり医療費は，それ以外の年代に比べて5倍程度にも上っていた。健康保険法の改正によって，2003年からサラリーマンの医療費負担が2割から3割に引き上げられ，自営業者と同じ割合になったが，医療システムの合理化，薬価基準の見直しなどの医療制度改革が重要な課題として残されている。さらに，強力なたばこ対策の実施など，医療費の増加に大きな影響を与えている原因を取り除くことも極めて重要な事柄であり，これは医療制度改革と同時に議論されるべき大きな問題である。

2002年2月現在，国民医療費は年間31兆円に達し，その3分の1に当たる11兆円が，70歳以上の高齢者医療費である。急速な高齢化を反映して，高齢者医療費は増え続けている。
［家田・皆川］
→医療保険

国民栄養調査 （こくみんえいようちょうさ）
→国民健康・栄養調査

国民皆保険体制 （こくみんかいほけんたいせい）

　すべての国民が，職場の健康保険，国民健康保険，共済などの保健組合のうち，いずれかに加入していることをいい，日本では1961年に確立された。この制度は世界に類をみない画期的な制度で，確立された当時より，国民の医療費の患者負担率は徐々に下げられてきたが，近年，経済状態の悪化，高齢化・少子化による労働人口の減少などにより，医療費財政が悪化し，国民の医療費の患者負担率が徐々に上昇している。［森光］

国民健康・栄養調査
（こくみんけんこう・えいようちょうさ）

　旧国民栄養調査。健康増進法に基づき，国民の健康の増進の総合的な推進を図るための基礎資料として，国民の身体の状況，栄養摂取量及び生活習慣の状況を明らかにすることを目的として実施される。国及び地方公共団体は，国民の健康の増進の総合的な推進を図るための基礎資料として，国民の生活習慣とがん，循環器病等との相関関係を明らかにするため，生活習慣病の発生の状況の把握に努めなければならない。調査項目は身体状況調査（身長，体重，血圧，血液検査，歩数調査，問診），栄養摂取状況調査（世帯の状況，食事状況，食物摂取状況）及び食生活状況調査からなる。1995年よりそれまで世帯単位で調査が行われていた3日間秤量記録法が改められ，1日調査になるとともに個人単位での摂取量を推定するための比例按分法が導入された。その結果，性別，年齢別の栄養摂取状

況などが把握できるようになった。[平山]

国民健康調査　（こくみんけんこうちょうさ）

旧厚生省によって，昭和28年から同60年まで毎年1回行われてきた調査のこと。全国から層化無作為抽出された調査区住民について，過去の一定期間内（10月の15日間）の傷病頻度と治療方法などについて訪問調査を行い，得られた結果を基盤にして一般国民の健康状態を推計するための，全国規模の横断調査だった。患者調査が医療施設の側から患者の実態をとらえる調査であるのに対し，国民健康調査は世帯の側からみた傷病の実態調査であった。現在は，厚生行政基礎調査，国民健康調査，国民生活実態調査，保健衛生基礎調査の4調査が統合され，3年に1回，国民の保健，医療，福祉，年金，所得について行なわれる国民生活基礎調査（指定統計116号）となっている。[戸部]
→患者調査

国民健康保険　（こくみんけんこうほけん）

自営業，農業・漁業従事者，パート・アルバイト，退職者，滞在歴1年以上の外国人登録者などを対象とする健康保険であり，国民皆保険制度のもと，職場の健康保険（健康保険・共済組合など）に加入している人，または生活保護を受けている人以外はすべて加入が義務づけられている健康保険。[森光]
→健康保険

国立感染症研究所
（こくりつかんせんしょうけんきゅうじょ）

1947（昭和22）年厚生省は感染症の予防，治療等に関し，厚生行政に直結する総合的医学研究を行う機関として厚生省所管の予防衛生研究所を設置したのが前身。1997（平成9）年に7試験研究機関を対象とした横断的な組織の重点整備・再構築作業や新興・再興感染症への対応等に基づいた組織の見直しにより，感染症情報センター及び国際協力室等を設置し，同時に研究目的を鮮明にするため研究所名を国立感染症研究所に改名。[鬼頭]

国連環境計画　（こくれんかんきょうけいかく）

ユネップ（UNEP）1972年にストックホルムで開催された国連人間環境会議で，「人間環境宣言」及び「環境国際行動計画」が採択され，それらを実行に移すために設立された機関。環境に関する諸活動を総合的に調整管理することなどを活動目的としている。本部はケニアのナイロビにある。[渡邉]

国連児童基金　（こくれんじどうききん）

ユニセフ（UNICEF）国連の人道活動分野を担う機関であり，「子どもの権利条約」の定める子どもの基本的人権の実現をその使命としている。具体的には，発展途上国の児童に対する保健・衛生や栄養改善，その他の児童福祉や教育等など広範囲にわたって，長期的な援助を活動目的とする他，発展途上国への緊急援助を行っている。対象国は世界の開発途上地域のほとんどに及んでいる。日本では財団法人日本ユニセフ協会が1955年に設立され，ユニセフの活動に協力し，1990年代には「犯罪です。子ども買春」，「世界から子どもの兵士をなくそう」キャンペーンなどを展開している。[渡邉]
→子どもの権利条約

国連人間環境会議
（こくれんにんげんかんきょうかいぎ）

「かけがえのない地球」をキャッチフレーズとして，1972年6月にストックホルム（スウェーデン）で開催された。環境問題全般についての大規模な国際会議としては最初のものである。背景には，1950～60年代の先進国の経済発展に伴う環境破壊，この頃に脚光を浴びた「宇宙船地球号」という考え方，そして，開発途上国における貧困と密接に関連する環境衛生の問題があった。この会議では，先進工業国の環境問題解消のためには経済成長から環境保護への転換が，また開発途上国の環境問題を解消するためには開発の推進と

援助の増強が重要であることが明らかにされた。また,「人間環境宣言」を採択するとともに,国連環境計画の設立をはじめ多くの決議・条約を締結した。これらを実施に移すための機関として,同年の第27回国連総会で設立された国連環境計画では,既存の国連諸機関が実施している環境に関する活動を総合的に調整管理するとともに,国連諸機関が着手していない環境問題に関して触媒的機能を果たしている。[田神]

50%致死量 （ごじゅっぱーせんとちしりょう）

LD_{50}。ヒト又は動物に薬物を投与すると,少量では変化が観察されないか,わずかであるが,大量を投与すると死に至ることがある。横軸に投与薬物量,縦軸に死亡率をとるとS字状曲線を描く。縦軸上で50%の動物が死亡するときの,横軸上の薬物量を求め,50%致死量とする。薬物の毒性の指標となる。この値が小さいほど,毒性は強い。[千葉]

湖沼水質保全基本方針 （こしょうすいしつほぜんきほんほうしん）

湖沼が健康で文化的な生活の確保に重要な役割を果たしていることから,現在及び将来の国民がその恵沢を享受できるように,湖沼の有する治水その他の公益的機能に十分配慮しつつ,湖沼の特性及び汚濁原因に応じた均衡ある対策を適切に講ずることを理念とした,行政上の基本方針。[大川健・竹内一]

湖沼保全法 （こしょうほぜんほう）

1984（昭和59）年法律第61号。湖沼の水質の保全を図るため,湖沼水質保全基本方針を定めるとともに,水質の汚濁に係る環境基準の確保が緊要な湖沼について水質の保全に関し実施すべき施策に関する計画の策定等の特別の措置を講じ,もって国民の健康で文化的な生活の確保に寄与することを目的とする。[大川健・竹内一]

個人用保護具 （こじんようほごぐ）

災害防止と健康障害防止のために,労働者個人個人が着装して作業するものをいう。事故及び災害防止のためのものを安全保護具,健康障害防止のためのものを労働衛生保護具という。有害・危険な作業環境では,まず作業環境条件の整備,改善を行うべきであり,これらの方法で十分な効果が得られない場合に保護具を使用する。保護具の具備条件は,次の5つである。①着用して作業がしやすいこと,②対象物に対して防護が完全であること,③材料の品質がよいこと,④構造と仕上げがよいこと,⑤外観が優美であること。[鬼頭]

➡労働衛生保護具

枯草熱 （こそうねつ）

欧州で農夫が牧草を刈り取り,乾燥させるためにサイロに収納する際,鼻や咽頭が焼け付くように痛み,痒み,くしゃみ,鼻閉そして涙と鼻汁を伴なう症状を呈し,枯草熱と呼ばれた。わが国では花粉症として一般に知れている。花粉をアレルゲン（抗原）として生じるアレルギー疾患であり,主にアレルギー性鼻炎やアレルギー性結膜炎の症状を表す。中には顔面の発赤と腫脹,口腔,気道,胃腸,耳,神経症状など多彩な全身症状を呈し精神的負担にもなる。花粉はアレルゲンの1つであるが,ハウスダスト,ダニなど多種類の重複抗原例も多い。また,最近は果物（リンゴ,ももなど）,野菜,堅果類の摂取後10分から30分後に口唇,口腔,喉頭の痒み腫脹を生じ,時に呼吸困難（喉頭浮腫）を示す花粉症もある。特にブナ科・カバノキ科に多い。主な花粉はスギ,ヒノキ,カモガヤ,ヨモギ・ブタクサである。また,北海道,東北などのシラカンバ,本州のヤマモモやアカシアなど地域差が大きい。[松岡優]

➡花粉症,スギ花粉症

固体廃棄物　（こたいはいきぶつ）

廃棄物を見かけの性状で表す分類の用語。廃棄物は気体，液体，固体に分類され，固体廃棄物はさらに，可燃，不燃，粗大，資源廃棄物などに分類される。［田神］

骨格系　（こっかくけい）

解剖学を学ぶ方法には，系統解剖学，局所解剖学等がある。前者の系統解剖学では，人体を系統に分けて学ぶ。系統には，筋肉系，呼吸器系，循環器系，消化器系，神経系等がある。骨格系はその中の1つで，筋肉系と合わせて運動器系といわれる。骨格系は，骨細胞を基本とした骨からなる。人体には，200余個の骨があり，それらが連結し人体の構造を形成する。骨の総重量は，体重の20%弱である。また，骨はカルシウムの貯蔵庫であり，造血機能もある。［佐竹］

骨幹部　（こっかんぶ）

長管骨において，骨の長軸の中心部にあるところが骨幹部，両端を骨端部と呼ぶ。長管骨は管状を成し，その外周は緻密骨からなる緻密質があり，内部は骨髄を容れる骨髄腔がある。扁平骨，短骨は造血機能の盛んな赤色骨髄を有するが，思春期以降の長管骨は，脂肪を多く含む黄色骨髄へと変化する。［佐竹］
→骨端部

骨形成不全症　（こつけいせいふぜんしょう）

骨の細胞外基質の主要成分であるコラーゲンの異常により発生する頻度の高い骨系統疾患の1つである。遺伝性疾患であるが，稀に散発例もある。骨は脆弱で骨折を起こしやすく，四肢長管骨や脊柱の変形を来しやすい。皮膚は薄く，歯牙形成不全を伴うこともある。眼の青色強膜は最も特徴的で，10歳代に難聴を認めることもある。［礒辺啓］

骨疾患　（こつしっかん）

生体の支持組織としての骨の病気であり，化膿性骨髄炎，骨関節結核などの感染症，骨肉腫，外骨腫などの腫瘍，変形性関節症，痛風などの退行性・代謝性骨関節疾患，関節リウマチなどのリウマチ性疾患，骨端症，離断性骨軟骨炎などの阻血壊死性疾患，くる病，骨粗鬆症などの代謝性骨疾患，全身性の骨系統疾患，先天奇形，骨折などの骨外傷を総称する。［礒辺啓］

骨折　（こっせつ）

骨が外力によって構造上の連続性を断つことをいう。骨に外力が加わった場合，骨折が起こるかどうかは，作用する外力の大きさ，方向，速度の他，年齢，性，骨疾患の有無などによる。骨折は加わる外力により，1回の大きな衝撃力で発生する外傷性骨折，骨の同一部位に比較的小さな外力が繰り返し加わることにより発生する疲労骨折，骨疾患のある部位に軽微な外力によって発生する病的骨折に分類される。［礒辺啓］

骨折（子どもの）　（こっせつ）

分娩外傷としての骨折は，鎖骨・上腕骨に起きやすく末梢神経麻痺の有無に注意を要する。小児期の骨折には，上腕骨顆上骨折・上腕骨外顆骨折が多く，いずれも拘縮・変形や神経麻痺を来す可能性があり適切な治療を要する。また，強い外力無しに起こる病的骨折に対しては，骨腫瘍・線維性骨炎・代謝異常・骨形成不全・骨大理石病などを疑う必要があり，精査を要する。幼少時にのみ発生する外傷として骨端軟骨板損傷があるが，適切な治療を受けなければ成長障害や続発する変形を形成する恐れがある。［西川］

骨粗鬆症　（こつそしょうしょう）

「低骨量と骨組織の微細構造の劣化により，骨が脆弱となり骨折を来しやすい全身性の骨疾患」と定義されている。特に閉経後の女性で多く，大腿骨頸部などの骨折をきたしやすい。カルシウムやタンパク質に富んだ食事や運動を通じて，若年期に最大到達骨量を高め

ておくことが予防に効果的だとされている。
[田中茂]

骨端部 (こったんぶ)

長管骨において，骨の長軸の中心部にあるところが骨幹部，両端を骨端部と呼ぶ。発育途上の子どもには，骨幹部と骨端部の間に骨端軟骨がある。この部で，骨質が増殖，骨化し骨の長軸方向への伸長が起こる。骨端軟骨層は，発育とともに次第に薄くなり骨端線となり，最終的にはその線も骨化しなくなる。下垂体前葉ホルモンが不足すると，骨端の発育障害を起こす。[佐竹]
→骨幹部

骨肉腫 (こつにくしゅ)

骨組織に発生する悪性腫瘍の1つで，全骨腫瘍の10%前後を占め，人口7〜10万人に1人の発生率といわれている。若年者に多く発生し，10歳代が約60%，20歳代が約15%を占める。大腿骨下端と脛骨上端からの発生が圧倒的に多く，上腕骨上端にも発生する。局所の腫脹と疼痛で発症するが，予後は極めて不良であり，大多数は肺転移で死亡する。早期に発見し，化学療法，放射線療法，手術療法などを系統的に行う集学的治療が必須となる。[礒辺啓]

コッホ

Robert Koch（1843-1910）。ドイツ人細菌学者。炭疽菌を使って感染症の病因論を確立した。中でも滅菌技術（コッホの蒸気釜）は，「数学のゼロの発見」に等しい発明で，細菌の純培養に欠かすことができない基本技術である。この他，寒天を用いた平板培養，染色法などは今でも世界中で使われている。結核菌，コレラ菌を新たに発見するとともに，結核の検査（ツベルクリン）を発明した。1905年のノーベル医学生理学賞を受賞した。[田神]
→炭疽菌

固定法 (こていほう)

捻挫，脱臼，骨折が疑われる場合に，固定を行う。固定の方法として，①原則として，骨折した部位の上下の2か所の関節を動かさないように固定する。②負傷した状態のまま固定する。③そえ木のすき間には，タオルや包帯などをあてる。④骨折した部位のすぐ上，すぐ下から結び，続いて遠いほう2か所を結ぶ。固定は身近な板や傘など固いまっすぐな物を代用できる。[田中哲]

コデイン

ケシに含まれている化学物質。その作用はモルヒネに類似しており，麻薬に指定されているが，作用も副作用も弱い。医療用には他の薬物との合剤として鎮咳薬として広く使われている。コデイン単独での乱用はほとんどないが，コデインを含んだ鎮咳薬が時には乱用されることがある。わが国では，「ブロン」などがそうである。[和田]
→モルヒネ

子どもの権利条約 (こどものけんりじょうやく)

1989年の国連総会で採択され，翌年発行された国際条約である。日本では1994年に国会でこの条約を批准した。子どもの生存と発達を最大限に確保する義務を国家が負うことや，教育を受ける権利，思想・表現の自由，搾取や虐待からの保護など，人間としてのあらゆる人権を国家が保障することを明記している。国にはこの条約を大人だけでなく子どもにも周知させる義務がある。1人ひとりに大切な権利があることを教えることによって初めて，他者の権利を侵害することは許されないと教えることができる。[家田]

子ども110番の家 (こどもひゃくとおばんのいえ)

子どもの犯罪被害の増加に伴って，1990年代の半ばに警察や防犯協会が中心となって設置したものである。通学路や公園の近くにある家や，コンビニ，商店，ガソリンスタンド

などに協力してもらい、「110番の家」などの目印を貼って、不審者から声をかけられたり、追いかけられたり、不慮の事故にあったりした場合に子どもがいつでも駆け込めるようにした。「110番の家」では、子どもの面倒を見る、保護者に連絡する、110番通報、救急車の要請（119番）をする、学校へ連絡するなどの役割を行う。［家田］

子どもへの暴力防止プログラム
（こどもへのぼうりょくぼうし――）

　CAPプログラム。CAPはchild assault preventionの頭文字。いじめ、子どもへの暴力や性的虐待、誘拐などから子どもを守るために、1978年に米国で始められ、1985年に森田ゆりによって日本に紹介された。ワークショップでは、「安心して」「自信を持って」「自由に」生きるという、大切な3つの権利と、この権利を取り上げるような暴力などに対して自分や友だちの心と体を守るための対処方法が、ロールプレイなどを使って教えられる。［家田］
→いじめ、暴力、性的虐待、ロールプレイング

コーピング

　ストレスに限らず、困難な状況や重大な問題に当面した時、その脅威や害から身を守るために取る様々な行動を指している。例えば身体的病気による危機に対するコーピングのプロセスは、病気の重大性や対処の有効性を認知的評価し、病気や付随する問題をコントロールするための課題に取り組むと同時に、ストレス対処のスキルを活用する。［朝倉］
→ストレス、ストレス対処

個別指導　（こべつしどう）

　保健指導における個別指導は、心身の健康問題や健康生活の実践に関して問題のある児童生徒に対して行われる。特に、健康診断の結果等で経過観察や管理が必要な児童生徒に対しては、学校医、主治医等の指示及び指導を受け、健康相談などの機会も活用し、経過観察をしながら指導を継続する。［三木］
→保健指導

コーホート

　「一団の兵士・歩兵」を指し、同僚・同輩とか群れ・集団という意味を持っている。人口統計学では「地理的もしくは他の何らかの方法で画された人口集団のうちで、一定の時期に人生における同一の重大な出来事を体験した人びと」と定義する。例えば出生、結婚などの同時発生集団をコーホートとする。2000年に生まれた集団は、2000年生まれの出生コーホートである。このように、結婚コーホート、卒業コーホート、入社コーホートなど、様々なコーホートを考えることができる。人口変動をコーホート別に分析することをコーホート分析という。一般に人口の出生力を分析するのに、出生率、年齢別出生率、あるいは合計特殊出生率を使って、それらの時系列を分析するが、それを期間分析という。これに対して、例えば2000年に15歳に達して再生産年齢に入った女子人口コーホートの年々の出生率を追っていくのがコーホート分析である。コーホート分析は、長い期間にわたるデータを必要とするが、期間分析とは違った視点から意味のある結果を得ることができる。［大澤清］

ごみ
→一般廃棄物

ごみ処理　（――しょり）
→廃棄物処理

コミュニティ道路　（――どうろ）

　1996（平成8）年度から始められた交通安全施設等整備事業計画の中で、住居地区の安全性等を図るために「コミュニティ・ゾーン」が整備されている。コミュニティ道路は、そのゾーンに設けられた歩道のある一方通行の道路で、道路にこぶ（ハンプ）を作ったり部分的に狭くしたりして車のスピードを

落とさせるようにしたものである。交通安全のために大きな意味があるが、一方通行なので、設置については地域住民とよく話し合ってから行う必要がある。［家田］

雇用機会均等法 （こようきかいきんとうほう）

雇用の分野における男女の均等な機会及び待遇の確保や、女性労働者が性別により差別されることなく、かつ母性を尊重されつつ充実した職業生活を営むことができることを目指して1986年に施行された法律であり、①募集、採用、配置、昇進についての女性差別禁止、②企業名公表制度、③時間外・休日労働・深夜業の解消、④母性保護充実、等が定められた。ただし、①募集、採用、配置、昇進についての女性差別禁止は、企業の「努力義務規定」であった等、本格的な男女の雇用格差を解消するには、多くの限界があったため、1999年の改定で、①募集、採用、配置、昇進についての女性差別禁止は、企業の「禁止規定」となり、女性労働者の就業に関して配慮すべき措置として、雇用者に②セクシュアル・ハラスメント防止のための雇用管理・配慮義務である、相談・苦情に対応する担当者の配置、セクシュアル・ハラスメントの内容・状況に応じ、配置転換等の措置の義務づけ、③妊娠中及び出産後の健康管理に関する措置として、保健指導又は健康診査を受ける時間の確保や、勤務時間の変更や勤務の軽減などが義務付けられた。さらに厚生労働大臣は、「禁止規定」違反の事業者が勧告に従わない場合は、その旨を公表できるようになった。［軽部］
➡セクシュアル・ハラスメント

孤立 （こりつ）

精神分析学者のエーリッヒ・フロムは孤独を克服する方法として愛を説き、実存主義哲学者のジャンポール・サルトルは、自由を得た人間にとって避けられない不安と孤独について論じた。孤独、孤立を乗り越えることは、いつの時代においても人間にとって根源的な課題である。一方、身近な集団内での孤立も重要な問題をはらんでいる。例えば、子どもの集団を対象としたソシオメトリック・テストの結果として得られる孤立児は、非社会的傾向のある問題を抱えている可能性が高いといわれている。こうした傾向が、不登校や社会的ひきこもりなどの問題に関連しているかもしれない。もちろん、他方で孤立によって得られる集中や内省から、創造的な仕事が創出され促進されるといった、ポジティブな面も忘れてはならない。［近藤］
➡不登校，ひきこもり

コルチコステロイド

副腎皮質で合成、分泌されるステロイドホルモン及び類似の作用を持つ合成ステロイドホルモンの総称で、その作用から次の2種に大別される。①主に糖質代謝に関与する糖質コルチコイドに属するコルチコステロン・コルチゾン・ヒドロコルチゾン、②主に無機塩類代謝に関与する鉱質コルチコイドに属するアルドステロン・11-デオキシコルチコステロンである。［竹内宏］
➡ステロイド

ゴールドプラン21

高齢者に対する保健福祉施策に関しては、平成元年度に策「高齢者保健福祉推進10か年戦略（ゴールドプラン）」が策定され、平成6年に見直しを行い、「新・高齢者保健福祉推進10か年戦略の見直しについて（新ゴールドプラン）」が策定され、1999（平成11）年度まで実施されてきたところである。ゴールドプラン21はこれらに続くもので、正式には「今後5ヵ年間の高齢者保健福祉施策の方向」と呼び、2000年度から2004年度までの5か年実施することとしている。ゴールドプラン21では、各地方公共団体が作成する介護保険事業計画における会サービス量の集計等を踏まえ、平成16年度における介護サービス提供の見込み量を算出するとともに、①活力ある高齢者像の構築、②高齢者の尊厳の確保と自立

支援，③支えあう地域社会の形成，④利用者から信頼される介護サービスの確立の4つの柱を基本的目標として掲げ，施策を展開することとされている．[森光]

コレステロール

ステリン酸の代表的なものの1つで，ふつう遊離型までは高級脂肪酸のエステルとして存在している．血中濃度は，糖尿病，高血圧症，甲状腺機能低下症，閉塞性黄疸などの際に上昇する．副腎皮質ホルモン，性ホルモン，胆汁酸生合成の原料であり，生体膜や血漿リポタンパクの構成成分である．よって，人間には，必須の成分であるが，多すぎても少なすぎてもいけない．[竹内宏]

コレラ

ビブリオ属の一種であるコレラ菌の経口感染によって起こる2類感染症．激しい下痢を来す．患者の多くは国外での感染によるものであるが，輸入食品による感染例や河川からコレラ菌が検出されることもある．最近10年間の患者数は2桁台で，ほぼ横ばいである．
→感染症，2類感染症

孤老 (ころう)

1人住まいの老人や孤独な老人．身寄りがなく1人あるいは老人ホームなどに暮らす．近年，高齢社会を迎え，核家族化も進み，家族がいても1人で暮らす老人も多い．[國土]

コロニー
→バクテリアコロニー

婚姻率 (こんいんりつ)

年間の婚姻件数の人口に対する比率．

(式) 婚姻率 = $\dfrac{1年間の婚姻件数}{年央人口} \times 1,000$

近年（平成10年代前半）では，700万件台，人口千対6件程度の発生率である．集計は夫の居住地で行われている．[大澤清]

混合難聴 (こんごうなんちょう)

主として中耳疾患による伝音難聴と，内耳あるいは中枢性の障害による感音難聴を合併している難聴．オージオグラム上気導聴力も骨導聴力も低下するが，気導聴力の低下の方が著しく，気導－骨導閾値に差が生じる．[浅野]
→伝音難聴，感音難聴

昏睡体位 (こんすいたいい)

倒れている人の意識を確認し，意識がない場合には気道の確保と嘔吐による窒息をふせぐために行う体位のことをいう．次の体位で救急車を待つ．①救助する人は，倒れている人の脇に，つま先側の膝を立ててしゃがむ．②倒れている人の外側の肩と腰をもって，手前によせる．③下にくる腕を伸ばし，上にくる手を顎の下にもってくる．④上にくる足の膝をくの字に曲げる．[田中哲]

コンタクトレンズ

医療用具であり，検査，装用着脱の指導ができるのは医師に限られている．コンタクトレンズ使用は若年者に多いが，近年，児童生徒の使用など低年齢化が進んで角膜障害も増加傾向にある．ハードとソフトに分類される．ハードは高酸素透過性ハードコンタクトレンズとなり，ソフトは従来型のソフトコンタクトレンズからさらに酸素透過率がよいものとなっている．近年は，特に使い捨てレンズや頻会交換レンズの使用が多くなっている．その使用交換型タイプは3つに分類される．①終日装用で2週間交換頻回交換型ソフトコンタクトレンズ．②1週間ディスポーザブルソフトコンタクトレンズ．③1日ディスポーザブルソフトコンタクトレンズ．特に，コンタクトレンズは取り扱いが簡単であるため，安易に使用される傾向がある．使用方法の啓発と，定期的検査が大切である．[朝広]

コンドーム

ラッテクスゴムやポリウレタンを素材とし

た男性用コンドームとポリウレタンから作られた女性用コンドームがある。いずれも，射精された精液を袋の中に遮断することで，精子が腟から子宮へと進入していくのを防ぐ避妊法である。2002年の厚生労働科学研究班の調査によれば，既婚女性の69.1%が男性用コンドームを使用しており，他の避妊法を圧倒している。ちなみに女性用コンドームは0.6%にすぎなかった。近年では，性感染症予防の用具として注目されている。[北村]
→避妊，性感染症

コンパートメント症候群
（──しょうこうぐん）

　前腕や下腿では強固な筋膜に区画されているので，この中に出血や浮腫が起こると内圧が上昇して，二次的に内部の広範な循環不全を起こし，筋や神経が壊死となり重大な機能障害を残す。外傷による急性コンパートメント症候群は骨折，打撲などにより出現し，局所の腫脹，疼痛，特にコンパートメント内の筋の自動運動と他動伸展時の疼痛などの症状を呈する。内圧の上昇を認めた時には早期に筋膜切開を行う。慢性コンパートメント症候群はランニングなどのスポーツ活動によっても発症し，下腿に疼痛が出現し，足が上がらない，筋肉が固くなるなどの症状が起こるが，安静時の所見は乏しい。[森川]

コンピュータ

　物理的な装置のハードウェアと装置を動かすプログラムやデータのソフトウェアで構成され動作する。現在では多くの電化製品に組み込まれているが，一般的にパーソナル・コンピュータ（パソコン）として認識されている。本体，ディスプレイ，キーボード，プリンタなどのハードウェアとOS（オペレーティングシステム），ワープロ・表計算などのソフトウェアを使う。特に近年ではインターネットや電子メールなど情報通信機器としての機能が充実している。[國土]

コンピュータ教育 （──きょういく）

　コンピュータに関する教育，並びにコンピュータを利用した教育。コンピュータの原理からプログラミングといった情報処理を基本とする基礎的な教育，コンピュータの利用方法を習得することを目的とした情報リテラシ的教育，コンピュータを教具として用いる教育に分類される。インターネットを利用した調べ学習の利用されることもある。近年ではコンピュータの特徴である映像，音声，情報の双方向性を利用したマルチメディア教材が開発され，新しい教材として活用が広がっている。マルチメディア教材を利用したコンピュータ教育の特徴として，VTR教材が受け身であるのに対して，個人の意志をコンピュータの操作を通じて反映できる。講述形式の授業では生徒全員が同一の内容を同時に学習するのに対して，コンピュータ教育では生徒がコンピュータを1台ずつ利用することで，個々のペースで学習できる。[國土]

コンピュータ断層撮影法
（──だんそうさつえいほう）
→CT

コンプレックス

　一般的に物事が複雑に絡み合っているという意味であって，劣等感と同義ではない。心理学では，精神分析理論にしたがって用いられる。ある発達段階において，極端に満足を得たり不満足な状態に置かれると，そこで固着が生じるとされる。異性の親を自分のものにしようとして，男の子が父親と戦い女の子が母親と戦う時期をエディプス期といい，ほぼ小学校入学前くらいの年齢の頃である。もし，その時期に固着が起きると，男子の場合はエディプス・コンプレックス，女子の場合エレクトラ・コンプレックスが生じる。いわゆるマザー・コンプレックス，ファザー・コンプレックスといわれるものである。[近藤]
→劣等感

サ行

災害安全(防災) （さいがいあんぜん：ぼうさい）

阪神淡路大震災以降，災害の発生に備えようという動きがでてきた。地域の危険地区の点検，地区から避難場所への避難経路の点検などが行われている。行政も，各戸に避難所マップや災害への備え・避難についてのマニュアルを配布したり，地域が一体となった避難訓練をするなどの対策を行っている。非常用持出袋に，ミネラルウォーター，折りたたみ給水容器，非常食，防水ライト，携帯ラジオ，乾電池，軍手，救急セット，レジャーシート，給食器，ナイフ，非常用ローソク，ライター，簡易トイレ，サランラップなどを用意しておくとよい。地震の備えには，家屋や塀の耐震性の点検と補強，家具類の転倒防止・落花物の防止なども大切である。災害時には，災害用伝言ダイアル「171」が提供され，家族の安否確認に用いることができる。[家田]

災害救助法 （さいがいきゅうじょほう）

災害に際して，国が地方公共団体，日本赤十字社その他の団体及び国民の協力の下に，応急的に，必要な救助を行い，災害にかかった者の保護と社会の秩序の保全を図る目で，1947（昭和22）年に公布された。[千葉]

災害対策基本法 （さいがいたいさくきほんほう）

国土並びに国民の生命，身体及び財産を災害から保護するため，国，地方公共団体，その他の公共機関を通して必要な体制を確立し，責任の所在を明確にするとともに，防災計画の作成，災害予防，災害応急対策，災害復旧及び防災に関する財政金融措置その他必要な災害対策の基本を定めることにより，防災行政の整備・推進を図り，社会の秩序の維持と公共の福祉の確保を目的とし，1961（昭和36）年に公布された。[千葉]

催奇形性 （さいきけいせい）

胎児に形態奇形（形成障害）を生じることをいい，その原因物質を催奇物質という。胎児毒性ともいう。母体に対して有害性があるとは限らない。催奇物質の胎児に対する催奇形性作用は作用時点（胎児の発育段階）に依存する。最終月経初日から34〜50日が最も感受性が高いと考えられている。[千葉]

細菌 （さいきん）

自己増殖できる最も小さな単細胞の原核生物で，その大きさは$1.0\mu m$程度でウイルスよりは大きい。その細胞の中には，生きていくために必要な核酸，タンパク質などの物質がある。細菌は細胞膜で覆われ，その外側に細胞壁もある。細菌の形態は丸いもの（球菌），細長いもの（桿菌），コンマ状のもの（ビブリオ），らせん状のもの（スピロヘータ）など様々である。細菌は，形状などによ

る他，有機物の摂取が必要な従属栄養菌と必要のない独立栄養菌，グラム染色液への染色の有無によるグラム陽性菌と陰性菌，生存に対する酸素の影響の違いによる嫌気性菌と好気性菌などに分類される。細菌の増殖は，栄養条件さえ良ければ，普通は15～20分に１回の割合で分裂するので，14～15時間もあれば相当な数に増殖する。［上濱］

細菌性食中毒 （さいきんせいしょくちゅうどく）

細菌あるいは細菌の産生した毒素を含む飲食物をとることによって起こる急性の中毒症状をいう。感染型と毒素型に分けられる。
➡感染型食中毒，毒素型食中毒

細菌性赤痢 （さいきんせいせきり）

赤痢菌の経口感染によって起こる２類感染症。保菌者や患者の糞便が汚染源で，水や飲食物を介して感染する。かつては集団感染が多発していたが，近年は患者数は約1,000人である。指定感染地はアジア中心であるが，東南アジアへの旅行者が現地で罹患して帰国する場合もあり，依然として注意を要する感染症である。
➡感染症，２類感染症

採光 （さいこう）

室内に昼間の自然光（太陽光，太陽からの可視光線）を導入して明るい状態にすること。自然照明，昼光照明ともいう。適切な明るさがないと住居の快適性が損なわれる他，災害の発生，作業能率の低下，眼を始め身体及び精神の健康状態に影響を及ぼす。［鬼頭］

再興感染症 （さいこうかんせんしょう）
➡新興感染症・再興感染症

在郷軍人病 （ざいごうぐんじんびょう）

レジオネラ菌によって起こる肺炎を主徴とする感染症を在郷軍人病（レジオネラ症）という。1976年米国のフィラデルフィア市で開かれた在郷軍人会の集会で肺炎が集団発生して初めて発見されたので，この名前がある。本菌を含む水滴や空気，土埃などを吸入することによって感染する。特に空調システム，給湯システムなどが本菌に汚染されての感染例の報告が多い。［太田］
➡レジオネラ菌，レジオネラ症

サイコセラピー
➡心理療法

最終処分場 （さいしゅうしょぶんじょう）

廃棄物は，資源化又は再利用される場合を除いて最終的に，埋立て又は海洋投棄により環境中に放出される。その最終処分は埋立てが原則とされている。最終処分を行う場所については，最終処分場の構造基準及び維持管理基準が定められている。最終処分場は，埋立て処分される廃棄物が環境に与える影響の度合いによって，コンクリート製の仕切りで公共の水域及び地下水と完全に遮断される構造の遮断型処分場，廃棄物の性質が安定している廃プラスチック類等の産業廃棄物の飛散及び流出を防止する構造の安定型処分場，前記処分場の対象外の産業廃棄物の浸出液による汚染を防止する構造の管理型処分場の３タイプに分けられる。［田神］
➡廃棄物，一般廃棄物，産業廃棄物

臍帯血移植 （さいたいけついしょく）

臍帯血とは，臍帯（へその緒）や母親の胎盤に含まれる血液のことである。臍帯血には赤血球や白血球などの血液のもとになる造血幹細胞が豊富に含まれているため，この造血幹細胞を白血病や再生不良性貧血などの血液疾患の患者に移植すると，体内で血球を作り出し疾患に対する治療効果が期待でき，骨髄移植に代わり，近年これを用いた移植の試みがなされている。臍帯血を提供することに同意した妊産婦から，出産時に臍帯血を採取し，凍結保存しておき，移植時に解凍して輸注する。移植した臍帯血による患者への攻撃である拒絶反応が起きにくいとされている。

1999年に日本さい帯血バンクネットワークが設立され，国の財政支援をうけ，臍帯血移植に必要なHLA（白血球の血液型）情報等の全国一元管理及び適合検索など，移植が公平かつ安全に行われるための事業が行われている．［太田］

在宅医療　（ざいたくいりょう）

疾患があり入院又は定期的な通院が必要な状態であるにもかかわらず，何らかの事情で入院，通院が困難な患者や特に自宅での治療を望む患者に対し，医師の他，薬剤師，看護師などの医療関係者が定期的な訪問を行いながら，在宅で行う医療のこと．従来の入院診療，外来診療を補完する第三の医療と位置づけられ，患者やその家族のQOL（生活の質）向上に重要な役割を担っている．［森光］

最適化学習　（さいてきかがくしゅう）

学習の特性に応じて最大の効果が得られるように学習指導を見出していくこと．オペレーションズ・リサーチから生まれた概念で，教授・学習過程における学習指導の最適化を指す．ここでの最適化は，学習者にとって最適な教授法の開発，個々の学習者の適正に合わせた指導の個別化である．近年，コンピュータを用いた学習指導（CAI）でも最適化学習が導入されている．［阿部］

サイドエアバッグ

エアバッグは正確にはSRSエアバッグと呼ばれ，自動車が衝突事故を起こした際，車に内蔵したナイロン製の袋に瞬間的に窒素ガスを充満して膨らまし，運転者や同乗者の顔面や胸を保護する役割を果たす．SRSサイドエアバッグは，座席の脇やドアの内張りに内蔵され，横からの衝突から身体を守る役割を果たすものであり，徐々に設置される自動車が増えてきた．［渡邉］

サイトカイン

細胞内で産生・分泌され，生理活性を有する低分子量タンパク質の総称．血球細胞の活性や相互機能を調節して，細胞増殖や分化，細胞死など細胞・組織の維持や免疫機能を制御する．外部ストレスでも産生が誘導される．他細胞のサイトカイン受容体に特異的結合することによって，細胞内情報伝達系を活性化して作用を及ぼす．［笠井］

サイバネティクス

「舵を取る」という意味のギリシャ語．この理論はウィーナーが1948年に紹介した．例えば，意図する通りに運動を遂行する働きがサイバネティクス機構であり，それを刺激と反応を量的に対応づけて示す情報理論とフィードバックシステムが重要な役割を持つ制御理論により説明するものである．［西嶋］

細胞　（さいぼう）

生物を構成する基本的な最小単位．ゲノムDNAの存在様式により，原核細胞（ゲノムDNAが核膜に包まれない）と真核細胞（ゲノムDNAが核膜に包まれる）に分類される．真核細胞に属するヒトの細胞は，細胞膜で囲まれ，大きさや形は様々で（大部分の細胞の大きさは直径$20\mu m$［＝0.02mm］前後である），内部は核と細胞質で満たされる．細胞質には好気呼吸の場であるミトコンドリア，物質の貯蔵分泌に関与するゴルジ体，物質輸送に関与する小胞体，細胞骨格で物質移動に関与する微小管，タンパク質合成の場であるリボソームなどの細胞小器官が散在する．ヒトの個体は約60兆個の細胞からなる．［松村］
→デオキシリボ核酸，原核細胞，真核細胞

細胞分裂　（さいぼうぶんれつ）

1個の細胞が分かれて2個に増えること．動物の体細胞では，間期（G_2期）の母細胞が分裂期（M期）に入ると，その前期，中期，後期に核分裂の過程が進行し，続く終期に細胞質がくびれて2個の娘細胞ができ，間期（G_1期）となる．分裂後の体細胞は，分裂前の細胞と同じ数の染色体を持つ．ヒトの

肝細胞は通常1～2年に1回しか分裂しないが、腸の上皮細胞は毎日2回以上分裂するものもある。大部分の体細胞の細胞周期は両者の中間にあり、必要に応じて分裂する。生殖細胞がつくられる減数分裂では、第1分裂と第2分裂が連続して行われ、1個の母細胞から結局4個の娘細胞がつくられる。［松村］

催眠療法　（さいみんりょうほう）

催眠状態に誘導し、心身がリラックスした状態になると、イメージが活性化し、セラピストからの働きかけ（暗示）に注意を集中できるようになる。その心身のリラクセーションと暗示によって、クライエントの抱える問題を解決しようとするものである。神経症、心身症などに用いられるが、催眠のかかりやすさには個人差があることに留意が必要である。［井戸］

裁量労働制　（さいりょうろうどうせい）

みなし労働時間ともいわれ、労働者が労働時間の全部または一部について事業場外で業務について、労働時間を算定し難いときは、所定労働時間就労したものとみなす（労働基準法第38条の2）。事業場外労働に関するみなし労働時間の対象となるのは、事業場外で業務に従事し、かつ使用者の具体的な指揮監督が及ばず、労働時間を算定することが困難な業務であり、この場合は原則として所定労働時間労働したものとみなされる。実際にその業務を行うためには所定労働時間を超えて労働する必要がある場合もあり、そのような場合でも、その業務を行うために通常必要とされる労働時間労働したものと見なされる。裁量労働で就労させることのできる業務は、新商品または新技術の研究開発、人文科学又は自然科学に関する研究の業務、情報システムの分析又は設計の業務、新聞又は雑誌出版の事業における取材・編集業務、放送番組の制作・取材・編集の業務、放送番組又は映画等の製作事業におけるプロデューサー又はディレクター、衣服、室内装飾、工業製品、広告などのデザインの考案の業務など、労働基準法施行規則第24条の2に具体的に規定されている。2004年4月より、大学の教員がこれに加わることになった。［千葉］

サーカディアンリズム

概日リズムとも呼ぶ。環境の変化を排除した恒常状態のもとにおいて慨ね1日の周期で変動する生命現象。概日リズムは自立性と24時間に近い自由継続周期に加え、環境周期に対する同調性と自由継続周期の温度補償性を用件とすることもある。［鬼頭］
➡生物時計、生体リズム

サーカニュアルリズム

概年リズムとも呼ぶ。生物現象を示す年周期性が約1年の周期を持つ内因的なリズムによって支配されている時、このような内因的の生物リズムを概日リズムとの類比で概年リズムという。［鬼頭］
➡生物時計、生体リズム

作業環境測定法　（さぎょうかんきょうそくていほう）

1975（昭和50）年に公布。労働安全衛生法と相まって、作業環境の測定に関して作業環境測定士の資格及び作業環境測定機関等についても必要な事項を定め、適正な作業環境を確保し、職場における労働者の健康を保持することを目的とした法律。現行法は1993（平成5）年11月12日改正された。［千葉］

作業主任者　（さぎょうしゅにんしゃ）

ある種の危険又は有害作業を有する事業所では労働災害を防止するため、有資格者の中から作業主任者を選任しなくてはならないことが労働衛生安全法第14条に規定されている。有資格者とは、都道府県労働局長の免許を受けた者又は都道府県労働局長の指定する者が行う技能講習を終了した者等である。作業主任者を必要とする作業は、労働安全衛生法施行令に規定がある。作業主任者の職務はそれらの作業に従事する労働者を指揮する

他，取扱う機械，安全装置の点検，異常を認めた場合の措置などである。[千葉]

作業療法 （さぎょうりょうほう）

OT（occupational therapy）。身体障害や精神障害を持つ患者に対し，特定の作業に対する興味を持たせ製作する過程を通して，主としてその応用的動作能力，社会的適応能力の回復をはかるという治療技術。その内容には手工芸などを実施する機能的作業療法，日常生活動作訓練，前職業的訓練などが含まれる。[吉永]

作業療法士 （さぎょうりょうほうし）

OT（occupational therapist）。病院などで医師の指示のもとに患者に作業療法を実施するリハビリテーション医療専門職。養成校を卒業後に国家試験を経て，その資格を得る。医療のほか福祉や行政の分野でも活躍が期待されている。[吉永]
➡作業療法，リハビリテーション

座高 （ざこう）

正しく椅子に腰掛けた際の，座面から頭頂までの垂直距離である。すなわち，耳眼面を水平にし，背筋を伸ばして膝の後ろが座面の前縁にあたるように深く座った姿勢での，座面から頭頂点までの高さである。頭頂点とは，耳眼面を水平にした時正中矢状面における頭部の最高点である。乳児や幼児では，座高は仰臥位で計測され，頭臀長と呼ばれる。[佐竹]

刺し傷 （さしきず）

傷に釘などで古い汚いものが刺さってしまった場合，感染症を起こすことがある。稀に，破傷風に感染することもあるので，疑わしい時は，病院で消毒とともに破傷風の予防接種を行う。ハチに刺された時は，毒針をピンセットで抜き取る。毒を吹きだし，傷口を石けんでよく洗い，冷湿布をする。腫れがひどくなったり，口がかわく，息苦しいなどの症状がでた時は病院を受診する。[田中哲]
➡破傷風

挫傷 （ざしょう）
➡外傷

SARS （さーず）

severe acute respiratory syndromeの略。重症急性呼吸器症候群。2002年11月中国南部で発生したウイルス性肺炎。病原体は新型のウイルスで，野生動物からきた。ウイルスを保有する野生動物は無症状で，糞や尿にウイルスを排泄しており，乾燥した糞尿から舞い上がった埃を吸った人に感染が起こり，そこで何らかの遺伝子変異が生じ，人から人へと伝播するようになったと考えられる。このウイルスはコロナウイルスに属するが，電子顕微鏡でみると粒子の周りに太陽のコロナ状の突起がみえることからそう呼ばれる。乾燥には強いが，有機溶媒，表面活性剤には弱い外被を持つウイルスである。人→人の伝播経路は，糞便→手→口，肺→飛沫→口の両方が考えられる。肺からのウイルスの排出は肺炎の極期に起こる。入院した重症患者との接触，及び患者からの飛沫により治療に当たった医療関係者に感染が広がった。抗生物質は無効。予防ワクチンはまだ開発の段階にある。患者を個室に入れ，かつ院内感染を防止する対策がとられて，流行は終息した。約8千人の患者が発生し，うち約1割が死亡した。中国で感染した人が飛行機に乗って行った20数か国で発病したが，そこでさらに人から人へとSARSが広がった国は，シンガポール，ベトナム，フィリピン，カナダであった。[井上]

嗄声 （させい）

声の音質（音色）の異常で，粗糙性（ガラガラ声），気息性（息漏れ声），無力性（弱々しい声），努力性（いきんだ声）に分類される。学童嗄声は無理な発声が原因で声帯に炎症が生じたもので，正しい発声法と音声の乱

用を慎む指導をしながら経過を観察する。多くは変声期を経過すると自然治癒するが，喉頭乳頭腫もまれに存在するので，喉頭の検査は必須である。［浅野］

錯覚 （さっかく）

てんぷらを揚げる音が雨の降る音に聞こえたり，通りすがりの人を親しい友人と間違えるなど，空耳，見間違えなどは，日常生活でしばしば経験することである。このように，客観的・物理的な現実と異なって知覚することをいう。いわゆる五感と呼ばれる感覚において錯覚は生じる。つまり，錯視，錯聴，錯嗅，錯触，錯味である。普通に生活している中でも種々の錯覚は体験するが，疲れている時や酒に酔っている時など，心身に何らかのストレスがかかっている時などには，普段よりも頻度が増えることが知られている。［近藤］

擦過傷 （さっかしょう）
→すり傷

殺菌法 （さっきんほう）

細菌を殺す方法。滅菌と消毒に大別される。滅菌とは，微生物とそれらに由来する酵素類のすべてを完全に殺滅することで，炎を通過させる火炎（焰）滅菌の他，高圧蒸気滅菌（オートクレービング）が一般に行われている。消毒とは，病原微生物を殺滅することで，強酸，強アルカリ，エチルアルコール，塩素，石炭酸，逆性石けん，薬用石けんなどの消毒剤（薬）が状況に応じて用いられる。類似語に防腐があり，微生物の増殖を抑えて腐敗を防止すること。これに用いる薬品が防腐剤。［田神］
→滅菌法，消毒法，火炎滅菌，高圧蒸気滅菌

左脳 （さのう）
→右脳・左脳

サーベイランス

継続的な監視のことをいう。主に伝染病の場合に用いられてきた。WHOでは，「有効な対策を樹立するために，感染の分布と蔓延並びにそれに関与する諸要因を十分の正確さと完全さをもって継続的に精査し，かつ監視すること」と定義されている。すなわち，伝染病の平常時における情報収集のシステムである。この考え方が強調される背景には，研究の蓄積により，伝染病の実態が把握され早期に感染者や感染源が把握されるようになってきたこと，情報科学の進歩によりデータの保存，処理が容易になってきたこと，人権擁護の立場から行動制限を伴う処置が不適当と考えられるようになってきたこと，等がある。サーベイランスを効果的に実施するためには米国CDCのような一元的な組織が必要。伝染病の分野のみでなく，環境汚染，医薬品の副作用，食品衛生，交通事故対策などにも応用される。［鬼頭］
→アメリカ疾病管理センター

サモアの思春期 （――ししゅんき）

アメリカの文化人類学者マーガレット・ミードの処女作となる著書（1928）である。悩みが多く葛藤の極めて強い欧米の思春期の少女たちとは異なる，サモア諸島の少女たちのストレス・フリーな生き方に焦点を当て話題となった。しかし，後に出版されたデレク・フリーマンの『マーガレット・ミードとサモア』（1983）においてその虚構性を手厳しく指摘されてもいる。［綾部］

サリドマイド

安全で緩和な鎮静薬として開発され，不安にとらわれがちな妊娠初期の女性に投薬されていた。しかし，1960年代初期にヨーロッパで服用した母体から奇形児が多発し，催奇形性が判明した。四肢，特に上肢の発育が痕跡的となり，アザラシ肢症がその典型である。その他，無耳症，難聴，体内諸臓器の異常な

どを合併することも知られている。[礒辺啓]

サルモネラ菌 (――きん)

腸内細菌科のグラム陰性桿菌で,周毛性の鞭毛を持ち活発に運動する菌である。食細胞に食べられても,細胞内で生存し,増殖できる細胞内寄生性菌である。ヒトや動物の腸管内に生息し,食物や水,またヒトを介して感染する。本菌による感染症としてはチフス症を起こす菌や,食中毒を起こす菌などがあるが,胃腸炎を起こす食中毒が最も多く,乳幼児や高齢者では敗血症,髄膜炎で死に至ることもある。また,症状がなくなってからも保菌状態が続くので注意が必要である。近年,サルモネラ食中毒の中で,Salmonella enteritidisによる卵及び卵加工品の食中毒が急増している。現在,鶏卵の1,000〜2,000個に1個は卵黄から菌が検出されるといわれており,卵料理は十分に加熱すること,新鮮な卵は菌がいてもごくわずかなので,すぐに調理をしない時には冷蔵庫に保存をすることなどが予防上重要である。[上濱]

酸化ヘモグロビン (さんか――)

メトロヘモグロビンのこと。[鬼頭]
→ヘモグロビン,血色素

産業医 (さんぎょうい)

労働者の健康管理を行う目的で職場に従事する専門医師。労働安全衛生法により,常時50名以上の労働者を使用する職場では産業医を置くことが義務づけられている。健康診断の実施と職員の健康管理,衛生教育,健康障害の原因調査とその予防,職場の定期的巡回などを行う。[吉永]

産業公害 (さんぎょうこうがい)

産業活動に伴って起こる公害。公害対策基本法によれば,公害とは「事業活動その他の人の活動に伴って生ずる相当範囲にわたる大気の汚染,水質の汚濁,土壌の汚染,騒音,震動,地盤の沈下及び悪臭による人の健康または生活環境に係わる被害」と定義されているので,このうちの産業活動に起因するものと考えられる。これに対して,一般住民の消費活動などによって起こるものを都市・生活型公害と呼ぶことがある。昭和30年代以降の高度成長期には産業公害の占める割合が多かったが,法的整備などによる規制の効果もあり,最近ではむしろ自動車の排ガスのような都市・生活型公害の比重が大きくなってきている。[本田]
→公害

産業精神衛生 (さんぎょうせいしんえいせい)

職場や就労に関連して生じる心のトラブルや精神障害の予防,治療,職場復帰を企てること。様々なストレスを軽減し,社内的な支援体制を作り,精神的健康を保持・増進する(第1次予防,発生予防),精神障害になった場合も早期発見して,カウンセリングや業務内容の調整などを行って援助し,早期治療,再発予防を促す(第2次予防,有病率低下),そしてリハビリテーションを促進して,復職や復職後の援助を行う(第3次予防,社会復帰)ことを指す。近年,産業保健現場における精神障害者の増加とともに,その重要性が増しており,セルフケア,ラインによるケア,産業保健スタッフによるケア,事業場外資源によるケアの4つのケアが重要とされる。[吉田]

産業廃棄物 (さんぎょうはいきぶつ)

廃棄物の処理及び清掃に関する法律と政令によって規定されている,以下の廃棄物を産業廃棄物と呼ぶ。事業活動に伴って生じた廃棄物のうち燃えがら,汚泥,廃油,廃酸,廃アルカリ,廃プラスチック類,その他政令で定める廃棄物(紙くず,木くず,繊維くず,動植物性残さ,ゴムくず,金属くず,ガラスくず,陶磁器くず,鉱滓,建築廃材,動物の糞尿,動物の死体,集じんされた煤じん,産業廃棄物処理物)。家庭などから出される一般廃棄物に比べ,量的にも多く,毒性も強い

ものが多い。なお，売却して利益の得られるものは廃棄物と呼ばれないため，例えば古タイヤなどを業者が販売のために保管していると主張することもあり，適切に処理できない場合もある。[本田]

➡廃棄物，一般廃棄物

残気量 （ざんきりょう）

息を深く吐ききった状態で肺内に残存する気量をいう。ヒトは最大呼気位以上の呼出は不可能であるため，スパイロメータでは残気量を測定することができない。測定は，He希釈法，N_2洗い出し法，体プレスチモグラフ法などを用いる。成人の残気量は約500〜1,000mℓといわれている。[田中喜]

酸欠事故 （さんけつじこ）

吸入する空気の酸素濃度が著しく低下していることが原因で発生する死亡，後遺障害事故をいう。地下倉庫（むろ），下水道関連，船倉や倉庫などの施設で多発し，それぞれ地層中の鉄分，活性汚泥，穀物などが空気中の酸素を利用し，換気が行われていないために発生する。[田神]

3歳児健康診査 （さんさいじけんこうしんさ）

公費負担の集団健診で，平成2年より視聴覚検査も導入された。眼科では視力検査で屈折異常，弱視，耳鼻科では滲出性中耳炎などで両難聴例の早期発見を目的としている。家庭での視力検査および問診票を記入してもらい異常のある例には事後措置として精密検査をする。1990（平成9）年度からは各市町村単位で施行することになった。[礒辺真]

三次医療圏 （さんじいりょうけん）

各都道府県において作成する医療計画（医療法第30条の3）において，定めることとされている特殊な医療を提供する病院の療養病床又は一般病床の整備を図るべき地域的単位としての区域。二次医療圏を合わせた区域で，通常，都道府県が単位となる。[森光]

➡医療圏，二次医療圏

産児制限 （さんじせいげん）

子どもは欲しくない，現在はまだ欲しくない，子どもはこれ以上欲しくないといった個人の事情や糖尿病，高血圧，心疾患，HIV感染などのように母体や胎児，新生児の健康が医学的に脅かされる可能性が高い場合，人口増加による社会的な懸念などがある場合に，個人または夫婦が妊娠を防ぐ（避妊）こと。産児制限を行う際には，有効率（パールインデックス），費用や利便性，副作用などの健康に与える影響などを考慮し，パートナーの協力とともに適切な避妊法を選択することが重要である。[上濱]

産褥熱 （さんじょくねつ）

分娩時に子宮や腟などにできた傷に細菌感染し，それが原因で発熱する病気をいう。炎症の場所によって外陰炎，腟炎，子宮内膜炎などと呼ばれ，その部位のみで治癒するケースから，病原菌が血中に入り重篤な症状を示す産褥敗血症まで様々な状態がある。治療は，抗菌剤，安静，栄養が治療の基本で，汚染された悪露の排泄を促進するために子宮収縮剤を使用することもある。以前は産後に起こりやすい病気であったが，近年，感染防止のために，産後すぐに抗菌剤を投与することが多いため，めったに起こらなくなった。なお，産褥とは，妊娠及び分娩によって起こった性器と全身の変化が，妊娠前の状態に戻るまでをいい，産褥期間は一般的には6〜8週間とされている。[上濱]

酸性雨 （さんせいう）

pH（水素イオン濃度）が5.6より小さい降水。工場地帯などからの人為的大気汚染物質である硫黄酸化物，窒素酸化物が降水中に溶け込んでできる。歴史的には19世紀の産業革命に伴う石炭使用量増大によりイギリスで被害が出たのが最初と考えられている。ヨーロッパでは，ドイツなどの重化学工業地帯から

の大気汚染により，酸性雨が発生する。この影響は，本国の針葉樹林のみでなく国境を越えて北欧にも及び，スウェーデン，ノルウェーなどの湖沼には魚が死滅した例もある。このため，対策には国際的な協力が必要となっている。被害は自然環境のみでなく，建造物，石や青銅の彫刻といった人工環境にも及ぶ。わが国でも昭和30年代から酸性雨は観測されており，環境庁の1988～1992年の調査では大きな被害を出している欧米並みの酸性度が記録されている。[本田]

➡ 大気汚染

酸素欠乏症 （さんそけつぼうしょう）

生体組織で酸素が欠乏している状態のこと。酸欠とも呼ばれる。原因としては，①吸気中の酸素分圧低下（高地など），②肺胞低換気などにより静脈血が十分に酸素化されない，③貧血などによる血液の酸素運搬能の低下，④心不全などによる循環障害，⑤一酸化炭素中毒によるヘモグロビンの酸素結合能の低下，⑥組織での酸素利用度の低下，⑦組織での酸素消費増加による相対的酸素不足，などが挙げられる。[西川・松岡治]

酸素需要量 （さんそじゅようりょう）

生体が必要とする酸素の量のことで，安静時や低強度の運動時には，酸素需要量は酸素摂取量とほぼ一致する。運動強度が大きくなると，酸素需要量が酸素摂取量に追いつかなくなり，体は酸素不足の状態になる。そのため，運動中の酸素需要量は，酸素摂取量と回復時の酸素摂取量（酸素負債）を加えたものとなる。[田中喜]

酸素摂取量 （さんそせっしゅりょう）

ある一定時間内に呼吸によって生体にとりこまれた酸素の量である。通常1分間あたりに消費（摂取）する酸素の量を表す。安静時の酸素摂取量は約200～300mℓ/minであるが，運動時には，その強度や運動者の体格（筋肉量）に応じて1,000～6,000mℓ/minにまで増加する。[田中喜]

サンプリング

調査を実施する場合に，全調査対象者（母集団）から偏りなく調査対象を選ぶこと。標本抽出のこと。選ばれた対象者に基づく誤差（標本誤差）を最小にするために行われる。全対象者数が少ない場合には単純無作為抽出法，全対象者が多い場合には，一定間隔で標本を選択する系統抽出法や，いくつかのグループに分けて，それぞれのグループの中から標本を抽出する層化抽出法が用いられる。[國土]

参与観察 （さんよかんさつ）

研究・調査対象となるコミュニティに長期間住みこみ，自らがコミュニティの一員となることを通して観察する調査方法。対象社会の一員として生活しながら観察し，現場事象の構造や因果関係を分析する。対象者の意識や感情，考え，価値観などが詳細に観察可能であり，出来事の意味を社会文脈的に把握できるなど非常に深い理解が得られる一方で，調査者がコミュニティに参加することによって生じるバイアスなども含まれる。調査と分析に長期間かかることが多い。[國土]

霰粒腫 （さんりゅうしゅ）

原因はマイボーム腺の慢性肉芽性慢性炎症で，眼瞼内の腫粒である。一般的には有痛性のものが多い。保存的治療により縮小または治癒するが，難治のものは摘出する。[朝広]

残留性 （ざんりゅうせい）

化学物質は環境中に放出されると，地圏，水圏，大気圏へと分布し，そこでその物質の性質により，種々の分解を受ける。生物的又は非生物的分解，光分解，酸化分解，加水分解などを受ける。その分解に対する抵抗性が残留性である。[千葉]

3類感染症 （さんるいかんせんしょう）

感染力，罹患した場合の重篤性等に基づく総合的な観点からみた危険性は高くないが，特定の職業への就業によって集団発生を起こし得る感染症。腸管出血性大腸菌感染症がこれに分類される。［上地］
→ 1類感染症，2類感染症，4類感染症

ジアルジア

ヒトの小腸上部に寄生して下痢や胆のう炎を発症させる単細胞の寄生虫。これが原因で起こる下痢症をジアルジア症と呼び，水系感染する。病原体はシスト（嚢子，休眠ша虫が袋に収まった状態）と呼ばれる状態で便中に排泄され，水や食品を汚染して感染者を増やす。シストは塩素や熱などによる消毒に耐える。［田神］

シアン

ジシアン，シアノーゲン，オキサロニトリルとも呼ばれる無色で特異臭のある気体。水，アルコール，エーテルに溶ける。水中のシアンは，シアンイオン，シアン化合物（シアン化水素など），シアン錯化合物（フェリシアン，チオシアンなど）として存在する。シアンは燻蒸剤などに用いられ，毒性はシアン化物一般とほぼ同様である。［日置］

シアン化物 （——かぶつ）

シアン化合物。シアン化水素の塩をいう。シアン化カリウムなどアルカリ金属，アルカリ土類金属のなどとの塩は通常無色の結晶で水に溶けて強いアルカリ性を示す。シアン化物の中毒症状としては，体内の呼吸酵素を阻害し，頭痛，吐き気，浮腫，痙攣，失神，呼吸困難の症状を呈し，死亡することもある。水道法の水質基準ではシアン化物イオン及び塩化シアンについて，シアンの量に関して 0.01mg/ℓ とされている。［日置］

自慰 （じい）

オナニー，手淫，マスターベーションと同義。性感を得るために自ら性器などに刺激を与える行為。発達過程における生理的行動。［五十嵐］

死因 （しいん）

個体の死亡の原因を医学的に説明する概念をいう。死亡原因（死因）はWHOにより定められた「疾病及び関連保健問題の国際統計分類第10回修正」（ICD-10）に基づいて分類される。この分類は明治30年代に制定されて以来ほぼ10年ごとに修正が行われ，現在は10回目の修正版が世界中で用いられている。日本でもこれに準拠して「疾病・障害及び死因分類」が定められている。これによれば死因は，「死亡を引き起こしたか，その一因となったすべての疾病・病態または損傷，及びこれらの損傷を引き起こした事故又は暴力の状況」と定義される。死因が1つだけ記載された場合には，この原因が統計に使用される。複数の死因が記載された場合は，一定のルールに従って，選択していかなければならない。このルールは，原死因の概念に基づいている。さらに原死因は，次のように定義される。①直接に死亡を引き起こした一連の事象の起因となった疾病もしくは損傷，②致命傷を負わせた事故もしくは暴力の状況。死因は医師が記入する死亡診断書を手掛かりとして分析される。この際，国際的に厳密な死因の分類ルールが一般化しており，このルールに基づいて統計が作られる。死亡診断書には死亡した時・場所・死亡の直接死因(ｱ)，(ｱ)の原因(ｲ)，(ｲ)の原因(ｳ)，(ｳ)の原因が記載され，さらにその経過や手術，解剖の所見が記入される。また死因が病死か自然死か外因死か，不詳の死か，外因死の場合にはその時・場所などの詳細な情報が記入される。［大澤滋］
→ 国際疾病分類

死因別死亡率　(しいんべつしぼうりつ)

死因別に人口10万人当たりの死亡数。
(式)
$$死因別死亡率 = \frac{ある地域におけるある死因による1年間の死亡数}{その地域の年央人口} \times 100,000$$
[大澤清]

SHES　(しぇす)

school health education studyの略。1960年代にアメリカ合衆国で展開された保健教育教材に関する研究とその成果を指す。3段階の研究過程(保健教育の実態把握、実験カリキュラムの構築、実験学校における授業展開)を経て展開された。外界の相互作用から形成される意味・意味体系を概念として捉え、保健教育における概念形成過程の重要性を提唱した。[山崎秀・渡邉]

ジェンダー

自然・生物学的な性(セックス)に対して、社会的に与えられた固有の役割や心理的特徴など社会・文化的な性のこと。社会的性役割。典型的なものに、男は外で働き、女は家事をするという役割分担がある。また、学校では、クラス名簿が男女別に並べられていることや、体育の授業で、女子はダンス、男子は武道という種目の違いもある。いわゆる「男らしさ」「女らしさ」といった言葉やその内容もジェンダーの考え方を用いて捉えなおすことができる。ジェンダーは、ステレオタイプな「男性的」「女性的」イメージ、心理的特徴、外見、職業選択、社会的役割など、「男性性」「女性性」についてのあらゆる側面に疑問を投げかける。フェミニズム思想の中から生まれた語であるが、もはや女性解放や男女平等といった枠にとどまらず、社会に潜在する様々な問題を根本的に問い直すための重要なキーワードの1つである。[渡辺]

ジェンナー

天然痘ワクチンを発見し、免疫学の基礎を確立した。1749年イギリス生まれ。[寺井]
→天然痘

CO　(しーおー)

quesionable caries under observasionの略で、要観察歯のこと。現在、う歯とは断定できないがこの状態を放置しておくとう歯に移行しやすく、また、口腔内環境が改善されれば健全になる状態である。前歯では白斑(濁)、臼歯では褐色斑など着色変化として観察される。COは治療勧告の対象ではなく、学校で児童生徒に対し歯磨き指導を行うなど、これを保健教育の教材にすることが勧められる。[赤坂]
→う歯

GO　(じーおー)

gingivitis under observationの略。歯周疾患要観察者のこと。歯肉に軽度の炎症症状が認められるが、歯石沈着は認められず、注意深いブラッシングを行うことによって、炎症症状が消退するような歯肉の状態の者である。GOは児童生徒に対し説明し、自ら観察することによって炎症の有無を確認することができる。そのためGO児に対する正しい歯磨き法の指導を行い、自ら日常生活で実効することにより、歯肉の炎症を健康状態にすることが体験できる。[赤坂]
→ブラッシング、歯肉炎

COD　(しーおーでぃー)

chemical oxygen demand。化学的酸素要求量、又は化学的酸素消費量のこと。水中に含まれる有機物と被酸化性の無機物が酸化剤によって酸化される時、消費する酸化剤量をそれに相当する酸素の消費量で表したものである。海域や湖沼の排水基準や環境基準の指針として用いられている。また、河川のBODに代わり海域での汚染を示す指標として用いられている。[照屋]
→化学的酸素要求量、BOD

自我　（じが）

egoの訳語として，また自己はselfの訳語として心理学では用いられている。自分自身を自分で主体的に見る場合が自我であり，自分を客観的に見る場合に自己という用語を用いる。精神分析学では，心の構造をイド，自我（エゴ），超自我（スーパーエゴ）の三重構造で考える。つまり，本能的な欲求の核として心の中心に位置するイドと，心の一番外側にあって社会適応の指示・命令を出す超自我とにはさまれた位置にあって，その人らしさを演出するのが自我なのである。［近藤］

歯科医師　（しかいし）

歯科医師法によって規定され，歯科医療，及び保健指導を司ることによって，公衆衛生の向上及び増進に寄与し，もって国民の健康な生活を確保することを任務としている。
［礒辺］

自我意識　（じがいしき）

主体としての自分を意識することである。客体としての自分をいわば他者の目から意識する自己意識とは異なり，自分自身の感じ方や認識の仕方に忠実にしたがって自分を意識する。自我意識が成立して，初めて他者とは別個の存在としての自分が確認される。そうして，親やそれに代わる人物への依存から離れて，独立した存在への一歩が踏み出されることになる。［近藤］

歯科衛生士　（しかえいせいし）

歯科診療をスムーズに運ぶために，歯科医師を中心に，歯科衛生士，歯科技工士，看護師，准看護師，臨床放射線技師，薬剤師，臨床検査技師，栄養士などコ・デンタルスタッフと称される職種の人々がいる。歯科衛生士になるには，歯科衛生士試験に合格し，厚生労働大臣の免許を取得しなければならない。受験資格は，文部科学大臣指定の歯科衛生士学校を卒業したもの，厚生労働大臣指定の歯科衛生士学校を卒業した者等である。歯科衛生士は，歯科医師の直接指導のもとに，歯牙と口腔の疾患の予防処置として次に揚げる行為を行う。歯の露出面及び正常な歯肉の遊離縁下の付着物及び沈着物を機械的操作によって除去すること，歯及び口腔に対して薬物を塗布することを業とする。歯科衛生士法（1948年7月30日法律第204号）の規制を受ける。歯科衛生士は，保健婦助産婦看護師の規定に関わらず，歯科診療の補助を行うことができる。その職場は，公衆衛生の分野としては保健所，市町村，事業所などがあり，一方歯科医療の場としては歯科診療所，病院歯科などがある。近年，訪問歯科診療の補助や訪問歯科衛生指導を行う機会が多くなっている。［佐竹］

歯科技工士　（しかぎこうし）

厚生労働大臣の免許を受けて，歯科技工を業とする者をいう。歯科技工法（1955年8月16日法律第168号）の規定を受ける。歯科技工とは，特定人に対する歯科医療の用に供する補綴物，又は矯正装置を作製し，修理し，又は加工することで，歯科医師が行う場合は歯科技工法の規制から除かれる。歯科技工士は，歯科診療所や病院の歯科技工室，歯科技工所で業務を担う。歯科技工士になるには，歯科技工士試験に合格し，厚生労働大臣の免許を取得しなければならない。受験資格は，厚生労働大臣指定の歯科技工士養成所を卒業した者，歯科医師国家試験を受けることができる者等である。高齢社会を迎えるなか，歯科医療における歯科技工物の需要はますます増大し，歯科技工士の役割もいっそう大きなものになると思われる。［佐竹］

志賀潔　（しがきよし）

日本人細菌学者（1870-1957）。1898年に細菌性赤痢の病原体（志賀菌）を発見した。その後，ドイツに渡って，化学療法剤を研究し新薬を開発した。［田神］

視覚障害　（しかくしょうがい）

　視力，視野，色覚などの見る機能の障害の総称であり，視力障害とはものの形などを見分ける力の障害といえる。一般に両眼の矯正視力が0.3未満児童生徒は教育上の特別の配慮を必要とし弱視児と呼ばれ，矯正視力0.02未満となると視力による学習が著しく困難となり視覚障害児と一般的にいっている。弱視児は視力の程度によって教育上の配慮も様々に異なり，通常の学級で配慮を受けての教育，弱視学級での教育，また盲学校で教育を受けることになる。視力による教育の著しく困難な視覚障害児は盲学校において教育が行われ，点字，指先での凹凸の確認，触覚や聴覚の活用の方法，安全対策，白杖による歩行訓練，按摩，針，灸などの職業の訓練も行われている。［斎藤］

視覚障害児教育　（しかくしょうがいじきょういく）

　視覚障害児の教育は，視力の程度により，盲学校，弱視学級，通常学級で行われる。視力による教育の著しく困難な視覚障害児は盲学校において，日常生活の様々な動作や歩行，諸感覚の活用に着目した個別指導やグループ指導が行われ，視覚障害者特有の文字としての点字なども学習し，教材・教具についても触覚や聴覚の活用するように工夫を凝らしている。［斎藤］
→盲学校

自覚症状　（じかくしょうじょう）

　保健調査の内容の中にある項目の1つ。これは内科，眼科，耳鼻科，歯科の他に皮膚科や整形外科に関する自覚症状を記入し，健康診断にあたり学校医のチェックを受けやすくする。例えば内科的なものとして疲れやすい，立ちくらみがする，食欲がない等，運動部選手では膝が痛い，投げると肘が痛い，走っていてふらつく等である。［福田］

歯科検診　（しかけんしん）

　内容は，歯列・咬合，顎関節，歯垢の状態，歯肉の状態，歯の状態その他の疾病及び異常などである。特に歯肉の状態ではGO，G（歯周病に関して歯科医師による診断と治療が必要な場合）について，歯の状態では現在歯，う歯，CO，喪失歯，処置歯，要注意乳歯などについて診査する。歯肉炎（GOを含む），う歯（COを含む），歯列・咬合・顎関節については，0：異常なし，1：要観察　2：要精検　に区分し，事後措置として1は臨時健診などで観察，2は臨床機関での精密な検査もしくは治療勧告を行う。［赤坂］
→GO，CO，う歯，歯肉炎

自我障害　（じがしょうがい）

　自我意識が成立されず，いわば自我の確立に至らない場合，自我分裂，自我の未成熟，自我の混乱といった自我障害の状態を呈する。精神分析的にいうならば，自我は外界からの圧力つまり具体的には超自我との関係で鍛えられ成立していく。そうした意味で，他者とのコミュニケーションが十分に行われない場合，自我障害を引き起こす可能性があると考えられる。［近藤］
→自我，自我意識

C型肝炎ウイルス（C型肝炎）
（しーがたかんえん――）

　フラビウイルス科ヘプシウイルス属に分類され，ヒトに感染して約25％にC型肝炎を発症させるウイルス。このウイルスが発見される以前に「非A非B型」と呼ばれていた輸血後肝炎の大半がC型であった。劇症型のウイルス性肝炎による死亡の約75％を占めている。感染者の半数以上は慢性化し，現在約70万人の慢性患者がいて，毎年その10％が肝硬変，3％が肝ガンで死亡している。一部の症例に対してインターフェロン療法が確立したので，自治体による集団検診を進める動きがある。［田神］

→ウイルス性肝炎，インターフェロン

G型肝炎ウイルス（G型肝炎）
（じーがたかんえん——）

　フラビウイルス科未同定属のウイルスで，広く潜在感染していると考えられているが，発症する割合は小さく，例え発症しても軽症である。わが国の輸血血液には，このウイルスのスクリーニングが行われていない。[田神]
→ウイルス性肝炎

自家中毒症　（じかちゅうどくしょう）

　周期性嘔吐症やアセトン血性嘔吐症とも呼ばれる。感染，過労，精神的緊張などを誘因として嘔吐を繰り返す。結果的に，ケトーシスと呼ばれるケトン体が増加した病態となる。幼児に多い。年に3，4回繰り返すが，年齢とともに自然治癒する。[寺井]

自我同一性　（じがどういつせい）

　エリクソンによる発達心理学的概念で，青年期の心理社会的危機を示す用語。最近では，アイデンティティと呼ばれる。他人が見ている自分の姿と自分自身で見ている自分の姿が一致しているという感覚であり，その明確な意識を維持している状態を指している。「自分は何者であるか」「自分の役割は何か」など自己を社会に位置づける問いかけに，肯定的かつ確信的に答えられるかがアイデンティティの確立を示す。自己が混乱し，自己の社会的位置づけを見失った状態がアイデンティティ拡散である。アイデンティティは，青年期の危機を示す用語であるが，民族，集団，職業など社会的な関係の中で用いられることが多い。また，青年期のみならず人生全般に関わる課題ととらえられており，幼児期，児童期，成人期，老年期それぞれの危機を乗り越え，アイデンティティの確認をしていかなければならないという課題を抱えている。[宮脇・村岡]
→アイデンティティ

自我分裂　（じがぶんれつ）

　エリクソンは心理社会的発達段階説において，自我同一性（アイデンティティ）の確立が青年期の発達課題であるとした。それが達成できない場合，自我の分裂が起こる。つまり，青年期は「アイデンティティの確立」対「アイデンティティの拡散・混乱」という危機を乗り越えることが課題となっている。[近藤]
→自我同一性，アイデンティティ

自我防衛　（じがぼうえい）

　自我を守るために無意識のうちに行われる抑圧，代償，同一化，逃避，合理化などの適応機（防衛）機制のこと。例えば反社会的な欲求が生じた時，私たちの心には不安の感情が生まれる。その欲求を追及すると大変なことになる，という不安がさらに高まる。そこで，自我が破局的な状況になることを避けるために，無意識的機制としてその欲求を抑圧するのである。[近藤]
→抑圧，代償，同一化，逃避，合理化，適応機制，欲求

自我欲求　（じがよっきゅう）

　欲求と要求はいずれも英語ではneedと表記され，それらを区別して用いる立場もあるが，一般には心理学でも同義に用いることが多い。関連する用語としては，動因，動機などがある。いずれにしても，それらを一次的なものと二次的なものに分けて考え，前者は生物としての人間にとって基本的な生理的なものであり，後者は学習によって獲得される社会的なものである。自我欲求といった場合には，後者を中心とした欲求として理解されるべきであろう。[近藤]
→欲求，動因

時間的退行　（じかんてきたいこう）

　退行はもともと精神分析学によって示された概念である。一般に，退行することによっ

て，人は心の安定を得ようとする。もちろん，それは無意識の機制であって，自分自身で明確にそのことを認識しているわけではない。病的な退行と健康的な退行が区別される。病的な退行では，青年期の若者が赤ちゃん返りをするような現象もみられる。これが時間的退行である。精神分析的に考えれば，飲食や睡眠，入浴などは健康的な退行であるといえる。[近藤]
→退行

色覚 (しきかく)

太陽から放出される光線（電磁波という）のうち，色を感じることができる波長は，400〜800nmの間にあり可視光線という。ヒトの網膜には杆体と錐体という2種類の細胞があり，色覚は主として錐体によって行われる。錐体は青錐体，緑錐体，赤錐体があり，その興奮の度合いによって色を感じている。赤緑色覚異常の遺伝形式は，X染色体劣性遺伝で男子は全人口の約5％，女子は約0.4％と少ない。色覚検査は，小学校4学年で行われていたが，学校保健法施行規則の一部を改正する省令（2002年4月1日）により，2003年度の健康診断の必須項目から削除された。今後は個人が希望がある場合には，個別の検査，健康相談が行われる。[朝広]
→網膜

磁気共鳴映像法 (じききょうめいえいぞうほう)

MRI（Magnetic Reasonance Imaging）。体の中にある水素原子の陽子には磁性があり，地球の磁場に比べて3万倍にもなる定磁場の中に体をいれると，様々な方向に動いていた陽子が一定の方向を向いて動くようになる。次に，電磁波で刺激すると磁気共鳴が起こり，陽子の動く方向がかわる。そこで電磁波を止めると陽子は元の状態に戻り，このとき体から電磁波がでる。この電磁波信号を画像にかえたものが磁気共鳴映像法である。[村田]

色素性乾皮症 (しきそせいかんひしょう)

乳幼児期からみられる常染色体劣性遺伝性の光線過敏症皮膚疾患。紫外線を受けることにより，皮膚の紅斑を繰り返し次いで色素沈着，なめらかさを失い，乾燥化を来す。その後，高頻度に生じる皮膚の悪性腫瘍が特徴的である。予後は不良で，わが国の頻度は出産約15,000に対して1である。[松本幸]

子宮がん (しきゅう——)

子宮頸がんと子宮体がんの2種類がある。日本人に多いのは子宮頸がんで，子宮がんの約70％を占める。近年の集団検診の普及による早期がんの発見で，死亡数は減少傾向である。子宮体がんはもともと欧米人によくみられるがんだったが，食生活の欧米化などから近年増加傾向にある。[大川]

子宮内膜 (しきゅうないまく)

子宮は厚さ1cmほどの筋肉でできた袋で，その内側は子宮内膜と呼ばれる粘膜で覆われている。月経から排卵までの低温期には卵胞ホルモン（エストロゲン）の作用によって子宮内膜は次第に分厚くなる（増殖期）。排卵後の高温期には黄体ホルモンが作用し着床の準備を整えた分泌期を迎える。この際，妊娠が成立しなければ子宮内膜は血液とともにには剝離する（月経）。この子宮内膜が「ないはずの場所」，例えば卵巣や骨盤腔に存在するのが子宮内膜症である。[北村]
→女性ホルモン，黄体ホルモン，月経

事業者 (じぎょうしゃ)

労働安全衛生法第2条第3号では，事業を行う者で，労働者を使用する者と規定されている。私有財産制度下において事業経営権を有する者。事業者の責務は，単に労働災害の防止のための最低基準を守るだけでなく，快適な職場環境の実現と労働条件の改善を通じて職場における労働者の安全と健康を確保するようにしなくてはならないなど，労働安

衛生法第3条に規定がある。[千葉]

仕業点検 （しぎょうてんけん）

作業に入る前に作業場環境，使用する機器，必要な資材などを調べて安全，効率よく作業ができるように努めること。自動車の運転の前には行うことが定められている。[田神]

刺激伝導系 （しげきでんどうけい）

心筋細胞のうち，調律を作り出すペースメーカーの役割と，興奮すなわち活動電位を心筋全体に伝える役割を有する特殊心筋細胞の集合で，洞結節，房室結節，ヒス束，左右脚，プルキンエ線維網などの総称。ここに形態学的異常（心筋梗塞，心筋症等）あるいは機能的異常（ジギタリス，電解質異常など）が生じると伝導時間が延長したり伝導が途絶し，部位により洞房ブロック，房室ブロック，脚ブロック，心室内ブロック等が出現する。[角南祐]

止血 （しけつ）

出血している血を止める方法である。直接圧迫法と間接圧迫法がある。直接圧迫法は，出血している傷口の上に，清潔なガーゼやハンカチなどをあて，手でおさえる方法である。間接圧迫法は，主に手や足からの出血の場合，傷口より心臓に近い止血点を圧迫して止血する方法である。[田中哲]
➡直接圧迫法，間接圧迫法

試験 （しけん）

学校保健場面で用いる場合は，教科の一環として行う試験と異なり，生徒を成績により順位づけることを目的としない。むしろ，生徒の心理状態，知能，気質，志向性，認知的・肉体的能力，適性，内向・外向性，抑鬱性，人格の安定度，家庭環境など，人格の基本的特性や背景を把握するために実施される。[山岸]

資源 （しげん）

自然から得られる有用な素材。一般には鉱物，石油や水などをいうが，広くは，人材，遺伝子などの生物の特性，景観，温泉，歴史的建造物，イベントなどの観光資源などにも用いられる。[田神]

試験紙法 （しけんしほう）

主に尿の検査に用いられている。尿を検査することにより腎・尿路の疾患から内分泌・代謝系など多くの臓器の機能，疾患を知ることができる。その検査を簡単にしかも多項目を同時に，迅速にできるスクリーニング検査として試験紙法が普及してきた。項目としてはpH，タンパク，糖，ケトン体，ビリルビン，潜血，亜硝酸塩，ウロビリノーゲン，白血球反応などである。検査法は新鮮尿の中に試験紙を浸した後，余分に付着した尿をふるい落として除き，正確に反応規定時間（直後〜2分）を経てから，試験紙に表れてきた色と色調表を比較して判断する。最近は肉眼的な判定からさらに正確をきすため，自動分析装置も使われている。試験紙法は，尿の他に血液でブドウ糖，尿素窒素などの検査があるが，簡易検査法（ドライケミストリー法）として，今後，検査項目が増えてくると思われる。[松本幸]
➡尿検査

自己 （じこ）

self。自我に対して，自分自身を客観的にみる場合に用いられる概念である。例えば自己実現といった場合，主観的に判断される満足や充足感とは異なって，客観的に自分を振り返って自分らしさが実現できているかどうかが問われる。[近藤]
➡自我

自己愛性人格障害
（じこあいせいじんかくしょうがい）

アメリカ精神医学会の作成した診断基準で

あるDSM-IVには，11種類の人格障害が記述されている。その7番目に記載されているのがこの障害で，「誇大性，賞賛されたいという欲求，共感の欠如」などが基礎となっている。具体的には，限りない成功や美しさの空想にとらわれていたり，自分が特別で独特であるとか，特権意識が強く，自分の目的を達成するために他人を利用し，尊大で傲慢な態度や行動をとったりする。［近藤］

自己意識 （じこいしき）

自己は客体としての自分を示す概念である。つまり自分が他者からどのように見えているかを考えることであるといってもよい。子どもの発達のある段階で，自己意識は芽生え確立していく。自分が他人を見るという行為とその時の意識が明確化された後，その裏返しとして自分も同様に他人から見られているということに気づくことになる。その他者からの目を内面化していくことによって，自己意識が獲得されていくと考えられる。［近藤］

思考 （しこう）

定義は研究分野，学派により様々であるが，思う，考えるといった心的活動一般のことをいう。実存する具体的対象への直接的な働きかけではなく，それらを代替する心的なものの操作を行うことを指す。その内容的，処理的な区別としては，過去に経験した記憶の操作に強く依存する思考は再生産的思考，新奇なアイデアの創出など創造性に強く依存するものは生産的思考として区別される。また，現実的な評価をもって目標を達成しようとする思考に判断や推論，問題解決などがある。歴史的にはまずヴントらの内観法から，心的なイメージを介さずに行われる無心象思考を指摘したヴュルツブルグ学派などの心的イメージの存在に関する論争があった。その後，関心は学習活動に向けられ，刺激とそれに対する反応の連合で思考を説明する行動主義心理学やそれを受けた新行動主義，概念の再構造化や，いわゆるひらめきにあたる洞察現象を扱ったゲシュタルト心理学などが展開された。今日では思考を情報処理的にとらえるアプローチがあり，人工知能，神経科学，哲学などの周辺分野を含めて統合的な研究を行う認知科学などが知られている。［阿部］
→行動主義，新行動主義

歯垢 （しこう）

デンタルプラーク。歯の表面に残った食べかすではなく，歯面にべとべとと付着した微生物を主体とした有機物の石灰化していない沈着物である。歯垢の70～80％は微生物であり，湿った状態で1g当たり約2～5×10^{8}個の微生物が存在する。化学成分としては約80％以上水分であり，残り20％ほどがタンパク質，炭水化物，脂質などの固形成分である。研磨清掃後の歯の表面は，ほどなく唾液成分由来の薄膜（獲得皮膜）に被われる。歯垢形成は，歯面への微生物の吸着に始まり，歯をみがかないで数日放置すると，歯垢は厚みを増して成熟歯垢となり，むし歯（う歯）や歯周病の発生に大きく関与する。このため，厚みを増す前の早い時期に，歯みがき等で歯垢を除去する必要がある。［田代］
→う歯，歯周病(疾患)

試行錯誤学習 （しこうさくごがくしゅう）

新奇な問題状況下におかれた学習者が，でたらめに反応を試みて，偶然に問題状況を解決するというプロセスを繰り返すと，やがて問題解決に導く反応の出現頻度は多く，失敗に導く反応の出現頻度は少なくなっていき，最終的には適切な反応だけを行うようになる。このような学習過程を試行錯誤学習という。例として有名なものにソーンダイクの問題箱によるネコの実験がある。この実験ではネコを仕掛けのある箱（問題箱）の中に入れる。この問題箱は中のスイッチを動かさない限り扉が開かず，外に出られない仕組みになっている。ネコは箱の中で暴れて偶然にスイッチを操作し，外に脱することができるが，

脱した後も再び箱の中に入れるという作業を繰り返す。その繰り返しを積み重ねると、最終的には箱に入れたとたん、真っ先にスイッチを操作して脱出できるようになる。ソーンダイクは満足をもたらす反応が、そうでない反応よりも強くその時の問題状況に結び付けられるという効果の法則でこの環境を説明した。［阿部］

思考実験 （しこうじっけん）

思考は伝統的には論理学の定義に従い、概念・判断・推理の3要素からなる心的過程とされる。それらの過程を用い、実際に物理現象を操作することなく、対象となる現象の状態に思惟の上で操作を加え、どのような結果が得られるかを論理的演繹に基づいて導く過程が思考実験である。［山岸・中川］
→思考

耳垢栓塞 （じこうせんそく）

外耳道の皮膚にある耳垢腺や汗腺などからの分泌液と、ゴミや皮膚の落屑が固まったものが耳垢で、耳垢の量が多くなって外耳道を閉塞した場合をいう。乾性耳垢と軟性耳垢（あめ耳）があり、軟性耳垢は優性遺伝をする。完全に閉塞すると難聴、耳閉感、耳鳴などが起こる。水泳時に耳垢が急激に膨張することがある。［浅野］

自己概念 （じこがいねん）

自らが、自己を対象として把握した概念。自己イメージ。我々は、自分の性格、能力、身体的特徴などに関して一定の観念、イメージを常に持っており、それに基づいて行動や思考などがなされる場合が多い。自己概念は、自己観察や周囲の人々の自分に対する言動、態度、評価などを通じて形成される。ロジャーズによれば、自己概念は個人の現象的世界の中では最も変化しにくい部分であり、よって個人の行動は、自己概念と最も深く即応し、行動特性の理解と変容の鍵は、自己概念にあるという。［宮脇・村岡］

→自己, ロジャーズ

自己血輸血 （じこけつゆけつ）

患者本人の血液を輸血することである。予め手術の前に自分の血液を貯蓄しておき、手術で出血した時に使用する「貯血式自己血輸血方式」が、最も一般的な方法である。手術の方法によっておおよその出血量が予想されるので、予測される手術で貯血に必要な時間的余裕がある場合、貯血式自己血輸血を行う。自己血輸血にはその他にも、手術直前に麻酔をかけて輸液しながら採血する「希釈式」、手術中に出血した分を特殊な装置で回収し、生理食塩水で洗浄して戻す「回収式」がある。手術中に必要な血液を自分の血液で賄うため、同種血輸血（他人から血液を貰って輸血すること）に伴う肝炎ウイルスやエイズウイルスなど血液を介する感染症の危険や、輸血後同種免疫に伴うほとんどの副作用を回避できる方法である。ただし、貯血可能期間が採血後最長35日間までと短く、貯血量に限界がある。［太田］
→輸血

自己顕示性 （じこけんじせい）

自分並びに他人に対し、自分を実際以上に見せたいあるいは見られたいという欲求の強い性格のことを指す。他人の注目を引くため、常軌を逸した行動をしたり、事実を誇張してほらをふいたり、嘘をついたりする。このような性格特徴は、正常範囲でも認められるが、病的な場合空想虚言症や高等詐欺師などになることがある。［荒川］

自己効力感 （じここうりょくかん）

セルフ・エフィカシー（self-efficacy）。ある「結果」をもたらす「行動」ができるかどうかという確信度であり、バンデューラが提唱する社会的認知理論の鍵概念となっている。認知的要因から行動を説明する理論のほとんどは「期待」と「価値」という主要な2つの要因を用いた「期待×価値モデル」が基

本となっているが，バンデューラは行動の先行要因としてのこの「期待」を，「結果期待」と自分ができるかどうかという効力に対する期待とに区別し，後者を「効力期待」と呼んだ。知覚された効力期待がすなわち自己効力感である。自己効力感は，様々な保健行動モデルにおいて，重要な変数として取り入れられている。［渡邉］
➡社会的認知理論

事故災害　（じこさいがい）

　日本では「不慮の事故」は，死因別死亡順位の第5位を占めており，また年代別では幼児期から青年期までの死因の第1位となっている。「不慮の事故」を原因別にみると，全年齢では，「交通事故」，「窒息」，「転倒・転落」，「溺死・溺水」，「その他」の順に多い。「窒息」は，乳児の事故死の4分の3を占めるが，幼児や高齢者にも多い。「溺死・溺水」は全般に多いが，子どもと高齢者では特にその割合が大きい。また，「煙・火・火炎」による死亡は幼児と学童に多い。［家田］
➡不慮の事故

自己実現　（じこじつげん）

　この概念については，ゴールドシュタイン，ロジャーズ，ユング，ホーナイらがそれぞれの論を展開しているが，ここでは，マズローの説を取り上げる。マズローは，人間の欲求を「生理的欲求」を底辺とし「安全と安定の欲求」・「所属と愛情の欲求」・「承認と自尊心の欲求」と積み上げられ「自己実現の欲求」を頂点とするピラミッド構造を形成するものと想定した。そして人間は，下位の欲求が満たされるとより上位の欲求を満たそうとする欲求が発生し，自己実現に向かって成長していくものであると考えた。この場合，自己実現とは自分の可能性を充分に発揮し人格内の一致・統合を目指すことをさしている。往々にして自己実現という言葉は，利己的・個人的なものに受け止められがちだが，マズローのいう「自己実現している人」は自分のことなど忘れ，自分の使命や課題に没頭している人のことである。［荒川］
➡ロジャーズ，ユング，欲求

自己中心性　（じこちゅうしんせい）

　ピアジェの用語であり，自分と異なる他の複数個の視点があることを知らず，すべて自分中心の見地からしか認知しえない幼稚な心性を指す。一般的に理解されるような利己主義という意味ではなく，幼児が自分自身を他者の立場においたり，他者の視点に立ったりすることができないという認知上の限界性を表す。自己中心性の言語面での表れが自己中心語である。ピアジェは幼児は相手に向かって話しかけながら，自分の発言が相手に理解されたかどうかには無頓着であり，相手の言っていることは理解しようともしていないことを観察し，幼児は自分の考えを他者に伝達しようという意図を持っていないからだと解釈した。これは，6歳頃にはまだ根強いが，7歳頃には急速に減少するという。［宮脇・村岡］

自己認識　（じこにんしき）

　自己意識が成立した後，社会的価値や基準に照らして客体としての自己を評価・判断することをいう。つまり，自己像や自己概念についての認識であるといってもよい。青年期においては，そうした自己像などのゆがみや不安定さが顕著になりやすく，自己認識にもゆらぎが生じたりすることが多い。［近藤］
➡自己意識

自己評価　（じこひょうか）

　自分の能力，性格，態度，興味・関心などを自らの内省に基づいて評価する方法。教師などが行う他者評価に対して，児童・生徒が自分自身に対して行う評価が自己評価である。学習の改善や向上には，自己評価が効果的であるとされ，自己評価の方法としては，児童・生徒と教師との問答や答案の自己採点などがある。適切な方法による自己評価は，

児童・生徒の自分の現状に対する理解・自覚を促す効果が期待できる。［宮脇・村岡］

自己免疫疾患 （じこめんえきしっかん）

自己と異なる物質が体内に進入するのを認識し排除する免疫という機構が、ある刺激によって変調し、誤って自己の組織を攻撃する病態をいう。自己の体構成成分に対して、液性又は細胞性免疫の作用の結果、組織の機能障害や破壊が生じる。攻撃対象が1つの臓器に限定される場合もあるが、全身の関節、血管周囲の組織、あるいはDNAなど細かい箇所に及ぶ場合は、全身に多彩な症状が現れる。全身性エリテマトーデスのように全身性のもの、甲状腺炎のように器官特異的なものがある。［山崎一・吉田］
→免疫，抗原抗体反応

自己理解 （じこりかい）

自己理解、自己認知、自己意識など、様々な用語と概念が用いられている。思春期・青年期においては自己像のゆがみなどが問題にされることもあるし、現実の自己と理想の自己との解離や葛藤も問題となる。教育に携わる教師や、臨床心理士、社会福祉士などの対人援助の仕事をする人々にとっても、自己理解は欠かせない。それらの専門職の養成課程での、重要なテーマである。［近藤］
→自己意識

自殺 （じさつ）

自らの意志に基づいて死を求め、生命を断つ行為で自己殺人である。自殺は憎しみや怒りの対象の内在化（フロイト）で、攻撃対象が転換して自分自身に向けられた攻撃性、自罰反応である。また死への願望（メニンガー）、分離個体化の失敗（マーラー）などの説がある。フラストレーションの反応としての自己への攻撃性、葛藤状態からの逃避などの心理機制がみられる。［猪股］

自殺念慮 （じさつねんりょ）

うつでは絶望的、悲観的となり、生きる望みを失い「死にたい」という自殺念慮を抱くことがある。小・中・高校生を対象とした調査では、3人に1人が「死んでしまいたいと思うことがある」と答えており、10代の子もでは自殺願望は珍しくはない。自殺企図は複数の要因が錯綜しており、神経症レベルでは未遂が多く、統合失調症では危険な自己破壊行動がみられることがある。［猪股］

死産 （しざん）

妊娠中に母体内で死亡した胎児が母体から排出されること。厚生労働省の規定により、「妊娠満12週以後（第4か月以後）の死児の出産」と定義され、届出が義務づけられている。人工妊娠中絶による死産を人口死産といい、それ以外の自然に起こった死産を自然死産という。［大川］

死産率 （しざんりつ）

（式）
$$死産率 = \frac{1年間の死産数}{1年間の出産数} \times 1,000$$

分母の出産数は出生数と死産数との計である。妊娠4か月以降（13週以降）の死産は届出を要する。わが国の死産率は1897年には90台を記録したが、その後低下の傾向をたどり、1943年には39.6まで下がった。戦後急激に上昇し、1957〜1961年に100以上を記録し、平成10（1998）年代では31程度である。［大澤清・大川］

CJD （しーじぇーでぃー）
→クロイツフェルト・ヤコブ病

脂質 （ししつ）

水に不溶でエーテル、クロロホルムなどの有機溶媒に可溶な物質。糖質やタンパク質とともに3大栄養素の1つで、細胞膜の主要構成成分であるとともに、単位重量当たりのエ

ネルギー量が最も多いことから貯蔵エネルギーとして重要である。しかし、脂質の過剰な摂取は血液中の脂質が増加し肥満や動脈硬化の原因となる。［田井村］

歯周炎 （ししゅうえん）

歯肉のみならず、歯を支えるクッション（歯根膜）にまで炎症が波及し、骨（歯槽骨）の吸収（歯を支える骨が溶けること）と、歯と歯肉の境目に深い溝（歯周ポケット）を認める歯周組織の病気である。正式には、これを辺縁性歯周炎と呼び、一般に歯槽膿漏症とも呼ばれている。加齢とともに被患者が増加するが、近年では発病時期が低年齢化し児童生徒にもみられる。生活習慣病ともいわれ、予防としては、規則的な生活習慣での正しい歯磨き清掃法、含糖食品を抑制した食生活が必要である。［赤坂・田代］
→歯周ポケット、歯周炎、生活習慣病

歯周病（疾患）
（ししゅうびょう：しっかん）

歯を支える周囲組織（歯肉、歯根膜、歯槽骨、セメント質）の病気である。ほとんどが炎症性であり、歯肉に限局した病気である歯肉炎と、歯を支えるクッション（歯根膜）や骨（歯槽骨）にまで炎症の波及した歯周炎とをまとめて歯周病と呼ぶ。発病及び進行要因の直接的な主な病因（原因）は歯垢（デンタルプラーク）である。一般に、歯肉から病気が始まり、炎症が進行すると、歯と歯肉の境目に歯周ポケットと呼ばれる溝が深まり、出血や膿が出ることが多い。そして、ポケット内で繁殖した微生物が出す毒素などにより、周囲の骨を溶かす。さらに、重い歯周炎になると骨の支えを失って、歯はぐらぐら動揺を来たし、ついには抜け落ちてしまう。厚生労働省の歯科疾患実態調査によれば日本人の約80％が歯周病に罹患しており、痛みがなく、本人の気づかないうちに病気が進行するため、初発前からの予防と早期の診断・治療が大事である。［田代］
→歯周炎、歯垢、歯周ポケット

歯周ポケット （ししゅう──）

健康な歯ぐきでは、歯と歯肉の境目にできる溝の深さは2mm以内であるが、歯周炎に罹患してこの溝がこれ以上に深い状態になることをいう。盲のう。［田代］
→歯周炎

思春期 （ししゅんき）

小児期と成人期の移行期である。二次性徴の発現、すなわち乳房や性器の発達、恥毛発生等に始まり、女子では初経、男子では精通現象を経て二次性徴の完成までの期間をいう。通常8～9歳頃から17～18歳頃になる。この時期には心理的発達も急激で、性自認や自己同一性が完成するが、その意味では青春期という語も用いる。［大川］
→二次性徴

思春期外来 （ししゅんきがいらい）

思春期の問題である①頭痛、腹痛など身体的問題（心身症、過敏性胃腸炎など）、②多動、ひきこもりなど心理的・精神的問題（心身症、学習障害など）、③月経不順や腹痛など婦人科的問題（月経困難症、無月経など）を診療科として掲げた外来である。担当医師及び医療チームによって内容が異なる。肥満は主に小児科医や栄養士が助言している。動機づけといかに実践し、継続するかが重要である。ひきこもり、寡黙、不登校、うつ病は、小児科医、診療内科医、臨床心理士が担い、抗精神薬を必要とする重症例は精神科医が中心になっている。愛情ある辛抱強い保護者の理解と能動的関わりが重要である。月経痛、妊娠など月経に伴う問題は産婦人科医が担っている。思春期の問題は家庭環境、交友関係、生活習慣、個々の性格など複合的要因がからんでおり、家族を中心とした多方面での支援、指導が必要である。［松岡優］

思春期側わん症 （ししゅんきそくわんしょう）

　身体の伸びが著しい10歳以降に発症する。男児より女児が約8倍多く，やせ型で筋肉がうすく，きゃしゃで運動嫌いが多い。進行性のため早期発見，早期治療が重要であり学校検診の意義は大きい。診断のポイントは，左右の肩の位置の違い，左右の肩甲骨の高さや位置が違う，体前屈で脊柱を上下に触診すると左右のゆがみがみられる。〔福田〕

思春期貧血 （ししゅんきひんけつ）

　成長の著明な思春期に栄養，特に鉄分を含む動物性タンパク質の摂取が少ないと鉄欠乏性貧血が起こる。思春期の女性は美容のためやせ願望が強く，節食や欠食のための栄養不良や生理による失血があり，男性より女性の方が貧血になりやすい。ハードなトレーニングを長期間つづける長距離選手や減量が必要なスポーツ種目の選手は要注意。〔福田〕
→鉄欠乏性貧血

思春期妄想症 （ししゅんきもうそうしょう）

　「自分の臭いや姿・形，身体の一部分が他人を不快にさせる」と考えて，他人の視線，しぐさがひどく気になって恐怖心を持つ病気である。自分の目つき（自己視線恐怖），腋臭・口臭・体臭・便臭・尿臭・おなら・汗などの自分の臭い（自己臭恐怖症）また自分の手や目など体の一部が醜い（醜形恐怖）と思い込む。そのために周囲の人たちが自分に対して嫌悪感を持っていると思い，他人と接することを怖いと感じる（対人恐怖症）。「周りの人たちが嫌な態度をとる」「咳払いをされた」「臭いをかぐ仕草をされた」「扉や窓をあけられた」と自分と関連づけて妄想する。「視線はきつくない」とか，「ぜんぜん臭はない」と言っても信じず，自分の考えに固執する。ひどくなると，家に引きこもり，自殺願望の例もある。性格は内気で小心で臆病で引っ込み思案であるが頑張り屋でもあり，芯は強情な人が多い。精神的にも身体的にも不安定な思春期，青年期の男子に多い。〔松岡優〕

思春期やせ症 （ししゅんき——しょう）

　拒食症，食欲不振症ともいわれる摂食障害で，極端なダイエットの結果として，皮膚は乾燥し，やせ，全身倦怠，無月経となる。思春期・青年期の女子に多い。理想とする身体像がごくやせている姿であり，「やせ願望」や「肥満恐怖」から徹底して，食事を減らす。また，自分の体型が正しく把握できず，やせているのに太りすぎていると主張し，胴が太い，足が太いなどとこだわり続ける。ふっくら女らしい身体になることを避けようとする心理も働く。母子関係，父子関係，友達関係などの家庭内及び学校での問題が多く，会話の少ない家族環境も多い。性格はまじめで努力家で，やせていてもさらに運動したりする。外面はよく自己主張をあまりしない。しかし，内面の芯は強く，強情な人が多い。重症例は貧血，徐脈，ホルモン異常などの飢餓栄養失調症の状態になり，精神状態も悪化する。食物を勧められると不機嫌になる。〔松岡優〕
→過食症，食思異常，摂食障害，無月経

自傷 （じしょう）

　自己の身体の一部を傷つける行為である。必ずしも致命的な部位に加えられるとは限らず，自閉症や重度の精神遅滞では頭突き，胸部，四肢の殴打，指の皮むしりなどがみられる。青年期女子の摂食障害では手首切傷がみられる。抜毛症では頭髪，眉毛，睫毛などを引き抜く。統合失調症では異常体験に基づく眼球殴打，舌咬，ペニスの切断など重症例がある。〔猪股〕

視床下部 （ししょうかぶ）

　間脳の一部で，第3脳室の側壁及び床を作る。脳底では前から後ろに視交叉，漏斗，灰白隆起，乳頭体をみる。視床下部は自律神経機能の最高中枢として，水分代謝や体温調節，食欲，睡眠などの働きがある。また，下

垂体ホルモンの分泌調節作用もある。[角南兼]

自浄作用 （じじょうさよう）

地圏，水圏，大気圏などへ汚染物質が人為的又は自然的要因で排出された場合，その汚染物質の濃度が自然に減少する作用。河川に流入した汚染物質が下流へ進むにつれて濃度が低下する減少を指す場合が多い。濃度が低下する理由として物理的要因（希釈，拡散，沈殿など）と化学的要因（酸化，還元，吸着，凝集など）と生物学的要因（生物や細菌による捕食，分解など）がある。自然浄化作用ともいう。大気中に放出された汚染物質は降雨により除去される。この自浄作用を自浄能力ということがある。[千葉]

姿勢 （しせい）

身体の構え，身体のさま，あるいは身体つきを意味するが，医学的には頭部，軀幹，四肢の一定の相対的位置関係を表す。ヒトの直立姿勢の正面像は，眉間から下ろした鉛直線が軀幹の正中線上を通過し，両下肢の間に至る場合が正常であり，側面像は外耳孔から下ろした鉛直線が肩，股関節，踵の中央を通過する場合が正常とされる。特に直立姿勢の側面像では，骨盤傾斜度が増大し胸椎後彎度が減少した姿勢を凹背，骨盤傾斜度が減少し胸椎後彎度が増大した姿勢を円背，骨盤傾斜度が増大し胸椎後彎度が増大した姿勢を凹円背，骨盤傾斜度が減少し胸椎後彎度が減少した姿勢を平背という。姿勢異常は脊椎，椎間板，軀幹筋の内圧を変化させ，腰痛などの発生の原因となる。[礒辺晋]

歯石 （しせき）

歯の表面に沈着した灰白色，黄褐色，黒褐色の石灰化沈着物である。歯垢が古くなり，厚くなるに従って，石灰化物を沈着しやすい反応が起こり，歯面に接した層から歯石は形成される。通常，歯みがきでは取れず，歯周病を進行させる原因となるので，歯科医院等で除去する必要がある。[田代]

→歯垢，歯周病（疾患）

事前・事後テスト法 （じぜん・じご——ほう）

実験や教育実践の前後での変化を確認するために事前テスト，事後テストを行う。時間的経過に従って生じる自然変化や学習，成長，発達などが問題になる場合には，実験（実践）群と対照群を設定し，事前テストを用いて両群が等質なグループになるように工夫する必要がある。[國土]

自然環境保全法 （しぜんかんきょうほぜんほう）

1972年に特に必要と思われる自然環境を保全し，将来に継承することを目的に作られた法律。その自然環境の状態に応じてゾーニングを行い，ゾーンごとに保全の仕方が変えられる。ゾーンには原生自然環境保全地域，自然環境保全地域（野生動植物保護地区，特別地区，海中特別地区，普通地区）と都道府県自然環境保全地域とがあり，全国に5地域が指定されている。開発，利用や活用が厳しく制限され罰則を伴う。[田神]

視線恐怖 （しせんきょうふ）

対人恐怖症の病型の1つ。他人と視線が合うことに対し恐怖心を抱き，人混みを避け，ついには一切の外出を拒否するまでになることもある。一般には，発症は思春期（15〜19歳）であり，一過性のものとみられる場合もあるが，中には統合失調症の初期症状としての関係妄想の場合もある。関係妄想性を帯びた重症例は，一般のカウンセリング場面で扱う場合，精神科医との連携が必要であり，それらの病態についての知識・理解がないと適切な対応は難しい。[宮脇・村岡]

自然増加率 （しぜんぞうかりつ）

（式）
自然増加率＝出生率－死亡率
$$= \frac{1 年間の出生数 - 1 年間の死亡数}{年央人口} \times 1,000$$

自然増加率による人口の大きさの変動を表現する指標。わが国の自然増加は明治期から徐々に上昇し、昭和期には自然増加率は13を超えた。特に昭和23（1948）年には21.6となり、ベビーブームと呼ばれた。その後低下して現在では1.6程度になっている。［大澤清］
→ベビーブーム

自然富栄養化 （しぜんふえいようか）

湖沼や河川中の栄養塩類の濃度が、環境要因（光、温度、栄養塩類等）、生産者（植物性プランクトン、水草等）、消費者（動物性プランクトン、魚類等）、分解者（細菌等）が関与する食物連鎖と物質循環によって高められることにより、水質が貧栄養の状態から富栄養の状態に自然に遷移することをいう。水質が貧栄養の状態では栄養塩類が乏しいため、生物生産は低く、水の透明度は高く、深層水の溶存酸素は年間を通じて比較的多い。しかし水域に流入する栄養塩類の量が次第に増加すると、光合成植物をはじめ、魚類を含めた食物連鎖上の全栄養段階の生物生産が増加し、底泥が堆積することで平均深度も小さくなり、深水部で溶存酸素が存在しないような富栄養の状態に変化する。また、富栄養化の速度は、集水域の地質や地形、生態系などによって水系に運び込まれる栄養塩類の量などに左右される。［日置］
→一次生産者、一次消費者、分解者、富栄養化、食物連鎖、栄養塩類

自然放射能 （しぜんほうしゃのう）

原子力利用や放射線発生装置の利用によって発生する人工放射線ではなく、宇宙線及び自然放射性核種に由来する放射能である。自然放射性核種には、地球の誕生以来存在しているカリウム-40、ウラン・トリウム崩壊系列核種等があって、大地、大気、動植物等の中に存在していて、放射線を出している。［戸部］

自然保護 （しぜんほご）

人類は自然を開発し、自分たちの利用しやすいように作り変えてきた。しかし、そのために自然環境の破壊が極度に進んでしまった。近年、世界各地で多くの生物の種が絶滅しようとしているが、これは大規模な環境変化によるものであり、人類自身の絶滅にもつながりかねない。実際、地球規模の環境問題として地球温暖化や「環境ホルモン」による環境汚染が顕在化しており、森林の保護や二酸化炭素の排出規制、化学物質による環境汚染防止などが国際的な課題となっている。［家田］

自然保護憲章 （しぜんほごけんしょう）

1974（昭和49）年に自然保護憲章制定国民会議によって制定された。人間自身が自然の一部分を構成していることを認識し、大気汚染、水の汚濁、みどりの消滅など、自然界における生物生存のための諸条件の保全に国民の総力を結集する目的で定められた。次の3文章が骨格である。①自然をとうとび、自然を愛し、自然に親しもう。②自然に学び、自然の調和をそこなわないようにしよう。③美しい自然、大切な自然を永く子孫に伝えよう。［田神］

自然免疫 （しぜんめんえき）

細菌やウイルスへの感染や予防接種などの経験がないにも関わらず、生まれた時から身体に備わっている感染症に対する抵抗力のことであり獲得免疫の対語である。自然免疫は、外界と接する皮膚や生体の内部で外界と接している気道や消化管の表面にある粘膜による物理的なバリアー、粘膜の表面を覆う粘液や胃酸、涙、汗などの殺菌成分による化学的バリアー、腸内や泌尿器中の常在細菌による有害微生物の増殖抑制、自然抗体や補体の活性化による異物（抗原）の食作用促進作用、好中球やマクロファージなどの食細胞による防御、ナチュラルキラー細胞によるウイ

ルスやがん細胞の免疫監視機構などで構成されている。自然免疫の作用は一般に非特異的（相手を選ばない）であり，すべての抗原に対して同じように効果があるが，同一の抗原が繰り返し侵入した時も獲得免疫のように反応性の素早さや強さが変化することはなく，特定の抗原による刺激も受けない。[坂本]
→獲得免疫，抗原

歯槽膿漏 （しそうのうろう）
→歯周炎

自尊感情 （じそんかんじょう）

自分自身を価値あるものとする感覚。その人自身に常に意識されるわけではないが，その人の言動，態度を方向づけるものである。自分自身の存在を基本的に価値あるものとして評価し信頼することにより，人は意欲的に経験を積み重ね，満足感を持ち，自己・他者に対し，受容的でありうる。自尊感情は，自己の受容と同様に，自己変革，自己成長の基盤をなす。[宮脇・村岡]

視聴覚教育 （しちょうかくきょういく）

視聴覚メディア，視聴覚教材を導入した教育のこと。全米教育協会（1963年）での定義では，「学習者の持つ可能性を最大限に発揮させるべく，あらゆる伝達手段と媒介を有効利用すること」とされる。歴史的には，コメニウスらによる直観教育，デューイの経験主義を受け，言語中心主義教育に対するものとして位置づけられる。また，視聴覚教育は今日の教育工学の発展を背景に，効果的な教授学習過程の組織化，設計を目指す教育工学研究の一部門として確立している。[阿部]

視聴覚メディア （しちょうかく――）

教育効果の向上のために用いられる，視覚，聴覚的媒体を指す。ただし，学習者の感覚に働きかける，非言語的かつ抽象度の低い情報伝達手段一般に対しても視聴覚メディアという。教授側は，学習者の興味関心の喚起，動機付けが求められる場面で視聴覚メディアを利用する。視聴覚メディアは，学習者の経験する体験の種類や情報の抽象度によって大別される。主な分類としては，①地図や写真，グラフ，概念図，OHP等の視覚メディア，②ラジオ，録音機，CD等の聴覚メディア，③映画，VTR，テレビ放送等の視聴覚メディアが挙げられる。また，コンピュータシミュレーションやティーチングマシン等のPCを用いた方法（CAI）も，視聴覚メディアとみることができる。[阿部]

膝蓋腱炎 （しつがいけんえん）

バスケットボールやバレーボールなどでの跳躍と着地による大腿四頭筋の遠心性及び求心性収縮の繰り返しによる膝蓋腱の微小断裂によるもので，組織学的にも膠原線維の配列の乱れや変性像をみる慢性の炎症である。損傷部位は膝蓋骨付着部が多く，ジャンパー膝の別称がある。[森川]

シックハウス症候群 （――しょうこうぐん）

SHS。シックビルシンドローム（SBS）も同義。住宅，学校などの建築物で高気密，省エネ化のため化学物質を放散する建材・内装材の使用などにより，化学物質による室内空気汚染により室内の人々などに種々の体調不良（目，鼻，咽喉の刺激，せき，吐き気，呼吸困難などの症状が起きる。化学物質中毒，化学物質過敏症によるものと2つに分けられる）が生じる。この症状は多様であり，発症機序は未解明な部分も多く，また，複合要因が考えられることからこの名がつけられた。[杉下]
→化学物質過敏症

しつけ

両親はじめ地域社会などが，所属集団の成員にふさわしい人間として，子どもに基本的な生活習慣や望ましい行動様式を教え，礼儀作法，社会生活に必要な規律を日常生活の中で身につけさせること。望ましい行動様式

は，日常生活において体験的に繰り返し行われることによって，よりよく学習される。[平山]

実験疫学 （じっけんえきがく）

疾患の原因や危険因子を除去したり是正することにより，それが疾患の発生や進展にどのような影響を与えるかを明らかにしようとするものである。これは疾患の自然歴に介入するものであるから，普通「介入試験」と呼ばれている。[大澤清]

実験学校 （じっけんがっこう）

教育の理論，方法，目標などを教育実践の現実において，実験的に実行し，検証，実証し，研究を深めることを主たる存在意義とする学校。実験の内容・目的，課題は，教育理論・教育課程理論，学制，新しい教材・指導方法，帰国子女の教育推進，コンピュータ教育など教育活動全般多岐にわたる。もともとは大学や大学の学部附属学校のことであった。現在では附属学校だけでなく，多くの公立学校が国や教育委員会から委嘱され，研究指定校，研究開発学校，研究協力校，研究推進校など様々な形でその責を担っている。しかし，これらは指定期間内に結論を求められる短期的取り組みがほとんどで，米国の8年研究にみられるように，実験手続きをしっかりと行った長期的研究を行う実験学校において実証されることも大きな課題である。デューイも，自らの立場を「実験主義」と称し，教育実験を重視した。模範学校と試行学校に分類されるが，多くの場合その区別は明確ではない。教育は，実験室実験と同じような条件のコントロールはできないのである。[小磯]

実験計画法 （じっけんけいかくほう）

目的に応じた実験を計画し，合理的，高精度の測定値を得るための統計的な方法。実験結果に本質的な影響を与える要因を調査比較し，実験目的に最適な要因条件を見つける。

その要因が複数個になると，検討すべき要因の組み合わせは膨大になるが，交絡法，一部実施法などによって少ない組み合わせでも必要な情報を得ることができる。[國土]

失行症 （しっこうしょう）

運動，感覚系，理解力，注意力，協力などが正常であるのに，運動行為ができない状態。一般に失行には5型が分類される。運動失行，観念運動失行，観念失行，構成失行及び着衣失行である。[角南兼]

失神 （しっしん）

発作性の脳の血流低下による一過性の意識消失。極めて短い時間であり後遺症はない。眼の前が暗くなったり，めまい，悪心の兆候があり顔面蒼白，意識消失に至る。強い痛みや精神的ショック，情緒的ストレスなどにより自律神経の障害が起き血圧が低下する。起立性調節障害，過換気症候群でも同じく失神が起きる。[荒島]

➡ 起立性調節障害，過呼吸症候群

失認症 （しつにんしょう）

一次感覚障害や精神障害がないにも関わらず，感覚情報の統合による物体，身体，空間などの認知に障害が起きた状態をいう。次の5つに分類される。視覚失認，聴覚失認，触覚失認，身体失認，空間失認。[角南兼]

疾病構造 （しっぺいこうぞう）

疾病や死亡原因の内容構造を指す。わが国の場合，明治期の急性感染症の時代，大正から昭和中期までの慢性感染症の時代，昭和後期から現在までの慢性非感染症の時代と大別できる。即ち，疾病構造はその時代や社会における主要な疾病や死亡原因によって変化している。かつて猛威をふるったコレラ，ペスト，天然痘などのいわゆる急性伝染病は，欧米や日本などの先進諸国ではほぼ完全に駆逐され，それらにかわって疾病や死亡順位の上位を占めてきているのが悪性新生物，脳血管

疾患，心疾患等に代表されるいわゆる生活習慣病といわれるものである。[大澤清]

疾病統計 （しっぺいとうけい）

死亡統計と並ぶ疾病に関する統計である。特定の疾病以外は届出や登録の義務がないため，この統計の算出には特別の調査が必要となる。また，国で実施しているものには，国民生活基礎調査，患者調査などがある。[大澤清]

➡患者調査

疾病予防 （しっぺいよぼう）

病気予防，予防医学と同義に近く，感染症予防と非感染症（精神性疾患を含む）予防に大別される。疾病予防の原理を解明する学問として疫学がある。疫学は人間集団における疾病・傷害の分布とその発生原因を明らかにするもので，基礎科学的側面と応用科学的側面を持っている。感染症，非感染症予防に関わらず，疾病予防原理の3要因として病因，宿主，環境が挙げられる。病因として，病原体などの生物学的病因，温熱や湿度などの物理学的病因，栄養素や化学物質などの化学的病因それにストレスなど精神的病因の4つが挙げられる。宿主はヒトそのものである。環境は物理的環境，化学的環境，生物的環境，心理社会的環境の4つに分けられる。現代の疾病の主流は，一時代前の感染症とは異なり加齢による身体的変化を中心とする慢性疾患である。これらの疾病は生活習慣病と呼ばれ，その予防のためには乳児期から食生活，生活環境，運動，喫煙，飲酒などに対する適切な対応が重要とされている。[皆川]

➡予防医学，疫学，感染症，生活習慣病

質問紙調査 （しつもんしちょうさ）

予め質問する内容をまとめ，質問紙を作成し，その質問紙を用いて行う調査。回答は回答者が直接答える方法や，面接して調査員が回答を記入する方法もある。回答は，回答者が自由な意見の記述を行う自由回答法と，予め選択肢を設定し回答者が選択する項目選択法に大分類される。さらに，項目選択法では，1つの問題に1つの回答を選択する択一回答法と，1つの問題から複数の回答を選択する複数回答法に分類される。自由記述法は回答者の自由な発想に基づいて，様々な情報を収集するのに適しているが，統計処理には適していない。項目選択法は，予め調査者の設定した情報空間上で調査が行われ，回答はその範疇を超えるものではなく，統計処理には適しているが，探索的に情報の収集には不適である。[國土]

CT （しーてぃー）

computed tomographyの略。コンピュータ断層撮影法のこと。コンピュータとX線走査装置を用いて体内の精密な断層像を得る方法。通常のX線間接撮影では，平面的な組織の密度分布しか知ることができない。これに対して，体のあらゆる方法からX線源とX線検出器を回転走査し，その結果をコンピュータを用いて計算することで，人体断面のより精密な画像化を行うことができる。[久野・金・加藤]

➡X線検査

CD （しーでぃー）

conduct disorderの略。行為障害。
➡行為障害

CDC （しーでぃーしー）
➡アメリカ疾病管理センター

CD4 （しーでぃーふぉー）

Tリンパ球の表面にあるタンパクで，CD4を持つリンパ球（ヘルパーT細胞）にエイズウイルス（HIV）が感染する。血中のCD4陽性リンパ球の数が<400個/mm³になると，免疫不全となりエイズを発症する。一方エイズになっても，CD8陽性リンパ球（サプレッサーT細胞）の数は不変で，CD4／CD8の比は<1.0になる。HIV感染者のモニタリング

に使われる。[井上]
→HIV, エイズ

至適温度範囲 （してきおんどはんい）

　最適温度ともいい，快適で作業効率が低下することのない温度環境の評価指標で，気温のほか湿度，気流，輻射熱が関係する。これらを総合的に評価する指標がwet-bulb globe temperature（WBGT：湿球黒球温度）である。また，作業の種類，昼と夜，季節，衣服，飲食物などの生活習慣，風土，民族などにより至適の範囲は異なる。[大貫]

至適体重 （してきたいじゅう）

　疾病の罹患率や死亡率，あるいは体力やQOLなどの点から最適と考えられる体重。実際は体脂肪や除脂肪といった身体組成に左右され，個人の遺伝的背景や環境によっても異なる。しかし，身体組成を正確に測定することは容易ではない。そのため，国際的に使用されていて，疫学データが多く，また身長との相関がほとんどないBMI（＝体重(kg)／身長(m)²）を用いて算出する。日本肥満学会（2000年）は，日本人の成人について，BMIが25kg/m²以上で「肥満」と判定するとともに，BMIが22kg/m²で死亡率や疾病の罹患率が最も小さくなるという研究結果に基づき，身長(m)²×22で求めることを提唱している。子どもの場合，一般に，性別・年齢別・身長別の平均体重あるいは標準体重で適正（至適）体重に代用する。しかし，個人による差を考慮できるものではない。[田中茂]
→BMI, 肥満

児童買春・ポルノ禁止法 （じどうかいしゅん・――きんしほう）

　正式名は，児童買春，児童ポルノに係る行為等の処罰及び児童の保護等に関する法律（2000年）。児童（この法律では18歳未満をいう）に対する性的搾取や性的虐待が児童の権利を著しく侵害することの重大性を踏まえて，児童買春，児童ポルノに係る行為等を処罰するとともに，心身に有害な影響を受けた児童の保護と児童の権利を守ることを唱っている。買春した者は3年以下の懲役又は百万円以下の罰金。[北村]
→性的虐待

児童期 （じどうき）

　小学校入学から卒業くらい（6，7〜12歳頃）までの時期をいう。認知的な面においては，ピアジェのいう具体的操作段階にあたり，体積や重さの保存概念が確立する。例えば，水の量が一定である場合，コップの形による見かけに左右されずに，水の量は同じであると考えられるようになる。この時期は，学校生活などの集団生活や，日常生活を通して自己中心的な考えが消失していき，対人関係のスキルを身につけていく。小学校中学年になると，ギャング・エイジの時期を迎え，グループ形成の中で，規律，他者と自己の相違，自己についての評価，友達とのつきあい方などを学んでいく。それは，親からの心理的離乳ともいえる。小学校高学年になると，抽象的な思考が可能になり，社会性の発達も著しい。しかし，身体面と精神面の発達のバランスがとれず，問題行動を起こすこともあるので，個人差や男女差などにも留意する必要がある。[井戸]

児童虐待 （じどうぎゃくたい）

　1961年にアメリカの小児科医のケンプが「被殴打児症候群」として報告したことで注目されるようになった。虐待は，①身体的虐待（殴る，蹴るなどの暴力によるもの），②心理的虐待（暴力は伴わないが，言葉や態度によるもの），③ネグレクト（保護者の怠慢・拒否），④性的虐待（性的いたずら）に分類される。虐待は特別な家庭だけに起こるのではなく，どの家庭でも起こりうるものである。その発生要因としては，育児不安，社会的孤立（夫の無理解やこのまま子育てで終わってしまうのではという焦燥感等），親自身

の問題（生育歴からくるパーソナリティーの問題，親自身も虐待を受けて育った等），家庭状況（夫婦関係の不和，就労の不安定，病人の看護等），子ども自身の問題（子どもの側に親にとって育てにくさを感じる要因がある場合）等がある。2000年5月には「児童虐待防止等に関する法律」が成立，11月に施行された。[井戸]
➡ 性的虐待

児童憲章 （じどうけんしょう）

1947（昭和22）年にできた児童福祉法の理念を明文化したもの。1951年5月5日に制定・宣言された。国連の児童権利宣言や各国の関係資料を元に作成された。児童憲章は前文で，「われらは日本国憲法の精神に従い，児童に対する正しい観念を確立し，すべての児童の幸福をはかるために，この憲章を定める」とし，児童は「人として尊ばれ，社会の一員として重んじられ，よい環境の中で育てられる」とし，心身ともに健やかにうまれ，育てられ，生活を保障され，家庭，栄養，住居，教育等12の条項が定められている。[斎藤]

児童厚生施設 （じどうこうせいしせつ）

児童福祉法に基づいて設置される施設で，14種類の施設があり，児童の福祉の向上を図ることを目的に，助産施設，乳児院，保育所，児童厚生施設，児童養護施設，情緒障害児短期治療施設，児童自立支援施設，知的障害児施設，知的障害児通園施設，肢体不自由児施設，重症心身障害児施設がある。[斎藤]

自動車損害賠償責任保険 （じどうしゃそんがいばいしょうせきにんほけん）

自賠責保険（強制保険）。自動車損害賠償法に基づいて，車の持ち主に強制的に加入が義務づけられる保険である。現行では，事故で相手に被害を与えた場合，傷害事故では120万円，死亡事故では3000万円まで補償される（対人賠償のみ）。自動車事故の損害賠償では，被害者の逸失利益や慰謝料などを支払うが，被害者死亡の場合には，1億円以上の賠償額になることも少なくないので，任意保険にも加入しておく必要がある。[家田]
➡ 任意保険

指導主事 （しどうしゅじ）

地方教育行政の組織及び運営に関する法律（教育委員会の設置・学校やその他の教育機関の職員の身分や取り扱いなどを定めた法律）の第19条第1項及び第2項において，都道府県及び市町村の教育委員会事務局に置かなければならない職員とされている。職務については，第19条第3項に，「学校における教育課程，学習指導その他学校教育に関する専門的事項に関する事務に従事する」となっていて，学校教育の向上や改善のための指導と助言をする。また，指導主事としての資質に関しては，第19条第4項に「教育に関し識見を有し，かつ，学校における教育課程，学習指導その他学校教育に関する専門的事項について教養と経験がある者でなければならない」とされ，また，任用資格は同様に，「大学以外の公立学校の教員をもって充てることができる」となっている。[石崎]

指導書 （しどうしょ）

学習指導要領の総則に示した事項や，各教科，道徳，特別活動，総合的な学習の目標，内容等の趣旨を解説するとともに，各学校において指導計画を作成し学習指導を展開する際の参考となる具体的な事項を示したものであり，文部科学省の教育委員会や学校等に対する援助及び助言的な性格を有する文書である。文部科学省の発行する指導書は，各学校が創意工夫を生かし特色ある教育，特色ある学校づくりを進めることを願い，解説書として，「総則編」「各教科編」「道徳編」「特別活動編」等の他，多数の校種別編に示している。指導書作成にかかわる政令は，1999（平成11）年，国家行政組織法及び文部科学省設置法の規定に基づき，文部科学省組織令（政

令第251号）として制定され，2001（平成13）年1月6日から施行された。この政令の第5条第6号に「初等中等教育（中略）の振興に関する企画及び立案並びに援助及び助言に関すること（後略）」と示されており，上記に記した指導書等の作成は，その第32条の初等中等教育局に置く課（十課のうち）の「教育課程課」が主体となって作成している。［石崎］

→学習指導要領

児童相談所 （じどうそうだんしょ）

児童福祉法に基づき，各都道府県及び指定都市が設置する児童の相談援助活動を目的とした行政機関である。1947年の児童福祉法の公布により1948年より各都道府県に設置された。業務を大別すると，①相談，判定，指導，②措置，③一時保護の3つに分かれている。児童福祉司，心理判定員，医師等が配置され，それぞれの視点から社会診断，心理診断，医学診断等を行い，必要に応じて，巡回による相談，判定，指導も行っている。措置については，各担当職員で構成されている措置会議を経て決定される。また，児童相談所長は都道府県知事からの委任を受け，施設入所，家庭裁判所への送致，国立療養所等への入所委託等の措置も行う。［井戸］

児童福祉司 （じどうふくしし）

道府県・政令指定都市の職員の中で，施設入所等の行政措置，心のケア，対人問題といった臨床等の幅広い機能を果たすために，特別の課程を出たもの，医師，社会福祉士，社会福祉主事経験2年以上の経験のもの等の中から児童相談所で，児童相談所長の命を受けて，児童の保護その他児童の福祉に関する事柄について，相談に応じ，専門的技術に基づいて必要な指導を行う等児童の福祉増進につとめる者をいう。［斎藤］

児童福祉法 （じどうふくしほう）

1947年に制定され，乳児（満1歳に満たない者），幼児（満1歳から小学校就学の始期に達するまでのもの），少年（小学校就学の始期から満18歳に達するまでの者）の福祉に関わる法律で，この理念を児童憲章として明文化している。児童の心身の健康，教育環境を整備することを総括している。［斎藤］

→児童憲章

児童養護施設 （じどうようごしせつ）

乳児を除いて，保護者のない児童，虐待されている児童等を入所させて養護し，自立を支援する児童福祉施設である。1997年児童福祉法の改正により，養護施設を改称した。［田嶋］

指導要録 （しどうようろく）

児童生徒の学籍や指導，あるいは指導の結果の要約などを記録して証明などに役立たせるための原簿で，学校が保管する。その期間は，児童生徒の卒業後，20年と定められている。2002年度からの新しい学習内容に対応するために，教育目標に準拠した絶対評価の比重が増し，さらに本人への開示請求の対象となることも考慮された。相対評価や観点別評価も加味されている。年度末に担任が項目に記入した上で，教務主任や教頭などがチェックして保管される。［鈴木和・渡邉］

シートベルト

1985年9月に一般道路での着用義務化が始まり，翌年の11月にはシートベルト未着用が行政処分の対象とされた。自動者運転者は，自ら座席ベルト（シートベルト）を着用し，また横の席の同乗者に着用させなければならない。これに違反すると，違反点数1点が付加される。さらに，運転者は，後部座席の同乗者にも座席ベルトを着用させるよう努めなければならない。人の手足だけで体を支えられるのは，時速7km程度の速さまで。事故を起した際の死亡割合は，千人当たりシートベルト非着用では約15人，着用では約1人というデータがある。つまり，着用者の死亡率

は非着用者の15分の1である。また，ベルト非着用の交通死者のうち，半数以上は着用していれば命が助かったといわれる。シートベルトの正しい着用方法は次の通りである。①ベルトをクリップなどでたるませて使用しない。②肩ベルトが首にかかったり，わきの下を通ったりしないように。③腰ベルトは腹部にではなく，腰骨にかかるように。④ベルトはねじれないように。⑤シートバックを倒しすぎないように上体を起こし，深く腰かけて（ひじが伸びきらない）。⑥1人分のベルトを複数の人で使わないように。⑦バックルにカチッと音をさせてはめる。［家田］

シナプス

神経細胞の軸索終末と他の神経細胞の細胞体，樹状突起及び軸索との間でインパルスを受け渡しをする部位をシナプスという。多くの場合，興奮は化学伝達物質（アセチルコリン，γ-アミノ酪酸，ドパミン，ノルエピネフリン）により伝達され，それらの物質はシナプス前膜と後膜を隔てるシナプス間隙へ放出される。［角南兼］
→神経細胞

歯肉炎　（しにくえん）

歯肉のみに炎症が限局している初期の歯ぐきの病気である。歯肉の発赤・腫れを認め，ブラッシングをした時，歯肉から出血をみることもある。［田代］
→ブラッシング

死の医学　（しのいがく）

サナトロジーの訳語であり，他にも死学といわれることもある。がんなどの治療の困難な末期の患者に関わる死の臨床の問題，死の告知の問題，そして医師と患者及び患者家族との信頼関係の根幹をなすインフォームド・コンセントなど，多くの課題が死の医学の周辺には存在している。死の教育，デス・エデュケーション，いのちの教育などの教育の問題も，死の医学に深く関わっている。［近藤］
→インフォームド・コンセント

視能訓練士　（しのうくんれんし）

1971（昭和46）年に制定された視能訓練士法という法律に基づく国家資格を持った医療関係者であり，医師の指示のもと，眼科に関わる検査や，斜視や弱視など両眼視機能に障害のある者に対して視能矯正訓練を行うことができる。視能訓練士の主な仕事は大きく2つに分けられ，1つは正確な診断を下すための基礎となる眼科検査であり，もう1つは斜視，弱視の患者に対して回復訓練（視能矯正訓練）を施すことである。眼科検査には，両眼視機能検査，眼位・眼球運動検査，視力，視野，屈折，調節，色覚，光覚，眼圧，瞳孔，涙液・涙道，超音波，電気生理学的検査，眼科写真撮影検査などがある。また，眼科疾患で視力の落ちてしまった人に眼鏡を合わせたり，拡大読書器などの補装具を選定，指導することも大事な仕事である。視能訓練士になるには，高卒の場合3年以上，短大・大卒及び看護学校卒の場合1年以上の所定の教育課程を修めた後，国家試験に合格することが必要となる。［柿山］
→医療関係者

視能訓練士法　（しのうくんれんしほう）

1971年に制定され，現在まで一部改正施行されている。視能訓練士は視能訓練士養成所で知識技術を習得し，国家試験に合格し厚生労働大臣の免許を受ける。医師の指示のもと両眼視機能の回復のための矯正訓練，及びこれに必要な検査のほか散瞳剤の点眼や眼底撮影，視覚誘発脳波検査などの眼科検査を行うことができる。［礒辺眞］

死の告知　（しのこくち）

がん患者の終末期における患者自身への残された時間についての告知の問題と，その家族，特に配偶者や子どもなどへの告知の問題の両方を考えなければならない。キューブラー・ロスも，『死ぬ瞬間』（原題の直訳「死と

死にゆくことについて」）で扱っているのは主に前者についてであり，『新・死ぬ瞬間』（原題の直訳「子どもと死について」）では後者について多くのページを割いている。[近藤]

自発呼吸 （じはつこきゅう）

生体が酸素を体内に取り入れ，二酸化炭素を体外に排出する一連の現象を呼吸という。このうち，器具や呼気吹き込みなどによる人工呼吸に頼ることなく，生体自身の働きによって呼吸が営まれる現象を自発呼吸と呼ぶ。そのためには胸郭の拡大と縮小が不可欠であり，一定量以上の空気の出し入れが行われている必要がある。[今村]
→呼吸，人工呼吸

地盤沈下 （じばんちんか）

深井戸の掘削技術が向上し，地下水の利用が増大した大正時代に始まり，地面が徐々に下がっていく現象。全国の沖積層に発生し，最も激しい地域では，これまでに約4mも沈下している。工業用水，農業用水，大規模建築物の冷暖房用水の他に，豪雪地帯の融雪用水のくみ上げが原因で発生している。住宅などの建築物が傾くなどの経済損失を伴う。[田神]

CPITN （しーぴーあいてぃーえぬ）
→地域歯周疾患治療必要度指数

耳鼻咽喉科検診 （じびいんこうかけんしん）

耳鼻咽喉科校医によって行われる耳，鼻，咽喉頭に対する検診のこと。視診とともに種々の機能検査が重要である。すなわち，選別聴力検査，平衡機能検査，音声言語検査で，これらの検査により，聴覚，平衡機能，音声言語機能の発達及びその異常がチェックされる。また，問診票（保健調査票）及び鼻，咽頭の視診により鼻疾患（アレルギー性鼻炎他）や咽頭疾患（扁桃肥大他）が検出される。[浅野]

自閉症 （じへいしょう）

3歳以前に発症する脳の広汎な発達障害である。症状は相互的な関係性やコミュニケーション行動の質的な障害，限局した反復的で常同的な行動が特徴的で，馴染んだ習慣や関心の持ち方がパターン化し，固執傾向のある機能の異常によって定義される広汎性発達障害である。出現率は約0.25％，男児は女児の3〜4倍の出現率である。[猪股]

自閉症児施設 （じへいしょうじしせつ）

第1種と第2種がある。第1種は施設機能を併せ持つ医療型施設である。入所対象児は，医療的ケアの必要な児童で基準は次のようである。パニックが頻発して常時医療的ケアの必要なもの。症状が不安定で薬剤の処方内容の変更の必要なもの。常時医学的処置を必要とする「てんかん」などの合併症を有するもの。この基準に該当しない自閉症児は，第2種の福祉型施設の対象になる。処遇の実際は，第1種の医療行為以外は大きな差はなく，治療教育的接近を基本としつつ作業，運動，生活指導により不適応行動の解消，社会生活の円滑化を目指している。[猪股]

脂肪肝 （しぼうかん）

肥満症や慢性アルコール中毒などにみられ，脂肪の燃焼が不十分なための脂肪蓄積と考えられる。肉眼的に黄味の度が強く脂肪塊のようである。顕微鏡的には，肝の構造は保たれているが，肝細胞が粗大な脂肪滴で充たされ，あたかも脂肪組織をみてるかのようである。[竹内]

死亡診断書 （しぼうしんだんしょ）

診療中の患者が死亡した場合，又は診療中の患者が受診後24時間以内に死亡した場合に医師又は歯科医師によって発行される診断書。その他の場合は死体を検案した医師が「死体検案書」を作成する。死亡診断書・死体検案書は戸籍法により定められており，ま

た，医師法により発行が義務づけられている届出である。[吉田]

死亡率 （しぼうりつ）

（式）
$$死亡率 = \frac{1年間の死亡数}{年央人口} \times 1,000$$

分母の人口には出生率の場合と同様，わが国では年央（10月1日現在）の値が用いられる。分子の死亡数は，死亡した地ではなく常住地によって集計される。死亡数が年間10というような小地域について観察する場合には，数年間を一括して観察するほうが，地域の健康水準を的確に把握しうることが多いので，例えば5年平均死亡率が用いられることもある。死亡率は，国の健康水準の推移を概観するには都合のよい必須の指標である。ただし，若年層が多く老人が少ない国の死亡率は，若年層が少なく老人が多い国の死亡率よりも低くなる。人口構成の異なる2つの集団の健康水準を比較するためには，死亡率そのものは必ずしも適当でない場合があるので，年齢調整を行ういくつかの標準化の方法がある。[大澤清]

→粗死亡率，年齢調整死亡率

シミュレーション

現実に存在する実システムの代わりに，その特性を表現する何らかの近似モデルを用いて，システムの分析やモデルの挙動を観察する模擬実験のこと。近似モデルの代表的な例は，物理モデル，数理モデル等がある。物理モデルとは，例えば医学教育・訓練等の場面で特に重症患者や救急患者の処置，長期的な経過を要する処置などでは，実際の患者を前にした経験だけで学んでいくことは困難で，また試行錯誤を含む実習等は許されない。そのため，現在ではシミュレーション技術であるシミュレーター（人の形をしたロボット）を用いて，的確な処置方法を習得している。数理モデルの例として，地球全体の温室効果を検証する場合などでは，対象が地球規模のため，実験を行って効果を検証することが不可能であり，ましてや20年，30年先を推計することは，通常の方法では難しい。そのため，今までの研究ストックを基に，地球を数千のブロックに分け，ブロックごとに大気・陸・海の熱平衡に関して方程式を解く方法で，炭酸ガスの濃度と気温の関係を明らかにしている。学校保健の分野では，養護教諭の需要に関する要因を数理モデルに表現し，そのモデルを基に20～30年間の養護教諭の退職，新規採用をシステム・ダイナミック・シミュレーションを用いた例がある程度となっており，シミュレーション技術の応用は，まだ未開発の部分である。[軽部]

社会医学 （しゃかいいがく）

生活環境と健康の関係について研究する医学の一分野。環境衛生学，公衆衛生学，保健衛生行政などが含まれる。[吉田]

社会的学習理論 （しゃかいてきがくしゅうりろん）
→社会的認知理論

社会的認知理論 （しゃかいてきにんちりろん）

バンデューラが提唱した認知的な学習理論であり，最初は社会的学習理論と呼ばれていた。社会的学習とは人が周囲の環境との相互関係の中で行動パターン，規範，態度などを学んでいくことであり，バンデューラは特に学習の認知的過程を重視した。それが観察学習である。観察学習では行動の習得と遂行が区別され，①注意過程（モデルの行動を観察する），②保持過程（行動をレパートリーとして記憶する），③行動再生過程（実際に行動を遂行する），④動機づけ過程（行動が強化される）の段階を経て，行動が獲得される。健康に関わる行動の多くは，観察学習によって獲得されると考えられる。なお社会的学習理論が社会的認知理論へと名称が変わるとともに，理論の中核概念も観察学習から自己効力感へと移ってきた。[渡邉]

→観察学習，自己効力感

社会病理 （しゃかいびょうり）

病理とはもともと生物学や生理学に由来し，生命体の諸器官が正常でない状態を意味している。生命体の場合と異なり，人間社会に適用されると，何が病理で何が健康かということに関して，簡単には合意がえられない。人間の行動や生活状態に対する評価の基準は文化的に相対的であり，また，病理性を実際に測定できにくいからである。不衛生な生活環境，不健康な生活を社会病理とみることもできるが，生活の当事者たちの病理観が社会・時代によってそれぞれ異なってくることはいうまでもない。定義の厳密さには欠けるが，社会病理の概念は学校の病理，家族の病理，地域の病理，職場の病理，文化の病理というように対象の問題性をアピールする上で有効な概念である。ある現象に社会病理のカテゴリーが付与されることで注目され，何らかの対策を必要とする政治的・社会的対象や研究の対象となる。そこで，あえて現代日本におけるに社会病理として例を挙げると，不況を背景とした高水準な自殺者，アルコール・麻薬・覚せい剤常用者の増加，凶悪犯罪の増加などである。［益本］

社会福祉士 （しゃかいふくしし）

1987年5月に制定された「社会福祉士及び介護福祉士法」で位置づけられ，社会福祉業務に携わる人の国家資格で，仕事の内容は，専門的知識及び技術をもって，身体上もしくは精神上の障害があること，又は環境上の理由により日常生活を営むのに支障がある者の福祉に関する相談に応じ，助言，指導その他の援助を行うことを業とする者である。［斎藤］

社会保険 （しゃかいほけん）

高額の補償や生活困難を招く危険に備え事前に保険料を支払い，その見返りに給付を受ける相互扶助的な仕組みである。所得比例の給付も支給でき，業績主義的な社会通念にも沿った強さを持つが，保険料の支払いが滞りやすい低所得層の生活保障に問題が生じることがある。日本では全国民対象の医療保険と年金保険，被用者を対象とする労働者災害補償保険（労災保険）と雇用保険（失業保険），40歳以上の国民を対象とする介護保険などがある。社会保険であるためには，①社会保険の経営主体は，中央政府をはじめ様々であるが，その最終責任は国が持つ，②国によって管理されるときその事務費用は国庫によって負担される。しかし，現代の社会保険では，給付費の一部までが国によって負担されている。③社会保険は特定の属性を持つ人々を法によって強制的に加入させ，保険料を拠出させる。これは社会保険が必要であるのに加入しない人々をなくし，危険率を安定させるためである。なお，給付期間は短期（失業，疾病・出産など），長期（老齢・死亡・障害など）があり，通常後者は一括されて，年金保険になっている。［益本］
→医療保険，労災保険，介護保険

車間距離警報システム（しゃかんきょりけいほう――）

自動車走行中，自車と後続車の距離を自動的に認識し，車両が緊急接近した場合には，自車のドライバーに危険を知らせ，後続車ドライバーにも「車間注意」ライトを点灯させて危険回避を促す役割を果たすシステムである。［渡邉］

弱視 （じゃくし）

視覚の発達途中に屈折異常，斜視，不同視及び眼瞼下垂などのため明視できず，視力の発達が阻害されたものをいう。①屈折性弱視，②不同視性弱視，③斜視弱視，④視性刺激遮断弱視に分類される。治療は，早期に行うことが大切である。［朝広］
→屈折異常，斜視，不同視，眼瞼下垂，視力

尺側側副靱帯損傷
（しゃくそくそくふくじんたいそんしょう）

　肘の内側側副靱帯損傷で，肘関節の脱臼に合併して発症したり，投球や槍投げ競技で起こることがある。急性期の症状は急性の肘内側痛，尺骨神経刺激症状で皮下溢血が出ることもある。野球の投球による断裂では，急性断裂でも慢性に損傷され弱くなっていた靱帯がついに断裂したという状態が多く，縫合不能で，再建術を要することが多い。[森川]
→内側側副靱帯損傷

尺度　（しゃくど）

　関心下の対象に対して，一定の条件のもとで数値を割り当てたものをいう。数値を与えるときの条件によって，名義尺度・順序尺度・間隔尺度・比例尺度の4つに分けられる。名義尺度とは名称に対して割り当てられる数値のことで，例えば背番号などは名義尺度である。順序尺度は大小関係の保存を条件として与える尺度である。例えば，モースの硬度計がそれにあたる。間隔尺度とは大小関係に加えてその付与した数値の間隔に意味があるような尺度である。したがって，西暦や温度は間隔尺度であるといえる。比例尺度は，間隔尺度の条件に加え，絶対零点を持ちその比率までもが意味を持つ尺度である。具体的には，長さ，重さなどの物理量がこれに当てはまる。この4つの尺度は，数値処理に際して重要な制約を与える。具体的には，数値の加減が許されるのは間隔尺度と比例尺度であり，乗除まで許されるのは比例尺度のみである。[大久保]

斜頸　（しゃけい）

　筋性斜頸が最も多く，発生率は0.3％程度である。新生児期に片側（右側が多い）の胸鎖乳突筋に腫瘤が発生し，生後3週頃に増大し，その後縮少し，1年後には90％程度自然治癒する。1部のものが瘢痕性索状により短縮を来し，頭部を患側に傾け，顔頭は健側を向く。幼児期まで放置すると頭部の変形，顔面非対称，脊柱側わんを来すのでそれまでに外科的治療が必要である。[福田]

斜視　（しゃし）

　見ようとする目標に両眼が同時に向かず，片眼は目標に，他の眼は目標以外に向いているものをいう。眼位ずれの共同性によって，共同性斜視と非共同性斜視に分類される。共同性斜視は，どの方向に視線を向けても眼位ずれの程度が同じである。非共同性斜視は，視線の方向によって眼位ずれの程度が違う。また，その眼位ずれが視線の方向によって最大となり，その反対の方向で最小の場合に麻痺性斜視という。眼位ずれの方向によって，内斜視，外斜視，上斜視，回旋斜視に分類される。斜視の治療には，斜視手術，斜視視能矯正，弱視視能矯正の方法がある。[朝広]

射精　（しゃせい）

　尿道からの精液の放出をいう。性的刺激が加わると，前立腺液，精嚢液と精管から精巣上体尾部に蓄えられていた精子が射出される。通常，1回の射精により排出される精液量は2～3cc，精液1cc中には2000万以上の精子を含有している。男性の場合，オーガズムは0.8秒間隔で起こる律動的な筋肉の収縮であり，その際に射精する。射精中は膀胱括約筋の働きで内尿道口が閉鎖されて，精液と尿が混ざり合うことはない。[北村]

ジャンパー膝　（──ひざ）
→膝蓋腱炎

主因　（しゅいん）

　ある原因によってある結果がもたらされる場合，そこには因果関係があるという。その結果をもたらす原因が単独の場合もあれば複数の場合もあるが，ある原因が結果に最も大きな影響を与えている場合，それは結果に対し主因であるという。日常で用いられる一般的な用語であり，事故や病気の主因，景気停

滞の主因，環境汚染の主因など，多様に用いられる。病気についていえば，感染症ではその病気をもたらす病原微生物が主因となる。食中毒などではその病原微生物や毒素を含んでいた特定の食品を主因と呼ぶ場合もある。その他，自律神経障害のように複数の原因が影響しているような場合には，人によって主因は異なり，ある場合には主因は仕事上のストレスであったり，ある場合には生活習慣のみだれであったりする。［戸部］

週案・日案　（しゅうあん・にちあん）

1週間及び毎日の教育内容や教育活動の予定を記した記録簿。受け持つ教科についての週案や日案が主となるが，その他校務分掌上発生する内容も加えることができる。予め予定を立てて授業に臨むための準備として必要であり，また教育活動上発生する事故などにも対応可能な記録簿となる。［鈴木和］

自由回答法　（じゆうかいとうほう）

アンケート調査などで，自由に意見を回答する方法。自由記述法は回答者の自由な発想に基づいて，様々な情報を収集するのに適しているが，信頼性と一般性に問題があり，統計処理には適していない。［國土］

就学援助　（しゅうがくえんじょ）

公教育制度の基本理念の1つである無償制（日本国憲法第26条）をうけ，教育の機会均等を実現するため，経済的理由によって就学が困難な者（あるいはその保護者）に対して，奨学の方法を講じること，必要な援助を与えることが求められている（教育基本法第3条，学校教育法第25条）。これらを広義の就学援助ととらえることもできるが，狭義には就学奨励法などによって要保護児童生徒などに対して行われる援助をいう。［田嶋］

就学義務　（しゅうがくぎむ）

保護者が子どもに普通教育を受けさせる義務のことである。憲法第26条に就学義務及び義務教育を無償にする規定があり，教育基本法第4条でそれが9年であることを定めている。これらを受けて学校教育法では具体的な就学年齢と修業年限が定められ，満6歳から就学させる義務を負うとしている。しかし，病弱，発育不完全その他やむを得ない事由のため，就学困難と認められる者の保護者に対しては，義務を猶予又は免除することができる。［高倉］

就学時健康診断　（しゅうがくじけんこうしんだん）

学校保健法第4条の規定「市町村の教育委員会は，学校教育法第22条第1項の規定により翌学年の初めから同項に規定する学校に就学させるべき者で，当該市町村の区域内に住所を有するものの就学に当たって，その健康診断を行わなければならない」に基づいて実施される健康診断をいう。就学時の健康診断は就学予定者に対し，予め健康診断を行い，就学予定者の心身の状況を把握し，治療の勧告，その他保健上必要な助言や適正な就学について指導を行い，義務教育の円滑な実施に資するために行われる。健康診断の時期は，学校保健法施行令第1条に定められており，学齢簿が作成された後翌学年の初めから4月前（11月までの間に行うこととされている。検査項目については，同施行令第2条に，方法及び技術的基準については，同施行規則第1条に規定されている。［三木］

→健康診断

就学指導　（しゅうがくしどう）

学校教育を受けるに当たって，心身に障害のある者がどのような教育機関で教育を受けたらよいかについて保護者に対して指導を行うことをいう。心身に障害のある者のうち，その障害の程度が学校教育法施行令第22条の3の表に規定する盲学校，聾学校又は養護学校に就学させるべき障害の程度（以下「就学基準」という）の児童生徒については，市町村の教育委員会が障害の状態に照らして，盲学校，聾学校及び養護学校において教育し，

その障害の程度が就学基準に該当しない児童生徒については，特殊学級において教育するか又は通常の学級において留意して指導することとなる。［田嶋］

集学治療　（しゅうがくちりょう）

外科療法・放射線療法及び抗がん化学療法・免疫療法・ホルモン内分泌剤療法のすべてを組み合わせた治療。患者に対して内科医，外科医，放射線科医，他の専門医が各部門を越えてアプローチを行う。早期の胃がんでは，手術だけで非常に高い治療効果が発揮されるようになってきたが，こうした場合でも術前後に抗がん剤を投与する「補助化学療法」が行われることが多い。［吉田］

就学猶予・免除　（しゅうがくゆうよ・めんじょ）

教育基本法第4条第1項に「国民は，その保護する子女に，9年の普通教育を受けさせる義務を負う。」と示されており，保護者等の親の就学義務が規定されている。しかし，「やむを得ない事由」がある場合は，就学義務の猶予・免除を受けることができるとなっている。その規定は，学校教育法第23条に「（前略）病弱，発育不完全その他やむを得ない事由のため，就学困難と認められる者の保護者に対しては，市町村の教育委員会は，文部科学大臣の定める規定により，前条第1項に規定する義務を猶予又は免除することができる」と示されている。やむを得ない事由となる対象者は「病弱や発育不完全で学校に通えない者・失踪していて行方不明の者・児童自立支援施設や少年院に入院している者・外国から帰国して一定期間日本語能力を養う必要がある者」である。就学義務の猶予・免除を受けた者は，猶予・免除の解除願いの手続を，医師等の証明書と共に市町村教育委員会に提出しなければならない（学校教育法施行規則第42条）ことになっている。［石崎］

就学率　（しゅうがくりつ）

学齢児童生徒数で在学者数を除した百分比で表される。つまり義務教育学校での在学率を指す。わが国の識字率は就学率で代替されることが多い。第二次世界大戦前のわが国の学齢は6～14歳までの8か年とされているが，明治期からは義務就学年限は3年，4年，6年，8年と延長されてきた。この間，就学率は少しずつ向上してきた。1873（明治6）年に28.1％だった就学率は1878（明治11）年には41.2％へと上昇した。しかし，毎日出席していない児童生徒や学齢外の生徒を除く実質的な就学率は1873年15.1％，1878年28.9％であった。1890（明治23）年改正の小学校令では町村が小学校を設立することとしたために就学率は1890（明治23）年で名目48.9％，実質31.2％となった。その後，授業料免除の拡大や小学校教育費に対する国庫補助制度の進展，近代化に伴う学校への関心の高まりなどを背景に，1900（明治33）年には名目81.5％，実質59.2％，1907（明治40）年には名目97.4％，実質75.1％，1917（大正6）年には名目98.7％，実質92.4％と順調に上昇した。それにつれて，それまでの男女間，地域間の格差も縮小した。戦後の就学率はほぼ100％近くにまで上昇し，指標としての価値が希薄になった。現在では99％に達しているが一方で長期間の不登校児の問題が残っている。［大澤清］

→不登校

習慣形成　（しゅうかんけいせい）

我々の生活に日常的に繰り返される生活習慣を確立すること。特に手洗い，洗顔，歯磨き，うがい，排便など清潔に関する習慣形成は幼児に達成すべき課題である。起床・就寝の生活時間や食生活などの習慣形成は，小学生では両親の影響を多大に受ける。［國土］

週休2日制　（しゅうきゅうふつかせい）

原義は労働時間形態の1つで，1週7日のうち2日を完全休業日とする労働形態である。通常，日曜日と土曜日を休日とする。先進国における主要な休日制度として定着して

いる。日本は，先進諸国の中では労働時間が長く，労働時間の短縮がILO（国際労働機関）からも勧告されていた。このため旧労働省では民間労働実態を先導するため，官公庁や国公立病院を中心に日曜日及び土曜日を完全休業とした。学校においては，学習指導要領における総時間数規定の問題や教職員の勤務体制の問題から実施準備期間が設けられ，隔週土曜休日化を先行して実施し，2002（平成14）年度より週休2日が完全実施された。これに伴い，学習指導要領における大幅な時間数，学習内容の削減・精選が行われるとともに小・中学校においては「総合的な学習の時間」の導入がなされた。民間労働実態では，なお土曜日の休日化は定着していないこと，土曜日における子どもの生活の受け皿の問題，学習内容の削減による学力の低下，学校行事の縮小など，批判的論点も少なくない。[瀧澤]

重金属中毒 （じゅうきんぞくちゅうどく）

ヒ素，アンチモン，クロム，亜鉛，マンガン，カドミウム，ニッケル，鉛，水銀など比重が比較的大きな金属によって引き起こされる健康障害をいう。ヒトの重金属中毒には，職業に起因して発生する中毒（鉛，水銀，クロム，マンガン，亜鉛などによるもの）や一般環境の汚染に伴って発生する中毒（水俣病，イタイイタイ病）などがある。金属の生体影響には皮膚及び眼，鼻咽喉，口腔粘膜などへの局所障害と肺，血液，神経などへの全身障害に大別される。また，がんなどヒトへの悪性腫瘍の発生が確認されている重金属にはヒ素（皮膚，肺），ニッケル（鼻腔，副鼻腔，肺），クロム（肺），カドミウム（前立腺）などがある。[日置]

→カドミウム（中毒），水銀中毒，ヒ素（中毒），鉛中毒，有機水銀，メチル水銀

周産期 （しゅうさんき）

出産の前後の時期の意で，現在は妊娠満22週に始まり出産後満7日とされている。[大川]

周産期死亡率 （しゅうさんきしぼうりつ）

周産期の児の死産と死亡数を出生数1,000に対する率として表したもので，国などの医療レベルの指標の1つである。後期死産と早期新生児死亡とは，その原因に共通性があり，また人為的には出生後間もない死亡が死産として届け出られる場合もある。そこで，後期死産と，早期新生児死亡とを一括して，周産期死亡として総合的に観察することができる。WHOの次の定義による率が用いられている。

(式) 周産期死亡率＝

$$\frac{妊娠満28週以降の死産数＋早期新生児死亡数}{出生数}$$

×1,000

わが国の周産期死亡率は5.5（2001年）であり，世界的にみても低率である。[大川・大澤清]

従属栄養 （じゅうぞくえいよう）

他養や有機栄養ともいい，栄養素を独立栄養生物が作り出す有機化合物に依存している栄養形式であり，CO_2から有機化合物を合成する独立栄養と対比される。この栄養形式に従う生物を従属栄養生物といい，寄生植物や動物などが従属栄養生物に含まれる。この中には独立栄養生物の作った有機化合物を直接取り入れるもの，また独立栄養生物を直接摂取するもの（間接的に有機化合物を摂取することになる）がある。さらにエネルギーの獲得形式の違いによって，H_2Oなどの電子供与体（酸化される基質）を細胞の持つ光化学反応系によって酸化してエネルギーを獲得している光合成従属栄養生物と電子供与体を細胞の化学的暗反応系によって酸化してエネルギーを獲得している化学合成従属栄養生物に分類される。また，電子供与体に有機化合物を用いる化学合成生物は，特に有機栄養生物と分類されるために，化学合成従属栄養生物は有機栄養生物であるといえる。[坂本]

→独立栄養

従属栄養生物 （じゅうぞくえいようせいぶつ）

従属栄養の栄養形式に従う生物のことである。有機栄養体生物。この栄養形式の生物には光合成によりエネルギーを獲得している光合成従属栄養生物と化学合成によりエネルギーを獲得している化学合成従属栄養生物がある。前者には藻類の一部，非硫黄細菌などが含まれ，後者には動物，大部分の細菌，カビ類などが含まれる。[坂本]
→独立栄養生物

重大災害 （じゅうだいさいがい）

災害とは予期できない災いや被害をいい，これによる生命や財産への損害が大きい状態を指す。[田神]

集団感染 （しゅうだんかんせん）

同一の感染源により多数の感染者が発生することを指し，結核では「同一の感染源が2家族以上にまたがり，20人以上に結核を感染させた場合をいう。ただし，発病者1人は6人が感染したものとして計算する。なお，予防内服者1人は1人の感染者として数える」と定義される。近年，高齢化，免疫状態の低下，空調完備，耐性菌，薬剤複合作用など社会的な変化に伴い，学校や事業所などでの集団感染，病院や福祉施設などでの院内感染が増加している。近年，特に集団感染を起こしやすい感染症としては，インフルエンザや結核のように空気を媒介とするもの，疥癬や白癬，アデノウィルスなど施設の共用やプールを介した感染，食中毒，MRSAやVRAなどが挙げられる。これらの感染症は，集団発生すると個人の健康のみならず，社会的にも影響があるため，早期の対策を打ち出すことを目的として感染症発生動向調査が実施されている。[上濱]
→院内感染，感染症

集団検診 （しゅうだんけんしん）

疾病の発見のために，地域や事業場など一定の集団で行われる医学的検査のことをいう。特に学校で実施されるものを学校検診といい，腎臓病検診，心臓病検診，脊柱側わん症検診など，それぞれの検診項目についてシステム化が進められている。[礒辺啓]

集団指導 （しゅうだんしどう）

保健指導における集団指導は，特別活動（学級活動，ホームルーム活動，学校行事等）を中心にして行われる。指導に当たっては，健康課題を1人ひとりのものとしてとらえ，問題解決意欲を高める等，実践化が図れるようにする。[三木]

縦断的方法 （じゅうだんてきほうほう）
→横断的方法

集団ヒステリー （しゅうだん――）

ヒステリー性格は，情緒未成熟で虚栄心が強く，神経過敏で自己中心的，強い被暗示性などが特徴である。そのため，ある1人が発病したり自殺したりすると，ヒステリー性格の人がその人に同調して症状が集団でみられることがある。このような現象を集団ヒステリーという。例えば人気のある歌手の自殺に引き続き集団で後追い自殺が起こるなど。[猪股]

集団免疫 （しゅうだんめんえき）

ある集団での特定の感染症に対する免疫の保有状態のこと。ヒト又は動物のある集団内に病原体が侵入したときに，その病原体に対する免疫を獲得した個体の数が一定以上の割合になっていると，免疫を保有していない個体への感染が起こらなくなるといわれている。一般に集団の70％以上の個体が免疫を保有していれば感染症の流行は起こらないと考えられている。このように特定の感染症に対する免疫保有者の割合と集団内での感染症の

伝播や流行が密接に関連しており，このことを利用した感染症予防のための方法として予防接種が行われている。予防接種は感染症からの個人防衛だけでなく集団防衛，すなわち集団免疫成立の役割も果たしている。この代表的な例がインフルエンザの予防接種である。また集団免疫が低下し，感染症の流行が起こることを通疫現象という。[坂本]
→感染症，免疫，予防接種，インフルエンザ

柔道整復師　(じゅうどうせいふくし)

骨折・脱臼・打撲・捻挫・挫傷を施術する専門職。高校卒業後に，専門養成学校で解剖学，生理学，運動学，公衆衛生学などの基礎系科目と，外科学，整形外科学，リハビリテーション医学，柔道整復理論などの臨床系専門科目を履修することが必須となる。また，柔道整復師は柔道整復師国家試験に合格した者でないと名乗ることができない。[樋田・竹内-]

十二指腸潰瘍　(じゅうにしちょうかいよう)

十二指腸内腔の表面の粘膜から粘膜下層や筋層まで掘られた状態を指す。ほとんどが胃に一番近い球部という部分に発生する。空腹時に上腹部痛が起き，牛乳など食事を摂ることで痛みが和らぐことが多い。吐血や下血をみることもある。胃酸過多が原因。真面目で些細なことを気にする人に多く，ストレスや強い酒などの攻撃因子が防御因子を上回ると発生する。最近では，ヘリコバクター・ピロリが関与すると考えられている。[内山]
→ヘリコバクター・ピロリ

習癖　(しゅうへき)

一定の生活習慣を持つことによって，心身の平安を保とうとする傾向はだれにでもある。1日の起床から就寝までの間，数多くの習慣的な行動を取ることによって，毎日の生活が成り立っている。しかし，そうした行動のうち特定のものについて，必要以上のこだわりを持って行っているとき，それを習癖と呼ぶ。さらに，アルコールやニコチンその他の薬物などに依存的になっている場合，それを嗜癖という。[近藤]

集落　(しゅうらく)
→バクテリアコロニー

授業研究　(じゅぎょうけんきゅう)

教育研究方法の1つで，学習指導の中心である授業を分析・検討し，研究対象とする。教授－学習過程を記録・分析する「授業分析」だけでなく，教育内容研究・編成，教材づくり・研究，授業方法，授業に用いるメディア，学習者の行動，教授行為，指導技術，評価・評定など多岐にわたる。また，その背景となる教育課程の編成，学校経営，学級経営，学習集団づくり，など授業に影響を及ぼすおよそすべてがその研究対象ではあるが，授業を構成する三大要素である学習者（児童・生徒），教材，教師がその主たる研究対象となる。したがって，その研究方法も様々あるが，おおよそ，①授業の改良・改善のための研究，②新たな教材・教具の導入，授業方法の導入の研究，③授業の一般的法則やそのモデルを見出そうとする研究に分けられる。授業を観察，反省，批評することは，明治以来の伝統があるが，科学的に授業を研究対象とするようになったのは，1960年代になってからである。[小磯]
→授業分析

授業書　(じゅぎょうしょ)

板倉聖宣によって始められた仮説実験授業で用いられる教材（印刷物）である。「問題－予想－仮説－討論－検証（実験）」という仮説実験授業の流れに対応して作成される。もともとは理科教育の中で活用されたものであるが，実験を行わないような他の教科でも用いられるようになり，保健でも数多くの授業書が作られている。授業書の第1の利点は児童生徒が楽しく学べるということであるが，授業の追試・検証が容易であるという長

所もある。[渡邉]
→仮説実験授業

授業評価 （じゅぎょうひょうか）

　授業を教授－学習過程ととらえ，教育方法，教育技術，授業の全体的過程，学習集団，学習者（児童・生徒）－教材－教師の相互関係などの正否を評価すること。授業研究のすべての部分を評価という観点からとらえなおした語句ともいえる。[小磯]

授業分析 （じゅぎょうぶんせき）

　授業の詳細，正確な記録を作成し，それを分析すること。録音，写真，VTR撮影など記録媒体も多種多様となってきているが，最終的に文字（活字）記録にまとめられていることが多く，これは公式の記録として汎用性が高いからである。授業における法則，原理，技術などの一般化を求めて大量サンプルから一般的特徴を解明しようとする場合と，ある教室やある生徒，教師の出来事ひとつのその意味や改善を探究する事例研究的分析とがある。もちろんこれらは明確に二分されるわけでなく，現実の授業に即して行われる。いずれにしても，授業の事実をありのままに観察，記録し，それを分析することにより，授業の全体的構造が明らかにされたり，授業そのものを改善したり，授業の事実から教育計画が見直されたり，新たな方法が開発されたりすることが意図される。[小磯]

宿主 （しゅくしゅ）

　やどぬし。寄生生物が寄生する相手。臓器移植の際には移植される方の組織や固体をいう。[辻]

受精 （じゅせい）

　精子と卵が融合し，雌雄からの遺伝子が受精卵の中で一体となること。通常，性交により膣内に射精された精子が子宮へ侵入し卵管へ向かう。一方，卵巣より排卵された卵は卵管膨大部で精子にめぐり合い，受精が成立する。受精には多数の精子が卵をとり囲む環境が必要であるが，卵内に侵入し融合する精子は通常1個である。[大川]

受精卵 （じゅせいらん）

　受精とは精子と卵子が合体し男女の遺伝子が一体となることをいう。卵管膨大部において，卵の周辺を囲む，顆粒膜細胞，透明体を通過した精子は，卵の核内の遺伝子と精子頭部にある遺伝子が一体となって受精卵が完成する。以降，受精卵は卵管から子宮へと移動していく間に，2，4，8，16……と分裂を繰り替えしながら子宮に到着し子宮内膜に着床する。これを妊娠の成立という。受精から着床までは6日から7日を要する。[北村]
→妊娠，着床

主題学習 （しゅだいがくしゅう）

　例えば，歴史の学習では教師が詳細な事実，学習事項を通史として一方的に羅列，講義しがちである。この受け身的学習を打開するため，ある観点すなわち主題を設け，その主題を核に歴史の内容を総合的に学習しようというのが主題学習である。これにより歴史的な思考力や学習方法，研究方法を育成しようとするのである。[小磯]

受胎調節 （じゅたいちょうせつ）

　家族計画の理念に基づいて，科学的な知識や方法により，妊娠を望まないときには妊娠の成立を防ぎ，妊娠を望むときには妊娠しやすくなる方法をとることをいう。[大川]
→家族計画

シュタイナー学校 （――がっこう）

　ドイツ人，シュタイナーの教育観に基づく教育理念を実践する学校。12年間の一貫教育をとり，子どもの成長発達に応じて適切な時期に，思考・感情・意志のすべてに働きかけ，それらの調和のとれた全人教育を目指すという理想主義的な教育。そのために独自の思想に基づく独自の教育方法を持つ。それは

授業の進め方・時間割・学習の評価・担任制度などにも特徴的である。特に子どもを対象とした学習内容では，音楽・絵画などの芸術体験が強調されている。シュタイナー学校の歴史は1919年に始まるたばこ工場の社長モルトが，工場の労働者の子弟のための学校創立をしたことに始まる。この運動は人間として真に自由になることを目標にして，ドイツのシュトゥットガルトに始まった。続いてヨーロッパ各地に盛り上がった学校設立の機運は，ヴァルドルフ学校運動となって，新しい社会運動の一環として繰り広げられた。ヒトラー政権によって一時閉鎖を余儀なくされたものの，第二次世界大戦後，再開されてドイツ，スイス，オランダ，イギリス，ノルウェー，アメリカを始め世界各国に広がった。シュタイナー学校の教員養成者も各国に生まれている。日本でも，シュタイナー学校及び教育の関心は少しずつ広がっている。[大澤清]

主体要因 （しゅたいよういん）

ヒト（個人又は集団）を主体といい，これを取り巻く環境（主として外環境）との係わり合いを主体－環境系という。この系の中で人間の個体は親から遺伝子を受けて誕生し，環境の資源を利用して成長する。生物はその環境と密接な切り離せない関係を持っており，両者は1つのシステムとして存在している。人間（主体）の環境は「生活の場」，「生活の資源」及び「環境の要因」に分けて考えられる。主体要因としては人種，性，年齢，免疫，習慣，遺伝的要因などがある。環境衛生学では主に自然環境を対象としているが，この場合，主体－環境－環境中の病因の三者の係わり合いで，健康事象の要因を考え，予防に応用する方法が用いられる。[千葉]
→環境

出血 （しゅっけつ）

血管が切れ，血液が流れ出ることをいう。体表面に傷口があって，外界に流れ出ている場合を外出血といい，胸・腹腔内，あるいは骨折部など，外から見えない部分より出血している場合を内出血という。また切れた血管の種類によって，動脈性出血，静脈性出血，毛細血管性出血に分かれるが，動脈性出血の場合には，救命手当がすぐに必要となる。[今村]
→外出血，内出血

出産 （しゅっさん）

一般に子どもが産まれることをいうが，医学あるいは衛生統計では児が生きて産まれる場合（生産あるいは出生）だけでなく，死亡した児が産まれる場合（死産）をも含む。ただし胎児が子宮外で成育することが不可能であるような，妊娠期間のごく早い時期（12週未満）に児が母体外に排出される場合は出産には含まない。[大川]
→死産

出生前診断 （しゅっせいぜんしんだん）

出生前に胎児の状態（胎児の健康状態，胎児の生死，発育，先天異常の有無などが含まれる）を診断すること。その中には，妊娠初期に行われる分娩予定日の推定や超音波診断装置での胎児発育の検査や，胎児発育の診断なども含まれるが，一般的には先天異常に関するものに限ることが多い。その目的は，①胎児期に治療を行う，②分娩方法を決めたり出生後のケアの準備を行う，③妊娠を継続するか否かに関する情報をカップルに提供する，などである。[北村]

出生率 （しゅっせいりつ）

（式）出生率＝$\frac{1年間の出生数}{年央人口}$×1,000

粗出生率ともいう。出生数には死産を含まない。また地域別に出生率を算出するときは，分子の出生数は出生地ではなく，出生した子の住所地によって集計することとなっている。分母の人口は，一般に年央人口を用いる。わが国では国勢調査が10月1日に行われ，年次別推計人口も10月1日現在で算出さ

れているので、出生率計算には10月1日現在の人口を用いている。わが国の出生率は長期的にみても、低下傾向にあり、最近では人口千対9人程度となっている。［大澤清］

出席停止 （しゅっせきていし）

児童生徒の出席停止に関わる法律は2つある。1つは、学校教育法第26条・第40条に規定されている「市町村の教育委員会は、小学校及び中学校で性行不良であって他の児童生徒の教育に妨げがあると認める児童生徒がある時は、その保護者に対して、児童生徒の出席停止を命ずることができる」である。この出席停止の措置に該当する児童生徒の行為とは、教職員に対する暴力・他の児童生徒に対する金品の強奪・騒音を発することなどの教育活動を妨げる行為等を指す。ただし、この制度は本人の懲戒という観点ではなく、学校の秩序を維持し、他の児童生徒の義務教育を受ける権利の保障という観点から設けられており、2001年度中の公立小・中学校での出席停止措置総件数は51人（小学校0・中学校51）であった。もう1つは、学校保健法第12条に規定されている「校長は、伝染病にかかっており、かかっておる疑いがあり、又はかかるおそれのある児童、生徒、学生又は幼児がある時は、政令で定めるところにより、出席を停止させることができる」である。この出席停止の指示は、校長がその理由と期間を明らかにして行うことになっており（同法施行令第5条第1項1）、また出席停止の期間は伝染病の種類に応じて、文部科学省令で定める基準によって行われる（同法施行令第5条第2項、同法施行規則第20条）。［石崎］

出席督促 （しゅっせきとくそく）

保護者は、満6歳から満15歳までの子女には義務教育諸学校に就学させる義務を負っている（学校教育法第22条第1項・第39条の第1項）。入学した児童生徒は特別な理由がない限り毎日登校して授業を受ける。しかし、諸事情により欠席することがあり、その際の対応については、学校教育法施行令第20条に、「（前略）校長は（中略）児童生徒が休業日を除き引き続き7日間出席せず、その他その出席状況が良好でない場合において、その出席させないことについて保護者に正当な事由がないと認められるときは、速やかにその旨を（中略）市町村の教育委員会に通知しなければならない」と示されている。したがって、児童生徒の出席状況が良好でない時、またそのことについて保護者の正当な事由がない場合、校長はその旨を市町村教育委員会に届け出ることになる。届出を受けた市町村教育委員会は、その保護者に対して児童生徒の出席を督促しなければない（学校教育法施行令第21条）が、すぐ書面で督促をするのではなく、いじめなどの事由がないか等、家庭訪問をするなどして家庭の事情を十分把握して出席を促す努力が必要である。［石崎］

SHPPS （しゅっぷす）

school health policies and programs studyの略。CDC（アメリカ疾病管理センター）を母体としてアメリカで展開された学校保健に関する包括的多元的な調査研究。ヘルシーピープル2000との連携を密にし、青少年の健康問題の構造的解決策を構築するため、保健教育、体育などの領域について全米規模で実態が解明された。現在まで2回（SHPPS1994, SHPPS2000）実施されている。［山崎秀］
→アメリカ疾病管理センター

種痘 （しゅとう）

ヒトの皮膚に病苗を接種すること。1796年、英国の開業医のジェンナーが天然痘（痘瘡）の予防法として、発明した。1980年のWHOによる天然痘根絶宣言を受けて、法律的にも廃止され、現在に至っている。［田神］
→天然痘

受動喫煙 （じゅどうきつえん）

たばこを吸わない人が、喫煙者の吸うたば

こによって煙を吸わされることをいう。通常，能動喫煙に対して使われる。間接喫煙ともいうが，近年は「受動喫煙」の表現が一般的である。喫煙者が吸う煙（主流煙）よりも，火のついたたばこの先から立ち昇る煙（副流煙）の方が，有害物質を多く含んでいる。ニコチン，タール，窒素酸化物，及び一酸化炭素では，3～5倍程度，アンモニアでは50倍近い量に上る。受動喫煙によって，目や鼻への刺激，頭痛や，呼吸抑制，心拍増加，血管収縮などの急性影響や，不快感，ストレスなどの精神的被害を受ける。また，肺がんや呼吸器疾患などのリスクも高くなる。閉鎖空間での喫煙に対しては受動喫煙が避けられない。職場や公共の場における分煙が進んでいるが，家庭における受動喫煙は見逃されがちなので特に注意を要する。なお，室内で完全に分煙するには，部屋を仕切ったうえで換気扇を回してたばこ煙を外に排出しなければならない。空気清浄機などの分煙機器では，十分な分煙はできないことが知られている。2003年5月に健康増進法が施行され，「第25条受動喫煙の防止」によって多数の者が利用する施設の管理者に，利用者の受動喫煙を防止するための措置を講ずることが義務づけられた。［家田・皆川］
→主流煙，副流煙，分煙

主任制　（しゅにんせい）

「調和の取れた学校運営が行われるためにふさわしい校務分掌の仕組みを整える」ことが，この主任制制度化の主旨とされている。教務主任，学年主任，保健主事などをはじめとして学校により必要に応じて主任を置くことができるとされており，各々の職務に係る事項について教職員間の連絡調整及び関係教職員に対する指導・助言に当たることを基本的職務としている。1975年の学校教育法施行規則の一部改正により制度として明確化された。［市村］
→保健主事

種の保存　（しゅのほぞん）

生物分類の基本的な単位が種である。種は同一の祖先から出た生物で，重要な基礎的形質が共通し，形態，生態，生息・分布域などの特徴の共通性を有し，相互に生殖が可能であり，遺伝子組成により他と区別できる。他種との交配は困難であり，例え交配できてもその子に繁殖力がない。ダーウィン説では生物は進化の過程で種の中に存在する変異に自然淘汰が働いて，生存に適したものが残り，増えることによって新しい種が形成されるとしている。集団の中に現れる遺伝的変異（突然変異など）の中で生存に有利な種が増え，その頻度が増加していくことをダーウィン淘汰という。野生動植物は生態系の重要な構成要素であり，自然環境の一部として人類の生活に不可欠のものである。良好な自然環境を保全し，絶滅のおそれのある野生動植物を体系的に保護すべきという認識が高まり，わが国も1980年にワシントン条約に加盟した。また1992年に「絶滅のおそれのある野生動植物の種の保存に関する法律」が公布された。［千葉］
→突然変異原

受容器　（じゅようき）

生体は内外の環境変化を刺激として受容する。受容された刺激が特定の細胞で電気的記号に変換される過程を感覚という。感覚細胞は，刺激の種類によって異なり，種々の分化した受容器を形成する。それぞれの受容器には，最も鋭敏に応答する特有の刺激があり，それを適刺激という。感覚は特殊感覚，体性感覚，内臓感覚に分類される。特殊感覚としての視覚の適刺激は光であり，受容器は眼である。体性感覚としての痛覚の適刺激は侵害刺激であり，受容器は神経終末である。血液中の酸素分圧の感覚は内臓感覚であり，化学的刺激により受容器としての頸動脈体や大動脈体で受容される。［礒辺啓］
→感覚器，体性感覚

受容体 (じゅようたい)

ある刺激に対して最初にもしくは特異的に応答する細胞または細胞の特定部位をいう。前者の場合は受容器細胞と呼ばれ、圧、触、音、張力などを感知する機械的受容器、味覚などを感知する化学的受容器、光やその明暗を感じる光受容器などがある。また、皮膚やその深部組織、内臓、特殊感覚器なども含まれる。後者の場合は、受容体タンパク質とも呼ばれ、その本体はタンパク質によって構成されている。受容体は、ホルモンや抗原、神経伝達物質などの生理活性物質の分子を受容体自体に直接結合することで認識し、その結果、細胞に何らかの変化を引き起こすような細胞側の物質である。これに対して、受容体と結合する分子は総称してリガンドと呼ばれている。受容体には、細胞の表面に存在し、アドレナリンなどの細胞膜を通過できない物質をリガンドとする細胞膜受容体と、細胞内に存在し、ステロイド系ホルモンなどの細胞膜を通過できる物質をリガンドとする細胞内受容体に大きく分類される。[坂本]

主流煙 (しゅりゅうえん)

紙巻きたばこの吸い口から出てくる煙。副流煙の対語。喫煙者は主にこの主流煙を吸い込む。主流煙はいったん口に吸われて、大部分は再び口から出される。[皆川]
→副流煙

受療行動調査 (じゅりょうこうどうちょうさ)

全国の医療施設を利用する患者（外来患者及び入院患者）を対象に、受療の状況や受けた医療に対する満足度等を調査するために、3年に1度厚生労働省が行っている調査。調査内容は、かかりつけ医師の状況、診察前待ち時間、診察時間、病気に対する説明の状況、診療の満足度等である。[渡邉]

受療率 (じゅりょうりつ)

(式)

$$受療率 = \frac{調査日に医療施設で受療した推計患者数}{人口} \times 100,000$$

厚生労働省が行う患者調査によって得られたデータに基づいて、上式で求められる全国の病院、一般診療所、歯科診療所で受療した患者の推計受療率である。傷病別、都道府県別などに統計が公表されている。[大澤清]
→患者調査

シュレッダーダスト

廃家電製品、廃自動車などをシュレッダー（破砕機）にかけて再利用できる資源を回収した後に残る不要物。プラスチック類、ゴム、ガラス、繊維くずなどを含む。様々な物質を含むため、再利用は困難であり、埋め立て処理されてきた。しかし、雨水などによる有害物質、重金属などの溶出が起こりえるため、単純な埋め立てでは問題が起こる可能性がある。わが国の例では、香川県の豊島でシュレッダーダストを含む廃棄物の埋め立て地周辺の土壌や地下水から複数の有害物質が検出されている。シュレッダーダストの減量には、シュレッダーにかける前の段階で各種物質を分別できるような家電製品や自動車の設計が重要である。[本田]

循環器 (じゅんかんき)

消化管から消化吸収した栄養素や肺から摂取した酸素を各臓器や組織に運搬し、そこで生じた老廃物を腎臓や肺に運搬する役割を担う。脈管系ともいう。既ち輸送路の役割であるが、その中を流れる液体成分が血液である場合を血管系、リンパである場合をリンパ系という。[田中宏]

循環器検診 (じゅんかんきけんしん)

高血圧症、高脂血症、糖尿病などの生活習慣病といわれる疾病を早期発見するために、

市町村の一般住民検診や医療機関の人間ドックなどで実施されている検診のことをいう。検査内容としては，血圧測定，心電図検査，胸部レントゲン検査，尿検査，血液検査，眼底検査などが含まれる。［田中喜］
→高血圧，高脂肪症，糖尿病，生活習慣病，人間ドック

循環中枢　（じゅんかんちゅうすう）

血漿浸透圧や循環血液量の恒常性を維持する働きは，視床下部で合成され脳下垂体後葉に貯蔵される抗利尿ホルモンの分泌調節で行われており，この視床下部及び関連中枢を指す。抗利尿ホルモンは，腎集合管に作用して水の再吸収を促進して強い抗利尿作用を発揮し，細動脈を収縮させて血圧を上昇させる。抗利尿ホルモン分泌を調節する受容体には，前視床下部の浸透圧受容体と左房の容量受容体があり，血漿浸透圧の上昇や循環血液量の上昇や循環血液量の減少により抗利尿ホルモン分泌が促進される。［角南祐］

循環不良　（じゅんかんふりょう）

心臓の機能が不全に陥ることによって，動脈，毛細管，静脈とめぐり，再び心臓へ戻ってくる血液循環がうまくいかなくなった状態のことをいう。循環の状態を確認するには，自発呼吸，咳，体の動きの有無などを見る。こうした反応を「循環のサイン」といい，それが見られない場合，循環不良に陥っていると判断され，心臓マッサージと人工呼吸を継続して行う。［今村］
→心臓マッサージ，人工呼吸

順応　（じゅんのう）

感覚の強度，性質，明瞭性などが，当該感覚刺激の持続とともに次第に弱まり，顕著な場合は消失にいたることを意味する（感覚の順応）。日常的な例では，匂いに対する順応や暗闇に対する順応などがある。暗順応とは，映画館に入ったときのように，明るいところから急に暗所に移ると，始めは何も見えないが，次第に慣れてものが見えてくることをいう。匂いに対する順応は，香水の香りをしばらく嗅いでいるうちに，だんだん香味が薄れていくことをいう。この場合，暗順応は，（暗闇の効力が次第に弱まり）光刺激に対する感受性が増大することになるため，正の順応と呼び，一方，感度低下を生じる匂いの順応などは，負の順応と呼ぶ。また，社会的順応を意味する場合は，適応と同義であり，社会的環境，文化的環境への適合的な行動や態度をとることをいう。［宮脇・村岡］

情意機能　（じょういきのう）

適切に働いている場合，私たちは自分自身のことや身の回りのこと，さらには他者や社会のことなどに適度な関心を持って暮らしていける。情意機能が衰えたり情意鈍磨といった状態になると，様々な事柄や出来事に無関心になり，社会との交渉が途絶したり，引きこもった暮らしをするようになる。［近藤］

小陰唇　（しょういんしん）

女性外性器で，大陰唇内側の一対の皮膚のひだ。前方は陰核（クリトリス）を包んで，包皮となり，腟前庭部（腟，尿道が開口している）を囲み保護する。男性の陰茎腹側に相当する。小陰唇はその発達の程度や形に個人差が大きい。皮脂腺は多いが，陰毛はない。神経終末が多く，性的刺激に敏感である。［大川］
→陰核，陰茎

昇華　（しょうか）

精神分析によって明らかにされた適応（防衛）機制の1つ。健康で成功した防衛機制の代表といえる。性的欲求や攻撃欲求など社会的に許容できない抑圧された衝動のエネルギーが，直接の目標を離れ，社会文化的に許容された好ましい傾向に変容して発散されること。他の機制とは異なり，欲求は，抑圧されることなく現実に取り組むエネルギーとなる。［宮脇・村岡］

生涯学習 (しょうがいがくしゅう)

　生涯にわたり学び続けて，そこから得られた知識や技能という成果が自身の生活を豊かにする過程をいう。また，生涯学習は学習者が自ら学び，自らに変革をもたらそうとする主体的な活動であるととらえられている。欧米では「ラーニング・ソサイエティ」とか「リカレント教育」といった考え方の中で，私たちがより人間的に生き続けるために時間，場所，場面などの制限がない学習の必要性が説かれた。また，わが国では1971年の社会教育審議会答申「急激な社会構造の変化に対処する社会教育のあり方について」の中で，激しい社会の変化に対処するための知識，技術の生涯学習の必要性を指摘し，1981年の中央教育審議会答申「生涯学習について」では，人々が自己の充実・啓発や生活の向上のために，自発的意志を持って学習することを求められているとして，こういった各自が自らのために，各自の方法で生涯を通じて行うのが生涯学習であるとした。[市村]

生涯教育 (しょうがいきょういく)

　生涯にわたる教育を指す。ラングランがユネスコの成人教育国際推進委員会（1965年）において，その必要性を述べたが，内容の特徴としては，教育は一生を通じて行われるべきであり学校教育，職業教育の統合を目指したり，地域社会学校の役割を果たすことなどを挙げている。その後，各国でこの生涯教育の検討がされ始めた。社会における変化，とりわけ科学技術の発達が学校教育だけでは十分対処しきれなくなってきたことによっている。わが国でも社会教育審議会答申（1971年）のなかで，変動の激しい社会に対処するために生涯にわたる学習継続を考えるばかりではなく家庭教育，社会教育の有機的統合をする必要性が指摘されている。生涯教育は学校教育で考えるような限定的な教育課題では対処が不十分であるとされ，柔軟な対応は不可欠とされている。また，生涯教育という言葉はハッチンスが唱えたように学習援助ととらえるべきであろう。[市村]

障害児(者)教育 (しょうがいじ：しゃ：きょういく)

　小学校や中学校の通常学級での教育では，十分に教育効果を発揮できない児童生徒のために行う教育を含め，広くは障害幼児や障害者を対象にした教育の総称である。これを学校教育の分野では「特殊教育」と呼んでいるが，行政によっては養護教育の用語を用いているところもある。なお，2003（平成15）年3月の文部科学省の報告で，今後，特殊教育が「特別支援教育」に変わることが打ち出された。障害児教育は，乳幼児の早い時期から進めることやゆっくりと長く続けることの意義が明らかになるにつれ，その期間や内容も変わってきている。わが国の教育課程基準の改訂に伴って（平成14年度），障害児教育は，①障害の重度・重複化への対応，②早期からの適切な対応，③職業的な自立の推進などについて重点的に取り組むことが打ち出された。この中でいくつかの特徴をあげると，幼稚部を持つところでは3歳未満からの支援，重度重複化の対応では，養護訓練型の教育から自立活動型の教育，知的障害養護学校での高等部では，外国語，情報，流通・サービスの授業も選択科目として新設された。[小林寿]

→特殊教育

障害児保育 (しょうがいじほいく)

　障害児を対象にした保育のこと。これまでは，それぞれの障害に応じた児童福祉施設（入所型，もしくは通所型）において，健常児とは隔離した保育が行われてきた。しかし，今日では障害児に対する理解が深まり，保育所や幼稚園においても障害児を含めた保育実践が試みられ，その効果が実証されている。[松本寿]

障害者福祉 (しょうがいしゃふくし)

　障害者とは，心身の機能が低下・欠損など

により，長期間にわたり日常生活上様々な困難を持つ人をいう。この障害者の日常生活上の困難に対して，公・私による様々な支援を行い，障害者の社会的不利益を除去し，「自立と参加」を基本とした総合的な施策とその実践の体系を障害者福祉という。[松本寿]

消化管出血 （しょうかかんしゅっけつ）

食道から肛門までの消化管壁から管腔内への出血のこと。出血が微量の場合は，便の肉眼的異常はないが，便の潜血反応陽性となる。中等量以下の場合は，胃・十二指腸からの出血ではタール便，大腸からの出血では血便となる。急性大量出血では，吐血・下血がみられる。原因疾患には，食道静脈瘤破裂，胃・十二指腸潰瘍，胃がん，大腸がん，大腸ポリープ，潰瘍性大腸などがある。[西川]

消化器 （しょうかき）

消化管と消化腺に大別される。消化管は，口腔に始まり，食道・胃・十二指腸．空腸・回腸・結腸・直腸を経て肛門に終わる。食物は消化管を通過する間にほとんど消化され栄養分は吸収される。[西川]

消化器検診 （しょうかきけんしん）

胃・大腸がんを早期に発見し，死亡率を減少させるために行われる。胃がんの健診はバリウムによるレントゲン検査や内視鏡の検査が行われる。大腸がんの健診は便潜血検査が行われる。早期がんの50％，進行がんの80％を拾い上げられる。便潜血が陽性になった場合レントゲン検査や内視鏡検査が必要である。また，超音波検査による肝臓がんや膵臓がんの健診も行われている。[内山]

浄化槽法 （じょうかそうほう）

浄化槽の設置，保守点検，清掃及び製造について規制するとともに，浄化槽工事業者の登録制度及び浄化槽清掃業の許可制度を整備し，浄化槽設備士及び浄化槽管理士の資格を定めること等により，浄化槽によるし尿等の適正な処理を図り，生活環境の保全及び公衆衛生の向上に寄与することを目的とする法律。[鬼頭]

松果体 （しょうかたい）

脳の第3脳室天井の後部に突出した小体で，ヒトでは約170mgの小さな組織であり，神経線維の多くは視床下部に終わっている。松果体はメラトニンを分泌するが，そのメラトニン含量は夜に高く，昼に低くなる。その前駆体のセロトニンは逆の変動を示す。体内リズムを作る体内時計は，間脳の視床下部にある視索上核であり，そこからの信号を受けて松果体機能の日内リズムが発現すると考えられている。また，下垂体前葉からの性腺刺激ホルモンの合成や放出を抑制することにより，思春期前の性腺の発育と成熟を抑制している。[礒辺啓]

→ メラトニン，サーカディアンリズム，体内リズム

衝撃吸収ボディ
(しょうげききゅうしゅう——)

自動車衝突時に乗員が受ける衝撃を軽減するため，衝撃を吸収・分散する車体が必要とされる。衝撃吸収ボディは，少ない変形で効果的に衝撃を吸収して客室内に車体が侵入することを防いだり，ボディ骨格に衝撃を分散させて乗員の身体を守る役割を果たす。衝撃吸収ボディはパッシブセイフティの一対策といえる。[渡邉]

→ パッシブセイフティ

衝撃吸収ボンネット
(しょうげききゅうしゅう——)

車にはねられた歩行者がボンネットに頭部を衝突させて重大なけがを招くことを防ぐため，衝撃を吸収するタイプのボンネットが自動車に必要とされる。ボンネットと機器の間に空間を確保したり，ボンネット自体が衝撃を吸収しやすい構造にするなど，上記の目的を果たすようにできている。国土交通省は保

安基準を改正して，2005年度からモデルチェンジする乗用車等に衝撃吸収ボンネットを採用することを義務づけ，2010年には新車すべてに適用することを決定した（大型車等は除く）。［渡邉］

条件づけ （じょうけんづけ）

条件反射，条件反応を形成するための訓練課程のこと。パブロフの条件反射を形成するための古典的（レスポデント）条件づけ（S型）と個体が積極的に環境に働きかけ，利益となる反応を形成する道具的（オペラント）条件づけ（R型）に分類できる。健康教育でも，この原理を応用した行動変容技法を用いることがある。［稲垣］

条件反射 （じょうけんはんしゃ）

生まれつきの反射の刺激とともに他の刺激（条件刺激）を提示していると，条件刺激だけで同じ反応が生じるようになる。これを（無条件）反射と区別して条件反射という。条件反射には大脳皮質が関与し，使わないと機能しなくなる。1907年，旧ソ連の生理学者パブロフがベルの音を条件刺激として犬の唾液条件反射を示した。［稲垣］

しょう紅熱 （――こうねつ）

A群レンサ球菌の発赤毒によって生じる伝染性疾患。潜伏期は3～5日。症状発現1日前から2～3週間後まで伝染力がある。発熱，発疹，咽頭痛，頭痛，頸部リンパ節腫脹，いちご舌を主徴とし，回復期には皮膚の落屑がみられる。発疹は全身にみられる。未治療例では咽頭からA群レンサ球菌が検出される。トキシックショック症候群や川崎病が鑑別となる。［寺井］

踵骨骨端炎 （しょうこつこつたんえん）

踵部の後下方に疼痛を訴え，9歳～15歳の男子に多い。下腿三頭筋の牽引や反復する小外傷により生じた骨軟骨炎あるいは骨軟骨症，靴の甲革による慢性圧迫による滑液包炎と考えられる。1912年にセーバーにより報告されたことから，セーバー病ともいわれる。安静と靴の甲革による圧迫の除去，中ヒール靴によって軽快し，予後は良い。［森川］

少子化 （しょうしか）

一般に，合計特殊出生率が2.08を下回ると少子化といわれ，2001年で1.33まで下がっている。このため，わが国は2007年から人口減少に転ずると予想されている。未婚・晩婚化の進行や子育ての負担の重さも大きく影響しているといわれる。経済成長，年金問題などの社会保障負担の増加，労働人口の減少，家族や教育のあり方などに大きな影響を与える深刻な問題である。［松本健］

→合計特殊出生率，エンゼルプラン

小循環 （しょうじゅんかん）

別名，肺循環と呼ばれ，右心室から肺動脈→肺胞→肺静脈を通過して左心房に戻る経路である。血管が最も細くなる末梢血管部（毛細管）と肺胞表皮の間で，酸素と二酸化炭素のガス交換が行われている。［田中喜］

→肺循環，ガス交換

症状精神病 （しょうじょうせいしんびょう）

脳疾患以外の身体疾患に基づいて起こる精神障害を総称していう。感染症，代謝疾患（尿毒症，肝機能障害，糖尿病など），内分泌疾患（甲状腺機能異常，副腎機能異常）などが基礎疾患としてあげられる。病像は多彩だが，意識障害（意識混濁・意識変容）が中心となり，うつ状態・躁状態・幻覚妄想状態などが現れる場合もある。［花澤］

上水道 （じょうすいどう）

飲料その他の目的のために保健上良質な給水を可能とする施設設備。上水道系は水源の確保から始まって浄水，消毒そして給水といった過程の系統を有している。水源には天水，地表水，地下水，貯水池などが用いられる。浄水法は主として水の自浄作用と土壌の

自浄作用の原理を用い，これに化学的処理を加えてなされる。飲料水の浄化は沈殿，ろ過，消毒の3つの方法で行われる。［鬼頭］
→自浄作用

上水道・下水道普及率
（じょうすいどう・げすいどうふきゅうりつ）

日本における水道普及率（水道により水の供給を受けている人工の総人口に対する比率）は96.6％（2001年）である。一方，下水とは生活または事業によって生じる汚水である。全人口のうち公共下水道により廃水処理を行っている人口の割合，普及率は54.3％（1999年）である。［鬼頭］

常染色体 （じょうせんしょくたい）

棒状の相同染色体が対になっており，ヒトでは細胞核中に存在する46本（23対）の染色体のうち44本（22対）をしめる。染色体には常染色体のほかに性染色体がある。性染色体は2本あるが，男性はX染色体とY染色体が1本ずつ，女性はX染色体が2本（1対）となっており，その組み合わせが男女で異なる。［松村］
→染色体，性染色体

情操 （じょうそう）

心的状態を総称した広義の感情のうち，芸術，学問，宗教などを通じて培われる文化的価値判断を伴う静的で持続的な価値的感情のこと。美醜，正邪，勇気，寛容さ，責任感といった感情特性がこれにあたる。情操は，一過性で激しく強い感情を指す情動，比較的長期間安定した感情である気分とは区別される。［小玉］
→情緒

情操教育 （じょうそうきょういく）

文化的価値判断を伴う知的な価値感情である情操を発達させるために行う教育のこと。情操教育の基礎として感受性の発達や認知行動の社会化が求められるが，それには周囲の人々の働きかけや整備された環境を必要とする。情操教育の例として，絵画鑑賞や動植物の飼育栽培など文化や自然の接触機会を与えることが挙げられる。［小玉］

情緒 （じょうちょ）

喜怒哀楽のような一過性の比較的強い感情のこと。情動と同義。心拍数や発汗，筋緊張などの生理的変化を伴い，人を行動に駆り立てることが多い。快－不快の次元に還元することができる狭義の感情，比較的弱く持続的な感情を指す気分，文化的価値判断を伴う知的な価値感情を指す情操などとは一般に区別して考えられている。［小玉］

情緒障害 （じょうちょしょうがい）

小児期において，怒り，恐れ，喜び，悲しみ，嫌悪などの情緒の現れ方や程度が平均的レベルより明らかに偏っていたり，情緒的（すなわち心理的）原因により，種々の神経症性習癖や身体症状，問題行動を呈する場合をいう。わが国では，自閉症を代表とする発達障害も情緒障害の範疇とされることがあるが，これには原因論的に異論がある。［花澤］

情緒障害児教育
（じょうちょしょうがいじきょういく）

情緒障害のため，適応行動がとれない児童生徒に対する治療教育である。情緒障害を原因論的に分類すると，心理的原因によるものと身体疾患や脳の器質的・機能的障害によるものとの2つに分けられる。前者は，人間関係など子どもを取り巻く心理的環境に由来するものである。後者は，内分泌障害，神経学的障害，脳障害，その他の精神障害などから一次的に発症するものである。これらの原因論的分類は，情緒障害への治療教育的対応の仕方を決める上で重要である。場面緘黙や不登校などの大半は，心理的原因によると考えられ，教育相談における遊戯療法やカウンセリングなどの心理臨床の立場からのアプローチを有効とする。それに対して，自閉症は脳

の器質的もしくは機能的障害によるとされる。自閉性障害の基本として，知覚・認知の障害や言語の異常が挙げられ，そこから様々な（対人関係など）行動異常が引き起こされると考えられている。自閉症や微細脳機能障害（MBD），学習障害など，脳の何らかの障害を医学的に診断された子どもについては，言語，感覚・認知，運動，日常生活の基本動作の習得などについての適切な教育・訓練のプログラムを用意する必要がある。[田嶋]

→場面緘黙，不登校，自閉症，学習障害

情緒障害特殊学級
（じょうちょしょうがいとくしゅがっきゅう）

　入級対象児は，自閉症，自閉傾向（自閉性精神薄弱），微細脳機能不全（MBD）などの診断を受けた者の他，不登校，緘黙など心因性の不適応行動をもつ者が含まれる。自閉症，自閉傾向の者を主として入級させており，通級制の指導形態をとる例が多い。しかし，固定制（在籍制）や通級，固定併用の例や，不登校を主な対象児とする場合も少なくない。自閉児については，学習の基本行動の定着，興味・関心の拡大，感覚・運動，認知能力，微細・粗大運動，言語などの指導が行われる。[田嶋]

→緘黙症，自閉症

情緒不安定 （じょうちょふあんてい）

　外からの刺激とは無関係に感情状態や行動が急激に変化すること。あるいは周りの人にとってさほどではない場面でも過剰な興奮状態を示すことも含む。人間関係のあり方や環境の不適切性によっては，社会的不適応の一因にもなる。その背景には人格的未成熟，不安傾向などの個人的要因や思春期危機のような発達的要因が考えられる。[小玉]

衝動 （しょうどう）

　行動を触発する内的動因のうち，生得的あるいは本能的行動の発現に関わるものをいう。比較行動学の立場からは，遺伝的にプログラミングされ，成長とともに発現する有機体固有の行動型の表出動因を指している。一方，初期の精神分析の考えでは，私たちの行うすべての行為の原因を無意識的な性の衝動（リビドー）に求めている。[小玉]

情動 （じょうどう）
→情緒

常同運動障害 （じょうどううんどうしょうがい）

　精神遅滞に伴って出現することが多く，身体ゆすり，頭ゆすり，抜毛，毛捻り，指をはじく癖，手叩きなどの他，常同的な自傷行為として，反復する頭打ち，顔叩き，目を突く，手や唇などの身体部分を噛むなどの運動がある。随意的，反覆的，常同的，非機能的な運動である。[花田]

→精神遅滞

消毒 （しょうどく）

　微生物を病原性のないレベルまで数を減少させることを目的とした処置である。その方法は，物理的消毒法と化学的消毒法とに大別される。物理的消毒法としては，沸騰する水中で15分程度煮沸を続ける煮沸消毒法，化学的消毒法としては，界面活性剤（石鹸）などにより微生物の生存に必要な酵素活性を阻害する方法，70％アルコールにより微生物の脂質成分を溶解して生理活性を阻害する方法，オキシドール（H_2O_2）を用いて微生物の成分を酸化する方法などがある。[鈴木耕]

小児 （しょうに）

　定義を暦年齢からみると，12歳から20歳未満と様々である。学術的にみると，小児の特徴は発達と成長である。中には「わせ」，「おくて」があり個人差も大きい。女性の初経，男性の精通からみると，女性は平均13歳，男性は平均15歳である。一方，骨年齢からみると女性は14～15歳，男性は16～17歳でほぼ成人域に達する。道路交通法の乗車人からみると，12歳以上を成人同等に数え，運転免許資

格からみると二輪免許が16歳以上，普通免許が18歳以上である。少年法は，「少年」の定義を20歳に満たないものとして，「成人」を20歳以上の者としている。民法においては，20年以上の者を「成年」として規定し，結婚した場合は，男性は18歳以上，女性は16歳以上が「成年」となる。医療行政からみると悪性新生物，腎疾患，気管支ぜん息，慢性心疾患，内分泌疾患など小児慢性特定疾患での小児とは18歳未満を対象としている。［松岡優］
→初経，精通

小児がん （しょうに——）

小児期の悪性腫瘍の発生組織としては，造血系が圧倒的に多く，その他神経系，リンパ系，眼，腎が多く，上皮性悪性腫瘍としてのがん腫はほとんどみられない。白血病は小児期のいずれの年齢にも多い。神経芽細胞腫，網膜芽細胞腫，奇形腫，ウイルムス腫瘍（腎芽腫），肝芽腫は 0 歳児に最も多く，その後急激に低下し幼児期後半にはほとんどみられなくなる。脳腫瘍や悪性リンパ腫は小児期の各年齢で発生頻度に差がない。骨悪性腫瘍や悪性卵巣腫瘍は乳幼児期には稀で，年長になるにつれて多くなる。［礒辺啓］
→白血病

小児神経症（児童神経症）
（しょうにしんけいしょう：じどうしんけいしょう）

心理的ないし情緒的な葛藤によって生じる心身の機能障害を神経症というが，小児期は心理的・情緒的に成長・発達の途上であり，種々の症状が変化に富み不安定なのが特徴である。神経症の診断より，子どもがどんな発達段階にあり何が問題なのかを適切に判断することの方が大切である。［荒川］
→葛藤，神経症

小児神経精神医学（児童精神医学） （しょうにしんけいせいしんいがく：じどうせいしんいがく）

精神発達過程にある小児期の精神的・行動的障害の原因解明や診断・治療・予防をする精神医学の領域である。知的障害や非行，不登校なども対象としており，小児医学や精神医学の他，教育学や社会学と境を接する領域である。［荒川］
→知的障害，非行，不登校

小児精神病 （しょうにせいしんびょう）

精神科領域で精神病というのは内因性精神病（統合失調症や躁うつ病））を指すが，小児期に精神病状態を来す疾患としては統合失調症の若年発病型が中核である。以前は，自閉症を統合失調症圏内のものと考える見方があったが，現在は特異な発達障害として区別されるようになっている。［荒川］
→統合失調症，躁うつ病，自閉症

小児成人病 （しょうにせいじんびょう）

通常は成人になって発病する糖尿病や高脂血症，高血圧などの生活習慣病（以前は「成人病」と呼ばれた）が，小児においてもみられるようになった。原因は，都市化に伴う交通機関の発達や外遊びの減少による身体活動量の減少，食の欧米化などであると考えられている。適切な生活習慣を小児期から確立させることが重要である。［田中茂］
→生活習慣病，成人病

小児難病 （しょうになんびょう）

先天性または小児期に主として罹患する難治性の疾患で，悪性新生物（小児がん），慢性腎疾患，喘息，慢性心疾患，内分泌疾患，膠原病，糖尿病，先天性代謝異常，血友病などの血液疾患，神経・筋疾患が含まれる。小児慢性特定疾患治療研究事業として医療保険の自己負担分を全額公費負担する事業の対象となる。［礒辺啓］

小児分裂病 （しょうにぶんれつびょう）

小児の統合失調症（精神分裂病）は極めて稀で，症状は基本的に成人と同じであるが，年少児では異常体感や漠然とした不安などが多く，年長児では妄想や幻覚が多い傾向があ

る．不登校の原因になることもあり，理由のない成績低下やなんとなく以前と異なった印象を与える行動や思考を見出した場合は疑ってみる必要もある．[荒川]
→統合失調症

小児保健　（しょうにほけん）

新生児，乳児，幼児，児童生徒の健康の保持・増進及び疾病予防を図ることを意味する．新生児期は胎内生活から胎外生活への適応の時期であり，先天異常の早期発見・早期治療が重要である．特に未熟児は正常新生児に比べ死亡率も高く，種々の問題を有する可能性があり，生後速やかに適切な処置が必要となる．乳児期は発育が最も著しいが，環境に対する反応が不十分な時期であるので，健全な成長・発達のための養護・栄養，疾病・異常の早期発見と予防が大切である．幼児期は身体の発育は乳児期に比べ緩徐であるが安定し，環境にも対応しやすく，精神，情緒，運動機能の発達が著しい時期である．疾病予防，身体発育，精神情緒，社会性の発達，生活習慣の自立，事故防止が重点となる．児童生徒の保健は学校保健の領域に含まれ，健康を保持・増進するための計画的・総合的な教育活動として実施される．[礒辺啓]

小児麻痺　（しょうにまひ）
→急性灰白髄炎

少年院　（しょうねんいん）

家庭裁判所から保護処分として少年院送致決定のあった少年を収容し矯正教育を行う法務省所管の施設．初等少年院（14歳以上16歳未満），中等少年院（16歳以上20歳未満），犯罪傾向の進んだ者を収容する特別少年院（16歳以上23歳未満），心身に著しい故障のある者を収容する医療少年院（14歳以上26歳未満）の4種類がある．[荒川]
→医療少年院

少年鑑別所　（しょうねんかんべつしょ）

家庭裁判所が，少年審判のために特に身柄を確保する必要があると判断した場合，少年を収容（収容観護）する法務省所管の施設で，家庭裁判所の行う少年に対する調査・審判そして保護処分の執行に役立てるために，医学・心理学・教育学・社会学その他の専門的知識に基づいて少年の資質の鑑別を行う．[荒川]

少年期　（しょうねんき）

現行の少年法においては，20歳に満たない者を「少年」という（第2条1項）．「子どもの権利条約」における「子ども」は18歳未満であり，諸国の少年法制においても少年年齢を18歳未満とするものが多く，少年法の適用年齢を20歳未満から18歳未満に引き下げるべきであるという議論もある．[荒川]
→少年法，子どもの権利条約

少年自殺　（しょうねんじさつ）

日本においては，15歳から19歳における死因で自殺は常に上位を占めているが，10歳以下では稀である．自殺は何らかの直接的動機だけで起こるものではなく，背景となる準備状態があり，自殺未遂歴，精神疾患の有無，薬物乱用，精神的外傷体験，社会的孤立，家庭内の問題，家族や友人の死などが考えられる．自殺の兆候としては，自殺の暗示，自傷行為，別離の準備，アルコールや薬物の乱用，これまで興味のあったものに対して興味をなくしたり友達とつきあいをやめるといった突然の態度の変化などがある．自殺の兆候を見出した場合には，当事者の訴えを真剣に聴き，適切な援助を求める必要がある．なお，自殺は連鎖を引き起こしやすいので自殺があった場合は周囲の人にも注意が必要である．また，青少年は被暗示性が強いため不適切な報道が群発自殺を惹起する可能性があり，適切な報道の規制も必要である．[荒川]
→自殺

少年犯罪 (しょうねんはんざい)

　20歳未満の少年による犯罪のこと。少年刑法犯の統計（交通関係業過を除く）によれば，財産犯（窃盗（万引きなど）と横領（大半は放置自転車の乗り逃げ））が8割以上を占め圧倒的に多いのだが，近年は，粗暴化・凶悪化，低年齢化，一般化の傾向が指摘されている。ただ，マスメディアによって実態以上に強調されている傾向もある。［荒川］

少年非行 (しょうねんひこう)

　少年の反規範行為をさすが，少年法おいては，20歳未満の少年が罪を犯したり（犯罪），14歳未満の少年が刑罰法令に触れる行い（触法行為）をしたり，または，20歳未満で性格や環境に照らして，将来，罪を犯したり刑罰法令にふれる行為をするおそれがある（虞犯行為）場合，これを非行という。［荒川］
→犯罪，触法行為

少年法 (しょうねんほう)

　少年の健全な育成を期し，非行のある少年に対して性格の矯正及び環境の調整に関する保護処分を行うことなどを目的として1948（昭和23）年に制定された法律（1949年1月施行）。1922年制定の旧少年法と比較して，少年年齢を18歳未満から20歳未満に引き上げ，先権権を検察官から家庭裁判所に与えるなどの保護主義が徹底され，家庭裁判所調査官・少年鑑別所技官のような行動科学の専門家が一貫して手続や処分選択・決定に重要な役割を果たすなどの科学主義を採用していることが主な特徴である。1997年の神戸小学生殺害事件や2000年の西鉄バスジャック事件など凶悪な少年犯罪が相次いだことを受け，保護主義を原則とする少年法を見直す動きが起こり，2000年に改正された。主な改正点は，被害者への配慮（記録の閲覧・コピー，意見の聴取，決定の通知），厳罰化（検察官送致年齢の引き下げ），事実認定手続き（裁定合議制，検察官の関与，観護措置の延長，検察官の抗告権）などである。［荒川］
→少年犯罪

小脳 (しょうのう)

　小脳テントの下で，脳幹の背側にある。左右の小脳半球と中央の小脳虫部に分けられる。深部には歯状核，室頂核などの小脳核があり小脳皮質に出入りする伝導路の中継核となっている。小脳は，筋緊張，身体の平衡，協調運動に関与している。小脳半球は四肢の，小脳虫部は体幹の運動失調などに関与する。［角南兼］

消費者被害救済制度
(しょうひしゃひがいきゅうさいせいど)

　消費者の被害救済を目的とした救済制度の総称で，法律に基づくものや業界団体の自主的な制度がある。製造物責任法は，製品の欠陥によって生命，身体または財産に損害をこうむったことを証明した場合，被害者は製造業者に対して賠償責任を求めることができる。これに関連し，裁判によらず，紛争処理の公正・公平を期し迅速な紛争解決をはかるため，裁判外紛争処理機関が設けられている。一方，訪問販売等に関する法律によって，訪問販売，通信販売，送り付け商法（ネガティブ・オプション），電話勧誘販売，連鎖販売（マルチ商法）等に対しクーリング・オフ制度が適応される。悪質商法は，法律によって禁止や規制がされているが，被害があった場合の救済制度は定められていない。医薬品副作用被害救済制度は，医薬品事故の救済給付が支給される。SGマークが付いている消費生活用製品の欠陥により人身事故が起きた場合，交付金が支給される。住宅部品であるBL部品を使った住宅の欠陥等で生じた事故に対して，損害賠償金が支払われる。［益本］
→医薬品副作用被害救済制度

消費者保護基本法 (しょうひしゃほごきほんほう)

　それまで個別的に対応されていた消費者行

政の方向を明確にし、総合的かつ体系的な施策の推進を図るため、1968（昭43）年に制定された。「消費者の利益の擁護及び増進に関する対策の総合的推進を図り、もって国民の消費生活の安定及び向上を確保すること」を目的としている。そのため、行政、事業者、消費者の三者の責務や役割として、①行政は経済社会の発展に即応して、消費者の保護に関する施策を策定・実施すること、②事業者は供給する商品やサービスについて、危害の防止など必要な措置を講ずるとともに、行政の実施する施策に協力し、消費者からの苦情の適切な処理に務め、③消費者は自ら進んで消費生活に関する必要な知識を習得するとともに、自主的かつ合理的に行動するように努めることが定められている。また、この法律には行政が実施すべき施策として、危害の防止、計量・規格・表示の適正化、啓発活動および教育の推進などを掲げるとともに、法律の目的を達成するため、必要な関係法令の制定・改正を行わなければならないと定められている。[益本]

上腹部圧迫法 （じょうふくぶあっぱくほう）

ハイムリック法ともいう。異物がのどに詰まり、窒息状態になっている時の異物の除去の一方法である。患者の後ろから腕を回して片方の手で握りこぶしを作り、患者のみぞおちの下の位置に当てる。もう一方の手で自分の握りこぶしをつかんで、上方に向かって圧迫するように素早く押し上げる。意識がなかったり、乳児の場合には、この方法は用いないほうがよい。[今村]

障壁 （しょうへき）

レヴィンによる「場の理論」の中で使われた用語である。レヴィンのトポロジー心理学では、生活空間はその個人の個体的条件と環境条件とから成立することを前提としており、障壁とは生活空間における個人の活動を妨げるすべての物理的及び心理的事象を指す。個人が機能している生活空間の中でネガティブに働く要素のことである。[小玉]

静脈 （じょうみゃく）

全身の毛細血管から心臓に向かって血液を送り込む血管の総称。内膜、中膜、外膜の三層からなるが、壁は薄く弾性に乏しく所所に存在する静脈弁により逆流を防いでいる。心臓から上の静脈血は重力で心臓に戻り、心臓より下の静脈血は四肢の筋肉の収縮により心臓に戻る。[角南祐]
→動脈

静脈系 （じょうみゃくけい）

静脈血が流れている血管の全身の分布状態を指す。毛細血管から末梢静脈、大静脈、右心房、右心室、肺動脈、肺毛細血管までの血管の総称。不要になった二酸化炭素を肺まで送り届ける経路。[角南祐]

睫毛内反 （しょうもうないはん）
→眼瞼内反

睫毛乱生 （しょうもうらんせい）

睫毛（まつげ）が不整に生えて角膜に触れるようになっている状態をいう。ごろごろしたり、角膜に傷がついたりして異物感があり、涙がでるようになる。また、結膜炎も起こす。非常に不快であり、抜去するが再発することが多い。程度によっては手術の適応となる。[朝広]
→結膜炎

職業がん （しょくぎょう——）

一定の職業に従事することにより、化学物質や発がん要因にさらされることにより生ずるがんをいう。ベンジン、2-ナフチルアミン、粉じん、クロム酸、ビス（クロロメチル）エーテル、塩化ビニルなど、多くの産業化学物質及びその関連物質ががん発生に関連していることがわかっている。[太田]
→がん

職業性カドミウム中毒
(しょくぎょうせい——ちゅうどく)

カドミウム曝露による職業性疾患。慢性鼻炎から萎縮性鼻炎を起こし,しばしば嗅覚障害が起こる。慢性の咽頭・喉頭炎も出現し,門歯や犬歯の歯頸部に黄色の輪(カドミウム黄色環)がみられることがある。呼吸器症状として慢性気管支炎から肺気腫も起こる。中でも,腎機能障害が特徴的である。[松岡治]
➡カドミウム(中毒)

職業病 (しょくぎょうびょう)

ある職業に従事する場合に,その職業特有の労働条件,作業環境,作業方法,作業者の身体的条件に関連して罹る疾病。例えば,取り扱う原材料や製品の持つ化学的毒性による工業中毒,じん肺症,職業がんなど,作業場の物理的要因による潜函病,電光性眼炎,騒音性難聴,放射線障害騒音,白ろう病など,生物的要因による炭疽病,作業方法による頸肩腕障害,腰痛などがある。労基法施行規則第35条は,業務上疾病として労災補償の対象となる職業性疾病を列挙している。労働との関連において発生する疾患に対して作業関連性疾患(work-related disease)という概念もある。[松本健]
➡業務上疾病,労災補償

職業分類 (しょくぎょうぶんるい)

職業とは「生計を維持するために日常している仕事」であるが,統計調査では「勤務先などにおいて本人がしている仕事の種類」をいい,その種類を職業別に分けたものを職業分類という。日本標準職業分類では職業は「個人が継続的に行い,かつ,収入を伴う仕事」と定義される。国勢調査の結果集計では23の社会経済分類とさらにそれを細分する分類方法が体系化されている。[大澤清]

食行動 (しょくこうどう)

食事は単に必要な栄養素を補給するだけではなく,食行動の面から考えることが必要である。食行動とは朝食,昼食,夕食,間食といった食生活リズム,食事の好み,食事と咀嚼など食事に関わる行動すべてを含んでいて,食行動を理解しないと適切な栄養指導を行うことができない。[村田]

食思異常 (しょくしいじょう)

神経性食思不振症(別名,思春期やせ症)は食欲不振が中心であるが,経過中に過食になる時期もある。過食症を含めた食欲の異常,食行動の異常を食思異常という。思春期から30歳以下の女性に多く,食べない,過食,隠れ食い,多食,嘔吐など食行動の異常がある。自分の病識がなく,他人から指摘されても容易に改まらない。食べない,食べたくない精神的背景にはやせ願望,ふっくらした女性への成熟拒否そして極端にやせた自分をイメージしている。幼児期からの愛情表現や受容経験の希薄なことが多く,自我の確立が未熟で他人との間のとり方がうまくいかず,社会不適応準備状態となっている。親への依存が強く精神的に未熟であったり,自分が期待している愛情が深く,満たされない思いや愛情を感じ取れなかったりする。一方,親の顔色をうかがい,自分を押さえ「よい子」として行動してきた一面もある。要求不満のはけ口が,食欲の異常となって現れる。
[松岡優]
➡過食症,思春期やせ症,摂食障害

食事指導 (しょくじしどう)

望ましい食習慣を身につけ,バランスのとれた食行動を実践するために,その個人の健康度に適合した指導を行うこと。食事指導の目標は,食生活の知識を与えることだけではなく,行動の変容を通して個人又は地域集団の健康を維持,増進させることである。そのため,単に各食品の栄養素を教えるだけでなく,調理学の知識や技術などの能力も必要であり,適切な媒体,教材を用いて"食生活"全般にわたる知識や技術の普及,日常の生活

行動の改善を促すなど、幅広い内容を持った教育活動が要求されている。一般健康人に対しては、疾病予防、健康増進、体位・体力の向上を目指し、有病者には、疾病に応じた治療を目的とした食事指導を行う。学校においても、児童生徒の健康の保持増進を図り、自己管理能力を育成するために、文部科学省（当時文部省）は1998年に「食に関する指導の充実について」を通達し、健康教育の一環として食事指導を行うことの重要性を示している。[平山]

食事療法 （しょくじりょうほう）

病気治療の目的で、回復をより効果的にするために疾患により工夫された食事（治療食）を準備し、それを食することをいう。医師が病的状態を総合的に考慮し、食事の栄養素等の分量や内容を指示し、これに従い栄養士、又は指導を受けた者が献立計画に沿って食事の用意をする。食事療法が必要な疾患は、肥満、通風、糖尿病、腎臓病、高血圧症、肝臓病、膵臓病、胃腸疾患などが挙げられる。[松本幸]

食生活習慣 （しょくせいかつしゅうかん）

食に関する生活習慣。食品・栄養の摂取、食事回数、摂取方法などの総称。近年では、朝食欠食、動物性脂肪や食塩の過剰摂取、カルシウムの不足等が問題になっている。2000年に文部科学省（当時文部省）、厚生労働省（当時厚生省）、農林水産省から発表された『食生活指針』にあるように、バランスのとれた食事を1日3回、規則正しく取ることが大切である。[平山]

食中毒 （しょくちゅうどく）

食あたりは俗称。一般に「飲食物の摂取直後から数日以内に起こる急性胃腸炎（腹痛、下痢、嘔吐、発熱など）を主症状とする健康障害」と定義されている。原因物質によって、①細菌性（感染型及び毒素型）、②ウイルス性、③化学性、④自然毒性（動物性及び植物性）に大別される。大部分は細菌性で腸炎ビブリオ（感染型）、ブドウ球菌（毒素型）、サルモネラ属菌（感染型）を三大食中毒と呼んでいる。かつては魚介類の生食と密接に関わる腸炎ビブリオによる食中毒が圧倒的であったが、食生活の欧米化に伴いサルモネラ属菌やウェルシュ菌（生体内毒素型）、カンピロバクター菌（細菌型）等、家畜・家禽類の腸管に由来する菌が増加している。ウイルス性食中毒は発生の大部分を小型球形ウイルスが占め、化学性食中毒は有害化学物質や重金属により発生する。近年では、給食等業者の規模の拡大や食品流通の規模拡大・広域化に伴い、特定の食品食材によってある期間、広範囲に大規模発生が起こる傾向にある。従来、赤痢やコレラなどの感染症は食中毒と区別されてきたが、1999年施行の感染症法において、病因物質の種別にかかわらず飲食に起因する健康障害は食中毒としても取り扱われるようになった。[田島・松本健]

→ 感染型食中毒，腸炎ビブリオ，サルモネラ菌，感染症法

職場環境 （しょくばかんきょう）

働く人々を取り巻く職場の環境のこと。職業性の健康障害との関連で重要である。職場環境を把握するためには、通常、要因別の分類が行われる。①物理的環境（騒音、振動、照明、気温、気湿、気流等）、②化学的環境（粉じん、ガス、金属、有機溶剤、その他の化学物質等）③生物学的環境（細菌、ウイルス、リケッチア等）、④社会的環境（人間関係、組織等）、⑤心理的環境（好み、態度、意識等）である。職場環境の環境条件については、事務所衛生基準規則、労働安全衛生法等により、必要な措置を取ることが事業者に義務づけられている。[鬼頭]

職場体操 （しょくばたいそう）

同一の姿勢で同じ作業を続けたことによる緊張を和らげるために、工場などの職場に取り入れられた短時間の体操。企業に経済的余

裕が失われている現在でも作業現場を中心に根強く行われている。注意力回復，腰痛対策に効果があるといわれ，労働災害防止の観点から推進されている。ラジオ体操第2は，この目的のために1952（昭和27）年に開発された。［田神］

食品衛生 （しょくひんえいせい）

飲食に起因して発生のおそれのある健康障害を未然に防止しようとする公衆衛生の一分野で，世界保健機関（WHO）専門委員会では「食品の生育，生産，製造から最終的に人に摂取されるまでのあらゆる段階において，食品の安全性，健全性，及び劣化防止を確保するすべての手段」と定義している。わが国では，飲食に起因する衛生上の危害の発生を防止し，公衆衛生の向上及び増進に寄与することを目的として1947年に食品衛生法が制定された。営業以外で寄宿舎，学校，病院等の施設において継続的に不特定又は多数の者に食品を供与する場合には，食品衛生法の一部が準用される（食品衛生法第29条1項(3)）。O157発生以降，学校給食における衛生管理の改善充実及び食中毒発生の防止が強化され，文部科学省が中心となり，「学校環境衛生の基準」の「学校給食の食品衛生」について学校給食関係事項を整理し，衛生管理の改善充実の観点から必要な点を加え「学校給食衛生管理の基準」を定めた。これに基づいて，学校給食施設・設備とその取り扱い状況，学校給食従事者の衛生管理状況及び検食，保存食の状況，学校給食用食材等の検収・鑑別・受取り・保管の状況，学校給食における衛生管理体制及び活動状況について検査を行うこととしている。国民の健康を守るために食生活を安全で，かつ快適なものにするには，食品衛生の知識と技術を正しく社会に適用していくことが重要である。およそ食品摂取によって起こると考えられる健康障害の病因は，①食品自体に含まれる有害・有毒成分（自然毒・有害成分），②食品自体に本来含まれておらず，生産，製造，流通，消費の過程において外部から混入・移行するもの，に大別される。食品衛生法を基本とした食品衛生対策が行われている。［田島・平山］
→O157，大腸菌O157，腸管出血性大腸菌感染症

食品衛生監視員 （しょくひんえいせいかんしいん）

食品衛生法（第19条），食品衛生法施行令（第4条）に基づいて行われる，食品衛生に関する監視・指導を行う公務員である。国・都道府県・保健所を設置する市に置かれ，食品衛生に関係する業務を行う。その任命に当たっては政令で定める資格が必要とされる。［松本健］

食品衛生管理者 （しょくひんえいせいかんりしゃ）

食品衛生法施行令で定められた食品（乳製品，食肉製品など）や添加物の製造加工などの食品製造や加工に際して，製品を衛生的に管理する人。これらの食品や製品を製造・加工する場合は施設ごとに食品衛生管理者を配置し，都道府県知事に届け出る義務がある。［田島］

食品衛生法 （しょくひんえいせいほう）

飲食に起因する衛生上の危害の発生を防止し，公衆衛生の向上，増進に寄与することを目的として，食品の規格基準，表示基準，営業施設の基準，食品監視等について定められた法律。食品や食品添加物のみならず，その製造・加工工程や運搬・陳列，摂食に至るまでに使用される機械や器具，あるいは包装容器までも対象に扱われている。近年，食品の安全性に関する問題の複雑多様化，国民栄養摂取状況の変化，輸入食品の激増，規制緩和の社会要請や規制に対する国際的整合化への対応として，食品添加物の見直しや，各種制度の見直しが行われている。また，最終製品の検査によって安全性を保証しようとするのではなく，製造における重要な工程を連続的に管理することによって，1つひとつの製品の安全性を保証しようとする「総合衛生管理製造過程（HACCP）」という衛生管理手法

が導入された。［田島］
→食品添加物，HACCP

食品公害 （しょくひんこうがい）

食品中に含まれる添加物や農薬等に含まれる有害化学物質による食品汚染が引き起こす健康障害。①企業による環境汚染，②食品加工技術による食品添加物の増加，③農業の近代化による農薬や飼料添加物の増加，④豊富で便利な食生活の追求，などが過剰に進められたことが原因と考えられる。重金属による食品汚染が原因となった森永ヒ素ミルク事件や環境・食品汚染による有機水銀中毒（水俣病），カドミウム中毒（イタイイタイ病），あるいはPCB（ポリ塩化ビフェニール）の混入によるカネミ油症をはじめ，カビ毒（黄変米事件），放射能汚染，農薬汚染など，多数の消費者が食品公害の犠牲となっている。これらの食品公害事件では，企業や政府による被害の隠蔽や原因追求の遅れなどによって裁判での不本意な和解や決着の長期化，被害者の差別など重大な人権侵害を招いた。また，近年では，ダイオキシン汚染の顕在化や内分泌かく乱化学物質（環境ホルモン），あるいは腸管出血性大腸菌感染症や狂牛病といった感染症など，食品汚染が次世代に影響を及ぼしたり，従来の科学的常識では理解しきれない複雑な問題になる傾向が強まっている。［田島］
→森永ヒ素ミルク事件，有機水銀，水俣病，新潟水俣病，カドミウム（中毒），PCB，カネミ油症，ダイオキシン，内分泌かく乱化学物質，腸管出血性大腸菌感染症，狂牛病

食品成分 （しょくひんせいぶん）

飲食物に含まれる成分で，①生体にとって不可欠な物質（栄養素），②栄養素には分類されないが，生体機能を調節する成分（食物繊維など）に大別される。また，人体の約60％を構成し，細胞や組織の正常な機能を営むために不可欠な水分は，食品の性状を表す上で最も基本的な成分の1つであり，食品の構造維持に寄与している。五訂日本食品標準成分表では，一般成分（水分，タンパク質，脂質，炭水化物，灰分），無機質類，ビタミン類に加え，脂肪酸やコレステロール，食物繊維など36項目の成分値を，1,882品目について記載している。これらの食品成分に関する基礎的なデータは，厚生労働省による栄養所要量作成のための基礎資料，国民栄養調査等における栄養状態の把握・評価のための各種統計調査のほか，食料・農業・農村基本計画における基礎資料など，幅広く活用されている。［田島］
→栄養素，食物繊維，栄養所要量，国民健康・栄養調査

食品添加物 （しょくひんてんかぶつ）

食品の製造過程において，又は食品の加工もしくは保存の目的で，食品に添加，混和，浸潤その他の方法でなどして使用する物をいう（食品衛生法第2条2）。わが国では，厚生労働大臣が安全性と有効性を確認して指定した「指定添加物」，天然添加物として使用実績が認められ品目が確定している「既存添加物」，「天然香料」や「一般飲食物添加物」に分類される。天然香料，一般飲食物添加物を除き，今後新たに開発される添加物は，天然や合成の区別なく指定添加物となる。また，次のように4つに分類することもできる。①サッカリンナトリウムなど自然界にはないもので，化学的に作り出したもの，②ビタミンCなど自然界にあるもので，化学的に作り出したもの，③ペクチンなど自然界にあるものを，そのまま，又は取り出したもの，④エタノール（柿の渋抜き）など本来食品であるものが，添加物的に使われることもあるもの。さらに，食品添加物として指定される要件としては，安全性が実証又は確認されるもの，使用により消費者に利点を与えるもの，既に指定されているものと比較して，同等以上か別の効果を発揮するもの及び原則として化学分析等により，その添加を確認し得るものである。化学物質は多くの場合，体内

で食品自体の栄養素とは異なる，特有の生理作用が行われる結果として健康障害を起こすので，化学物質である添加吻は使用を誤ると有害である。2002年現在認められているものは338品目ある。[松本健]

食物依存性運動誘発アナフィラキシー
（しょくぶついぞんせいうんどうゆうはつ――）

　特定の食物を摂取後，2～3時間以内に運動することにより，紅斑などの皮膚症状，下痢嘔吐などの消化器症状，喘鳴や気管支攣縮による呼吸困難，ショック，などのアナフィラキシー症状を呈することをいう。思春期男性に多く，また，比較的激しい運動に誘発されることが多い。[山崎―]
➡アナフィラキシー

植物性プランクトン　（しょくぶつせい――）

　海洋や湖沼などの水域に生息する生物のうち，遊泳能力が皆無もしくはほとんどないために，水中に浮遊した状態で生活している単細胞藻類の総称。一般に非常に小型で光合成色素をもち，独立栄養生活を営む。水域の富栄養化の進展に伴い発生する水の華や赤潮は藍藻類の植物性プランクトンの大増殖したものである。[日置]
➡富栄養化，赤潮

植物人間　（しょくぶつにんげん）

　遷延性植物状態の俗称。患者の人権を考えると適切な表現ではない。[西川]
➡遷延性植物状態

触法行為　（しょくほうこうい）

　一般に罪を犯す行為をしても，14歳未満のため刑罰は免れるものの矯正指導を要する行為をいう。[田嶋]
➡少年非行

職務命令　（しょくむめいれい）

　公務員の職務に関しての上司の発する職務上の命令のことである。その根拠は，地方公務員法第32条及び国家公務員法第98条第1項に規定されている。地方公務員法第32条には「職員は，その職務を遂行するに当って，法令，条例，地方公共団体の機関の定める規定に従い，かつ上司の職務上の命令に忠実に従わなければならない」とされている。職務上の命令が有効に成立するためには，権限ある職務上の上司から発せられる必要がある。その上司とは，職務組織の系列において指揮監督のできる立場にある者をいい，学校においては，校長がすべての教職員に対して職務上の上司である（学校教育法第28条第3項・第4項）。さらに，学校を所轄している教育委員会は当該学校のすべての教職員に対しての職務上の上司である（地方教育行政方第23条第1項・第3項）。職務命令には特定の形式はなく，訓令，通達，文書，口頭などによって行われるもので，その内容は，①職務内容に関すること（授業担任，学級担任，校務分掌），②職務遂行に関すること（出張命令，居住命令），③個別的命令，④包括的命令があり，違反すると懲戒事由となる（地方公務員法第29条）。[石崎]

食物アレルギー　（しょくもつ――）

　食物あるいは食品添加物に対するアレルギー反応をいう。アレルギー反応を起こすもとになる食物は，タンパク質を含むものが多い。そこで食物アレルギーは，タンパク質の消化が十分にできない小児，特に低年齢児に多く，成人では少ない。食物アレルギーの原因になる食品は，鶏卵，牛乳，鶏肉，米，小麦，大豆，魚，貝，そば粉，ピーナッツなどである。症状は消化器症状（口腔粘膜浮腫，悪心，嘔吐，腹痛，下痢），呼吸器症状（鼻汁分泌，声門浮腫，気管支喘息），皮膚症状（じんま疹，湿疹，アトピー性皮膚炎），神経症状（偏頭痛）などである。診断は，特定の食物を食べると上記の症状が必ずみられ，その食物の特異的IgEが証明できることなどによる。治療は原因食物を除いた食事をすることであるが，原因食物がタンパク質であるこ

とが多いため，タンパク質欠乏による栄養障害に注意する。[村田]
→食品添加物，タンパク質

食物環 （しょくもつかん）

動物の群集内では一方の種が他方の餌となる関係が普通にみられ，例えばA種がB種の餌となり，B種はC種の餌となるとき，A→B→Cのように鎖状に餌にする者と餌となる者がつながる状態を食物連鎖という。生物の群集内ではこの食物連鎖やそれらが複雑に絡み合った食物網は大変複雑であり，餌にする者と餌となる者の鎖をたどっていくと，やがては1つの輪になることがある。これを食物環といい，例えば土壌表層に棲むダンゴムシはカナヘビなどの餌となり，カナヘビは鳥の餌となり，鳥の死体はダンゴムシに分解されるといったサイクルを営む。食物環は生態系の物質循環をより生物的に表現したものともいえる。[日置]
→食物連鎖

食物繊維 （しょくもつせんい）

「人の消化酵素で消化されない食物成分」と定義され，その成分は主に難消化多糖類とリグニンが考えられている。水溶性のものと不溶性のもので作用が異なるが，栄養素の消化・吸収の抑制と遅延便容積の増加，食物通過時間の短縮，腸内細菌叢の改善といった生理的作用により，生活習慣病予防に効果がある。成人で，1,000kcal当たり10gの摂取が目標とされている。[田中茂]

食物連鎖 （しょくもつれんさ）

プランクトンがイワシに補食され，そのイワシがブリに補食されるといった，食うものと食われるものの鎖状の関係をいう。鎖状に並ぶのみでなく，枝分かれを含むことも多く，その場合は食物網と呼ばれることもある。この食物連鎖・食物網を通して，農薬やPCBなどの環境汚染物質が濃縮され（生物学的濃縮），ヒトが最終捕食者となってその濃縮された有害物質を摂取することがある。この場合，汚染物質を排出するときの濃度は人間に影響を与えない低い濃度であるにも関わらず，濃縮された生物を摂取することで健康被害を起こし得るため，有害物質の基準は排出時の濃度による人体影響では決定できないことになる。[本田]
→食物環

食欲不振症 （しょくよくふしんしょう）
→思春期やせ症

初経 （しょけい）

女子に初めて月経出血が現れること。別名，初潮。わが国では近年，初経の初来年齢には顕著な若年化が認められ，12歳で過半数が既に初経を経験している。10歳未満で初経を見た場合を早発月経，15歳以上で初経の発来したものを遅発月経という。満18歳でも初経がない場合を原発性無月経と呼び，原因検索が必要となる。[大川]
→月経異常，月経障害，無月経

助産師 （じょさんし）

分娩の介助又は妊婦，褥婦，新生児の保健指導を業とする女子。厚生労働大臣により免許が与えられる。妊産婦の異常時には医師の診療が必要で助産師の処置は禁止されている。2002年，名称が助産婦より助産師に変更。[大川]

助産所 （じょさんじょ）

助産師により運営される医療施設。「医療法」にて「助産所は，妊婦，産婦又は褥婦10人以上の収容施設を有してはならない」と規定されている。戦後，病・医院出産の急増で助産所は減ったが，近年出産の多様化により徐々に増加している。就業届出助産所の助産師は1,858人（2000）。[大川]

書字障害 （しょじしょうがい）

書字表出障害ともいう。学習障害の一型で

ある。聴覚性言語，読みは完成しており，文章を読んで理解する能力は問題がないが，文字，数字，単語を書くことがうまくできない。診断には，全般的知能が正常でかつ他の言語発達の遅れがないこと，練習不足ではなく，練習しても能力的に書字が困難であること，などを確認する必要がある。［花澤］
→学習障害

女性ホルモン （じょせい——）

卵巣から分泌される卵胞ホルモン（エストロゲン）を指す。下垂体より分泌される卵胞刺激ホルモン（FSH）によりコントロールされる。女性ホルモンの周期的な変動により，月経が起こる。子宮内膜の増殖，乳腺の発達，妊娠の維持のほか，骨形成の促進など多くの組織の維持や代謝に関与している。［大川］
→卵胞，卵胞刺激ホルモン

女性用コンドーム （じょせいよう——）

女性用避妊用具で，腟内に装着して使用する。1984年デンマークの医師によって開発された。女性が自らの意志で主体的に妊娠や性感染症（STD）から身を守る方法として，日本では，2000年4月から薬局で販売されている。外性器，内性器の双方をおおうため，性感染症（STD）に感染する危険を減少させるなどの特徴が挙げられる。［皆川］
→妊娠，性感染症

所属 （しょぞく）

人は社会的存在である以上，家庭，学校，職場など何らかの集団に所属しているが，所属する集団の魅力度，親和性，権威などにより所属感の程度は異なる。一般には，形式的で公的な集団よりも私的な準拠集団の方がより所属感を得やすい。その理由は，後者の方が成員の個人的欲求の充足につながりやすいからである。［小玉］

初潮 （しょちょう）
→初経

ショック

急性・全身性循環障害で，重要臓器や細胞の機能を維持するために十分な血液循環が得られない結果発生する症候群である。ほとんどの場合に動脈血圧の低下を伴い，その本態は組織への酸素供給不足である。代謝機能が破綻した場合には，不可逆性ショックに陥り死に至る。様々な傷病により発生するが，血行動態により，①心原性ショック，②閉塞性ショック，③循環血液量減少性ショック，④循環血液の再分布に伴うショック（感染性・薬物・アナフィラキシー・神経原性）の4型に大別される。［西川］

ショック症状 （——しょうじょう）

何らかの理由により，脳や心臓などの重要な臓器に，必要な血液量が十分には供給されず，生命が危険な状態に陥った時に起こる全身症状をいう。具体的には，冷汗，顔面蒼白，頻脈あるいは脈拍微弱，四肢の冷寒，血圧低下などである。骨折，多量の出血，熱中症などで起こり，その場合，速やかな救急処置が必要となる。［今村］

所定外労働時間 （しょていがいろうどうじかん）

就業規則等で定められている所定労働時間を超えた時間のこと。1994年には月平均で11.1時間であった。好況の影響で，1988年から1990年まで3年連続で，15時間を超えていたが，現在は大幅な減少が認められている。［鬼頭］
→労働時間

ショートステイ

在宅で重症身体障害者を介護していると介護する者はその重症度によっては一時も外出できないストレスな状況下にある。介護する人が旅行や結婚式や休養をとりたい時など宿

泊を含めて介護施設に代役を数日依頼することができるショートステイ（緊急一時保護制度）という制度である。送迎バスでの送り迎えから、食事、入浴、健康度チェック、楽しい行事などがある。児童相談所での手続きと受け入れ施設側の面接・観察などの手続きを経て登録決定される。子どもの状況によって受け入れ施設が異なる。（知的障害児は知的障害児施設、3歳以下の乳児は乳児施設など）〔松岡優〕

初任者研修 （しょにんしゃけんしゅう）

教員は初任者であっても採用直後から学級担任や教科担任の重責を担い学校教育の水準の確保に大きな責任を負うものであることから、新任教員の教育活動が円滑に行われるためと教職への定着を図るために創設された（臨時教育審議会答申1986年4月23日及び教育職員養成審議会1987年12月18日等を踏まえて1988年5月31日「教育公務員特例法及び地方教育行政の組織及び運営に関する法律の一部改正により」）。目的は「新任教員に対して実践的指導力と使命感を深めるとともに幅広い知見を得させること」であり、性格は「大学の養成課程において修得した、教科・教職についての基礎的、理論的内容と実践的指導力の基礎の上に立って行うもの」と1987年の教育職員養成審議会の答申に述べてある。実施者は、国立学校では学長及び校長、公立学校では都道府県市町村の教育委員会である（教育公務員特例法20条の2）。初任者研修の導入から10年が経過し、一応の定着はあるものの、内容の見直しが求められている。〔石崎〕

処方せん （しょほう——）

医師が診断に基づいて薬物療法が必要であると判断し、薬剤師に必要な医薬品とその投与量、投与方法、調整方法について指示を行う内容を処方といい、一定の方式に従って処方が記載された指示書を処方せんという。記載が必要な要件は、処方（Rp）の文字、患者の氏名および年齢、医薬品の名称、1日の投与分量、用法・用量、調剤の方法、患者への注意事項、日付及び医師の氏名（自署または捺印）である。病院薬局で取り扱う処方せんは、院内のみで通用する院内処方せんの形式をとることが一般的である。この場合には、院外薬局で取り扱う院外処方せんとは異なり、一部記載を省略したものが用いられる。医師は処方する医薬品について作用機序、適応症、薬物動態、用法・用量、副作用・禁忌、薬物相互作用、使用上の注意、他の同効薬との比較、薬価などについて知識を持つ必要がある。〔礒辺啓〕
→薬剤師、医薬品

自立活動 （じりつかつどう）

個々の幼児児童生徒が自立を目指し、障害に基づく種々の困難を主体的に改善・克服するために必要な知識、技能、態度及び習慣を養い、もって心身の調和的発達の基盤を培うため、盲学校、聾学校及び養護学校の教育課程に、各教科、道徳、特別活動及び総合的な学習の時間とともに位置づけられている一領域である。〔田嶋〕

自律神経系 （じりつしんけいけい）

生体にとって最も基本的な循環、呼吸、消化、代謝、分泌、体温調節、排泄、生殖などの自律機能を常時調節し、生体の恒常性（ホメオスタシス）の維持に重要な役割を果たす神経系の総称であり、植物性神経系とも呼ばれる。自律神経系の支配には、内臓知覚に関与する球心性の感覚路と内臓の働きや血管などを遠心性に支配する運動路及び腺を支配する分泌路から形成される。さらに自律神経は交感神経系と副交感神経系とに2分され、交感神経系は脊髄側柱の細胞から始まる節前ニューロンから発し、神経節を経て節後線維である第2ニューロンとなり全身に分布する。それに比し、副交感神経系では主として頭部や体幹の腺や内臓に分布している。この2つの神経系の作用は互いに調節しあい、ある器官に対して一方が促進的に働く場合、他方は

抑制的に働き互いに拮抗的である。すなわち，精神的興奮・緊張時に交感神経の作用が亢進するため副交感神経の作用は抑制され，休んでいたり睡眠時には副交感神経の作用が亢進するため，交感神経の作用は抑制される。[柿山]

→恒常性，交感神経，副交感神経

自律神経失調症 （じりつしんけいしっちょうしょう）

生体は内部環境を維持するため，交感神経と副交感神経の２つが拮抗する自律神経のバランスによって調節されている。したがって，時事刻々変化する外的環境やストレスに対応して交感神経・副交感神経の相反支配，拮抗支配により微妙な調節が行われる。このバランスがくずれた状態で生じる多種多様な症状を自律神経失調症という。この場合，交感神経緊張症と副交感神経が過緊張する場合と，低緊張状態に由来するものとに分けられる。疫学的には，内分泌環境に変調を来しやすい思春期・更年期の女性に多い。また，男性では，ストレスの生じやすい壮年期に発症しやすい。臨床症状は，全体倦怠感，めまい，頭痛，動悸，腹痛，腹部不快感などの症状が多く，診断には一般の診察，補助検査のほか面接，調査表，心理テストなども組み合わせて用いられる。治療では治療者と患者関係が重要であるが，薬物療法としては自律神経調節薬，抗不安薬，漢方薬，抗うつ剤などが用いられる。心理療法では受容的に患者の訴えに耳をよく傾け，支持的に助言を行い，納得のいく説明が重要である。パーソナリティに問題がある場合は精神分析的精神療法も行われる。[柿山]

視力 （しりょく）

眼の分解能の良し悪しを表すもの。視力は２点を２点として，又は２本の線を２本の線として識別できる最小距離を視角（分単位）に換算し，その逆数で表すことができる。測定にはランドルト環と呼ばれる"C"の字様の指標を用いてその切れ目の方向を判定させる。識別できる最小のランドルト環の切れ目に対する視角がa分であるとき，視力は１/aである。したがって，５m離れたところにある外径の視角５′，線の太さ及び切れ目が視角１′の環を見て，切れ目を識別できる視力を1.0とする。視力は網膜自体の異常によっても影響を受けるが，屈折異常の検出に用いられることからもわかるとおり，眼球の光学的性質によるところが大である。ただし，視力は測定する視標の明るさにも影響を受ける点に注意しなければならない。[柿山]

→屈折異常

視力検査 （しりょくけんさ）

目的は学習に支障のない見え方（視力）があるかどうかの検査である。裸眼視力検査と矯正視力検査に分類される。学校における視力検査は，裸眼視力検査を指し，定期健康診断に先だって教職員によって行われ予診的検査と位置づけられている。ただし，眼鏡やコンタクトレンズ等を使用しているものについては，検査に問題のある者や本人が希望しない場合には，裸眼視力検査は省略することができる（1994年12月８日文部省令49）。[朝広]

事例研究法 （じれいけんきゅうほう）

クライエントの持つ問題について，生育歴，家庭，学校，社会環境，交友関係など周囲との関わりを含め，多面的な資料を収集し，その資料を分析・検討，総合的に理解し，問題解決に役立つ援助や指導の方策を立案し，検討することを目的としている。つまり，クライエントの問題解決を援助する者が，カウンセラー，教師，ケースワーカーなどそれぞれの立場で，クライエントにどのように関わっていけばよいのかの手がかりを得ることといえる。（個々の事例について適切な援助方法を見出すものであり，多くの事例を収集し一般的な法則を見出すことではない。）心理臨床では，クライエントの相談の受理から，資料の収集，診断，心理技法など

のプロセスを通して，記録をとり，問題に関する理解を整理，再点検しながら，終結するまで続けられる。[井戸]
→クライエント，カウンセラー，ケースワーク

歯列　（しれつ）

20本の乳歯で構成される歯列，永久歯28本（智歯を除く）で構成される歯列，乳歯と永久歯が混在する混合歯列の3種がある。咀嚼，発語など口腔機能が十分に発揮されるには正しい形態の歯列とそれに合致した咬合（噛み合わせ）が必要である。歯列不正の原因には遺伝因子の他，口に関係する例えば指しゃぶり，爪嚙みなどの習癖行動やう歯などの疾患がある。[赤坂]

歯列矯正　（しれつきょうせい）

歯，歯周組織，顎さらにそれらを包む顔の不正な成長発育から引き起こされる乱れた歯並びや，顎の異常な関係を，機械的な装置を用いて改善し，正常な状態に治療することである。[田代]

白いスモッグ　（しろいすもっぐ）

光化学スモッグのこと。一方黒いスモッグは工場の煤煙に起因するロンドン型スモッグのことである。[大澤栄]
→スモッグ，光化学スモッグ

耳漏　（じろう）

中耳炎の際に生ずる粘性または粘液膿性の炎性産物が外耳道に流出したものをいうが，軟性耳垢（あめ耳）や外耳湿疹，外耳道真菌症でもみられ，しばしば中耳炎と誤られる。耳だれともいう慢性中耳炎の一種の真珠腫性中耳炎では，特有の悪臭のある耳漏が出現するのが特徴である。[浅野]
→中耳炎

塵埃　（じんあい）

空気中に浮遊する固体粒子のこと。[大澤栄]

心因性嘔吐症　（しんいんせいおうとしょう）

胃などの消化器官に器質性の問題はなく，心因性に嘔吐する場合をいう。神経性過（大）食症で自ら指を口に入れて嘔吐を誘発する場合のほかに，解離性障害や心気障害，及び妊娠（情緒的な要因が反復性の吐き気と嘔吐を引き起こすことがある）などで認められる繰り返す嘔吐をいう。[花田]
→過食症

人格　（じんかく）

→性格

真核細胞　（しんかくさいぼう）

12～15億年ほど前に，原核細胞から進化してできたといわれており，植物と動物はすべて真核細胞からできている。真核細胞は，DNAがタンパク質と複合体を作り染色体となり，染色体が核に収容されている。また，原核細胞の約1万倍もの体積があり，ミトコンドリア，葉緑体，鞭毛などの細胞小器官を持ち，原核細胞にない細胞内部の膜構造を持つ。[上濱]
→原核細胞，デオキシリボ核酸，タンパク質，染色体

人格障害　（じんかくしょうがい）

人格像が平均規範から大きく偏倚し，さらに価値規範として，その偏りのために自ら悩むか，社会が悩まされるような人格を指す。DSM-Ⅳでは人格障害を3つの大分類群に分け，その下位分類に合計10の人格障害を認めている。各大分類群の例として妄想性人格障害，反社会的人格障害，強迫性人格障害などが挙げられる。[小玉]

心悸亢進　（しんきこうしん）

別のいい方をすると，動悸がするということである。具体的には心臓が速く，強く打つことである。このような状態になる原因には，病と心臓の正常な反応とがある。病気と

しては甲状腺機能症に特徴的で，少し体を動かしただけでも心悸亢進がある。正常な状態で心悸亢進が生じるのは，激しく体を動かした時で，最もしばしばみられるのは，急に走った時である。［村田］

心機能不全　（しんきのうふぜん）

急性・慢性の心臓のポンプ機能低下のため，末梢組織が必要とする十分な血液を供給できない状態。拡張期圧が上昇するため静脈にうっ血が生じ，左心不全では肺うっ血による呼吸困難，起座呼吸などが生じ，右心不全では全身の静脈うっ血による浮腫，胸水，腹水，肝腫大などを生じる。［角南祐］

心筋　（しんきん）

心臓の筋肉で，横紋筋と同様に横紋がみられる。しかしながら不随意筋で体制神経の支配は受けていない。核は各細胞に1個ずつ，中央に位置し，枝分かれして互いに連結している。したがって1か所が興奮すると直ちに他の線維に伝わり全体が収縮する。［田中宏］
→横紋筋

真菌　（しんきん）

分類学的な用語ではなく一般的な名称で，キノコやカビ，酵母などがある。菌の種類としては，有性世代を持つ担子菌や子嚢菌類，有性世代のない不完全菌類，さらにミズカビなどの鞭毛菌類と接合菌類が含まれる。その基本的な構造は，酵母のように体細胞が単一の細胞からなるものと，円筒形の細胞が細長く連なり糸状の菌糸を伸ばすものに分けられる。また，真菌は厚い細胞壁をもち，有機物を直接摂取することにより増殖し，胞子あるいは接合子を形成して種の保存をする。真菌の種類は多く，チーズや味噌などの発酵に使われる菌と，動植物に病害の原因となる菌とがある。真菌の中でも，20万種以上もあるカビの中で，ヒトに感染して病気を起こすものは約50種といわれており，ほとんどは不完全菌類である。［上濱］

心筋梗塞　（しんきんこうそく）

冠状動脈の粥状硬化症が原因となり，それに血栓・出血が加わり血管が閉塞し血流が途絶することで，末梢の心筋組織に虚血性壊死を起こしたもの。胸骨下の絞やく感・圧迫・重圧などの不快感あるいは痛みを訴え，それが両側胸部・下顎・肩甲骨部・上腕・心か部などに放散する。稀に痛みを欠くこともある。合併症がなければ，予後は比較的良好である。［西川］

心筋疾患　（しんきんしっかん）

心臓の筋肉（心筋）が肥大したり変性する疾患である。原因不明の特発性心筋症（拡張型心筋症，肥大型心筋症，拘束型心筋症など）と何らかの病気が原因で起こる二次性心筋症に分類される。［田中宏］

真菌症　（しんきんしょう）

真菌の病原性は一般的に細菌やウイルスなどの他の病原微生物に比べて弱い。真菌症は健康人に常在する菌類が，何らかの原因で病原性を表し発症する内因性真菌症（日和見感染）と本来は常在しない菌類が抵抗力の低下によって感染発症する外因性真菌症に分けられる。真菌症は感染を受ける部位により表在性真菌症と深存性真菌症に分けられる。表在性真菌症は皮膚の表層，つめ，毛髪に発生する。白癬菌による頭部白癬（とうぶしらくも），股部白癬（いんきんたむし），これに対して深存性真菌症は皮下組織から骨，内臓に感染して発症する。［鈴木耕］

神経系　（しんけいけい）

動物を植物から区別する感覚，運動，分泌などの諸機能を統御する器官で，中枢神経系，末梢神経系に大別される。中枢神経系は脳と脊髄に，末梢神経系は脳神経，脊髄神経，自律神経系に分けられる。自律神経系は交感神経と副交感神経からなり，主に内臓，血管を支配する。［角南兼］

➡中枢神経系，末梢神経系，自律神経系

神経細胞 （しんけいさいぼう）

神経系内の興奮伝導をする細胞。核とその周囲の細胞質を含む細胞体，若干の短い突起（樹状突起），及び1本の長い突起（軸索）からなる。軸索はその皮膜及び鞘とともに神経線維を形成する。[角南兼]

神経質 （しんけいしつ）

精神医学や臨床心理学の専門用語ではない。専門用語としては従来神経症という概念があったが，現在ではDSM-Ⅳ（米国精神医学会の診断基準）やICD-10（WHOの診断基準）でも用いられていない。ただ，神経症という用語が長く使われてきた歴史があり，専門家の間でも死語となったわけではない。神経質は神経症ではないが，その病前性格として理解するとわかりやすい。つまり，物事のなりゆき，他人の目，体や病気のこと，身の回りの汚れ，整理整頓などを過度に気にする性格・気質のことを神経質と呼んでいる。しかも多くの場合，神経質な性格の人は，社会規範に忠実でいわゆるまじめな人が多い。森田療法では，その適応範囲に入る神経症（神経質症）に森田神経質という概念を用いている。[近藤]

➡疾病分類，神経症，森田療法

神経遮断薬 （しんけいしゃだんやく）

神経系に対し，強い鎮静作用をもつ化学物質である。多くの精神性疾患に用いられる薬剤であり，効果的に精神運動性の興奮状態や激昂状態を鎮める。また，各種のストレスや，外部環境からの侵襲から自律神経中枢を保護する作用がある。急性，慢性の精神病の症状を徐々に軽減させる。[太田]

神経症 （しんけいしょう）

ドイツ語でノイローゼという。心理的原因によって生じる，ある程度持続的な，精神的あるいは身体的機能の障害である。いくつかの特徴的な症状がみられ，その症状の発生，消長と心理的原因との相関関係が認められる。症状の特徴により，不安神経症，心気症ないし心気神経症，ヒステリー（解離型ヒステリーと転換型ヒステリー），抑うつ神経症，強迫神経症，恐怖症，離人神経症などに分類される。診断においては，精神病や，（躁）うつ病，心身症等との鑑別が必要である。治療は，心理的原因に関係する環境の調整，抗不安薬等による薬物療法，精神療法を適宜組み合わせて行われる。なお従来，神経症の概念でとらえられてきた疾患群の一部の原因に，生物学的因子の大きいものがあることが近年判明してきており，これらは例えばパニック障害（従来の不安神経症の一部）・強迫性障害（従来の強迫神経症）などと診断されるようになってきている。[花澤]

神経衰弱 （しんけいすいじゃく）

ベアードが19世紀後半に提唱した概念。一時は広く用いられ，神経症の分類にも取り入れられたが，現在の精神科臨床では神経衰弱という診断名はほとんど用いられなくなっている。いらいら感，注意集中困難，記憶力低下，気力低下などの精神症状と全身倦怠感，肩凝り，頭重，頭痛，めまい，動悸，食欲不振，性欲障害，睡眠障害などの身体症状からなる症候群であり，心身の過労，疲弊状態に伴って出現するとされた。強迫神経症や不安神経症等の他の神経症類型に比べ，中心となる特徴ある症状を持たないため，概念が拡散して使用される傾向があり，わが国でも専門用語というよりむしろ一般用語として，あらゆる精神障害を代表する言葉として使用されてきた歴史がある。[花澤]

神経性食思不振症
（しんけいせいしょくしふしんしょう）

神経性無食欲症，思春期やせ症，拒食症ともいう。思春期の女子にほぼ特異的に発症する。自らの意志に基づいた極端な節食，即ち拒食により，体重が減少し続け，しばしば体

重30kg前後に達するような著しいやせに至り，月経は停止する。しかし本人は，自分がやせていることを認めず，さらにやせ続けることを求める。自分の体型を正しく認知できなくなる身体像障害を伴っている。減った体重が少しでも増加することを強く恐れる「肥満恐怖」の心理も特徴的である。活動性が亢進し，やせた身体で活発に動きまわる場合もある。多くの場合，退行を伴い，特に母親に病的に甘えるようになる。経過中，拒食から過食嘔吐に転じる場合もある。発症の背景には，思春期課題につまずき，それ以上未来に前進すること，即ち身体的，心理的に「大人になること」への無意識抵抗があると考えられる。治療には，内科的対応とともに，長期にわたる精神療法が必要である。［花澤］
→過食症，思春期やせ症，食思異常，摂食障害

神経線維腫症 （しんけいせんいしゅしょう）

常染色体優性遺伝であるが，突然変異の発生率が約70％と高い。症状は皮膚病変（神経線維腫，カフェオレ斑，貧血母斑，若年性黄色肉芽腫など），中枢神経病変，骨病変（脊柱側彎），眼病変（虹彩小結節）に分けられる。生命予後は良好であるが，根本的な治療法はなく，対症的に神経線維腫の切除などを行う。［寄藤］
→常染色体

神経調節 （しんけいちょうせつ）

生体には大脳，中脳，小脳，延髄などをはじめとする中枢神経系から脊椎を通して手足の末梢神経系まで神経が連携しており，動き，感覚，代謝調節などの機能が調節されている。神経調節は筋肉運動を主とする意識的（随意的）な調節と呼吸循環，内臓機能に関与している自律神経系のような無意識的（付随意的）な調節がある。この神経（シナプス）の連携が切断されるとその箇所より末梢の機能調節が困難になる。神経調節に対してホルモンなどによる調節を体液調節という。［村松］

→中枢神経系，末梢神経系，自律神経系，シナプス

人口圧 （じんこうあつ）

人口問題は，人口規模と生活空間の広さとの間のアンバランスによって生まれる。生活空間の狭さを生活上の圧迫として人々が意識した時，この圧迫を人口圧という。人間社会は単に空間の広さという物理的な性格だけでなく，心理的・社会的な性格を持っているので人口圧を改善するために農耕地を拡大したり，出生を抑制したり，移民や難民となるなどの対処の仕方をとることもある。［大澤清］
→人口問題

新興感染症・再興感染症
（しんこうかんせんしょう・さいこうかんせんしょう）

20世紀前半は医学・公衆衛生の進歩により人類が感染症に関して大きな勝利を果たしたと考えられた。しかし，1980年ごろから後天性免疫不全症候群（エイズ）・腸管出血性大腸菌感染症などこれまで知られていなかった感染症の急速な増加が認められ，さらに結核，マラリアなどほとんど撲滅したかに思われた感染症が再び増加傾向を示してきた。WHOでは，前者のような，「新しく認識された感染症で，局地的に，あるいは国際的に公衆衛生上問題となる感染症」を新興感染症とした。また，後者のような「既知の感染症で，すでに公衆衛生上の問題とならない程度までに患者が減少していたが，再び流行し始めて患者数が増加したもの」を再興感染症とした。その背景には，交通網の発達により，人や物の往来が頻繁になり，これまで人が入らなかったアフリカの奥地などにも行く人がでてきたこと，有効だと思われてきた薬剤への耐性を示す病原体が出現してきたこと，抵抗性の弱い人が治療により長期生存可能となり感染の機会が増えたことなどが考えられる。［稲葉］
→感染症，後天性免疫不全症候群，腸管出血性大腸菌感染症，結核，マラリア

人口構成 (じんこうこうせい)

　人口構造ともいう。人口集団を自然的，社会的属性によって分類した時の分布のこと。一般的には，性別・年齢別・学歴別・出生地別・職業別などの属性別による構成状況をみることが多い。特に性別・年齢別に人口数をみた場合に，人口ピラミッドという。現在のわが国は，人口ピラミッドの型でみると砲弾型で人口減少の型であるが，インドネシア，マレイシア，フィリピンなどはピラミッド型になっており，ヴェトナムは戦争の影響で50歳台以上が極端に少なく逆に若年層が圧倒的に多い構成になっている。また，今後は，老年人口（65歳以上）の増加が急速に進み，出生率の低下による年少人口（0～14歳）の占める割合の低下と相まって，人口の老齢化は急速に進行するであろう。年齢構成を表現するものとしては，次式がよく用いられている。［大澤清］

（式）

・従属人口指数
$$= \frac{\text{年少人口（15歳未満人口）}+\text{老年人口（60または65歳以上人口）}}{\text{生産年齢人口（15～60または65歳未満人口）}} \times 100$$

・年少人口指数 $= \frac{\text{年少人口}}{\text{生産年齢人口}} \times 100$

・老年人口指数 $= \frac{\text{老年人口}}{\text{生産年齢人口}} \times 100$

　老年化指数 $= \frac{\text{老年人口}}{\text{年少人口}} \times 100$

→老年人口

人工呼吸 (じんこうこきゅう)

　自発呼吸ができなくなった傷病者に対し，人為的に空気を肺に送り込み，ガス交換を行う手法のこと。大きくは，器具を用いない方法と用いるものとに分かれる。用いない方法としては，かつてはシルベスター，ニールセンなど，いわゆる用手人工呼吸法が行われていたが，効果的でないため，現在ではマウス・ツー・マウス法が最も簡便で確実な方法として用いられている。器具を用いるものでは，一方向弁付呼気吹き込み用具を使うものなどがあるが，緊急時にいつでも備えられているわけではないので，マウス・ツー・マウス法が推奨される。空気中には通常約21％の酸素が含まれているが，救助者が吹き込む呼気においても16～18％程度の酸素があって，自発呼吸が停止した傷病者に対する緊急の処置としては，その生命維持に十分有効である。マウス・ツー・マウス法はすべての者が身につけ，練習をしておくべき技術である。
［今村］

→自発呼吸，ガス交換，マウス・ツー・マウス法

人工死産率 (じんこうしざんりつ)

　自然死産率，妊産婦死亡率などと同様に，ある地域の一年間の当該の事件数を当該の出産数で割った値を1,000倍して求める。［大澤清］

（式）

　人工死産率＝
$$\frac{\text{（ある地域の1年間の人工死産数）}}{\text{出生数（出生数＋死産数）}} \times 1{,}000$$

人工授精 (じんこうじゅせい)

　受精させるために，精液を女性性管内に人工的に注入することをいう。

→体外授精

人口統計 (じんこうとうけい)

　人口現象に関する統計を専門に研究する分野を人口統計学という。17世紀のイギリスの統計学者グラウントやペティ，ドイツのジュースミルヒによって始められた。人口分析のための特殊な方法が開発されており，人口を研究の対象とする学問は人口学又はデモグラフィといわれている。これは実体人口学と形式人口学に分けられる。前者は人口を経済学，社会学，人類学，地理学などの観点から実態的に研究する学問であり，後者は人口分

析の方法を研究する学問である。人口統計は次のような内容を含んでいる。①人口増加（人口増加率，普通出生率，普通死亡率），②死亡率（年齢別死亡率，標準化死亡率，コーホート死亡率，乳児死亡率），③生命表（静止人口表，複合生命表，特定死因を除いた生命表），④出生率（年齢別出生率，合計特殊出生率，総再生産率，純再生産率，完結家族規模），⑤結婚（平均初婚年齢，結婚表），⑥安定人口モデル，⑦将来人口推計，⑧人口移動（生命表生残率法，センサス生残率法，その他の方法）。[大澤清]

新行動主義　（しんこうどうしゅぎ）

行動主義者のワトソンは，刺激と反応の関係を実験的に解明し，行動の予測と制御を行うことが心理学の目標だとし，刺激と反応の間に介在する意識などは科学の対象にすべきでないと考えた。これに対して，ハルやトールマンは刺激と反応の間に，動因，要求，期待などの媒介変数（個体内変数）を導入し，新行動主義者と呼ばれた。また，トールマンは，知覚された一般的関係の学習を強調する認知的行動主義の立場に立った。[家田]
→行動主義

人工透析　（じんこうとうせき）
→透析療法

人口動態統計　（じんこうどうたいとうけい）

ある地域の人口の大きさは，出生，死亡，転入，転出によって絶えず変化している。結婚や離婚によってもその構造は変化する。このような人間集団の変動を人口動態といい，その要因を引き起こす出来事を人口動態事件または人口動態事象と呼んで，一般には各国ともに届出制をとっている。これに対して，ある特定の時点だけで人口をとらえて，総数，分布，性別，国籍，配偶関係，職業などの社会，経済，文化的な標識で把握したものを人口静態という。国勢調査は人口静態統計の代表であり，人口動態に関しては人口動態統計がある。わが国の人口動態統計調査は1871（明治4）年の太政官布告による戸籍法に始まり，1922年に人口動態調査令が勅令として公布され，戦後は厚生労働省の所管として常時まとめられている。[大澤清]

人工妊娠中絶　（じんこうにんしんちゅうぜつ）

胎児が母体外において，生命を保続することのできない時期に，人工的に胎児及びその附属物を母体外に排出することをいう（母体保護法第2条2項）。したがって，周産期医療の進歩により中絶許容時期の定義は変動し，1990年3月からは妊娠22週未満となっている。また，中絶の許容条件についても法律で定められており，①妊娠の継続又は分娩が身体的又は経済的理由により母体の健康を著しく害するおそれのあるもの，②暴行若しくは脅迫によって又は抵抗もしくは拒絶することができない間に姦淫されて妊娠したもの，としている。同意書が求められることがあるが，「配偶者が知れないときもしくはその意思を表示することができない時又は妊娠後に配偶者がなくなった時には本人の同意だけで足りる（母体保護法第14条）」とも明記されている。2001年の中絶件数は341,588件（女子人口千対の中絶実施率は11.8となっている）。[北村]

人口問題　（じんこうもんだい）

社会の存続や発展に支障を及ぼすような人口の量的，質的変化をいう。人口高齢化，人口爆発などと社会経済現象と密接な関連を持っている。近年では，エイズの全世界的流行によってアフリカやアジア地域で人口が減少し，深刻な社会問題になっているだけでなく，人口問題ともなっている。このように，ある社会が生み出した人口現象がその社会の存続・発展に支障を生じさせる問題の総称である。[大澤清]

心雑音　（しんざつおん）

右心房と右心室との間，右心室と肺動脈と

の間，左心房と左心室との間，左心室と大動脈との間にはそれぞれ血流が逆流しないように弁がついている。この弁が完全に閉まらなくなると，血液が逆流したり，開きが悪くなると狭くなったところを急速に血液が流れるので，血流に渦が生じて心雑音が聞こえるようになる。また，心室に孔があいている場合や，動脈管開存などでも心雑音が生じる。[村田]

腎糸球体疾患 （じんしきゅうたいしっかん）

腎小体を構成する糸球体の疾患であり，急性糸球体腎炎症候群，急速進行性糸球体腎炎症候群，無症候性血尿・タンパク尿，慢性糸球体腎炎症候群，ネフローゼ症候群，遺伝腎炎に分類される。急性糸球体腎炎症候群の代表的疾患が溶連菌感染後急性糸球体腎炎で，A群β-溶連菌の菌体抗原とそれに対する抗体との結合した免疫複合体が腎糸球体に沈着して発症する。4～12歳の小児に多く，上気道あるいは皮膚感染後に起こる。[礒辺啓]
→急性糸球体腎炎症候群，慢性糸球体腎炎症候群

心疾患 （しんしっかん）

欧米諸国では死亡原因の第1位で，日本でもがんに続き第2位となっている。大別すると以下のようになる。①虚血性心疾患：狭心症，心筋梗塞など，②心臓弁膜疾患：僧帽弁・大動脈弁・三尖弁の狭窄や閉鎖不全など，③不整脈：洞性頻脈，洞性徐脈，期外収縮，房室ブロックなど，④心筋の疾患：特発性心筋症，心筋炎など，⑤先天性心疾患：大動脈縮搾症，心房中隔欠損症，心室中隔欠損症，⑥その他：心房粘液腫，心膜炎，心内膜炎など。このうち，虚血性心疾患が先進諸国で急増している。この疾患は，心臓の栄養血管である冠動脈の硬化が原因であるので，動脈硬化の予防が大切である。[田中宏・西川]
→虚血性心疾患，不整脈，動脈硬化

腎疾患 （じんしっかん）

数回の検尿では診断できず，長期間の観察や腎生検により確定診断が下されることが多い。腎生検を受けない多くの患児は腎機能検査，血液生化学的検査の結果で暫定診断を受け，学校生活管理指導の区分が決定される。診断名として急性腎炎，無症候性血尿症候群，微少血尿，無症候性タンパク尿症候群，タンパク尿，血尿症候群（腎炎の疑い），慢性腎炎症候群（慢性腎炎），ネフローゼ症候群がある。[福田]
→腎生検

心室中隔欠損症 （しんしつちゅうかくけっそんしょう）

先天性心疾患の1つで，右心室と左心室を隔てている壁（中隔）の一部が欠損している病気である。欠損部分の大きさやその位置によってほとんど無害なものから，正常の生活ができないものまで症状は様々である。治療は手術で孔を塞ぐことである。[村田]

人種 （じんしゅ）

長らくの間「言語・風俗・国籍のいかんを問わず，共通の遺伝的な身性の諸特徴の一全体を示すところのヒトの自然的群」（ヴァロワ）といった定義を受けてきた。しかし，人間が異集団間で通婚を繰り返しながら混血性を強めてきた事実がある以上，純粋な人種など存在するはずもなく，人権意識の高まりとも相まって，かなり以前から存在した人種概念不要論が近年になって再燃した。これを受けたアメリカの人類学会は，「身体的変異は人間が付与した社会的意味以外には何らの意味をもたない」（1998）とする声明を発表し，学術概念としての人種を葬り去った。人種は，遺伝的に継承される形質を基準とした概念であったために"科学的"なものだと思われがちだが，異人種間に線引きをする時の基準自体は極めて人為的かつ社会的であり，それは"擬似科学"にすぎない。こうした認識

がここにきてようやく市民権を得たのである。[綾部]

滲出性中耳炎 （しんしゅつせいちゅうじえん）

小児における難聴の最も重要な原因の1つとなる疾患で，中耳腔内に滲出液がたまり，そのために軽度ないし中程度の難聴（30〜50 dB）が起こる。小児の80％が無自覚で，「呼んでも返事をしない」「聞きかえしが多い」「落ち着きがない」などで気づく場合が多い。学習を始め日常生活への影響も大きく，早期の適切な治療が必要である。[浅野]
→聴力異常（難聴）

腎症候性出血熱
（じんしょうこうせいしゅっけつねつ）

ハンターンウイルス（ハンタウイルス属，ブニヤウイルス科）に感染しているセスジネズミの尿のエアゾールを吸い込むことで感染する。農夫，兵士が罹ることが多い。感染者の3分の2は，急性のインフルエンザに似た熱疾患であり，残りに出血傾向が現れ，この約半数は低血圧ショック症状を示す。死亡率は10〜15％と高い。このウイルスの仲間は，ユーラシア大陸全域のげっ歯類に広く分布し，年間10万人以上の患者があると推定されている。ドブネズミを中間宿主とするソウルウイルスによる同症はやや症状が軽い。すでにこのウイルスは，世界中の港湾に侵入しており，実験用のラットを通じた研究者の発病がある。[田神]

心身症 （しんしんしょう）

身体疾患の中で，その発症や経過に心理社会的因子が密接に関与し，器質的ないし機能障害が認められる病態をいう。神経症やうつ病など，他の精神障害に伴う身体症状は除外される。器質的な身体病変を呈する場合（消化性潰瘍，潰瘍性大腸炎など）と病態生理学的な機能障害を呈する場合（偏頭痛・過敏性腸症候群など）がある。心身症患者にみられやすい特徴として，アレキシシミア（失感情言語化症）がある。これは自分の内的な感情への気づきが悪く，その言語的表現がうまくできない状態をいい，心身症発症のメカニズムに関連していると考えられている。心身症の専門診療科として心療内科があるが，精神科でも治療が行われる。治療においては，症状に対応した身体医学的な治療とともに，生活指導，薬物療法（抗不安薬・抗うつ薬・睡眠薬など），心理療法が適宜組み合わされる。東洋医学的治療が行われ有効な場合もある。[花澤]

心身障害児 （しんしんしょうがいじ）

種々の原因によって，身体，思考，言語，情緒などに何らかの障害があるために学習や日常生活に不自由や困難を伴う児童のことをいい，視覚障害，聴覚障害，知的障害，肢体不自由，病虚弱，情緒障害，言語障害，重複障害に分けられる。近年，学習障害等の新しい考えも行われている。心身障害児の教育は，障害の程度によって盲学校，聾学校，知的障害養護学校，肢体不自由養護学校，病弱養護学校で行われ，より障害の軽いものは特殊教育学級，さらに程度の軽いものは通常学級で配慮を受けての教育が行われる。近年障害の分類による特殊教育諸学校の違いは少なくなってきている。[斎藤]

心身相関 （しんしんそうかん）

心と身体は独立した存在ではなく，常に相互に影響を与えあっている不可分なものとする考え方，またその際の心と身体の相互関係のあり方をいい，心身医学の基礎となる概念である。心の座である脳もまた身体臓器であり，脳すなわち中枢神経系と身体の他の部分との相互関係として，生理学的には説明される。つまり，生体の恒常性を保つ主要なシステムである自律神経系，内分泌ホルモン系，免疫系と中枢神経系の相互作用が心身相関の生理学的なメカニズムと考えられる。一般に，成人に比べ児童・思春期の方が，ストレスを身体化したり（心因性の発熱や不登校児

にみられる身体症状など），体調により気分の影響を受けやすいなど心と身体が互いに影響を与えやすいと考えられ，子どもの心身の状態の評価や治療には特に心身相関の考え方が重要である。[花澤]

シンスプリント

ランニングなどにより足関節の背屈，底屈を繰り返すことで，ひらめ筋からの筋膜が付着している脛骨の遠位1/3内側の炎症が主病変。脛骨の遠位1/3内側の痛みで疲労骨折を除くもの。腫脹はないか，あっても軽度。[森川]

新スポーツテスト （しんすぽーつてすと）
→文部科学省新体力テスト

腎生検 （じんせいけん）

生体の一部を採取して，病理組織学的診断をつけることを生検という。生検のための組織採取法には，剥離，擦過，穿刺吸引などがあり，また手術的な切除によるものがある。腎生検は，腎疾患の診断，治療，予後判定のために重要な検査法の１つであり，超音波やX線テレビ下で経皮的に穿刺吸引法で行うものと，手術的に腎を露出して腎組織を採取する開放性腎生検がある。適応はびまん性腎病変が想定される各種腎炎，ネフローゼ症候群を始め全身性疾患として腎病変を引き起こす全身性エリテマトーデス，アミロイドージス，急性乏尿性腎不全等である。[松本幸]

新生児 （しんせいじ）

生後28日未満を指す。乳児死亡原因の第１位は先天性奇形によるものであるが，多くは新生児期に発見される。その他，股関節脱臼，先天性代謝疾患などのスクリーニングも重要である。[寺井]

新生児死亡率 （しんせいじしぼうりつ）

（式）

新生児死亡率＝
$$\frac{1年間における28日未満の新生児の死亡率}{1年間の出生数} \times 1{,}000$$

年齢別死亡率の一種である。乳児死亡の原因は，①出世前又は出世時に起因するいわば胎児性の先天的な原因，②細菌感染のような後天的な原因とに大別される。出生直後の乳児死亡の大部分は，先天的な原因によるものであるが，出世後ある期間を経過した後の乳児死亡の大部分は，後天的原因によって起きることが多い。したがって，乳児死亡率を生存期間別に観察すると，改善の容易な部分と改善困難な部分とに分けて観察することができる。また，α インデックスといって，乳児死亡数を新生児死亡数で除した値を用いることもある。[大澤清]

真性てんかん （しんせい――）

明らかな脳器質病因あるいは確かな代謝障害を持つとはみなされないてんかんで，真のてんかんと信じられ，本態性てんかんと呼ばれていた。しかし，医学の進歩に伴って本態性てんかんは減少し，遺伝てんかん，原発全般（一次全般）てんかんと同義になってきた。現在は使用されていない。[花田]
→てんかん

腎性糖尿 （じんせいとうにょう）

尿の検査で糖が陽性を示しながらも，経口糖負荷試験（O-GTT）で耐糖能（糖負荷前後の血糖値の変動や時間的経過で負荷前の血糖値への復帰の経過）が正常と判定されるものをいう。原因的には腎での尿細管の再吸収性の障害によって起こり，治療の必要はない。[松本幸]

腎臓 （じんぞう）

血液から尿を産生し体外に排泄する器官で，泌尿器系の中心的役割をする。左右２つあり，第12胸椎から第３腰椎の高さの脊椎の両側，後腹壁の脂肪組織の中にある。[竹内宏]

心臓検診 (しんぞうけんしん)

　学校保健法に基づく健康診断の1つ。この大きな目的は突然死の予防であり，このため心電図をとることにより，不整脈を始めとする突然死の可能性が高い状態を早期に発見する努力がなされている。[村田]
→健康診断，突然死，心電図，心電図検査，不整脈

腎臓検診 (じんぞうけんしん)

　児童生徒については，腎臓病は小児の慢性疾患の中で重大な疾患の1つである。急性糸球体腎炎症候群やネフローゼ症候群のように，初期には自覚的症状がほとんどないため，集団検尿による早期発見が必要である。タンパクと同時に糖，潜血を加えた尿の検査がスクリーニング検査として学校で行われている。2002年度からは学校生活管理指導表が活用されるようになり，心臓検診とともに腎臓検診がより充実され，心臓病，腎臓病の障害の程度により生活習慣や，運動の量と質が具体的に示されてきた。なお，腎臓検診は職場においても，また地域住民の基本健康診査としても行われている。[松本幸]
→急性糸球体腎炎症候群，ネフローゼ症候群，学校生活管理指導表，心臓検診

深層心理学 (しんそうしんりがく)

　通常意識では了解困難な人間の行動や現象の原因を無意識の働きから解釈し，意味を見出そうとする立場に立つ心理学のこと。精神分析学と同義に用いられることもあり，特にフロイトやユングの立場を指すことが多い。深層心理学では無意識的原因を探る手段として，夢や自由連想法，催眠，瞑想などが用いられる。[小玉]

心臓性急死 (しんぞうせいきゅうし)

　症候発生から1時間以内に死に至り，原則として発生時に目撃者がおり，また発生が予期されないが既往病歴があり，死の特異的原因があることが定義とされる。心臓性急死の約90％は不整脈死といわれる。大多数は器質的心疾患があり，成人では，冠動脈疾患・心筋症・弁膜症・刺激伝導異常が多い。男女とも加齢とともに増加するが，70～80％は男性に起こる。[西川]

心臓病 (しんぞうびょう)
→心疾患

心臓ペースメーカー (しんぞう——)

　主に徐脈性不整脈を治療する目的で使われるもので，ペースメーカー本体を鎖骨の下の皮下に埋め込み，リード線を右心房や右心室に固定する埋め込み手術を行う。これにより，自動的に電気刺激を発生し，それを受けて心筋が収縮する。現在は徐脈が起きた時だけに刺激するタイプや運動時に心拍数を自動的に増やす心拍応答型が普及している。[田中宏]
→ペースメーカー

心臓発作 (しんぞうほっさ)

　胸部に起こる疼痛ないし不快感を胸痛という。このうち心臓から起こる胸痛は，狭心症・心筋梗塞・大動脈弁膜症・心膜炎・僧帽逸脱症などによることが多い。また心拍動の不快な自覚を心悸亢進（動悸）といい，期外収縮によるものが最も多い。その他発作性頻拍症・心房細動・心房粗動により起こるが徐脈を伴った房室ブロックである場合も含まれる。[西川]
→心悸亢進

心臓マッサージ (しんぞうまっさーじ)

　急性の心停止を起こした際，心臓を再び動かすために行う処置のこと。開胸して直接心臓をマッサージする開胸心臓マッサージという方法もあるが，一般人などが通常行うのは，胸骨圧迫心臓マッサージと呼ぶものである。胸骨付近に外力を加えることによって心臓もしくは胸腔が圧迫され，そのポンプ作用

により心肺蘇生に有効な心拍出量が得られるとされる。実際には、救助者は傷病者の胸部側方に位置し、剣状突起と肋骨下縁とで形成される切痕の、指1本分上の胸骨部分に片方の手掌基部を置く。その上に他方の手を重ね、肘をまっすぐにして体重をかけ、胸骨が3.5〜5 cm下方に圧迫されるように1分間100回のペースで押す。開始するのは心停止後できるだけ早い程よく、また傷病者は、なるべく固い材質の床に寝かせることが、マッサージ効果を高めることとなる。幼児の場合には成人と同様部位を片手で圧迫する。乳児の場合は左右の乳頭を結ぶ線より1横指尾側の胸骨を指2本で圧迫する。［今村・西川］

身体依存 （しんたいいぞん）
→薬物依存

身体計測 （しんたいけいそく）

体力測定は大別して、形態測定と機能測定に分けられる。身体計測は、前者の形態測定を意味する。身体計測は生体計測、人体計測ともいわれ、人体諸部分の大きさを体表から計測し、客観的な計測値を得ることを目的とする。既ち、生体の計測点（形質）間を一定の計測器で、一定の方法にしたがって計測し、長さ、幅、深さ、厚さ、周径、重さ、さらに表面積、体積、比重、重心などの数値として表すことである。身体計測値は、客観性のあることが重要である。そのために計測器と計測方法の統一性が要求される。広く行われている方法として、マルチン式計測法がある。計測にあたっては、測定誤差を最小限にとどめるよう、計測に習熟しておかなければならない。生体における計測点は、骨の特徴的な点であることが多いので、骨標本において各計測点の特徴をよく知り、軟部組織が被った状態でも計測点を正確に同定できるようにし、計測器具の使い方に習熟しておかなければならない。［佐竹］

身体障害 （しんたいしょうがい）

社会生活を営む上において、身体に何らかの障害があって困難のあるものを身体障害者という。法律においては、身体障害とは、視覚障害、平衡機能障害、音声機能、言語機能、又は咀嚼機能の障害、肢体不自由、心臓、じん臓、呼吸器、膀胱、直腸、小腸の機能障害、ヒト免疫不全ウイルスによる免疫機能障害をいい、身体障害者福祉法によって定められている。身体の障害は、社会の発達に伴い、バリアーフリー等日常の配慮によって、社会生活を営むことができるが、基本的には社会の人相互の理解のなかで、より快適にすることが求められ、一方的な好意の押し売り、好意への期待があっては成立しない。
［斎藤］

身体障害者福祉法
（しんたいしょうがいしゃふくしほう）

身体障害者の自立・厚生のための援助と、それに必要な保護を行い福祉の増進を図る目的で1949年に制定された法律。基準に従って身体障害者手帳を取得した人に対して、更生相談、更生医療、補装具の給付などが行われる。判定機関として身体障害者更生相談所、実施機関として福祉事務所がある。［吉永］

靱帯損傷（捻挫） （じんたいそんしょう）

捻挫。靱帯は関節を構成する骨を連結する強靱な膠原線維束である。関節に外力が加わり、非生理的運動を強制された時に、靱帯、関節包などの関節支持組織が過伸展されて損傷する。異常肢位を強制されやすい膝関節、足関節の靱帯に好発する。新鮮靱帯損傷では疼痛、腫脹、圧痛、運動時痛を呈するが、関節の異常動揺性は疼痛性筋攣縮によって現れないことがある。受傷後日数の経過につれて筋攣縮が消退し、異常動揺性が明らかとなる。異常動揺性の大きさにより保存的治療、手術的治療が決定される。［森川］

靱帯断裂　（じんたいだんれつ）

　靱帯とは，骨と骨とを結合する結合組織繊維の束からできている紐状のもので，膝や指の関節では，ずれたりはずれたりしないような働きを持っている。膝関節の前十字靱帯においては，ジャンプ時や着地時などで急激に大きな力が加わることによって，断裂が起こりやすい。速やかな診断と処置（縫合手術など）が望まれる。［今村］

診断的評価　（しんだんてきひょうか）

　リハビリテーションにおいて，患者の状態やその変化を総合的に診断して全体像を評価する手順のことである。評価項目として，基礎運動能力，筋萎縮，筋緊張，反射，不随意運動，協調性，感覚，歩行と日常生活動作，関節可動域，失語・失認・失行，排便などがある。［西嶋］

診断テスト　（しんだん──）

　把握しようとしている現象を構成している要因の水準を評価基準にしたがって評価するためのテスト。技術的な要素をなるべく減らし，簡易なテスト項目を用いる。体力診断テストでは性，年齢階級ごとに全国標準値を基準として体力水準が評価される。［西嶋］
→体力診断テスト

身長別標準体重
（しんちょうべつひょうじゅんたいじゅう）

　詳しくは性別・年齢別・身長別標準体重である。各々の身長ごとの平均体重を出して，標準体重を決める。厚生労働省の「乳幼児身体発育調査報告書」や文部科学省の「学校保健統計調査報告書」では，子どもの年齢別・身長別の体重分布から，年齢別・身長別の標準体重が割り出されている。［三木］

陣痛　（じんつう）

　出産時，周期的に起こり，かつ漸増する腹部（腰部）の痛み。子宮筋の収縮により起こる。胎児の娩出力として重要な役割を果たす。十分に強くなければならない反面，胎児へのストレスとなり，相反する調節性が必要である。このため正常分娩では適度な強さと持続時間，頻度が維持される。［大川］

心停止　（しんていし）

　有効な心ポンプ機能が突然停止した状態である。速やかなる治療により可逆性ではあるが，そうでない場合は死に至る。心停止が生ずると心臓から全身への血流が途絶し，5～10秒で意識を消失する。脳への血流途絶が3～5分続くと脳組織の不可逆性の障害が起こる。原因としては，虚血性心疾患，心筋症，心筋炎，弁膜症，心不全，先天性心疾患，心タンポナーデ，心外傷などがある。［西川］

心電図　（しんでんず）

　心筋が収縮する際に発生する微細な電流を心電計で記録したものである。通常，心電図と呼ばれるのは標準12誘導心電図であり，右手，左手，右足，左足，胸部6点に電極を置き，12の誘導を記録する検査法である。心筋梗塞や狭心症といった虚血性心疾患の他，不整脈，脚ブロックといった伝導障害などが診断される。［田中喜］

心電図検査　（しんでんずけんさ）

　安静時の心電図が異常であったり，運動負荷時の心電図が異常であったりすると，心疾患や刺激伝導系の病気を早期に発見して，突然死を予防することに役立つ。［村田］

振動　（しんどう）

　物体が一点を中心としてその前後，左右，又は上下の運動を繰り返す状態をいい，物理学的に「振動数」「変位」「速度」「加速度」を用いてその性質を数式として表現できる。保健学的に振動は，環境中の振動と労働災害を引き起こす強力な振動の2局面に分けられる。環境中の振動は，工場・事業場・建設現場などに設置された施設設備の使用に伴って

発生する工場振動と，自動車，列車，新幹線と航空機等の運用に伴って発生する交通振動とがある。いずれの振動も振動規制法による規制の対象となる。チェーンソー，削岩機，グラインダーなどの工具は，使用者に強い振動を加えることによって，手指の発作的蒼白を主な症状とする白ろう病（レイノー症候群）を発生させることがある。労働安全衛生法は，これらの工具の連続使用時間，振動発生量，定期健診などを定めて同症の未然防止に努めている。［田神］
→白ろう病

浸透圧 （しんとうあつ）

溶媒と溶質が細胞膜のような半透膜によって隔てられていると，溶媒が溶質に移動するがそれにより生じる圧力をいう。赤血球を水につけると膨張し，やがて溶血するし，逆に高張液に浸すと収縮する。血漿の浸透圧はバソプレシン，アルドステロンや心房性ナトリウム利尿ホルモンにより恒常性が保たれている。［田中宏］

振動規制法 （しんどうきせいほう）

工場・事業場，建設工事並びに道路交通に伴う振動を規制するとともに，総理府令で定める地域ごとの振動の限度を超えないように生活環境を保全し，国民の健康の保護に資することを目的とする法律。1976年制定。［田神］

振動公害 （しんどうこうがい）

工場等の事業活動，建設作業，交通機関の運行などに伴って発生する振動が原因で多くの人々に物的被害や精神的，身体的被害が発生すること。振動の伝わる距離は，振動源から100m以内が多く，その大きさは，地震でいう震度Ⅰ（微震）から震度Ⅲ（弱震）程度である。振動規制法は，地域を定めて振動の基準値を決定し，苦情があった場合には立ち入り調査を行って指導監督することができる。［田神］

シンドロームX （――えっくす）

生活習慣病とされている肥満，高脂血症，高血圧症，糖尿病などは多くの場合単独ではなく，複合して観察される。これら症状が重複してさらに加速される場合には心筋梗塞，脳梗塞，閉塞生動脈硬化症などの危険性が高まるとされている。これまで単独に注目されてきた生活習慣病を相互に関連した複合的な変動（影響）因子として考える方法が提唱されてきた。これら疾病は特にインスリン抵抗性と関連していることが報告されており，近年では総称してシンドロームXとして扱われている。［村松］
→生活習慣病

シンナー
→有機溶剤，有機溶剤中毒

心肺機能 （しんぱいきのう）

体をいかに速く，いかに遠く，いかに長く動かすことができるかという能力である。これは最大心拍数と最大酸素摂取量によって決まる。同じ程度の運動をしても心拍数増加量が少ない，そして運動するにしたがって増加する酸素摂取量が多いほど心肺能力が高いといえる。この能力は練習により高めることができる。［村田］
→酸素摂取量

じん肺症 （――ぱいしょう）

粉じんを吸入することによって肺に生じた線維増殖性変化を主体とする疾病と定義されている（じん肺法第2条）。肺病変は末梢気道・肺胞系に強いが，線維増殖性変化のみならず気腫性変化もみられる。粉じんの種類により，珪肺，石綿肺，ろう石肺，炭素肺，活性炭じん肺，アルミニウム肺，ベリリウム肺，酸化鉄肺などがある。じん肺は不可逆的病変であり，発生予防，配置転換のための早期発見，合併症の早期発見が重要である。
［松本健］

→粉じん

心肺蘇生法 （しんぱいそせいほう）

人間の生命維持にとって，呼吸と血液循環は不可欠である。これらの機能が数分以上停止すれば，心臓と脳は回復不能のダメージを受け，やがて死に至る。したがって，傷病者の生命が危ぶまれる時には，人工的に呼吸と血液循環を維持してやらなければならない。この方法を心肺蘇生法といい，それには口と手を用いて行う一次救命処置と，医療機材を用いて行う二次救命処置とがある。一般人が行えるのは一次救命処置である。溺れた時あるいは外傷や急病が原因で，呼吸や心臓が急に停止した場合，一刻を争って心肺蘇生法を実施しなければならない。心肺蘇生法に至る手順としては，①意識の有無の確認，②協力者の要請，③気道の確保，④呼吸の有無の確認，⑤2回の人工呼吸，⑥循環のサインの確認，⑦心臓マッサージと人工呼吸，⑧医師又は救急隊員の手に渡るまで継続，となっている。[今村]

→一次救命処置，二次救命処置

じん肺法 （――ぱいほう）

じん肺症は，主として職業性に無機粉じんを吸入することによって惹起される，線維増殖性病変及びそれに伴う気道，肺胞の病変からなる肺疾患である。現在のところ原因療法はなく，粉じん発生の抑制，防じんマスクなどによるじん肺発生の予防と作業従事者の健康管理が重要とされている。じん肺症に関して，適正な予防，健康管理，その他の必須措置を定めた法律がじん肺法であり，作業従事者の健康保持と福祉の増進を図るものである。[礒辺書]

心不全 （しんふぜん）

種々の原因により心機能が低下し，末梢組織の酸素需要に必要な血液を駆出できなくなった状態で，心疾患の示す最終的な病態。急性心不全とは，急性肺水腫，心原性ショック，慢性左心不全の代償不全に代表される。それに対して，慢性心不全とは，心機能障害を基本とし，神経体液性因子の亢進や体液貯蓄により日常身体活動が障害された予後不良な症候群と定義される。[西川]

腎不全 （じんふぜん）

発生機序から分類すると，①出血や脱水により循環血液量が減少し，腎の血流障害が起こることによる，②腎の形態的，機能的単位であるネフロンの減少（腎の器質的障害），③尿路の閉塞の3つに分けられる。その結果，尿の産生，排泄が悪くなってきて，生体内部環境，すなわち体液の量的，質的恒常性の維持ができなくなった状態を腎不全という。発症の経過により急性腎不全と慢性腎不全に分けられ，前者はそのほとんどが短期可逆性の障害であるが，後者は非可逆性に陥ることが多く，すべての慢性に経過する腎疾患は，進行すると慢性腎不全になる。腎不全が進行して，水と電解質のバランスの異常，老廃物の蓄積，血中pHの低下（アシドーシス）の現れている状態を尿毒症という。急性・慢性腎不全で保存療法の限界を越えた場合は透析療法（血液透析）が広く行われているが，不可逆性の腎不全に対しては腎移植が根本的な治療法である。[松本※]

→透析療法

心房中隔欠損症 （しんぼうちゅうかくけっそんしょう）

右心房と左心房を隔てている壁に孔があいているものである。胎生期には，通常の肺循環がないので，右心房に戻った血液は卵円孔といわれる孔を通って左心房に流れている。この孔は出産後に塞がるが，これとは別に，出生後も心房中隔に孔があいている状態を心房中隔欠損という。二次孔欠損が95%を占めていて，この場合孔が大きくなければ小児期は無症状である。一次孔欠損は複雑な心奇形を合併する。いずれの場合も必要なら手術で孔を閉じる。[村田]

→肺循環

じんま疹 （——しん）

皮膚病。アレルギー抗原抗体反応によりヒスタミンが遊離してちょうど蚊にかまれたのと同じような症状を数時間出現して消腿する。食事が原因の場合は数日繰り返すこともある。機械的刺激でも生じる。即時的に分類される。最近、明確な抗体がないのにじんま疹になることが多く、ストレスや疲労でも生じるとされる。［辻］
→アレルギー，抗原抗体反応

心マッサージ （しん——）
→心臓マッサージ

心理学的検査 （しんりがくてきけんさ）

個人あるいは集団の性格、能力などの傾向性や特徴をとらえるために、一定の手順や方法に基づいて行われる心理学的な検査の総称である。それらは知的、発達的機能を測る知能検査と、情緒や人格を理解するための性格検査などに大別される。方法として集団式と個人式があり、その測定内容によって質問紙法、投影法、作業法に分類される。［小玉］

心理検査 （しんりけんさ）
→心理学的検査

診療所 （しんりょうじょ）

医師又は歯科医師が診察・治療を行う施設。無床か19床以下の有床であるが、原則として同一患者の48時間以上の収容を避けるように制限されている（医療法）。［吉田］

心療内科 （しんりょうないか）

患者を身体面だけでなく、心理面、社会面も含めて、総合的、統合的にみる心身医学を基本に、主に心身症の治療を行う診療科である。心身症の治療は精神科でも行われ、また精神科医が心療内科を標榜する場合もあるなど、心療内科と精神科の境界はあいまいな面もあるが、心療内科は本来、心身症を扱う内科の1領域である。［花澤］
→心身症

心理療法 （しんりょうほう）

精神療法、サイコセラピー（psychotherapy）ともいう。主として非気質的な感情や認知、行動的問題について心理学的知識と技術を用いて修正・改善すること。その方法は言語的、非言語（イメージ・感情・行動）的な介入から箱庭などを媒介とするものまで多岐にわたり、また治療対象も個人単位から集団を単位とするものまで様々なものがある。［小玉］

森林浴 （しんりんよく）

大気浴の一種で、森林の中を歩くと、緑の心理的効能として気分が良くなるのに加えて、樹木が分泌するフィトンチッドなどの揮発性テルペン類の働きで人体が活性化され、健康向上効果が得られるというもの。ヨーロッパでは100年も前にドイツのクナイプによって森林療法が提唱されていた。わが国では神山恵三や、森林浴名づけ親の秋山林野庁長官によって最初のブームが作られた。［鬼頭］

随意運動 （ずいいうんどう）

意志によって一定の目的のため遂行する運動である。例えばボールを打つ、蹴るなど意識的に身体を動かそうとするような運動を意味する。随意運動には錐体路系の運動経路（運動野、内包、大脳脚、延髄、脊髄、運動神経）が関与している。この経路に傷害が起こると麻痺が生じる。［田中宏］
→不随意運動

水銀中毒 （すいぎんちゅうどく）

水銀が体内に蓄積されることによって引き起こされる健康被害をいう。水銀は銀白色の常温で唯一の液体金属元素であるが、体内へは金属水銀の他、水銀化合物としても取り込まれる。金属水銀は主として呼吸器から体内

に取り込まれるとともに，経皮吸収も無視できない。金属水銀は体内で2価のイオン型水銀に酸化されるが，酸化を受ける前に脳に移行することで中枢神経障害を引き起こすことがある。他方，水銀化合物は無機水銀化合物と有機水銀化合物に大別される。無機水銀化合物は，腸管からの吸収率は比較的低く，吸収されても2価の無機水銀化合物は脳への蓄積性は低いが，腎臓に最も蓄積しやすく，タンパク尿，血尿などの症状を伴う腎障害を引き起こす。有機水銀化合物には，アルキル水銀やアリール水銀をはじめ多くの種類があり，一般に腸管からの吸収率が比較的高く，中枢神経障害を引き起こすことがあるとともに，胎児毒性が高いことが知られている。[日置]
➡アルキル水銀

水系感染 （すいけいかんせん）

水，特に水道水や他の飲料水系（井戸水や河川水など）を介した感染をいう。一般的に発生が爆発的で，飲料水の使用区域に一致し，発病率や致死率は低く，潜伏期が延長する特徴がある。[上地]

水質汚濁 （すいしつおだく）

工場や産業廃棄物処理場の作業工程で使用された水が，未処理のまま排水されると多種多様な化学物質が，また，家庭からの生活排水や動物飼育場からの排水には大量の有機物が含まれており，これらの排水が河川や湖沼，海域に流入すると有機汚濁や富栄養化の現象が起きることをいう。水質汚濁が進むと元々そこで生息していた水生動物や水草が死滅して，その水域の生態系のバランスを崩し，大きな環境問題の1つとなっている。水質汚濁の防止には国が規制する法律だけではなく，各地方の自治体においても独自に水質汚濁防止に関する規制を設け，その水域の環境保全に取り組んでいる。[照屋]
➡生活排水，富栄養化

水質汚濁防止法 （すいしつおだくぼうしほう）

水質汚濁の防止と国民の健康の保護と生活環境の保全について定めた法律。工場や事業所等から公共の水域に排出される水と地下に浸透する水の規制と，汚水や廃液が人の健康に被害を生じたときの事業者の賠償責任について定めている。1970（昭和45）年施行。[長谷川]

膵臓 （すいぞう）

胃の背側に存在し，十二指腸のわん曲部から脾臓にのびる器官。後腹膜に位置し，十二指腸曲内の平らな頭部，腹部を横切る細長い体部，及び脾臓と接する尾部からなる。外分泌腺として十二指腸に，炭水化物，タンパク質，脂質を消化するのに必要な必要な酵素を含む消化液を分泌する。また，同時に内分泌腺としても働き，インスリンとグルカゴンなど複数のホルモンを血中に分泌する。内分泌腺の障害では，インスリン依存性糖尿病に至ることがある。[山崎–・吉田]
➡インスリン，糖尿病

錐体外路 （すいたいがいろ）

中枢から末梢へ運動の指令を伝達する経路のうち錐体路以外のことをいう。大脳基底核，小脳，脳幹網様体などからの影響を受ける。運動を円滑に行えるように筋肉の緊張を制御する働きがあり，錐体外路に傷害があると姿勢異常，運動失調が起こる。パーキンソン病は錐体外路傷害の代表的疾患である。[田中宏]
➡運動失調症，パーキンソン病

錐体路 （すいたいろ）

大脳皮質の運動野から始まり，内包，大脳脚，延髄の錐体を経由して脊髄を下降し運動神経細胞に至る経路であり，随意運動を司る。大部分の線維は錐体で交差する。脳卒中を起こすと梗塞や出血部位の反対側が麻痺するが，これは錐体路系の傷害されるためであ

る。[田中宏]
→随意運動, 脳卒中

垂直感染 (すいちょくかんせん)
→母子感染

水痘 (すいとう)

急性のウイルス感染性疾患。水痘と帯状疱疹は同一のヘルペスウイルスにより生じる。冬から春先に多い。水痘は極めて伝染性が強く飛沫感染によって伝播する。潜伏期は10〜21日で, 発熱, 頭痛, 倦怠感を伴う。体幹, 顔, 四肢に水疱疹がみられる。ライ症候群を発症する危険がありアスピリンは使用しない。症状発現数日前から水痘疹がすべて痂皮になるまで伝染力がある。[寺井]

水頭症 (すいとうしょう)

正常状態で頭蓋腔及び大脳, 間脳, 中脳などの内部に脳室と呼ばれる空間があり, 脳脊髄液が貯留している。頭蓋腔及び脳室に髄液が異常に貯まって圧が高くなった状態を水頭症という。脳腫瘍, 脳の炎症, 胎内感染, 頭蓋内出血, 奇形などが原因となる。小児では頭囲が大きくなる。[荒島]

水道法 (すいどうほう)

水道の布設及び管理を適正かつ合理的ならしめるとともに, 水道を計画的に整備し, 及び水道事業を保護育成することによって, 清浄にして豊富低廉な水の供給を図り, もって公衆衛生の向上と生活環境の改善とに寄与することを目的とする法律。[鬼頭]

水道方式 (すいどうほうしき)

一般的に, 教育においては, 特殊的なものあるいは具体的なものの方が, 一般的あるいは抽象的なものよりはやさしいという考え方があるが, 水道方式では逆に一般から特殊へいく方がわかりやすい場合があるとする。この考え方を小学校の数計算の指導に適用したものが「水道方式による計算指導」である。

1958 (昭和33) 年, 検定教科書『みんなの算数』を編集していた遠山啓らは, 従来の教科者は暗算の系統に沿って筆算を展開していること, また世界的にも満足すべき筆算の指導体系がないことを発見する。その原因は①暗算先行, ②数概念と演算の混合, ③特殊型を一般型に先行させている。これらの通念を反転させて, ①筆算先行, ②数概念は演算から分離して先に確立, ③計算の型は一般から特殊へと配列した。その様子が都市の水道設備に似ているところから「水道方式」と呼ばれる。水道方式は, 小学校低学年の数計算に成果を上げたが, これは中学年や高学年の乗除やさらに少数・分数の計算においても適用することができる。[大澤清]

髄膜炎 (ずいまくえん)

脳及び脊髄を取り巻く硬膜, クモ膜, 軟膜のすべてを含むが, 一般に急性のクモ膜及び軟膜の炎症を意味する。症状は, 頭痛, 項部硬直, ケルニッヒ徴候などの髄膜刺激症状の他, 発熱, 意識障害, 脳神経麻痺, 脳局所症状などを呈し, 髄膜に炎症反応がみられる。[竹内宏]

睡眠 (すいみん)

「人間や動物の内部的な必要から発生する覚醒可能な意識水準の一時的な低下現象」と定義されるが, 睡眠を客観的に評価するためには, 脳波, 眼球運動, 筋電図他の同時記録 (睡眠ポリグラフィー) が必要である。この記録から, ①覚せい, ②ノンレム睡眠, ③レム睡眠の3種類が判定され, ノンレム睡眠はさらに段階1〜4 (浅い睡眠〜深い睡眠) の4段階に判定される。通常の夜間睡眠では, レム睡眠が約90分周期で4〜5回現れるが, 1回の持続時間は明け方に近づくほど長くなり, これに対して段階3〜4の深い睡眠は睡眠前半に集中して現れる。レム睡眠は, 覚せい時類似の脳波, 筋弛緩, 急速眼球運動に特徴づけられ, 夢見や記憶の固定との関連が示唆されている。深い睡眠時には1日の中で最

大量の成長ホルモンが分泌される。一般に加齢に伴って睡眠構造は変化し，特に中高年者では睡眠中の中途覚せいの増加，及び深い睡眠の減少が引き起こされる。［田中喜］
➡逆説睡眠，成長ホルモン

睡眠学習 （すいみんがくしゅう）

睡眠中に音声情報等，外部刺激を与えて学習効果を期待するものであるが，その効果についてはほぼ否定されている。睡眠そのもの，特にレム睡眠が記憶の固定や整理する機能を有するものと考えられているが，就床時間中における外部刺激は睡眠を妨害し，記憶の固定にも悪影響をもたらす可能性が考えられる。［田中喜］
➡逆説睡眠

睡眠時無呼吸症候群
（すいみんじむこきゅうしょうこうぐん）

SAS．睡眠中に一時的な呼吸停止ないしは減弱が頻回に引き起こされる状態であり，呼吸運動そのものが停止する中枢性無呼吸と，呼吸運動は停止しないが上気道が閉塞することによって換気が停止する閉塞性無呼吸の2種類がある。後者では，激しいいびきも特徴の1つとして挙げられる。呼吸停止に伴う低酸素血症，高炭酸ガス血症が覚せい反応を引き起こし，夜間睡眠を分断するため，起床時の爽快感・充足感の欠如や日中の過度な眠気がもたらされ，日中の作業能力に悪影響が及ぶ場合もある。また慢性・重症化した場合には，高血圧や心疾患，ひいては突然死の原因にもなり得る。治療法としては，専門の病院での診断の上で，①体重減量，②上気道を拡張する外科手術，③換気促進作用を有する薬物投与，④鼻部装着マスクからの持続的陽圧呼吸等がある。［田中喜］
➡呼吸運動，低酸素血症，突然死

睡眠障害 （すいみんしょうがい）

生体における睡眠・覚せいリズムの異常である。臨床的に不眠症，過眠症，睡眠・覚せいスケジュール障害，睡眠時随伴症に分類できる。①不眠症：睡眠の開始と維持の障害であり，現象的には入眠障害，途中覚せい，早期覚せいに分けられる。期間別には，1週間以内の一過性不眠，3週間以内の短期不眠，3週間以上の長期不眠に分ける。原因としては，身体的，生理的，心理的，精神医学的，薬物による不眠などがある。②過眠症：日中の眠気過剰障害である。ナルコレプシー，周期性化傾眠症，睡眠時無呼吸症候群が重要な疾患である。③睡眠・覚せいスケジュール障害：概日リズムと生活時間帯がずれる一群の病態である。④睡眠時随伴症：睡眠時に起こる行動障害と自律神経系の異常をいう。精神的には眠っているが，行動的には覚せいしている夢中遊行，悪夢，夜尿症などがある。
［林・竹内一］
➡サーカディアンリズム，夢中遊行

睡眠相後退症候群
（すいみんそうこうたいしょうこうぐん）

睡眠時間帯が通常よりも遅れた時刻で固定され，通常の就床時刻での入眠困難，通常の起床時刻での起床困難を主訴とする症候群である。思春期から発症する例が多く，30歳以上の発症は稀である。治療法として，①高照度光照射，②薬物投与，③就床時刻を連日遅延させ，新たな望ましい時刻にリセットする等がある。［田中喜］

睡眠薬 （すいみんやく）
➡向精神薬

頭蓋内血腫 （ずがいないけっしゅ）
➡頭蓋内血腫（とうがいないけっしゅ）

頭蓋内出血 （ずがいないしゅっけつ）
➡頭蓋内出血（とうがいないしゅっけつ）

スギ花粉症 （すぎかふんしょう）

スギ花粉が原因で起こる鼻と目のアレルギー疾患。気管支が炎症の場になることもあ

る。スギ花粉が飛ぶ季節に限って，くしゃみ，鼻汁，鼻閉，涙，目の充血などの症状が1つから全部でる場合まである。アトピー疾患の1つ。[辻]
→アレルギー，花粉症，アトピー

スキナー型プログラム（――がた――）

米国の行動心理学者，スキナーが1950年代に提唱したプログラム学習において用いたもの。課題をスモール・ステップに分割し，各々の目標行動を達成しやすくする。これにより，正反応の確率が高まり，強化の機会が増えるので，正反応を繰り返しながら課題を効率的に習得できる。また，誤反応が起きたら，学習をし直して正答を得るように作られている。このプログラムは，ティーチングマシンやプログラムド・ブックに利用されている。[家田]

スキンシップ

肌と肌の触れ合いによる，非言語的な，最も基本的な人と人との間のコミュニケーションである。だっこ，おんぶ，添い寝などを含めたスキンシップは，安心感とともに他者への基本的信頼感をはぐくみ，乳幼児期の健全な心理的発達に必要不可欠である。なお，スキンシップは和製英語であり，英語では"touch"ないし"touching"が正しい。[花澤]

スクリーニングテスト

健康診断などの際に対象者の苦痛や経費，検査側の時間や手数などの負担を軽減するために予め行われる検査。糖尿病における空腹時血糖値や肝臓病における逸脱酵素置（GOT，GPT）が該当する。また，運動実施者が処方された運動プログラムに基づいて，運動を実施するかどうかを判定するテストもある。この場合には，運動による突然死の予防に最大重点をおいて実施される。検査項目は，①病歴・運動歴，②理学検査，③安静時心電図検査，④安静時血圧測定，⑤運動負荷検査などが一般的であるものの，対象者の性，年齢，健康状態，スポーツの条件，検査設備の能力，許容される経費などの条件によって，検査項目が異なる。一般に行われている健康診断や人間ドックでは，生活習慣病のリスクファクターとがんの早期発見に重点が置かれている。このため，冠状動脈奇形，肥大型心筋症，クモ膜下出血の原因である脳動脈瘤などは，多くの場合対象外なので見逃される可能性が高い。したがって，検査結果が正常であっても，運動が絶対安全という保証にはならない。[西嶋]

スクールカウンセラー

一般的には，学校内においてカウンセリング機能を果たす人のことをいう。そのため，生活指導などでカウンセリング的な働きをする教師もスクールカウンセラー（学校カウンセラー）といわれていた。けれども，いじめや不登校などへの対策の一環として，文部省（現文部科学省）が1995年度から調査研究事業として学校内に専門家をスクールカウンセラーとして配置して以来，学校内において心理的な専門家として働く人をスクールカウンセラーというようになった。資格要件として財団法人日本臨床心理士資格認定協会の認定に係る臨床心理士，精神科医，心理学系の大学教授・助教授・講師（非常勤を除く）の他，スクールカウンセラーに準ずる者（心理臨床業務又は児童生徒を対象とした相談業務について一定の経験を有するもの）を配置することも可能となった。職務内容としては，臨床心理の専門家の立場から，児童生徒へのカウンセリングの実施，カウンセリング等に関する教職員及び保護者に対する助言や援助，児童生徒のカウンセリング等に関する情報収集・提供，その他児童生徒のカウンセリング等に関し各学校において適当と認められるものがあげられる。[田嶋]
→カウンセリング，カウンセラー，臨床心理士

健やか親子21 （すこやかおやこにじゅういち）

21世紀の母子保健の方向性を示したものであり，厚生労働省などの支援を受けた「健やか親子21」推進協議会が推進母体である。主要な課題は，①思春期の保健対策の強化と健康教育の推進，②妊娠・出産に関する安全性と快適さの確保と不妊への支援，③小児保健医療水準を維持・向上させるための環境整備，④子どもの心の安らかな発達の促進と育児不安の軽減となっている。[渡邉]

頭痛 （ずつう）

保健室に来る生徒の訴えの中でも多い。頭痛に併発する症状より原因疾患が推定できる。熱があれば感染症。さらに嘔吐，意識障害があれば髄膜炎。熱がなく嘔吐，意識障害があれば頭蓋内出血。熱がなく長く続く頭痛，ふらつき，嘔吐があれば脳腫瘍。その他家族性偏頭痛，筋緊張性頭痛では肩こり。耳鼻科，眼科疾患でも頭痛がみられる。[福田]

ステロイド

分子中にステロイド核と称する構造を持つ有機化合物の総称。体内で生合成され，ステリン，胆汁酸，性ホルモン，副腎皮質ホルモンなどがある。[辻]

ステロイド精神病 （――せいしんびょう）

主に副腎皮質ステロイドホルモンを使用した際に起こる副作用の一種。気分が高揚して陽気になる場合からうつ状態まで多彩である。[辻]

ストーカー

特定の者に対する恋愛感情やそれが満たされないことによる怨恨感情を充足するために，待ち伏せ，監視，面会・交際の強要，電話やメール，名誉の毀損など相手の意思を無視してつきまとう行為を繰り返し行う者。被害者は深刻な精神的被害を受けるのでケアが必要となる場合が多い。2000年からストーカー規制法が施行された。[荒川]

ストレス

本来，工学用語で，物体に加わる圧力を意味していた。それを1930年代後半にカナダの生理学者セリエが，外界からの強い要求がホメオスタシスを乱し，生体に非特異的な生理学的反応（副腎皮質の肥大，胸腺・脾臓・リンパ節の委縮，胃・十二指腸の出血や潰瘍など）を引き起こすことを発見しストレス学説を発表して以来，人間に適用され始めた。しだいに心理学的な意味合いを強め，異なった刺激と反応の分類が詳細に行われるようになり，両者の関係に作用する様々な要因が探究されている。ストレス反応を引き起こす刺激はストレッサーであり，それにより生じた状態がストレス反応又はストレインである。その関係を表すモデルとしてラザルスとフォルクマンの相互作用モデルがあり，ストレスは，人が環境から受ける刺激がその脅威・有害性，対処可能性が認知的評価され，その結果によりストレス反応が生起する一連のプロセスと考えられる。[朝倉]

→セリエ，恒常性，ストレッサー

ストレス対処 （――たいしょ）

ストレッサーの脅威や有害性，ストレス反応を軽減するために取るコーピングの行動やスキルである。例えば情緒をコントロールして平静を維持しようとする情動焦点コーピング（感情の発散，あきらめ，希望的観測等），問題を解決しようとする問題焦点コーピング（情報やサポートの探究，解決策の実行等），問題の見方を変える認知的評価焦点コーピング（問題の再定義，否認等）があるが，行動の分類は，研究者により多様である。[朝倉]

→コーピング

ストレス耐性 （――たいせい）

生活上のストレスに対してうまく対処し，問題解決に有用な方法を選択して健康を確保できる人の特性を指す。その特徴として，生

活上の出来事に対する適切なコントロール感,生活上大切な事柄への関与,健康的なライフスタイル（食事,運動,休養等）,他者との有意味な関係,ユーモアのセンス,他者の幸福への配慮が指摘されている。[朝倉]

ストレスマネージメント

ストレスの成立過程を構成する要素に働きかけて,その成立を妨げ,心身の健康を守ろうとする概念であり,そのために行われる方策の総体を指すと考えられる。最近では,ストレスを一連のプロセスとしてとらえるストレスモデルが一般的に受け入れられており,その主たる構成要素としてストレッサー,ストレッサーの認知的評価,ソーシャルサポート,ストレス対処,パーソナリティ特性,ストレス反応が考えられる。したがって,ストレスマネージメントとしては,環境改善や組織改革によるストレッサーの減少対策,認知療法などによるストレッサーに対する自己効力感や信念の修正,社会的スキルの学習などによるソーシャルサポート源の開発,ストレス対処スキルの見直しと学習,カウンセリングなどによるパーソナリティ特性への働きかけ,リラクセーションなど短期的なストレス反応を軽減させる方法の習得,長期的なストレス反応に対する治療的な介入などが考えられる。[朝倉]
➡ストレス対処

ストレッサー

ストレス反応を引き起こす環境刺激のこと。物理化学的ストレッサー（騒音,振動,温度など）,心理社会的ストレッサー（人間関係,学校生活での出来事,職務,学校などの組織の特性や雰囲気,経済状況など）などに分類される。ストレッサーの測定は,1960年代から生活環境の変化と心身の健康の関連から研究され始め,まずホームズとレイが生活再適応尺度を作成し,生活上のストレス性の高い出来事（ストレスフルライフイベント）という急性ストレッサーがもたらす生活変化に再適応するための労力が心身健康に影響することを示した。それに対し,1980年代にラザルスとフォルクマンは日常の苛立ち事というデイリーハッスルの大きさにより健康が影響を受けるという考えに立ち,慢性的な生活ストレッサーを測定しその健康影響の大きさを明らかにした。最近では人が所属する組織環境（職場や学校,家庭など）の特性もストレッサーとして注目されている。[朝倉]
➡ストレス

スピーチセラピスト

言語聴覚士（言語療法士）のこと。[吉永]
➡言語聴覚士

スピロヘータ

長さ数μmから数十μmで,時に数百μmに達するものもある,細長いらせん状の細菌の総称で,菌体に沿って伸びている鞭毛を使って活発に運動をする。スピロヘータは,グラム陰性菌で,大部分のものは病原性がないが,本菌による感染症は梅毒トレポネーマ,ライム病ボレリア,鼠咬症,回帰熱ボレリア,黄疸出血性レプトスピラの他,フランベシア,ピンタなどがある。[上濱]

スポーツ安全保険 （——あんぜんほけん）

スポーツ及び社会教育活動の普及振興に寄与することを目的とする（財）スポーツ安全協会が1971年より実施し,スポーツ及び社会教育活動に伴う障害事故,賠償責任事故の補償を目的としている。仕組みは,スポーツ安全協会と引受損害保険会社（幹事会社東京海上火災株式会社）との損害保険契約による賠償責任特約付傷害保険及び施設賠償責任保険である。なお,国内の損害保険では補償されない心不全などの突然死を救済するため,保険加入者に対する共済見舞金制度が設けられている。この保険の加入は,5名以上のスポーツ活動,文化活動,ボランティア活動,地域活動,指導活動などを行うアマチュア団体（学校の「部」の加入も認められるが,学校

管理下の災害に対する保険給付は行われない）が、各都道府県に置かれた当協会支部に申し込んで行う。保険事故が発生した時は、保険事故の通知と保険金の請求を東京海上火災保険株式会社に対して行う。［鴨下］

スポーツ医学 （――いがく）

運動、トレーニング、スポーツが、あらゆる年齢層の健康な、あるいは病気や障害を持つ人たち及ぼす影響、さらには運動不足が及ぼす影響について分析して、予防、治療、リハビリテーションのためのデータを、また競技力向上に役立つデータを作り出すことを目指した、スポーツと医学の理論と実践を体系化した学問。スポーツ医学の最も重要な社会的意義は、予防医学とリハビリテーションの領域に認められている。［柿山］
→予防医学、リハビリテーション

スポーツ外傷 （――がいしょう）

運動中の外力の作用によって引き起こされた障害で、その原因は大きく主因と誘因の2つに分けられる。主因は外力による物理的病因作用と機械的作用である。誘因としては、練習不足、疲労、緊張の欠如、自己能力の過信などの当事者の心身状態に関するものや、設備・用具の不備・欠如や気象状況などといった外界の状態に関するもの、また、不可抗力や反則行為などによるものがあげられる。［柿山］

スポーツ障害 （――しょうがい）

スポーツを行っている最中に特別な外力を受けたことがないにも関わらず、身体に障害を起こしたことをいう。原因としては、次の3つの説がある。①運動中は常に何らかの外力の作用を受けており、これが原因で障害が起こるという外傷説、②身体の特定の部位を酷使することによって血液循環の不均衡が発生し、組織器官などに変化をきたすためであるという血液循環障害説、③運動によって身体が受ける刺激に対し、身体が適応不能である場合や適応過剰である場合に起こるとする刺激説。いずれの場合も強度の高い練習を急激に行ったり、長期間続けていると発生することが多い。［柿山］

スポーツ心臓 （――しんぞう）

長期間にわたって非常に高度なトレーニングを続けると、運動選手の中には心筋の肥大や拡張、徐脈、不整脈、心電図異常などがみられる。これらを総称していう。心筋の肥大または拡張に限定している場合もある。以上のような所見のいくつかは、トレーニング中止後1～3年で消失することがある。［田中喜］

スポーツテスト
→文部科学省新体力テスト

スポーツ貧血 （――ひんけつ）

運動が原因で誘発される貧血で、運動または鍛練性貧血ともいう。原因としては、物理的衝撃の他に、pHの低下や脾臓からのリゾレシチンの放出など科学的原因による赤血球破壊（溶血）、汗や尿への鉄喪失の亢進や鉄摂取又は吸収の減少に伴う鉄欠乏による赤血球（ヘモグロビン）合成の抑制が挙げられる。［柿山］
→貧血

スモッグ

smoke（煙）とfog（霧）の混成語。元々、煙突から出る黒い煤煙に起因するロンドン型スモッグのみを指していたが、後に大気中の炭化水素や窒素酸化物が太陽の紫外線で化学変化を起こして発生するロサンゼルス型スモッグ（光化学スモッグ）をも指すようになった。［大澤崇］
→光化学スモッグ

スモン

SMON。亜急性脊髄視神経末梢神経障害の略称で、腹部症状に対して投与された整腸

剤キノホルムによる薬物中毒性疾患である。1960年代からわが国で多発し，1970年9月キノホルムの販売中止以降は，新規患者発生が事実上なくなったという歴史的に重要な疾患とされる。効果発現量と中毒量が接近していたという薬害としての問題，長期大量投与を安易に実施したという医原病としての問題，戦後のキノホルム大量輸入に続く大量国産という社会的要因が論議を呼んだ。[礒辺啓]
→キノホルム

すり傷　（——きず）

皮膚が何らかの鈍体と擦れることによって生ずる傷のことをいう。擦過傷ともいう。表皮の剥脱を伴う。小児の場合，しばしば転んだりした時に起こるけがである。傷口が泥などで汚れている時には，水道水で洗って汚れを落としてから消毒し，清潔なガーゼで傷口を覆い，その上から包帯を巻くなどの処置をとる。出血は少ないが化膿することもあるので，注意が必要である。[今村]
→擦過傷

スリーマイル島原発事故　（——とうげんぱつじこ）

アメリカのペンシルバニア州スリーマイルアイランド原子力発電所で，1979年3月28日に発生した事故。原子炉の命ともいえる炉心部分が冷却水不足のために溶けるという重大な事故で，周辺に放射性物質が放出されるというこれまでにない事故になった。この事故によって，世界中の人々が原発の潜在的な危険性を実感した。[戸部]

精液　（せいえき）

精嚢に貯留され男性の性行為に伴い，前立腺部に開口する精阜から尿道を通過して射出される白色，粘調の液体。精嚢腺，前立腺，カウパー腺の分泌液と精子から構成される。1回の射出量は通常2〜4mℓ。[五十嵐]
→前立腺，精子

生化学　（せいかがく）

細胞や生物体内の各種の分子と，それらの化学反応を研究する科学の一分野である。生体を構成する物質の解明，それらの物質の代謝過程，及び生命現象における機能の解明を目指す。近年，デオキシリボ核酸（DNA）の二重らせん構造の解明とともにタンパク合成のメカニズム，多くのタンパクの三次元構造と代謝過程，エネルギー産生機構などの解明に顕著な発展がみられている。[礒辺啓]
→デオキシリボ核酸

性格　（せいかく）

その人らしさを特徴づける行動動作，感情表出，思考様式など，時間的，空間的な一貫性のある個人の様相を指す。人格（パーソナリティ）と同義に用いられることもあるが，人格が環境的影響のもとで発達，変化し，統合される力動性を強調するのに対して，性格の方は気質と同様，生得的，固定的な個人的特徴を強調する傾向がある。[小玉]
→パーソナリティ

性格異常　（せいかくいじょう）

異常性格ともいう。感情，意志面での多様な問題を有し，社会や本人に著しい障害や苦悩をもたらす症候群である。神経症や心因反応の病前性格や反社会的，非社会的行動の原因として用いられる。知能障害や統合失調症，進行性麻痺，痴呆などの脳器質性疾患による性格の後発変化，異常体験による一次的な性格変化は含まない。[小玉]

性格類型　（せいかくるいけい）

一定の原理に基づいて多様な性格を少数の典型に整理・分類することによって性格の理解を容易にしようとする立場で，ドイツを中心に発達した。クレッチマーの気質体型論が有名だが，類型論では性格を直感的，全体的に把握しやすい反面，中間型や移行型が無視され，性格を固定的に考えて動的側面を見逃

す危険性もある。〔小玉〕

生活安全　（せいかつあんぜん）

学校安全は，生活安全，交通安全，災害安全に大別される。生活安全は生活一般の安全に関する領域のことである。内容として，学習時における安全，休憩時間及び清掃活動等における安全，クラブ活動・部活動時における安全，学校行事における安全，野外活動等における安全，登下校時や家庭生活などにおける安全，事故発生時の心得などが挙げられる。〔髙倉〕

→学校安全，交通安全，災害安全(防災)

生活科　（せいかつか）

小学校低学年の発達段階や幼稚園教育との接続・発展などを考慮して，平成元年改訂学習指導要領において，小学校低学年の社会科と理科を廃止して新設された。具体的な活動や体験を通して，自分と身近な人々，社会及び自然との関わりに関心を持ち，自分自身や自分の生活について考えさせるとともに，その過程において生活上必要な習慣や技能を身に付けさせ，自立への基礎を養うことが目標である。〔髙倉〕

生活規正　（せいかつきせい）

結核と診断された児童・生徒の事後措置として，生活規正面と医療面から指導区分が決定される。うち生活規正面はA（要医療）授業を休む必要のあるもの，B（要観察）授業に制限を加える必要のあるもの，C（要注意）授業をほぼ正常に行ってよいもの，D（健康）まったく平常の授業でよいものの4つに区分され学校生活管理指導が行われている。〔福田〕

→結核

生活指導　（せいかつしどう）

生活綴方による学級づくり生活指導や集団主義による学級集団づくり生活指導などの多様な概念をもって使われてきたが，1965年に文部省が生徒指導資料の中で「生徒指導」という用語にまとめたことから，現在では生徒指導と同義であるとされている。生徒指導は児童生徒の自己指導能力の育成を目指すもので，すべての教育活動を通して行う。〔髙倉〕

→生徒指導

生活習慣　（せいかつしゅうかん）

食事，睡眠などの休養，家事，通勤・通学，運動，人付き合いなどを含む日常的な24時間の過ごし方。最低限の食料などが満たされた先進国においては感染症が減少している一方で，個々の遺伝要因や，外部環境要因と関連しあいながら，生活習慣によってもたらされる疾病（生活習慣病）の比重が大きくなった。ブレスローの疫学研究で抽出された「7つの健康習慣（朝食をほぼ毎日とる，定期的に運動する，睡眠時間を7〜8時間とる，間食はあまりとらない，適正体重を維持する，たばこを吸わない，大酒を飲まない）」が特に有名である。これらの生活習慣は，遺伝要因や外部環境要因と比べて，個人で対応しやすい。しかし，健康的な生活習慣についての知識と実際の行動との間には大きな開きがあり，なかなか生活習慣を改められないのが現実である。生活習慣は子どもの頃に身につくものであり，小児期からの生涯を通じた健康づくりを推進していく必要がある。〔田中茂〕

生活習慣病　（せいかつしゅうかんびょう）

1996年12月の公衆衛生審議会意見具申「生活習慣に着目した疾病対策の基本方針について」で提言された概念。「食習慣，運動習慣，休養，喫煙，飲酒等の生活習慣が，その病気の発症・進行に関与する疾患群」と定義されている。これを踏まえ，病気の早期発見・早期治療（二次予防）から，健康増進・疾病予防（一次予防）に重点を移すこととなった。従来より用いられてきた「成人病」という概念は，加齢に着目したものである。そのため，「年をとったらやむをえない」というとらえ方がつきまとうことが危惧された。それ

に対し「生活習慣病」は，生活習慣を改善することにより病気の発症や進行が予防できるという病気のとらえ方を示したものであり，各人が病気予防に主体的に取り組むことを目指している。厳密に分類することはできないが，インスリン非依存型糖尿病，高脂血症（家族性のものを除く），循環器疾患（先天性のものを除く），がん，歯周病，などが挙げられる。[田中茂]
→インスリン非依存型糖尿病，糖尿病，高脂血症，がん，歯周病(疾患)

生活態度　（せいかつたいど）

毎日の生活の仕方に対する考えや方針のこと。教育課程の中で学校保健に関連するものとして，体育・保健体育では，健康の保持増進のための実践力の育成と体力の向上を図り，明るく豊かで活力ある生活を営む態度を育てるとしている。また，特別活動の学級活動やホームルームにおいて，心身ともに健康で安全な生活態度や習慣の形成が求められている。[高倉]

生活体力　（せいかつたいりょく）

日常生活水準における身体活動を遂行する能力であり，運動・スポーツにおける身体活動を遂行する能力である運動技能関連体力と区別される。また，健康生活における身体活動を遂行する能力である健康関連体力と近い意味である。高齢者では自立した日常生活動作を遂行する能力として，生活体力は重要である。[西嶋]

生活年齢　（せいかつねんれい）

暦年齢ともいう。誕生から現在までの実際の年齢のこと。知能指数を算出する際に精神年齢との対比で用いられることが多い。例えば，正常な発達をした人の知能指数は，生活年齢と精神年齢が一致するので，（精神年齢／生活年齢）×100＝100となる。また，社会的成熟度を測る場合にも生活年齢が基準とされる。[小玉]

生活の質　（せいかつのしつ）
→クオリティ・オブ・ライフ

生活排水　（せいかつはいすい）

家庭における生活に由来する炊事，洗濯，洗面・手洗い，風呂，掃除などの雑排水をいい，し尿と水洗便所からの排水は含めない。1人1日平均推定量は約250ℓ。平均的に生物化学的酸素要求量（BOD）は約32mg/ℓ，化学的酸素要求量（COD）は約17mg/ℓ，懸濁物質（SS）は約18mg/ℓと考えられる。リン，窒素の含有量が多い。し尿と水洗便所からの排水は下水道が普及していない地域では浄化槽で処理されるが，雑排水は未処理のまま側溝などから公共用水域に排出されることが多い。富栄養化の原因となる。[千葉]
→生物化学的酸素要求量，化学的酸素要求量，富栄養化

生活保護法　（せいかつほごほう）

日本国憲法第25条の生存権の理念に基づき，国が生活に困窮する国民に対し，必要な保護を行い，最低限度の生活を保障し，その自立を助長することを目的とする法律で，1950年に制定されたものである。[田嶋]

生活リズム　（せいかつ——）

人間本来が持つ生体リズムを軸として，社会的リズムや家庭の生活リズムとの調和によって作り出されたリズムである。健康な生活を営む上で大切なものである。[田嶋]
→生体リズム

性感染症　（せいかんせんしょう）

STD (sexually transmitted diseases)，性行為感染症ともいう。性行為及びその類似行為に伴う接触によって病原体が伝播する疾患のことである。主な感染経路は，腟，ペニス，直腸粘膜，口腔粘膜である。日本では1988年に性感染症学会が発足し，STDの日本語訳を性感染症と定めた。旧来は梅毒，淋

病，軟性下疳，鼠径リンパ肉芽腫を総称して性病と呼び，性病予防法に規定された疾患を指していたが，感染源が多様化した現状に合わせて名称が変更された。また，特定の性行動を持つ一部の人々の疾患という認識が強かったが，現在では，性器クラミジア感染症，性器ヘルペスウイルス感染症，尖圭コンジローム，トリコモナス膣炎など，一般の人々の間でも広がりを見せている。特に，性器クラミジア感染症は15～29歳代の若年女性の間で急増しているが，女性の場合，無症候性であることが多く，潜在的感染者数はかなりの数に上るものと推測されている。その他，B型肝炎，アメーバ赤痢，毛虱，疥癬，エイズなどが加えられている。化学療法剤が有効でないもの，不妊の原因になるもの，性器などに奇形が起こるものなどがあるので，予防を心がけることが重要である。[上地・大川・上濱]
→性病，性病予防法，性器クラミジア感染症，性器ヘルペスウイルス感染症

性器クラミジア感染症
（せいき——かんせんしょう）

現在，世界で最も多い性感染症の1つ。潜伏期間は1～3週間である。無症候性感染であるため，潜在化して感染が拡大する傾向にある。日本では，10歳代及び20歳代の患者が全体の約70％を占めている。女性の場合，無治療のまま放置されると不妊症や子宮外妊娠などの原因になる。治療には抗菌薬が有効であるが，コンドームの使用による予防が第1である。[上濱]
→性感染症

性器ヘルペスウイルス感染症
（せいき——かんせんしょう）

単純ヘルペスウイルス1型又は2型が生殖器に感染して発症する病気で，性感染症の1種。新たな感染による急性型では，感染者との性行為の3～7日（潜伏期）後に外陰部の痒み，発熱と歩行や排尿の際の激しい痛みの症状を表す。潜在化していたウイルスによる再発型の場合は，症状は比較的軽く，1～2週間持続する痒みと痛みの症状が繰り返される。産道に由来する新生児への垂直感染では約70％の死亡率といわれている。治療には抗ウイルス剤が登場してきたが，ウイルスを完全に排除する処方は見つかっていない。予防はコンドームの使用であるが，経口避妊薬の登場によって徹底できにくい事態となっており，わが国を含む先進諸国の感染者数は急激に増加している。[田神]
→性感染症

性教育 （せいきょういく）

生物学者である山本宣治が1923年に『性教育』を出版したのが，わが国でこの用語が使われた最初だといわれている。以降，戦後は，一夫一婦制を維持するための純潔教育が推進され，学校教育では解剖や生理を中心とした教育が主流を占めた。高度成長期以降，性意識の変化や性行動の加速化，エイズの拡大などもあって避妊や性感染症予防に重きをおいた教育へと変化している。基本的には価値観の多様化を認めた人間教育としての性教育が進められようとしているが，一方で純潔教育，禁欲教育への回帰も起こっている。[北村]

性行為感染症 （せいこういかんせんしょう）
→性感染症

性差 （せいさ）

生物学的にみた男女の違いを性差という。例えば常染色体が22対ある人間の場合，女性では性染色体として2本のX染色体が，男性ではXとYの染色体を有している。本来，発生学的性器とは女性型に向かっているがY染色体があると精巣決定因子の存在によって男性ホルモン分泌を促し男性型性器を作っていく。当然脳も男性ホルモンシャワーを浴するか否かによる性差が生まれる。これに対比される言葉が社会的，心理的な性別であるジェ

ンダー。[北村]
→染色体, 常染色体, 性染色体, ジェンダー

精子 (せいし)

雄性性細胞。形態学的に, 梨状の頭部, 中心体を有する頸部と尾部からなる。人間の精子の全長は60μm。精巣中の精細管で作られ, 精祖細胞から一次精母細胞, 二次精母細胞, 精子細胞を経て成熟精子となる。22本の常染色体とX染色体, あるいはY染色体を有する2種類の精子があり性の決定を主導する。前立腺液, 精囊液などに混じって精液として排出される。免疫学的に, 精子は異物として認識される。[北村]
→精液, 染色体

性周期 (せいしゅうき)

成熟した女性における, 視床下部－下垂体－卵巣－子宮の一連の系を通じて約1か月毎に周期的に繰り返される身体の変化のこと。月経の初日から次回月経の前日までの期間を月経周期といい, 日本産科婦人科学会では25日から38日を正常周期と定義している。エストラジオール(女性ホルモン)とプロゲステロン(黄体ホルモン)の作用により, 増殖, 排卵, 分泌, 月経という4期を作り出している。[北村]
→月経, 子宮内膜, 女性ホルモン, 黄体ホルモン, 排卵

成熟 (せいじゅく)

小児期から大人になる過程で身長と体重が増加することを成長, 運動機能, 知能, 臓器の機能が高まることを発達という。成熟とは機能が最高の発達段階に到達することであり, 成熟が完成した状態を成人という。思春期とは成熟に至る過程であり, 月経の発来, 射精, 声変わり, 性毛の出現など二次性徴の発現から完成までをいう。成熟には両親からの遺伝, 栄養状態, 一般の生活状態, 身体的状態などが影響する。[北村]
→成長, 発達, 二次性徴

性情報 (せいじょうほう)

性に関する情報のこと。学校の授業や親, 医療従事者などからの性教育を通して提供される場合や, 友人との日常的な会話から身につくもの, 雑誌, テレビ, インターネット, ポルノビデオなど興味本位の情報など多様な手段から獲得する。2002年度に実施した厚生労働科学研究班が行った調査によれば, 男性は友人, マスコミ, 学校の授業の順, 女性はマスコミ, 授業, 友人の順であった。情報を見極め, 読み解き能力を育成することをメディア・リテラシーという。[北村]
→性教育

生殖医療 (せいしょくいりょう)

不妊症の診断や治療にかかる特殊な技術をいう。人工授精, 体外受精・胚移植, 配偶子卵管内移植, 顕微授精, 凍結胚, 卵管鏡下卵管形成などが高度で専門的な医療が含まれる。かつては絶対不妊といわれた難治性不妊の治療にも成果を上げている。そのため最近では, 生殖補助医療(ART)という言い方をする。また適応範囲については生命倫理を含めた新しい問題が提起され法的整備も進められている。[北村]
→体外授精・胚移植

生殖器 (せいしょくき)

有性生殖を行うための器官の総称。外性器と内性器からなる。男性の外性器とはペニス(陰茎)と陰嚢を内性器とは尿道, 陰茎海綿体, 尿道海綿体, 精巣などを指す。また女性の外性器は, 恥丘, 大陰唇, 小陰唇, クリトリス, 腟前庭, 処女膜からなり, 内性器は腟, 子宮, 卵管, 卵巣からなる。もともと発生段階では外性器は女性型をしているが, 男性ホルモンが優位であるか否かによって, ペニスとクリトリス, 陰嚢と陰唇などの違いが起こってくる。[北村]
→陰茎, 精巣, 小陰唇, 陰核, 卵巣, 男性ホルモン

生殖機能 （せいしょくきのう）

　男性の生殖能力には勃起，性交，射精が必要であり，さらに，射精された精液中の精子が女性側の卵巣から排出された卵子と結合するためには，造精能力，輸送路（精管，精嚢，前立腺，射精管）に異常がないこと，女性の生殖能力としては卵巣から卵子が排出され，受精が起こるために卵管の通過障害がないこと，子宮にも受精卵を着床させる能力が備わるだけでなく，胎児の成熟に伴って子宮が増大する能力があることなどが重要である。これらの働きを生殖機能という。男女いずれの機能も中枢の支配下に置かれている。例えば，排卵は視床下部－下垂体－卵巣という一連の系からなり，下垂体からの卵胞刺激ホルモン（FSH）の働きで卵胞の成熟，卵胞ホルモン（エストロゲン）の分泌，子宮内膜の増殖が起こり，正のフィードバック機構により黄体形成ホルモン（LH）が排卵を促す。排卵後，黄体が形成され卵胞ホルモンと黄体ホルモンが分泌される。妊娠が起こらなければ月経として子宮内膜が血液とともに排出される。このように男性の生殖機能と相まって，排卵，卵の輸送，受精，着床，子宮発育が完全に遂行されることで初めて児の出生が可能となる。［北村］

→射精，受精，排卵，卵胞刺激ホルモン，女性ホルモン，黄体形成ホルモン，黄体ホルモン，排卵，受精，着床

生殖機能障害 （せいしょくきのうしょうがい）

　生殖機能の一部あるいは全部が損なわれていること。例えば，勃起や性交の障害，無精子症や乏精子症，精子無力症などの造精機能の障害，精管，射精管などに異常のある通過障害などが男性側因子。女性側因子としては，排卵障害，卵管閉鎖などの卵管因子，子宮の発育の障害である不育症などがある。不妊の原因となるこれらの障害を改善することが不妊治療であり，体外受精・胚移植，人工授精，代理母，卵子提供などが試みられている。［北村］

青色鼓膜 （せいしょくこまく）

　鼓膜の色調が青黒色又は黒褐色に見える場合をいい，中耳腔にチョコレート色の粘稠な液が貯溜するために生ずる。中耳腔，乳突洞にコレステリン肉芽腫が多量に存在する。難治であり，根治的には肉芽除去が必要である。他に頸静脈球の異常高位，頭部外傷でも青色鼓膜が出現することがある。［浅野］

精神安定剤 （せいしんあんていざい）

　人間の精神に作用し，意識状態に大きな変化を起こさず，鎮静・安定効果を示す薬物の総称である。強力精神安定剤（メジャートランキライザー）と緩和精神安定剤（マイナートランキライザー）に大別される。前者は抗精神病薬とも呼ばれ，精神病性の幻覚・妄想・興奮などに効果がある。後者は，抗不安薬とも呼ばれ，神経症性の不安や緊張などに効果がある。［花澤］

→向精神薬

精神医学 （せいしんいがく）

　身体医学に対して，精神領域の障害について，原因・症状・治療・予防等を扱う医学領域である。人間の心を扱うため，生物学的側面，心理的側面，社会文化的側面など，多様なアプローチが必要となる。その方法論や，扱う対象により，生物学的精神医学，精神病理学，司法精神医学，社会精神医学，文化間精神医学などに分けられる。［花澤］

精神依存 （せいしんいぞん）

　摂取することによって直接快感をもたらす物質，あるいは摂取することで使用者が持っている身体的・精神的不快や苦痛が消失ないし軽減する物質の使用を繰り返すうちに，その物質の周期的あるいは継続的摂取を求める精神的衝動（渇望）が強くなった状態をいう。何としてでもその物質を入手しようと試み続ける行動（薬物探索行動）を伴い，手に

入らない間は焦燥感が高まり，情緒的にも不安定になる。依存対象となる代表的な物質として，アルコール，抗不安薬，睡眠薬，ニコチン（たばこ），コカインなどがある。なお，物質の種類によっては，精神依存に加えて身体依存も形成される。身体依存とは，身体機能を正常に保つため一定量以上の薬物摂取が必要不可欠となっている状態をいう。このため，薬物を中止すると禁断症状が引き起こされる。［花澤］
→薬物依存，アルコール，向精神薬，ニコチン，たばこ，コカイン

精神衛生法　（せいしんえいせいほう）
→精神保健福祉法

精神疾患　（せいしんしっかん）
　精神障害のうち，医学的治療の対象となる場合をいう。診断する際の観察対象が人間の精神と行動という厳密な客観化の困難な性質のものであるため，その定義や診断基準は，時代や文化，学派などの影響を受けて流動的な面がある。［花澤］

精神障害　（せいしんしょうがい）
　精神機能に何らかの異常がある状態の総称である。その程度や内容は様々なものを含み，正常との境界は必ずしも明確ではない。時代背景や社会・文化的条件，学派等によりその基準は変化しうる。一般には，その程度が日常生活に支障を来したり，本人か，あるいは周囲を強く悩ませる程度になったものをいう。［花澤］

精神衰弱　（せいしんすいじゃく）
　ジャネ（P.Janet）が提唱した精神疾患の一概念。心理的力が恒常的又は一時的に乏しくなり，心理的緊張が全般的に低下したものを一括して概念化した。症状としては，不安，恐怖症，強迫症状，外界疎遠感と人格喪失感，離人症，無力感，自己不全感，心気症，対人恐怖など様々な状態像を含んでいる。［花澤］

精神性発汗　（せいしんせいはっかん）
　精神緊張，感動によって起こる発汗。この発汗は全身的にも認められるが，特に手掌，足底，腋窩，顔面に著明で体質遺伝の傾向にあり，神経質な人に多い。一般に幼児期，青年期に著明となり慢性再発性である。中枢は大脳皮質の前運動領域と視床にあるといわれている。［大貫・花澤］

精神遅滞　（せいしんちたい）
　精神発達の抑制あるいは不完全な状態であり，特に知能の正常以下によって特徴づけられ，医学的治療や他の特別のケア，訓練が必要とされ，もしくはその可能性があると考えられる性質・程度のものである（WHOの定義）。原因には生物学的要因，心理社会的要因その他，様々なものがある。かつては精神薄弱と呼ばれていた。［花澤］
→精神薄弱

成人T細胞白血病　（せいじんてぃーさいぼうはっけつびょう）
　ヒトT細胞白血病ウイルス1型（オンコウイルス属，レトロウイルス科）に感染し，約40年の潜伏期の後に花弁状の切れ込みのある核を有するリンパ球が出現する白血病を発病する。予後は不良である。ウイルスはCD4陽性リンパ球の核DNA中に組み込まれて潜伏しているので，感染は輸血，授乳と性交に限られる。この病気は西日本，カリブ海地方，ニューギニアとアフリカからだけ報告されている。1986年から輸血用血液の抗体検査が始まって，輸血感染は阻止された。母乳を介した母子感染は，授乳停止によって防がれている。残る性行為感染予防は，決め手を欠いている。［田神］
→白血病

精神薄弱　（せいしんはくじゃく）
　出生前後の何らかの生物学的原因により，

知能の発達が持続的に遅滞又は停止した状態で、主として脳の器質的障害によるものと考えられていた。現在は、成因に心理・社会的要因も含む精神遅滞が学術用語として一般的に用いられる。ただし、法律上の用語としては、精神薄弱にかわり知的障害が用いられている。[花澤]
→精神遅滞,知的障害

精神病 (せいしんびょう)

一般的には精神障害のうち、より重症の精神症状や行動障害を呈する疾患群を指すが、その定義は必ずしも明確なものではない。歴史的には、異常な精神現象の背後に器質的変化の確認ないしは想定できる場合のみを精神病と呼ぶ立場と、精神障害の程度の差によって精神病と神経症を段階的に区別する立場とがある。前者はさらに、身体的基盤が確認されている精神病（器質性精神病、症状精神病、中毒性精神病、老年精神病等が含まれる）と、身体的基盤は確認されていないが、いずれ明らかになるはずと考えられている内因性精神病（統合失調症、躁うつ病、非定型精神病が含まれる）に分けられる。また、実際の精神科臨床においては、幻覚・妄想の存在、明らかに異常な言動、現実検討の障害、病識の欠如などの特徴を持った症状や病態を形容する言葉として「精神病的」「精神病状態」といった表現がしばしば用いられる。[花澤]
→神経症,症状精神病,中毒性精神病,老年精神病,統合失調症,躁うつ病

成人病 (せいじんびょう)

がんをはじめとする中高年の代表的な死亡原因には、動脈硬化、高血圧、糖尿病が関係する心臓病や脳卒中がある。具体的にはインスリン非依存性糖尿病（成人型糖尿病）、高脂血症（家族性を除く）、高尿酸血症（痛風）、循環器疾患（先天性を除く）、大腸がん（家族性を除く）、高血圧症、肺扁平上皮がん、慢性気管支炎、肺気腫、アルコール性肝障害、歯周病、骨粗鬆症などである。このような病気のことを、当時の厚生省が名づけた行政用語である。現在では、生活習慣との関連が強いので、現在では生活習慣病と呼ばれている。[松岡優]
→生活習慣病

精神病質 (せいしんびょうしつ)

平均から明らかにかたよった人格、既ち異常人格のうち、その異常性のために自ら悩んだり、社会を悩ませるものをいう。これは、ドイツのシュナイダーの定義であり、わが国でも伝統的に採用されてきたが、英国、米国、フランスでは反社会的な異常人格だけを精神病質と考える傾向が一般的である。[花澤]
→異常人格

精神分析(学) (せいしんぶんせき:がく)

フロイト（S.Freud）によって創始された。人間の精神機能に無意識の過程が存在することを想定し、人間の様々な行動、言葉、症状などの持つ無意識的意味を解明する心理学的方法であり、その方法による経験の集積から導き出された精神機能に関する理論であり、治療技法である。[花澤]

精神分裂病 (せいしんぶんれつびょう)
→統合失調症

精神保健 (せいしんほけん)

人々の健康のうち、主として精神面の健康を対象とし、精神障害を予防・治療し、また精神的健康を保持・向上させるための諸活動をいう。扱われる領域としては、狭義の精神疾患だけではなく、すべての人の人生の各年代、社会生活の各場面における様々な不適応状態も含まれる。[花澤]

精神保健福祉センター
(せいしんほけんふくし——)

精神保健及び精神障害者の福祉の増進を目

的として，知識の普及を図り，調査研究を行う他，相談及び指導のうち複雑困難な事例を扱う総合的技術センターとされている。都道府県は，原則としてこのセンターを設置しており，各々の自治体の精神保健及び精神障害者福祉に関する情報については統括的な役割を担っている。［猪股］

精神保健福祉法　（せいしんほけんふくしほう）

1950年に都道府県の精神病院の設置義務，私宅監置の廃止，精神衛生鑑定医制度の創設を規定するために制定された。1987年入院患者の人権を保障した医療，保護，社会復帰を図る観点から精神保健法に改正された。さらに，1999年「自立と社会参加の促進援助」が加えられ，精神障害者の社会復帰の一層の推進を図るため，精神保健福祉法に改正された。［猪股］

精神療法　（せいしんりょうほう）

精神障害の治療方法の1つで，心理的側面に主に働きかける技法である。言語的，非言語的な対人交流を通して，精神的な問題を解決し，悩みを軽減することを目的とした治療法であり，psychotherapy（サイコセラピー）の日本語訳として，精神科医は精神療法という用語を，臨床心理士は心理療法という用語を用うるのが慣例になっている。［花田］
→臨床心理士，心理療法

性腺　（せいせん）

卵，精子形成並びに性ホルモン分泌の場。女性では卵巣，男性では精巣。［大川］
→性ホルモン，卵巣，精巣

性腺原基　（せいせんげんき）

胎生初期の未分化な性腺で，将来女性では卵巣，男性では精巣に分化する。Y染色体上にあるSRY遺伝子（睾丸決定遺伝子）が作用すると，性腺原基は精巣へと分化発達するが，女性にはSRY遺伝子がないので自然に卵巣に発達する。ここでの性の分化に異常が起こり，男女両性の要素を持つ場合（半陰陽）もある。［大川］
→卵巣，精巣

性腺刺激ホルモン　（せいせんしげき——）

ゴナドトロピンともいう。卵巣，精巣に作用して性ホルモン産生の調節，排卵，精子形成など生殖腺の活動を支配するホルモンの総称。下垂体から分泌される卵胞刺激ホルモン（FSH），黄体形成ホルモン（LH）と，哺乳類の胎盤から分泌される胎盤性ゴナドトロピンがある。糖タンパクホルモンで，化学的な構造は近いが性質は異なる。［大川］
→卵胞刺激ホルモン，黄体形成ホルモン

性染色体　（せいせんしょくたい）

哺乳動物では，すべての個体が種に特有な数だけ持っている相同な常染色体があり，ヒトでは44個，22対である。この他に，雌雄を決定する1対の性染色体がある。XとYの2種があり，雌はXXのホモ，雄はXYのヘテロ構成であるが，性を決定するのは主としてY染色体上のSRY遺伝子であることが知られている。［大川］
→染色体，常染色体

精巣　（せいそう）

精子を形成し男性ホルモンを分泌する器官。人間の場合，体外に下降した陰囊内にあって，白膜に囲まれている。内部には多数の小葉があり，小葉には精細管が詰まっている。精細管の壁に沿ってセルトリー細胞と精子細胞があり，セルトリー細胞は精子形成を行うに必要な環境を作っている。精細管の壁に接して精粗細胞が存在し，一次精母細胞，二次精母細胞，精子細胞へと分裂し成熟精子を形成する。精巣中のライディッヒ細胞から男性ホルモンが分泌される。［北村］
→精子，男性ホルモン

生存曲線 (せいぞんきょくせん)

一般には，放射線や薬剤などで処理した時の一定時間を経過した処理後の細胞や個体集団の生存率と，放射線量や薬剤量との関係を示す曲線のことをいう。また，ある一定量の放射線や薬剤を与えた後，時間的経過でみた時の細胞や個体集団の生存率の変化を示した曲線をいう場合もある。ドリンカーの曲線もこれに含まれる。[今村]

生態学 (せいたいがく)

エコロジー。生物学の一分野といわれ，生物とその環境との相互作用を研究する学問とされるが研究の課題，研究方法など研究者によって異なり一定の定義をすることは困難である。ドイツのヘッケルが，19世紀末に「生物と無機環境および共に生活する他の生物との関係を研究する学問」の必要を説き，Ökologieと称した。生態学は個体群生態学と呼ぶ同一種の生物集団を研究対象とする学問と，群生生態学と呼ぶ同一地域で生活する複数種の生物集団を扱う学問であるが，対象生物，対象地域は多様である。一般にエコロジーと呼ぶ場合は人間生態学を指している。近・現代における科学の発達がもたらした産業活動で生み出された物質は処理限界を超えたり，又は自然界には存在しない有害物質であったりして人類の環境は著しく悪化し，放置できない状況に陥っている。この現状把握，問題解決のため生物のみに限らず環境も対象にした学際的・総合的な科学と考えられている。[市村]

➡エコロジー，生態系

生態学的指標 (せいたいがくてきしひょう)

人間を中心にした生物群と環境との相互作用を研究するのが生態学とされており，ここでの中心課題は地球全体に居住している人間である。この60億人を超える世界人口こそ代表的な生態学的指標といえよう。一般生物の中では，生息地域での過密が起これば出生数の減少という自然調節を行うが，人類は特に経済先進地域においては計画出産という独特な方法が行われており，これを同一に論じることは難しいかもしれない。動物の個体数，生活活動範囲や群集する生物の種の多様性なども生態系の変化を示す指標として数えられよう。しかし，現在ではこの人類がもたらした工業生産物が環境に種々の変化をもたらし問題が指摘されている。これは一例として内分泌かく乱化学物質を挙げることができる。ヒトや野生生物の生殖機能に異常をもたらすとの報告があり，前述の生物個体数の増減とは異なる影響を及ぼすことなど，より大きな生態学的な問題と考えられる。1999年以降，米国ではこれらの物質をホルモン様作用物質という名称で呼んでいる。[市村]

➡生態系

生体肝移植 (せいたいかんいしょく)

肝移植は進行性でかつ不可逆的疾患で，これにかわるべき他の治療が無効と考えられる場合に行われる。肝移植には生体肝移植と脳死状態からの肝移植があり，生体肝移植では健康な人の肝臓を部分的に切除し，肝移植が必要な患者（受給者：レシピエント）に移植される。小児の肝移植では，肝臓の提供者（ドナー）の不足が問題であり，成人の肝臓の一部を移植する生体部分肝移植は比較的良好な生着率であることから，生体肝移植の意義が強調されるようになった。その一方で，生体肝移植では健康な人から肝臓の一部を移植するためドナーの安全性の問題や，自発的な意志でドナーになるという点から倫理的側面の問題なども指摘されている。肝移植の適応となる疾患は，小児では胆道閉鎖症がもっとも多く，成人ではB型肝炎，C型肝炎，アルコール性肝炎，自己免疫性肝炎などによる肝硬変，肝臓がんなどである。[太田]

➡臓器移植，臓器移植ネットワーク

生態系　(せいたいけい)

　ある地域に生息する生物群集とそれを取り巻く環境を合わせた1つのまとまりをいう。1つの生態系は，他の生態系にも影響を与える。例えば，干潟は渡り鳥の飛来地にもなっているし，干潟による水の浄化作用によって海のきれいな環境が守られている。したがって，もしも干拓によって干潟がなくなると，干潟以外の場所の生態系へも悪影響が及ぼされる。日本では，八郎潟や諫早湾の干拓の反省から，干潟の重要性がやっと認識されるようになってきた。[家田]
➡エコロジー

生体リズム　(せいたい——)

　周期的変化を示す生物現象。代表的なものが約1日を周期とする概日リズムである。概日リズムは，睡眠・覚醒，体温，代謝，いくつかのホルモン分泌などで認められ，通常，明暗（昼夜）という環境変化のサイクルに同調しているが，環境条件を一定に（一定の明るさを維持して明暗周期をなくす）しても約24時間の周期性が継続されるのが特徴である。運動機能にも概日リズムは認められ，体温リズムが最高値を示す午後～夕方に最高となり，逆に体温リズムの低値にあたる深夜～早朝～午前だと循環系疾患や骨折のリスクが高くなるため，運動の実践に際しては十分な注意が必要である。1日よりも長い周期の生体リズムはインフラディアン・リズムと呼ばれ，周期が約1か月の概月リズム（月経周期など），約1年の概年リズムがある。1日よりも周期の短いリズムはウルトラディアン・リズム（睡眠中に約90分周期で出現するレム睡眠周期など）と呼ばれる。[田中❀]
➡サーカディアンリズム，サーカニュアルリズム

成長　(せいちょう)

　子どもの加齢に伴う身体的変化を指す。発育と同義。全身的な成長は身長や体重に反映される。ヒトは，幼児期には身長に対して頭が大きく，その後は体幹部，上肢，下肢などが順に伸びて，成人のプロポーションに近づいていく。全身の発育の様子と併せ，座高や下肢・上肢長，頭囲など身体各部のバランスを知ることも重要である。[渡辺]
➡加齢現象，発育

性徴　(せいちょう)

　男女の身体面での特徴。一次性徴は生殖器の相違で出生時から顕われている。二次性徴は思春期に発達する性器以外の特徴で，性ホルモンの作用で顕われる。男性では，ひげ，男性型性毛，声変わり，肩幅・筋力の増加，皮脂腺分泌増加など，女性では乳房発育，狭い肩幅，広い腰幅，乳房・臀部の脂肪沈着，女性型性毛などである。[大川]
➡二次性徴

成長加速現象　(せいちょうかそくげんしょう)

　発達心理学などの分野で，思春期に起こる身長や体重の急激な増加現象を指す。保健・体育学では同じ現象を発育スパートと呼び，この現象が起こる時期を発育スパート期（発育急進期）という。一般に二次性徴の現れる時期と概ね一致しており，男子では平均して12～14歳，女子では10～12歳に当たる。身長の急進期が体重にやや先行して現れ，座高に比べて下肢の伸びが大きいため，この時期に入った子どもの体型はひょろっとした印象になり，その後に体重が増加する。この時期には，1年に平均で10cm近くも身長が伸びる。あまりに急激に伸びるため，膝の関節などに痛みを訴える子どももみられる。発育スパートの開始時期は，個人差が非常に大きい。成熟が早い子どもほど早く，小学校低学年でスパートを迎えることもある。逆に成熟の遅い子ども（特に男子）では，高校生になってからスパートが始まる場合もある。[渡辺]

成長ホルモン　(せいちょう——)

　下垂体より分泌され，小児の成長発育には

欠かせないホルモンである。下垂体性低身長は下垂体前葉の機能低下により生じる成長ホルモンの不足による成長障害で，均整のとれた低身長になる。[寺井]

精通　（せいつう）

　初めての射精を精通という。女性の初経に対比して用いられる。日本性教育協会の2000年調査によれば，射精を経験した経験率は12歳21.8％，13歳39.6％，14歳60.0％，15歳74.6％，16歳82.9％，17歳92.1％，18歳93.7％，19歳89.3％であった。男性の半数以上が14歳までには精通を経験することになる。射精には夢精，遺精，自慰があるが，わが国の場合，精通の6割が自慰で済まされているといわれる。[北村]
➡射精，初経，夢精，自慰

性的虐待　（せいてきぎゃくたい）

　児童虐待の防止等に関する法律（2000年）では，児童虐待の定義を，保護者がその監護する児童（18歳未満）に対し，次に掲げる行為をすること，①児童の身体に外傷が生じるおそれのある暴行を加えること（身体的虐待），②児童にわいせつな行為をすること又は児童をしてわいせつな行為をさせること（性的虐待），③児童の心身の正常な発達を妨げるような著しい減食又は長時間の放置その他の保護者としての監護を著しく怠ること（ネグレクト），④児童に著しい心理的外傷を与える言動を行うこと（心理的虐待）の4つの行為類型として規定した。性的虐待は，上記に示されているように，性的いやがらせや性的関係を強要したりすることで，主な行為としては，子どもへの性交，性的暴行，性器や性交を見せる，ポルノグラフィーの被写体などに子どもを強要するなどが具体的に挙げられている。性的虐待は特に発見が難しく，子どもに与える問題も大きい。[三木]
➡児童虐待

性的成熟　（せいてきせいじゅく）

　性成熟。機能的に生殖可能な状態に達すること。胎内での生殖器の分化（一次性徴）と思春期の二次性徴を経て，神経系や消化器系など他の器官の機能的成熟に比べ，非常にゆっくりとした過程をたどる。二次性徴が発現する時期は，平均的に男子が12～14歳，女子は10～12歳である。これには子どもによって個人差があり，平均より早い場合も遅い場合もあるが，ほとんどの子どもが10代半ば頃には性的に成熟した状態に達する。二次性徴の指標としては，男子では身体つきががっしりする，髭が生える，声変わり，睾丸の発達，精通など，女子では身体つきに丸みがでてくる，乳房の発達，初潮の発来など，また男女ともに陰毛の発達がみられる。女子では，初潮があっただけでは性的に完全に成熟したとは言い切れず，しばらく月経は不規則であるが，徐々に排卵も安定して，規則的な月経周期が確立する。[渡辺]
➡思春期，二次性徴

性的欲求　（せいてきよっきゅう）

　生物には種の保存欲求があり，この種の保存のために性行動を引き起こす情動のこと。性欲と同義。視床下部にある性中枢が関与している。男性ではテストステロンが，女性ではエストロゲンが促進的に作用すると考えられている。一般に動物界では，生殖の目的を達成するためだけにあるのだが，人間の場合は生殖とは無関係に起こっている。性欲をコントロールしているのは視床下部のうち性的二型核と呼ばれる部位で，「したい脳」ともいわれている。また性欲の対象は，複雑多岐にわたっており，異性に限らず，同性であったり，親族であったり，幼児であったりする。[五十嵐・北村]
➡欲求，基本的欲求

性転換手術 (せいてんかんしゅじゅつ)

生物学的性(セックス)と本人が自覚する心理・社会的性(ジェンダー)が一致しない性同一性障害の患者に対する治療として試みられるようになった。わが国では、1998年に第1例が実施された。性転換手術は、生物学的な性そのものを変えるものではなく、患者本人が自覚する性と身体の外見的特徴を一致させるものである。[渡辺]
→性差,ジェンダー

性同一性障害 (せいどういつせいしょうがい)

性別同一性障害。GID。性には生物学的な雌雄の違いを示すsex(生物学的性差)と、男らしさ、女らしさといった社会的、心理的に作られたジェンダーに分けられる。性同一性とは、生物学的に決定された性を意識し受容できることであり、性同一性障害とは、生物学的には完全に正常であり、しかも自分の肉体がどちらの性に属しているかをはっきりと認識していながら、その反面で、人格的には自分が別の性に属していると確信している状態をいう(日本精神神経学会、1997年)。[北村]
→性差,ジェンダー

生徒指導 (せいとしどう)

すべての児童・生徒の個性の伸長を図り、望ましい人格の形成を目指すもので、人間としての生き方指導ともなろう。1人ひとりの児童・生徒の自己教育力の育成を期して行われる指導・援助である。文部科学省は、この原理として5つ示している。①個別的かつ発達的教育を基礎とする。②1人ひとりの人格を尊重し、個性の伸長を図りながら、同時に社会的な資質や行動を高めようとする。③現在の生活に即しながら、具体的、実際的な活動として進める。④すべての生徒を対象とする。⑤統合的な活動である。児童・生徒の問題行動・非行への対応、生活指導を生徒指導ということも多いが、これはその一部であ
る。したがって、生徒指導はすべての教育課程・指導場面において働き、そのために自己決定、自己存在感、共感的関係の3つの機能が重要である。具体的な指導場面は、教師の個別対応に委ねられることが多いが、その場合でも学校全体の共通理解が図られていなければならない。[小磯]

青年期 (せいねんき)

発達心理学において、14,15歳から24,25歳まで間での時期をいい、児童から成年までの過渡期としてとらえられ、中学生、高校生、大学生、その卒業後数年にわたる時をいう。身体的には成人となっているのに、精神的な面では子どものままであったり、親からの経済的、精神的な独立と反抗、社会への依存と独立、性の成熟と思いのままにならない苛立ちに特徴のみられる時期であり、あらゆる場面で成長の過程で困難にぶつかるのも青年期の特徴である。[斎藤]

性の逸脱行動 (せいのいつだつこうどう)

近年、性の自由化やモラルが低下し、10代の性感染症の増加、低年齢化する妊娠中絶の増加等が問題となっている。無防備なセックスによる性感染症の増加は、今後エイズの蔓延が危惧されるなど危機的状況にある。また、テレクラやインターネット、携帯電話の出会い系サイトなどにより、面識のない者同士が自由に交流でき、これらが援助交際(売買春)の入り口になっており、若者の性行動の乱れが大きな社会問題となっている。保健体育審議会答申(平成9年)では、援助交際などの性の逸脱行動は、自らの性を商品化することであり、社会的に認められないことであるとともに、人格を直接傷つけ心と体を損なう行為といえるとし、学校においては、体育・保健体育、道徳、特別活動等学校教育全体を通じて、それぞれの特質に応じ、性に関する指導の充実を図る必要がある等の施策について提言している。[三木]

性の商品化 （せいのしょうひんか）

女性の性を人格とは無関係に金銭と交換可能な商品（「モノ」）として扱うことをいう。特に雑誌，テレビ，ビデオ，漫画などメディアの性表現において顕著であり，低年齢化する傾向も目立っている。その他，売買春やポルノだけでなく，女性の性を興味本位に扱ったポスターやコマーシャル，ミスコンテストなども含まれている。女性に対する性暴力と性の商品化にはある共通点が認められている。［北村］

性病 （せいびょう）

性行為，特に性交によって伝染し，主として性器が冒され，もしくは性器に初発症状を見る疾患をいう。わが国では従来，性病予防法に規定された4疾患を指していたが，近年は広く性交または類似の性行為により伝染する疾患を総称してSTD（性感染症）と呼んでいる。［大川］
→性病予防法，性感染症

性病予防法 （せいびょうよぼうほう）

1948年（昭和23）に制定。梅毒，淋病，軟性下疳，鼠径リンパ肉芽腫症の4疾患に罹患したものを医師が診断した場合，1か月以内に管轄保健所長を経て都道府県知事に届出を出さなければならないとされていた。1999年4月には廃止され，すべての性感染症が同じ範疇で扱われるようになった。［大川］
→梅毒，淋病，性感染症

政府開発援助（ODA） （せいふかいはつえんじょ）

わが国の国際貢献の大きな柱であり，日本政府から途上国の政府を通じて行う援助活動を指す。1992年に制定されたODA大綱には，明確な理念や原則を明記しており，基本理念として，①人道的考慮，②相互依存性の認識，③環境保全，④自助努力の支援の4点が挙げられている。［渡邉］
→非政府組織

生物化学的酸素要求量
（せいぶつかがくてきさんそようきゅうりょう）

BODと略称される。水中に含まれている有機物の量に対応して，好気性微生物がそれらの分解に必要とする溶存酸素の量が増加することを利用し，一定時間のうちに消費された溶存酸素の量を測定することで汚濁の指標とされるものである。一般に試料を20℃の条件で5日間静置し，静置前と後の溶存酸素量の差を求める。対象となる有機物は微生物によって分解される有機物質に限られ，また毒性の存在などによる影響を非常に大きく受ける。CODとともに水質汚濁を示す重要な指標であり，水質汚濁に係る生活環境の保全に関する環境基準に定められており，自然環境保全，水道，水産，水浴，工業用水など，利用目的の適応性の観点から，BOD1mg/ℓ以下のAA類型から10mg/ℓ以下のE類型までの6段階に区分されている。［日置］
→BOD，COD，化学的酸素要求量

生物学的指標 （せいぶつがくてきしひょう）

環境の変化などの状況の解析に，そこに存在する生物の種類，量及びその存在状態など，生物側の状況を使う手法をいう。単に生物指標ともいう。また，その類推に用いる生物を指標生物という。特定の生物（指標生物）の個体数，生物の変化，鳥類の鳴き声などを指標として観察する。古くから天気予報，播種期，魚群探知などに経験的に用いられてきたが，最近は種々の生物指標が開発され，土壌，水，大気，光，気候，生物相の豊かさなどの環境調査に用いられている。生物指標は理化学的計測機器では測定しにくい汚染物質の相乗作用の検出などについて有効な場合がある他，水質面などでは指標生物の現在に至るまでの生息期間中の平均的な水質を反映できるなどという長所がある反面，理化学的指標と比べて，定量化が困難で再現性に欠けるという短所もある。［千葉・日置］

生物学的半減期 (せいぶつがくてきはんげんき)

化学物質が体内から減少していく時，初期値の1/2になるまでに要する時間をいう。化学物質の蓄積性の指標となる。生物学的半減期が短いほど体内からの排泄が早く，蓄積性が弱いことを意味する。血中濃度，骨中濃度，腎臓中濃度など対象とする臓器によって同一化学物質であっても，生物学的半減期は異なる。一般に骨では長く，血中では短い。また金属類は長く，有機溶剤は短い。［千葉］

生物圏 (せいぶつけん)

生物が存在する領域を指す言葉で，生物とそれを取り巻く気圏，水圏，地圏の総合体である。地球表面全域を覆い尽くすだけでなく，地下1,000mにまで及ぶと考えられる広大な領域である。生物は環境に適応して進化してきただけではなく，地球環境の形成に多大な影響を与えてきたため，環境は生物圏としてとらえなおすことができる。［大澤崇］

生物指標 (せいぶつしひょう)

→生物学的指標

生物時計 (せいぶつどけい)

生物が体内に備えていると考えられる時間測定機構。多くの生物はその活動性に顕著な周期性を示し，この周期性は外界条件の変化をなくした状態のもとでもかなりの期間持続する。［鬼頭］
→生体リズム

生物濃縮 (せいぶつのうしゅく)

生物が生きている過程で，特定の化学物質を環境中から取り込んで，環境中濃度よりも生体内濃度の方が高くなる状態をいう。生物学的濃縮ともいう。魚介類中のヒ素濃度，藻類中のヨウ素濃度などはその代表例である。農薬やPCB（ポリ塩化ビフェニール）なども高濃度の生物濃縮が起きる。生物濃縮は食物連鎖を通じて，徐々に蓄積が進み，その頂点に位置する人類が悪影響を受けることもある。メチル水銀による水俣病はその例である。また，生物濃縮は自然界の物質循環にも関係する。植物や移動性に乏しい動物（貝類など）を指標として生物濃縮を観察することにより，汚染の経過を知ることができる。［千葉］
→食物連鎖

性ホルモン (せい——)

主として性腺から分泌され，胎児期の男女の性分化や二次性徴の発現，維持，性機能に重要な働きをする。男性では精巣で分泌するテストステロン，女性では卵巣で分泌するエストロゲンである。それぞれ男性ホルモン，女性ホルモンともいわれ，男女の血中濃度差は大きいが，他方も分泌され，必須のホルモンである。［大川］
→テストステロン，女性ホルモン，男性ホルモン

精密検査 (せいみつけんさ)

健康診断で疾病や異常が発見された時，事後措置として必要な医療をうけるよう指示することになる。二次，三次医療機関ではまず診断確定のため精密検査が実施される。心疾患を例にとると，二次検診として心エコー検査，運動負荷心電図検査，三次検診として心カテーテル検査，心血管撮影，心シンチグラフ等が精密検査として実施される。［福田］

生命表 (せいめいひょう)

常に年間10万人の出生があるものと仮定した上で，一定期間に実際に観察された年齢別死亡率に従って死亡が起こった場合，出生から正確にX年後に，言い換えればXの誕生日現在に，何人の生存者がいるかを計算し(lx)，また各年齢の1年間あるいは各年齢階級のn年間に何人の人口が生存するか，また各年齢の誕生日の生存者が平均何年生存するかを計算したもの(ex)である。男女間に死亡率にかなりの差違があるので，通常，男女

別に計算される。年齢各歳について計算された生命表を完全年齢表，年齢階級（普通5歳階級）について計算された生命表を簡易生命表という。生命表には世代生命表と現在生命表とがある。前者は，ある時点に生まれた集団（出生コーホートという）を追跡し，各個人の寿命を最後まで観察して，上記の生命表関数を求めるものである。したがって，これを作成するには，実際には非常に長い年月を必要とする。後者は現時点の年齢別死亡率を基礎として，これらの死亡率が将来も不変であるという仮定の下で，生命表関数を算定する。生命表といえば後者を指す。［大澤清］

性欲 （せいよく）
→性的欲求

生理休暇 （せいりきゅうか）

「生理日の就業が著しく困難な女性や，生理に有害な業務に就業している女性が請求した場合に与えられる休暇」のことで，労働基準法第68条に規定されている。「生理に有害な業務」とは，①立作業，②神経的緊張を伴う作業，③中断を許されない作業，④相当の筋肉的労働，⑤身体の動揺・振動を受ける作業とされる。［平山］

生理的早産 （せいりてきそうざん）

牛や馬の子は出生直後に立ち上がることができる。牛や馬に限らず，哺乳類の中でも高等なものほど胎内で育つ期間が長く，ある程度の自立的能力を備えた状態で誕生する。しかし，ヒトでは例外的に出生から約1年という長期間に渡り，子どもは親の保護がなければ生活できない「未熟」な状態で生まれる。これについて，動物学者ポルトマンは，人間の赤ん坊の脳重量が体重に占める割合が他の哺乳類に比べて高いことを理由として挙げている。ヒトの子どもの出生時の脳重量は360～380gに達し，これを支えるには約6kgの体重が必要なはずである。これに対して，ヒトの母体の体重は軽く，また2足歩行という不利な条件もあって，そんなに大きな胎児を胎内に入れておくわけにいかない。そのため，本来ならもう少し成熟してから出産すべきところを未熟なまま「早産」せざるを得ない状態になるというのだ。これをポルトマンは，生理的早産と呼んだ。［渡辺］

生理不順 （せいりふじゅん）

月経周期（月経初日から次の月経初日までの間隔）が不規則であること。通常，月経周期は個人差はあるが25～35日程度である。39日以上に延長する場合を希発月経，24日以内に短縮する場合を頻発月経と呼ぶ。両方が混じってくる場合もある。［大川］
→月経，性周期

世界エイズデー （せかい——）

世界保健機関（WHO）は毎年12月1日を「世界エイズデー」と定めている。WHO加盟各国では，HIV感染の広がりを防ぎ，感染者・患者への偏見・差別をなくすため，世界エイズデーに合わせて知識普及のキャンペーンを展開するなど，様々な取り組みを行っている。［渡邉］

世界自然憲章 （せかいしぜんけんしょう）

1982年に国連総会で決議された憲章。自然に対する悪影響を最小限に留めるために，すべての計画に対して環境影響評価を実施しなければならないこと，また評価の結果は広く公開し，協議されるべきであることなどが述べられている。［田神］
→環境アセスメント

世界保健機関（WHO） （せかいほけんきかん）

WHO：World Health Organization。国連の保健活動の専門機関であり，1948年4月7日に設立された。「すべての人々が，可能な最高の健康水準に到達すること」を，その活動の目的としている。191か国が加盟している。世界保健総会，32人の理事で構成される執行理事会，そして総会が任命する事務局

長によって率いられる事務局からなる。本部は，スイスのジュネーヴにある。具体的な活動としては，特に貧困な地域での死亡率や疾病罹患率を低下させること，健康的なライフスタイルを促進して，健康を阻害する様々な危険要因を取り除くこと，健康状態を改善するための保健システムを開発すること，経済・社会・環境政策へ寄与するような保健制度等を作ることなどがあげられる。日本は1951年に，75番目の加盟国として加盟が認められた。現在，わが国はWHOに多額の分担金（約20％）を拠出している他，熱帯病対策，プライマリケアー，子どもワクチン事業，緊急医療援助，化学物質健康影響などの活動にも任意拠出金を出している。反面，日本人職員はごくわずかであり，今後の人的側面協力が大きな課題となっている。[大澤清・渡邉]

世界保健憲章　（せかいほけんけんしょう）

WHO憲章。1948年のWHO設立時に発表された憲章である。その中で，WHOの目的を「すべての人間が可能な最高の健康水準に到達すること」とし，「到達し得る最高水準の健康を享有することは基本的権利の1つである」と健康権を規定している。さらに，それぞれの国は「国民の健康に関して責任を有する」ことを宣言している。また，WHO憲章の前文では，健康の定義として「健康とは，身体的にも精神的にも社会的にも完全に良好な状態を意味するものであって，単に病気または虚弱でない，ということではない」と記されている。[松岡治]

セカンドオピニオン

現在かかっている医師以外の医師に診断や意見を仰ぐことである。治療の選択肢が多岐にわたっている場合は，特にセカンドオピニオンを必要とする。また，セカンドオピニオンを求めることは患者の権利である。[渡邉]

脊髄　（せきずい）

脊柱管内にある，白く細長い円柱状の神経索のこと。上方は大孔の高さで延髄に続き，下方は第1～2腰椎の高さで次第に細くなり終わる。横断面の中央には中心管があり，これは第四脳室に連なる。中心管周囲には，H字形の灰白質があり，その外側には白質がある。灰白質前柱には運動性の神経が集まり，灰白質後柱には，後根を経て知覚神経線維がはいる。[西川]

脊柱・胸郭異常　（せきちゅう・きょうかくいじょう）

脊柱異常で最も多いのが側わん症である。側わん症とは身体の前額面で脊柱が側方へわん曲した状態であり，児童生徒の約1％に見出される。原因不明の特発性側わん症のうち学童期が15％，思春期側わん症が80％の出現率である。胸郭異常では漏斗胸，鳩胸，扁平胸があるが，心肺機能に障害があれば外科的治療の適応となる。[福田]
→思春期側わん症，漏斗胸

脊柱側わん症　（せきちゅうそくわんしょう）

立位姿勢で正面からみて真っ直ぐなはずの脊柱が，捻れを伴って側方に屈曲する変形が脊柱側わん変形であり，筋の働かせ方によって生じる不良姿勢と区別する。椎体の傾きが最も強い椎体間の成す角度を側わん度とした場合，装具治療が必要となる25度以上を脊柱側わん症という。発育期に出現する原因不明の特発性側わん症が最も多く，学校検診により早期発見・早期治療が必要な疾患の1つである。[礒辺啓]
→不良姿勢

赤痢　（せきり）
→細菌性赤痢

セクシュアリティ

ダイアモンドは「人間であることの一部分である。それは人間であれば誰でも持っている1つの複雑な潜在能力である。その能力は，誰でもある程度は開発される。それがどのような形で，またどの程度まで開発される

かは，各個人の生物学的遺伝資質及び心理的・社会的経験などの影響を受ける」とし，さらに「人間の感情・思想・行為などの構造体系すべてに関わるもので，一方で社会に影響を与え，一方で社会からの影響を受けている」といっている（『人間の性とは何か』，1984）。したがって，セクシュアリティとは単なるセックスや性器の解剖・生理にかかるものではなく，性行動や他人との人間的な繋がり，愛情，友情，融和感，思いやり，包容力など，およそ人間関係における社会的，心理的側面や，その背景にある生育環境などもすべてを含有したものとして考えられている。また，それぞれの民族は，独自の文化や価値観を持っていて，セクシュアリティのとらえ方は異文化間でまちまちである。国際化が進む今日，それを統一するだけでなく，それぞれの文化を理解した上で結びつけることが重要である。性教育は，sexuality educationという英語があてられている。[北村]

セクシュアル・ハラスメント

従来，性的嫌がらせと訳されていたが，最近ではセクハラという言い方が一般化している。上司あるいは上級生が，自らの優位な地位と権力を利用して，逆らえない立場にある相手に対し，相手方の意に反して，相手方の望まない性的な性質の言動を行うことによって，相手方に屈辱感や不快な感情を抱かせ，相手方の対応によって相手方に仕事や教育・研究上の不利益を与えること。キャンパス・ハラスメントなどの用語もある。[北村]

セシウム137

原子番号55のアルカリ金属元素であるセシウムの放射性同位体である。半減期は30.2年でβ崩壊してBa-137mとなり，γ線（0.662 MeV）を放射して安定なBa-137になる。原子力発電所等の液体廃棄物や核爆発実験によって生じるフォールアウトに含まれている。周辺環境の被曝評価の対象として重要な核種である。[戸部]

→放射性同位体

セックス・カウンセリング

DSM-Ⅳでは，性障害及び性同一性障害という診断基準を明確に定義している。具体的には，性的欲求の障害，性的興奮の障害などの①性機能不全，露出症，フェティシズムなどの②性嗜好異常，そして③性同一性障害の3つに大きく分類している。セックス・カウンセリングの対象は，これらの多岐にわたる障害が主たる対象となる。そもそもこうした障害は，いずれも本人が日常の社会生活で何らかの機能の障害を引き起こしているものである。問題によっては，さらに深刻になっており非行や犯罪に直接的につながるような場合もある。したがって，カウンセリングや心理療法，精神療法の対象となるものであるし，場合によっては他の診療科目の医師との連携も必要不可欠となってくる。ただ，セックスに関わる事柄は，極めて個人差が大きく多種多様であるため，不用意に異常であるとか問題であるなどという判断をしないことも重要である。[近藤]

→性同一性障害，カウンセリング

舌根沈下 （ぜっこんちんか）

意識が失われた場合に，下顎や頸の筋肉の緊張がなくなるため，仰向けの姿勢で，舌根（舌の付け根）が下方に落ち込むことをいう。この状態では気道が塞がってしまうので，意識のない傷病者には，まず第一に気道を確保してやることが極めて重要である。[今村]

→気道確保

接触感染 （せっしょくかんせん）

病原体が宿主に直接接触して起こる感染様式。直接伝播（直接接触，垂直感染，飛沫感染）と間接伝播の一部（間接接触）がこれに含まれるが，用語の混乱を招くため直接接触による感染の場合のみに限定して用いた方がよいとの意見もある。キス，性交，出産，コンタクトスポーツ，土壌や汚染された器物，

至近距離からの咳，くしゃみなどによって起こる。［上地］

→母子感染

摂食障害 （せっしょくしょうがい）

思春期の女性に出現しやすく，肥満に対する病的な恐怖を伴う，太りすぎというボディイメージの歪みとして発病する。太りすぎることを恐れて食物をとらず，体重が減少する神経性無食欲症と，短時間に大量の食物を食べ，自己誘発性嘔吐や下剤，利尿剤などを使用する神経性大食症とに分けられる。発症数は増加しており，発症年齢も低くなり，中学生の報告例がある。体重が低下するほど栄養失調が強くなっており，肝臓を始めてとしてほとんどの臓器に障害が認められるため，栄養補給が必要になる。肥満に対する恐怖が強いため，栄養補給に対しても抵抗が強く，時間をかけて精神療法を行いながら，目標体重を設定する。家族内力動（父子関係や母子関係など）に問題のあるケースも多く，人間関係の調整も合わせて行っていく。［花田］

→過食症，思春期やせ症，食思異常，神経性食思不振症

接触(性)皮膚炎 （せっしょく：せい：ひふえん）

かぶれともいわれる。機械的仕事，化学的刺激，アレルギー反応などによる皮膚の炎症のこと。外来刺激物の接触で生じる境界鮮明な湿疹反応であり，生活環境内のほとんどすべての物（化粧品，医薬品，植物，金属等）が接触源となりうる。一次刺激性とアレルギー性に分類される。一次刺激性接触皮膚炎は酸，アルカリ，有機溶剤，洗剤などが原因となることが多い。アレルギー性接触皮膚炎はウルシ，ニッケル，ゴム製品添加物など原因物質は多数ある。治療と再発防止には原因物質を明らかにし（パッチテスト等），それとの接触を避けることが必須である。問診と貼付試験による接触源の調査が重要である。治療は接触源の除去，ステロイド軟膏外用と抗ヒスタミン薬内服が一般的で，激症には短期間のステロイド内服を行う。［寄藤・千葉］

セパシア菌 （——きん）

本菌種が腐敗したタマネギ（cepa）から多く分離されたことから命名された。自然環境に常在する細菌で，緑膿菌に似た性質を持つグラム陰性桿菌である。この菌の大きな特徴として，多剤耐性株が多く，病院などで広く用いられている消毒薬の逆性石けんや，多くの化学療法剤に対する抵抗性が強いため，消毒薬，点眼薬，石けんなどからも検出されることがあり，院内感染の原因菌なっている。［上濱］

→院内感染

セラチア菌 （——きん）

グラム陰性菌のものは8種類あり，水や土壌に広く分布し，湿潤な環境から検出される。新生児や抗がん剤使用中など抵抗力が低い人には，尿路感染症，呼吸器感染症，創感染症，敗血症，髄膜炎などを起こすことがある。近年，多剤耐性菌が多く，病院感染の起炎菌になることがある。消毒に使われるアルコール綿がアルコールの揮発によって消毒剤として働かず，逆に院内感染源になった事例が報告されている。外環境にセラチア菌が育たないようにするにはよく乾燥させる。ドアのノブ，手すり，水道栓などの消毒には消毒用エタノールなどアルコールを用いて清拭する。機材の消毒には消毒用エタノールや次亜塩素酸ナトリウムを用いる。リネン類は80℃10分間の熱水消毒や次亜塩素酸ナトリウムを用いる。［松岡優］

→多剤耐性，院内感染

セリエ

Selye, H（1907-1982）。ストレスが加わったことに適応するための症候群を全身適応症候群と名づけ，3期に分けた。第1期は警告反応期で，突然ストレッサーが加わると血圧や体温の低下等が生じ，これに続いて抵抗が増加する。第2期は抵抗期で，ストレッサー

に対して抵抗力が強まり，第3期は疲労困憊期で，警告反応の諸症状が再現する。[花田]
→ストレス，ストレッサー

セルフエスティーム

自己肯定感，自尊心，自尊感情，自己尊重感，自己信頼感，肯定的自己概念など，様々な日本語訳があり，解釈も人それぞれ違っている。今の自分に関するすべての事柄について，自分が抱いている感情からでてくる自分に対する感覚である。つまり，「自分はありのままの自分であってよい」「自分が好きである」「自分が大切である」「自分の欲求を大切に活かしてよい」「自分の能力を大切に活かしてよい」「自分はこの世に生きていくにふさわしい」「自分は幸せになってよい」などの感覚と考えてよい。[皆川]

セルフコントロール

自己制御。自分の心と身体の状態を自分の力でコントロールすることである。個人が自分の行動や生理的，心理的過程を自己の欲求・衝動に支配されることなく，自分の意図によって随意的に変容させることができること，又はそのための技法のことである。セルフコントロールによって，社会生活を円滑に行うことを可能にする。乳幼児においてはセルフコントロールが困難で，欲求・衝動がそのまま表出されるが，両親のしつけや養育態度，さらには観察学習を通してその力を身につけていく。スポーツ場面においても，自己の体調や疲労状態をチェックしていくことで自己のセルフコントロール能力を向上させることができる。体調を管理していく上でも重要な能力である。ドイツの精神科医シュルツの開発した自律訓練法は，セルフコントロールのための重要な技法の1つである。[西嶋]

セルフメディケーション

風邪や頭痛，腹痛などの症状に対して置き薬（内服薬）などで自己治療すること。医学用語でない。日本人によって作られた疑似外来語。[荒島]

セルフモニタリング

対人場面において自己呈示や感情表出を注意深く自己観察し，それを調整・統制（モニター）することである。人は社会的相互作用の中で他者が自分に対して形成するイメージや印象を統制しようとするという仮定の下に，スナイダーが提唱した概念である。自己呈示とは，周囲の人間に好ましい印象を与えたいために自分の言動をコントロールすることであり，セルフモニタリングはその一部である。また，カウンセリングの方法の1つとして，自分自身が自己の行動，認知，気分などを観察し，記録し，評価することによって患者自身が自分の状態を客観的な事実として理解することができるように働きかける技法のことも，セルフモニタリングといわれる。この場合は自己観察と表現されることが多い。[西嶋]

セロハンテープ法　（——ほう）

ぎょう虫検査法の1つである。ぎょう虫は夜間肛門付近に出てきて産卵するので，検査当日の朝，起床した時に特別に用意されたセロハンテープを指示通りに肛門部分に貼り付け，それをはがして，はがした面に別のセロハンテープを貼り付け，ぎょう虫卵の有無を顕微鏡で検査する。[村田]
→ぎょう虫症

遷延性植物状態
（せんえんせいしょくぶつじょうたい）

慢性期意識障害の一型で社会的・医学的な概念である。即ち，脳卒中，頭部外傷，重篤な脳障害により昏睡状態に陥り死線をさまよった後，開眼できる状態にまで回復したものの，周囲との意志疎通を完全に喪失した患者が示す症候群である。大脳半球がびまん性に傷害されているが，脳幹機能はほぼ正常に保たれている。したがって，自発呼吸があり，適切な処置により生存可能である。一般に

予後不良と考えられているが，必ずしもそうではない症例もある。[西川]

潜函病　（せんかんびょう）
→ケイソン病

潜在学習　（せんざいがくしゅう）

意図的・計画的な学習内容の提示と配慮された教育方法による学習の組織にとどまらず，偶発的な知識の獲得，特に組織されない生活経験における学習など，無意図的な学習体験をいう。学校教育のような組織的な学習体験を経なくても，知識や技術の学習は可能であることは学校成立以前の歴史が示すところである。特に，具体的な生活状況の中で経験的に状況に規定されて学びとられた知識や技術の内容は，強固な定着性を持ち，また応用性に富むことも個々の事例の観察から知られていた。徒弟制度や家庭教育，伝統的文化の継承などのような場面でこのような学習形態は広く存在している。レイヴとヴェンガーはこのような学習を「状況に埋め込まれた学習」と呼び，経験的な知の体験を学習する際の重要な学習方法として提起した。一方，こうした学習を導く一定の内容が構造的に埋め込まれている社会的諸制度を指して隠れたカリキュラムと呼ぶ。[瀧澤]

潜在危険　（せんざいきけん）

人間と環境の両面にわたって顕在あるいは潜在する様々な事故危険性（潜在危険）を未成熟の事故としてとらえ，潜在危険を取り除くことによって，事故を未然に防ごうとする考え方である。潜在危険発見訓練の一例として，交通場面における危険予測の訓練がある。近年は自動車教習場でも，教習内容に道路での危険予測を取り入れている。学校においても，交通場面での危険予測を扱うべきである。そのことによって，生徒の危険感受性が高まり，危険回避能力の向上につながるであろう。また，通学路や家庭において，事故の起こりやすい場所を調べて危険地図を作ることにより，潜在危険の除去に役立てることも大切である。これも，安全教育において積極的に取り入れるべき方法だと考えられる。[家田]
→安全教育

潜在的カリキュラム　（ぜんざいてき――）

学校の存在が社会と切り離せないものであるため，暗黙のうちに，社会の要請に合うような目標を教育に取り込むことが起きる。このことをいう。戦後の日本では，高度成長時代の労働者として望まれる人材の育成が求められた。勤勉である，命令に忠実である，集団に適応するなどの資質が大切だとされた。これに対し，現代では，創造性が豊かである，自分の意見を主張できる，「責任ある市民」としてより良い社会を作ろうとする，などの資質が求められている。したがって，学校が古い潜在カリキュラムを引きずり続けないよう，地域社会から働きかける必要がある。[家田]

前十字靱帯損傷
（ぜんじゅうじじんたいそんしょう）

脛骨が前方にずれながら内旋するような力が加わると損傷する。ジャンプからの着地，急停止などの非接触型損傷とラグビー，柔道などで外力を受けて損傷する接触型損傷がある。症状は新鮮損傷では受傷時の断裂音，疼痛，関節血腫などを呈する。陳旧性損傷では膝くずれ，関節水腫，二次的な半月板損傷による疼痛やロッキングなどの症状を呈する。保存的療法としては，大腿部の筋力増強訓練を行わせ，前十字靱帯不全下での生活指導をする。手術的治療としては生物学的素材による解剖学的再建術が行われる。[森川]

全習法・分習法　（ぜんしゅうほう，ぶんしゅうほう）

学習方法のことである。学習する対象がいくつかの部分単位に分けることができる時，それを区切らず一括に学習する方法を全習法という。一方，分習法では全体をいくつかの

部分に分け，部分ずつ学習させて習得させるような方法である。一般的には分習法の方が効果的な学習方法であるといわれている。しかし，学習内容によっては，全習法が効果的である場合もある。[大久保]

染色体 （せんしょくたい）

細胞の核の中に存在して遺伝子を含む棒状の構造。塩基性色素で染まりやすい。生物種によって数と形が決まっており，ヒトでは1個の体細胞の中に46本ずつ存在する。細胞分裂の前期から後期にかけて観察することができる。二重らせん構造を持つDNA分子が球状のヒストンタンパク質に巻き付き，これがさらにコンパクトに巻いて折り畳まれたつくりになっている。[松村]
➡常染色体，性染色体，相同染色体

全人教育 （ぜんじんきょういく）

知識・技術に偏することなく，人間性を全面的・調和的に発達させることを目的とする教育。自然科学，社会科学はもちろんのこと，道徳，芸術，宗教，身体，生活などの領域を通じて，社会観・倫理観，個性や自主性を伸ばしていくための教育。[國土]

全身性エリテマトーデス （ぜんしんせい——）

SLE。膠原病の1つで，抗核抗体などの自己抗体の出現がみられることから，自己免疫病とも呼ばれる。思春期以降の女性に多く，蝶形紅斑や脱毛などの皮膚症状，光線過敏，関節炎，心肺症状，腎障害，中枢神経障害など多彩な症状を伴う。本症の予後はステロイド剤などの使用法の進歩により著明に改善されたが，腎不全や日和見感染などによる死亡も少なくない。[寄藤]
➡膠原病

潜水夫病 （せんすいふびょう）
　　➡ケイソン病

ぜん息 （ぜんそく）

気道の閉塞や炎症，種々の刺激に対する気道の過敏反応によって生じる。気道閉塞は気道平滑筋のけいれん，気道粘膜の浮腫，分泌物の増加，気道壁の炎症などが組み合わさり生じる。気道過敏の原因はよくわかっていない。症状は個人差が強い。典型的な発作では，せん鳴を伴う呼吸困難，多呼吸，頻脈がある。呼気が延長する。起座位を好む。好酸球増加がみられる。環境因子としては，チリダニ，動物の鱗屑，花粉などがある。[寺井]
➡けいれん，気管支ぜん息，運動誘発性ぜん息，四日市ぜん息，横浜ぜん息

選択学習 （せんたくがくしゅう）

学習者が主体的に，自らの興味・適性などを考え学習する教科などを選択し学ぶこと。学習者自らが主体的・積極的に学習に取り組むことによって学習の効果が上がることが期待される。そのためには，学習者が特性や個性を発揮できるような多様な学習内容を用意し，選択の幅を与えることが重要である。また，一般には個々の興味・関心が分化する中学生以降に多く取り入れられることが多い。[大久保]

選択教科 （せんたくきょうか）

教育課程の構成の中心となっているのは教科である。それらを児童生徒全員に共通履修させる場合を必修教科といい，生徒が教科を選んで履修する場合を選択教科という。選択教科は，本来，生徒1人ひとりが教科を選択し，履修するものである。しかし，学校が選択し，生徒全員に履修させる学校選択，選択必修という場合もある。この選択教科の枠は拡大の方向にあり，生徒の興味・関心・能力・適性に応じた学習ができるようにしようとしているためである。生徒自身の自己決定により学習意欲が喚起され，いっそうの学習成果の定着が期待されている。なお，ある教科の中で生徒が課題を選んで学習を進めるよう

な場合を，例えば体育実技の授業においてサッカー，バスケットボール，ハンドボールのうち生徒がそれぞれに選んだ種目を学習する，というような場合は選択制授業と呼んでいる。［小磯］

選択反応時間 （せんたくはんのうじかん）

競技相手や周囲の状況判断に即応して，考えられるいくつかの行動のうち，どれか1つの行動を選んで反応するのに要する時間である。単純（単一）反応とは異なり，刺激が複数個あり，個々の刺激が異なる反応課題を指示していけるような場合は，刺激の有無の判断だけでなく，刺激の内容も判断し，あらかじめ用意された複数の反応課題を選択して実行しなければならない。このような反応を選択反応といい，その反応時間を選択反応時間という。［柿山］

先天異常 （せんていじょう）

わが国の乳児死亡原因の第1位。多くの場合，原因は明らかではない。先天異常のうち，内眼的，解剖学的異常を先天奇形という。先天奇形には，単独で現れる単一奇形と複数の奇形が合併した多発（複合）奇形がある。［寺井］

先天近視 （せんてんきんし）

近視は遠方が網膜より手前で像を結ぶ屈折異常であり，遠方がぼやける。レンズから網膜（スクリーン）までが遠すぎて（角膜から網膜までの長さ，眼軸長が長すぎる）映像がぼやける場合とレンズ（角膜・水晶体）の屈折力が強く，スクリーンより手前で像を結ぶ場合とがある。眼軸長が長くなる近視を軸性近視といい，先天近視である。一方，眼球の屈折率が強い屈折性近視を後天性の仮性近視という。［松岡優］
→屈折異常，近視

先天性心疾患 （せんてんせいしんしっかん）

生まれつきの心臓病。約100人に1人の割合で発症する。チアノーゼ性と非チアノーゼ性に分類される。前者には，ファロー四徴症，完全大血管転換など。後者では，心室中隔欠損，心房中隔欠損などがある。体重増加不良，呼吸障害，低酸素障害があれば早期の手術適応を検討する。［寺井］
→心疾患，後天性心疾患

前頭葉 （ぜんとうよう）

大脳半球の最前部にある。中心溝の前にある中心前回は運動野と呼ばれ，反対側の身体各部に対応する運動の中枢である。前頭葉下部には運動性言語中枢（ブローカ中枢）がある。優位側（言語中枢のある側）の障害では行動や人格に変化が生じ，記銘力が低下する。非優位側の前頭葉の働きはほとんど知られていない（サイレント領域）。［角南兼］
→ブローカ中枢

せん妄 （――もう）

軽度ないし中等度の意識混濁に，活発な精神運動興奮が加わったものをいう。幻視を中心とした幻覚，錯覚，不安，妄想などがみられ，外部からの刺激はある程度受け入れられるが，多くは後に強い健忘を残す。アルコール依存の離脱時にみられる振戦せん妄や高齢者にみられる夜間せん妄などがある。［花田］

腺様増殖症 （せんようぞうしょくしょう）
→アデノイド

前立腺 （ぜんりつせん）

男性の尿道起始部を取り囲んでいるクルミ形のもので，腺の分泌物は乳汁様液体で，精液の射出時に放出される。高齢化とともに，前立腺肥大まれに前立腺がんにかかりやすくなる。［竹内宏］

躁うつ病 （そう――びょう）

クレペリンが統合失調症と異なる精神病として提唱した概念で，爽快な気分や高揚した気分で特徴づけられるそう病相と，気分の落

ち込みや抑うつによって特徴づけられるうつ病相が繰り返される疾患である。最近，気分障害又は感情障害という用語が用いられており，この中にうつ状態のみを呈するものとうつ病と躁病の両方を示すもの等に分けられており，躁うつ病は双極性感情障害と呼ばれるようになった。双極型の発生頻度は0.5％で性差はなく，発病年齢は単極型より早く，25歳までに95％が発病するとの報告がある。治療の原則は休息させることである。これに薬物療法，精神療法を併用する。薬物療法は，うつ状態に対してはSSRIなどの抗うつ薬を，躁状態には炭酸リチウムを中心にする。なお症状の中に希死念慮があり，常に自殺の可能性があることを考えておく。［花田］
→統合失調症，精神病

騒音 （そうおん）

音とは耳を通して聴覚を生じさせる外界の物理的刺激をいい，これらのうちの好ましくない音のことをいう。［田神］
→交通騒音，航空機騒音，工場騒音，超低周波騒音

騒音規制法 （そうおんきせいほう）

工場や事業場の活動，建設工事に伴って発生する騒音の基準を定めて規制し，自動車交通に伴う騒音の許容限度を定め，政府に対して必要な要望を行うことを定めた法律。飛行場周辺の航空機騒音や列車・新幹線等の運行に伴う騒音は，環境基本法の定めに従って規制されている。［田神］
→環境基本法，航空機騒音障害防止法

騒音性難聴 （そうおんせいなんちょう）

職業上，長期間の騒音曝露に起因する慢性進行性の難聴をいう。初期に4,000Hzに限局した聴力低下がみられるのが特徴的で，これをC5-dipと呼んでいる。1992年に厚生労働省は「騒音障害防止のためのガイドライン」を定め，等価騒音レベルが85dB以上の作業場を騒音職場と規定し，作業環境の管理，健康診断などを定めている。本症の治療は困難であり，耳栓などの防音具を用いて予防することが重要である。［太田］

騒音対策 （そうおんたいさく）

大きくは音源対策と伝播対策からなる。音源対策とは，工学的対策を行って大きな音の出ない機器を作る，消音装置を取り付ける，防振材料の導入などに分けられる。伝播対策は，音源を遠ざける，音源の向きを変える，遮音壁を設けるなどに分けられる。耳栓やイヤマフなどの騒音保護具は，遮音効果を応用したものである。［田神］

相関カリキュラム （そうかん——）

2つ以上の教科の間にある教科カリキュラムの共通性を見出し，それらの内容を相互に関連のあるように編成するカリキュラムのこと。あくまでも教科の区分は変えないので，2つないしそれ以上の教科をある1つの新しい教科として編成し直す融合カリキュラムや総合科目とは異なる。例えば，エイズの教育をするのに保健と理科，あるいは家庭の中からそれぞれに関連する単元などの相互関連的な学習・指導を行う。指導の実際においては，1人の教師がこれら互いに関連する教科の内容を関連づけて指導したり，複数の教師が相互に互いに共同連係し，それぞれの指導において内容を関連的に指導するなどする。さらには，もっと組織的に，例えばTT（ティーム・ティーチング－協同教授）のように，複数以上の教師が協同してこれを行うことがある。［大澤清］
→カリキュラム，ティーム・ティーチング

臓器移植 （ぞうきいしょく）

様々な原因による進行性・不可逆性疾患のために不全状態となった各臓器を摘出し，健全な臓器を移植することによって，臓器不全とその合併症を治療する方法。腎臓，心臓，肝臓，膵臓，骨髄などの移植が行われている。移植免疫学の進歩や免疫抑制剤の開発に

より，移植成績は向上している。1997年に臓器移植法が成立した。[西川]
→生体肝移植，ドミノ肝移植

臓器移植ネットワーク （ぞうきいしょく――）

臓器移植法にあわせて発足した，臓器提供者と移植を受ける患者を結ぶ斡旋機関のこと。臓器移植を受ける患者は，ネットワークが公平な基準により選定し，無断で移植を行った医療機関は登録抹消などの厳しい措置がとられる。[西川]

早期がん （そうき――）

増殖を始めたがん細胞がまだ限局した部分（消化器では，粘膜下層まで）に留まっている状態をいう。この状態で発見されると，手術や放射線治療により完全治癒が期待できる。細胞診での確認が必要となる。[稲葉]

早教育 （そうきょういく）

早期教育とも呼ばれる学習体験の早期化の試みである。その意味するところは様々である。一般には英才教育（古くは穎才教育）として行われるもので，発達段階のできるだけ時期に様々な学習経験を与え，可塑性が高い状態で多くの学習内容を定着させ，本来その子どもが持っている能力を最大限に引き出すことを目的とした教育が知られている。音楽や運動，語学などの技能的学習において早くから試みられ，プロフェッショナリズムの早期化を招いている。一方，早期の教育は学習の定着に有利であるという着想は同様であるが，障害を持った子どもの生活能力や認識能力，社会適応能力を高めるために，障害の存在が明らかになった時点からできるだけ早く種々のプログラムを体験させることにより，障害の固定による二次的障害などを回避し，その子どもの最大限の能力を開花させる試みも，障害児の早期教育として広く実践されている。[瀧澤]

総合的な学習の時間 （そうごうてきながくしゅうのじかん）

2002年4月から実施された学習指導要領において創設されたもの。各学校が地域や学校，児童生徒の実態等に応じて，教科の枠を超えた横断的・総合的な学習や児童生徒の興味関心等に基づく学習など創意工夫を生かした教育活動である。ねらいは，①自ら課題を見つけ，自ら学び，自ら考え，問題を解決する力などを身につけさせること，②情報の集め方，調べ方，まとめ方，報告や発表・討論の仕方など学び方やものの考え方を身につけ，問題の解決や探求活動に主体的，創造的に取り組む態度を育て，自己の生き方を考えることができるようにすることである。総合的な学習の時間は，①各教科等で学んだ知識や技術を課題学習や体験的な活動を通して実感を持って理解し，実生活において生かされ総合的に働くようにするためであり，②各教科で学んだ基礎・基本を自らのものとするだけでなく，その後の各教科等の学習を深めるための時間である。したがって，この活動は，各教科等の指導の有意義な連携が重要となる。[皆川]

操作主義 （そうさしゅぎ）

知能，体力，学力などの概念はそれらを計量することのできるテストなどの操作によって，はじめて客観的に取り扱い，評価できるものとなる。科学というものは自然科学に限らず社会科学にあっても，厳しく正確な方法的な手続きつまり操作を含んではじめて知識を獲得することができるという立場である。元来は物理学的操作主義から始まった立場であって，「物の長さは長さを測る方法が決まれば定まる」とする。[大澤清]

早熟 （そうじゅく）

ある年齢における平均的な身体の成熟度に比べて，成熟が進んでいること。同じ年齢の子どもに比べて身長が高い，初潮が早めに発

来するなどの場合がある。初潮に限らず，声変わりが起こる，髭が生える，乳房がふくらみ始める，睾丸が大きくなる，陰毛が発達するなど二次性徴に関連する身体の変化がすべて他の子どもに先んじて現れるのが早熟な子どもである。仮に身長は高めではなくても，その子どもにとっての成熟段階が進んでいれば，二次性徴は早く訪れる。早い子どもでは，小学校低学年から二次性徴が現れることもある。思春期に起こる身体の変化は，周囲の子どもにもわかるため，本人だけでなく周りの子どもたちにも少なからず影響を与える。早熟であることが，スポーツなどでの好成績につながる場合もあるが，一方では周囲からのからかいやいじめの原因になることもあるので，早熟な子どもに対するケアは大切である。[渡辺]

創傷　（そうしょう）

外力により生体組織の連続性が破壊された状態である。種類は，鈍的圧による擦過傷，打撲傷，裂傷，刃物による切創，刺創，割創その他，銃創，爆創，咬創などがある。形状より分けると，表皮剝離創，皮下出血，挫創，弁状創などがあるが，大別すると閉鎖創と開放創に分けられる。[竹内宏]

増殖　（ぞうしょく）

細胞が分裂を繰り返して数を増やすこと。単細胞生物の増殖は主に環境中の栄養物や温度の制約をうける。多細胞生物の細胞の増殖や分化，がん化には細胞増殖因子が重要な役割を果たす。増殖因子が細胞膜表面の受容体タンパク質（レセプター）に結合すると，細胞内情報伝達経路を経て増殖関連遺伝子を発現し，細胞の増殖が促進される。[松村]
→細胞分裂

双生児法　（そうせいじほう）

身体の特徴や行動などに遺伝や環境要因がどの程度関わっているかを検証する研究方法。最も基本的には，一卵性双生児対と二卵性双生児対の類似度比較により，遺伝的影響の強さを推定することができる。一卵性双生児対の遺伝情報は完全に一致しているのに対して，二卵性双生児対では，同時に出生しなかった兄弟姉妹と同程度の遺伝的差異がある。同じ家庭で生まれ育った双生児対では，食生活などの環境条件は概ね同じと考えられる。そのため，一卵性と二卵性の双生児対の類似度の差は，既ち遺伝の要因によるものと解釈できるのである。また，例えば一卵性双生児対の片方が運動部に所属し，もう一方が運動経験がほとんどないとすると，2人の運動能力の差異は，運動習慣の違いによるものとみなせる。この場合も，同じような二卵性双生児対と比較すれば，より正確に遺伝による影響とそれ以外のものを分離してとらえることが可能となるだろう。[渡辺]

早朝尿　（そうちょうにょう）

尿検査の場合，一般的には早朝起床直後の尿（早朝第一尿）が最適である。すなわち，就寝，安静時の尿であること，pHは酸性に傾き，濃縮されていて成分の保存がよいとされている。[松本幸]
→尿検査

相同染色体　（そうどうせんしょくたい）

対（ペア）で存在する極めて類似した染色体のこと。1本は父方，1本は母方に由来する。ヒトの各体細胞の核には23対の相同染色体が含まれる。生殖細胞の母細胞では対になった相同染色体が存在する。これらは減数分裂によって1本ずつ分かれて配偶子に分配されるが，受精したときに再び一対の相同染色体の組みとなる。[松村]
→染色体

僧帽弁逸脱症　（そうほうべんいつだつしょう）

左心房と左心室の間にある僧帽弁が，左心室の収縮時に左心房の方に張り出して（逸脱して）きて，僧帽弁閉鎖不全を起こすものである。リウマチ熱による僧帽弁閉鎖不全がほ

とんどなくなった現在注目されている。原因はまだよくわからないが，経過は良好である。時に急死の原因になる。重症例では人工弁置換術を行う。[村田]

僧帽弁閉鎖不全症
（ぞうぼうべんへいさふぜんしょう）

僧帽弁は左心室が収縮して血液を大動脈に押し出すとき，血液が左心房に逆流するのを防いでいる。この弁が完全に閉鎖しない状態を，僧帽弁閉鎖不全という。かつてはリウマチ熱の後遺症として多くみられたが，最近ではリウマチ熱はほとんどない。予後は比較的よいが，人工弁置換術が必要なこともある。[村田]

足関節捻挫 （そくかんせつねんざ）

足関節靱帯には内側と外側があるが，95％以上は外側の靱帯損傷である。外側靱帯損傷は足関節内がえし強制により発症し，外力の程度に応じて前距腓靱帯，踵腓靱帯，後距腓靱帯の順に断裂する。内側靱帯（三角靱帯）損傷は足関節外がえしにより発症し，単独で損傷することは稀でしばしば脛腓靱帯損傷を伴う。初期には局所の安静，氷冷，圧迫，挙上が有効である。原則として保存療法が行われるが，無効の場合には手術的治療も行われる。[森川]

測定 （そくてい）

ある事象を，理解，伝達あるいは比較するために，その事象に対して適切な尺度をあてがって測ること。測定には誤差が含まれており，その誤差をできるだけ小さくすることが必要である。そのためには，測定の手順を守ること，測定器具を適切に使用できることなどが重要である。また測定に際して，信頼性，客観性，妥当性を確保する必要がある。信頼性とは，その測定を繰り返し行っても安定した結果が導かれる程度をいう。客観性とは，異なる測定者が測定を行った場合でも安定した結果が導かれる程度をいう。妥当性とは測りたい事象をどの程度正しくあるいは妥当に測定できているかを指す。一般に体力や運動能力の測定は信頼性，客観性，妥当性とも高く，質問紙調査などは信頼性が低くなる傾向にある。信頼性，客観性，妥当性を高めるために，複数回の測定を行ったり，複数の質問項目より１つの事象を測定する方法が工夫されている。[國土]

側頭葉 （そくとうよう）

大脳半球の外側にあり，音の理解や，聴覚・嗅覚・味覚と関係が深い。優位側上側頭回に感覚性言語中枢（ウェルニッケ中枢）がある。側頭葉の障害では，聴覚障害や，てんかんの一種である精神運動発作，障害と反対側の４分の１盲などが起こる。優位側側頭葉の障害では，感覚性失語症が起こる。[角南兼]

続発性腎炎 （ぞくはつせいじんえん）

全身性疾患に伴う糸球体（腎臓における尿の濾過装置）病変を持つ疾患のことで，以下，代表的疾患名をあげる。①ループス腎炎：全身性エリテマトーデスに合併する腎炎。②多発性骨髄腫：ベンス・ジョーンズタンパク（多発性骨髄腫，原発性マクログロブリン血症，骨肉腫，リンパ性白血病などで陽性を示し，特異的な熱凝固性がある）が多く作られ，これが糸球体で濾過されて近位尿細管で再吸収され，腎障害を来す。③紫斑病性腎炎：ヘノッホ・シェーンライン紫斑病に合併する腎炎症状で，１～２週で肉眼的血尿やタンパク尿を呈する。[松本幸]

鼠径ヘルニア （そけい――）

腹腔内の腸がソケイ部に入り込んでくる状態。乳児期早期に発見されることが多い。腸が一旦入り込んでしまうと緊急に手術が必要となる。ヘルニアを持っている小児で，嘔吐，腹痛を訴える時は注意を要する。[寺井]
→ヘルニア

組織 （そしき）

人体は約60兆個の細胞からなる。組織は特異な方向に分化した細胞が組み合わさって構成された細胞群のことで，その構造は特定の形態と機能を示す。組織には細胞の他に，細胞間物質を含むことがある。細胞間物質の多くは，細胞が直接間接に作り出したものである。組織の種類には，上皮組織，支持組織（結合組織），筋組織，神経組織などがある。2種以上の組織が集まり，特定の機能を営むようになった人体の部分を器官という。[佐竹]
→器官

素質 （そしつ）

常に教育における論争的概念として扱われてきた。一般には生物学的な遺伝に由来する環境から独立した発達要因として理解されてきたが，今日においては素質が環境と無関係であるとの考え方はほとんど支持されない。また，素質の概念自体が「素因」「体質」「資質」などと混用されて必ずしも確定された内包を持っていないことも素質の議論を難しくしている一因である。素質をできるだけ科学的に定義するために家系研究や双生児研究などが早くから行われ，素質の同一性を前提とした学習における差異や，同一環境下での反応の相違など，多くの角度から検討が加えられてきたが，確定的な見解はさほど明らかになっていない。シュテルンは輻輳説を唱え，発達は遺伝や素因と環境との相互作用であるとの見解を明らかにし，この面での定説となった。しかしながら，今日，遺伝子解析が精密を極めるようになり，従来は環境作用と考えられてきたいくつかのことが遺伝子による感受性や受容度の違いであることが明らかにされるに及び，再び素質の問題が議論されるようになっている。[瀧澤]

粗死亡率 （そしぼうりつ）

ある地域の人口1,000人当たりの年間死亡率のことで，単に死亡率ともいう。死亡率，年齢調整死亡率は人口の年齢構成の影響を受けるので，これを補正するために年齢調整死亡率が計算される。[大澤清]
→死亡率，年齢調整死亡率

咀嚼 （そしゃく）

食物を口の中に取り込んだ後，これを上顎，下顎の歯などで切断，粉砕して，唾液と混合することによって嚥下する（胃の中に送り込む）までの食塊を形成する一連の過程である。食物の消化吸収を助け，顎，歯及び周囲組織の正常な発育と健康を保ち，口の中の自浄作用を促す働きがある。[田代]

ソーシャルワーカー

社会的な資源を福祉的ニーズに結びつけていく援助的な実践をソーシャルワークと呼び，ソーシャルワーカーはこの専門職として位置づけられている。方法としては，直接対面的にクライエントに介入する方法と，間接的に計画や経営に関わっていく方法とがある。[花田]

措置入院 （そちにゅういん）

精神障害のため，自分自身を傷つけ，他人に害を及ぼすおそれのある者は，精神保健指定医2人以上の診断結果に基づき，都道府県知事の命令によって強制的に入院させることができる。いわば，本人の意思とは関係なく強制的に精神病棟へ入院させることである。また，緊急時はだれでも保健所を通じて都道府県知事に申請できる。実際，警察官や検察官が保健所に通報するケースが多い。また，急を要する場合には，72時間に限り，精神保健指定医1名のみの診察で強制的に入院させる緊急措置入院制度もある。ただし，この場合，72時間以内に通常の措置入院にするかどうか決めなければならない。一方，患者は都道府県に対して退院請求を出すことができる。また病院は6か月おきに定期病状報告を都道府県に提出して審査を受けなければなら

ない。[松岡優]

SOHO （そーほー）

サテライトオフィス（satellite office）やスモールオフィス（small office）とホームオフィス（home office）の頭文字を採ったもの。会社と自宅や郊外の小さな事務所をコンピュータネットワークで結んで，仕事場にしたもので，勤務時間の半分以上を占める。あるいは，コンピュータネットワークやテレワークを活用して自宅や小さな事務所で事業を起こすこと。通勤に要する時間や費用の無駄が省けるという利点がある。[松本健]

ソーラーシステム

太陽エネルギーを活用するシステムである。例えば集熱パネルで太陽熱を集めて温水を作り，給湯や床暖房に使用したり，太陽光を光電効果を利用した太陽電池によって電気へ変えて利用することなどが挙げられる。環境負荷を少なくしてエネルギーを供給できるため，地球温暖化防止への貢献も大きい。[渡邉]

→環境負荷，地球温暖化

ソリブジン

1993年に厚生省（当時）の製造認可を得て発売された抗帯状疱疹薬（商品名ユースビル，製造は日本商事，1-b-D-arabinofur-anosyl-(E)-5-(2-bromovinyl)uracil）。発売直後に帯状疱疹の治療にこの薬を服用した15人が次々に死亡し，後に犠牲者の全員が抗がん剤のフルオロウラシルを服用していたことがわかって薬害事件と判明した。これは，世界最大規模の薬の飲み合わせによる薬害事件となった。[田神]

→薬害

尊厳死 （そんげんし）

本人が判断力を失った場合に備え，予め文書による意思表示をしたり，代理人に生前の意思に沿った法的な処置を行わせることにより，無理な延命をせずに自然な死を迎えたいという人の数が増加している。これは尊厳死に連なる考え方であり，おもにアメリカ，西欧諸国を中心に活発な議論が展開している。わが国でも1994年5月に日本学術会議総会が，「患者本人の尊厳死の意思表示を条件とし，回復の見込みのない患者に対する過剰な延命治療は行わない」「人工呼吸器の装着，人工透析，化学療法，輸血，静脈注射による栄養補給の中止は自然の死を迎えさせるための措置である」とし，「消極的安楽死」への方向を打ち出した。しかし，苦痛緩和が目的であっても，毒物使用などにより患者の生命を終わらせる「積極的安楽死」については容認する立場をとっていない。[長谷川]

→安楽死

タ行

ダイエット

　語源的には生活習慣といった意味であるが，最近では体重を適正に保つための食事療法という意味に使われている。医師，あるいは栄養士による正しい指示と指導のもとに行われるべきダイエットが，体重を減らしたいという目的だけで，小学生高学年に始まり，中・高校生の女子では過半数が自分の判断だけで食事をしない傾向があり，栄養不足になる危険性が危惧されている。適切な食事は，健康を維持増進させるためにぜひとも必要である。適切な食事は，エネルギーと栄養素が必要にして十分な質と量を満たしていることである。中でもタンパク質から必須アミノ酸と，脂肪から必須脂肪酸を摂取しなくてはならない。必須という意味は，食べ物として摂取しないと体で合成することができないことである。また，ミネラルでは鉄とカルシウムが不足しがちであり，ダイエットをしている人のほとんどに中等度から高度の鉄欠乏性貧血がみられている。食べなければ，動かなければよいというのも間違いである。成長期にある子どもは体を動かすことで心肺機能が増加し，筋肉や骨格が丈夫になるのであるから，十分に食べて，十分に体を動かさなくてはならないのである。［村田］
→食事療法，栄養素，鉄血乏性貧血

ダイオキシン

　ポリクロロジベンゾ-パラ-ジオキシン（PCDD），又は2,3,7,8-テトラクロロジベンゾ-パラ-ジオキシン（2,3,7,8-TCDD）のことをいう。PCDDには塩素置換体があるため，2,3,7,8-TCDDを含め75種類の異性体（同族体としては8種類）があり，ダイオキシン類の毒性の評価には，発がん性や催奇形性など最も毒性の強い2,3,7,8-TCDDの毒性を1として，他のダイオキシン類の毒性の強さを毒性等価係数（TEF）として表すことで評価されており，検出した量については毒性等量（TEQ）として表される。PCDDは目的を持って製造される物質ではなく，農薬などを製造する際の不純物として生成される。ダイオキシン類は消化管や皮膚，肺から吸収され，吸収後は時間とともに肝臓や脂肪組織に蓄積され，その代謝には種差が認められている。［日置］

体温調節中枢　（たいおんちょうせつちゅうすう）

　体温調節に関与する脳部位を指す用語であるが，調節系は階層構造を持ち，特定の脳領域に限定できない。温度刺激に応じて熱放散あるいは熱産生反応を起こし体温を一定に保つ。温度信号の統合処理を行い，有効な調節反応の発現に最も重要な役割を果たしているのは視床下部である。［大貫］

体外受精　（たいがいじゅせい）

排卵直前の成熟卵子を卵巣から採取し、体外で夫の精子と受精させること。受精卵を培養して2〜8細胞期まで発育させた胚を、子宮に入れ（胚移植）、着床、妊娠させるまでをいうこともある。世界最初の体外受精児誕生は1978年、日本では1983年に誕生している。施行に際し、社会的、倫理的問題も多く議論されている。[大川]
➡卵巣、受精、受精卵

体外受精・胚移植　（たいがいじゅせい・はいいしょく）

この方法は、1978年に英国のエドワード博士とステップトゥー博士によって報告され、世界初の妊娠と出産が成功した。わが国では1983年（昭和58年）に東北大学産科婦人科教室の鈴木教授とその研究班によって妊娠と出産が成功した。現在では、不妊治療法として数多くの成功例がある。実際の方法は、hMGなどの卵胞刺激ホルモン製剤を、月経3〜5日目あたりから連日投与して多数の卵胞を発育させる。卵巣を経腟超音波法、血中エストラジオール値や尿中LHなどで観察し、卵胞径が20mm以上の卵胞が3個以上認められる時点でhCGを投与して卵の発育を促進する。hCG投与後34時間後に、腹腔鏡下もしくは経腟超音波法下で卵胞を穿刺し採卵して、培養液にて培養を開始する。用手的（マスターベーション）にて採取された精子を遠沈・洗浄し、卵子と反応（媒精）させる。約18時間後に顕微鏡下での受精確認の後に、子宮内への胚移植を行う。約2週間後には妊娠が判明する。[笠井]

体格　（たいかく）

広く身体の大きさを指して使われる語だが、保健学などではふつう身長と体重のバランスを表す。身長と体重のバランスは、体格指数といわれる様々な数値を用いて表わされる。一般に、幼児ではカウプ指数、小・中学生はローレル指数、高校生以上にはBMIを用いて体格の判定が行われる。これらの数値が、ある一定値を超えれば肥満、下回ればやせと判定され、健康指導の対象となる。ところで、身長と体重の適切なバランスは、年齢によって異なることがある。身体発育の過程で、身長の伸びと体重増加の時期が必ずしも一致するとは限らないためである。例えば、身体発育のスパート期では身長の伸びの急進期が体重のそれに先行する場合が多く、一時的にやせ傾向になることがある。その時期を過ぎると今度は体重が急に増加するために、以前に比べ太ったような印象を受けることがある。肥満の判定などでは、成人の場合のように機械的にせず、各々の発育の仕方も考慮に入れた上で行うことが重要になる。[渡辺]
➡カウプ指数、ローレル指数、BMI、肥満、やせ

退学　（たいがく）

学校教育において正規の修業年限、教育課程の履修などを終えずに学校に在籍しなくなることをいう。多くは学業の中途において退学するので中途退学（中退）という。小学校及び中学校、養護学校等の小学部、中学部には制度上の退学は存在しない。進学の意思を持って入学する高等学校、大学、高等専門学校、専修学校には制度上の退学が規定されている。これらの学校における退学には、授業料未納、学習不良、素行不良、犯罪などの理由によって学校長が命ずる退学と、生徒・学生が自発的に学業を中止して退学する自主退学がある。今日、大きな教育問題となっているのは高等学校における不登校などを先行実態とする中途退学の増加と中学校を不登校状態のまま制度上は卒業しているいわゆる「形式的卒業」である。子どもの数の減少により高等学校数の維持のため学力不足の「形式卒業者」も高校進学が可能になりつつあり、高等学校における中途退学は増加の一途をたどっている。[瀧澤]
➡不登校

大気汚染 （たいきおせん）

　大気汚染物質が，ばい煙や浮遊粒子状物質になり大気中に混じることをいう。大気汚染物質には，一酸化炭素，硫黄酸化物，窒素酸化物，炭化水素，有機塩素化合物，鉛化合物，重金属などがある。日本では，1960年代に大規模な石油コンビナートによる四日市スモッグなどの広域的な大気汚染が問題となった。他に化石燃料等が燃焼する際に生じる一酸化炭素や二酸化炭素などの窒素酸化物，フッ素化合物，カドミウム，アスベスト粉じんなどの人体に有害な物質の大気汚染やホルムアルデヒドなどの汚染の可能性も指摘されている。さらに，これらに加えてオゾン層を破壊するといわれているフロンや二酸化炭素などの温室効果ガス，酸性雨の原因である窒素酸化物，硫黄酸化物など地球的規模の環境を破壊する大気汚染物質も問題になっている。［植田］

→ばい煙，浮遊粒子状物質，一酸化炭素，硫黄酸化物，窒素酸化物，炭化水素，カドミウム（中毒），アスベスト，ホルムアルデヒド，フロン，オゾン層，酸性雨

大気汚染防止法 （たいきおせんぼうしほう）

　大気汚染に関して，環境基本法で設定された環境基準を達成するために1968（昭和43）年に制定された。工場又は事業場での事業活動に伴って発生する煤煙の排出等を規制し，自動車排ガスの許容濃度を定めている。ばい煙，粉じん，自動車排出ガスの3つが規制されており，ばい煙としては燃料等の燃焼等に伴い発生する硫黄酸化物，ばいじん（煤塵），カドミウム，塩素，弗化水素，鉛その他の有害物質を，自動車排出ガスとしては一酸化炭素，炭化水素，鉛その他の有害物質を定めている。固定発生源（工場や事業場）から排出される大気汚染物質については物質の種類ごとに，排出施設の種類や規模ごとに排出基準が定められている。改正大気汚染防止法では生涯リスクの概念が導入され，事業者の自己責任による自主管理を促進している。［大澤㳻］

→ばい煙，粉じん

大規模学校 （だいきぼがっこう）

　全校における学級数が19学級以上の学校をいう。大規模校ともいう。小学校や中学校においては教員の加配当の対象となる。施設基準や職員などで種々の配慮がなされる。大規模校出現の背景には都市における集住パターンの変化，既ち都市中心部からの人口流出と周辺地域での人口増加による子ども数の増加がある。40人学級制を維持することと学校建設の抑制から，必然的に生まれてくる現象が大規模校である。大規模校には，小規模校に比べて学校全体の活性や行事等の規模など生き生きした面が多くみられる一方で，生活問題の多様化や授業の成立困難，問題行動の多発など解決すべき問題も多い。これらの状況に対応するため，多くの都道府県では大規模校に養護教諭を複数配置するなど，心身両面の子どもの健康維持・増進に配慮しているが，解決を要する課題は少なくない。［瀧澤］

退行 （たいこう）

　退行現象ともいう。適応（防衛）規制の1つであり，対処できない心理的な困難に直面した際に，無意識的に行動の統制が崩れ，心の働きが発達のより以前の段階に戻ることをいう。例えば妹の誕生に際し，兄が突然母に甘え始める場合である。退行には，より以前の発達段階をもう一度やり直すという点で成長促進的な意味を持つ場合もある。［伊藤直］

→適応機制

胎児 （たいじ）

　ヒトの出生前の妊婦の体内（子宮内）にある状態をいうが，特に妊娠8週未満は胎芽と呼び，諸器官が形成され形態がヒトらしくなる妊娠8週以降に限って胎児と呼ぶことが多い。胎児期に多くの器官は分化・成熟し，諸機能も発達して出産後の母体外生活への備えができあがる。［大川］

胎児性水俣病 （たいじせいみなまたびょう）

　水俣病患者として診断される者が増加して行く中で，生まれながらにして水俣病になっている子が産まれた。当初，このような赤ちゃんには脳性小児麻痺とか先天異常等という診断がなされていた。それは，当時の医学の定説が毒物は胎盤を通さないと信じられていたためであった。しかし，診断した医師らは，この子たちも水俣病ではないかと考えたが，水俣病としての見解は「水俣湾の魚貝類を大量に摂取したことによって発症する」ということで，産まれたばかりの赤ちゃんはそれらをまったく食べてなく，産まれながらにしての水俣病はありえないとされていた。その後，熊本大学の研究によって，へその緒からも有機水銀が検出され，産まれながらに水俣病を発症していることが明らかになった。そして，その子たちは胎児性水俣病と診断されるようになった。[照屋]
➡水俣病，新潟水俣病，有機水銀

胎児治療 （たいじちりょう）

　薬物療法を主とする内科的治療と手術手技を用いる外科的治療がある。いずも，出生後における加療の開始よりも胎児期の治療がより有益な場合に行われる。内科的治療の対象疾患としては胎児心不全，胎児不整脈，先天性副腎過形成症，母体血小板減少症などがある。具体的には強心剤，抗不整脈剤，デカドロン，グロブリン製剤などの薬剤を母体に投与することによって経胎盤的に胎児に薬物を投与し加療することをねらっている。一方，外科的治療の対象疾患は重症な先天性心疾患，先天性水頭症，横隔膜ヘルニアなどが考えられるが日本では一般的でない。[松岡優]

体臭恐怖 （たいしゅうきょうふ）

　思春期～青年期（中学～高校生）に発症しやすく，自分の体から嫌な臭いが発散し，周囲の人たちに迷惑をかけていると訴える。周囲に人がいる時に現れやすく，症状が増強する。否定しても妄想的確信を抱き，対人恐怖症や統合失調症とは区別される。時には長期の経過をとるが，社会適応の意思は保持されている。[花田]
➡恐怖症，統合失調症

大出血 （だいしゅっけつ）

　体格，性，年齢などにより若干の違いはあるが，人体内の血液量はおよそ体重の13分の1といわれる。その全血液量の3分の1以上出血した場合をいう。3分の1程度だと生命の危険にさらされ，顔面蒼白，血圧低下など，出血性ショックが起こる。さらに，2分の1以上の出血では，失血により死に至る。[今村]

体循環 （たいじゅんかん）

　心臓の左心室から大動脈として始まり枝分かれして全身に分布し各臓器で毛細血管網を形成し，酸素や栄養素を与え，逆に各組織から老廃物を受け取り，再び集められて上行大静脈と下行大静脈となり，右心房に戻る経路をいう。[田中宏]

代償 （だいしょう）

　適応（防衛）機制の1つであり，目標を達成することが困難な時に，他の目標を達成することで欲求を満足させようとする無意識的な心の働きをいう。例えば専門職としての自立的な生き方を断念し専業主婦になった母親が，自らの果たせなかった夢を子どもに託し，子どもを勉強や習い事に熱心に取り組ませる場合などはその一例といえよう。[伊藤直]
➡適応機制，欲求

代償行動 （だいしょうこうどう）

　精神分析理論に基づく適応（防衛）機制の1つである。人は様々な欲求を持って行動を起こすが，それが充足されないときには欲求不満に陥いる。欲求不満の状態から逃れるためには，課題を解決して欲求を充足すること

が1番であるが，それができないときに代わりのもので代理的な満足を得ようとする。それが代償行動である。より具体的には，ある面の弱点や障害を他の面の優位性で補う補償（例：目の不自由な人が優れた音楽家になる），ある欲求の満たされない思いを他の欲求を満たすための行動に置き換える昇華（例：性的な欲求不満にある青年がスポーツ選手として成功する）などがある。［近藤］
→適応機制，欲求，欲求不満，補償，昇華

対症療法薬 （たいしょうりょうほうやく）

患者がかかっている病気そのものを治すのではなく，病気から発生している症状を取るのに用いられる薬。発熱をとる解熱剤，痛みを和らげる鎮痛薬がその代表。［辻］
→原因療法

対処行動 （たいしょこうどう）

ストレスが加わった時に，個人差や状況差は考慮しなければならないが，自分にとって大事なことが危うくなっていると感じられた場合に対処（コーピング）に影響し，より適切な，より新しいものを生むが，この時の対応を対処行動という。問題中心型と情動中心型とに2大別されるが，実際は混在してはたらく。［花田］
→ストレス，ストレス対処

耐性 （たいせい）

①病原微生物が薬剤に対して示す抵抗性，②一方からくる力に対して受けて逆らう力，抵抗力，③毒物・薬剤の作用に対する抵抗力，耐容性，許容度。［稲葉］

体性感覚 （たいせいかんかく）

体に関する感覚。皮膚粘膜などの体表面から起こる触圧覚や痛覚，温度覚，振動感覚の他に，体深部から起こる深部感覚（筋感覚ともいい，四肢の位置や関節の状態を知る感覚）をいう。内臓感覚に対立する語としてより広義に用いることもある。［大貫］

耐性菌 （たいせいきん）

薬剤に対して抵抗性を示す病原菌のこと。耐性は他の菌との接触によって伝達されることが知られている。耐性菌の出現頻度の高い病原菌は，赤痢菌・ブドウ球菌・結核菌・大腸菌などである。［稲葉］
→薬剤耐性菌

代替医療 （だいたいいりょう）

現代西洋医学領域において，科学的未検証及び臨床的応用の医学・医療体系の総称。範囲は広く，世界の伝統医学・民間療法はもちろん，保険適用外の新治療法をも含む。アメリカでは，alternative medicine（代替医学）又はalternative and complementary medicine（代替・補完医学）という言葉が使われる。また，ヨーロッパでは，complementary medicine（補完医学）という言葉が使われる。具体的には，中国医学（中薬療法，鍼灸，指圧，気功），インド医学，免疫療法（リンパ球療法等），薬効食品・健康食品（抗酸化食品群，免疫賦活食品，各種予防・補助食品など），ハーブ療法，アロマセラピー，ビタミン療法，温泉療法等がある。［樋田・竹内−］

大腸菌 （だいちょうきん）

腸内細菌科のグラム陰性桿菌で，ヒトや動物の腸管内に生息し，その多くは周毛性の鞭毛を持ち活発に運動する。腸管内では消化吸収，ビタミン合成，異物の代謝などの重要な役割を演じており，通常無害とされているが，いったん腸管外に出て他の臓器に感染すると膀胱炎や腎盂腎炎，肺炎，気管支炎，発熱などを引き起こす。生化学的な特徴として，多くの大腸菌は乳糖分解性を持つ。一方，O157に代表されるように一部に病原性を示すものがある。病原性のある大腸菌は，腸管病原性大腸菌，腸管組織侵入性大腸菌，腸管毒素原性大腸菌，腸管出血性大腸菌，腸管付着性大腸菌に分けられる。なお，衛生学

的指標として用いられる大腸菌群は，大腸菌と同様の性質を持つ腸管内に生息する菌の総称で，飲料水などからこれらが多数検出された場合，屎尿による汚染をうけ，消化器系病原菌により汚染されている可能性があるということを示す。[上濱]
→O157，腸管出血性大腸菌感染症

大腸菌O157 （だいちょうきんおーいちごーなな）

大腸菌の1種。激しい腹痛と血便を主とする出血性大腸炎を引き起こす，腸管出血性大腸菌の代表的な血清型である。腸管出血性大腸菌は，腸管内でベロ毒素を産生するのでベロ毒素産生大腸菌ともいい，病原性が強い。血栓性血小板減少性紫斑病を合併したり，溶血性尿毒症症候群を起こして重症化し，死亡する例もある。[林・竹内一]
→腸管出血性大腸菌感染症

大腸菌群 （だいちょうきんぐん）
→大腸菌

大動脈弁閉鎖不全症
（だいどうみゃくべんへいさふぜんしょう）

大動脈弁が拡張期に完全に閉鎖しないため，大動脈から左心室へ血液が逆流する状態をいう。小児ではリウマチ熱，梅毒などよるものが減少し，先天性のものが多くなった。この病気は長年にわたり症状がほとんどないが，いったん心不全を生ずると治療が難しい。そこで心不全になる前に，人工弁置換術を行う必要がある。[村田]

態度学習 （たいどがくしゅう）

態度とは，心理学的には「経験を通じて体制化された反応のための精神的，神経的な占有傾向あるいは準備状態」と解されている。態度は，ある刺激に対して反応を媒介する直接は観察不可能な状態である。しかしながら，態度は一定の情報を伴うコミュニケーションを継続することによって変容させることが可能である。態度の変容を目的として学習理論を適用し，特定の刺激を種々のコミュニケーションや条件づけの方法によって与える学習形態を態度学習という。[瀧澤]

態度形成 （たいどけいせい）

個人の人格的諸特性（認識，思考，判断，感情等）と社会的諸文脈の関係に規定されて，反応のための先有的傾向，あるいは準備状態である態度がつくられることをいう。態度形成とその構造に関しては，①均衡理論又は一貫性理論，②機能論，③情報論などの理論があるが，その形成過程の分析は必ずしも容易ではない。[瀧澤]

態度測定 （たいどそくてい）

態度は刺激と反応を媒介する潜在的変数と理解されており，通常は直接的に観察できないとされている。この態度を観察可能な顕在的行動や信念，意見など言語化される反応から定量的又は定性的に測定することを態度測定という。この態度を数量的に明らかにするために開発された尺度が態度尺度であり，今日，様々な態度尺度が存在する。[瀧澤]

態度変容 （たいどへんよう）

刺激に対する反応の先有的な傾向あるいは準備状態である態度が，内的あるいは外的要因によって態度が変化することをいう。態度はその形成の要素である認識や思考，判断などの変化によって内的に変容してしいく場合と学習によって外的に変容していく場合がある。後者の代表的な方法は説得である。説得には説得する方向性（期待される態度）と同一の内容のみを持つ一面的コミュニケーションと説得する方向とは反対の内容をも含む両面的コミュニケーションがある。変容されるべき態度主体がそのような意見や知識，情報を持っているかによってコミュニケーションの方法は異なる。また，恐怖生起刺激などによっても態度の変容は導かれる。ただし，あまりにも強い恐怖生起刺激を与えると反対に提示者に対する抵抗が増し，態度を硬化させ

る働きを持つ。説得の方向性とは，反対の方向性むしろ態度が強化される現象をブーメラン効果という。[瀧澤]

大脳　（だいのう）

終脳，間脳，中脳を合わせた部位を指す。終脳の表面は神経細胞の集合した灰白質におおわれ（大脳皮質），その内部に神経線維からなる白質（大脳髄質）がある。大脳随質の深部に大脳核と呼ばれる灰白質の部位がある。感覚・運動・言語・思考など高次な精神機能を司っている。[荒川]
➡間脳，中脳，灰白質

大脳新皮質　（だいのうしんひしつ）

大脳皮質は系統発生的に原皮質，古皮質，新皮質に分けられ，新皮質は最も新しく分化した皮質で発生の過程で1度は6層構造を形成する。新皮質は大脳皮質の大部分を占め，ヒトで最も進化している。新皮質の各部位は機能的に分化しており（機能の局在），感覚・運動機能の統合や言語や概念形成などの高次脳機能を司っている。[荒川]
➡灰白質

大脳辺縁系　（だいのうへんえんけい）

大脳新皮質の内側にあり発生的に大脳新皮質より古い皮質部位である。恐怖反応や不安反応のような情動の発現や食・飲行動や性行動のような動物一般に共通した本能に結びついた行動及びそれらに付随する内分泌・自律神経反応を調節する。また，学習・短期記憶にも重要な役割を果たしている。[荒川]

体罰　（たいばつ）

直接的な暴力の他，身体的・精神的苦痛を加えることも含まれると考えられる。日本では学校教育法第11条により，教師による児童生徒への体罰は禁止されている。海外では体罰を教育の一部として認めている国もあるが，体罰は子どもの権利条約に抵触する問題である。[渡邉]
➡子どもの権利条約

胎盤　（たいばん）

子宮内壁と胎児の間にできる臓器で，胎児母体間の物質交換の場となる。即ち母体血から水，酸素，栄養物を吸収し，臍帯を通して胎児に送る。一方胎児から生じた二酸化炭素などの老廃物は母体血中に排泄する。妊娠継続に必要なホルモンの分泌器官でもある。分娩時約500g。児の娩出後は速やかに排除される（後産）。[大川]
➡後産（あとざん）

胎盤感染　（たいばんかんせん）

胎内にいる時，胎盤を通して母親から胎児に病原体が移行し，児に感染を起こすこと。胎盤通過性のある病原体には風疹，サイトメガロウイルス，単純ヘルペス，B型肝炎ウイルス，HIV等多くのウイルス，トキソプラズマ，梅毒スピロヘータがある。感染により流産・早産や子宮内胎児発育遅延，胎児奇形などを引き起こす。[大川]

大麻　（たいま）

わが国では麻としてその繊維を利用する植物である。大麻草を乾燥させた物をマリファナと呼び，樹脂状に固めた物をハシシという。摂取・吸煙により，酩酊作用，時間・空間のゆがみ，気分変容，視覚・聴覚の変容，思考変容などを引き起こし（一種の急性中毒状態），催幻覚剤に分類される。異常体験の内容は，乱用者のその時の気分や乱用時の場によって変化し，一定しない。緊張感が取れ，ゆったりとした気分になることもあれば，むしょうに愉快になったり，時には恐怖感に襲われパニック状態になることもある。これらの異常体験は大麻に含まれているテトラハイドロカンナビノール（THC）によるとされている。この一種の急性中毒状態は眠りに陥ることによって終わることが多い。ただし，その後も急性錯乱状態や誇大妄想，被害妄想，各種幻覚などが持続した場合には，

大麻精神病として治療が必要となる。依存性があり，ヘロイン，コカインへのゲイトウェイ・ドラッグとなることが多い。[和田]
→マリファナ，ヘロイン，コカイン，ゲイトウェイ・ドラッグ

大麻取締法 （たいまとりしまりほう）

大麻の乱用を規制するために作られた法律である。栽培，輸出，輸入した者は7年以下の懲役で，営利目的の場合には10年以下の懲役である。所持，譲渡，譲受は5年以下の懲役で，営利目的の場合には7年以下の懲役である。[和田]

代理出産 （だいりしゅっさん）

精子及び卵子は夫婦間のものであり，子宮がない母親や子宮があっても妊娠に適さない子宮の場合，母親の代わりに別の女性が子宮を借して出産することをいう。日本では現在，認められていないが，アメリカ・カリフォルニア州では行われている。代理出産でなければ実子を手にすることのできない夫婦の望みがある一方，代理懐胎に対する倫理面，社会面の問題も残されている。[松岡優]

体力 （たいりょく）

広義には身体的能力と精神的能力に分けられる。身体的能力は，身体活動を遂行する能力である行動体力と生命を維持する能力である防衛体力に分けられる。一般的には行動体力を体力と呼んでいる。体力はいくつかの要素（下位領域）から構成されている。行動体力は筋力，筋パワーなどの身体運動を発現する能力，敏捷性，平衡性，柔軟性などの身体運動を調整（コントロール）する能力，全身持久力，筋持久力などの身体運動を持続する能力から構成される。防衛体力は身体の器官の活力である基礎生命体力と，物理的，化学的，生物的，生理的，心理的な各種のストレスに耐える能力である抵抗力から構成される。また，身体と精神は不可分であり，身体活動は精神要因によって規定されるとし，体力を身体的側面と精神的側面に分けて分類する考え方もある。この場合，体力は身体的要素，精神的要素のそれぞれで防衛体力と行動体力に大別される。身体的要素は器官・組織の構造，身体的ストレスに対する抵抗力（防衛体力）と，体格，姿勢など身体の構造，筋力，持久力など身体的作業能力（行動体力）によって構成される。精神的要素は精神的ストレスに対する抵抗力（防衛体力）と，意欲，正確性など精神的作業能力（行動体力）によって構成される。[西嶋]

体力診断 （たいりょくしんだん）

体力テストを用いて体力を測定し，定められた評価基準にしたがって体力水準を評価することである。[西嶋]

体力診断テスト （たいりょくしんだん——）

体力診断に用いられる一組の体力テストのことである。フィールドテストを用いた代表的な体力診断テストとして，文部科学省により1964（昭和39）年から実施されたスポーツテストを用いた体力・運動能力調査では10歳（小学校5年生）から29歳を対象に，筋力，瞬発力，敏捷性，持久力，柔軟性を測定する7項目のパフォーマンステストから体力診断テストが構成された。[西嶋]
→文部科学省新体力テスト

体力測定 （たいりょくそくてい）

体力テストを用いて身体機能を計測し，数量として表すことである。測定結果から体力が評価され，運動処方の基礎資料，トレーニング効果の判定などに用いられる。体力テストには体力要素（下位領域）ごとに信頼性，妥当性を満足するテスト項目が用いられる。全身持久力では最大酸素摂取量，20mシャトルラン，筋力では握力，脚伸展パワー，瞬発力では立ち幅跳び，垂直跳び，スピードでは50m走，柔軟性では長座体前屈，敏捷性では反復横跳びなどがある。文部科学省新体力テストは，体力評価基準に全国標準値を用いる

代表的な体力テストである。複数の体力テスト成績を総合し，体力を評価する。体力評価には性，年齢階級別の5段階評定，体力年齢が用いられる。広義の体力測定では形態測定が含まれる。形態測定項目は身長，座高，上肢長，下肢長，胸囲，腹囲，臀囲，上腕囲，大腿囲，体重，体脂肪量（率），除脂肪体重，皮下脂肪厚などである。［西嶋］
→文部科学省新体力テスト

体力トレーニング （たいりょく——）

競技力向上や健康維持・回復などを意図した体力向上を目的として計画された運動プログラムを実施する活動である。一般的なものは，体力を総合的に発達させることを目的とする。専門的なものは，特定の競技種目に要求される体力要素を最適に発達させることを目的とし，競技に基礎的・専門的な運動を用いて実施される。［西嶋］

唾液 （だえき）

唾液腺（耳下腺，顎下腺，舌下腺等）から分泌される。主な成分は99.5％が水，そして少量の電解質と有機成分である。食物の溶解，唾液アミラーゼにより糖質の分解といった消化作用があり，口腔や歯の衛生的に保つ役割がある。また唾液中にはコーチゾルが分泌されるので，それを定量しストレスの指標として使われている。［田中宏］

多剤耐性 （たざいたいせい）

細菌が複数の抗生物質に対する耐性を持つ性質をいう。細菌が他個体又は異種の細菌の耐性遺伝子を取り込み自己の遺伝子に組み込んで新しい能力を獲得することにより生じる。抗生物質の無計画な使用が，結果的に耐性能力を持った菌だけ選択的に生存させる。多剤耐性はサルモネラ菌，腸球菌，結核菌，緑膿菌などで知られている。［鈴木耕］
→抗生物質，耐性

多剤耐性結核菌 （たざいたいせいけっかくきん）

複数の抗結核薬に対して耐性を持つ結核菌のこと。治療の際，抗結核薬の服用が不規則，あるいは不十分な場合，菌が耐性化しやすい。耐性菌の出現を抑え，治療効果を上げる方法としてDOT，直接監視下治療：医療関係者など第三者の目の前で患者に服薬してもらう方法）が提唱され，成果を上げている。［上地］
→結核，結核菌，耐性

多重人格 （たじゅうじんかく）

ひとりの人の内面に複数の人格が存在しているかのように思考し行動する障害である。DSMでも以前は多重性人格障害という診断名が存在していたが，現在はこの用語は使われず解離性同一性障害という診断名となっている。DSM-Ⅳの記述によれば，「2つ又はそれ以上の，はっきりと他と区別される同一性又は人格状態の存在」「これらの同一性又は人格状態の少なくとも2つが反復的に患者の行動を統制する」「重要な個人的情報の想起が不能であり，それは普通の物忘れでは説明できないほど強い」といったものである。この障害は，何らかの心的外傷をきたすような体験がきっかけによって起こるものとも考えられる。例えば，幼い頃の親からの虐待などが原因で生じるような場合である。日常生活でみられる人の多面的な性格，例えば学校ではおとなしいのに家では暴れるなどは，むしろ社会適応上の必要から生じているもので，障害とはまったく異なるものとして考えなければならない。［近藤］
→解離性障害

脱臼 （だっきゅう）

外傷性脱臼は関節包や靱帯などの支持組織の損傷あるいは弛緩によって相互の関節面がまったく接触を失った状態をいう。相互の関節面が正常な適合関係を失っているが，なお関節面の一部が互いに接触を保っているもの

を亜脱臼という。完全脱臼では外見上正常な関節の輪郭を失い，変形や短縮をみる。また関節は一定肢位に固定された状態になり，これを動かそうとすると弾力性の抵抗を示すのでバネ様固定と呼ばれる。［森川］

脱臼骨折　（だっきゅうこっせつ）

骨折に隣接する関節の脱臼を伴ったもの。［森川］

脱水症　（だっすいしょう）

体内の水分が正常域より低下した状態。皮膚粘膜は乾燥し，血圧は低下する。高度となれば不可逆的なショック（循環不全，虚脱）に陥り死にいたる。発展途上国では下痢による脱水で多くの命が失われている。熱射病などでの予防が大切。水分，電解質の経口摂取（スポーツ飲料など）や非経口的注入（点滴など）が必要である。［荒島］
➡ショック，ショック症状，熱射病，熱中症

達成動機　（たっせいどうき）

目標を目指してやる気のことをいう。親が子どもに対して期待し，ある目標を掲げる，子どものやる気をいかに高揚させるかによって目標達成が可能か否かが決まる。ピグマリオン効果にみられるように，ただ単に見守られているというだけで教育効果の上がることもある。適度な達成動機であれば，満足を持って達成感を持つこともできるが，高すぎる目標に対しては挫折感しか持つことはできない。失敗することのわかっている目標を掲げないで，各自に相応した目標を立て達成動機を高揚し，成し遂げたときに一緒に喜ぶことも大切なことである。［斎藤］
➡ピグマリオン効果，フロイト

多動(性)　（たどう：せい）

近年，幼児教育や初等教育段階での，子どもの扱いにくさとの関連で議論されることが多い。ただ忘れてならないのは，子どもは本来「動こうとする」存在であることである。ピアジェ，フロイト，エリクソン，マズローなどの理論で示されていることは，表現は異なっているもののその背景にあるのは，子どもが本来的に内在している「動こうとする」欲求であろう。子どもに向かう時，おとなが絶対的で専制的な存在として立ちはだかっている限りにおいては，子どものそうした動こうとする欲求が表面化して行動化されることはない。しかし，おとなの側が言わば相対的で民主的な存在として立ち現れた場合，子どもの行動が表面化して問題視されるようになるのであろう。こうした理解に立てば，現代社会において子どもの多動性が議論の対象になったことは，必然的な帰結であるといえよう。しかし，一方で極端な多動やその他の問題がからんでいる子ども，例えば注意欠陥多動障害（AD/HD）などについては，何らかの対処が必要となる。これらの障害は脳の機能障害が原因とされており，時に薬物が有効である場合も少なくなく，それとともに適切な対応が望まれる。［近藤］
➡注意欠陥／多動障害

田中正造　（たなかしょうぞう）

栃木県選出の国会議員。田中正造（天保12年〜大正2年，1841〜1913年）は，明治24年（1891年）12月18日「足尾銅山鉱毒加害の質問書」を国会に提出した。その内容は「群馬，栃木の間を流れる渡良瀬川は足尾銅山から流れる鉱毒で，その流域の田畑は不毛の地と化している」ということを国会に報告し，国がその責任を明確にし，地域住民を救済するようにと訴えたが，政府が答弁をしないうちに議会は解散した。しかし，彼のこの訴えが足尾銅山鉱毒事件解決に向けての第一歩となったのは有名である。［照屋］

たばこ

現在のように嗜好品として用いるようになった最初の人類は，マヤ族であったとされている。世界的に広まったきっかけは，コロンブスらによるアメリカ大陸への上陸（1492

年）であったことに間違いないようである。喫煙されるたばことしては，紙巻きたばこ，葉巻きたばこ，パイプたばこ，刻みたばこがあるが，これらのたばこに火をつけて煙を出して吸う「スモーキング」が世界のたばこ使用の大部分を占める。たばこ煙の成分には，4,000種以上の化学物質が確認されている。有害化学物質として約200種，発がん物質として40種程度含まれている。たばこ煙はガス層と粒子層に分けられ，重量は前者が92％，後者は8％程度である。ガス層には，発がん性物質のニトロソアミン類，一酸化炭素（CO），シアン化水素，アルデヒド類など猛毒の化学物質が含まれ，粒子層にはタール成分があり，この中にニコチン，発がん物質のベンツピレンが含まれている。［皆川］
➡主流煙，副流煙，喫煙，タール，ニコチン，ベンツピレン

たばこ規制枠組み条約
（——きせいわくぐみじょうやく）

WHOが2003年に制定したもので，たばこによる被害を抑制するため，世界規模の規制の網をかけることを目的とした条約。主に，たばこの価格，密輸問題，宣伝広告，たばこの箱のデザイン，農業政策の転換，たばこ自動販売機の規制や免税たばこ商品・インターネットによる宣伝販売の規制などの内容などが含まれている。［皆川］

WHO （だぶりゅーえいちおー）
➡世界保健機関

ダブル・スクール現象
（——げんしょう）

一時期に2以上の学校に通学する現象を広くダブル・スクーリング（二重通学）あるいは単にダブル・スクールと呼ぶ。通常，学校教育法第1条に規定されている学校は2以上に在籍できない（二重学籍禁止）。ただし，大学，短期大学などの高等教育機関に通学している学生が，二重学籍禁止規定に抵触しない専修学校専門課程や各種学校に資格取得の目的のために通学することは一般化しており，これをダブル・スクーリングと呼ぶ。この傾向は，就職を有利にするために，大学在学中に在籍する大学では取得できない資格や国家試験受験準備のために，その目的に特化した専門教育を受ける目的で広まった。好例は司法試験受験のための専門学校通学である。さらに，簿記，税務，社会保険労務，語学，情報処理など多岐にわたる専門職業教育に関わる各種学校通学が意識を持った学生の間で広まった。この背景には大学における教育が教養教育，専門的な理論教育に終始し，実際性に乏しいという学生と企業の認識があることは否定できない。一方で，ダブル・スクールには教育経費の増加や大学での学習意欲の低下など黙視できない点もある。［瀧澤］

打撲 （だぼく）

鈍的な外力が直接加わることによって発症する。局所の組織の挫滅，血管の損傷などにより，腫脹，内出血が生じる。急性期の治療としては受傷直後にRICEを行う。［森川］
➡RICE処置

ターミナルケア

原因に関係なく，治癒の可能性のない末期患者に対する身体的・心理的・社会的・宗教的側面を包括したケア。延命のための治療よりも，身体的苦痛や死への恐怖を和らげ，残された人生を充実させることを重視する。また，そのケアを専門に行う施設をホスピスという。［吉田］
➡ホスピス

タール

たばこ煙中に含まれている濃褐色の油分をいう。たばこ煙中の3大有害物質の1つ。粘着性の微粒子で，気道の繊毛の運動を阻害し，浄化作用を弱める。また多くの発がん物質を含んでいる。［皆川］
➡たばこ

ダルク

薬物依存から回復した薬物依存経験者たちによる薬物依存からの回復のための自助的（入寮）施設。入寮者の最低の義務は，1日2〜3回の12のステップに基づいたミーティングに参加することであり，共同生活をすることによって，薬物依存からの回復を図っている。[和田]
→薬物依存

炭化水素　(たんかすいそ)

炭素と水素のみから構成される化合物の総称で，鎖状炭化水素（脂肪族炭化水素）と環状炭化水素に大別される。石油や天然ガス中に存在する化石燃料の主成分で，燃焼により二酸化炭素を発生するため地球温暖化の主要な原因物質となる。メタンを除く炭化水素は大気中で窒素酸化物と複雑な光化学反応を起こして光化学スモッグの主要原因物質であるペルオキシアセチルニトラート（PAN）等の光化学オキシダントを生成し大気汚染源となる。光化学スモッグは1944年にアメリカのロサンゼルスで初めて確認され，日本では1970年に初めて確認された。[大澤栄]
→地球温暖化，メタン，光化学スモッグ，光化学オキシダント，大気汚染

単純性肥満　(たんじゅんせいひまん)

過食と運動不足により摂取されたエネルギーが過剰のために，体脂肪が異常に蓄積する状態をいう。一方，内分泌疾患などの基礎疾患があり肥満になるのが症候性肥満で，前者が後者よりはるかに多い。肥満の診断法はいろいろあるが小児では肥満度によるのが一般である。肥満度20％から軽度肥満になり，50％以上を高度肥満としている。[福田]
→肥満

男女産み分け法　(だんじょうみわけほう)

昔から各国で行われてきた。夫婦の希望だけでなく，政治的にも宗教的にもゆがめられた。一方，自然の摂理にあらがうものと否定する意見もある。経験的なものからより科学的なものになってきている。[松岡優]

男女共同参画社会
(だんじょきょうどうさんかくしゃかい)

「男女が，社会の対等な構成員として，自らの意思によって社会のあらゆる分野における活動に参画する機会が確保され，もって男女が均等に政治的，経済的，社会的及び文化的利益を享受することができ，かつ共に責任を担うべき社会」と定義される社会で，男女の人権が等しく尊重され，お互いが支えあい，利益も責任も分かちあえる，言わば男性と女性の同等なパートナーシップで築き上げるバランスのとれた社会像のこと。[森光]

男性不妊　(だんせいふにん)

不妊症は，夫婦間で正常な営みを過ごしていて，2年経つにもかかわらず子どもに恵まれない場合と定義されている。結婚している夫婦の約10％に認められ，原因が女性側によるものが約30〜40％，男性側による場合が約25〜33％ある。男女両方にある場合が約25〜33％ある。そして原因不明も約10％ある。男性側に原因のあるものを男性不妊といい，多くは，精子がなかったり，少なかったり，精子に関するものがほとんどである。[松岡優]
→不妊，精子

男性ホルモン　(だんせい——)

主に精巣で合成されるホルモンであるが，副腎皮質や卵巣でも合成されている。男性ホルモンにはいくつかの種類があり総称してアンドロゲンと呼ばれる。いわゆる男らしさを促す性ホルモン作用があり，骨や筋肉の発育を促進する。人工的に作られた男性ホルモンであるアナボリックステロイドがスポーツ界で多用され，大きな問題を投げかけている。[田中宏]
→精巣，卵巣，性ホルモン

炭疽菌 (たんそきん)

　バシラス属に含まれる芽胞を持つグラム陽性通性嫌気性桿菌である。比較的大型で，広く土壌，水，空中などに分布している。コッホが固形培地で世界で初めて細菌の純培養に成功し，パスツールが初めて弱毒生ワクチンを作った細菌学史上最も重要な細菌の一つである。芽胞を作ると数十年間栄養がない状態で存在することが可能である。炭疽菌による感染症が炭疽病で，代表的な人獣共通伝染病である。本症の95％は皮膚炭疽で，創傷から感染し，2～3日の潜伏期を経て赤や紫の腫れが生じ，その後潰瘍が生じる。そのまま放置すると高熱，浮腫が起こり死に至ることもある。肺炭疽は，初期にかぜ様の症状を呈する。髄膜炎を発症した場合には早期に治療しないと死亡率はほぼ100％となる。腸炭疽は，発熱，嘔吐，腹痛，血便などの症状で，早期に処置しなければショックや敗血症に進行し，死に至ることもある。ヒト用のワクチンは国内では販売されていないが，抗菌薬が比較的有効である。2002年の米国でのバイオテロで生物兵器として用いられた。芽胞を粉末状に加工して郵便物として発送されたために郵便局員がこれを吸引して肺炭疽を発病して亡くなっている。[上濱]
→コッホ，パスツール

単調労働 (たんちょうろうどう)

　一定の単純な繰り返し作業のこと。[鬼頭]

単独処理浄化槽 (たんどくしょりじょうかそう)

　浄化槽とは雑排水又は水洗便所からの汚水を公共下水道以外へ放流するための設備又は施設をいう。下水道が整備されていない地域においては水洗便所からの汚水又は生活雑排水の処理は浄化槽で処理される。し尿のみを処理する浄化槽のことを単独処理浄化槽という。[千葉]
→合併処理浄化槽，下水道

炭肺症 (──しょう)
→炭粉沈着症

タンパク質 (──しつ)

　20種類のアミノ酸により構築されており，生体の筋肉，内臓，皮膚，骨格を構成する主成分である。また，生命を維持するための身体活動に必要な化学反応を調節している酵素やホルモン，抗体を作る重要な役割を果たしている。絶食時や食事制限中ではエネルギー源でもあり，1g当たり4kcalエネルギーを有している。[久野・金・加藤]
→アミノ酸，必須アミノ酸

炭粉沈着症 (たんぷんちんちゃくしょう)

　空気中の塵埃（じんあい）を長期間吸入し続けることにより，これらの物質が肺の奥深くに沈着して，主に呼吸系の障害を引き起こすことをじん肺症と呼ぶが，その中で炭粉によるものを特に炭肺症（炭粉沈着症）と呼ぶ。以前は炭鉱労働者の職業病として知られていたが，今ではたばこや自動車の排気ガスによるものが大半となっている。放置すると呼吸不全に移行し，重篤な結果にいたる。[竹内--]
→じん肺症

チアノーゼ

　血管中の赤血球のヘモグロビンの還元型増加。皮膚や粘膜が紫色になること。末梢性は寒冷に曝露された時，口唇などにみられる。全身性チアノーゼは先天性心疾患などで静脈血が動脈系に短絡した時などにみられる。結膜，口唇，四肢末端などに著明である。[荒島]

地域歯周疾患治療必要度指数
(ちいきししゅうしっかんちりょうひつようどしすう)

　CPITN。1982年にWHOによって提唱された，地域における歯周病の有病状況と，これに基づく歯周疾患の処置の必要度を，容易

にかつ迅速に把握するために体系づけられた疫学指数である。診査は、診査時の歯肉出血の有無、歯石の有無、歯と歯肉の境目の溝の深さを測定する。その所見をコード（スコア）化し、そのコードに応じて、4つの治療必要度のカテゴリーに分類する。[田代]
→歯周病(疾患)

地域保健 （ちいきほけん）

社会の単位として一定のまとまりを有する地域において、当該地域の住民の健康の保持及び増進を図るため、国及び共団体が講ずる施策。これまで戦後、集団的、社会防衛的な観点から実施されてきた衛生行政に対し、個人の多様な需要に着目した「地域保健」という用語が、1994年の地域保健法の制定を機に多用されるようになってきた。[森光]

地域保健法 （ちいきほけんほう）

1994（平成6）年に保健所法が全面改正されてできた法律。急激な人口の高齢化と出生率の低下、疾病構造の変化、地域住民のニーズの多様化などに対応し、サービスの受け手である生活者の立場を重視した地域保健の新たな体系を構築すること、都道府県と市町村の役割を見直し、住民に身近で頻度の高い母子保健サービスなどについて主たる実施主体を市町村に変更し、既に市町村が実施主体となっている老人保健サービスと一体となった生涯を通じた健康づくりの体制を整備するとともに、地方分権を推進するといった点が基本的な考え方として強調されている。[森光]

チェルノブイリ原発事故
（――げんぱつじこ）

1986年4月26日、旧ソ連のウクライナ共和国のチェルノブイル原発で発生した史上最悪の原子炉事故。蒸気爆発で炉心の一部が破損、火災が起こり、大量の放射性物質が放出した。31名の死者及び203人が急性放射線障害で入院し、住民13万5,000人が避難した。放射能汚染は国境を越えて広い範囲に及ん
だ。[戸部]
→放射能汚染

知覚 （ちかく）

視覚、聴覚、触覚、嗅覚、味覚といった身の回りの事物、対象からの刺激を感覚器で受け取り、中枢神経で処理された結果として意識に上る内容や意識化されるまでのプロセスを指す。人は知覚によって環境からの刺激、情報、自身の内部の状態を把握することで、適応的な行動を行うことができる。知覚はそのプロセスに脳による処理が含まれる。よって知覚から意識化される事物は外界の事物の単なる模造ではない。例えば視覚情報は網膜の平面（2次元）にある光受容細胞が受けた光の情報でしかないはずだが、意識されるのは明確な立体感のある世界（3次元）である。また、錯視などは、見る対象の周囲の刺激が異なると、同じ長さでも違った長さに見えることが知られている。これらの原因は脳による情報処理を介しているためである。[阿部]

知覚学習 （ちかくがくしゅう）

同じ外界からの刺激情報に対しても、学習経験に応じて意識に上る内容が変容していくこと。知覚では、外界からの入力を絶えず処理している一方で、知覚自体も変化するという可塑性の存在が知られている。上記は臨界期を過ぎた脳にもみられるため、知覚の「成長」ではなく、「学習」による変化とみることができる。説明の理論には、経験を重ねるにつれ、それまで反応しなかった刺激要素にも反応するようになる分化説と、経験の蓄積に伴い情報が付加されたために知覚学習が生じるとする豊富化説がある。[阿部]

知覚中枢 （ちかくちゅうすう）

大脳皮質において感覚インパルスが最初に到達する部分。一次知覚領。体感覚については中心後回。聴覚については側頭葉、視覚は後頭葉、嗅覚、味覚は海馬付近に一次知覚領

がある。知覚成立のためには，一次知覚領ばかりでなく，普通その知覚に接して存在する二次知覚領も必要である。〔角南 兼〕

地球温暖化 （ちきゅうおんだんか）

　地球表面温度は昼間太陽から受け取る放射熱と，地上からの熱放射の熱収支によって支配されている。地球上が適切な気温（約15℃）を保っている原因は温室効果ガスが大気中に存在するためであり，それらは昼間に太陽から受け取った熱を逃がさない毛布のような役割を果たしている。また地球表面の温度は，太陽からの放射熱量の増減や海水の塩分濃度の変動に左右される海洋大循環などによっても大きく変動する。近年，地球規模での気温上昇が観測されており，これを地球温暖化現象と呼ぶ。この現象の原因は温室効果ガス，特に化石燃料の燃焼による二酸化炭素濃度の上昇であると考えられており，社会問題化している。またメタンやフロンなど種々の人工的に合成された化合物は温室効果が二酸化炭素よりも高いため，微量でもその影響が懸念されている。しかし，全地球的炭素循環に関してはいまだ解明されていない部分も多く，温暖化に関してもその原因と機構が完全に判明しているわけではない。現在進行している地球温暖化は地球史的に見ればごく僅かの変化であるが，海水面の上昇や気候変動など，人類に対して大きな影響を及ぼすことが予測されており，この温暖化を防止するためには私たちの消費生活そのものを見直す必要が叫ばれている。〔大澤 兼〕

→温室効果，二酸化炭素，メタン，フロン

地球化学 （ちきゅうかがく）

　地球を物質科学の対象として，化学的視点から地球の形成，進化過程，並びに様々な地学現象等を明らかにする広範な学問領域をいう。原始地球は現在私たちが手にいれることのできる始原的隕石とほぼ同じような元素組成を持っていたと考えられており，現在の地球はその原始地球が分化，即ち，核，マントル，地殻という層状構造を持つように元素が分配されることによって形成されたと考えられている。地球全体，太陽系全体の普遍的な元素存在度を求める研究は20世紀前半にゴールドシュミット並びにノダック夫妻らによって始められ，星の中の元素合成理論とともに著しい発展を遂げてきた。現在，元素や同位体を用いた化学的研究が盛んに行われ，地球の進化過程や内部構造に関する多くの知見が得られつつある。しかし，地球の原材料物質や進化に関して単純なモデルでは説明できない様々な謎が残っており，地球はいまだ科学的に謎の天体であるといえる。〔大澤 兼〕

地球環境の悪化 （ちきゅうかんきょうのあっか）

　産業革命以降の人為的地球環境の汚染は，人類にとって最も深刻な問題である。地球環境の悪化は森林の伐採，化石燃料の消費，人工的に合成された様々な有害物質や放射性物質の垂れ流しなどによって進行する。大気，水質，土壌の汚染は人体に直接悪影響を与えて公害を引き起こすだけでなく，生態系へ多大なる損傷を与えるため，予期できない地球環境への悪影響をもたらす。例えばフロンガスによるオゾン層の破壊はオゾンホールの拡大を招き，大気圏を素通りできるようになった太陽からの強い紫外線は地球生命に致命的ダメージを与えかねない。健全な地球環境の保持は，人間が健康で幸福な生活を送るために不可欠であり，いかにして自然と人類を共存させるかが人類に課せられた大きな課題といえよう。〔大澤 兼〕

→フロン，オゾン層

地球生態系 （ちきゅうせいたいけい）

　地球上の生物が構築している巨大な炭素循環機構であり，地球上の生物は様々なサイクルでの炭素循環の複合体を構成している。あらゆる生物が消費している有機化合物はすべて緑色植物の光合成による炭素同化作用によって生産されており，生態系はそれを他生物が分解する形で構成されている。人間もこの

システムを構成する一因子であるが，人類が生み出した様々な有害化合物や森林の伐採などは生態系に致命的なダメージを与えることがある。人類の経済活動は，地球生態系の分解代謝機能の範囲内でのみ維持することが可能であり，それ以上の負荷を生態系にかけることは人類の存続そのものを危うくしかねない。地球生態系は非常に複雑かつ精密であり，その全容を科学的に解明することは難しい。科学的解明に先立って潜在的危険を回避し，健全な地球生態系を維持するよう努力が払われている。[大澤]

→緑色植物，光合成，生態系

知識 （ちしき）

研究分野や各分野の理論パラダイムによって定義が異なる。認知心理学においては外界の事物，事象に関する辞書的，定義的な事実情報と，ある状況において目標を達成するために，上記の情報をどのように操作し働きかけるか，といった手続き的な情報のことを指す。前者を宣言的知識，後者を手続的知識という。また，行動主義心理学においては，心の内的処理過程について問わない立場をとるため，刺激とそれに対する反応の結びつきの集まりとして知識をとらえていた。発達心理学においては，知識を伝達するものではなく，環境との相互作用により能動的に構成されていくものとしてとらえる構成主義の知識観が知られている。この構成主義は，環境からの相互作用を含んでいることから社会との相互作用に対しても拡張され，社会的構成主義としても確立されている。[阿部]

チック症 （——しょう）

不随意的，突発的に出現し，急速で反復的，非律動的な運動あるいは発声である。運動チックと音声チックに分けられ，前者ではまばたきなどの目のチックが最も多く，後者では咳払いが多い。本人と周囲の人に特性を正しく理解してもらい，発達と適応を支えれば軽快することがある。複雑になればトゥレット症候群として，薬物療法も検討する。[花田]

窒息 （ちっそく）

息がつまったり，酸素が欠乏したりして，呼吸が止まることをいう。瞬時に発生し5〜6分間，気道が閉塞されるだけで死亡することもある。また，乳幼児や重度障害児にもみられることが多い事故でもある。その理由として，①乳幼児では臼歯がないため，食べ物を適切な大きさにすることができず，大きいまま飲み込むため詰まりやすい，②障害児はうまく飲み込むことができずに詰まりやすいことが挙げられる。窒息の原因になりやすい食べ物には，年始につきものの餅をはじめ，丸いキャンディー類，ぶどう，プチトマト，ちくわ，ナッツ，たくわん，こんにゃくゼリー，氷などがある。また，小さなボールなど，口に入るサイズのおもちゃやその部品，風船でも窒息の危険がある。時には，乳幼児の身につけたおもちゃや衣服のひもが，ベッドや滑り台の柵に絡まって窒息することもある。さらに，ビニール袋をかぶったり，空き地に捨てられた冷蔵庫や自動車のトランクに入って窒息することもある。[柿山]

窒素酸化物 （ちっそさんかぶつ）

酸化窒素は窒素に酸素が結合した酸化物で，N_2O，NO，N_2O_3，NO_2，N_2O_4，N_2O_5，NO_3，N_2O_6 がある。このうち環境問題に関連する一酸化窒素（NO）と二酸化窒素（NO_2）をNOxと総称することがあり，自動車の排ガス等が発生源である（ただしNO_2はN_2O_4と平衡になっており，常温では大部分がN_2O_4である）。NOxは大気汚染や酸性雨の原因となり，長期的な影響としては呼吸器系への障害や光化学スモッグを引き起こす。最も主要な発生源はディーゼル車であり，ガソリン車の約3倍ものNOxを放出するため問題となっている。都市部での高いアレルギー素因保有率やぜん息の有症率はNO_2濃度と有為な相関が存在すると報告さ

れており，浮遊粒子状物質と並んでその規制，削減が最も声高に叫ばれている環境汚染物質である。［大澤㊗］
➜大気汚染，酸性雨，光化学スモッグ，ディーゼル排気

腟内リング （ちつない——）

腟内に挿入するリング形状の用具である。避妊を目的に，ステロイドを含有させたポリエチレン等のリングを腟内に挿入し，腟粘膜からステロイドを吸収させる方法がある。また，子宮内膜症の薬物療法として，腟内リング等を用いた局所療法が開発されている。経口投与と異なり肝臓を経由しないため副作用が少ないといわれている。［笠井］

知的障害 （ちてきしょうがい）

精神遅滞のこと。医学的・心理的・教育的分類がある。目安としてIQ70～50が軽度，49～35が中度，34～20が重度，20未満が最重度とされる。軽度では言語面の遅れがあるものの，家庭内での身辺技能は自立し適切な条件下で就労など社会的自立も可能である。中・重度は言語発達に個人差があり，単純作業は概ね可能であるが，重度では多くが運動障害等の合併がある。知的障害養護学校等で特別な教育支援を要する児童生徒の教育分類（文部科学省）では，重度知的障害を「ほとんど言語を解さず意志の交換及び理解への適応が著しく困難，日常生活では介護を必要とする程度（IQ25～20以下のもの）」，中度を「環境の変化に適応する能力が乏しく，身辺の処理が他人の助けをかりてできる程度（IQ20ないし25～50ぐらい）」，軽度を「日常生活に差し支えない程度に身辺処理ができるが，抽象的思考は困難である程度（IQ50～75ぐらい）」としている。知的障害を来す原因には染色体異常，胎生期・周生期の異常，生物学的側面など多様であるが，知能指数（IQ）がその程度の基準になる。つまり「知的障害とは，一般的知的機能が平均以下のもの」（米国知的障害協会）の定義によると，平均より2標準偏差未満のものということになる。つまりIQ69以下の子どもが，それに該当する。これは人口の2.5％に当たり，常に知的障害の理論的基準に該当することになる。［伊藤㊞・小林㊛］
➜精神遅滞，知能指数，染色体

知的発達 （ちてきはったつ）

個体が時間経過に伴って精神的機能を変容させていくプロセスを指す。発達と学習を区別してとらえると，発達は一連の課題（発達課題）が達成できるようになる過程のことを指し，その過程の中に学習も含まれる。また，発達には臨界期といった時間的，不可逆的な側面を持つ点でも学習と異なる。この研究においては古くからピアジェの発達段階が知られているが，近年の認知発達研究からは，乳幼児の有能性，認知発達の領域固有性といったピアジェ理論に対する反証も示されている。［阿部］
➜発達，学習

知能 （ちのう）

一意的に定義は定まっていないものの，主に思考，推理，判断などの高次の情報処理能力を意味することが多い。したがって，感覚レベルでの情報処理は知能には当てはまらない。知能の定義は立場によって違うが，教育的立場からの代表的な定義をあげるならば「経験によって，何かを獲得するような能力，既ち学習する能力」となるであろう。この定義はディアボーンが主張したものである。現在の知能研究は個人差に焦点があてられて行われている。つまり，知能の量的なものを測定することによって知能の本質を明らかにしようとしているのである。知能の量的測定には知能検査といった方法が用いられる。現在，様々な知能検査が行われており，その結果を分析することによって知能を構成する要因をつきとめようという研究がなされることが多い。［大久保］

知能指数　（ちのうしすう）

　IQ。人間の知的能力は限られた範囲であるが，その水準を表示する単位で算出できる。米国のターマンは，仏人のビネーの開発した検査を改訂し，この中で知能指数と呼んだ。知能指数は，IQ＝精神年齢（MA）／生活年齢（CA）×100の式により算出される。つまり知能指数は，精神年齢と生活（歴）年齢の比を100倍したものであり，100が中心でそれより値が高ければ知能も高く，低ければ知能も低いことになる。知能指数は，ある個人が何歳級の問題まで正答か，あるいは何歳級の点が取れたかにより個人の精神年齢が決まりそこからつくる物であり，あくまでも個人の知能の発達程度を示すものである。他の子どもとの比較はできない。そこで知能指数の限界を乗り越えて，知能偏差値という考えが生まれた。これは同年齢の平均点からの個人得点のずれを，集団の得点分布の大きさを示す標準偏差で割ったものに，50（偏差値の中心）を加えた値である。これが高いほど知能も優れていることになる。［小林芳］

→生活年齢

知能テスト　（ちのう──）

　知能を科学的・定量的に測定しようとしてつくられた測定ツールのこと。一般に，知能検査は複数の項目から構成されている。その項目群は標準化の手続きを経ており，テスト結果から被験者の知能を尺度上に位置づけることができる。初めて知能を定量的に測定し実用化したのは，フランスのビネーとシモンである。彼らは，政府より精神薄弱児を識別する方法を作るように依頼され，世界で初めてとなる知能検査ビネー式知能検査を開発した。知能検査は他にも，クールマン＝アンダーソン知能検査やウェクスラー式知能検査などがある。知能検査の結果表示については一般的に知能指数（IQ）が用いられているが，これは精神年齢を暦年齢でわって100をかけたものである。したがって，知能指数は平均100，分散1であるような正規分布となっている。また，知能の程度を表わす指標としては，知能指数の他には知能偏差値と呼ばれるものがよく用いられている。［大久保］

→ウェクスラー式知能検査，知能指数

痴呆　（ちほう）

　発育過程において獲得された知能など様々な精神機能が，脳の器質的障害によって低下し，それによって日常生活・社会生活を円滑に営めなくなった状態。原因疾患としては，血管性痴呆とアルツハイマー型痴呆という代表的な疾患の他，アルコール精神病，頭部外傷，てんかん，パーキンソン病などが挙げられる。［渡邉］

→アルツハイマー型痴呆，てんかん，パーキンソン病

致命率　（ちめいりつ）

（式）　　致命率 = （ある期間内における）疾病による死亡数 ／ （ある期間内における）疾病の罹患者数 ×100

で表される指標であって，その疾患の危険度を表現している。［大澤清］

チャイルドシート

　2000（平成12）年4月から，6歳未満の幼児について使用が義務化された。義務違反には，違反点数1点が付加される。チャイルドシートは座席に装着するが，車にぴったりはまらなかったり不適当な付け方であったりすると効果が発揮されない。大きさによって，大まかに3種に分かれているが，使用期間が比較的短いので，適正なシートをその都度購入することが負担になっている。リサイクル制度など，利用促進のための施策が求められる。［家田］

着床　（ちゃくしょう）

　受精卵（胚）が子宮壁に接着する現象。ヒトにおいて着床は排卵後7〜8日目に開始する。細胞分裂しつつ子宮腔内に入った受精卵

(胚)は，子宮内膜上皮及び結合組織を溶解して子宮内膜内に侵入する。胚が完全に子宮内膜に埋没するまで4日を要する。進入口は内膜組織の再生によって閉ざされ，胚は埋没し妊娠が成立する。［大川］
→受精卵，排卵，妊娠

治癒 （ちゆ）

病気やけがが治ること。［辻］

注意 （ちゅうい）

いくつか存在する対象のうち，他のすべての条件が一定であるにも関わらずある特定の対象に対して意識の焦点化を行うことである。注意は2つに分けてとらえることができる。意識が意図的ではなく，焦点化された場合を不随意的注意（一次的注意）と呼び，意識が目的や意図を持って焦点化された場合を随意的注意（二次的注意）と呼ぶ。また，注意の状態は一定時間以上保持することは困難であるとされている。具体的には，外部から刺激を受けたとして，その刺激に対して連続して注意していると最後にはその刺激が注意の対象として感じられなくなってしまうのである。これを注意の動揺と呼んでいる。ルビンの壺などは，知覚的注意の動揺を示す例として用いられてきた。［大久保］

注意欠陥／多動障害
（ちゅういけっかんたどうしょうがい）

注意欠陥／多動性障害ともいう。また，AD／HD（attention‐deficit／hyperactivity disorder）と略称されることが多い。生物学的要因である脳器質障害（特に前頭前野の異常）によるもので，生後5年以内に症状が出現する発達障害である。時には成人期まで持続することがある。出現率は3％，男女比は男が数倍多い。併存障害は，強迫性障害21％，学習障害30％で，読みの困難あるいは他の学業上の問題を随伴することが多く，また軽率な規則違反や事故を起こしやすい。感情障害25％，不安障害27％で不登校を合併することがある。関係では社会的な抑制力が欠如し，普通にみられるはずの注意や遠慮がなく，他の子どもとの関係では人気がなく孤立しがちである。通常認知障害がみられ，特異的な言語発達の遅れや反社会的行動と低い自己評価が二次的に合併し，行為障害は7％にみられ，しばしば多動と「社会化されていない行為障害」など周囲に迷惑を及ぼす行動パターンと重複する。下位分類では指示に従えず，細かいことに集中困難で課題や活動を順序だてて行うことができず完成できない不注意優勢群と，多動衝動性優勢群の2種がある。しばしば周囲の理解が得られず非行などに巻き込まれることも少なくない。回りの理解を得ることが大切で，適切な対応を根気よく続けることが肝心である。薬剤も有効である場合が少なくない。［猪股・近藤］

中央教育審議会 （ちゅうおうきょういくしんぎかい）

中央省庁等改革の一環として，従来の中央教育審議会を母体として各種審議会の機能を整理・統合し，教育制度分科会，生涯学習分科会，初等中等教育分科会，大学分科会，スポーツ・青少年分科会の5つの分科会として，2001（平成13）年1月6日付けで文部科学省に設置された（文部科学省設置法第6条及び中央教育審議会令）。審議会の主な所掌事務は，①文部科学大臣の諮問に応じて，教育の振興及び生涯学習の推進を中核とした豊かな人間性を備えた創造的な人材の育成に関する重要事項，スポーツの振興に関する重要事項を審査審議し，文部科学大臣に意見を述べること，②文部科学大臣の諮問に応じて生涯学習に係る機会の整備に関する重要事項を審査審議し，文部科学大臣又は関係行政機関の長に意見を述べること，等が規定されている。また，構成員は30人以内で，任期は2年で再任も可能である。また，特別の事項を調査審議させる必要があるときは臨時委員を置くことができる。［石崎］

厨芥 (ちゅうかい)

家庭の台所や料理店の厨房から出るごみの総称。[田神]

中間宿主 (ちゅうかんしゅくしゅ)

病原体が最終的に寄生する終宿主にたどり着くまでに、一時的に寄生する相手のこと。例えば、日本住血吸虫症ではミヤイリガイが中間宿主、ヒトが終宿主となる。[上地]

➡病原体, 宿主

中耳炎 (ちゅうじえん)

感冒様症状が先行し、細菌の感染により耳痛を生じるものが急性化膿性中耳炎であり、鼓膜切開により排膿が必要なこともある。適切な治療により一般的には2週間以内に治癒する。アデノイドの増殖や鼻咽頭炎により耳管の狭窄を生じ、中耳腔が陰圧となるため滲出液が中耳腔内に貯留し起こるものが滲出性中耳炎である。耳痛を伴わないため発見が遅れ、難聴のため子どもの発達に影響を及ぼすこともある。治療には数か月から数年を要することがある。[礒辺啓]

➡滲出性中耳炎

中耳真珠腫 (ちゅうじしんじゅしゅ)

鼓膜の一部が奥に陥没し、袋状になって、耳あかがたまり塊になったもの。初期には症状が乏しく、難聴の出現で発見されることが多い。感染や炎症により真珠腫性中耳炎となり、周囲の骨組織を破壊しながら進展すると手術が必要となる。小児の場合、鼓室の先天性真珠腫が難聴などにより学校検診で発見されることが多い。[礒辺啓]

中心静脈栄養 (ちゅうしんじょうみゃくえいよう)

栄養には口から摂取するしないに関わらず、腸を利用する経腸栄養と栄養成分を点滴静注する経静脈栄養がある。中心静脈栄養は長期間、口から摂取できない状態か経腸栄養ができない極小未熟児や腸切除後などに施行される。抹消静脈からの高濃度の栄養輸注は静脈炎を起こすので、心臓に近い部位から輸液されるので中心静脈栄養といわれる。輸液には糖、アミノ酸、ミネラル、ビタミン剤、微少元素、脂肪が含まれる。[松岡優]

中枢神経系 (ちゅうすうしんけいけい)

脳と脊髄からなる。発生学的には、外胚葉由来の神経管から生じ、その頭部にあたる3つの膨らみが脳となり、これより尾方が脊髄となる。脳、脊髄ともに、頭蓋骨、脊椎の骨組織で全体的にしっかりと保護されている。さらに骨の内側でも、硬膜、くも膜、軟膜によって3重に覆われている。中枢神経系は末梢神経系を介して身体の各部と結ばれる。[角南兼]

➡脊髄, 末梢神経系

中性脂肪 (ちゅうせいしぼう)

1分子のグリセロールと3分子の脂肪酸のエステルの総称(トリアシルグリセロール、トリグリセリド)。油脂のことで、極性を示さないため、中性脂肪といわれる。食用油脂の99%以上は中性脂肪である。性質は構成している脂肪酸の種類によって異なり、常温で液体のものを油、固体状のものを脂と区別されるが、総称して油脂ということが多い。1g当たりの発熱量は9kcalであり、炭水化物やたんぱく質と比べて大きいため、身体の主要なエネルギー源の貯蔵形態となっている。身体では主に皮下・腹腔内・筋肉間に脂肪組織として蓄積される。運動時には分解されて遊離脂肪酸を生じ、筋運動のエネルギー源となる。臨床的には、血中の中性脂肪値が、動脈硬化性疾患の危険因子の一つとされ、血液生化学検査の項目に加えられることが多い。血中中性脂肪値は、肥満者では高く、運動などで肥満を解消すると低下する。[田中茂]

中途覚せい (ちゅうとかく——)

睡眠障害の1つで、何度も目が覚め、目覚めた後に再び入眠することが困難であるた

め，一晩中寝ていないと訴える場合が多い。睡眠中に10秒以上の持続的な換気の停止が繰り返し現れると，中途覚醒の形をとることがある。中年以降の肥満の男性に多いとされるが，経鼻持続陽圧補助呼吸療法が最も有効とされている。[花田]

中毒性精神病 （ちゅうどくせいせいしんびょう）

各種の化学物質を原因として，意識障害を中心とした精神病状を呈するもので，化学物質としては，一酸化炭素，水銀，硫化水素，シアン化物，鉛，農薬，除草剤などがある。なお，アルコール，有機溶剤，覚醒剤，モルヒネ，コカインなどは精神作用物質として，乱用，依存，後遺障害に分けて問題とする。[花田]

中毒110番 （ちゅうどくひゃくとおばん）

急性中毒の治療に必要な情報の収集と提供が目的。この電話サービスには一般市民向けと医療機関向けがあり，化学物質，医薬品，動植物などの自然毒についての中毒知識等を解説している。主体になっているのは日本中毒情報センターであり，関東（つくば市）と関西（大阪市）にある。[千葉]

肘内症 （ちゅうないしょう）

2歳〜6歳の小児に多くみられる。急に小児の手や手首を引っ張ったり，ねじったりした時に起こる。疼痛が主要症状で，肘はもちろん上肢全体を使用せず，下垂したままとなる。橈骨骨頭が抹消へ引っ張られて輪状靭帯へ押し込まれるために生じる。[森川]

中脳 （ちゅうのう）

錐体外路系の神経細胞集団や眼球運動に関与する動眼神経や滑車神経などの脳神経核がある。腹側には大脳脚という白質が左右一対あり，錐体路などの繊維束が走行している。この部の障害で，意識障害，除脳硬直を生じる。[角南兼]

チュートリアル学習 （——がくしゅう）

教えないで学ばせる学習ともいわれる。1969年にマックマスター大学医学部が初めて導入した。方法で，課題追究型，少人数討論型，自己方向付の3要素が含まれる。学習者は自学自習が基本となる。教師は課題シートなどを提示して，方向づけを行う。図書館やインターネットで自学するための自習時間が必要である。[鈴木和]

腸 （ちょう）

胃幽門部に続く管腔器官で，小腸と大腸よりなる。小腸は長さ6〜7mで，十二脂腸，空腸，回腸に区分され，回盲部で盲腸に連なる。大腸は約1.5mの長さを有し，盲腸，結腸（上行，横行，下行，S状）及び直腸に区分される。三大栄養素の大半は小腸で吸収される。大腸内には多数の細菌が常在し生物学的消化を行っており，水分吸収の後，糞便として排泄される。[竹内宏]

腸炎ビブリオ （ちょうえん——）

コレラ菌と同じビブリオ属の菌で，菌体は真っ直ぐの形状をしたグラム陰性通性嫌気性桿菌である。増殖には3％の塩分濃度が必要であり，塩分濃度が0.5％以下では増殖できない。海水中に生息する細菌なので，特に夏の時期を中心に菌の付着した魚を刺し身などで食べることにより，食中毒を引き起こす。また，この菌に汚染された調理器具を介して野菜などから感染することもある。この菌はヒトの体内に入ると，腸管内で増殖し，耐熱性で溶血作用や致死作用を持つ外毒素である溶血毒素を産生するが，すべての腸炎ビブリオが毒素を産生するわけではなく，毒素を産生する株のみが病原性を示す。本菌は熱に弱いので，食虫毒を予防するためには加熱の他，真水での十分な洗浄，調理器具の洗浄・消毒が有効である。[上濱]

→食中毒

超音波 (ちょうおんぱ)

人の耳では聞くことができない高い音，概略20,000Hz以上の高周波音をいう。[田神]

超音波エコー画像検査
(ちょうおんぱ——がぞうけんさ)

超音波を人体にあてると，反射され振動子に戻ってくる。これを利用して体内の構造や機能を解析している。心臓，頭部，腹部，甲状腺，乳房，筋肉，皮下脂肪など幅広く利用されている。得られた静止画像は構造異常の発見及び計測に利用され，動画は機能検査として役立っている。副作用はないと考えられ，妊婦にも利用され胎児エコーも一般化している。[松岡優]

超音波診断法 (ちょうおんぱしんだんほう)

超音波の特性を利用し，生体内部での組織間距離や物質性状の識別などを，非侵襲的にリアルタイムな視覚的情報として得る診断方法である。また，操作方法が簡便，装置が安価などの特長があり，心臓領域を始めとする循環器疾患や消化器疾患，悪性腫瘍の診断・治療等において重要な役割を果たしている。[久野・金・加藤]

懲戒(生徒の) (ちょうかい)

学校教育法第11条には，「校長及び教員は，教育上必要があると認められるときは，監督庁の定めるところにより，学生，生徒及び児童に懲戒を加えることができる。ただし，体罰を加えることはできない」とある。身体的な苦痛や精神的な苦痛を与えるような懲戒は体罰に該当する。教師の体罰は違法行為であり，そのために生徒が被害を受けた場合には，民事上の責任として被害生徒に対する損害賠償義務が発生する。[家田]
→体罰

聴覚障害児 (ちょうかくしょうがいじ)

聴力に障害のある子どもをいう。その程度によって，軽度難聴，中等度難聴，高度難聴，聾に分類される。聴力レベルによって分類される場合は，文部科学省の学校教育施行令の一部改正（2002年4月通知）によれば，聾とは「両耳の聴力レベルがおおむね60dB以上で，補聴器を使用しても通常の話声を理解することが不可能又は著しく困難な程度」のものとなっている。音の振動は，外耳，中耳，内耳を経て大脳にある中枢に到達すると音の感覚が起こる。音の感覚が起こる振動は20ヘルツから20,000ヘルツの間である。聴覚障害は，このように音と感じるまでの聴覚経路に障害を受けることである。聞こえの程度により，軽度難聴（～40dB，小さい話し声や遠い人の話し声が多少聞き難い），中等度難聴（～70dB，軽度と高度の中間で聞き取りの誤りが多い），高度難聴（～90dB，大声でないと聞こえない）に分かれる。聴覚障害のうちの聴覚過敏は，聞こえが異常に過敏になり，時には耳痛を感ずる。また聴覚失認は，大脳の病変に起因する聴覚障害であり，音や語音を弁別したり認知したりすることの困難さの状態をいう。[小林芳]
→聴力異常(難聴)

聴覚障害児教育
(ちょうかくしょうがいじきょういく)

通常の小・中学校に併設されている難聴特殊学級や聾学校で行われる。聾学校には，早期教育をねらいとした幼稚部があり，おおよそ3歳から教育を開始している。また，高等部（専攻科を含む）の教育は，一般と同じ普通科と生徒の能力に応じた専門教育での学科がある。日本には米国と違ってまだ聴覚障害者のための大学はない。[小林芳]

聴覚領 (ちょうかくりょう)

上側頭回の背側部（いわゆるヘシュル回）に存在し，聞こえてきた音を鑑別し認識するための中枢である。したがって，左大脳半球のこのあたりをウェルニッケ野といい，その部の障害で感覚失語を来す。聴覚中枢は両側

支配であるため，一側のみの障害では難聴を来さない。[角南兼]

腸管出血性大腸菌感染症
(ちょうかんしゅっけつせいだいちょうきんかんせんしょう)

　1982年にアメリカで出血性大腸菌の集団発生があり，この時発見された大腸菌が$O157＝H7$であった。ヒトに病原性を持つ大腸菌の1種であるが，熱には弱い。他にも$O26$，$O111$，$O128$が有名で，この菌は毒性の強いベロ毒素を放出し，出血性の下痢を引き起こす。この菌による感染によってしばしば溶血性尿毒症症候群を発症する。小児では10人に1人の割合でHUSを起こすとされる。特に，幼児や老人などのように体力が低い場合には死に至る場合もある。わが国では1996年に大阪府堺市を中心に約6,000人に及ぶ感染が発生し，世界でも例を見ない規模で流行した。
[上濱・林・竹内—]
➡$O157$，大腸菌，大腸菌$O157$

長期欠席　(ちょうきけっせき)

　児童生徒が1年間に連続又は断続して30日以上欠席した場合をいう。長期欠席者数は，学校教育行政に必要な学校に関する基本的事項を明らかにするための学校基本調査（指定統計第13号）に基づいて集計されている。学級担任は毎朝，健康観察，児童・生徒の健康状態の把握を実施し，欠席者とその理由を学級観察記録簿に記入して養護教諭に提出する。長期欠席の主な理由は以前には病気だったが，1995（平成7）年度から不登校が多くなった。2001（平成13）年度は長期欠席者全体の61%が不登校である。2001（平成13）年度文部科学省の「児童生徒の問題行動等生徒指導上の諸問題に関する調査」によると，「不登校状態となった直接のきっかけ」は，起因するものとして，学校生活が36.2%，本人の問題が35%，家庭生活が19.1%である。「不登校状態が継続している理由」は比率が多い順に，不安などによる情緒的混乱26.1%，複合25.6%，無気力20.5%である。[笠井]
➡学校基本調査，不登校

腸球菌　(ちょうきゅうきん)

　ヒトの腸や泌尿器に常在する細菌で，健常者には病原性はないが，幼児，高齢者，病気により免疫力の弱っている人などには，本菌が原因による感染症を引き起こす場合がある。腸球菌による感染症の治療には抗生物質が使用されてきたが，この治療法には耐性菌の出現が不可避であった。現在，市場に出回っている抗生物質中最強の剤がバンコマイシンであり，バンコマイシン後継薬剤の開発は緒に付いたばかりである。にもかかわらず，既に耐性菌が出現しているということは，人類が本症の治療手段を失うという事態を意味している。[鈴木耕]
➡バンコマイシン，バンコマイシン耐性腸球菌

腸脛靱帯炎　(ちょうけいじんたいえん)

　腸脛靱帯と大腿骨外側上顆の骨隆起との間の過度の摩擦が原因となって生じる膝の使いすぎによる障害。ランニング中に起こる膝外側の痛みを主症状とする。長距離ランナーに多くみられ，O脚や回内足との関連が指摘されている。[森川]

超低周波騒音　(ちょうていしゅうはそうおん)

　人の耳では聞くことができない20Hz以下の音を超低周波という。この音によって，住宅の建具などの構造物を振動させる不快な音になったり，その直接の作用によって頭痛，不眠などの身体的な自覚症状を起こさせる状態のこと。[田神]
➡騒音

聴能訓練（聴覚学習）
(ちょうのうくんれん：ちょうかくがくしゅう)

　聴覚障害児（者）の残存聴力の活用と言語指導を図ることである。特に聴覚を主な情報の入り口として活用するところにこの訓練（学

習）の特色がある。聴覚に障害があると，音として感ずる音刺激の範囲は減少し，また聴覚機能にもゆがみが出てくる。聴覚障害といっても，聴覚機能がまったくないということではない。この残存聴力の活用が，補聴器の発達によってかなり効果が認められるようになった。なお聴能訓練は，近年，従来の教師主導型の聴能訓練から児童生徒の自主性を重視した聴覚学習に変わってきている。その学習背景には，①残存する現在の聴力管理，つまり聞こえを良好に保つために，補聴器装用時の域値検査など聴力の保護と管理をすること。②聴覚の補償のために補聴器を装用し，健聴者のレベルまでに聞こえが回復するわけでないが（聴力レベルの半分程度を補償する），少しでも効果的に使用できるように教室内の補聴器システムの環境を整えること。③聴覚活用の方法は，単一感覚法（聴覚のみの使用）と多感覚法（聴覚以外の感覚も使用する）とがあるが，可能な限り両方法が適時使用されるような学習をすること，なおこれに伴う言語指導については，口話，手話等で意思の伝達法が行われている。[小林芳]

重複障害児　（ちょうふくしょうがい）

2つ以上の障害を併せ持つ児童生徒をいう。その程度が重ければ重度重複障害となる。重複障害の原因は，主に中枢神経系に起因したものであることが多く，身体運動障害と知的障害や言語障害を持ったり，健康面で不利な病弱であったりする。つまり2つ以上の障害を多様に組み合わさることで生じた障害像である。障害児教育領域では，運動発達と認知発達での2側面の組み合わせにより関わっている状態を重複障害と呼んでいる。なお，歩けないこととしゃべれないことが重なると重度重複障害になる。特別支援教育諸学校でのこのような児童の在籍率が，年々増加傾向にある。[小林芳]

→知的障害，言語障害

重複障害児教育
（ちょうふくしょうがいじきょういく）

重複障害児を対象とする教育で，その学級を重複障害学級という。学校教育法施行令第22条の2で規定する程度の心身の障害を2つ以上併せ持った児童生徒の教育は，1学級当たりの人数が3人を標準としている。一般に病気の程度が重度になれば，その教育は病弱養護学校や肢体不自由養護学校で行われる傾向にある。[小林芳]

腸閉塞　（ちょうへいそく）

腸管の内容が肛門の方へ円滑に通過しなくなり，腹痛，腹部膨満，嘔吐があり，最終的には便もガス（おなら）も出なくなる病気である。治療できなければ，死亡する重大な病気である。ゆっくりと症状が出ることもあるし，突然症状が出る場合もある。腸閉塞を疑わせる症状があれば，早期に専門医を受診する必要がある。[村田]

聴力異常（難聴）
（ちょうりょくいじょう：なんちょう）

音は外耳道から入り，鼓膜，中耳，内耳，聴神経を経由して大脳の聴中枢へ達して音として認識される。この聴覚経路のどこかに障害が起こると聴力（聞こえ）にも異常が生ずる。このうち中耳までの障害で起こる難聴を伝音難聴，内耳以降大脳までの障害で起こる難聴を感音難聴，両方の障害で起こるものを混合難聴という。聴力異常には，稀に音を異常に大きく感ずる聴覚過敏があり，顔面神経麻痺の際に生ずるといわれている。[浅野]
→伝音難聴，感音難聴，混合難聴

聴力検査　（ちょうりょくけんさ）

聞こえの機能を診断するための最も重要な検査。純音（500Hz，1000Hz，2000Hz，4000Hz他）を用いる純音聴力検査（外耳道の空気を通して音を伝える気導聴力検査と，頭蓋骨を通して伝える骨導聴力検査）と，語音を用い

る語音聴力検査がある。JIS規格を満たし，正しく校正されたオージオメータを使用して行う。［浅野］
→オージオメータ

直接圧迫法 （ちょくせつあっぱくほう）

出血している傷口の上に，直接清潔なガーゼやハンカチなどをあて，手で押さえて出血を止める方法をいう。止血法の中では，最も基本的で確実な方法であり，これによってほとんどの出血は止まる。ガーゼなどがない場合には，手で出血部位をしっかりと圧迫するが，肝炎やエイズ感染の予防上，ビニール手袋の使用や，その後の手洗いなどが重要である。［今村］
→止血

直接塗抹法 （ちょくせつとまつほう）

寄生虫卵検出方法の中で集卵法とともに簡単にできる検出法として広く行われてきている。薄層塗抹法とセロファン厚層塗抹法があり，前者は糞塊少量をスライドガラス上にとり水滴を加え混和し，カバーガラスをのせて鏡検する。回虫卵，原虫卵の検出に適している。後者は集検用に考案されたもので，虫卵検出率は前者より高く，各種虫卵を一様に検出できるが，中でも線虫類，吸虫類，条虫類の卵の検出にすぐれている。この検査用の試薬に浸しておいたセロファンカバーをスライドガラス上の糞塊の上にのせて乾燥後顕微鏡で検査する。［松本幸］

治療 （ちりょう）

病気やけがを治すこと。そのために行う方法。［辻］

治療教育 （ちりょうきょういく）

一般には，学習障害（LD）児，自閉症児など発達障害児を対象にして教科学習（読み，書き，計算など）の遅れやコミュニケーションの歪みを教育的側面から取り戻そうとするアプローチに対して使うことばである。

つまり教育を治療的背景で進める場合に使う表現である。クラムジー（不器用）な身体協応障害児に対しては，例えばムーブメント教育療法による方法がある。［小林芳］
→学習障害，自閉症

チロシン

フェニルアラニンからフェニルアラニンヒドロキシラーゼの触媒により生成されるアミノ酸である。エピネフリンとノルエピネフリンの前駆体である。また甲状腺ホルモンであるトリヨードチロニンとチロキシンの前駆体でもある。［前田］
→アミノ酸，エピネフリン，ノルエピネフリン

椎間板ヘルニア （ついかんばん――）

頸椎，腰椎あるいは胸椎の椎間板変性を基盤に，線維輪を破った髄核が神経組織を圧迫することにより発生する疾患である。腰椎椎間板ヘルニアは，腰痛及び下肢痛を主徴とする疾患で，20歳代及び30歳代に好発する。第4及び第5腰椎間の椎間板に発生頻度が高く，通常片側下肢の感覚障害や運動障害を伴う。近年，脊柱管内に脱出した椎間板ヘルニアが吸収されることがあることも確認されている。［磯辺啓］

通過儀礼 （つうかぎれい）

1909年に出版されたファン・ヘネップの同名の著書によって広く一般的に用いられるようになった用語である。誕生，命名，成人，結婚，死など，人間が一生の間に通過していく様々な出来事に際して行われる諸々の儀礼を指す。ファン・ヘネップは，通過儀礼においては，儀礼を受ける人間を社会の他の成員から一時的に隔離する「分離期」，隔離した人々に対する儀礼の執行，何らかの施術，秘儀の伝授などを行う期間としての「過渡期」，彼らをもとの社会に再合流させる「統合期」という3つの過程が普遍的に観察されると述べて注目された。通過儀礼は，儀礼を通過したことによってこれまでとは異なる社会的身

分を得た人物に対し，一定の責任の発生を認識させることのできる貴重な機会である。「イニシエーション不在の時代」と呼ばれる今日にあって見直しの進められている分野でもあり，心理学などにおける臨床的応用が一部で試みられている。［綾部］

通過率　（つうかりつ）

テストのある項目について，その項目に正答する，あるいは適切な選択をした者の全受験者に対する比率。正答率，正解率ともいう。その項目の通過率が半分程度の場合，情報量が多く，逆に通過率が高すぎる，あるいは低すぎる場合には情報量が少なくなる。例えば通過率が10％の場合にはその1割の対象者はそのテストによって評価可能であるが，残りの90％は評価不可能であり，この意味で情報量が少ないという。通過率が50％ならば，そのテストを用いて対象者が等分に評価でき情報量が多い。○×で選択する項目やいくつかの選択肢の中から1つ選択する場合には，回答者が正解をわからなくてもたまたま正答することがあり，これを偶然通過率（偶然正答率）という。［國土］

通勤災害　（つうきんさいがい）

労働者の通勤による負傷，疾病，障害又は死亡をいう。労災保険法では，通勤とは，労働者が就業に関し，住所と就業の場所との間を合理的な経路及び方法により往復することをいい，業務の性質を有するものは除かれる。労働者が当該往復の経路を逸脱し，又は中断した場合にはその間及びその後の往復は通勤には含まれない。ただし，当該逸脱又は中断が日常生活上必要な行為であって，厚生労働省令で定めるものをやむを得ない事由により行うための最小限度のものである場合は，当該逸脱又は中断の間を除き，合理的な経路に復した後は通勤とみなされる。［松岡治］

通所介護　（つうしょかいご）

介護保険法に規定する居宅サービスの1つ。デイサービスと同義で使われることが多い。広義のデイサービスより対象者が限定される点が異なる。在宅の要援護高齢者，及び在宅の障害者に対して，通所により各種のサービスを提供することによって，自立支援，社会的孤立感の解消，心身機能の維持向上等を図るとともに，その家族の身体的，精神的な負担の軽減を図ることを目的とした事業である。事業内容としては，食事，入浴，機能訓練，介護サービス，相談援助などを行う。介護保険法での通所介護の利用対象は，65歳以上の要支援，要介護者及び40歳から64歳までの医療保険加入者で，特定疾病による要支援，要介護者である。［樋田・竹内−］
→デイサービス，介護保険，介護保険制度

通所リハビリテーション　（つうしょ――）

居宅要介護者等を，介護老人施設や病院等に通わせて，リハビリテーションサービスを行うこと。障害の種類やニーズにより様々な形態がある。利用者が可能な限り，その居宅において，その有する能力に応じ自立した日常生活を営むことができるよう，理学療法，作業療法その他必要なリハビリテーションを行うことにより，利用者の心身の機能の維持回復を図ることが目的とされている。［樋田・竹内−］
→リハビリテーション，訪問リハビリテーション

通信教育　（つうしんきょういく）

仕事との両立や地理的な制約を克服し生涯を通じて学べるシステムとして社会に根づいている教育方法であり，授業形態には印刷教材等による授業，放送授業，メディアを利用した授業などがある。大学通信教育については，1947（昭和22）年に学校教育法によって制度化，1950年に正規の大学教育課程として認可された（文部省認可通信教育）。［戸部］

通性感染　（つうせいかんせん）

日和見感染のこと。現在，ほとんど使用さ

れていない。[上地]
→日和見感染

痛風 (つうふう)

かつては美食を常とする王侯貴族の病気といわれた。プリン代謝異常の１つで高尿酸血症状態で、関節などの組織に尿酸ナトリウムの針状結晶が析出し、関節炎を生じる。腎結石も形成され、進行すると痛風結石ができる。発症は急性発作により、その症状は特徴的である。夜間あるいは早朝突然に痛風を自覚し、数時間内に激烈となり、顕著な発赤、腫脹、熱感を呈する。この発作の60〜70％は母趾の中足趾節間関節に起こり、その他に足背、膝関節、アキレス腱などに生ずる。予防として、①プリン体を多く含む動物内臓を避け、また肉類、豆やキノコ類の多食を制限する、②アルコールは尿酸の産生を増すので、多飲を避ける、③尿酸の排泄の障害を避けるため、摂取カロリーを制限して肥満を予防する。[竹内宏]

使い過ぎ症候群 (つかいすぎしょうこうぐん)

骨、関節、筋肉などを過度に使用すると、それら組織の局所に材料疲労といえるような損傷が起きることがあり、それらの総称。身体のある部分に繰り返し機械的ストレスが作用することによって起こる。ランニングによる下肢の疲労骨折、足の障害、膝の障害などが典型的なものである。[森川]

突き指 (つきゆび)

指先にボールなどの物体が強く当たったり、何かに激突したりなど、瞬発的に外力が加わった時に起こる。腱の損傷であり一種の捻挫であるが、骨折や脱臼、腱断裂などを伴う場合もあり、決して引っ張ったりしてはいけない。できるだけ早く患部を冷やし固定した後、医療機関へ行くことが望ましい。[今村]

つつが虫病 (——むしびょう)

ダニの一種のつつが虫が保有・媒介する病気で、その幼虫に刺された時にリケッチアが注入され感染が起こる。幼虫の大きさは0.2mm程度で、刺されても痛みもかゆみもないので、ほとんど気がつかない。リケッチアは感染した場所で増殖し、刺し口と呼ばれる黒いかさぶたができる。初期症状はかぜ様で、倦怠感、食欲低下が起こり、次いで頭痛や寒気とともに、39〜40℃もの高熱を発し、放置すると死に至る場合がある。さらに、胸や背中から腹部にかけて赤褐色の直径2〜3mmの様々な形の発疹が出始め、その後腕や顔面にも出る。つつが虫病は媒介するつつが虫の種類により、流行地区や季節が異なり、北海道を除く北国では春から初夏、房総や東海から九州では晩秋から冬に患者が多く発生する。また、世界的にはアジア地区のパキスタン、インドネシア、日本を結ぶ三角形の中の地域にみられる。古来より風土病として知られるが、つつが(恙)虫の「つつが」とは病気や災難の意味がある。[上濱]
→リケッチア

ツベルクリン反応 (——はんのう)

ヒト結核菌感染診断のために行う遅延型皮膚反応試験である。ツベルクリン型反応、ツベルクリンテストなどもいう。この目的は、①結核感染の有無、②BCG接種対象者の選定と接種後の成績の追求、③発病危険の多い者の選定である。現在、一般診断用には精製ツベルクリンが用いられており、ツベルクリン注射液（精製ツベルクリン；0.5μg/mℓ）0.1mℓを前腕屈側の中央部に皮内注射し、その48時間後に判定を行う。判定では発赤の長径を記載し、4mmまでを陰性、5〜9mmを疑陽性、10mm以上を陽性とする。なお、弱陽性（発赤のみ）、中等度陽性（硬結あり）、強陽性（二重発赤、水疱、壊死を伴う）に区分することもある。反応は24〜48時間でピークに達するが、72時間で反応が陽

性になる場合もある。判定は陰性の場合は結核感染を否定できるが，わが国ではBCGが普及しているため，陽性が必ずしも結核感染を示しているわけではない。［坂本］
→結核，結核菌，BCG，BCG陽転

爪かみ （つめ——）

小児期及び青年期に認められやすい特異的な行動と情緒の障害で，鼻ほじり，指しゃぶりも含まれる。適切な精神病理の指標ではなく，母子関係などで欲求不満を感じた場合に認められやすい。対応方法として，中止させるのではなく，本人の興味を別に向ける方がよい。［花田］

手足口病 （てあしくちびょう）

コクサッキーウイルスにより生じる感染性熱性疾患。夏の終わりから早秋に多い。時に流行する。潜伏期間は1週間。発熱や下痢を伴うこともある。皮膚及び粘膜の小水疱性発疹が特徴である。発疹は頬粘膜と口蓋・口唇，手と足の両側に分布するが，すべてそろわないこともある。水疱疹は約7〜10日続く。治療は対症療法となる。［寺井］

DNA （でぃーえぬえー）
→デオキシリボ核酸

DMFT指数 （でぃーえむえふてぃーしすう）

むし歯（うし歯）に罹患した経験のある永久歯の1人当たりの平均本数である。Dはdecayedの略で未処置のむし歯，Mはmissingの略でむし歯（うし歯）による喪失歯，Fはfilledの略でむし歯（うし歯）による処置歯，Tはteethの略で歯（永久歯）であり，被験者全員のDMF歯数を被験者数で割ることで算出する。［田代］
→う歯

低温適応限界域 （ていおんてきおうげんかいいき）

環境温の変化により，生体が血管運動などにより生理的に調節している中性温度域から，さらに低下すると，ふるえが起こって筋肉が収縮し，熱産生量が増加し，体温を一定に保つ。しかしこのような化学的調節をもってしても体温を維持することができなくなる環境温度。［大貫］
→高温適応限界温

D型肝炎ウイルス（D型肝炎） （でぃーがたかんえん——）

サテライトウイルス科デルタウイルス属に分類され，B型肝炎ウイルスとの二重感染している時にのみ増殖することができ，この際肝炎は重症化する。わが国のウイルス性肝炎感染者には稀なウイルスである。［田神］
→ウイルス性肝炎，B型肝炎ウイルス

定期健康診断 （ていきけんこうしんだん）

児童生徒等及び職員の健康診断には，定期と臨時の健康診断があり，毎学年定期に健康診断を行わなければならないもの（学校保健法第6条）。実施時期は，児童生徒等及び職員の健康診断ともに，6月30日までとされている（同法施行規則第3条）。検査項目は，対象学年によって相違がある。［三木］
→健康診断，臨時健康診断，教職員健康診断

デイケア

広義では，在宅の要介護者を福祉，保健，医療施設に日中の数時間受け入れ，日常生活の援助やリハビリテーション等を行うサービスのことを指す。高齢者の場合は，老人保健法に基づき病院，老人保健施設での心身機能回復，維持を目的にリハビリテーションを中心に通所で行うサービスのことである。また，精神科のデイケアの場合は在宅患者の精神科治療の1つである。デイケアに通うことにより，生活のリズムができ，集団活動を通じて，社会生活が容易になる効果が期待できる。［樋田・竹内—］
→リハビリテーション，介護サービス，老人保健法，通所介護

低血糖 （ていけっとう）

一般に健常人では，早朝空腹時の血糖値は70〜110mg/dℓで，食後は140mg/dℓ以下である。このような血糖の恒常性が失われて，血糖値が70mg/dℓ以下に降下した状態をいう。糖尿病の治療で，インスリン製剤及び経口血糖降下剤使用中に起こりうる。血糖値が正常の範囲を超えて急速に降下した結果生じる症状は，交感神経刺激症状として，発汗，不安，動悸，頻脈，振戦，顔面蒼白などがあり，血糖値が50mg/dℓ以下になると中枢神経のエネルギー不足として，頭痛，目のかすみ，空腹感，生あくび，意識レベルの低下，異常行動，けいれんなどが混在して昏睡となる。治療法としてブドウ糖を経口的に又は血管内に投与するが，重篤になることがあるので緊急の対応が必要である。［松本幸］

抵抗 （ていこう）

精神分析の中心的な概念の1つで，治療を求めているはずの患者が無意識的に治療を妨げるような振る舞いをみせることをいう。患者に意識化したくない記憶や感情がある時に生じると考えられており，例えば患者が約束した相談の日時を忘れたり，面接中に特定の話題ばかり話したりなど様々なパターンがある。［伊藤直］
→精神分析(学)

デイサービス

市町村による在宅福祉サービスの1つ。通所介護と事業内容はほぼ同義である。この事業は，1977年に重度身体障害者の自立支援をねらいとして創設された。その後，老人福祉法，身体障害者福祉法，児童福祉法，知的障害者福祉法に基づく，市町村の事業へと展開されてきている。また，老人保健法による老人保健施設等でもデイケア等名称で，ほぼ同様の事業が行われている。［樋田・竹内→］
→通所介護，老人保健法，デイケア

低酸素症 （ていさんそしょう）
→酸素欠乏症

低酸素血症 （ていさんそけっしょう）

血液の酸素飽和度が著しく低下した状態をいう。高山への登山や高高度の飛行などの著しい気圧低下，船倉や下水施設などの低酸素環境，喫煙を含む不完全燃焼ガス（一酸化炭素）の吸引，高濃度の二酸化炭素や窒素などのガスへの被曝といった環境原因（外因）で発生することがある。また，肺の病気によるガス交換機能の低下や激しい運動による酸素の利用促進などの内因によっても発生する。［田神］

低周波空気振動 （ていしゅうはくうきしんどう）

低周波音のこと。［田神］

低出生体重児 （ていしゅっせいたいじゅうじ）

出生体重2,500g未満で生まれた新生児のこと。さらに1,500g未満を極低出生体重児，1,000g未満を超低出生体重児と分類している。日本の低出生体重児の頻度は男児で約6％，女児で約7％である。出生数は減少傾向にあるが低出生体重児は増加している。しかし，生後28日未満の新生児死亡率は低下している。原因としては，妊娠37週以前の分娩（早産）や子宮内胎児発育遅延などが考えられる。［北村］

低身長 （ていしんちょう）

普通の子どもより身長が小さい者を指す。低身長児の70％以上は，原因を特定できていない。発育障害としての低身長の一般的な概念は，あまり明瞭ではない。したがって，明らかに病的と考えられる小人症から比較的小さい程度といった段階まで，そのレベルは極めて幅が広い。低身長を引き起こす原因は，遺伝的素因，内分泌疾患，思春期遅発症，原発性小人症，骨疾患，代謝疾患，慢性疾患，栄養障害など種々あり，その原因によっては

成熟後も引き続いて医学的管理を必要とするものがある。成長ホルモン分泌不全などの内分泌異常がその代表である。これら低身長の小児の過半数は成熟後も低身長（2標準偏差以下）であり，正常範囲に入っていても身長は低めであることがほとんどである。低身長の概念が漠然としているため，数量的に規定することは容易ではない。低身長児の発育評価を行う際は，発育基準値との関連において論ずる必要がある。［佐竹］
→成長ホルモン

訂正死亡率　（ていせいしぼうりつ）

（式）

訂正死亡率（直接法）

$$= \frac{\{(観察集団の各年齢(年齢階級)の死亡率\} \times \{基準となる人口集団のその年齢(年齢階級)の人口\}\}の各年齢(年齢階級)の総和}{基準になる人口集団の総人口}$$

［大澤清］
→年齢調整死亡率

ディーゼル排気　（――はいき）

ディーゼルエンジンはガソリンエンジンより熱効率が良いので，温室効果ガス削減には有効と考えられるが，主要な大気汚染物質であるNOxや発がん性のある浮遊粒子状物質（SPM）の排出量はガソリン車を上回っている。昨今大都市でのディーゼル自動車の排気に含まれる粒子状物質DEP（diesel exhaust particles）が大気汚染の主要因として大きな問題となっている。DEPにはベンツピレンなどの発がん性物質が含まれ，気管支ぜん息や花粉症の原因ともなり，さらには環境ホルモン作用がある可能性までもが指摘され始めている。ディーゼル排気には粒径0.06～0.07マイクロメートルという極めて小さな粒子が発生することが知られているが，微小な粒子ほど肺胞の奥に沈着し，結果として人体に悪影響を与えることが知られており，危険性が指摘されている。［大澤崇］
→大気汚染，浮遊粒子状物質，ベンツピレン

DDT　（でぃーでぃーてぃー）

ジクロロジフェニルトリクロロエタンの略称。ノミ，シラミなど衛生害虫の駆除用に用いられた他，農薬としても使用されていた。DDTは難分解性であるため食物連鎖により生体内に蓄積される性質を有している。日本では1981年に化学物質の審査及び製造等の規制に関する法律の特定化学物質に指定され，製造，販売，使用が禁止されている。［日置］
→食物連鎖

ディベート

一種の議論の方法であり，学校教育の中でも導入されている。まず1つのテーマ（命題）を決めて，命題に対して児童生徒が肯定側と否定側に分かれる。両者は自分の意見の根拠となる情報を集めて，議論に臨む。議論の場では，互いに主張・反論を繰り返し，審判によって勝敗が判定される。教育の場では勝敗よりもむしろ，そこにいたるプロセスでの，発想，情報収集，プレゼンテーションなどの能力を高めることが重視される。［渡邉］

ティーム・ティーチング（T・T）

1つの授業を2人以上の教師で担当する形態を広く呼ぶ。従来からの授業の定型であった一授業一教師の形態から学習の多様化を図るために工夫された学習指導方式である。1950年代の米国で始まり，1960年代には日本にも導入された。ただし，ティーム・ティーチングのあり方も一様ではない。最も早くから行われていたT・Tは小学校における音楽や図画工作などにおける専科教員の配置による授業や，小学校体育における男女別競技の指導，学年共同経営方式，養護学校等における複数教員による指導であった。その後，授業が成立しない状況や学級崩壊などが広がる中で，児童・生徒の学習へのきめ細かな対応の必要から非常勤講師や空き時間の同僚教師によるT・Tは一般的な授業形態になってい

った。また，授業内容の専門性の点から，性教育や歯科保健指導などでは担任教師や保健体育教師と養護教諭とのＴ・Ｔが保健教育では多くの学校で実践されている。［瀧澤］

低用量ピル （ていようりょう——）

経口避妊薬の一種。エストロゲンとプロゲストーゲンの配合剤であり，エストロゲンの量により低・中・高用量ピルと呼ばれる。低用量ピルはエストロゲンが50μg未満のものをいう。現在わが国にはプロゲストーゲンの種類（ノルエチステロン・レボノルゲストレル），錠剤数（21錠・28錠），配合比率（一相性・三相性），服用開始日（デイワンスタート・サンデースタート）などの組み合わせによる数種類が発売されている。［北村］
➜ピル，女性ホルモン

デオキシリボ核酸 （——かくさん）

DNA（deoxyribonucleic acid）のこと。五炭糖とリン酸及び塩基が結合したヌクレオチドが連なって長い２本の鎖を形成し，これらの鎖が互いに内側に向いて並んだ塩基部分で水素結合して２重らせん構造をなす高分子物質である。５炭糖の部分がデオキシリボースでできているのでこの名前がある。塩基はアデニン（A），グアニン（G），シトシン（C），チミン（T）の４種類である。必ずAはTと，GはCと対合する。DNAの構造は1953年にワトソンとクリックによって明らかにされた。遺伝子の本体として，①自己複製できる，②タンパク質合成の情報源となる，③安定しているが可変という３つの機能を持つ。これらの機能はDNAの構造とよく関連している。［松村］

適応 （てきおう）

外部環境の変化に伴って生体に生じた恒常性のひずみを減少させるために，生体の機能や構造が変化し，生命を維持しようとする過程である。生体の機能・構造の変化が次世代まで伝わる非可逆的な進化的適応と，一個体の生涯の中で環境の変化に応じて変化するだけで次世代には伝わらない可逆的な生理的適応とがある。［田中喜］
➜恒常性

適応機制 （てきおうきせい）

欲求不満状態や葛藤による不安を無意識に解消しようとする精神内部のメカニズムで，種々の様式が知られている。合理化（理屈づけ）：自分勝手な理屈をつけて現状を解釈し自己を正当化しようとすること，投射：本当は自分の持っている弱点や受け入れがたい欲求を自分以外の他人に転嫁しようとすること，反動形成：抑圧された自分の欲求や欲望が出現するのを防ぐためにまったく正反対の態度や行動をとること，置き換え：本来の対象では自分の欲求や感情が満たされない場合対象を他に移すこと，昇華：社会的に受け入れがたい抑圧された欲求を芸術やスポーツ活動のような社会的に承認された形に変えること，退行：欲求不満の現実から逃避するため発達的に低い段階の行動や思考に逆行すること，などがある。どの適応規制も日常心理の中に見出されそれ自体病的ではなく，防衛機制とも呼ばれることもある。［荒川］
➜欲求不満，葛藤，合理化，投影，反動形成，昇華，退行

適応障害 （てきおうしょうがい）

個人が個人を取り巻く環境との間で不協和を起こし，心理的に好ましくない状況がもたらされているような場合を指していう。不適応，適応異常とも呼ばれる。精神疾患や身体的障害あるいは性格の偏りなど，その個人に主な原因があってもたらされる場合，家族や友人，学校，社会など環境側に主な原因があってもたらされる場合，個人と環境の相互作用によってもたらされる場合が考えられる。また，同じ状況におかれてもすべての人に適応障害が生じるわけではない。学校場面で生徒が適応障害に陥ってるような場合には，原因がどこにあるか定めがたい場合も数多く見

られる。こうした場合，表面上，適応障害をもたらしているように見える原因を取り除くことに専心するよりも，その生徒のより適応的な面を伸ばすように働きかけたり，生徒と環境との関係を調整することで，障害を障害たらしめている全体的な状況を変化させるよう働きかけることが有効なことも多い。[伊藤直]

適性　（てきせい）

ある関心下の活動に対して，その活動を滞りなく効果的に行うことができる能力を持っていることをいう。また，将来的に学習や訓練によってその能力を持ちうる可能性がある場合にもいうことがある。適性を規定する要因としては，技能や知識などの身体的要因の他に意欲や興味などの精神的要因も挙げられる。身体的要因に対しては，運動検査や知能検査で調べることができる。一方，精神的要因に対しては興味検査や心理検査などを用いて測定することができる。また，適性が特に高いレベルにおいて認められる時は「才能がある」という場合もある。[大久保]

適正負荷　（てきせいふか）

トレーニングなどを行う場合，その効果を最も高めるために適した運動負荷あるいは運動強度。例えば持久力を向上させるために，最大酸素摂取量の60％以上，心拍数で120拍以上の運動負荷が必要である。負荷が小さすぎると，トレーニング効果がない場合がある。逆に，負荷が大きすぎると，パフォーマンスが低下し，場合によってはけが（障害）につながることもある。[國土]

デシベル

音の大きさを表す単位（dB）。ある音の音圧（Pa＝パスカル，1 Paは1 N/m²）の2乗を，人の耳で聞こえる最も小さい音（2×10^{-5}Pa）の2乗で除した値の常用対数の10倍で表される。[田神]

テスト（検査）　（――：けんさ）

学校保健場面で用いる場合，教科の一環として行うテストと異なり，生徒を成績により順位づけることを目的としない。むしろ，生徒の心理状態，知能，気質，志向性，認知的・肉体的能力，適性，内向・外向性，抑うつ性，人格の安定度，家庭環境など，人格の基本的特性や背景を把握するために実施される。心理臨床場面では，クライアントの心理状態，知能，気質，志向性，認知的・肉体的能力，内向・外向性，抑うつ性，人格の安定度，家庭環境など，人格の基本的特性や背景を把握するために，文章完成法テスト，主題統覚法テスト，WAI（私は誰？）テスト，ロールシャッハ・テスト，バウムテスト，谷田部・ギルフォードテスト，MMPI（ミネソタ他面式人格目録）等が知られている。[山岸・中川]

テストステロン

最も強力な男性ホルモンの一種で，主に精巣の間質細胞で黄体形成ホルモンの刺激を受けてコレステロールより合成される。男性ホルモンと呼ばれるもののほとんどはテストステロンである。二次性徴期にテストステロンの分泌が急増し，30歳頃から漸減する。また精神的，身体的ストレスで分泌量が低下する。[田中宏]

➡男性ホルモン，黄体形成ホルモン，二次性徴

テスト・バッテリー

検査対象にテストを実施する際，単一のテストに頼らず，対象の似通った側面を測定する複数のテストを併用し，多面的に対象の状態を把握する。このように併用される複数のテストのことをいう。心理臨床場面では，クライアントの心理状態，知能，気質，志向性，認知的・肉体的能力，適性，内向・外向性，抑うつ性，人格の安定度，家庭環境など，人格の基本的特性や背景を把握するために，文章完成法テスト，主題統覚法テスト，

WAI（私は誰？）テスト，ロールシャッハ・テスト，バウムテスト，谷田部・ギルフォードテスト，MMPI（ミネソタ他面式人格目録），等のいくつかをテスト・バッテリーとして併用することがある。［山岸・中川］

テスト不安　（──ふあん）

学校保健場面で，生徒の人格特性や心理状態を知っておくためにテストを使用する際，「テストを受ける」という事態に対して生徒が不安を憶えることがある。親の学業やテスト成績に対する期待が強迫的に強い場合，また本人の自信が欠如し，過敏である場合に多い。こうしたテスト不安は，テストの測定結果を生徒の日常の姿から乖離させるので，テスト実施に先立ちテスト者と生徒との間に十分なラポールを形成することにより，除去することが肝要である。［山岸・中川］

テスト法　（──ほう）

個人の行動，傾性，特性の差異を，主に数値を用いることによって明確に記述するための組織的・系統的な方法や用具を指す。一般に，受験者に共通の課題を与え，課題に対する反応を一定の規則に従って数値化する実施方法を採る。学力，知能，性格，人格，適性などに多くの例を見ることができる。［山岸・中川］

鉄欠乏性貧血　（てつけつぼうせいひんけつ）

体内の鉄不足のため赤血球の産生が障害されて起こる小球性低色素性貧血は，小児の貧血では最も多い。本症の原因として鉄需要の増大（急速な成長－乳幼児期，思春期）鉄供給の障害（食餌中の鉄不足や吸収障害）血液の喪失（生理出血，消化管出血）がある。血色素濃度，平均赤血球容積，血清鉄の低下で診断される。［福田］

テトラクロロエチレン

常温液体で揮発しやすく，油分をよく溶かし，燃えにくい性質であるため，金属機械部品の脱脂洗浄剤やドライクリーニング用洗剤等，様々な用途に使用される。しかし，環境中で分解しにくく，神経障害等の毒性や動物実験で発がん性が示されている。化学物質の審査及び製造等の規制に関する法律や水質汚濁防止法等で規制されている。［小林剛］
→トリクロロエチレン

テニス肘　（──ひじ）

テニスによるオーバーユースの結果生じる肘の外側，もしくは内側の自発痛，圧痛で中高年者に好発する。病態は上腕骨外側上顆に起始する前腕伸筋群，あるいは内側上顆に起因する回内・屈筋群の腱付着部の障害である。外側型（バックハンド）と内側型（フォアハンド）があるが，外側型が内側型に比べ圧倒的に頻度が高い。［森川］

テーピング

絆創膏のテープを重ねて貼り，関節を固定してある範囲以上には動かないようにしたり，ある方向には曲げられないようにしたりして，関節を保護する方法のこと。スポーツ選手などでは，外傷の治療のみならず，予防の目的でも多用される。指，肘，膝，足関節などに多く用いられるが，効果的な貼り方をするには，ある程度の習熟が必要となる。［今村］

テレビ教育　（──きょういく）

テレビを活用した教育全般を指す。小学校などでは，教育番組を授業時間帯に合わせ，その内容を教材として提示しながら進めていくことも多い。広くは，視聴覚教育，メディアを活用した教育方法の一形態としてみることができる。また，通信網の発達により遠隔地においても同じ教育内容を学ぶことが可能となる。［鈴木和］
→視聴覚教育

テレビゲーム

テレビ画像を利用したゲーム。コンピュー

タゲームも含まれる。ゲームには登場人物の役割を演ずるロールプレイング・ゲーム，的をねらうシューティングゲーム，スポーツや格闘技のアクションゲームなどがある。テレビ画像より情報を得て，両手でコントローラを操作し遊ぶ。いずれも遊ぶ者が主人公になり現実ではできないことが体験できるバーチャル・リアリティ（仮想現実）的な状況を提供する。ストレス解消にも役立つが，ゲームに熱中すると，時間の経過を忘れてしまう者もいる。遊び方に起因して，目の充血・疲労，肩こりなどが起こり，生活リズムを乱す一因となることもある。長期的には視力低下を起こす場合もある。30分ごとに休憩をとる，1日に遊ぶ時間を決めるなどして節度をもって楽しむことが求められる。［國土］

転移　（てんい）

悪性腫瘍の原発巣から遊離した腫瘍細胞が遠隔部位に運ばれ，そこで独自に自律性に増殖することをいう。悪性腫瘍の最も代表的特徴の1つである。そのメカニズムとしては，腫瘍細胞が腫瘍本体から遊離し，リンパ管や静脈中に入り，脈管内を移動し，他臓器の脈管に定着し，そして脈管外に出て増殖し，転移巣が形成されると考えられている。リンパ行性転移，血行性転移，播種の主に3つの経路があり，腫瘍細胞がリンパ管内に入り，リンパの流れにのってリンパ節に運ばれ，そこで増殖するものがリンパ行性転移であり，腫瘍細胞が血管内に入り，血流によって他臓器に運ばれ，その臓器内で増殖するものが血行性転移であり，腫瘍細胞が腹腔などの漿膜面に露出し，体液の動きによって漿膜腔内に散布され，遠隔漿膜面に腫瘍巣を形成し，増殖するものが播種である。［礒辺］
→悪性腫瘍，がん

転移RNA　（てんいあーるえぬえー）

運搬RNA，tRNAともいう。tはtransferの略号。細胞内でタンパク質が合成されるときのアダプター分子。転移RNAはその一端で20種類のアミノ酸のうち特定のものと結合する。分子内部のアンチコドンの部位は，リボソームに付着した伝令RNAのコドンと相補的に結合する。ここでアミノ酸が次々と連結されてポリペプチドが作られる。［松村］
→リボ核酸，伝令RNA

伝音難聴　（でんおんなんちょう）

外耳道から大脳の聴中枢までの聴覚伝導路のうち，外耳，中耳，内耳（蝸牛）の入り口までの伝音系のどこかに異常が生じて起こる難聴。オージオグラム上気導聴力の低下はあるが，骨導聴力は侵されず，入力する音を大きくすれば明瞭に聞き取ることができる。原因疾患として耳垢栓塞，外耳道閉鎖症，耳管狭窄，中耳炎などが挙げられる。［浅野］
→聴力異常（難聴），感音難聴，混合難聴

てんかん

脳神経細胞の過剰発射によって起こる反復性のてんかん発作を主症状とし，何らかの原因によって生じた慢性の脳疾患が認められる。有病率は人口100人に0.8人とされ，特発性てんかん（病因は不明だが，遺伝要因が関与すると考えられる）と症候性てんかん（明らかな外因，既ち脳器質性の病因が認められる）に分けられる。［花田］

転換性障害　（てんかんせいしょうがい）

葛藤やストレスが加わることによって，無意識に出現する以下の症状をいう。協調運動や平衡の障害，麻痺又は部分的脱力，嚥下困難又は失声，触覚と痛覚の消失，複視，盲，聾，幻覚，運動性または感覚性要素を伴った発作などで組み合わせて出現することがある。社会的，職業的な領域における障害を引き起こしている。［花田］

典型教材　（てんけいきょうざい）

範例学習や課題学習において用いられるある領域の教育内容を1つの典型的な学習素材として構成したものをいう。範例ともいう。

各教科における教育内容は科学技術の進歩や文化の発展によって急速に増大した。特に20世紀後半以降は「知識爆発」といわれるようにすでに学校教育で社会的に通用している知識技術の基礎をカバーすることは困難になってきた。そこで、多くの教材の中から基礎的なものを抽出し、その教材の一般的法則性を理解し、ついで共通する特性を持つ事象の理解をその範例の学習で得た原理によって行い、その教材が意味する概念全体を理解することを目的とする。このため、典型教材の構成には、その教材が属する教科における学習内容の概念や法則性を適切に具体化するとともに、指導にあたっては獲得すべき概念に到達できるような指導が行われなければならない。そのためには、学習者自身の世界認識を自己認識と結びつける概念の主体化が不可欠となる。[瀧澤]

伝染 (でんせん)

病原体が他の生物体に入り、増殖して病気を起こすことをいい、感染に近い言葉であるが多少異なる。伝染病は、人から人にうつる病気である。例えばインフルエンザ、赤痢、マラリアなどである。非伝染性の疾病、例えば破傷風、多くの食中毒、肺炎、尿路感染症等がある。感染症は人から人にうつらないものも含まれるので、伝染病より感染症の方がより広い概念であるといえる。[皆川]
→病原体, 感染症, 伝染病

伝染性疾患 (でんせんせいしっかん)

病原微生物（ウイルス、細菌、リケッチア、スピロヘータ、原虫、寄生虫等）が体内に進入し、生育し、増殖することを感染といい、感染により個体の組織を変化させたり、生理的機能を障害するような疾病を感染症という。感染症のうち、人から人へと病原微生物が伝播していくものを伝染性疾患という。代表的なものとして、ウイルス感染には麻疹・風疹・インフルエンザ、細菌感染にはジフテリア・赤痢・結核、スピロヘータ感染には梅毒、ワイル病などが挙げられる。[松本※・田嶋]
→ウイルス, 細菌, リケッチア, スピロヘータ, 原虫, 寄生虫, 感染症, 伝染病

伝染性膿痂疹 (でんせんせいのうかしん)

夏期に幼小児に好発し、黄色ブドウ球菌が原因となる水疱性膿痂疹と、季節や年齢を問わずに化膿性連鎖球菌が原因となる痂皮性膿痂疹がある。虫刺されやアトピー性皮膚炎の掻破痕に菌が付着増殖して発症する。俗にとびひともいわれ、接触により伝染する。局所の洗浄、外用剤の塗布、及び抗生物質の内服を行う。すべてが痂皮化するまで登園登校は禁止。[寄藤]

伝染性皮膚疾患 (でんせんせいひふしっかん)

例えば皮膚症状を伴う麻疹、風疹、水痘、溶連菌感染症、手足口病、伝染性紅斑などの「学校において予防すべき伝染病」以外の全身性症状を伴わない、ある面積を持った皮膚に限局された伝染性疾患である。乳幼児から高齢者までの各年齢層にみられるが、乳幼児から思春期までと、中高年に大きく分けてみると、前者では学校保健にも関係あるウイルスによる伝染性軟属腫（みずいぼ）、ヒト乳頭種ウイルスによる疣贅（ウィルス性のいぼ）、主にブドウ球菌、溶血性連鎖球菌による伝染性膿痂疹（とびひ）、白癬菌による体部白癬、陰股部にできる頑癬（いんきんたむし）、アタマジラミによる頭しらみなどがあげられ、中高年では、白癬の1つで、汗疱状白癬（みずむし）が多くみられ、また高齢者間ではヒゼンダニによる疥癬が多い。いずれも憎悪し、経過が長引くようであれば専門医の治療が必要である。[松本※]
→はしか, 風疹, 水痘, 手足口病, 紅斑

伝染病 (でんせんびょう)

感染症と同義で用いられる場合が多いが、特に使い分ける場合は、病原体によって引き起こされる疾患を総称して感染症といい、そ

の中で，特に人から人に直接または間接的に伝播する場合を伝染病と呼ぶ．[上地]
→感染症，伝染性疾患

デンタルプラーク
→歯垢

デンタルフロス
歯ブラシでは除去しにくい歯と歯の隣接面などに付着した歯垢を除去するために用いる歯科用の絹（ナイロン）糸である．歯肉方向に圧入せず，斜め前後に大きく引きつつ，歯と歯の接触点を通過させ，歯肉を傷つけないように使うことが肝要である．[田代]
→歯垢

天然痘 （てんねんとう）
天然痘（痘瘡は異名）ウイルス（オルトポックスウイルス属，ポックスウイルス科）が上気道リンパ節に感染して第一次ウイルス血症，さらに皮膚の結合（網内）組織で増殖して第二次ウイルス血症の後に全身の皮膚と粘膜に発疹を生じる．発熱はこの時期にいったん下降する．重症の場合にはこの段階に達するまでに死亡する．特効薬は作られることはなかったが，ヒト以外の宿主を持たないことから，徹底的な患者探索，隔離と天然痘（種痘）ワクチンの重点接種によって根絶され1977年以降，1人の患者も出ていない．天然痘ウイルスは米国とロシアの研究機関だけに保管されていて，2001年を期限として廃棄されることになっていたが実行されていない．人類最初のワクチンとなったジェンナーの種痘法（1796年）は，ヒトに感染した際の症状が軽い牛痘ウイルスへの交差反応（近縁種なので共通する抗原を有している）を利用していたことになる．[田神・寺井]
→ワクチン，ジェンナー，種痘

天然痘根絶宣言 （てんねんとうこんぜつせんげん）
WHOは1958年以来天然痘根絶計画を推進してきたが，1977年にソマリアで最後の患者が発生して以来，2年間患者発生がみられなかった．このため，1979年10月ナイロビでWHO国際天然痘根絶委員会が天然痘根絶を認め，これを受けて1980年5月の第33回総会で天然痘根絶宣言の決議が採択された．[鬼頭]

天然放射性(同位)元素
（てんねんほうしゃせい：どうい：げんそ）

地球創成期から主に地殻中に存在する放射性核種．大部分はウラン系列，トリウム系列及びカリウム-40である．いずれも地球の年齢に匹敵する長い半減期を持つ．存在量は火成岩中に多い．ウラン及びトリウム系列の途中に気体の放射性核種ラドンがある．天然放射線による被曝では障害の発生はないとみなされている．[戸部]

電離 （でんり）
放射線などの作用により中性の原子又は分子の軌道電子が可逆的に引き離され，イオン化される現象である．一次電離と二次電離があり，一次電離は電子，陽子，α粒子などの荷電粒子による直接電離であり，二次電離は物質とX線，γ線などの放射線との相互作用で二次的に電離されるものである．[戸部]

電離放射線 （でんりほうしゃせん）
物質を通過する時，直接あるいは間接にイオンを作ることができる能力（電離能力）を有する放射線の総称である．直接（一次）電離放射線と間接（二次）電離放射線がある．前者は電子，陽子，α粒子などの荷電粒子線であり，後者はγ線（電磁波），X線，中性子である．[戸部]

伝令RNA （でんれいあーるえぬえー）
mRNA．mはmessengerの略号．タンパク質合成の鋳型となる1本鎖のRNA．核内でDNAの塩基配列から転写されたのち細胞質に出る．伝令RNAは300個以上のヌクレオチドが連なる遺伝情報の運び屋である．ヌクレ

オチドの構成要素であるアデニン（A），グアニン（G），シトシン（C），ウラシル（U）の4塩基のうち3塩基が配列したコドンは1つひとつのアミノ酸，タンパク質合成の開始あるいは終止を指定する。［松村］
→ デオキシリボ核酸，転移RNA

同一化　（どういつか）

同一視。適応（防衛）機制の1つで，無意識のうちに，対象と自分とを同じものとみなすことで，自我を守ろうとするもの。例えば，思春期の子どもが憧れのヒーローと自分を同じようにみなして，無意識のうちに同じ仕草をしたり，類似の振る舞いをすることで，劣等感や現実生活での不安・課題を意識せずにいる状態が例にあげられる。［伊藤亜］
→ 適応機制

動因　（どういん）

動物や人間をある目標に向かって継続的に向かわせる内的な動力源のことをいう。本能的な行動の背後にある心的過程を表すために用いられる場合が多く，代表的なものに，空腹動因，渇動因，性動因，痛回避動因などがある。例えば，空腹動因は，空腹状態を避けるために食物を得るという行動に駆り立てる内的な動力源のことを指す。［伊藤直］

投影　（とうえい）

自分の中にある感情や欲求を自分のものとしてではなく，周囲の人や社会のものとして認識する心の動きをいう。防御機制の一種。自分が他者に攻撃的な感情を持っていることを意識できない人が，逆に周囲の人が自分を嫌っていると感じる場合などはこの一例である。投影を用いた心理検査の1つにロールシャッハ・テストがある。［伊藤直］
→ 適応機制

頭蓋内血腫　（とうがいないけっしゅ）

頭部外傷によるものには，硬膜外血腫，硬膜下血腫，脳内血腫がある。発症が受症後3日以内のものを急性，4日から3週間目までを亜急性，3週間以降のものを慢性に分ける。外傷性頭蓋内血腫はその大部分がテント上にある。［角南兼］
→ 硬膜下血腫

頭蓋内出血　（とうがいないしゅっけつ）

血腫部位により，硬膜外血腫，硬膜内血腫，くも膜下出血，脳内出血，脳室内出血などに分類される。原因別に，高血圧，脳動脈瘤，脳動脈奇形，モヤモヤ病，脳梗塞に続発するもの，脳腫瘍，出血性素因などの病因を付加して表記する。原因が不明の場合は特発性として表記される。［西川］

同化作用　（どうかさよう）

複数の物質が結合して単体の大きな物質を作る作用を総称して用いる。生物では小さな栄養素から1つの組織を作ること，つまり合成することを意味する。例えば，アミノ酸からタンパク質が合成され，さらに器官，組織を構築する。逆に，大きな組織が分解され，タンパク質になり，さらに小分子のアミノ酸に分解されることを異化作用という。［村松］
→ 異化作用

動機づけ　（どうき——）

基本的には，人間がある行動をを引き起こす原因となる心理的な状態を動機という。また，動因も動機と同じ意味であるが，それは「人間の行動を駆りたてる力」という側面でとらえる時，動機が用いられる。そこで，自らの意志に基づいて行動（活動）に駆りたてられることを動機づけという。［松本寿］

討議法　（とうぎほう）

学習を深めたり，共通理解を得たり，問題解決にあたったりする場合に，「話し合い」を用いる方法である。呼称として円卓討議，順送り問答，ブレインストーミング，パネル・ディスカッション，6.6討議，バズ・セッション，コロキー（陪席討議），フォーラム，

シンポジウム，ディベート（対立討論法）などがある。［皆川］
→ブレインストミーング

道具主義 （どうぐしゅぎ）

知識，理論などは，人が環境や状況に適応するための道具であるという考え方で，米国のプラグマティズムで主張された認識論である。知識は実践のための道具だから，経験によって絶えず修正されなくてはならないとする。この考え方によれば，子どもは文化に働きかけて環境を修正すべき存在となる。経験主義，児童中心主義，問題解決学習などの教育論が生まれる元となった。「責任ある市民」（より良い社会を作るために自ら行動する市民）の育成を目指す教育の萌芽がここにある。［家田］
→問題解決学習

統合失調症 （とうごうしっちょうしょう）

特徴は，思考と知覚の独特な歪曲，場にそぐわない鈍麻した感情である。ある程度の認知障害が，症状の経過に従って進行することがあるが，意識の清明さと知的能力は通常保たれている。最も重要な精神病理学的現象には思考化声，考想吹入，考想奪取，考想伝播，妄想知覚，支配され影響され抵抗できないという妄想，第三者が自分のことを話題にしている声が聞こえるという幻聴，思考障害，及び陰性症状（感情の平板化，思考の貧困，又は意欲の欠如）などがある。経過には，持続性のものとエピソード性のものがあるが，エピソード性のものには進行性あるいは固定性の欠陥を伴うものと，完全あるいは不完全な寛解を示すエピソードを1つ以上含むものがある。発病率は約0.8％。国内には約70万人の患者がいる。発病要因は個体側の要因（脳の脆弱性，遺伝的要素）と環境因（生活環境や家庭内のストレス）が複雑に絡みあっている。2002年，日本精神神経学会は「精神分裂病」という呼称を，精神機能の統合性の失調を意味する「統合失調症」に改称した。［猪股］
→妄想

橈骨動脈 （とうこつどうみゃく）

前腕の親指側にある動脈のこと。自発呼吸をしている患者の経過を観察する場合，橈骨動脈に触れて脈拍の確認をすることは，循環の状態を知る上で簡便で良い方法である。一方の手で患者の手を支え，もう一方の手の人差し指，中指，薬指とで動脈にそろえて触れるようにする。普段から練習しておくと，脈が取りやすくなる。［今村］
→自発呼吸

凍死 （とうし）

低温適応限界を超えて外気温がさがると体温が低下し，睡気，めまい，倦怠感等の精神症状が現れ，判断，思考力が鈍り，筋運動も不活発となる。さらに体温が低下すると自律神経機能の障害が現れ，呼吸困難，血圧低下，体温の急下降が始まり，ついには意識を失い虚脱状態になって死に至ること。［大貫］
→低温適応限界域

投射 （とうしゃ）
→投影

凍傷 （とうしょう）

過度の寒冷によって，体の一部の血行が阻害されてできる損傷のことをいう。0℃以下の低温で起こるやけどの一種である。ドライアイスなどを素手でつかむことによっても起きるが，多くの場合，冬山の遭難や冬の海での転落事故で発生する。部位別にみると，耳，鼻，手足の指など，外界の寒冷刺激を受けやすいところに多い。［今村］

同性愛 （どうせいあい）

その程度や持続性により，①真性同性愛（性対象は同性に限られ，異性はまったく性的興味や関心の対象とならない），②両性的同性愛又は仮性同性愛（同性も異性も性対象

とするもの），③機会的同性愛（異性に接し得ない環境（兵営，寄宿舎，刑務所，修道院等）にいる期間のみ同性を異性の代償とするが，その状況がなくなれば，通常の異性愛へもどるもの）に分けられる。［笠井］

透析療法 （とうせきりょうほう）

透析とは，半透膜の性質を利用した脱塩・分画の方法で，膜で隔てられた内液中の低分子溶質は外液中に滲出するが，膜を通過できない高分子物質は内液中に留まるという原理を利用している。生体内では細胞膜を通じて透析が行われている。透析療法とは，この原理により血液中の不用老廃物や有害物質を除去する事を目的とした治療法のこと。半透膜として，生体膜を利用する腹膜透析法と，人工膜を利用する血液透析法がある。［西川］

痘瘡 （とうそう）
→天然痘

頭頂葉 （とうちょうよう）

前頭葉の後方，側頭葉の上方にある。感覚，行動，計算，書字と関係が深い。中心溝の後ろにある中心後回は，感覚野といわれ，反対側の身体各部からの温度覚，痛覚，触覚，深部感覚などの感覚が，視床を経てここに伝達される。頭頂葉は失行，失認など多彩な高次脳機能障害を起こす可能性がある。［角南兼］
→前頭葉，側頭葉

道徳教育 （どうとくきょういく）

人間教育には知育，徳育，体育として３部門あるといわれ，徳育を育てるのが道徳教育であり一定の価値に対する意識，感情を子どもに育成することをいう。各国，民族により道徳は異なることもあるが，日本に置いては武士道，商人道等として人の準拠すべき価値の基準を育成することをいう。［斎藤］

糖尿病 （とうにょうびょう）

膵のインスリン産生細胞の分泌不全（若年型）又はインスリン標的細胞の作用不全によって起きる（成人型）糖質，タンパク質，脂質の代謝異常である。若年型は治療にインスリン注射（自己注射）が必要で10,000人に1人の患者がいる。成人型は生活習慣病の1つ。遺伝的素因（多因子）と生活習慣などの環境要因の両方で発症するもので，40歳以上人口の５〜10％存在する。食事療法と経口糖尿病薬又はインスリン注射などが状況に応じて必要となる。［荒島］
→インスリン，インスリン依存型糖尿病，インスリン非依存型糖尿病，生活習慣病

逃避 （とうひ）

防衛機制の１つで，葛藤を生じる問題に直面せず，回避することによって，自我を守ろうとする働きである。例えば，学習習慣のない生徒が，本来なら試験準備に集中すべき時に，いつもはしない室内の掃除を始めるなど，他の作業へと逃げ込んで，学習が遅れている自分に直面して劣等感を感じないよう防衛する場合などがある。［伊藤亜］
→適応機制

頭部外傷 （とうぶがいしょう）

頭部に外力が作用して生じるあらゆる損傷。開放創の有無により，開放性，閉鎖性に分類され，部位により頭皮，頭蓋骨，頭蓋内に分ける。わが国では以下の荒木の分類が有名である。第Ⅰ型（単純型，無症状型）：脳からの症状がまったくないもの。第Ⅱ型（脳振盪型）：意識障害が一過性で，通常受傷後６時間以内，大多数は２時間以内に消失し，他の脳の器質的損傷を思わせる症状のないもの。第Ⅲ型（脳挫傷型）：受傷直後より意識障害が６時間以上持続するもの，及び意識障害の有無に関わらず脳の局所症状ないし器質的損傷を思わせる症状の有るもの。第Ⅳ型（頭蓋内出血型）：受傷直後の意識障害及び局

所症状が軽いか欠如していたものが時間の経過とともにそれらが出現もしくは増悪してくる型。［森川］

糖負荷試験　（とうふかしけん）

糖尿病の診断に最も広く普及した検査法である。前夜9時以後絶食として朝空腹のまま検査する。まず空腹時の血糖検査をして，次にブドウ糖75gを水に溶かし，それを飲む（ブドウ糖75gを溶かした製品もある）。服用後30分，1時間，2時間毎に血糖値を測定する。判定は空腹時血糖126mg/dℓ以上，又は負荷2時間値200mg/dℓ以上を糖尿病型，空腹時110mg/dℓ未満，負荷2時間140mg/dℓ未満を正常型，その両者の中間値を境界型という。［松本幸］
→血糖

頭部後屈あご先挙上法
（とうぶこうくつあごさききょじょうほう）

気道を確保する際の最も一般的な方法である。救助者は傷病者の側方に位置し，片方の手を患者の前額部から前頭部のあたりに置き，もう一方の手の指を傷病者の下顎下面の先端（おとがい部）に当て，これを持ち上げる。同時に，前額部・前頭部を固定することで，頭部全体の後屈も加わって，気道の確保が可能となる。頸椎損傷が疑われる場合には，頭部後屈をひかえ，下顎挙上法のみで行う。［今村］

動物性プランクトン　（どうぶつせい──）

海洋や湖沼などの水域に生息する生物のうち，遊泳能力が皆無もしくはほとんどないために，水中に浮遊した状態で生活しているもので，植物プランクトンや細菌，小型動物を餌として，従属栄養生活をするものをいう。原生動物や節足動物のほかエビやカニ，貝類の幼生などがこれに含まれる。［日置］

動脈　（どうみゃく）

心臓から末梢に向かって血液を送り出す血管の総称で，酸素や栄養を末端の毛細血管まで送り届ける。内膜，中膜，外膜の3層からなり，中膜の弾性繊維が発達している太い弾性動脈と平滑筋が発達している細い筋性動脈に分けられる。弾性動脈は収縮力と弾力性の富んでおり，遠位へ血液を駆出するのを助けている。筋性動脈は血管内径変動により末梢血流を調節している。［角南裕］
→静脈

動脈硬化　（どうみゃくこうか）

血管内皮の障害あるいは機能障害により発症する病態で，大きく4つに分類される。粥状硬化は大〜中等度の動脈にみられ，大動脈瘤，虚血性心疾患や脳梗塞等が発症する。細動脈硬化は脳動脈や腎動脈にみられ，高血圧性血管障害に特異的に内腔の狭窄や微小動脈瘤が生じる。メンケブルク型動脈硬化は主として下肢動脈に中膜の石灰沈着を来すもので，病的意義は少ない。動脈壁硬化は加齢とともに中膜の弾性繊維が減少し，壁が固くなる状態を指し，高齢者の収縮期高血圧などの原因になる。［角南祐］

動脈硬化症　（どうみゃくこうかしょう）

動脈硬化により生じる病変の総称。脳卒中，虚血性心疾患（冠動脈硬化症）などが出現する。危険因子として肥満，高血圧，糖尿病，高脂血症，喫煙などがあり，個々には軽度でも危険因子が複数存在すると動脈硬化が相乗的に憎悪するため，予防には生活習慣の改善や薬物治療により危険因子を是正することが効果的である。［角南祐］
→脳卒中，虚血性心疾患

動脈性出血　（どうみゃくせいしゅっけつ）

動脈が切れて出血した状態をいう。酸素を多く含んでいるため鮮紅色の血液で，脈を打つようにほとばしり出たり，噴水のように吹き出すこともある。出血の中では最も危険度が高い。ガーゼや布切れなどで傷口を直接強く圧迫する方法が最もよいが，失血によるシ

ョック症状に留意しながら，早急に医療機関等で処置すべきである。[今村]
→ショック，ショック症状

トゥレット症候群 （——しょうこうぐん）

1つの筋の不随意運動や音声をチック症と呼ぶのに対して，多発する運動チックや1種類以上の音声チックが1年以上，ほとんど毎日，1日に多数回認められる場合をいう。時に汚言症を伴ったりして，本人も周囲のものも苦情に感じるため，薬物療法や精神療法を行い，積極的に対応策を考える。チック症に罹患していたものが多い。[花田]
→チック症

道路交通法 （どうろこうつうほう）

道路における危険を防止し，その他交通の安全と円滑を図り，及び道路の交通に起因する障害の防止に資することを目的とする（道路交通法第1条）。2002年の改正では，酒酔い運転などの悪質・危険な違反に対する罰則が大幅に強化された。なお，道路交通法に基づく点数制度は，運転者の違反行為や事故に対して違反点及び事故点を付け，過去3年間の合計点数が一定の基準に達した時に，運転免許の停止や取り消しなどの処分をする制度である。[家田]

トキソイド

毒素を人工的に処理して，免疫原性を保持したまま毒性を消失させたものである。通常，毒素液を0.1～0.5%のホルムアルデヒド液に溶解し，透析によりホルムアルデヒドを除いて得られる。トキソイドを接種された動物では，高力価の抗体が作られ，その毒素に対する抵抗性を獲得する。[鈴木耕]
→ホルムアルデヒド

読字障害 （どくじしょうがい）

読みの正確さと理解力が，その個人の年齢，学齢，知的能力に比べて著しく劣り，その個人の学校での学業成績や社会での適応に重大な困難をもたらしている場合をいう。DSM-Ⅳによる診断基準では学習障害の1つに分類される。学校では，単なる成績不振，勉強不足として見過ごされてしまい，適切な対応が遅れる場合も多い。[伊藤直]
→学習障害

特殊学級 （とくしゅがっきゅう）

障害を持つ児童生徒のために小学校及び中学校に学校教育法に基づいて設置された特別な教育を施す学級である。特殊学級の形態としては，知的障害児，肢体不自由児，病弱・身体虚弱児，弱視児，難聴児，言語障害児，情緒障害児等を対象とするものがある。学級の形態は，固定型，通級型，病院施設，訪問型などがあり，特別な教育課程を編成している。今後，この特殊学級の名称を改め特別支援学級とすることが決まった（文部科学省，平成15（2003）年3月通知）[小林芳]

特殊教育 （とくしゅきょういく）

一般に心身に障害のある児童生徒を対象に行う教育をいう。世界の国によっては，この教育が天才児や英才児の才能開発教育（特殊な能力を伸ばす）を意味するところもある。特殊教育は多くの国で発達に遅れがあったり，感覚障害や身体障害，あるいは内部障害のため，特別な教育支援を必要としている児童生徒に行う教育となっている。その基本がそれぞれの個々人の個性に応じた教育にあるので，近年，特別な教育ニーズ（SEN：special education needs）とか特別支援教育とも呼ばれ始めている。わが国では，この特殊教育を盲・聾・養護学校，特殊学級，通級教室，ことばの教室などで行っているが，外国では統合教育（インテグレーション）やインクルージョン思想の流れを受けて，特殊教育を通常学級と特殊教育学級が敷地を共有したり，特殊教育を必要としている児童が，通常学級で教育を受けているところもある。わが国も文部科学省の報告（2003年3月）を受けて，障害児が通常学級でも教育を受けられる

ようになりつつある。[小林芳]
➡障害児(者)教育

特殊教育諸学校 (とくしゅきょういくしょがっこう)

　心身に障害を有する児童生徒の学ぶ学校をいう。わが国では、これらの子どものみの学校を、盲学校、聾学校、養護学校と呼ぶ。なお養護学校には、さらに知的障害養護学校、肢体不自由養護学校、病弱養護学校の3種の区分がある。特殊教育諸学校には、小学部・中学部を中心に幼稚部、高等部があり、専攻科をおいているところもある。[小林芳]
➡盲学校、養護学校

特殊健康診断 (とくしゅけんこうしんだん)

　有害因子にさらされる業務に従事する労働者に対して実施される特別な項目による健康診断の総称。粉じん作業、高圧室内作業及び潜水業務、放射線業務、鉛業務、特定の有機溶剤業務など法令で実施が義務づけられている業務の他、強烈な騒音業務、チェーンソー業務、VDT作業など行政指導により実施を必要とされる有害業務もある。[山崎秀]

毒素型食中毒 (どくそがたしょくちゅうどく)

　細菌性食中毒の1つで、①菌が腸管内で作り出した毒素により腹痛、下痢、発熱などを発症する体内産性毒素型（ウェルシュ菌、大腸菌O157等）、②食品内で予め細菌が増殖し、産生した毒素を経口摂取することで発症する体外産生毒素型（黄色ブドウ球菌、ボツリヌス菌等）に分類される。[田島]
➡食中毒、細菌性食中毒、大腸菌O157、黄色ブドウ球菌、ボツリヌス菌

ドクター・ヘリ

　ドイツ方式を参考として、事故の際の救命率向上などを図るために導入された、ヘリコプターを利用する患者の搬送システムである。拠点となる医療機関の敷地内に設置したヘリポートにヘリコプターを常駐しておき、要請があれば医師が同乗してただちに現場に向かう。初期治療に使用する医療機器を装備しており、救急患者を治療しながら病院へ搬送することができる。大規模災害時にもドクター・ヘリは有効に活用される。[家田]

特定疾患 (とくていしっかん)

　難病と同義。①原因不明もしくは治療法が未確立で、後遺症を残す恐れが少なくない重症筋無力症、再生不良性貧血、悪性関節リウマチなどが含まれる。また②経過が慢性にわたり、経済的のみならず介護などに著しく家庭の負担になり、精神的にも負担の大きい小児がん、小児慢性腎炎、ネフローゼ、小児ぜん息、進行性筋ジストロフィー、腎不全（透析療法対象者）などが対象となっている。現在、原因の究明、治療方法の確立のために原発性高脂血症や特発性心筋症など118疾患が特定疾患対策研究事業として指定されている。また、患者及び家族の療養生活にかかる経済的負担の軽減を図るため特発性血小板減少性紫斑病、原発性肺高血圧症、クローン病など45疾患が特定疾患治療研究事業として指定されている。具体的にどの疾患を取り上げるかについては時代によって変わり、厚生労働大臣の私的諮問機関である特定疾患対策懇談会の意見を聴いて決定されている。[松岡優]
➡難病

毒物及び劇物取締法
(どくぶつおよびげきぶつとりしまりほう)

　1950年法律第303号。毒物及び劇物について保健衛生上の見地から必要な取締りを行うことが目的である。毒物・劇物とは医薬品・医薬部外品以外のもので人や動物の生理機能に危害を与えるものをいう。この法律の主な内容は毒物、劇物及び特定毒物の指定、それらの製造、輸入、販売等の禁止及び取扱者の資格等の規定である。[松岡治]

毒物性皮膚炎 (どくぶつせいひふえん)

➡接触性皮膚炎

特別活動 （とくべつかつどう）

　小学校，中学校における教科と道徳以外の教育活動の中で，特に学級指導と学校行事，児童会・生徒会活動，クラブ活動などの活動を含む活動を指す。かつては教科外教育と呼ばれたが，現行の学習指導要領では正規の教育課程として編成された活動として位置づけられている。特別活動の名称が用いられたのは小学校では1968年，中学校では1969年の学習指導要領改訂からである。特別活動では，学校内で様々な共同的な生活を営みながら社会生活に必要な能力を向上させるとともに，民主的な人格の形成を図ることを目的としている。内容的には教師が計画的・組織的に指導する集団活動，児童・生徒が自発的に計画し行動する自発的・自治的活動，児童・生徒の生活の自立を促す指導などにより構成される。学校保健の領域では，学級における個別的保健指導，集団的保健指導，児童・生徒の保健委員会活動などが特別活動として位置づけられる。［瀧澤］

特別教育活動 （とくべつきょういくかつどう）

　特別活動と同義であるが，特別活動に加えて高等学校における教科以外の教育活動を含んだ概念として用いられる。内容的には小・中学校における学級指導に代わって，高等学校ではホームルーム指導が含まれる。高等学校における特別教育活動は，より生徒自治的な要素が取り入られている。［瀧澤］

特別養護老人ホーム （とくべつようごろうじん——）

　65歳以上のものであって，身体上又は精神上著しい障害があるために常時の介護を必要とし，かつ居宅において適切な介護を受けることが困難なものを入所させる施設である。介護保険法に規定される施設サービスの１つであり，指定介護老人福祉施設という名称が用いられる。定員規模は20人（他の入所施設に併設の場合10人）以上である。設置主体は，地方自治体又は社会福祉法人である。特別養護老人ホームは，寝たきり高齢者等の介護の専門機関である知識・経験を生かして，日帰り介護（デイサービス）事業等の在宅福祉サービスを積極的に展開するための拠点としての役割が期待される。また，居住環境を改善し，入居者の尊厳を重視したケアの実現に向け，ユニットケアを特徴とする新型特別養護老人ホームの整備が進められている。
［大川健・竹内一］
→デイサービス

匿名断酒会 （とくめいだんしゅかい）
→AA

独立栄養 （どくりつえいよう）

　外界から取り入れる物質がすべて無機化合物であり，細胞内のすべての有機化合物がCO_2から合成される栄養形式である。栄養素として外部から有機化合物を一切要求しないため，栄養素を外部からの有機化合物に依存する従属栄養と対比される。この形式に従う生物を独立栄養生物といい，植物の大部分は光合成を行う独立栄養生物である。さらに，この栄養形式をとる生物をエネルギーの獲得形式によって分類すると，H_2Oなどの電子供与体（酸化される基質）を細胞の持つ光化学反応系で酸化してエネルギー得ている光合成独立栄養生物と，電子供与体を細胞の化学的暗反応系により酸化してエネルギーを得ている化学合成独立栄養生物がある。化学合成独立生物のうち，無機化合物が電子供与体となるものを特別に無機栄養生物と呼ぶ。また，独立栄養生物の中でも有機化合物があれば従属栄養形式のエネルギー獲得を行える生物を任意独立栄養生物と呼び，そうでないものを絶対独立栄養生物と呼んでいる。［坂本］
→従属栄養

独立栄養生物 （どくりつえいようせいぶつ）

　独立栄養の栄養形式に従う生物のことを指す。自己栄養体生物，この栄養形式の生物には光合成によりエネルギーを獲得している光

合成独立栄養生物と化学合成によりエネルギーを獲得している化学合成独立栄養生物が存在している。前者には緑色植物や大部分の藻類が，後者には硝化細菌，硫黄細菌，鉄細菌などが含まれる。［坂本］
→従属栄養生物

独立行政法人日本スポーツ振興センター
（どくりつぎょうせいほうじんにほん——しんこう——）

特殊法人日本体育・学校健康センターをその前身として，2003年10月に設立された。目的はスポーツの振興と児童生徒，学生などの健康の保持増進である。組織は国立霞ヶ丘競技場，国立代々木競技場，国立スポーツ科学センター，スポーツ振興基金部，スポーツ振興投票部，健康安全部からなっている。特に学校保健に関連する事業は健康安全部が担当している。児童生徒の災害共済給付に関する業務として学校安全の普及のための資料収集とその提供及び調査研究と啓発の業務，食に関する指導と支援業務，衛生管理による食中毒の防止業務などが行われている。［大澤清］

都市型公害 （としがたこうがい）

人間が集中して居住するために生じる，自動車などの一般的汚染源からの汚染による公害。通常は産業公害に比べて量的にも少なく，毒性も少ない物質が多いが，その反面，不特定多数が発生源であるために規制が難しいという問題がある。例えば水銀体温計を壊した場合，その量の水銀を家庭から排出しても規制はできないのに対して，工場から同じ濃度の水銀を排出すれば大問題になる。現在，わが国で問題となっているのは，自動車排ガスによる大気汚染と，家庭からの排水による湖沼などの富栄養化などであり，規制のため，自動車の排ガスレベルを下げるよう自動車製造業者に働きかけたり，洗剤からリンを除くよう洗剤製造会社に働きかけたりという取り組みがなされている。［本田］
→産業公害，大気汚染，富栄養化

土壌 （どじょう）

地殻の表層付近に位置し，岩石の崩壊物である礫や砂，岩石が溶解して生成した粘土，そこで生育する動植物とその分解生成物が堆積したものであり，間隙は水及び空気が占めている。これら構成成分の質や割合によって，通気性や透水性などの特性が異なる。また，大気や水とともに環境を構成し，物質循環の主要な役割を担う重要な媒体の1つである。主な機能としては，①植物（食料，木材等も含む）の育成，②水質浄化，③地下水の涵養，④土壌生物の育成，⑤有機物の分解浄化，⑥生態系の維持，⑦温湿度調節，⑧その他の機能（景観の保全，構造物等の支持，振動緩和，騒音吸収等）があり，私たちの生活に不可欠なものが多い。これらの機能は，非常に長い年月をかけて形づくられたものであるため，土壌がかく乱されたり汚染されると，多くの機能が失われ，修復は非常に困難である。［小林剛］

土壌汚染 （どじょうおせん）

不適切な取扱いや事故による原材料の漏出等により，トリクロロエチレンやテトラクロロエチレン等の有機塩素系溶剤，鉛やカドミウム等の重金属類，ダイオキシン類等が土壌の自浄作用を越えて蓄積し，人の健康に悪影響を及ぼしたり，土壌の様々な機能を低下させたりすること。近年は，油類や廃棄農薬による土壌汚染も懸念されている。汚染物質によって地下への浸透のしやすさや揮発のしやすさなどが異なるため，地下水汚染による経口での摂取，土壌の接触による経皮での摂取，土壌の飛散・土壌からの揮発による吸入での摂取等，様々な経路で人体に取り込まれる。土壌汚染は，大気汚染や水質汚濁と比較して拡散しにくく汚染が局所にとどまるため，発覚しにくく，また一度汚染されると浄化も困難なことから汚染状態が長期間持続するという特徴がある。現在，28項目について環境基準が定められ，土壌汚染対策法により

調査及び浄化が進められている。[小林剛]
→トリクロロエチレン,テトラクロロエチレン,ダイオキシン,自浄作用

土壌汚染対策法 (どじょうおせんたいさくほう)

土壌汚染対策の実施により国民の健康を保護するために,土地所有者らに汚染の調査や対策を義務づける法律として,2003年2月15日に施行された。調査により,人の健康被害が生じる恐れがある場合には,都道府県知事は土地所有者や汚染原因者に汚染の除去等の対策を命じることができるとしている。[小林剛]

土壌の自浄作用 (どじょうのじじょうさよう)

土壌中に存在する多数の動物や微生物によって,化学物質を分解浄化する機能のことである。健全な土壌では1g当たり数10億の生物が存在して量,種類ともに豊かな生態系を作っている。毒性の高い化学物質や難分解な化学物質,多量の化学物質が土壌に侵入すると,土壌生態系のバランスは崩れ,自浄作用にも影響が及ぶ。[小林剛]
→生態系

都市緑地保全法 (としりょくちほぜんほう)

都市における緑地の保全と緑化の推進について定めた法律。都市公園法,その他の都市における自然的環境の整備を目的とする法律とあいまって,良好な都市環境の形成を図り,健康で文化的な都市生活の確保に寄与することを目的としている。1973(昭和48)年施行。[長谷川]

トータル・ヘルス・プロモーション・プラン

THP。定期健康診断結果の有所見率は上昇の傾向にある。これらの原因としては労働者の高齢化,運動不足,食生活の偏り,ストレスの増大などが考えられている。THPは労働安全衛生法に基づき,すべての人を対象に心と体の両面からトータルな健康づくりを目指した運動。かつての健康管理では,二次予防としての病気の早期発見や治療に重点が置かれていた。このため,検査結果が異常なしの人は,健康管理の対象外とみなされがちであった。しかし,異常なしと判定された人の中にも,糖尿病や高血圧などのいわゆる生活習慣病の予備軍といわれる人が多く含まれている。THPでは,個人のライフスタイルを見直し,若い頃から継続的で計画的な健康づくりを勧めることで,働く人がより健康になることを目標としている。THPの具体的な進め方は,厚生労働大臣の指針に示されており,健康測定を行い,その結果に基づいた健康指導(運動指導・保健指導・栄養指導・メンタルヘルスケア)を行うことが基本である。その際,事業場や個人の実状に応じた進め方が望まれている。[松本健]

突然死 (とつぜんし)

予期せぬ死であり,学童の多くの死因は心臓病(心疾患)である。急性の心不全は,疲労や睡眠不足などの体調不良時に過度の肉体的精神的負荷がかかると引き起こされる。特に,夏季は脱水状態に陥りやすく,このような条件での過度の運動は危険である。十分な水分の補給と適度の休息をとることが肝要である。川崎病後の冠動脈閉塞疾患,心筋症,心筋炎,大動脈弁疾患などにおいて突然死が起きうる。[寺井]
→心疾患

突然変異原 (とつぜんへんいげん)

突然変異は遺伝的変異であり,遺伝子突然変異と染色体突然変異がある。前者はDNAが自己複製するときに,塩基配列の置換,重複,欠損,逆位,挿入などのエラーが生じたもので,後者は染色体の数や構造の変異によるもの。突然変異を誘発する能力を持つものを変異原という。[千葉]
→変異原性,DNA

突発性心筋症 (とっぱつせいしんきんしょう)

　原因不明の心筋疾患であり，著しい心筋の肥大を形成する肥大型心筋症と心内腔の著名な拡大と高度な収縮不全を呈する拡張型心筋症に大別される。特に拡張型心筋症は，重篤なうっ血性心不全や治療抵抗性不整脈を起こす予後不良の疾患であり，原因の解明や有効な治療法の確立が急務と考えられる。また肥大型心筋症は，高血圧や弁膜症など心筋に圧負荷が加わる原因がないにもかかわらず心筋の著しい肥大を形成する疾患であり，一部の症例では遺伝子異常が明らかにされつつある。肥大型心筋症の症状は，動悸・易疲労感・呼吸困難・胸部圧迫感・胸痛等であり，特に閉塞性肥大型心筋症では，めまい・失神が出現することがある。拡張型心筋症の症状は，呼吸困難・易疲労感・動悸・不整脈・胸部圧迫感・胸痛等である。治療としては第1に，激しい運動を避けるなどの生活指導があげられる。自覚症状が強い症例では，薬物療法が試みられる。［田嶋］

ドナーカード

　脳死後，自分の臓器を移植のために提供する意思の有無を示すために所持する意思表示カードのことをいう。「臓器の移植に関する法律」において死亡した者が生存中に臓器を移植術に使用されるために提供する意思を書面により表示していることが必要であると定められており，この意思を示すための書面のうち，カード型のものをいう。海外では，医学や歯学教育における正常解剖学実習のために遺体を大学に提供したいという「献体」の意思を示す書面としても用いられる。［森光］
→脳死，臓器移植

ドーピング

　競技スポーツにおいて，自己に有利になるように禁止物質を使用したり，禁止方法に反して物質を使用すること。禁止物質としては，興奮剤（覚せい剤，コカイン，カフェイン等），麻薬性鎮痛剤（モルヒネ等），タンパク同化剤（男性化タンパク同化ステロイド等），利尿剤，ペプチド及び糖タンパクホルモンとその類似物質（副腎皮質刺ホルモン等）がある。［和田］

ドミノ肝移植 (――かんいしょく)

　通常の移植の場合は，摘出された臓器はもう「使えない」状態であるが，特殊な病気の場合には，摘出した臓器を他の人が利用できる場合がある。肝移植のうち，家族性アミロイドポリニューロパシー（FAP）患者が肝臓の移植を受け，その際摘出された肝臓を他の患者への移植に利用するものを指す。FAPは，肝で産生される異常物質が原因となって神経障害を起こす遺伝疾患であるが，発症までに20年程度かかるため，高齢で緊急に肝臓を移植する必要がある患者などがFAP患者の肝臓を移植される対象となる。［森光］
→臓器移植

ドミノ理論 (――りろん)

　ハインリッヒは，事故と傷害の発生機序をドミノ倒しに当てはめて説明した。「社会的環境・家系的背景」「人間の過失」「不安全行為・機械的危険」「事故」「傷害」がそれぞれのドミノに当たる。先行要因の動きによって，事故，さらには傷害の発生をみる。このつながりを断つことにより，事故の発生や傷害の発生を防止することができる。中でも，不安全行為と機械的危険が，事故要因の中心的な存在だと述べられている。［家田］

ドメスティック・バイオレンス

　直訳すると家庭内暴力であるが，現在は親密な関係における男性から女性への暴力を指している。親密な関係とは，夫，内縁の夫，恋人，婚約者など多数考えられるが，「配偶者からの暴力の防止及び被害者の保護に関する法律」（2001年）では，「配偶者からの暴力」を配偶者（婚姻の届出をしていないが，

事実上婚姻関係と同様の事情にある者を含む）からの身体に対する不法な攻撃であって生命又は身体に危害を及ぼすものと定義している。［北村］

どもり
→吃音

トラウマ

通常体験できないような，脅威的，破局的な性質を持った出来事あるいは状況（自然災害，人為災害，激しい事故，他人の変死の目撃，拷問，テロリズム，強姦など）に遭遇し，出来事の回避，再体験，過覚醒状態，不眠，驚愕反応等が出現する時に使用する。刺激の強さは，固体の耐容量の影響も考慮する必要がある。［花田］

トラコーマ

クラミジア・トラコマチスが眼に感染し，慢性に経過する感染性結膜炎である。眼の分泌物又はこれに汚染された器物，ハエなどを介しての接触感染である。予防には，手洗いの励行，タオル・洗面用具の共用の禁止など，一般衛生の考え方の普及をはかる。現在わが国ではほとんどみられなくなったが，開発途上国ではなお重要な疾患であり，本症により失明する症例も少なくない。性感染した保護者の指を介して子どもの目に感染するケースが多発して1960年代の社会問題となった。成人の性感染症としての本症は，1〜3週間の潜伏期後に排尿痛などの外生殖器症状につづいて男性では副睾丸炎や前立腺炎を，女性では頸管炎，子宮内膜炎，卵管炎などを起こす。治療には，テトラサイクリン系抗生剤が用いられる。［太田・田神］
→結膜炎，接触感染，性感染症

トラッキング

身体の成長過程において，様々な形態や生理学的指標の年齢に伴う変化をみると，集団の代表値や分布は比較的規則的な変化を示す。しかし，これはその集団を構成する個人も，集団と同様のパターンで，しかも集団内の相対的位置を維持しながら成長していることを示すものではない。例えば，ある形質について集団内の個人の相対的位置をみていくと，若年期から青年期にかけて著しい変化がある場合，またほとんど位置が変わらずに進行する場合など様々である。このような成長過程における形質の相対的関係の継続性をトラッキングという。評価の方法としては，同一集団の縦断的データを用いて相関係数の変化を追跡する方法が用いられる。例えば，身長に比べBMIのトラッキングの方が明瞭である。［戸部］

ドラッグ

病気の予防，診断，治療及び生理機能を変化させる目的で用いられる化学物質を薬物というが，その英訳である。薬物を本来の使用目的から逸脱して用いたり，用法や容量を医療上等の使用限度を超えて用いたりするなどして，酩酊状態における身体的快楽，気分高揚などを追求する行為を薬物乱用というが，乱用行為に用いられる薬物のことをドラッグと呼ぶことも多い。乱用薬物は時代の推移とともに変化しており，昭和20年代は覚せい剤「ヒロポン」，30年代はハイミナールなどの「睡眠薬遊び」，40年代からはシンナーやボンド類などの有機溶剤を用いた「シンナー遊び」が青少年の間で広まった。近年になって，再び青少年を中心に覚せい剤の乱用が増加し，1997（平成9）年頃から「第三次覚せい剤乱用期」と呼ばれるようになり，社会問題となっている。［笠井］
→薬物乱用

トラホーム
→トラコーマ

鳥インフルエンザ （とり——）

A型インフルエンザウイルスを病原とする感染症のうち，ニワトリやアヒルなどの家禽

に対して強い毒性をあらわすインフルエンザをいい，一時に大量の鶏が死んで，経済的な損害が発生する。2004年1月12日に山口県で発生した本症では数万羽に及ぶニワトリを殺処分し，地中深く埋める方法でウイルスの封じ込めがはかられた。このケースはH5N1型のウイルスが原因であり，1997年の香港，2003年の韓国，2004年にベトナムで発生したものと同型である。本症は家禽からヒトに感染することがあり，発症した場合の死亡率は非常に高い（1997年の香港のケースでは，18症例中6例が死亡した）。ヒトの鳥インフルエンザは，一般のインフルエンザ様の症状又は眼結膜の炎症症状である。ヒトへの感染ルートは，家禽の糞に排泄されたウイルスの呼吸器への吸引と考えられている。A型インフルエンザウイルスは，構造として持っているH（15種）とN（9種）の2つのタンパク質の組み合わせによって135型が区別される。インフルエンザウイルスは，シベリアやアラスカの湖沼に封じ込められているウイルスが水鳥の渡りによって人里に運ばれ，家禽や豚などの家畜に感染し，同様にヒトにも感染することがわかっている。この際，哺乳類の体内でウイルスの変異株が出現して，人から人に直に感染する性質を備えることが最も恐れられている。こうした事例が1918-1919年のスペインかぜであり，ウイルス表面の突起を作っているタンパク質に微小な変異が発生したA型ウイルス（H1N1）によって全世界で4,000万人が犠牲になった。［田神］
→インフルエンザ

トリクロロエチレン

　常温液体で揮発しやすく，油分をよく溶かし，燃えにくい性質であるため，金属機械部品の脱脂洗浄剤や抽出溶剤等，様々な用途に使用される。しかし，環境中で分解しにくく，中枢神経の異常等の毒性や動物実験で発がん性が示されていることから，化学物質の審査及び製造等の規制に関する法律や水質汚濁防止法等で規制されている。［小林剛］

→テトラクロロエチレン

トリハロメタン

　水道原水中のある種の有機物と浄水過程で用いられる塩素とが化学反応を起こして生成される。また，発がん性のあることが報告されている。水の塩素処理は，水を衛生的にするための最も基本的な処理であるが，トリハロメタンが水道水中に含まれているという指摘が水道界で大きな問題となった。塩素の他に何か良い方法はないかと種々検討されているが，現在のところ他に適当なものが見当たらない。オゾン（O^3）を使うと有機物が有害なアルデヒドに変化し，活性炭を使うことは経済的にも問題が生じてくる。総トリハロメタンの水道水水質基準は，0.1ppm（mg/ℓ）以下である。［照屋］

トリブチルスズ

　有機スズ系化合物の一種。TBTと略称され，内分泌かく乱作用を有している。農・漁業，製紙，製材，塗料製造業において，殺菌剤，防かび剤，防汚剤として使用されている。近年，漁網への防汚剤としての塗布と養殖魚の異常との関係について検討されている。化学物質の審査及び製造等の規制に関する法律に基づく指定化学物質である。［日置］

トルエン
→有機溶剤

トルエン中毒　（——ちゅうどく）

　トルエンはシンナー，塗料，接着剤などの原料として用いられる。無色，芳香性の液体。中枢神経に対する毒性があり，産業保健で問題となる慢性中毒では，頭痛，苛立ち，情緒不安定，食欲不振，体重減少などを来し，脳波異常が認められることもある。高濃度蒸気を吸入すると，麻酔作用，幻覚惹起作用があるため，シンナー遊びに用いられることがあり，反復吸入では薬物依存性が問題となる。尿中馬尿酸の測定が暴露量の管理に役

立つ。[太田]
→シンナー

ドルトン・プラン

1920年にアメリカマサチューセッツ州のドルトンのハイスクールで行われた個性尊重を原理とする革新的な実験的授業方式。創始者はパーカースト。正確な名称は，ドルトン実験室案という。新教育運動の歴史的な一動向を担うものとしてこのプランは，積極的な役割を果たした。[大澤清]

トレーナビリティ

トレーニングによって体力やパフォーマンス，競技力が向上する可能性のことをいう。トレーナビリティの高さは，その人の年齢，性，遺伝的要因，それまでのトレーニング状況によって違ってくる。また，トレーニング方法（運動の様式，強度，頻度，時間）などの影響を受ける。[田中喜]

トレーニング

→体力トレーニング

トレポネーマ・パリドム

かつてスピロヘータとよばれた微生物で，梅毒の原因菌である。スピロヘータ科に属す細長い縮れた糸くず状の細菌で，菌体を回転させて前進や後退をする。1493年コロンブスがアメリカ大陸を発見した時，たばことともに持ち帰り世界中に広まったといわれている。日本には，16世紀にヨーロッパより伝わった。[上濱]
→スピロヘータ

土呂久地区とヒ素鉱毒事件
（とろくちくとひそこうどくじけん）

神話の里と言われている宮崎県西臼杵郡高千穂町の土呂久地区において，昭和37年まで操業していた亜ヒ酸鉱山近くの住民達の中に，水と大気の汚染による健康被害の訴えが多数みられていることが判明した（1962年1月）。これまでに百人余の人たちが平均39歳という若さで死亡し，1972年1月に，水俣病，イタイイタイ病にも匹敵する環境問題が起きていると発表された。亜ヒ酸は体内に入るとヒ素として蓄積され，生命の維持に欠かすことのできない酵素に被害を与え，特に肝臓機能障害を惹起して，皮膚の角質化がみられ，進行すると皮膚がんに進展することもある。[照屋]

ナ行

内因性・外因性 (ないいんせい・がいいんせい)

内因とは病気の原因のうち、外因を除いたものをいい、性・年齢などの一般的（生理的）素因、先天性・後天性素因の個人的（病的）素因や、遺伝、免疫、及び内分泌失調がある。病因そのものではなく、病気になりやすい素質（素因）をも内因に含めることが多い。外因とは疾病の原因、既ち病因のうち個体にとって外来性のものをいい、4大栄養素の不足又は過剰である栄養性外因、機械的作用・温度・気圧の変化・電気・紫外線やレーザー光線・及び放射線等の物理的外因、毒物・化学物質・有毒な気体・環境汚染物質等の化学的外因、及びウイルス、細菌、寄生虫などの病原生物がある。病因は内因と外因が密接にからみあっており、外因のみ、あるいは内因のみで病因をなすことはむしろ例外的であるといえる。[林・竹内—]

内科検診 (ないかけんしん)

定期健康診断における項目。方法及び技術的基準は学校保健法施行規則により実施する。学校におけるものはスクリーニング検査であり、疾病や異常が発見された場合は主治医、専門医の確定診断を待つ。事前の保健調査で健康状態を把握する。内科検診は学校医による理学的診察と臨床医学的検査（心電図、検尿）等で総合判定する。[福田]

→定期健康診断, スクリーニングテスト

内観 (ないかん)

内なる心を見直し、自己変革をもたらす方法であり、吉本伊信によって開発された。1週間、静かな部屋で1人で、家族、親戚、友人などの人との関わりに対して、①その人からしてもらったこと、②その人にしてあげたこと、③その人に迷惑をかけたことについて年齢順に具体的な事実を思い出す。その結果、人からの愛情を再確認し、感謝の気持ちを持ち、新しい自己を発見していく。[井戸]

内向型・外向型 (ないこうがた・がいこうがた)

精神分析学者のユングが提唱したもので、人間の心的エネルギーは、2つの方向に向けられるというものである。心的エネルギーが主に内界（自分自身）に向かい、判断や行動をする際に自己を基準とし、内界に注意を向ける傾向を内向型といい、心的エネルギーが主に外界（他者や環境）に向かい、判断や行動をする際に外部の環境との関わりを持つことを求め、外界に注意を向ける傾向を外向型という。一般的に、内向型の特徴は、新しい環境に慣れるのに時間がかかる、物静かで用心深い、自分にあった親しい環境内では能力を発揮しやすいなどが挙げられ、外向型の特徴は、新しい環境の中でも適度に行動し打ち解けることができる、社交的で多くのことに

興味を持ち，交友関係も広い，時には衝動的に行動することがあるなどが挙げられる。
[井戸]
→ユング

内呼吸 （ないこきゅう）

組織が血液から酸素を吸収してエネルギー基質を分解し最終産物である炭酸ガスを血液へ排出することをいう。組織呼吸とも呼ばれる。外呼吸（肺で行うガス交換）に対比する呼び方。酸素による呼吸はミトコンドリア内で行われる。持久的運動により骨格筋の毛細血管とミトコンドリアが発達し，内呼吸機能が高まる。[田中宏]
→外呼吸

内視鏡検査 （ないしきょうけんさ）

消化管検査法の１つ。従来，X線検査がまず行われ，異常が疑われた場合に内視鏡検査が行われていたが，最近では初めから内視鏡検査が行われることが多い。ほとんどすべての部位を検査可能であるが，回腸終末部を除く空・回腸は特殊な方法でのみ観察可能で，日常検査は行われていない。内視鏡の種類としては，①硬式内視鏡（直腸鏡・腹腔鏡），②ファイバースコープ，③電子スコープ，④超音波内視鏡などがある。[西川]
→X線検査

内斜視 （ないしゃし）

両眼の視線が前方で交差するものをいう。先天性内斜視，非後天調節性内斜視，調節性内斜視がある。先天性内斜視は斜視角が大きく，外転制限や下斜筋過動を伴うことが多い。また，後天非調節性内斜視は，生後６か月以上過ぎてから斜視になったものをいう。いずれも治療は早期の手術を要する。調節性内斜視は，２歳〜５歳の強度遠視の幼児に多くみられ，近見時に過調節や過輻輳のため生じる。治療は一般的には眼鏡装用による。
[朝広]
→斜視

内出血 （ないしゅっけつ）

脳内や胸腔内，腹腔内，骨折部などの血管が切れて，外には流れ出ずに体内で出血が起こっている状態をいう。手足の軽い打ち身程度ならば問題はないが，そうでない時には救急処置が必要となる。表面に血液が出てくる外出血と違って，外から見えにくいために見落とされる可能性が大きく，傷病者の運搬，診断，治療上，十分に注意すべきである。
[今村]
→外出血

内申書 （ないしんしょ）

法制上は調査書という。上級学校への入学者選抜において，基本的には学力検査と並んで重要な資料として採用されている。中学校校長は，高等学校入学選抜に際し調査書の送付義務がある（学校教育法施行規則）。これは，中学校在学期間中における生徒各々の様々な個性・能力・適性等をみるためであり，また入学試験が学力検査だけに偏ることがないようにするためでもある。高校・大学入試の多元化・多様化が進むにつれ，調査書重視の傾向が強まっている。したがって，その作成にあたっては，公平・公正で客観的となるよう，学校内においては調査書作成委員会などを設置している。その内容や形式・様式は各教育委員会や上級学校独自に定めており，定式化されているわけではないが一般的には以下の通りであろう。①学籍の記録。氏名，生年月日，出欠席日数（３年間）。②学習の記録。各教科評定（３年間），選択教科，総合学習。③行動及び性格の記録。部活動，生徒会活動，特技，行動，性格。④特記事項。
[小磯]

内側上顆炎 （ないそくじょうかえん）

テニス肘の中でフォアハンドストロークにより肘の内側に痛みを感じる。フォアハンドストロークで前腕屈筋腱付着部にストレスを生じ，それが繰り返されて前腕屈筋付着部に

軽度の断裂や炎症が生じる。[森川]
→テニス肘

内側側副靱帯損傷
（ないそくそくふくじんたいそんしょう）

膝を外反する外力により起こる。症状は断裂部の圧痛，外反動揺性，関節血腫を伴うこともある。単独損傷であれば保存的に治療し，複合靱帯損傷であれば手術的に治療する事もある。[森川]

ナイチンゲール

Florence Nightingale (1820-1910)。イギリスの裕福な地主のナイチンゲール家に生まれ，ヨーロッパ旅行中に病院や福祉施設にはよく訓練された看護婦が必要と感じ自ら看護婦となった。クリミア戦争では，イギリス軍の野戦病院での傷病兵の受け入れ体制の遅れを知り，看護団を結成して従軍した。その活躍によりナイチンゲール基金が創設され，看護学校の創始により近代看護の基礎を築いた。ここにナイチンゲール方式が確立し，全世界に広がりをみせた。[礒辺客]

内反足 （ないはんそく）

足の長軸を中心として内施する状態をいう。最も多いのが先天性内反足で，尖足，内転足，凹足を合併していることが多い。重症例は生後すぐに発見されるが，軽症例は歩行を始める頃に気づくことがある。治療は徒手矯正，ギブス固定，観血的手術によるが，骨の成長が止まる中学・高等学校までの経過観察が必要である。[福田]

内部環境 （ないぶかんきょう）

フランスのベルナール（C. Bernard, 1813-1878）が1870年に提唱した概念。高等動物の細胞は変化しやすい外部環境にさらされていては生存できず，一定の内部環境の中でのみ生存していけること，またこの内部環境は外部とまったく異なる水溶液であると説明した。即ち細胞外液の電解質組成，浸透圧，pH，ガス組成，温度などを指す。[田中宏]

内分泌 （ないぶんぴつ）

特殊な分泌細胞からホルモンと呼ばれる化学物質が血液中に放出されることをいう。分泌細胞は通常内分泌腺に集合している。従来より知られていた唾液腺や汗腺などの外分泌に対峙する機能を想定してつけられた。[田中宏]
→ホルモン

内分泌かく乱化学物質
（ないぶんぴつかくらんかがくぶっしつ）

通称，環境ホルモン。動物の生体内に取り込まれた場合に，本来，その生体内で営まれている正常なホルモン作用に影響を与え，それによって個体やその子孫あるいは集団（一部の亜集団）に有害な影響を引き起こす外因性の物質又は混合物をいう。近年，研究者・専門家によって，環境中に存在するいくつかの化学物質が，動物の体内のホルモン作用をかく乱することを通じて，生殖機能を阻害したり，悪性腫瘍を引き起こすなどの悪影響を及ぼしている可能性があるとの指摘がなされている。[松本健]

内分泌系 （ないぶんぴつけい）

神経系とともに内部及び外部環境の変化に対して生体機能を円滑に調節する機能を営む。神経系は神経を介して，内分泌系は血中に放出されたホルモンを介して情報を伝達する違いがあるが，相互作用があることが多い。[田中宏]
→神経系，ホルモン

長与専斎 （ながよせんさい）

医学者。明治の衛生行政機構を確立。肥前国（長崎）大村藩医の家に生まれる。1854年大坂の尾形洪庵の適塾に入る。1871年には文部省に入り，欧米の衛生事情視察。1873年文部省の医務局長となる。1875年からは内務省衛生局の衛生局長となる。医制，創始期の衛

生行政を確立し，コレラの予防などに功績残す。［鬼頭］

ナショナル・トラスト運動　（――うんどう）

土地の景観，機能，植生や生態などを保全，管理，再生，公開してあるべき姿を後世に残そうとする運動である。各地の市民が募金，自治体による買取り，土地の所有者からの遺贈・寄贈又は契約を結ぶことにより私有地まで運動の効果が半永久的に及ぶ仕組みになっている。所有や契約ができない場合であっても，河川，海岸，島，湿地などの特定の国公有地における自然保護活動もその範囲に含めている。［田神］

ナノグラム

10億分の1gを表す単位。ng。［大澤楽］

鉛中毒　（なまりちゅうどく）

金属鉛や鉛化合物を粉じん，ヒューム，蒸気の形で吸引した時や水溶性化合物を飲み込んだ時に起こる。呼吸器からの吸収は主として職業性のものが多く，合金工場，バッテリー工場，鉛顔料，鉛塗料作業に多い。吸収された鉛は細胞内の酵素系作用を阻害し造血系に異常を来し，結果的にヘモグロビン合成障害による貧血を来す。症状は，頭痛，全身倦怠感等の不定愁訴から，やがて貧血症状を起こす。その他には腹部仙痛，伸筋麻痺などがある。職場の健康管理における法定の特殊健康診断では，年間12万人が受診し，2％程度の有所見率である。生物学的モニタリングが取り入れられており，血中鉛濃度や尿中δアミノレブリン酸が測定されている。［太田］

生ワクチン　（なま――）

→ワクチン

悩み　（なやみ）

子どもの抱えるものは深刻で多様である。小学生と中学生・高校生では当然主要な問題は異なっている。小学校でも学年年齢によって，主な悩みは違う。さらには，男女差も考えなくてはならないし，何といっても悩みの程度や受け止め方には大きな個人差がある。全体にある程度共通してみられるのは，人間関係の問題である。クラスの中の身近な小集団（サブ・グループ）における対人関係をうまくやっていくことは，子どもたちにとって重要な課題となっている。思春期には，自分の性格についての悩みや，身体・容貌についての悩みが多かれ少なかれ出てくる。さらには男女間の友情や恋愛，そして性についての悩みも見のがせない。もちろん，すべての学年を通して学業や成績，進路についての悩みも深刻である。また，自分自身の存在の意義や，いのちの意味，生きる目的などといった，いわば実存的な悩みも思春期の頃からは重要なテーマとなっていく。［近藤］

→思春期

ナルシズム

自己愛的な性格，自己愛傾向のことをいう。ナルシシズムともいう。もともとは，むかしナルキッソスという美少年が水面に移る自分の姿に見ほれて，やがて湖の水仙に身を変えたという，ギリシャ神話の逸話から出た語である。この逸話は極めて象徴的で，こうした自己愛的な傾向つまり自惚れる傾向は青年期に特有でもあり，また必要な傾向でもあることを示しているのである。［近藤］

→自己愛性人格障害

なん語　（――ご）

一般的な意味では辞書にあるように，親しい男女がささやきあう言葉のような，客観的には聞き取りにくい発声の言語をいう。発達心理学的には，いわゆる赤ちゃん言葉のごく初期のもので，明確な単語を発音する以前の「うーうー」「あーあー」といった単純な音節がくり返される発音のことである。通常，生後2，3か月から始まり6か月くらいでかなり盛んに発せられる。［近藤］

難聴 （なんちょう）
→聴力異常（難聴）

難病 （なんびょう）

　難病対策要綱（1972年）の中で、「①原因不明、治療法未確立であり、かつ後遺症を残すおそれが少なくない疾病、②経過が慢性にわたり、単に経済的な問題のみならず、介護等に著しく人手を要するために家庭の負担も重く、また、精神的にも負担の大きい疾病」のいずれかに該当する疾病とされている。①にはベーチェット病、重症筋無力症、再生不良性貧血など、②には小児がん、ネフローゼ、小児ぜん息などが含まれる。[渡邉]

新潟水俣病 （にいがたみなまたびょう）

　1965年6月12日、新潟県阿賀野川河口域の住民に神経系の健康被害者がみられていることが発表された。この公害は、阿賀野川上流にある昭和電工鹿瀬工場から有機水銀が垂れ流しされたことによって起こった四大公害訴訟（裁判）の1つである。当初この水俣病は工場より遠い、阿賀野川の河口流域で患者が多く発症していることから、工場側は「上流から流された毒物は河口流域に至るまで、完全に希釈され、河口流域では毒物はまったく検出されない。この公害は1964年6月16日の新潟大地震の時、有機水銀系農薬が大量に流れ出したことによって発症したもので、わが社は加害企業ではない」と反論していた。しかし、新潟大学の医師らの研究によって、工場から排出された有機水銀は、上流の小魚を汚染し、その小魚は中魚に食べられ、その中魚は大魚に食べられ、そして河口流域の人たちがその大魚を食べているという食物連鎖によって発症していることが示された。地域は違っても熊本水俣病と同様の有機水銀中毒が発生したことで、別名第二水俣病ともいわれている。[照屋]
→水俣病、有機水銀、四大公害裁判、食物連鎖

肉離れ （にくばなれ）

　筋肉に加わる張力によって発症する線維の損傷。損傷の程度により軽症、中等症、重症の3段階に分類される。軽症：筋線維の一部が引き伸ばされた状態で断裂はほとんど無し。中等症：筋線維のごく一部に断裂がある典型的な肉離れ。重症：筋肉自体に断裂があり、断裂部の瘢痕や癒着を生じ、再発を繰り返す。[森川]

ニコチン

　たばこ煙の中の3大有害物質の1つ。粒子相に存在する。たばこ依存の原因物質である。急性影響として、心拍数の増加と血管の収縮が起こり、血圧が上昇する。また、血管の収縮は手足の先で特に顕著であり、血流量の減少が起こり、皮膚温の低下が起こる。ニコチンは中枢神経に作用し、カテコールアミン（アドレナリンやノルアドレナリン）を分泌する。このホルモンの分泌量によって、興奮作用と鎮静作用の2面を持っている。既に、興奮状態では鎮静的に働き、抑うつ状態では興奮的に働く。また、ニコチンの作用により脳の血流量を減らし、酸素欠乏状態にする。したがって、誤認や作業ミスが増加することが知られている。脳、皮膚や胃などの血流量の変化としてニコチンの作用によって、脳、皮膚、胃に対して血流量の変化を生じ、皮膚の老化を早め、胃潰瘍などの原因となる。また、運動能力の低下を来し、ニコチン、一酸化炭素の作用により心臓の負担が増加し、酸素運搬能力が低下するので、運動能力や持久力の低下を招く。[皆川]
→たばこ、カテコールアミン

ニコチンガム

　ニコチン入りの禁煙ガムのこと。[皆川]
→禁煙ガム

ニコチン中毒 （――ちゅうどく）

　急性中毒と慢性中毒に分けられる。急性中

毒の症状として，脱力感，発汗，呼吸困難，嘔吐や頭痛，顔面蒼白など多様である。また，心臓・血管系に影響がある。慢性中毒としてニコチン依存として現れる。ニコチンが血中で減少すると，無意識にたばこを吸いたくなり，自然とたばこを欲しがる。猿の動物実験でも同じ行動が観察できる。［皆川］

ニコチンパッチ

ニコチン入りのパッチ（直径3センチ位の絆創膏）を皮膚に貼って，皮膚からニコチンを吸収させ，喫煙によるニコチン中毒の禁断症状を緩和させようとする禁煙補助剤の1つである。日本では，医師の処方が必要で，「禁煙外来」の病院が禁煙補助剤として医師による定期的なカウンセリングと組み合わせて成果を上げている。［皆川］

二酸化硫黄　（にさんかいおう）

硫黄1原子に2原子の酸素が結合した物質。空気中で硫黄が燃える時に発生し，腐敗した卵に似た刺激臭を有し，目，皮膚，粘膜を刺激する。主要な発生源は，石炭や石油に不純物として含まれる硫黄（重油の場合3.5％程度含まれている）の燃焼ガス，鉱石中の硫黄が燃える金属精錬排ガスと火山ガスである。亜硫酸ガスとも呼ばれている。［田神］
➡亜硫酸ガス

二酸化炭素　（にさんかたんそ）

炭素1原子に2原子の酸素が結合した物質。空気中で炭素化合物が完全燃焼した時や生物の呼吸によって完全酸化された時に発生する無色無臭の気体。大気中には0.03～0.04％の割合で含まれ，徐々に増加している。赤外線を吸収する性質があり，地球表面の熱を宇宙に発散させる妨げになる温室効果ガスに分類され，地球温暖化を加速する作用があるといわれている。［田神］
➡温室効果，地球温暖化

二次医療圏　（にじいりょうけん）

各都道府県において作成する医療計画（医療法第30条の3）において，定めることとされている特殊な医療などを除く入院治療を主体とした医療活動が概ね完結する区域。行政上の保健医療施策を実施する基本的単位となっている。なお，この二次医療圏ごとに，概ね保健所が1つある。［森光］
➡医療圏，三次医療圏

二次汚染物質　（にじおせんぶっしつ）

大気中の汚染物質のうち，窒素酸化物や硫黄酸化物のように自動車の排気や工場の煙突から直接排出されるものを一次汚染物質という。一次汚染物質が物理的，化学的，又は生物学的に変化を受けて，二次的に発生した有害物質を二次汚染物質という。オキシダントやPANはその例である。［千葉］
➡窒素酸化物，硫黄酸化物，オキシダント

二次救命処置　（にじきゅうめいしょち）

特殊な器具や薬品を用いることなく，医師以外の一般人が行える気道確保，人工呼吸，胸骨圧迫心臓マッサージなどの蘇生法を一次救命処置という。これに対し，医師や十分に訓練を受けた医療関係者が，医師の指導の下に，器具や医薬品を用いて行う心肺蘇生法のことを二次救命処置と呼んでいる。［今村］
➡救急救命処置，一次救命処置，気道確保，人工呼吸，心臓マッサージ

二次性徴　（にじせいちょう）

10代前半の思春期に起こる，性成熟に関する様々な身体的変化をいう。陰毛の発達や女子の乳房の発達や初潮，男子の外陰部の発達や声変わり，精通など様々な変化が現れる。この時期は，発育スパート（成長加速現象）とほぼ一致して訪れる。最初の兆候は，大多数の女子では乳房のふくらみ，男子では睾丸が大きくなる。子どもによっては陰毛の発達が先行したり，同時に進行することもある。

このように，二次性徴が出現する時期やその現れ方には個人差があり，子どもによって様々である。しかし，身体が急激に発達するこの時期には，精神的発達とのバランスがとれず，非常に複雑で不安定な状態にある点では，どの子どもも同じである。極端な場合には，暴力行為や性犯罪を犯すなどの危険性もはらんでいる。また，最近100年ほどの間に，二次性徴を迎える年齢は少しずつ早まる傾向にあることが指摘されてきた。［渡辺］
→性的成熟，成長加速現象

二次的災害 （にじてきさいがい）

救命手当や応急手当が必要な状況に至る災害が起こった時，これを一次的災害という。また，この一次的災害に対処するために，ある行動をとっている際に，何らかのアクシデントに見舞われた場合，これを二次的災害と呼ぶ。道路上や事故車の中，あるいは火災現場などでは，こうした二次的災害が起こることが多く，注意が必要である。［今村］

二次的欲求 （にじてきよっきゅう）

後天的に学習・経験により獲得された欲求のことを指し，生得的に備わっている渇き・飢え・性・排泄・睡眠・苦痛回避などのように基本的な一次的欲求と対比される。具体的には，達成・親和・依存・承認・攻撃などのような社会的欲求をさす。［荒川］
→欲求，一次的欲求，基本的欲求

西ナイルウイルス脳炎 （にし――のうえん）

西ナイルウイルスによる脳炎のことをいう。西ナイルウイルスは鳥類に感染するが，時にヒトにも感染する。主として蚊に刺されることによって感染する。1999年にアメリカ大陸では初めて，ニューヨークに西ナイルウイルス脳炎の流行が起こり，62名の脳炎患者が発生し，その内の7名が死亡した。その後も増加傾向にあり，わが国における発生が危惧されている。西ナイルウイルスは感染しても，大部分の人は無症状か感冒様症状がみられるだけで回復するが，脳炎を起こした場合は重篤で高齢者では死亡例が多い。［太田］

二重盲検法 （にじゅうもうけんほう）

ダブル・ブラインド・テストともいい，薬効検定に際して用いられる方法で，真の薬効以外の非特異的な作用を除き，客観的な評価を保証するために用いられる。実施にあたっては管理者と呼ばれる人が実験計画法に従って薬効検定を企画し，検定の対象となる薬物と偽薬や，規準となる薬物を無作為に混ぜておき，投薬する医師又は観察者も，治療をうける患者も，いつ，どのような薬物が使用されたかわからないようにして投薬を行い，最後にその結果を管理者が統計的処理を行って，被検薬物と規準薬物又は偽薬との間の薬効の有意差を判定する。［林・竹内—］

日案 （にちあん）
→週案

日常生活動作 （にちじょうせいかつどうさ）

普段の生活の中で朝起きてから寝るまでに毎日行う諸活動のこと。ADL（activities of daily living）という。狭義には移動動作とセルフケア（食事動作，更衣動作，整容動作，トイレ・入浴動作）を指し，広義には生活関連動作（家事動作等）を含める。［吉永］

日射病 （にっしゃびょう）

炎天下や高温多湿などの暑熱環境下で，長く立っていたりスポーツ活動などをした時に，発汗異常，循環障害，中枢神経系障害等が出現し，体温調節機能が十分に作動しなくなった病態を総称して，熱中症と呼んでいる。その中で，特に強い直射日光に頭部やうなじがさらされることによって起こるものを日射病という。多くの場合，頭痛，めまい，あくび，目の中に光が飛ぶなどの短い症状が現れた後，倒れる。顔面は蒼白で脈が速くなり，皮膚には発汗がみられるが体温は正常である。その場でできる手当としては，①日陰

で風通しのよい涼しいところに運び，衣服をゆるめ安静にさせる，②頭を冷やしたり上着やうちわなどで風を当てる，③意識があって吐き気や嘔吐がなければ，冷水を飲ませる，といったことがあるが，何よりもまず，炎天下での活動を控えたり，十分な水分補給に心がけるなどの予防対策をしっかりと講ずることが重要である。［今村］
→熱中症，日射病

日照権　（にっしょうけん）

建築物の密集化，高層化により，従来の生活環境に比べて日照を妨害されるなどの事例が増加した。1970年に建築基本法が改正され，さらに1976年には日照権を直接保護する日影規制が設けられた。既ち，第一種居住専用地域では冬至日の午前8時から午後4時までの間に一定時間以上日影となる部分を生じることを禁じた。［千葉］

二部授業　（にぶじゅぎょう）

学校教育法において規定されている，授業編成の方法の1つであり，教育課程を1日に2つの時間帯で編成するもので，広くは大学における昼間部と夜間部や高等学校の全日制と定時制を含むが，狭義には午前授業組と午後授業組のように分けることを指す。戦後の校舎不足時に応急的に教育を行うために設けられた規定であるが，これを根拠に昼夜開講制など多様な教育課程編成が試みられている。［瀧澤］

日本学校保健会　（にほんがっこうほけんかい）

学校保健の向上を目的として設立された団体で大正9（1920）年発足の帝国学校衛生会に始まる。昭和29（1954）年に今日の名称となる。学校保健に関する普及指導，調査研究，健康増進等の事業を積極的に行っている。最近ではエイズ予防，薬物乱用の防止，生活習慣の改善などにも力を入れている。［大澤清］

日本赤十字社　（にほんせきじゅうじしゃ）

スイス人のアンリ・デュナンによって創設されたのが赤十字である。1863年にヨーロッパ16か国が参加して赤十字最初の国際会議が開かれ，赤十字規約ができた。その翌年にスイスを始め15か国の外交会議で赤十字条約（ジュネーブ条約）が調印され，国際赤十字組織が正式に誕生した。その後，各国が次々と国際赤十字に加盟し，日本でも1887年に設立された日本赤十字社が，同年国際赤十字に加盟した。現在，日本赤十字社の活動は，災害発生時の救護活動，赤十字病院等を通じた医療活動，献血された血液を医療機関へ供給する血液事業の他，救急法の講習会を開催したり，ボランティア活動を推進するなど多岐にわたっている。［渡邉］

日本体育・学校健康センター
（にほんたいいく・がっこうけんこう——）
→独立行政法人日本スポーツ振興センター

乳酸　（にゅうさん）

血液中及び筋肉などの各臓器内に存在するもので，運動の開始初期や運動強度の増大時や増大後など，新たにエネルギーを獲得するために糖が分解されて出てくる物質である。運動中の血中乳酸濃度は，運動強度の指標として用いられている。また，筋肉内における乳酸の過剰蓄積は疲労の原因となる。［田中喜］

乳児期　（にゅうじき）

生後満1年未満を指す。新生児期も含まれる。乳児期は一生を通じて最も発育が速く，飛躍的に機能が発達する時期である。体中の諸臓器が急速に発育し，その機能も発達する。生後4～5か月間の体重は，1日20～30g増加し，生後1年で体重は生下時の3倍にも達する。最も著しい発達をみせるのは脳である。しかし，生理機能がまだ十分発達しておらず，環境の影響を受けやすい。社会的に

はもちろん，生物学的にも保護者が不可欠ではあるが，一応生きていく最低の力を持つようになる。乳児期はまだ子ども自身が自分の力で食物を摂取することができず，母乳あるいは人工乳による保育に関らず，栄養の内容がすべて保育者によって決められてしまう。発育と栄養は密に関係しているが，乳児期では特にその関係が深い。したがって，栄養，養護，疾病予防などについての特別な配慮と保護を必要とする。幼児期に比べ罹患率や死亡率が著しく高い時期である。［佐竹］

乳児健康診査 （にゅうじけんこうしんさ）

毎月行うのが理想的であるが，神経学的発達のチェックの意味から，生後4か月，7か月，10か月，12か月が行われている。そこで①発達（身体発達，運動発達，精神発達等）の程度や②疾病の有無（先天性心疾患，先天性股関節脱臼，アトピー性皮膚炎等）がチェックされている。難聴などを早期に発見し，早期に対応することは予後のQOLに重要である。なお，母子関係，父子関係にも注意がなされ，保健婦による家庭訪問や育児相談などのきっかけになっている。近年，核家族が多く，育児不安をかかえている保護者も多く，事故防止にも結びつけられている。［松岡優］

→クオリティ・オブ・ライフ

乳児施設 （にゅうじしせつ）

近年，共稼ぎが多く，乳幼児を預かる施設が多数必要となっている。現在，公的な保育所と民間の託児所があり，一般に乳児施設は3歳以下を預かってくれる施設である。また，発熱時や病気になった乳幼児を預かってくれる乳幼児健康支援一時預かり事業（いわゆる病児保育）もある。なお，単親家庭，家族の精神障害等によって，家庭での養育が困難な0～2歳前後の乳幼児には乳児院（児童福祉施設）がある。［松岡優］

乳児死亡率 （にゅうじしぼうりつ）

（式）
$$乳児死亡率 = \frac{1年間の1歳未満の死亡数}{1年間の出生数} \times 1,000$$

19世紀前半，イギリスで初めてこの指標が計算され，生後5年間の死亡率が高いことが明らかにされた。1940年にウイリアム・ファーによってこの指標が提案された。しばしば社会・文化のレベルを表す指標としても扱われている。［大澤清］

入眠障害 （にゅうみんしょうがい）

寝つきにくく，眠るのに長い時間を要する不眠をいう。この他に，中途覚せい（何度も目覚め，目覚めた後に再び入眠しにくいもの），早朝覚せい（希望する起床時間より著しく早く目覚めるもの），熟眠困難（翌朝の起床時に熟眠感がないもの）に分類される。原因は身体的要因（痛み，咳，頻尿等），生理的要因（騒音，まぶしい光等），心理的要因（ストレス等）がある。［花田］

乳幼児突然死症候群
（にゅうようじとつぜんししょうこうぐん）

解剖によっても原因が明らかにできない乳児や幼児の突然の予期せぬ死亡。生後2週間から1歳の間で多い。［寺井］

尿検査 （にょうけんさ）

人体の排泄物としての尿には，各種代謝産物が排泄されるために，尿の量とともに，尿に含まれている物質の出現状況から，腎・尿路系の疾患だけではなく，内分泌，代謝系，その他心臓や肝臓など諸器官の機能や病態を知ることができる。また，容易に反復検査ができることも病態の変化や予後の推定，治療法の選択などに役立っている。健常人の尿ではみられない物質の主なものとしては，糖，タンパク，ヘモグロビン，ビリルビン，赤血球，白血球，円柱，細菌などがある。尿検査

は学校だけではなく，職場や住民の基本健康診査でも，糖，タンパク，ヘモグロビンについて試験紙法でスクリーニング検査として一般に行われている。［松本幸］

尿路感染症 （にょうろかんせんしょう）

腎，尿管，膀胱，尿道など尿路の感染症の総称で，中でも腎盂腎炎と膀胱炎がよくみられる疾患である。起因菌は大腸菌などのグラム陰性桿菌が多く，症状は腎盂腎炎では悪感戦慄を伴う発熱や腰痛があり，膀胱炎では，頻尿，排尿障害，局所不快感などである。尿検査では一般に混濁し，沈渣には顕微鏡検査で白血球が増加し，培養で菌を認める。血尿とみる場合もある。［松本幸］

2類感染症 （にるいかんせんしょう）

感染力，罹患した場合の重篤性等に基づく総合的な観点からみた危険性が高い感染症。急性灰白髄炎，コレラ，細菌性赤痢，ジフテリア，腸チフス，パラチフスがこれに分類される。［上地］
→感染症，急性灰白髄炎，1類感染症，3類感染症，4類感染症

任意保険 （にんいほけん）

児童生徒総合保障保険制度のこと。個人にかかる24時間の補償制度である。学校管理下以外の部分を含む保障制度で，しかも任意保険ということから，団体加盟の可否が検討された。学校管理下の事故については法令で定められた独立行政法人日本スポーツ振興センターで一定の補償制度がある。［千葉］

人間工学 （にんげんこうがく）

道具の使用，機械の操作，システムの制御などに際し，その作業環境をも含めて，人間の形態的・生理的な諸特性を取り入れることによって道具の使いやすさや機械，システムの操作特性などを向上させ，作業者の負担を軽減すると同時に，作業効率を上げ，安全性を高めることを目的とする関連領域

の学問。［鬼頭］

人間生態学 （にんげんせいたいがく）

生態学の中で人間を対象とするもの。人間生存の歴史的・地理的背景を研究するもので，生物学的な視点とともに，社会・文化的視点が必要となる。文化人類学，人文地理学，公衆衛生学などと接点を持つ。人類生態学ともいう。［稲葉］
→生態学

人間疎外 （にんげんそがい）

便利さを追い求めて機械化するあまり，人間相互の関係が成立しなくなることをいう。現代社会において，人間なしで機械が動き，物が買えるなど便利な社会，機械によって暖かい人間性が失われ，人と人とのコミュニケーションが取れないようになっていることをいう。［斎藤］

人間ドック （にんげん――）

日常生活を支障なく送っている壮年期，老年期の人を対象として，短期間に全身の総合的な健康診断を行い，本人の健康状態を評価，把握し，その後の生活における健康面での指導を行う総合健康診断を指す。目的は，各種の生活習慣病を早期に発見し，健康保持・増進の方針を確立することである。1954年に国立第一病院（現，国立国際医療センター）に初めて設置され，しだいに全国に普及した。［吉田］
→生活習慣病

認識 （にんしき）

人間を含め，動物が自己を取り巻く対象や世界，あるいは自己の内的状態について知るようになること，あるいはその過程を指す。外界の知覚にとどまらず，再認，同定，判断，推理，想像，問題解決等を含めた広い過程である。従来，心の過程は知，情，意と3つの側面に分けて考えられていたが，現在ではこれら3側面を統合的に取り扱う試みがなされ

ている。[山岸・中川]

妊娠 (にんしん)

受精した卵が母体内に存在し、しかも受精卵と母体との間に器質的結合が成立している状態をいい、着床で始まり分娩で終了する。妊娠の成立には排卵、排精、受精、着床という4現象が必要で、着床後は胚芽から胎児及びその付属物（胎盤、臍帯等）へと発育を遂げる。[大川]
→受精, 受精卵, 着床, 排卵

妊娠週数 (にんしんしゅうすう)

最終月経の第1日を妊娠0日、又は排卵日を妊娠2週0日と表現する。分娩予定日は40週0日となる。なお、便宜的に0～3週を第1月、4～7週を第2月、……36～39週を第10月という具合に4週を1月とし、数えで表現することもある。[大川]

妊娠診断薬 (にんしんしんだんやく)

妊娠すると、胎盤からヒト絨毛性ゴナドトロピン（HCG）というホルモンが分泌され血液や尿の中に混じる。妊娠診断薬は、このホルモンが尿にあるか否かを検査する。今日の妊娠診断薬は精度が上昇し、より早期に手軽に診断できるようになっているが、あくまでもホルモンの有無であり、医師による妊娠の総合的診断は必要である。[大川]

妊娠中絶 (にんしんちゅうぜつ)

胎児が母体外において、生命を保続することのできない時期に、人工的に胎児及びその付属物を母体外に排出すること、と定められ、日本では母体保護法（1996年に優性保護法から改定）に従って行われる。胎児が生命を保続できない時期とは妊娠22週未満（1990年）である。[大川]
→母体保護法

妊娠中毒症 (にんしんちゅうどくしょう)

妊娠に高血圧、タンパク尿、浮腫の症状が1つ以上見られ、かつこれらの症状が単なる妊娠偶発合併症によるものでないものと定義される。通常は出産後に速やかに改善するが、重症例では胎児発育遅延や母体にも子癇などの合併症を起こし、周産期死亡、妊産婦死亡の原因となる。高血庄、タンパク尿などの後遺症を残すこともある。[大川]

認知 (にんち)

知覚、記憶、想起、思考などの人間が持つ高次の情報処理システムを意味する。具体的には外部からの刺激に対して、感じたり、理解したり、覚えたり、思い出したり、考えたりといった様々な人間の情報処理過程を指すことが多い。さらに経験的に得た知識や技術などを用いて、新たな知識や技術を得ようとする能動的かつ主体的な情報処理活動までも含めることがある。[大久保]

認知構造 (にんちこうぞう)

認知系の中に備えられた認知機能を有する構造で、外界の認知に必要とされる構造である。ある対象や事象を認知する際に、この認知構造に基づいて認知が行われる。この時、対象と認知構造との間の整合性が高ければ認知されやすく、低ければ認知されにくくなる。認知構造との整合性が低い対象を認知する必要がある場合には、自身の認知構造の方を変容させる。スキーマの概念もこの認知構造と上記の基本的な側面で共通している。一方、上記は認知する主体が持つものとしての認知構造を指すが、主体が外界からの刺激を認知する際に抽出する外界の構造を指して認知構造という場合もある。認知構造に関連した知見では、ゲシュタルト心理学において、外界から抽出される認知構造に即して行動が生起されるとした他、洞察現象のような急激な行動変容は、認知構造の際構造化によるものだと指摘した。この他、記憶に関する認知構造の役割を指摘した研究（バートレット, 1992）などが挙げられる。[阿部]

認知行動 （にんちこうどう）

　精神活動の基本は，自己及び外界を認知する構造であり，行動はその現れであるという考え。西欧では伝統的にこの考えが強く，一方，米国では精神活動の基礎を観察可能な刺激と反応の結合の形成に求める行動主義が伝統的に根強い。［山岸・中川］
→行動主義

認知療法 （にんちりょうほう）

　ベックによって，開発されたうつ病に対する心理療法である。人間がうつ状態に陥るのは，その人間の認知パターンが歪んでいるために起こるという仮説のもとで処置を行っていく。ここでいう認知パターンの歪みとは，人間が物事に対して誤ったとらえ方や考え方をすることをいう。実際の処置においては，面接などによって認知パターンを明らかにし，そこで歪みが発見された場合には思考の訓練を行うといった方法をとる。［大久保］
→うつ病，心理療法

ねたきり老人 （——ろうじん）

　行政対策上の用語であり，明確な定義はない。厚生労働省では，6か月以上床についている高齢者をいう。65歳以上人口の3〜4％を占め，そのうち約3分の1が5年以上の長期にわたっているという。原因は，疾病やその後遺症，老化などである。ねたきりは，本人と介護者双方の負担が大きく，その予防が急務である。［松本寿］

熱けいれん （ねつ——）

　熱中症の病態の1つ。大量の発汗による塩分喪失に対し，塩分を補給しなかったことにより起こる。四肢や腹部の筋肉の痛みを伴い，発作的にけいれんを起す。予防としては，被服に注意し，休息を与え，水分と塩分を十分与える。発症した場合は，速やかに涼しい場所に運び，水を全身に散布するか，送風して身体を冷やし，必要によっては医師の診察を受ける。［松本健］

熱失神 （ねつしっしん）

　熱中症の病態の1つ。高温環境下で労働や運動をしている人が，皮膚血管の急な拡張により血圧，体温も低下，全身倦怠，脱力，めまいを訴え，急に失神（意識消失）すること。発症した場合は，換気の良い涼しい場所で衣服を緩め水分補給をする。［松本健］

熱射病 （ねっしゃびょう）

　熱中症の病態の1つ。高温環境下で労働や運動をしている人が，体温調節の破綻（体温の異常上昇）を来した状態で，突然，意識障害，全身の臓器障害に陥り，死亡率も高い。発症前にめまい，悪心，頭痛，耳鳴り，イライラ，嘔吐，下痢などがみられることがある。処置としては，救急車を要請し，風通しのよい場所に寝かせて衣服を緩め，全身に涼しい風を送り，冷水に浸した手拭いで手足を冷やす。［松本健］

熱中死 （ねっちゅうし）

　外気温が高温適応限界を超えて高くなると，体内貯熱が増え体温が上昇する。この状態がうつ熱である。うつ熱が強くなると体温上昇が激しくなり精神興奮，めまい，胸内苦悶などの神経症状を起こすようになる。これを熱射病といい，しばしば痙攣が現れ，ついには昏睡，呼吸困難を起こし死に至ること。［大貫］
→高温適応限界温

熱中症 （ねっちゅうしょう）

　暑熱環境下にさらされる，あるいは運動などによって体の中でたくさんの熱を作るような条件下にあった者が発症し，体温を維持するための生理的な反応より生じた失調状態から，全身の臓器の機能不全に至るまでの，連続的な病態。かつて多かった高温環境での労働によるものは一時減少傾向にあったが，近年増加に転じている。また，幼児が車に放置

されて起こるもの，スポーツ活動によるものは減少していない。熱中症の起こりやすさは気温，湿度，輻射熱を総合的に測る湿球黒球温度（WBGT：wet-bulb globe temperature）が参考になる。予防については，日本体育協会が1993年に「熱中症予防の原則」として次の8ヶ条を発表している。①知って防ごう熱中症，②暑いとき，無理な運動は事故のもと，③急な暑さは要注意，④失った水と塩分を取り戻そう，⑤体重で知ろう健康と汗の量，⑥薄着ルックでさわやかに，⑦体調不良は事故のもと，⑧あわてるな，されど急ごう救急処置。［松本健］

熱疲労　（ねつひろう）

熱中症の病態の1つ。過剰発汗による脱水によって起こる。初期には口渇，尿量減少で始まり，脱力感，倦怠感，めまい，頭痛，吐き気などが起こる。発症した場合は，涼しい場所で衣服を緩め水分を補給する。［松本健］

ネフローゼ症候群　（――しょうこうぐん）

大量のタンパク尿（1日尿タンパク量3.5g以上を持続する）と低タンパク血症（血清総タンパク量6.0g/100mℓ以下）を必須条件とし，高脂血症（血清総コレステロール値250mg/100mℓ以上）と浮腫を主徴とする症候群であり，基礎疾患として腎糸球体自体の疾患（一次性ネフローゼ症候群）以外に，糖尿病，膠原病，悪性腫瘍などにみられるように二次的に症状を呈するもの（二次性ネフローゼ症候群）もある。小児の場合90%は一次性で，ステロイド剤の治療効果が良好であるが再発率が高く，病期に応じた生活指導や食事療法が大切である。［礒辺啓］

ネフロン

腎単位を指し，腎小体と尿細管からなる。腎小体は輸入細動脈から出た毛細血管が球状にまとまり，輸出細動脈に血液を送り出している糸球体と，その周囲を薄い袋状の上皮で取り囲むボーマン嚢からなる。ボーマン嚢は尿細管に続き，尿細管は集合管に合流する。毛細血管中の水分，電解質，その他の物質は，ボーマン嚢中に濾過され，原尿が生成され，尿細管で再吸収，分泌などの作用を受け，尿として尿管に送り出される。［礒辺啓］

捻挫　（ねんざ）
→靭帯損傷（捻挫）

年少労働　（ねんしょうろうどう）

15歳に満たない者の労働のことであり，日本では労働基準法によって，行政官庁の許可を受けた場合，学校長の証明書及び親権者の同意書を備えた場合を除いて原則禁止されているが，発展途上国や戦争・内乱等によって国の政治・経済・治安が安定していない国では，しばしば見られる現象である。年少労働が問題となる理由は，①労働時間（あるいは拘束時間）が，一般労働者より長くなる傾向にあること，②家計を助ける場合等での年少労働の場合は，学令児童・生徒の未就学に繋がりやすいこと，③年少労働者は，特定技術を習得できる年齢に達していない場合が多く，技術習得等の労働者が利益を得ることよりも，雇用者の都合・利益が優先される場合が多いこと，④人身売買に繋がりやすいこと等である。年少労働から児童・生徒を保護する方策としては，①年少労働に陥りやすい家庭の把握と生活保護の徹底，家庭内の大人に対する就職等の斡旋，②年少労働・人身売買に対する厳重な取締りの強化，③児童福祉や保護体制の確立，等が必要となる。［軽部］

年齢（階級）別死亡率　（ねんれい：かいきゅう：べつしぼうりつ）

年齢（階級）別死亡率＝
$\dfrac{ある年齢（階級）の死亡数}{その年齢（階級）の人口}\times 1,000$ ［大澤清］

年齢調整死亡率　（ねんれいちょうせいしぼうりつ）

年齢構成が異なる集団間の死亡水準を比較する場合に，死亡率をそのまま比較すること

は適切ではない。そのために年齢構成を調整した指標が用いられる。
(式)

年齢調整死亡率＝
$$\frac{(年齢階級別死亡率 \times 年齢階級別基準人口)の各年齢の和}{基準人口の総和}$$

　ここで基準人口には昭和60年モデル人口などの特定の年の人口を用いている。この式の意味は、年齢階級ごとの死亡率という「重み」を考慮して平均をとることに他ならない。したがって基準人口の採用に依存して指標の値が変わることになる。標準化死亡率（訂正死亡率）という場合もある。［大澤清］
→訂正死亡率

ノイローゼ
→神経症

脳血管疾患　(のうけっかんしっかん)
　脳の血管が病的状態に陥った場合の総称。がん、心疾患に次いで死亡原因の第3位になっている。脳出血、くも膜下出血、脳梗塞の他、動静脈奇形、動脈瘤性拡張病変、解離性病変などが含まれる。［角南祐］

脳血栓　(のうけっせん)
　脳血管に血栓が生じた状態で、脳の循環障害を起こす。広く脳卒中の中に含まれるが、脳出血に比べて経過は緩やかなことが多い。閉塞された血管によって、片麻痺、単麻痺、失語、半盲などの症状を呈する。［竹内宏］

脳死　(のうし)
　中枢神経は脳と脊髄を指すが、脳はさらに間脳（視床、視床下部）を含む脳幹、中脳、小脳、及び大脳に分類される。脳幹の機能は残存しているが、大脳機能が失われた状態が植物状態であり、反射活動が維持され、心臓の拍動や呼吸運動は調節されている。脳幹には睡眠と覚醒を繰り返す生体のリズム系があり、このリズムによって生体の活動のためのエネルギー代謝や体温調節などが行われている。このような植物状態に脳幹の不可逆的な機能消失が加わった状態を脳死という。［礒辺啓］
→遷延性植物状態

脳死判定　(のうしはんてい)
　「脳死とは脳幹を含む全脳髄の不可逆的な機能喪失の状態」という概念に基づいて定められた判定基準に従って実施されている。その内容は、①深昏睡、②自発呼吸消失（無呼吸テストは必須）、③瞳孔の固定（左右とも4mm以上）、④脳幹反射の消失、⑤脳波が平坦、⑥上記①～⑤の条件が満たされた後、6時間経過をみて変化のないことを確認する、というものである。［礒辺啓］

脳出血　(のうしゅっけつ)
　脳実質内に出血が生じた場合を指し、大部分は高血圧性脳内出血でその他では脳動脈瘤や脳動静脈奇形の破裂などが挙げられる。長期に高血圧が持続すると脳の動脈壁の壊死が生じ、その破綻により出血しやすくなる。好発年齢は60歳代で、多くの場合、血圧が急上昇し、言語障害や片麻痺、単麻痺が進行する。経過は出血部位、出血量により異なる。［角南祐］

脳性麻痺　(のうせいまひ)
　受胎から新生児までの間に生じた、脳の非可逆性病変に基づく、永続的な、しかも変化しうる運動及び姿勢の異常（厚生省脳性麻痺研究班の定義）。症状から痙直型、アテトーゼ型、強直型、失調型、混合型などに分類され、また部位別に両麻痺、四肢麻痺などの分類がある。［吉永］

脳卒中　(のうそっちゅう)
　脳血管疾患のため急激に意識障害や神経・精神症状を来す病態。血管の破裂による脳出血やくも膜下出血、及び粥状硬化や血栓、塞栓が原因となる血管の狭窄や閉塞による脳梗塞の他、一過性脳虚血発作や高血圧性脳症が

挙げられる。［角南祐］

脳動静脈奇形 （のうどうじょうみゃくきけい）

先天的に脳の動脈と静脈が毛細血管を介さずに直接つながっている脳血管の奇形で，けいれんや脳内出血で発症する。治療は，奇形の大きさや症状を考えた上で手術や放射線治療が行われる。［竹内宏］

脳ドック （のう――）

人間ドックの中で，脳の様々な病気や脳の血管に異常がないかどうかを調べるものをいう。脳波や磁気を使用した核磁気共鳴装置により撮影される画像（MRI）検査法が行われる。MRIの検査の中で脳の血管だけを撮すものをMR血管撮影（MRA）と呼び，くも膜下出血の原因になる動脈瘤や脳血管の奇形などの検出に有効である。［内山］
→人間ドック，磁気共鳴映像法

脳軟化症 （のうなんかしょう）

脳動脈が動脈硬化を来すと，血管内腔が狭くなり，血流が悪くなったり時には途絶えたりする。また，このような場所に血のかたまり（血栓）が生じたり，あるいは他から流れてきた血栓がひっかかり血管を詰まらせることがある。その結果，脳に十分な酸素やブドウ糖がいかなくなり，脳組織の一部が壊死を起こし脳軟化（脳梗塞）を生じる。［竹内宏］

脳波 （のうは）

感覚刺激や精神活動によって頭皮上の電極に導出される数十μVの小さい律動的な電位変動をいう。安静時に出現する周波数が約10 Hz，振幅が100μV以下の波をα（アルファー）波，覚醒時に感覚刺激や精神活動によって出現する振幅の小さい17〜30Hzの成分を含む波をβ（ベーター）波，入眠時にうとうとしている際に出現する4〜7Hzの波をθ（シーター）波，深い睡眠時に出現する0.5〜3Hzの振幅の大きい不規則な徐波をδ（デルタ）波という。脳波検査は，大脳や脳幹の機能障害を非侵襲的に検索する手段として有用であり，大脳の全汎性異常と限局性異常の鑑別，てんかん性異常の検出，大脳の限局性異常の部位検索，脳死判定などに用いられる。［礒辺啓］

脳梅毒 （のうばいどく）

梅毒スピロヘータによる脳，脳膜，脳血管の病変を総称する。最終的には脳の破壊による人格・知能変化，けいれん，麻痺などを呈する。先天性梅毒を含め，一般に血清と髄液のワッセルマン反応が陽性となる。［竹内宏］
→梅毒，スピロヘータ

脳貧血 （のうひんけつ）

貧血という用語は日常的によく用いられ，脳貧血は顔色が蒼白いとか失神発作を意味していることが多い。しかし，医学用語としての貧血は臨床症状を表すのではなく，血液単位容積中の赤血球又はヘモグロビンが減少した状態を指す。貧血の脳神経系の症状としては，頭痛，易疲労性，倦怠感，耳鳴り，めまい，眠気，失神，筋力低下などがある。［礒辺啓］
→貧血

農薬 （のうやく）

農作物に被害を与えるウイルス，菌，線虫，ダニ，昆虫，ネズミ，その他動植物の防除，駆除に使用される殺菌剤，殺虫剤，除草剤，その他の薬剤及び農作物の生理機能の増進又は抑制に使用する成長促進剤，発芽抑制剤など，農業における生産性を高めるために用いられる薬剤をいう。農業害虫以外のカ，ハエ，ゴキブリ，シラミ，ノミなどの衛生害虫の防除に用いる薬剤も農薬に含まれる。有効成分の種類別にみると，主なものは有機りん系，有機塩素系，カーバメート系化合物等の殺虫剤，有機硫黄系，有機りん系，有機砒素化合物，抗生物質等の殺菌剤などに分けられる。剤形としては粉剤，粉粒剤，粒剤，水和剤，乳剤，くん煙剤などがある。農薬の使

用にあたっては，それらの活性と毒性に十分な知識が必要である。日本では毒性の強さによって，農薬を特定毒物，毒物，劇物，普通物に区別して取扱う。[千葉]

➡衛生害虫

農薬安全使用基準
(のうやくあんぜんしようきじゅん)

農薬取締法に基づいて，農薬の安全で適正な使用を確保する必要があると認める時は，農薬の種類ごとに，使用の時期，方法，その他の事項について農薬使用者が遵守することが望ましい基準を定めて公表し，農作物への残留に関する安全使用基準及び水産動物の被害の防止に関する基準を定めている。このことを指す。[千葉]

農薬汚染　(のうやくおせん)

農薬の使用による環境汚染をいう。農薬の使用は，食糧の増産と同時に多用化に伴う生態系の汚染を招く結果となった。分解，排泄されにくく，蓄積性のあるものが生態系を汚染しやすい。農薬は一般的に食品中に残留したり，肉類や乳製品に濃縮され，健康に影響する可能性も考えられ，生物濃縮，食物連鎖などに注意を払う必要がある。わが国では水田にいもち病対策として水銀製剤を使用したため，米中の水銀含量が高くなった例，ウシに給餌した麦わらのBHCが原因で，牛乳中にBHCが検出された例などがあるが，ヒトの健康被害には及んでいないとされている。使用した農薬による土壌汚染，水質汚濁の問題もある。水産動植物への毒性が強い化学物質は登録保留とし，品質改良が指示され，毒性の弱いものを開発する試みがなされている。食品中に許容される残留農薬の基準がある。残留性の高い有機塩素剤のDDTやBHCは1970年代に使用禁止とされた。[千葉]

➡環境汚染，生態系，生物濃縮，食物連鎖

農薬中毒　(のうやくちゅうどく)

農薬の種類，量，曝露期間，吸入経路によりその症状は大きく異なる。農薬は経口，経気道，経皮的に吸収される。経気道からの吸収が最も毒性が強い。一般に有機リン系農薬は急性中毒が主であり，有機塩素系農薬は慢性中毒を起こしやすい。農薬中毒は事故，職業病，食品の汚染，公害，自他殺の場合に発生する。[千葉]

農薬取締法　(のうやくとりしまりほう)

農薬を登録制度とし，販売及び使用の規制，品質の適正化，使用の安全と適正化，農業生産の安定，国民の健康保護，生活環境の保全などに寄与するための法律。1948年に制定された。当初は不良農薬の取締りが主な目的であった。1963年に農薬による水産動植物への被害防止，1971年に残留農薬による農作物の汚染，土壌汚染，水質汚濁に対する対策の整備がなされた。[千葉]

農用地の土壌の汚染防止に関する法律
(のうようちのどじょうのおせんぼうしにかんするほうりつ)

人の健康を損なうおそれがある農畜産物が生産されたり，農作物等の生育が阻害されることを防止するため，1971年6月に施行された。カドミウム，銅，砒素について基準値を定め，超過地域を対策地域として指定する。2002年度末までに，基準値を超過した132地域7,217haのうち，5,997ha（83.1%）で対策が完了している。[小林剛]

能力　(のうりょく)

特定の仕事や課題を成し遂げることができるかどうかという観点からみたその人の総合的な力。知能や運動技能，体力もその1つ。能力は個人に内在し，外部からは直接観察できない。私たちの行動やパフォーマンスはこの能力に従って発揮された結果である。したがって，行動やパフォーマンスを記録・観察し，その結果から個人の能力がどの程度であるか評価できる。一般的には知能テストや体力・運動能力テストなど，多くの調査項目を

集めてある能力を評価することが行われている。テストにおけるケアレス・ミス（不注意な間違い）はその問題に正答する能力があったとしても，能力が十分に発揮されなかったということになる。[國土]
→知能，運動技能，体力

野口英世　(のぐちひでよ)

日本人細菌学者（1876-1928）。東京で医学を修めたのちアメリカに渡り，ヘビ毒や血清反応を研究するとともに，進行性麻痺患者の脳から梅毒スピロヘータを検出して，この病気が梅毒の末期症状であることを証明した。1915年，学士院恩賜賞受賞。[田神]

後産　(のちざん)
→後産（あとざん）

ノーマライゼイション

1981年の国際障害者年を契機に「完全参加と平等」のスローガンのもとに，障害児の生活や教育の補償と健常児の交流，地域社会への進出が急速に進展した。ノーマライゼーションとは，分離主義でなく，統合（インテグレーション），融合（インクルージョン）などメインストリーミングを総称した理念をいう。[小林芳]

乗物酔い　(のりものよい)

動揺病や加速度病ともいう。乗物の動揺により内耳の前庭が刺激され，前庭－自律神経反射を引き起こしたものである。頭重感，頭痛，なまあくびに始まり，ひどくなると顔面蒼白，冷汗，唾液分泌増加，さらに悪心，嘔吐を来す。心理状態とも関係があり，精神医学的アプローチも重要である。[竹内宏]

ノルエピネフリン

副腎髄質及び交感神経終末部から分泌されるカテコールアミンの一種で，ノルアドレナリンともいう。アドレナリン作動性受容体の$\alpha 1$受容体が存在する皮膚，粘膜，内臓の血管を収縮させ血流を減少させる。$\beta 1$受容体を有する心臓には収縮力増強作用を示し，収縮期血圧及び拡張期血圧を上昇させるが，エピネフリンと異なり心拍数を減少させる。[礒辺啓]
→カテコールアミン，エピネフリン

ノンレム睡眠　(──すいみん)
→睡眠

ハ行

肺 (はい)

　肺内では壁胞の壁に分布する毛細血管網内の血液と細胞内の空気との間でガス交換で行われている。左右の胸膜腔を満たしている一対の器官で、左肺と右肺からなる。それぞれ無数の肺胞と、これに空気を送る気管支とから構成されている。［竹内宏］
→ガス交換、気管支

肺炎 (はいえん)

　様々な病原菌の感染によって肺に炎症が起こった状態で、体力が落ちたり高齢になったりして免疫力が弱まるとかかりやすくなる。かぜにかかると肺炎になりやすいが、肺に侵入してしまった細菌の感染力が人の免疫力を上回った場合に発症する。原因は細菌性のもの以外に、マイコプラズマ、クラミジアなどによる肺炎がある。［竹内宏］
→マイコプラズマ肺炎、クラミジア

ばい煙 (——えん)

　物質の燃焼によって発生する硫黄酸化物、ばいじん（スス）、有害物質（カドミウム、塩素、塩化水素、弗素、弗化水素及び弗化珪素、鉛及びその化合物、窒素酸化物）を総称していう。大気汚染防止法では、33の項目に分けて、一定規模以上を排出している施設をばい煙発生施設に指定し、規制している。
［田神］

バイオエシックス

　生命を意味するbioと倫理を意味するethicsの合成語。生命倫理あるいは生物倫理と訳される。内容的には、生命に関する倫理と、生物学の基本原則にたつ倫理という2様のとらえ方ができる。生命倫理は、医療の科学技術化の発展と人権意識の高揚とが相まって、より広い立場から、生命、特に人間の生命に対する干渉の是非の検討が行われるようになった。これまでは明文化されず、主治医の脳裏にのみあった診療についての判断や意志決定が患者等に対して説明することが求められる。安楽死を始め、脳死や植物状態にある患者に対する治療継続の適否、臓器移植、体外受精、出生前診断、人体実験、遺伝子組み換えなど、これまでにも意見の分かれた諸問題も深く関わってくる。一方、生物倫理では、分子遺伝学や動物行動学からの発言が様々になされているが、賛否両論あり、一定の方向を見出すにはまだ時間がかかると思われる。［皆川］

バイオテクノロジー

　バイオロジー（生物学）とテクノロジー（工学・技術）を合わせた言葉で、日本語では生物工学といい、生物が本来持っている働きを生活に役立つように利用する技術の総称

である。最近では遺伝子組み換えやクローン技術などの新技術が注目を集めており，食料，医療，エネルギー，環境といった様々な分野で応用されている。[戸部]

バイオフィードバック

生体内の様々な系においては，その機構に対する入力とそこからの出力がみられる。もしその系が自己調節的に機能する場合，系からの出力は入力に対して調節を加えている。これをフィードバックによる調節といい，生体内で起こっているこのような調節をバイオフィードバックという。出力が減少すると入力は増加するように調節を受け，逆に出力が増加すると入力は低下するように調節を受ける場合，これを負のフィードバックといい，その系の安定性と平衡を維持する方向に働く。生理的な恒常性機構は一般にこのタイプのフィードバックによって調節されている。例えば，血中のカルシウム（Ca）濃度の低下は上皮小体ホルモンの分泌が増加させ，このホルモンは骨からのCaの放出を引き起こすが，血中のCaが増加すると上皮小体ホルモンの分泌は抑制される。このフィードバックは血中のCa濃度を一定に保つように働いている。一方，出力の増加が入力の増加を引き起こすようなフィードバックを正のフィードバックといい不均衡を引き起こす。生体内における例は排卵と分娩である。[戸部]

媒介生物　（ばいかいせいぶつ）

狭義には，患者又は保菌者から吸血する際に病原体を己の体内に取り込んで成熟又は増殖させた後に，健常者から吸血する際に感染させる生物のこと。マラリアにおけるハマダラカがこの例である。媒介者又はベクターともいう。広義には，機械的に病原体を体の一部に付着させて運搬する作用を含む場合もあるが，これを区別する場合は伝播という語が用いられている。[田神]
→病原体，マラリア

肺活量　（はいかつりょう）

最大に息を吸った状態から吐き出せる空気の最大量。つまり，全肺気量から残気量を引いた値。酸素摂取能力と関係があり，換気能力の一指標。男性は20歳代中頃で平均4.5ℓ，女性は20歳代前半で3.0ℓに達し，それ以降は減少。ボート選手などでは6.0ℓに達する。測定にはKYS式回転式肺活量計などを使用。[稲垣]
→酸素摂取量

肺がん　（はい——）

気管，気管支，肺胞の悪性新生物の総称。ほとんどが気管支粘膜からの発生である。西欧先進国で多く，日本でも急速に増加している。組織型に，扁平上皮がん，腺がん，小細胞がん，大細胞がんなどがあるが，男性では扁平上皮がんが多く，その大部分は喫煙によることがわかっている。[稲葉]
→がん，喫煙

肺気腫　（はいきしゅ）

呼吸細気管支，肺胞壁の破壊により呼吸細気管支より末梢の気腔が拡張した状態。労作時息切れ，胸郭前後径の拡大，横隔膜低位，減弱した呼吸音を認める。圧倒的に高齢男性に多く，喫煙歴を有する症例が多い。慢性気管支炎，ぜん息が高率に合併し臨床的に弁別できないことがある。[西川]

廃棄物　（はいきぶつ）

廃棄物処理法では，一般廃棄物と産業廃棄物の2つに分類する。一般廃棄物は，主に家庭から排出される生ごみや粗大ごみ，オフィスから排出される紙くずなどであり，各市町村が収集・運搬して焼却処分する。産業廃棄物は，事業活動に伴って工場などから排出される燃えがら，汚泥，廃プラスチックなど19種類の廃棄物であり，排出した者が責任をもって処理しなければならず，種類ごとに処分のための基準が定められている。一般廃棄物

は，2000年度で年間約5,200万トンで，1人1日当たりでは約1.1kgである。また，産業廃棄物は，一般廃棄物の8倍程度，年間約4億トンが排出されている。[田神]
→一般廃棄物，産業廃棄物

廃棄物処理 （はいきぶつしょり）

家庭から出される生活系廃棄物と企業や事業所から出される事業系廃棄物に大別される。生活系廃棄物は，さらに一般廃棄物と特別管理一般廃棄物に，事業系廃棄物は事業系一般廃棄物と産業廃棄物とに区分される。生活系の一般廃棄物と事業系一般廃棄物は合わせて処理される。この内容はし尿とごみであり，ごみは可燃物，不燃物，資源ごみ，粗大ごみに区分されて別々に処分される。2000年度では，し尿のほとんどは，し尿処理施設や公共下水道投入によって安全に処理され，海洋投棄量は150万kℓ（全体の5％未満）以下まで減少している。可燃物の大半は，全国の約1,700施設で焼却処分され，残りは堆肥化などによってリサイクルされている。不燃物は埋め立て処理され，資源ごみはリサイクルされる。粗大ごみは，破砕処理後に可燃物と資源とに分別処理されている。焼却後の灰は，最終処分場に搬入されて埋め立てられる。特別管理一般廃棄物は，自治体が回収・保管して最終的に産業廃棄物として処理される。産業廃棄物の多くは，民間の産業廃棄物処理施設で無害化，分別，リサイクル処理されてきたが，有害物質の環境への漏出事故が後を絶たず住民の信用を失って新たに立地できないところが多くなったことから処理能力が低下している。国では，こうした施設を受け入れた住民への各種優遇措置を行って制度的に支援している。[田神]

肺結核 （はいけっかく）

結核菌によって発症する慢性の肺感染症。1950年までは日本の死因の第1位であった。ツベルクリン反応，BCG接種，胸部X線検査を組み合わせた集団検診の効果と治療薬の発達で急速に減少してきたが，近年その速度が鈍化しており，1999年には「緊急事態宣言」が出されている。[稲葉]
→結核，結核菌

売春 （ばいしゅん）

戦前の日本では公娼制度があったが，1949年に国連で「人身売買及び他人の売春からの搾取の禁止に関する条約」が採択されたため，1957年に売春防止法が施行された。同法は売春を「対償を受け，又は受ける約束で，不特定の相手方と性交すること」と定義している。さらに，売春は人としての尊厳を害し，性道徳に反し，社会の善良の風俗を乱すものと考えられている。また，売春を買う立場からとらえた買春という言葉もあり，アジア諸国での「児童買春」に対する強い批判がある。1994年に批准された「児童の権利に関する条約」では，児童はあらゆる形態の身体・精神的な暴力及び性的虐待等から保護されることが定められたことを踏まえて，1999年5月に，「児童買春，児童ポルノに係る行為等の処罰及び児童の保護等に関する法律」が施行され，国内及び海外で児童買春等をした者に懲役等の罰則が科されることとなった。[笠井]

→子どもの権利条約，児童買春・ポルノ禁止法

肺循環 （はいじゅんかん）

右心室から肺動脈として始まり，肺内で枝分かれして肺胞で毛細血管網を形成し，酸素を吸収，炭酸ガスを排泄し，再び集められて肺静脈となり，左心房に戻る経路をいう。肺動脈には全身から集められた静脈血が，また肺静脈には動脈血が流れる。[田中宏]

売春防止法 （ばいしゅんぼうしほう）

戦後，公娼制度の廃止とともに1956年に公布された。売春が人としての尊厳を害し，性道徳に反し，社会の善良の風俗を乱すことに鑑み，売春を助長する行為等を処罰するとともに，売春を行うおそれのある女子の補導，

保護, 更生の措置を講ずることによって, 売春の防止を図ることを目的としている。[笠井]

排水基準　(はいすいきじゅん)

総理府令によって定められた排出水中の汚染物質の基準。有害物質に係わる基準としては, カドミウム及びその化合物, シアン化合物, 有機リン化合物, 鉛及びその化合物, 6価クロム化合物, ヒ素及びその化合物, 水銀及びその化合物, PCBに関する基準があり, 生活環境に係わる基準としては, 水素イオン濃度, 有機物の量(生物化学的酸素要求量などで測定する), 浮遊物質量, 大腸菌数, 各種有害物質含有量などの基準がある。これらの基準は日本のどの地域でも排出水が適合しなければならない基準であるが, 都道府県によってはこれよりも厳しい基準を条例で定めることができる(上乗せ基準)。[本田]

肺動脈弁狭窄症
(はいどうみゃくべんきょうさくしょう)

右心室と肺動脈の境にある弁が狭くなっていて, 肺動脈に血液を送り出すために, 右心室に大きな負担がかかる病気である。原因は生まれつきのことがほとんどで, 心室中隔欠損症などに合併する場合と, 肺動脈弁狭窄だけのことがある。症状は軽度狭窄では無症状であるが, 中等度以上では息切れ, 呼吸困難, チアノーゼがみられる。治療は外科手術である。[村田]
→心室中隔欠損症

梅毒　(ばいどく)

梅毒スピロヘータの感染による全身性疾患。通常, 性行為により感染し, 局部の硬結と所属リンパ節の無痛性腫脹を来す。約9週後に発熱, 全身の発疹がみられ, 約3年後から全身のゴム腫形成, 10年以上して神経症状を呈する。初期の薬物治療が大切である。[稲葉]
→スピロヘータ, 後天梅毒, 脳梅毒

梅毒血清反応　(ばいどくけっせいはんのう)

患者血清を使った検査で, 感染後約6週から陽性となる。非特異的反応として脂質抗原を使用した補体結合反応(ワッセルマン反応), 凝集法, ガラス板法があり, 梅毒トレポネーマ菌体成分を使用した特異反応としてTPHAテスト, FTA-ABSテストがある。[稲葉]
→ワッセルマン反応

背部叩打法　(はいぶこうだほう)

気道内に詰まった異物を取り除くために用いられる方法の1つである。意識のある成人や, 乳児において有効である。患者をややうつむき加減に前傾させ, 片方の腕で患者の胸を支える。もう一方の腕の手の平の付け根の部分で, 患者の背中(両側の肩甲骨の間あたり)を力強く4~5回, パンパンパンと迅速に連続して叩く。[今村]

ハイブリッドカー

電気モーターとガソリンエンジンを組み合わせた自動車のこと。電気モーターを使うことによって, 発進加速時のエンジンの負担を少なくし, 排ガスの窒素酸化物の排出量を減らすことができる。[植田]

肺胞　(はいほう)

肺の中にある気道の最終部位で径0.1~0.9mmの小さな袋状のものをいう。吸気の際には膨大し, また, その数は数億あるとされ, 表面積は$100m^2$を超える。[竹内宏]
→肺

肺胞気　(はいほうき)

呼気として最初に吐き出される空気は, 水蒸気が増えている以外は大気の組成とほぼ同じである。次に排出されるものは酸素が少なく二酸化炭素(CO_2)が多い空気で, これは血液とガス交換をしたもので, これを肺胞気という。[竹内宏]

→ガス交換

ハイムリック法 （——ほう）
→上腹部圧迫法

廃用症候群 （はいようしょうこうぐん）
　身体的活動の減少により生ずる病的状態の総称。筋萎縮，骨萎縮，起立性低血圧，褥瘡，心肺能力低下，知的能力減退などが含まれる。老人では身体予備能力が少ないため，病気や外傷を契機に床上安静が続いて廃用症候群が加わるとねたきりになりやすいため，その予防が重要視されている。[吉永]

排卵 （はいらん）
　成熟した卵子（卵）が卵胞外へ放出されること。卵胞刺激ホルモン（FSH）により発育，成熟した卵胞から，エストロゲン分泌が急激に増加すると，黄体形成（化）ホルモン（LH）の一過性放出（LHサージ）が誘発され，排卵が起こる。通常は月経の2週間ほど前に起こり，卵は卵管に取り込まれ，受精，着床すれば妊娠が成立する。[大川]
→卵子，卵胞刺激ホルモン，女性ホルモン

ハイリスク
　重大な病気になりやすい状態ということで，様々な状況について使われる。例えば，糖尿病がある妊婦はハイリスク妊婦であり，この妊婦から生まれてくる新生児もハイリスク新生児である。最近では肥満，高脂血症，高血圧などを持つものを，動脈硬化ハイリスク群と呼んでいる。[村田]

ハウス病 （——びょう）
　シックハウス病，又はシックハウス症候群と同義語。極めて稀に，農業用ビニールハウス内の作業で発生する熱中症に対して使われることがある。[田神]
→シックハウス症候群

パーキンソン病 （——びょう）
　筋強剛，運動減少，振戦が慢性に進行し，表情は仮面様の顔貌を呈し，身体は前屈姿勢で，歩行は小股である。脳の中心にある黒質が変化し，ドーパミンが著しく減少しているとされる。嗜眠性脳炎，一酸化炭素中毒，向精神薬中毒，脳動脈硬化症などが原因と考えられる。治療として，ドーパミンの前駆物質L-DOPAが使用される。[花田]

白昼夢 （はくちゅうむ）
　覚せい時に出現し，夢に似た意識状態をいう。夢に比べると内容に統一性があり，空想に比べるとより現実性を帯びた体験である。願望充足的で，無意識内容が修正された形で意識にのぼるという点では，夢と共通の性質を有している。白昼夢は病的なものではなく，幼児や児童においては，遊びや空想と同じで，普通にみられる。[花田]

バクテリアコロニー
　固形培地上で細菌を培養する際にできる肉眼で見ることができる細菌の塊をいう。単にコロニー，日本語では集落という。同じ培地上で培養しても細菌の形質を反映して，色や形が異なるコロニーができる。[田神]
→コロニー

白内障 （はくないしょう）
　本来，透明な水晶体が混濁したものをいう。先天性白内障と後天性白内障がある。先天性白内障は，遺伝や母体胎生期のウイルス感染（風疹など）が原因である。後天性白内障は糖尿病など内分泌疾患によるもの，ブドウ膜炎の再発，けがなどによる外傷性のものなどがあるが，多くは老人性白内障である。先天性の場合には，視力の発達を促すため，早期に手術を行う。治療は原因疾患の治療及び白内障手術。[朝広]

麦粒腫　（ばくりゅうしゅ）

　眼瞼の脂腺，汗腺の細菌感染である。2つに分類され，睫毛脂腺（Zeis腺），睫毛汗腺（Moll腺）の化膿性炎症を外麦粒腫，瞼板腺（Meibom腺）の化膿性炎症を内麦粒腫という。発赤，圧痛や腫脹があり，治療には抗菌剤（内服，点眼薬）の投与，又は切開を行う。［朝広］

白ろう病　（はく──びょう）

　削岩機械，チェンソーなどの振動工具を長期間使用することにより起こる職業病をいう。病名については，最近では手腕振動症候群と呼ばれる。症状は，振動を直接受ける手指に起こるが，時には上肢にも及ぶ。主要症状は，寒冷時に発作的に出現する手指の白色化現象（レイノー現象）を主徴とする末梢循環障害，末梢神経障害，及び骨・関節障害である。［太田］
→職業病，レイノー病

HACCP　（はさっぷ）

　hazard analysis critical control pointの頭文字をとったもので，危害分析重要管理点方式と呼ばれている食品の品質管理のこと。ハサップ，又はエイチエーシーシーピーと呼ばれている。厚生労働省ではHACCPを取り込んだ「総合衛生管理製造過程」を作成しており，これが事実上のHACCPの申請・承認制度となっている。このHACCPの概念は，元々は1960年代にNASA（アメリカ航空宇宙局）で宇宙食の衛生管理を目的として開発されたものだが，最近では腸管出血性大腸菌O157のような細菌性の食中毒の頻発と大規模化が問題となっており，食品衛生法に基づく従来の伝統的な自主管理の限界が指摘されるようになった。そこで注目されたのがHACCPである。すでに一部の外食産業や食品メーカーなどではHACCPの手法が導入されている。その特徴は，次の7原則にある。①危害分析，②重要管理点の設定，③管理基準の設定，④モニタリング方法の設定，⑤改善措置の設定，⑥検証方法の設定，⑦記録及び各種文書の保管。［松本健］

はしか
→麻疹

ハシシ
→大麻

破傷風　（はしょうふう）

　土壌中の破傷風菌の産生する毒素による中毒性感染症である。破傷風トキソイドによる予防注射が極めて有効で，予防接種の対象である。外傷時に局所から感染，増殖した菌から神経毒が産生され，中毒症状を惹起する。開口障害，歩行障害，後弓反張，流涎，嚥下障害，呼吸困難に陥り死亡率が高い。救命救急センターでの治療が必要。［荒島］
→トキソイド

バシラス菌　（──きん）

　バシラス属の細菌のことで，枯草菌などを指す。本属は，食中毒の起因菌のセレウス菌や炭疽菌，納豆菌など34種ある。芽胞を形成し，乾燥条件下や熱湯，アルコールの中でも死滅しない。このため，枯草菌による消毒用アルコール液を介した院内感染の事例がある。この菌は自然界に広く分布し，本来は非病原性であるが，眼球の傷などで感染を起こす場合がある。［上濱］

バズ学習　（──がくしゅう）

　学級内の人間関係の改善と協力的な学習活動による全員参加の授業をいかに実現するかを目標に考え出された学習方法である。認知的目標と態度的目標の2つを常に設定する。つまり，知識・理解などの基礎と人間関係の形成に関わる技能の習得を目指している。科学性，一貫性，統合性を重視した学習である。［鈴木和］

パスツール

　Louis Pasteur (1822-1895)。フランス人微生物学者。ワイン醸造を研究し，発酵や腐敗が微生物の働きによって行われていることを証明した。酸素のないところで発育する細菌（嫌気性細菌）の発見，ワインや牛乳の腐敗防止技術（低温殺菌法，パスツリゼーション）の開発，弱毒生ワクチンの発明，感染症に対する特異免疫応答の一般法則の確立など活発に研究活動を行った。パスツール研究所を創始し，初代所長を務めた。[田神]

パーソナリティ

　心の成り立ち（構造）について説明するための概念である。人格と訳されることが多い。人間の行動には状況によって変化する行動と，状況が変わっても変わらない行動がある。このうち，ある程度一貫した習慣的行動パターンをもたらし，その個人を特徴づける内的な体制のことをいう。性格と同義で使われることもある。[伊藤直]

はだし教育　(――きょういく)

　目的は土踏まずの形成を促進し，足の裏からのたくさんの刺激が，平衡感覚を発達させ，大脳の働きを活性化することであるといわれている。土踏まずは，歩行の際，バネの働きをして体のバランスを保ち，体にかかる衝撃を和らげる働きをするともいわれ，幼稚園，保育所，小学校などで積極的に取り入れているところがある。[井戸]

パターナリズム

　直訳すると父権的温情主義となるが，医療の世界ではインフォームド・コンセントという現在主流となる概念に相反するもの，医師の技術，良心を信用し患者は意思の言う通りにすればいいという考え方を意味する。[森光]
➡インフォームド・コンセント

発育　(はついく)

　子どもの加齢に伴う身体の大きさや重さの変化。全身的な発育は，身長や体重によって把握できる。上肢・下肢長等の長さの発育，胴囲，頭囲等周径の発育，肩幅等幅の発育を，各々長育，周育，幅育ということもある。子どもの身体は日々変化しており，身体各部のプロポーションも変わる。机や椅子，衣服，靴，玩具等子どもが使用するあらゆる道具の製作，選択にも身体のサイズを知ることは重要である。[渡辺]

発育加速現象　(はついくかそくげんしょう)

　出生時から成人までの各年齢において，身長が過去に比べて高くなる高身長化現象といった，身長発育の年次推移（時代変化）が世界各地で報告されている。年次推移の最も著しいのは思春期で，身長発育の最大発育年齢が若年化している。さらに，初潮，乳房，陰毛，腋毛，脂肪の沈着など二次性徴の出現が早くなったり，骨成熟の進行が早くなったりする現象も認められる。このような年次推移における思春期発育の早期化をいう。発育促進現象ともいう。発育加速現象は，長期間にわたってある集団の発育の特徴が変化する現象の中の1つで，変化の方向は必ずしも一定ではなく，逆転することもある。原因としては，生活水準の向上など環境要因の効果が大きいと考えられている。[佐竹]
➡思春期，二次性徴

発育曲線　(はついくきょくせん)

　身長や体重の時間変化をグラフに表したもの。これを個人別に作成することで，身体が順調に発育しているかどうか確認できる。また，いじめなどの精神的ストレスや何らかの疾病などが曲線に反映される場合もあり，身体的，精神的な健康状態を把握するためにも有用である。その場合は，年に複数回測定を実施するとよい。[渡辺]

発育障害 (はついくしょうがい)

　発育に滞りを生じ,標準レベルから著しく遅れを示すことをいう。発育不全ともいう。小児科領域ではよく使われる便利な用語である。しかし,その意味は必ずしもはっきりしているとはいえない。原因や原疾患が何であっても,発育という小児特有の現象が順調とは考えられない場合に発育障害があると表現される。[佐竹]

発育不全 (はついくふぜん)

　身長の伸びや,腎臓などの臓器をはじめ身体各部の発育が十分でないこと。身長は,平均的発育曲線と比較して2標準偏差以上小さい場合に小児科受診が勧められる。成長ホルモンの投与などにより治療可能な場合もある。臓器の発育不全がある時には,機能も十分でなく何らかの身体的症状が出ることもあり,注意が必要である。[渡辺]

発汗 (はっかん)

　汗腺から汗を分泌する現象である。汗は触覚や視覚によって感受されるので,可感蒸散とも呼ばれ,呼吸などによって無意識に失われる体重減少の不感蒸散と区別される。発汗は分泌刺激となる原因により温熱性発汗と精神性発汗とに分けられる。前者は外的・内的温度ストレスが刺激となって視束前野・前視床下部を介し,主にアポクリン腺から分泌される体温調節反応の1つで,後者は精神的・情緒的刺激によって手掌や足底のエクリン腺から分泌される。しかしこの温熱性・精神性の分類は程度の問題であって精神性要因が一般体表面の発汗にまったく影響がないというのではない。この他,からしや胡椒などの刺激物によって顔面に発汗する味覚性発汗がある。また,側胸部を圧迫刺激すると,同側の発汗は抑制され,脊髄正中線を境に反対側にのみ発汗する半側発汗という現象もある。[大貫]

→温熱性発汗,精神性発汗,アポクリン腺,エクリン腺

発がん物質 (はつ——ぶっしつ)

　がんを発生させる物質。動物に投与して確かめてきたが,最近では培養細胞に与えてその変化をみることである程度発がん性を予測している。芳香族炭化水素(ベンズピレン,アントラセン等),アゾ色素(アミノアゾベンゼン,アミノアゾトルエン等),放射性物質などがある。[稲葉]

白血病 (はっけつびょう)

　造血組織において,系統的かつ無制限に細胞の増殖が起こる造血器の悪性腫瘍である。そのために正常な造血細胞の産生が障害される。赤血球産生障害では貧血,好中球産生障害では感染,血小板産生障害では出血傾向がみられる。その発生母地から,リンパ性と骨髄性に分けられる。またそれぞれ,急性と慢性に分けられる。[前田]

→悪性腫瘍

発見学習 (はっけんがくしゅう)

　学習されるべき内容を予め明示し,知識を宣言的に伝達するのではなく,学習者自身が結論を見つけ出す過程に参加して,知識や問題解決のための方法を能動的に獲得していくスタイルの学習のこと。発見することそのものをねらいとするものと,ある知見を発見することにねらいとするものに大別される。発見学習の過程では,学習者が与えられた情報を再構成し,自身が持つ認知構造と照らし合わせていく。それにより発見された知見は,以後も有効に活用できるよう内在化される。一方,教授側は発見学習において,学習者の認知特性の把握と,それに応じた学習環境の構造化,発見を成功させるための支援が求められる。利点は,内発的動機づけの効果が高い,知識だけでなく,問題解決能力の向上も期待できるなどが挙げられる。その反面,時間的なコストがかかること,教授側の準備に大きな負担がかかることなどが短所として挙

げられる。[阿部]

パッシブセイフティ

　事故が起きた場合の傷害の可能性を減らそうという考え方である。二輪車運転者のヘルメットや自動車のシートベルトなどがこれに当たる。自動車では，エアバッグの装備や車体の衝突安全性の向上などが図られている。災害に関しても，災害発生への備えや発生後の対応が，生命の安全に大きな影響を与える。例えば，地震の場合には，家具の転倒防止や家屋の耐震性の向上，緊急持出袋の準備などが，火災の場合には，避難通路の確保や，煙を避ける避難方法の実施などが重要である。[家田]
→アクティブセイフティ

発症因子　（はっしょういんし）

　ある病気や症状を引き起こす原因になるものをいう。最近，話題になっている生活習慣病の発症因子は，肥満，高脂血症，高血圧といった危険因子であるが，この発症因子が遺伝子のレベルで問題になってきている。今後の発症因子は，ほとんどの病気について発症に関わる遺伝子が解明されると考えられている。[村田]

発達　（はったつ）

　保健・体育学では，子どもの加齢に伴う身体の機能的変化（向上）を指す。教育学や心理学ではより広義に用いられ，心身の長期的，連続的な上昇的変化の過程をいい，遺伝的要因に基づく「成熟」と環境的条件（経験）により影響を受ける「学習」とに分けて考えている。どちらの場合も，子どもの発達は，遺伝的に規定される部分と，子どもを取り巻く自然・文化・社会的環境に影響される部分とに分けて考えられている。例えば，体力・運動能力は，筋線維組成など遺伝により決まっている部分は大きいが，筋の太さや神経系の働きなどは幼いうちから身体を動かしたり，運動に親しむ機会をどの程度持っているかによって変わってくる。体力・運動能力だけでなく，知的・認知的能力，情緒性や協調性，社会的な能力，芸術性などあらゆる方面の能力・機能の発達は，子どもを取り巻くあらゆる環境要因に，子どもたち自身が適応した結果なのである。[渡辺]
→成熟，学習

発達課題　（はったつかだい）

　子ども時代の各発達段階において，経験（学習）により習得しておくべきだとされる事柄。各々の発達課題は，その習得に適した発達段階の中で身につけなければならず，それより早くても遅くても，学習の効果は小さく，達成までにより長い時間を要することになる。既ち，課題達成には適時性があるということである。その時期を逃すと，習得されなかった課題の上に新たな達成すべき課題が山積みされていくことになる。次の発達段階では，それ以前に習得した能力を基に，さらに身につけるべき事柄があるので，結果として子どもの発達を遅らせることになる場合もある。極端な例では，インドで発見された，狼に育てられたとされる少女は，幼児期に直立二足歩行を習得できなかったために，その後の直立二足歩行の習得に多大な努力を要したといわれている。[渡辺]

発達曲線　（はったつきょくせん）

　1930年にスキャモンが発表した曲線を指す。スキャモンの発育曲線ともいう。身体の各部分のサイズ分析に基づき，異なる組織や器官の発育を4つの型に分類し，曲線に表したもの。一般型（身長，体重，心臓血管系，呼吸・消化器系等），神経型（脳，神経系等），リンパ型（リンパ節，扁桃，虫垂等），生殖型（卵巣，子宮，前立腺，精巣等）がある。[渡辺]

発達診断　（はったつしんだん）

　発達検査ともいう。発達心理学的な検査，例えば知能検査なども発達検査の1つである。

発達検査の方法は様々であるが，大きく3つの能力の発達を判定するものである。第1に，言語を媒介とした知的能力，次に身体運動能力，そして社会性の発達である。発達心理学的検査よりも一般に身近なのは，乳幼児健診の際に疾病の有無などの他に，精神・運動機能の発達について行われるものであろう。例えば1か月健診では，モロー反射の有無など，3～4か月では首のすわりや追視，喃語の有無など，6か月は寝返りするか，物をとるか等，9～10か月では座る，はいはい，つかまり立ちができるかなど各々の月齢に応じて，発達を確認すべき項目がある。いずれにしても，幼い子どもでは，検査時の反応だけで判断することは難しく，生育歴や親からの情報を参考に，慎重な判定を行うことが重要である。［渡辺］
→知能テスト

発達段階 （はったつだんかい）

時間に伴う連続した変化である発達を，目的に応じて便宜的に段階に分けたもの。一般的には，新生児期・乳児期・幼児期・小児期・思春期・青年期・中高年期などのように週齢・月齢・年齢を基準に分ける場合が多く，教育制度上の就学区分などもその1つである。発育スパート期にみられるような身体的変化や，社会性や対人関係など精神的変化に着目して，発達過程を段階別に示す場合もある。また，言語能力や箸の持ち方，走る，投げるなど特定の能力の発達について詳細に示しているものもある。いずれにしても，子どもの成長過程において，1人の子どもが発達の段階を逆に歩んだり，飛び越したりすることはなく，前の段階の上に次の段階が積み上げられるようにして成長していく。しかしながら，そのスピードには個人差があり，同じ年齢集団内であっても，発達段階は子どもによって様々である。［渡辺］

発達遅滞 （はったつちたい）

ある月齢・年齢に達した時点で獲得しておくべき知的，社会的，身体的能力が備わっていない状態をいう。発達の遅速を判断する目安は，あくまでも平均的な子どもを想定して設定されているので，乳幼児期のある一時点だけで判断することは極めて困難である。そのため，身体・精神面での遅滞や障害の可能性を，臨床上あいまいに表わす場合に用いられることが多い語である。発達診断が目安となる。実際に，発達遅滞を指摘される子どもは，精神遅滞児であることも多い。［渡辺］
→発達診断

発熱 （はつねつ）

体温調節中枢の異常のために，体温が正常より高いレベルに維持されている状態である。体温調節中枢は視床下部にあり，体内で熱の生成が行われるとともに体表面から常に熱を放散することにより，ヒトの体温は一定に保たれ恒常性が維持されている。発熱とは正常状態とは異なる体温調節水準ができ，それを中心とした体温の変動が続き，外的因子が除去されても温熱調節はすぐに元には戻らないものをいう。［礒辺啓］
→体温調節中枢，恒常性

発病 （はつびょう）

生体に外的因子が作用しただけでは必ずしも障害の原因とはならない。症状が出現した状態を発病という。病原体が宿主の皮膚や粘膜で増殖し，常在した場合を定着といい，宿主に抗体産生などの生体反応が起きている場合を不顕性感染というが，症状が出現し顕性感染となった場合を発病という。［礒辺啓］
→不顕性感染

抜毛症 （ばつもうしょう）

自分の身体の毛，とりわけ頭髪を繰り返し引き抜く。時には，眉毛，マツ毛もその対象となる。毛髪を抜く時に緊張感が高まり，快感と満足感を感じることが多いが，本人が意識しないで抜く時もある。脱毛部が目立つと受診するが，児童・思春期に多く，男子より

女子に多いといわれる。精神療法や遊戯療法を行う。[花田]

発問 （はつもん）

問いを発すること。質問すること。教師は教育効果を上げるため、適切な言葉を創意工夫し、適当な時間に行う必要がある。北尾らは授業中の教師の発言を、①情報提示、②指示、③発問、④結果についての知識、⑤確認、⑥励まし・助言、⑦注意の7つに分類している。発問は子どもが授業を理解するために重要である。わかりやすい授業は、発問が多くても、少なくてもいけない。子どもの反応をきちんと受けとめないで次々と発問することはわかりにくい授業となる。子どもの発問は尊重し、批判してはいけない。よい質問だと思ったら、ほめることが重要で、子どもの自己肯定感を高めることにつながり、授業の理解が促される。[皆川]

鼻アレルギー （はな——）

→鼻アレルギー（び——）

パニック障害 （——しょうがい）

激しい恐怖や不安が突発的に生じ、数分間続く。動悸、発汗、呼吸困難などの身体症状を伴い、死ぬのではないかという恐怖感がある。反復して生じるが、特別な状況や対象に一致して生じることはなく、予知できず、自然に起こることが多い。抗うつ薬を服用すれば軽快する症例があり、生活指導を併用する必要がある。[花田]

ハマダラカ

Anopheles属（カ科）の和名。マラリアを媒介する重要な衛生害虫が含まれる。わが国からは11種類が知られているが、このうちマラリアを媒介することがわかっているのは、コガタハマダラカ、オオハマハマダラカ、シナハマダラカ、オオツルハマダラカなどである。特に琉球列島に生息するコガタハマダラカは、東南アジアの主要なマラリア媒介カで あり、地球温暖化に伴う生息域拡大が懸念されている。[田神]
→マラリア、衛生害虫、地球温暖化

歯みがき指導 （は——しどう）

歯ブラシで歯の表面に付着した歯垢、細菌叢を除去する方法を指導することをいう。指導法としてスクラブ法、バス法、ローリング法、フォーンズ法がある。スクラブ法は、歯ブラシの毛先を使って、清掃する方法である。ゴシゴシ洗うという意味からこの名前がついた。①歯ブラシの毛先を歯に直角にあてる。②細かく（10mm程度）前後に振動させながらみがく。内側のみがき方は、①歯ブラシを45度の角度で歯にあてる。②外側と同じように数ミリ振動させて磨く。バス法は、歯周病の予防・治療に効果的な方法である。①歯ブラシを歯に対して45度の角度であてる。②歯ブラシの毛先を歯肉溝かポケットの中にいれる。③1か所につき十数回前後に振動させる。ローリング法は歯肉のマッサージと歯の清掃が同時にできる方法である。①歯ブラシを強く歯肉に押しつける。②歯の先端に向けて回転させながら磨く。内側も同じように磨く。歯は2～3本ずつ、6～10回繰り返す。毛がやや長めで少し硬めの歯ブラシを使う。フォーンズ法は一番簡単な子ども向けのみがき方である。①上下の歯を軽くかみ合わせ（口を「イー」した状態）で、歯ブラシを直角にあてる。②円を描くようにして奥から前へ。内側（舌側）のみがき方は口をあけて、奥は大きく、前は小さく横みがきをする。歯みがきは歯肉のマッサージをかねて行うことが望ましい。また、歯石は歯垢が古くなり石灰化したもので、歯みがきではとれないので、専門家の定期的な除去が必要である。これらの方法で指導しても小窩裂溝や歯と歯の間の清掃は困難であり、歯ブラシによるう歯予防には限界があるので、歯間の清掃には、楊枝、歯間ブラシ、デンタルフロス（絹糸）を用いる指導が望ましい。指導時期は、う歯予防に重要な幼稚園期、小学校期、

中学校期に行われることが望ましい。[皆川]
→歯垢，歯周病(疾患)，歯石，う歯

場面緘黙 （ばめんかんもく）

年齢相応の会話能力があるにもかかわらず，ある特定の場面では常におし黙った状態が続く症状をいう。家庭内ではごく普通に会話をする子どもが，学校場面や家族外の人がいる場面ではまったく話さないなどの例がある。治療では，単に発語を促すことよりも，むしろ身振りや表情を含めた自己表現の活性化が目指される。[伊藤亜]

パラノイア

極端に偏った人格を基礎にして，嫉妬妄想や被害妄想が出現し，頑固で治療にほとんど反応しない。統合失調症の妄想型に類似しているが，病気の進行に伴って人格の崩壊を来す統合失調症の妄想と異なり，経過によって人格が崩れることはなく，両者は質的に別のものと考えられている。[花田]
→妄想，被害妄想，統合失調症

バリアーフリー

身体の不自由な障害者は，日常の活動や行動が物理的な環境に大きく支配される。障害者にやさしい制限のない環境であれば自由に行動ができる。とりわけこの状態をいう。しかし「心」のバリアーフリーも環境を作るときに大切である。行動などの障壁になる環境は取り除くとか障害者に適応できるように工夫することであり，そのためにもユニバーサルデザインが理想である。[小林芳]

バルビツール酸剤 （——さんざい）

尿素とマロン酸とが縮合したバルビツール酸の誘導体であり，催眠，鎮静，抗けいれん作用を有する。睡眠時間の差により，長時間型，中間型，短時間型，超短時間型に分類される。これらの薬物は脳内の上行性網様体賦活系に作用し，覚せいのインパルスを抑制し，外界からの刺激を受けにくくすることで睡眠を誘発する。多量を用いると身体依存性が形成され，禁断症状を呈する。[礒辺啓]
→向精神薬，薬物依存

ハロー効果 （——こうか）

光背効果ともいう。ハローは後光，ひがさ，光輪のこと。他者のパーソナリティを推論する時，1つか2つ顕著に好ましい，好ましくない特性があると，その人の他の特性を不当に高く，あるいは低く評定してしまう傾向がある。そのため，評定項目間に実際以上に高い相関を示すことがある。この効果は，評定項目の意味が不明瞭な場合や道徳的価値を伴う場合に認められやすい。[皆川]

汎化 （はんか）

特定の刺激によって条件づけられた反応（条件反応）が，その刺激に類似した他の刺激に対しても生起されること。上記の特徴として，元の条件刺激との隔たりが大きく，類似が小さい刺激であるほど，条件反応が生起しにくくなることが挙げられる。この刺激の隔たりに伴う刺激汎化の度合いの減少を汎化減少，減少の勾配を汎化勾配という。一方，条件刺激に対して，条件反応に類似した反応が生起される現象もある。この減少を反応汎化という。[阿部]

半月板損傷 （はんげつばんそんしょう）

膝関節に異常な屈曲，回旋力が働いて，半月板に引き違い応力が働いて半月板が断裂する。サッカー，ラグビー，柔道などのスポーツで受傷することが多い。また，前十字靭帯損傷に続発して半月板が断裂することも多い。症状は疼痛，関節水腫，ロッキング（膝屈曲位のまま伸展不能となる）などがある。治療としては半月板切除又は縫合術が行われる。[森川]
→前十字靭帯損傷

反抗期 （はんこうき）

2～4歳頃の第1反抗期と思春期に生じる

第2反抗期がある。第1反抗期は，自我意識の芽生えとともに，自分の主張を通そうとする傾向が強くなる。第2反抗期は，自我の確立に向かう時期であり，その対象は，社会的権力構造にも向けられ，理想と現実の矛盾によって起こる傾向があり，感情的になりやすい。[井戸]

バンコマイシン

ストレプトミセス・オリエンタスというカビが産生する抗生物質で，2つの糖と7つのアミノ酸からなる糖ペプチド型抗生物質である。細菌の細胞壁に結合して細胞壁の合成を阻害する。グラム陰性菌には無効であるが，黄色ブドウ球菌や腸球菌，肺炎球菌などのグラム陽性菌には強い抗菌力を持っている。腸球菌にバンコマイシン耐性を有する株が出現し，代替薬が市販されていないために社会問題化している。副作用としては，ヒスタミンの放出による胸部から顎，顔面にかけての紅潮がある。[鈴木耕]
➡抗生物質，黄色ブドウ球菌

バンコマイシン耐性腸球菌
(——たいせいちょうきゅうきん)

VRE。1980年代にヨーロッパで分離され，その後日本でも患者が報告されている。MRSAの治療に用いられるバンコマイシンに対し耐性を獲得した腸球菌のことである。本来，腸球菌はヒトや動物の腸や外生殖器(会陰部や腟)に常在する菌である。病原性が非常に低いので，通常は感染症を起こさないが，手術後の患者や，白血病，栄養失調などの重篤な基礎疾患を有する患者に感染した場合，しばしば敗血症や腹膜炎などを起こし，死に至ることもある。また，バンコマイシンのみならず，現在感染症の治療に用いられているほとんどの抗菌薬に対して耐性を示す場合が多く，その治療は非常に困難である。このため，院内感染菌として，また，広範な範囲での感染に注意が必要である。[上濱]

➡バンコマイシン，腸球菌

犯罪 (はんざい)

一般には罪を犯す行為をいうが，法律的には，刑法に規定されている刑罰の対象となる行為を指す。[田嶋]

犯罪少年 (はんざいしょうねん)

14歳以上20歳未満で刑法に触れる罪(窃盗，恐喝，殺人等)を犯した少年をいう。[田嶋]

反射 (はんしゃ)

中枢神経が関与する運動の最も基本的な型であり，ある特殊な感覚刺激に対し，中枢神経系を介し特定の決まった形で運動反応(筋の収縮や腺の分泌等)が現れることをいう。脊髄反射がよく知られている。反射には，反射弓(刺激を感じとる感覚器，求心性神経，中枢，遠心性神経，筋や腺など反応を起こす効果器)のすべての要素が関与している。反射の特徴としては，不随意性であること，刺激強度が一定の域を越えていれば必ず起こること，刺激強度が一定なら反応が一定であること，比較的単純な神経回路で起こること，生得的であることなどが挙げられる。よく知られる反射は筋の張力維持のために体性神経系を介して起こる伸張反射で，その反射弓にはただ1つのシナプスが含まれる(短シナプス反射)。それに対し，釘を踏んだ時に片脚を引っ込め，同時に逆の足で姿勢を維持する反射では，両足の屈曲筋と伸展筋の反応は逆になるが(交叉伸張反射)，この反射には興奮性及び抑制性の介在ニューロンが含まれるために複数のシナプスが含まれる多シナプス反射になっている。この他，反射の効果が自律神経系を介して腺，血管，内臓，瞳孔などに起こる場合は自律性反射という。[戸部]
➡中枢神経系，シナプス，自律神経系

反射弓 (はんしゃきゅう)

特定の反射を起こすインパルスが走る神経経路。即ち，受容器から求心神経線維，反射

中枢，遠心神経線維から効果器に達する全経路。最も単純な例は膝蓋腱反射を代表とする伸張反射で，筋紡錘からでる求心線維と脊髄前角ニューロンの2個のニューロンのみによって構成される。［角南兼］

反射中枢 （はんしゃちゅうすう）

反射が起こるための必要最小限の脳脊髄領域をいう。単シナプス反射では，1個のシナプスがこれに相当する。［角南兼］

ハンセン病 （——びょう）

らい菌による慢性感染症であり，皮膚と末梢神経が主な病変で，時に内臓，眼，上気道が侵されることもあるが，重篤な病変にはいたらず，致命的になることは少ない。らい菌の感染力は極めて弱い。感染時期は乳幼児期で，その時期の濃厚で頻回の感染以外はほとんど発病につながらない。感染から発病までには長期間（数年～数10年）を要する。全世界のハンセン病患者はなお1,000万人以上と推定されているが，わが国では数千人で，新患発生も著しく減少しており（毎年10名程度），感染症としてのハンセン病流行は終焉期に入ったといってよい。1996年4月1日で，1953年に制定されたらい予防法は廃止され，病名としての「らい」という語は使われなくなった。［林・竹内—］
➡感染症

ハンタウイルス

世界各地の腎症候性出血熱，肺症候性出血熱，流行性腎炎などの起因ウイルスを含むブニヤウイルス科の1属。［田神］
➡腎症候性出血熱

ハンディキャップ

競技などで，条件を等しくするために，有利な条件のものに負荷する重さや，負担条件が元の意でハンディともいわれているが，学校保健の場においては，心身に何らかの障害のあることが多い。健常者に対して何らかの条件の等しくないことをいい，ハンディキャップ（ハンディ）があるという表現となる。社会の理解と科学の発達により，ハンディキャップを克服する努力がなされている。［斎藤］
➡身体障害

反動形成 （はんどうけいせい）

適応（防衛）機制の1つである。受け入れがたい欲求を処理するため，欲求本来が持つ方向と正反対の行動を無意識に過度に行うもの。例えば，楽をしたい欲求を過度に勤勉になることで意識せずにいる場合など。より適応的な方向へ反動形成されれば，不自然さはあっても本来の欲求は隠蔽され，周囲から容認されやすく，昇華とも区別しにくい。［伊藤亜］
➡適応機制，欲求，昇華

反応時間 （はんのうじかん）

ある感覚刺激を受けて特定の動作が生起する場合，感覚刺激を受けてから動作が起こるまでの所要時間をいう。通常はできるだけ早く反応した際の時間として計測される。反応時間には刺激の受容，神経伝導，大脳活動，筋運動などの過程でかかる時間が含まれているが，ほとんどの時間が大脳活動で使われる時間である。刺激に対する反応の様式としては，1つの刺激に対して1回の反応を行う単純反応時間，刺激の選択数を2つにしてそれぞれに対応した反応をする選択反応時間，2つ以上の刺激のうち特定の刺激にのみ反応する弁別反応時間などに分けられる。単純反応時間は約150m秒前後であるが，選択反応時間では約300m秒前後に延長する。［戸部］

反復性膝蓋骨脱臼（亜脱臼）
（はんぷくせいしつがいこつだっきゅう：あだっきゅう）

膝の外反，屈曲，下腿外旋運動の際，一定の肢位で反復して膝蓋骨が外側へ脱臼，あるいは亜脱臼する状態をいう。10歳から30歳くらいまでの女性に多い。外傷機転を契機に症

状が表面化する場合が多い。急激なロッキング症状，関節内血腫，膝くずれなどが主な症状である。治療は四頭筋強化やサポーターなどの保存療法が行われるが，再発を繰り返すものには手術操作により膝蓋骨の安定化をはかる。[森川]
→脱臼

PRTR法 (ぴーあーるてぃーあーるほう)

pollutant release and transfer registerの略。この制度は，人の健康や生態系に有害な化学物質について，事業所のどのような発生源から，どれくらい環境中に排出されたかといった排出量・移動量を，事業者の届け出たデータに基づき，国が集計・公表する制度である。日本では1999年に「特定化学物質の環境への排出量の把握等及び管理の改善の促進に関する法律」として制度化され，2001年4月から実施されている。[竹内-]

鼻アレルギー (び――)

抗原抗体反応によって起こる発作再発性のくしゃみ，鼻水，鼻づまりを三大特徴とし，目，皮膚や全身症状も伴うような疾患である。気管支ぜん息などと同じアレルギー疾患に分類される。病態は，抗原が鼻腔に侵入すると粘膜表層にある粘液層で溶解され，粘膜内に吸収される。この抗原の吸収過程は健常者でも同様にみられるが，鼻アレルギー患者では，その粘膜中に肥満細胞数が増加している点である。肥満細胞にはIgE抗体が結合しているため，抗原とIgEとの反応で通常に比して多量のヒスタミンが放出される。このヒスタミンは鼻粘膜の知覚神経である三叉神経の末梢部に作用し，くしゃみや鼻水といった症状を発生させ，血管を刺激して鼻づまりを引き起こしている。原因となる抗原は主に吸入性抗原で，わが国では室内塵やそれに含まれるヒョウヒダニが多く，季節性で起こる場合は枯草熱とも呼ばれ，スギ花粉，ブタクサ花粉，稲科植物の花粉が原因である。[坂本]
→抗原抗体反応，気管支ぜん息，抗原，抗体，枯草熱

非う蝕性甘味料 (ひうしょくせいかんみりょう)

むし歯（う歯）を誘発しない甘味料のことで，口の中の微生物の代謝による酸の産生性や歯垢形成性を認めない。糖アルコールであるキシリトール，オリゴ糖であるパラチノース，高甘味度甘味料であるアスパルテームなどが挙げられる。[田代]
→う歯，キシリトール

BHC (びーえいちしー)

ヘキサクロロシクロヘキサン。殺虫剤として衛生害虫やイネ，果樹の害虫駆除に多く用いられていたが，わが国では1971年に農薬としての使用は禁止されている。工業原体は5種類の異性体の混合物であり，γ体とδ体は急性毒性が強く，β体は蓄積性を有する。BHCは過去に農薬として使用されていたものが大気中に拡散し，地球上全体での汚染が確認されている。[日置]
→衛生害虫，農薬

BSE (びーえすいー)
→狂牛病

BMI (びーえむあい)

body mass index。成人の体型評価で広く用いられている指標で，体重(kg)÷身長^2(m)によって求められる。国際的に最もよく用いられている指標である。日本では日本肥満学会による肥満度分類が用いられ，BMI 18.5未満を「低体重」，18.5以上25未満を「普通体重」，25以上を「肥満」とする。また，成人における理想体重（最も疾病の少ない体重）は，BMIが22となる体重であるといわれる。BMIによる肥満判定では体脂肪率を考慮した判定ができず除脂肪体重や体脂肪量の大きさを反映できないという問題はあるものの，実際上は体脂肪率との相関が高く，身長と体重測定によって手軽に求められるという利点がある。乳幼児の体型・栄養状

態の評価に用いられるカウプ指数と同じ計算式である。この指標の年齢毎の平均値は幼児期から成人にかけて徐々に上昇するため，これまでわが国では成長期の子どもに対してはあまり用いられてこなかったが，近年は成長期においてもBMIで体格評価をするのが国際的な傾向である。[戸部]
➡肥満，カウプ指数

PMI （びーえむあい）

死亡全体のうち，特定の死因による死亡の占める割合を特定死亡割合（PMRと略記）といい，次式で表現する。

PMR＝（特定死因の死亡数）/（全死因の死亡数）×100

特定死因の死亡は全死因の死亡の一部を構成するので割合という用語を使う。同様に全年齢の死亡数のうちで50歳以上の死亡数の占める割合をPMIと呼ぶ。

PMI＝（50歳以上の死亡数）/（全年齢の死亡数）×100

一般に高齢者の死亡が多くなるとPMIの値は大きくなり，若年者の死亡割合が高いとPMIの値は小さくなる。PMRやPMIの特徴は，人口を用いないでおおよその死亡傾向を把握できることから，発展途上国などのように，正確な人口情報が入手不可能の場合に便利である。[大澤清・渡邉]

鼻炎 （びえん）

鼻腔粘膜の炎症。くしゃみ，鼻閉，鼻汁を伴う。感冒によることが多い。[辻]

BOD （びーおーでぃー）

biochemical oxygen demand（生物化学的酸素要求量，又は生物化学的酸素消費量）の短縮呼称。水中の有機物の量を表す代表的な尺度として用いられている。放流先の河川に溶け込んでいる酸素の状態を推定したり，また，生物処理の可能性，あるいは自浄作用の可能性を知るための指標とされている。[照屋]
➡生物化学的酸素要求量，COD，化学的酸素要求量

被害者 （ひがいしゃ）

天災，人災などによって損害を受けた人。また他人の不法行為又は犯罪によって侵害・損害を受けた人。民事上，損害賠償の請求ができ，刑事上，告訴のできる人。[植田]

被害妄想 （ひがいもうそう）

妄想と幻覚は統合失調症の主要な症状であるが，他の障害でもみられることがある。特に妄想は，関係妄想という概念があるように，自分と他者あるいは外界とを関連づけることが基礎となっている。被害妄想はその代表的なものの1つで，誰かが自分を傷つけようとしているとか，自分を陥れようとしている，自分の悪口を言っているなどの信念が生じる。周りの者にとっては，その妄想は了解困難であるが，本人にとっては事実そのものなのである。統合失調症では，被害妄想に幻覚，特に幻聴が伴うことがしばしばみられ，自分を陥れようという他人の言葉が壁を通して聞こえてくるのである。[近藤]
➡妄想，幻覚(剤)，統合失調症

B型肝炎ウイルス（B型肝炎）
（びーがたかんえん――）

ヘパドナウイルス科オルソヘパドナウイルス属に分類され，ヒトに感染して高率にB型肝炎を発症させるウイルス。感染経路は，輸血，注射針の使い回し，医療関係者の医療事故，性行為と母子感染である。劇症型のウイルス性肝炎による死亡の約16％を占める。医療関係者や母親が感染している新生児には，免疫グロブリンやワクチンが予防投与される。[田神]
➡性行為感染症，母子感染，ウイルス性肝炎，抗体，ワクチン

非加熱血液製剤 (ひかねつけつえきせいざい)

血友病患者へのHIV大量感染と関連して，一般に知られるようになった。血友病治療に貢献し安全性も確認されていたクリオ製剤に加え，高濃縮製剤（いわゆる非加熱血液製剤）が1978年に開発され血友病患者の止血管理に用いられるようになった。1983年には血液製剤の家庭注射が認められ，血友病患者の社会参加が一気に広がった。しかし，アメリカで作られていた高濃縮製剤は数千人から数万人分の血漿をプールして原料としており，供血者にウイルス感染者がいればその血液が含まれる血漿プールから作られる製剤すべてが汚染される危険性があり，さらに加熱殺菌がなされていない非加熱血液製剤であった。血友病患者への非加熱血液製剤の使用によるHIVや肝炎などウイルス感染が明らかになり，極めて大きな問題になった。その後，製剤に熱を加えてウイルスを不活化させる加熱製剤が用いられるようになり，また最近では，遺伝子組み換え型製剤などが治療に使われている。［戸部］
➡ エイズ

被患率 (ひかんりつ)

（式）
$$被患率(\%) = \frac{調査対象者のうち疾病異常を有する者の数}{調査対象となった人の数}$$

学校保健統計調査で用いられている児童生徒の疾病異常に関する比率。学校保健統計調査は毎年，全国幼小中高の学校から確率比例抽出された対象者の定期健康診断結果を集計したもので，被患率は児童生徒の有病率と考えてよい。［大澤清］
➡ 学校保健統計，有病率

ひきこもり

精神症状の1つと考えられ，松原達哉は「社会参加すべき年齢になる児童・生徒・青年が，心理的及び対人関係上の問題で何らかの困難に出会い，物理的・心理的に他者との関係を避けるため，数か月以上社会参加から身を引いている状態」と述べている。不登校が長期化してひきこもりへと移行するケースが多い。また，いじめを体験した子どもにも多くみられ，不登校やいじめなど対人関係で困難を経験したり，他者の考えや感じ方を勝手に先取りして解釈してしまう自己愛的な傾向が強い。対人不信，自信喪失，社会への恐怖心などから，他者との関係を避け，社会との接触を避けようとし，しばしば，強迫，対人恐怖，被害妄想的な訴えがみられる。彼らはほとんど終日，自分の部屋に閉じこもったまま生活していることが多く，昼夜逆転の生活を送っているケースが多い。［井戸］
➡ 不登校，いじめ

ひきつけ

けいれんと同義。熱性と無熱性がある。熱性のものは，感染症に罹患し高熱が出た時に全身けいれんを起こす。年齢的には小学校1年生くらいまでである。無熱性のもので，多いのがてんかん発作である。小学校入学までに発症し専門医の治療を受けている児童は，学校生活管理指導表を学校に提出する。学校でてんかん発作が起こった時の対処の方法について，専門医・保護者と協議しておくことが必要である。［福田］
➡ けいれん，学校生活管理指導表

ピグマリオン効果 (——こうか)

人の期待が現実となる効果をいい，子どもへの成績の期待が子どもの成績に反映してしまうなど，子どもにあって欲しい姿に子どもがなっていくことをいう。人の持つ無意識の力の大きさを示している。［斎藤］

非言語性学習障害
(ひげんごせいがくしゅうしょうがい)

学習障害はDSM-Ⅳでは，読字障害，算数障害，書字表出障害，特定不能の学習障害の4つに分けている。ここでいう非言語性学習障害は，DSM-Ⅳでは運動能力障害（発達性

協調運動障害）として記述されているものである。運動能力の発達の著明な遅れが、学業成績や日常活動に支障を及ぼしているのである。［近藤］
→学習障害

非行 （ひこう）

広義には、その社会の法律、慣習的規範等に反するすべての行為を指すが、わが国では一般に青少年の反規範的行為に対して用いられている。［田嶋］

非行少年 （ひこうしょうねん）

わが国では少年法に基づき、20歳未満の少年が次に述べる行為をした時、非行のある少年とされ家庭裁判所の審判、又は児童福祉法よる処置に付される。①犯罪少年（14歳以上20歳未満で刑罰法令を犯した少年）、②触法少年（14歳未満で刑罰法令にふれる行為をした少年）、③虞犯少年（将来、罪を犯し、または刑罰法令にふれる行為をする恐れのある少年）、の3者を総称して非行少年と呼んでいる。［田嶋］
→犯罪少年

非行予測検査 （ひこうよそくけんさ）

2つの検査がある。(1)牛島性格検査：非行化傾向があるか否かを未然に発見しようとしたもので、一種の社会的適応性検査である。内容は「劣等感検査」「情緒性検査」「家庭関係検査」「学校関係検査」「信頼性検査」の5つからなり、適応範囲は小5～中3。(2)TK式非行傾向診断検査 (Del)：著者は鈴木清・大黒静治で非行傾向の早期発見、非行性の深度の測定などを目的としたものであり、①実施法、採点法が簡単。②非行のあるものは、その深さ、類型などが、非行のないものは、潜在的非行性の程度がそれぞれ診断できる。③実施は強制速度法によるため、妥当性、信頼性が高い。④検証尺度が設けられている。⑤非行傾向のみならず、特にどの面に問題があるかが診断できる。［田嶋］

BCG （びーしーじー）

牛型結核菌を230代にわたり連続培養して得た、ほとんど無毒化された菌株である。この菌株より1950年に凍結乾燥ワクチンが開発され、今日広く用いられるようになった。BCGの接種を受けると生体は結核菌に感作された状態になり、結核の発病が著しく低下し、効果は10年以上持続することが認められている。［木村］
→結核、結核菌

BCG陽転 （びーしーじーようてん）

ツベルクリン反応陰性者に、経皮接種用BCGワクチンを上腕外側中央部に1滴滴下し、管針を強く押しつけ18個の刺創をつける。2週間で同部に発赤、硬結を生じ、そのまま放置すれば治癒する。この状態でツ反が陽転した状態をBCG陽転という。［木村］
→ツベルクリン反応

鼻疾患 （びしっかん）

鼻腔、副鼻腔の疾患の総称。学校保健上問題となるのはアレルギー性鼻炎、副鼻腔炎、慢性鼻炎などである。問題点として、鼻疾患による鼻閉（鼻呼吸障害）が、体力未完成の子どもに安眠と肺換気を妨げ、睡眠障害、循環・呼吸機能障害をもたらし、ひいては学業成績にも悪影響を及ぼす恐れがあることである。［浅野］
→アレルギー性鼻炎、副鼻腔炎

PCB （ぴーしーびー）

ポリ塩化ビフェニルの略称。熱に対する安定性、電気絶縁性に優れ、トランス用絶縁油、コンデンサ用絶縁油、熱媒体、潤滑油、感圧複写紙などに用いられ、1954年から国内で製造されていたが、1968年のカネミ油症事件を契機に皮膚障害、消化器障害、肝障害、脂肪への蓄積性による症状の長期化など、その毒性が社会問題化し、製造等が禁止されている。さらにPCBは分解されにくいため広

範に環境中に残留していることも知られている。PCBに関しては，水質汚濁防止法において人の健康の保護に関する環境基準の測定項目に設定されているとともに，内分泌かく乱作用についても疑われている。PCBやPCBを使用した製品が廃棄物となったものについては，ポリ塩化ビフェニル廃棄物の適正な処理の推進に関する特別措置法において，その処理や回収のシステムが構築されている。［日置］
→カネミ油症，内分泌かく乱化学物質

非社会性行為障害（ひしゃかいせいこういしょうがい）

国際的な診断基準であるICD-10により分類される精神疾患の1つ。単独でいじめや喧嘩を行う，攻撃的な言動を繰り返す，激しい癇癪を起こすといった行動面での問題と同時に，同年齢の仲間にとけ込めない，他者と情緒的交流のある相互的な関係を築くことができないといった，社会性での問題を示す障害のことを指していう。［伊藤直］
→国際疾病分類

非社会的行動（ひしゃかいてきこうどう）

社会的に不適応を示す行動のうち，友人や家族，社会との交流を避けるような行動をいう。例えば，教室で級友と交流を避けたり，集団への参加を促しても拒絶したりなど，他者と相互的な関係を維持することを妨げる行動がこれにあたる。これに対し，周囲や社会に対する攻撃的・破壊的な行動は反社会的行動と呼ばれる。［伊藤直］

鼻出血（びしゅっけつ）

鼻粘膜の血管からの出血のこと。構造的にでやすい場所があり，特定の人にしばしば出血することがある。出血した血が気管に詰まり窒息したり，胃に入ったりすると後に何らかの障害を起こすことがあるので注意が必要。出血を止めるためには，出血部位を十数分間圧迫することが肝要。［辻］

ヒステリー

ストレスが加わった時に，抑圧だけでは防衛できず，転換又は解離メカニズムで病的に操作する。歩けない，立てない，声が出ない，感覚が障害されるなどの症状を呈するのが転換メカニズムで，心因性健忘，遁走，偽痴呆，退行などの症状を呈するのが解離メカニズムである。症状が演技的で，暗示によって影響されやすい。［花田］

非政府組織（NGO）（ひせいふそしき）

国家機関や国際機関を除く組織をいう。NPO（非営利組織）はもちろん，非政府の立場から国際問題に取り組む市民活動も含まれる。政府の立場から離れているため機動性があり，災害時の救援活動などで成果をあげている。また，近年では国連や国際会議にも参加したり，また発言することによって各国の政策にも影響を与えている。［渡邉］
→政府開発援助

ヒ素（中毒）（ひそ：ちゅうどく）

紀元前400年に皮膚疾患の治療薬として用いられていた。また，ヒ素の有害性についても古くから知られており，中世の犯罪史の中でもヒ素が最も多く使われていた。1800年代の後半には，殺菌，殺虫，殺鼠剤として登場し，今日まで使用されている。食品中に混入して集団的中毒事件の発生例として，1900年，イギリスのマンチェスターでビール工場で使用された砂糖にヒ素が混入した。わが国では1955年粉ミルクにヒ素が混入し，多数の犠牲者が発生した。［照屋］
→森永ヒ素ミルク事件

比体重（ひたいじゅう）

発育状態や栄養状態の評価にあたっては，身長と体重のバランスを考慮し総合的に体型評価を行う必要がある。体格評価のための指数には，カウプ指数，ローレル指数，BMIなど複数ものがあり，いずれも身長の大きさ

を考慮した場合の体重を表現しようとするものである。比体重はケトレー指数又はセンチ体重とも呼ばれ，非常に古くから用いられてきた指標である。比体重＝体重（kg）÷身長（cm）×10^2によって求め，体重の身長に対する百分比に相当する。身長と体重の関係は成長期を通して年齢とともに変化するため，この指数の平均値は乳幼児期から発育終了時まで大きく上昇する。したがって，年齢の異なる集団又は個人の値を直接比較しても意味はない。[戸部]

➡ カウプ指数，ローレル指数，BMI

ピーターパン・シンドローム

シンドロームは医学用語としては症候群という意味であるが，ここではそれよりもはるかに軽い意味合いで用いられている。最近の傾向として，人々の態度や行動で社会的に少し目につく傾向があると，それらに○○・シンドロームとか○○・コンプレックスなどと心理学や医学の用語を用いて，流行語が発生することがある。この場合もそれに類したもので，その意味するところは，ピーターパンのように永遠の少年を演じ続けようとし，冒険や新奇なものに次々に挑戦して生きていこうとする傾向を称する。現代のように若者が未来に希望を持ちにくい社会状況が，こうした概念を生んだともいえるであろう。ただ実際のところわが国の状況をみると，高校や大学の卒業生の就職難が続いており，フリーアルバイター（フリーター）などと称して，ピーターパンを地で行くような傾向が珍しくなくなっている。[近藤]

➡ コンプレックス，フリーター

ビタミン

栄養素の1つで，わが国では欠乏症よりも過剰症が問題となる。ビタミンA，D，E，Kは脂溶性で，これらの摂りすぎには注意が必要である。水溶性ビタミンにはB_1，B_2，B_6，B_{12}，ナイアシン，ビオチン，Cがある。[寺井]

左利き （ひだりきき）

➡ 右利き・左利き

鼻中隔わん曲症 （びちゅうかくわんきょくしょう）

小児には少なく，一般成人の80～90％にみられる。顔面の発育に比べ，鼻中隔の発育が速いために起こるとされる。わん曲が高度であると，鼻閉塞，鼻出血，鼻声，いびき，後鼻漏，嗅覚障害，頭痛をみることがある。[礒辺啓]

必須アミノ酸 （ひっす——さん）

アミノ酸には体内で合成される非必須アミノ酸と合成できず体外補給を必要とする必須アミノ酸とがある。必須アミノ酸はイソロイシン，ロイシン，リジン，メチオニン，フェニルアラニン，スレオニン，トリプトファン，バリン（小児ではヒスチジン）であり，どれが欠けても身体の脆弱化，ホルモンや酵素を介した機能低下をもたらす。[久野・金・加藤]

➡ アミノ酸

PTSD （ぴーてぃーえすでぃー）

わが国では阪神・淡路大震災後に，一般の注目を浴びることになったが，自らの生命・存在を脅かす極限的な体験により，次の3つの症状が出現するものをいう。①ストレスフルな出来事や状況についての生々しい記憶，繰り返しみる夢，似た状況にさらされた時に体験する苦痛や「フラッシュバック」などを「再体験」する。②恐ろしい体験を「回避」しようとする。③睡眠障害，焦躁感，集中困難，過度の驚愕反応の出現。年齢が低い場合，それまでできていたことができなくなるといった赤ちゃんがえり（退行現象）の形をとることが多い。対応の基本は，必ず元の状態になることを繰り返し言って安心させ，本人の話を十分に聴くことから始める。ストレスが何度も加わると，感情や行動だけでなく，人格形成にも影響することがある。[花

田]
→外傷後ストレス障害, フラッシュバック現象, ストレス

ビデオ教材 （——きょうざい）

　数ある視聴覚教材のうちの1つ。ビデオテープに録画された, 動画と音声により具体的で真実性が高いため, 生徒の印象に残る教材である。また, 最近では機材が発達・普及し録画・編集などの制作もたやすくなっており, オリジナリティーの高い教材ともなりうる。また, 単に視聴するだけでなく, 生徒が自らの姿を映像でフィードバックすることもできる。[小磯]

ひとみしり

　ひとみしりの強い子どもという表現もあるが, 乳幼児期のある段階でだれにでもみられる現象である。乳児期の微笑反応の研究によれば, 生後2, 3か月からみられる微笑反応は社会的反応であり, 人の顔に対して反応して乳児は微笑する。ところが生後6か月から12か月くらいになると, 無差別な微笑反応は消え, 見知らぬ顔には微笑を返さないという。この時期に乳児がひとみしりを始めたというのである。[近藤]

ヒト免疫不全ウイルス
（——めんえきふぜん——）
→HIV

一人遊び （ひとりあそび）

　パーテンが仲間との関係から遊びを分類した中の一種。1～2歳頃に多くみられ, そばで誰が何をしていようとも無関心で, 1人で砂で遊んだり, 絵本を見たりと, 自分だけでやりたいことをして遊んでいる状態である。[井戸]

避難訓練 （ひなんくんれん）

　火災, 地震や犯罪の危険などに関して, 安全な場所に避難する訓練をいう。訓練実施の前に, 危機対応マニュアルを作成して通報・避難・救命処置・搬送処置について具体的な方法を決めておかなければいけない。通報は, 情報の組織的な収集と伝達に関わる事柄である。事故災害あるいは犯罪の発生を, どのように責任者や警察・消防に伝えるか, またその情報を基に避難の指示をいかに児童生徒や教師に伝えるかが要点となる。避難に関しては, 避難経路や誘導の仕方が大切である。なお, その場に教師がいない時があるので, その場合の対応（児童生徒だけでの行動）も決めておく必要がある。救命処置では, 全体の把握ができるような体制づくりが求められる。それによって机の陰に倒れた重傷者を見逃すなどの問題が起きないようにする。搬送処置については, 警察や消防への速やかで正確な通報が重要である。以上の点について, いくつかのパターンを想定して訓練をしておくと, 実際の事故災害などにもある程度落ち着いて対応できるであろう。[家田]

泌尿器系 （ひにょうきけい）

　尿を生成し排泄する器官系で, 左右の腎臓, 左右の尿管, 膀胱及び尿道がこれに属する。排泄すべき物質を血液中からとり出して尿を生成するところが腎臓であり, 尿管は腎臓から膀胱へ, 尿道は膀胱から体外への尿の導管をなし, 膀胱は両者の中間にあって尿の貯留所となっている。[竹内宏]
→腎臓, 膀胱

避妊 （ひにん）

　妊娠を希望しない場合, 性交を行っても妊娠しないように何らかの妊娠防止の手段を用いること。経口避妊薬（ピル）, 子宮内避妊器具（IUD）が最も効果の高い方法である。その他バリアー法（男性用・女性用コンドーム, ペッサリー）, 殺精子剤, 周期的禁欲法（オギノ式, 基礎体温法）などがある。[大川]
→ピル, 低用量ピル, コンドーム, オギノ式, 基礎体温法

避妊手術 (ひにんしゅじゅつ)

　男性に対する手術では，精管結紮手術（左右両方の精管を結紮し精子通過を妨げる），精管切除手術（左右両方の精管切除後に精管両端を結紮）がある。女性に対する手術では，卵管結紮手術（左右両方の卵管の一部を結紮し精子通過を不能にする），卵管圧挫結紮手術（卵管をループ状に屈曲し，その両脚を圧挫結紮）などがある。［笠井］

避妊ワクチン (ひにん――)

　抗精子抗体は，精子の働きを妨げ受精を阻害する作用を持つ。この抗精子抗体の対応抗原を用いた免疫学的避妊ワクチンの開発が行われている。一度のワクチン投与で数週間の避妊効果が持続するという。現在は動物実験での効果が確認されているが，今後臨床応用が可能になれば世界的人口問題への解決に繋がると考えられている。［笠井］

ppm (ぴーぴーえむ)

　pert per millionの略で100万分の1を表す。重量濃度又は容積濃度を表すのに用いられる。［大澤幸］

ppb (ぴーぴーびー)

　pert per billionの略で10億分の1を表す。重量濃度又は容積濃度を表すのに用いられる。［大澤幸］

皮膚 (ひふ)

　生体の外側をおおう組織。脊椎動物では表皮，真皮，皮下組織からなり，毛，爪，うろこ，羽毛も皮膚の一部である。汗腺，皮脂腺，乳腺などを持つ。身体を守り，分泌，排泄，呼吸を行い皮膚感覚を持つ。［辻］

皮膚炎 (ひふえん)

　皮膚に起こる炎症。原因はたくさんあるが，基本的には皮膚が原因に触れることにより起こる。刺激が少ないとかゆみを感じ，刺激が多いと痛みとなる。［辻］

皮膚感覚 (ひふかんかく)

　触覚，冷覚，温覚，痛覚があり，生体を守るために機能している。直接かゆみを感じる感覚はない。［辻］

皮膚疾患 (ひふしっかん)

　皮膚は体の全表面をおおい，広い面積を有する人体最大の臓器であり，物理的，生物学的，化学的要因から，体を保護するバリアー機能を持っている。また，体の調和を維持するための生理学的機能も持っている。このような体の表面をおおう皮膚の病的状態を皮膚疾患という。大きく分けて，伝染性皮膚疾患とアレルギー性皮膚疾患，毛髪疾患，その他角化異常症，母斑などの先天性のものがある。［松本幸］

ヒポクラテス

　（B.C.460頃-B.C.375頃。）古代ギリシャの医師。従来の魔術や迷信的医学を排し，実験と体系的な観察を重んじる科学的医学の基礎を確立した。温泉療法，食事療法，生体の持つ自然治癒能を誘導することを勧め，医学生の臨床教育を行った。医学者としての倫理・規範など規定している「ヒポクラテスの誓い」がある。［吉田］

ヒポコンドリー

　何らかの誘因があり，身体や精神の変化に敏感になり，そこに注意が集中し，病気ではないかと心配しすぎる人をヒポコンドリー基調（森田正馬）といい，症状を気にしてくどくど訴え，疾患であることを確かめるのを心気神経症という。医師の説明や説得を受け入れず，ドクターショッピングを行う。［花田］

肥満 (ひまん)

　本来は身体に脂肪が過剰に蓄積した状態を指す。一般にはBMI（＝体重 (kg)／身長 $(m)^2$）で評価される。糖尿病，高血圧，高

脂血症，脂肪肝，一部のがん，心臓血管疾患，睡眠時無呼吸症候群，変形性関節症などの罹患率が高くなる。日本肥満学会は，上記のような疾患を伴う場合，あるいは内臓脂肪量が多いことから医学的管理が必要と判断される場合は「肥満症」と診断し，肥満と区別している。［田中茂］
➡至適体重，BMI

ひやり・はっと体験 （——たいけん）

もう少しで交通事故や家庭事故などの被害にあいそうになり，「ひやりとした」「はっとした」などの危険を感じた体験をいう。「ひやり・はっと」の体験を持ち寄ることによって，事故防止に役立つデータベースを作成することができる。地域や学校において，危険を感じた場所の地図などを作成して危険箇所を点検し，環境の改善を試みたり，危険箇所で慎重に行動するようにして，事故防止につなげようとする試みが広がっている。［家田］

ヒューマンチェーン

岸辺に比較的近い場所で溺れている者を救助する場合などに用いられる。溺者の救助では，できるだけロープや棒などを使って，水に入らないようにすることが基本であるが，それらがない場合，数人が横1列になってそれぞれの手首と手首をしっかりと握り合い，溺者に手を差しのべて，安全な場所まで引っ張って移動させる方法をいう。［今村］

ヒューリスティックス

探索的発見法ともいう。問題解決をするに際して，一定の考え方に基づけば，必ず解が求められるのをアルゴリズムというのに対して，成功するかどうかわからないけれども，うまく解ければより合理的な解が求められる手順をいう。［大澤清］

病院感染 （びょういんかんせん）
➡院内感染

病原性ブドウ球菌 （びょうげんせい——きゅうきん）

体内に入り感染症を引き起こすブドウ球菌のこと。ブドウ球菌はブドウの房のような形に集合する性質を持つ細菌でその名があり，菌の同定法の1つであるグラム染色で陽性を示す。さらに菌の産生するコアグラーゼを検出する方法により，陽性の黄色ブドウ球菌と陰性のブドウ球菌に分けられる。黄色ブドウ球菌はブドウ球菌の中で最も病原性が強く，一般化膿症，とびひ，食中毒，敗血症などの原因菌である。この菌が産出する毒素（エンテロトキシン）は外毒素として多彩な症状を引き起こす。近年はメチシリン耐性黄色ブドウ球菌の感染症（MRSA）の増加が特に高齢者や慢性消耗性疾患患者の間で憂慮されている。コアグラーゼテスト陰性のブドウ球菌はさらに分類されているが，その中で主なものが表皮ブドウ球菌である。これは黄色ブドウ球菌よりは病原性が弱く，日和見感染として尿路感染，気道感染，創傷感染などの原因となり，うめ込み型医療器具による感染の原因ともなっている。［松本幸］
➡黄色ブドウ球菌，食中毒，メチシリン耐性黄色ブドウ球菌

病原体 （びょうげんたい）

動植物に寄生して感染症を発症させる性質を有する生物。病原微生物とも呼ばれ，ウイルス，細菌，真菌，原虫など微小な生物が多いが，寄生虫，疥癬の病原体となるダニやハエウジ症の病原体である昆虫まで幅広く必ずしも微生物ではない。牛海綿脳症（狂牛病）や新型クロイツフェルト・ヤコブ病の原因と目されているプリオンは，独立した生物ではないので現時点で病原体に含めるのは好ましいことではないが，病原体の定義自体が改定されるのは時間の問題である。［田神］
➡ウイルス，細菌，真菌，原虫，寄生虫，プリオン

病弱・身体虚弱児
(びょうじゃく・しんたいきょじゃくじ)

　学校教育の上では，病弱児とは疾病が長期にわたり体力が弱っている状態の子どもをいう。つまり症状が慢性的に経過する病気に限られる。また身体虚弱児は，先天的・後天的要因で身体機能の異常を来したり病気に対する抵抗力が弱い状態のため，長期にわたる生活規制が必要な児童生徒である。病弱・身体虚弱の起因疾患としては，気管支ぜん息，慢性腎疾患，肥満，進行性筋ジストロフィーなどである。病弱児は，身体発育が，概して不良であり，刺激や環境に敏感である。長期による運動制限などでその多くは運動機能が劣っている。また，身体虚弱児は重症心身障害児に代表されるように病気にかかりやすく，発育や発達状態がよくないので，他の障害を来していることが多い。子どもたちは，長期にわたる疾病のために，ベットの生活が多く身体活動を伴う経験が不足しがちで，神経質，臆病，情緒不安定など精神面での問題も多く，情緒的社会的適応の支援を必要としている。［小林芳］

病弱・身体虚弱児教育
(びょうじゃく・しんたいきょじゃくじきょういく)

　病弱・身体虚弱の児童生徒は，病弱養護学校，病院内に設置している院内学級や小・中学校の学級で教育を受けている。教育の環境が病院などの医療機関に隣接（併設）していることも多く，全寮制の寄宿舎に入っている子どもも多い。病院などとの医療機関と密接な連携のもとでの教育が特徴のため，教育課程の編成も柔軟で個別指導の形態が多い。［小林芳］

被用者保険 (ひようしゃほけん)

　わが国の医療保険制度は大別すると，国民健康保険と被用者保険の2つに分類される。被用者保険には，主に中小企業の被用者が加入する政府管掌健康保険や，主に大企業の被用者が加入する組合管掌健康保険がある。さらに，各種共済組合保険（船員，国家公務員，地方公務員，私立学校教職員）があり，以上6保険となる。［松本健］
→国民健康保険

標準化死亡比 (ひょうじゅんかしぼうひ)

　年齢構成の異なる集団間の死亡傾向を比較するものとして用いられる指標。SMRと略される。特徴は，年齢階層別死亡数の情報を用いずに算出できるところにある。

SMR＝（総死亡数）/（期待死亡数）×100

期待死亡数＝（対象集団の年齢階級別人口の和）×（年齢階級別標準死亡率）

　SMRは各年齢階級において標準死亡率に従って死亡が起こると仮定した時の期待死亡数と，実際に観察される死亡数を比較する。標準死亡率の選択にあたっては，通常はある年次の全国階級別死亡率が用いられる。SMRのように，年齢階級別の死亡率を用いずに年齢構成の影響を除去しようという方法を間接法という。［大澤清］

標的臓器 (ひょうてきぞうき)

　専門分野によってやや異なって用いられている。例えば環境保健学では，生体内に吸収された物質はその性質により主として影響を与える臓器が異なり，生体に強く影響を与える臓器をいう。決定臓器ともいう。例えば，カドミウムによる腎尿細管障害がある。他方，臨床医学では，例えば喫煙による標的臓器として心臓病の左室肥大や心不全のように用いられている。［竹内宏］

病理学 (びょうりがく)

　疾病の原因，成り立ち，病態を解明する科学。方法としては，病理解剖，病理組織の観察という形態学を主とし，動物を使って疾患モデルを作成する実験病理学，診療中の患者の試料を分析・検査する臨床病理学，生態学

的な手法で地理分布を比較する地理病理学などの分野がある。[稲葉]

日和見感染 （ひよりみかんせん）

身体の免疫機能が低下した結果，抵抗力が弱まり，健康な時には何でもなかった原虫やカビなどの微生物によって起こる感染のことである。これらの微生物が身体の状態をうかがって，日和見で攻撃するように感染するため，このように呼ばれている。代表的なものとして，カリニ原虫によるカリニ肺炎，カンジダ菌によるカンジダ症等がある。[渡部]

ピル

oral contraceptivesの訳で一般にOC（ピル）と呼ばれている。ピルとは，本来丸薬を意味するが，わが国でピルといえば経口避妊薬のことを指す。ピルはPincus（米国）によって考案され，米国では1960年に承認されている。その後世界で急速に普及するとともに，副作用を軽減するためにホルモン含有量を可能な限り低くした低用量ピル，黄体ホルモン単独剤であるミニピルなどが開発され現在に至っている。[北村]
➡低用量ピル

疲労 （ひろう）

➡慢性疲労

ピロリ菌 （──きん）

➡ヘリコバクター・ピロリ

貧血 （ひんけつ）

血液単位容積当たりの赤血球数とヘモグロビン値が正常以下に減少した状態をいう。ヘモグロビンの正常範囲は，男性14〜18g/dℓ，女性12〜16g/dℓであり，国際的貧血判定基準（WHO）によると，幼児（6か月〜6歳）11g/dℓ以下，小児（6〜14歳）12g/dℓ以下，成人男性13g/dℓ以下，成人女性12g/dℓ以下，妊婦11g/dℓ以下となっている。また，貧血の症状は，血色素濃度が正常範囲以下になってもすぐには発現しない。具体的には，9g/dℓ以下：皮膚，粘膜，爪などが蒼白になる，8g/dℓ以下：疲れやすい，頻脈，動悸，7g/dℓ以下：運動時呼吸困難，胸痛，めまい，頭痛，聴診により心雑音が聞かれるなど，血色素濃度の低下に応じて症状が重症化する。[柿山]
➡血色素

貧困 （ひんこん）

国連による定義は，1日1人当たり1ドル以下のお金で暮らしている人を指している。アフリカ，南米，アジア等で約12億人以上がいると想定されている。貧困は単に食糧だけの問題ではなく，貧しい人たちが自分たちの力で生きていける（自立する）ようになりたくても，機会がないことが問題の本質である。貧困の要因は，概ね次の事項が相互に関連しあっていることである。①生活水準が低い：工場や農園で低賃金で労働する場合や，路上生活者が多く，不衛生な水や不潔なトイレ等を使うことによって感染症に罹患する場合が多い。②多産傾向にある：上記の要因で死亡率が高いため，多産になる傾向がみられ，さらに貧困・飢餓から抜け出せない。③教育水準が低い：現在の生活に精一杯のため，通学する余裕はない場合が多い。そのため，読み書きや計算ができないと，よい仕事に就けず，自分の将来を選択することができなくなり，現在の生活レベルからなかなか抜け出せない。貧困解消のために，国連専門機関や各国政府，NGOが医療関係で継続的に活動しており，1990〜2000年の10年間で5歳未満児死亡率は3分の2に減少し，貧しい国の子どもの死亡率が高い伝染病ポリオも根絶間近など前進も多くみられる。[軽部]
➡急性灰白髄炎

ファストフーズ

近年著しく増加した外食産業の業務形態で提供され，注文してすぐに食べられ，持ち帰りも可能な食品。手軽さから幅広い年齢層に

消費されているが，一般に高エネルギー，高脂肪な食品が多い。また，不飽和脂肪酸を多く含む植物油を大量に使用している場合が多く，時間の経過によっては体に有害な過酸化脂質を産生し，体内に蓄積することもある。加工食品が調理されることも多く，保存性の向上や嗜好性を高めるために多量の食品添加物が使用されている可能性があり，ファストフーズの過剰摂取は肥満や疾患を招くおそれがある。一方，栄養素の偏りから，質的栄養不良を引き起こすことも考えられ，消費者は材料の安全性や栄養についての認識を持った行動を迫られている。[田島]

不安神経症 （ふあんしんけいしょう）

不安を主な症状とする神経症で，ICD-10によれば，パニック障害と全般性不安障害に分けられる。パニック障害は，理由もなく突然に激しい不安に襲われ，死の恐怖や苦悶が生じる。全般性不安障害は，絶えず緊張し，不安があり，漠然としたいろいろなことが不安の対象となっている。[花田]

→神経症，パニック障害

不安全行動 （ふあんぜんこうどう）

労働災害は突然発生するのではなく，災害を生起させる可能性が必ず先行すると考えられる。一般的に，この可能性のことを災害ポテンシャルと呼んでいる。災害は物的要因（建造物，設備など）と人的要因（作業者，通行人など）との関係のひずみによって起こる現象であり，それぞれの要因が単独で災害を生起させる例は少ない。包含関係でとらえると，物的要因と人的要因の重なり合う部分（積集合要素）の多寡が災害発生に影響を及ぼすことになる。災害ポテンシャル中の人（作業者，通行人等）の側のポテンシャルを，通常，不安全行動という。労働災害防止の観点の1つとして，ポテンシャル段階において不安全行動をいかに排除できるかが重要になる。そのため，職場では安全管理活動が展開され，作業者の不注意や錯覚などによる不安全行動を排除するための対策が講じられている。このような取り組みの成否が，ポテンシャルの増減を左右することになる。[山崎秀]

→労働災害，安全管理

不安全状態 （ふあんぜんじょうたい）

災害ポテンシャルにおける物（建造物，設備など）の側のポテンシャルをいい，作業環境の欠陥を指す。災害を防ぐには，特に不安全状態の改善が必要になる。機械設備の安全化は，誤操作などの不安全行動が起こっても災害に至らない，という本質安全化を企てることが重要となる。作業手順の遵守，作業への熟練などの安全行動は，集中力欠如や疲労蓄積などにより長時間維持することが困難になる。したがって，例え不安全行動が起こったとしても，災害が発生することのない安全な作業環境を設定することが求められる。作業の性質上，本質安全化が困難な場合の次善策として，安全装置，接触防止装置などを設置することにより，ポテンシャルを排除することが可能になる。労働災害の発生を左右する最も基本的な要素は，企業が利潤に直接結びつかない安全対策にどれだけ投資できるかにかかっている。[山崎秀]

フィジカルセラピスト

理学療法士，PTのこと。
→理学療法士

フィードバック（学習の）

学習心理学では，学習は長期にわたる経験の結果生じる行動の変容ととらえられる。学習の結果として獲得された行動は，個人において価値的ないしは反価値的に作用する。この結果として，望ましい価値的効果は学習を促進する方向に働く（学習の強化）。他方，望ましくない反価値的な効果はそれまでの学習過程を修正し異なった学習方法や条件の創出を促す。このような学習の結果によって遡及的に学習の目標，方法などを適宜修正し，よりよい学習過程を創出していくための評価

の循環的・螺旋的過程を学習のフィードバックという。効果的な学習過程にはこのようなフィードバック機能が不可欠であり、こうした学習の目標や方法の再定義過程によって個人や組織の学習能力は向上していくととらえられる。理論的にはウィーナーのサイバネティクス理論などを基礎としており、人間集団だけでなく、コンピュータ・人工知能やロボット開発にも不可欠な概念とされている。［瀧澤］

フィトンチッド

植物が持つ物質が菌を殺す現象を始めて紹介したのは、1930年頃、モスクワ動物園実験生物研究所のトーキン博士。彼は「高等植物が傷つくと、その周囲にあるほかの生物を殺す何かを出している」と発表し、これにフィトンチッドと名づけることを提案。フィトンとは植物、チッドとは殺すものと訳される合成語。［鬼頭］

フィラリア

糸状虫（線虫類）の感染症をいう。幼虫をミクロフィラリアと呼び、カなどの吸血昆虫がこれを媒介する。保健の観点からは、人体寄生するバンクロフト糸状虫とマレー糸状虫が重要だが、国内の発症例はみられなくなった。イヌフィラリア症は、今日でもわが国の愛がん犬の重要な健康問題である。［田神］

風疹 （ふうしん）

風疹ウイルスにより発症。潜伏期間は2～3週間。症状発現1週前から発疹消失まで伝染性がある。発熱、頭痛、倦怠感、耳介後部リンパ節の腫脹が特徴。発疹は顔、頸部から始まり、全身に広がる。妊婦が風疹になると、胎児に先天性風疹症候群が発症する可能性が高い。［寺井］

富栄養化 （ふえいようか）

有機物（窒素、リン等）を大量に含んだ家庭雑排水や工場排水が河川や池、湖沼に流入すると、そこで生育している水草が異常に繁殖する状況が生じる。また、この水草が枯れた後に水中の酸欠状態を生じさせ、生態系に悪影響を及ぼす。［照屋］

フェイルセーフ

人間は、必ずエラーを起こすものであるという考え方を元に、万一エラーが起きた場合でもすぐには事故につながらないようにしようという考え方である。機械・システムの設計にあたっては、フェイルセーフの考え方が重要である。また、安全教育においても、自分や他者が重大なエラーを起こしても、なおかつ安全が確保されるように行動するという、フェイルセーフの考え方を基本とした行動の実行を指導することが大切である。［家田］

不活化ワクチン （ふかつか――）
➡ワクチン

副交感神経 （ふくこうかんしんけい）

交感神経との協調拮抗作用により、生命現象を支配している。副交感神経系が興奮状態となった場合を副交感神経活動高進又は迷走神経活動高進という。副交感神経の高進は、瞳孔の縮小、心臓血管系の抑制、消化吸収系の促進をもたらし、身体活動の消耗を回復するのに適している。解剖学的には、副交感神経には交感神経幹にあたるような本幹がなく、その大部分は脳神経の中に含まれており、一部分は脊髄神経と一緒に走っている。副交感神経には、動眼神経、顔面神経、舌咽神経、迷走神経、骨盤内臓神経などが含まれる。［大澤清］
➡交感神経

副甲状腺 （ふくこうじょうせん）

上皮小体とも呼ばれ、甲状腺両葉の背側、上下に通常1対ずつ計4個存在し、副甲状腺ホルモンを分泌する。このホルモンの標的器官は、腎と骨である。その作用は腎尿細管に働きカルシウムの再吸収を促進して血中カル

シウム濃度を上昇させ，リンの尿中への排出を促進して血中リン濃度を低下させることの他，腎においてビタミンDの活性化を促進し，小腸のカルシウム吸収を増加させることである。また，骨からはカルシウムを放出させる。［礒辺啓］

副作用 （ふくさよう）

常用量の薬を用いた時に起こる，薬の予期しない有害な作用をいう。WHOでは「予防，診断，治療などの目的でヒトに常用量の薬を用いたとき発現する有害で，意図しない反応である」と定義している。種々の分類があるが，用量依存性の副作用としては，薬効の過剰発現と薬効とは無関係のものがある。薬物の相互作用が副作用の原因となることもある。用量非依存性の副作用は，一般に過敏反応と呼ばれているが，先天的なものは特異体質と呼ばれる。薬物アレルギーは後天的な薬物過敏反応の1つである。［礒辺啓］

複式学級 （ふくしきがっきゅう）

2学年以上を1つの学級として編成する学級編成方式を複式学級制と呼ぶ。過疎地域の学校や分校においてとられる学級編成である。授業は合科教授や進度別授業などが行われ，異学年が同時に学ぶ上での内容上の問題点に対処する必要がある。一方，必然的に異学年交流が行われ，子どもたちの交流には良い影響がもたらされることも多い。［瀧澤］

副腎 （ふくじん）

左右腎臓上部に位置し，皮質と髄質からなる。両方とも内分泌器官であるが，その機能はまったく異なっている。副腎皮質は副腎皮質刺激ホルモンの作用を受けコーチゾルや男性ホルモンや糖質コルチコイドといったステロイドホルモンを分泌し，副腎髄質は交感神経節前線維に支配され，その興奮によりよりカテコールアミンを分泌する。［田中宏］
→カテコールアミン

副腎髄質ホルモン （ふくじんずいしつ——）

副腎髄質から分泌されるカテコールアミン（アドレナリン，ノルアドレナリン）である。交感神経系に含まれ，交感神経節前線維の末端から分泌されるアセチルコリンの作用により分泌される。血中に放出され，交感神経節後線維の支配を受けていない細胞にも交感神経様作用を営む。［田中宏］
→カテコールアミン

副腎皮質刺激ホルモン
（ふくじんひしつしげき——）

下垂体前葉より分泌され，副腎皮質における糖質コルチコイドや電解質コルチコイドの分泌を促進する。視床下部から分泌される副腎皮質刺激ホルモン放出ホルモンにより分泌量がコントロールされている。精神的ストレスにより分泌が亢進する。［田中宏］

腹痛 （ふくつう）

腹壁までは腹膜の知覚神経の刺激による痛みと，内臓の知覚神経の刺激による痛みがある。一般に罹患臓器の部位に一致してみられるが，必ずしも一致しないことがある。虫垂炎や胆石症など腹部全体に疼痛を訴えることがある。腹部以外の疾患，例えば心筋梗塞・狭心症などでは激しい心窩部痛を訴えることがある。他方，子どもは病気の始まりに腹痛を訴えることがあり，心因性の疾病や登校不能など腹痛を訴えることから始まることがある。この場合，好きなマンガを読んでいる時は腹痛を訴えない。［竹内宏］

副鼻腔炎 （ふくびくうえん）

上顎洞，篩骨洞，前頭洞，蝶形骨洞の炎症で，急性副鼻腔炎は感冒などの上気道炎に合併することが多い。膿性ないし粘液性の悪臭性鼻漏，鼻閉塞，頭痛，発熱などがみられる。X線学的検査で罹患洞にびまん性の陰影を認める。全身的及び局所的治療で治癒する。慢性副鼻腔炎の成因としては，感染，ア

レルギー，感染及びアレルギーが考えられている。感染型は鼻中隔わん曲症などで起こりやすい。アレルギー型は鼻アレルギーに合併して起こることがある。感染及びアレルギー型は局所的要因の他に，体質的，環境，栄養，気象などが関与するといわれる。［礒辺啓］
→鼻中隔わん曲症

腹膜炎　（ふくまくえん）

腹部の臓器を包んでいる薄い腹膜が炎症を起こしたものをいう。原因としては，胃，腸，虫垂，胆嚢などに孔があいて内容が漏れ出して起こる穿孔性腹膜炎である。急性虫垂炎，胃・十二指腸潰瘍穿孔によるものが多い。激しい腹痛がある。開腹手術など，適切な治療をしないと死亡する可能性が高い。穿孔部が周囲との癒着により炎症が限局された場合は，症状が軽いことがある。また，がんが腹膜に及んだものをがん性腹膜炎という。［村田］

副流煙　（ふくりゅうえん）

紙巻きたばこの点火部分からでる煙。主流煙の対語。主流煙に比べて，ニコチン，タール，一酸化炭素などの有害物質の濃度が高く，特にアンモニア濃度が高く，粘膜への刺激性も強い。主流煙が白っぽいのに対して，副流煙はうす紫を呈する。たばこの紫煙というのはこのことによる。［皆川］
→たばこ，主流煙，受動喫煙

不顕性感染　（ふけんせいかんせん）

宿主が感染しても臨床症状を発現するまでに至らないこと。日本脳炎やポリオの多くは不顕性感染で，症状が顕在化する者は少数である。不顕性感染者は病原体を体内に保有し，排菌している場合があるので注意が必要である。［上地］
→急性灰白髄炎

浮腫　（ふしゅ）

血管外の細胞外液（組織間液）が組織間隙に異常に蓄積した状態をいう。全身性の浮腫と特殊な部位や臓器組織に限局性のものがある。原因により心性浮腫（うっ血性心不全等），腎性浮腫（急性腎不全，ネフローゼ症候群等），肝性浮腫（肝硬変），栄養性浮腫（低タンパク血症），内分泌性浮腫，アレルギー性浮腫，リンパ性浮腫などがある。［礒辺啓］

不随意運動　（ふずいいうんどう）

動物又はヒトが意思によって行う骨格筋収縮による運動を随意運動といい，その主な調節は，大脳の運動皮質の出力経路としての錐体路系によって行われ，その補助的な回路としての錐体外路系が働いている。錐体外路系は感覚情報を統合して錐体路を制御する機能を持っているが，錐体外路系の一部として働いている大脳基底核や小脳に異常が生じると随意運動の障害をもたらし，意思によらない運動である不随意運動を引き起こす。例えば，淡蒼球の変性は四肢のねじれと回転を伴うもだえるような不随意運動（アテトーゼ）を引き起こす。線状体にあるニューロンの変性では，歩行のような随意運動に異常が見られ，不随意性の舞踏のような動きが発現する（舞踏病）。［戸部］
→随意運動

不整脈　（ふせいみゃく）

広くは心臓の調律機能が異常を呈している場合を指す。興奮伝導の障害と刺激生成異常とに分けられる。洞性頻脈，洞性徐脈，上室性期外収縮，心室性期外収縮，上室性頻拍，心室性頻拍，心房細動，心室細動，房室ブロック，洞機能不全症候群等多くの種類がある。放置してよいものから致死性のものまで含まれ，心室性頻拍や心室細動は治療が遅れると突然死することがある。［角南祐］

フタル酸エステル類 （――さん――るい）

　モノエステルとジエステルに大きく分けられる。一般に水に難溶であるが，それを含む食品包装材などから水や食品に長期間接すると，微量ながらも溶出し汚染の原因となる。肝臓，腎臓に対する毒性があり，また，発育の阻止，繁殖障害，催奇形性があるともいわれている。［日置］

フッ化物　（――かぶつ）

　フッ素は揮発性の高いハロゲン属の元素で，反応性が高く，自然界では遊離した状態では存在しない。多くの物質と容易に反応し，その化合物がフッ化物である。フッ化物の応用は国際的に広く推奨されており，適性に使用することで，安全に極めて効果的にむし歯（う歯）の発生を抑制できる。その予防機序は，歯の質を強化して酸に溶けにくくすること，歯の再石灰化を促進してむし歯の進行を抑制すること，微生物の酸産生を抑制することなどが挙げられる。応用方法としては，全身的方法として水道水へのフッ化物添加などがある。また，局所的方法として，フッ化ナトリウムなどのフッ化物溶液を直接歯の表面に塗布したり，洗口液でぶくぶくうがいをしたり，フッ化物を添加した歯みがき剤を使用する方法などがある。特に歯の形成期，及び歯の生え始めの時期に効果が高いが，生涯を通じて有効である。［田代］
→う歯

物理療法　（ぶつりりょうほう）

　理学療法に属する治療法で，光，音，熱，波動などの物理的エネルギーを用いて行われる治療手段の総称。ホットパック，極超短波療法，低周波療法，牽引療法など様々な物理療法機器を用いて実施する。［吉永］
→理学療法

不定愁訴　（ふていしゅうそ）

　特定の身体の部位に偏らない，種々の自覚症状で，例えば頭重感，めまい，動悸，発汗，しびれ，胃部不快感，腹部膨満感，肩こり，頻尿などである。自律神経失調症と同義と考えるものもいる。また，多様な身体症状を訴えるが，それに対応する器質的病変の見出せない一群の患者に対して，不定愁訴症候群と名づけることもある。神経症，特に心気障害や不安障害では不定愁訴を示しやすいが，心気障害は重篤で進行性の身体的障害に罹患しているにちがいないという頑固なとらわれがあり，不安障害ではある明確な状況あるいは対象によってのみ不安が誘発されるため，訴えの内容と経過をみれば鑑別は可能である。また，うつ病でも不定愁訴と類似した症状が訴えられることがあるが，気分の低下，意志・意欲の減退，思考制止が認められれば鑑別は困難ではない。［花田］
→自律神経失調症

不登校　（ふとうこう）

　ある日突然生じるのではなく，多くの場合，一定の性格・行動の傾向を持った子どもが，何らかの契機で陥ってしまう問題であり，心理的，情調的，身体的あるいは社会的要因・背景により登校したくてもできない状況にあることをいう（ただし，病気や経済的な理由によるものを除く）。2001年度の不登校などの理由で年間30日以上，小・中学校を休んだ児童生徒の数は138,722人で過去最多となっている。1993年，文部科学省の不登校に関する実態調査では，不登校のきっかけは「友人関係をめぐる問題」45％，「学業の不振」28％，「教師との関係をめぐる」21％など，学校生活に関わるものが多い。不登校の態様（不登校継続の理由）も「学校生活問題」が最も多く挙げられている。1998年度に不登校児童生徒に「家庭訪問を行い，学業や生活面の相談にのるなどの様々な指導・援助を行った」結果，同年中に登校できるようになった者が，小学校（25.9％），中学校（23.5％）ともに認められた。不登校の子どもに対しての「登校刺激」の善悪の問題はあ

るが，学校からの積極的な働きかけの効果があることがわかる。[石崎]

不同視 （ふどうし）

左右の眼の屈折度が，一般的には2ジオプトリー以上の差がある場合をいう。その差が大きいと両眼でものを見ることが困難になる（両眼視機能障害）。常に使われていない眼は視力が発達しないので弱視になる危険がある。両眼に完全矯正の眼鏡を装用すると，左右の網膜に映る像が左右眼で違う（不等像視）ので眼精疲労の原因となる。年齢や程度により，早期に眼鏡又はコンタクトレンズ装用を考慮する。[朝広]
➝ 弱視

ぶどう膜炎 （——まくえん）

虹彩，毛様体，脈絡膜をまとめてぶどう膜というが，これらの炎症。部位により前部と後部に分ける。外因性と内因性があり，ベーチェット病やサルコイドーシスなどでは特徴的所見がある。症状は毛様充血，眼痛，羞明，霧視，視力障害などで治療には散瞳剤，副腎皮質ステロイドの点眼や全身投与を施行する。[磯辺真]

不妊 （ふにん）

生殖可能な年齢の夫婦が，生殖を希望しているのに妊娠しない状態をいう。医療においては，結婚後2年経過して妊娠しない場合を不妊症として取り扱う。不妊の原因には女性因子（排卵障害，卵管通過性障害），男性因子（精子減少症，無精子症）などがあるが，男女双方に異常がある場合も多く，原因不明の場合もある。[大川]

浮遊粒子状物質 （ふゆうりゅうしじょうぶっしつ）

大気中に浮遊する粒子状物質のうち，粒径が10ミクロン以下のものをいう。これより大きな粒子は，たんとともに排出されるが，これ以下のものは微小なため，大気中に長い時間滞留し，肺や器官などに沈着して呼吸器に影響を及ぼす。ディーゼル排気粒子の他，工場のばい煙，黄砂，道路粉じんなどがある。生体への影響としては，じん肺，気管支炎，肺水腫，ぜん息など吸収による直接的なものと，大気中の物質による日光の遮断が原因のくる病の発生の増加のような間接的なものがある。今日では，浮遊粒子状物質全体の約4割がディーゼルエンジンから排出されるディーゼル排気粒子である。これは，ディーゼルエンジンを掲載したトラックなどから排出される黒い煙であり，ベンツピレンなどの発がん物質が含まれていることや花粉症の増大との関連が問題視されている。[植田]
➝ ベンツピレン，花粉症，スギ花粉症

プライマリーヘルスケア

WHO（1978年，アルマ・アタ宣言）の定義によれば「地域の個人や家族から受入れられる方法により，地域住民全体の参加を通じて，国や地域が負担しうる費用により，地域住民がひろく利用できるようにした健康管理」。従来のプライマリーケア（初期医療）のように医療処置のみに限定せず，予防，健康増進，治療，社会復帰，地域開発活動など，保健，医療，福祉を含めた健康全般を対象とした概念として用いられる。[吉田]

プライマリーメディカルケア

初期医療，既ち患者が疾病を発症してから最初に受ける医療のこと。多くは一般開業医や家庭医により提供される。[吉田]

プラシーボ

placebo。偽薬ともいわれ，通常，医学の世界では乳糖や澱粉，生理食塩水がプラシーボに使われる。これらを薬と偽り投与することで，本来，薬理作用のないこれらの薬により治療効果や副作用が現れることをプラシーボ効果という。プラシーボ効果の機序としては，暗示効果，条件づけなどにより免疫機能が活性化される可能性が指摘されている。この効果は，30％程度の人に現われるとされ，

新薬の治験に利用されている。また，薬の連用により薬物依存になることを防止するため，臨床の場面でプラシーボが使われることもあるが，最近，臨床試験を除いてプラシーボの使用を正当化することはできないとする報告もみられる。ただし，患者の治療という観点からは，プラシーボ効果のような心理的なアプローチの必要性を否定することはできない。[上濱]

フラストレーション

何らかの障害により活動が阻まれ，欲求が満足されないことをいう。欲求不満と訳されることが多い。強いフラストレーションは精神的な苦痛をもたらすが，適度なフラストレーションは精神衛生上よい効果をもたらすとされる。また，同じ状況であっても，すべての人が同じ強さのフラストレーションを感じるわけではないことが知られている。[伊藤直]

➡欲求，欲求不満

プラセボ

➡プラシーボ

フラッシュバック現象（——げんしょう）

フラッシュバックとは映画製作上の一技法であり，過去のある場面を瞬間的に再現・挿入する技法をいう。薬物関連領域では，LSDの使用を中止したにもかかわらず，使用時の異常体験とほぼ同様の幻覚体験を，短時間，追体験する現象に対して使用された。その後，同様の現象が大麻や有機溶剤などの催幻覚剤，覚せい剤でも認められることが判明し，薬物の種類に関係なく，薬物を使用していないにもかかわらず，非特異的ストレス（身体的疲労，心理的ストレス等）により，かつての薬物使用時の異常体験と類似の精神症状を再体験すること（自然再燃）をすべてフラッシュバック現象と呼ぶようになった。[和田]

ブラッシング

歯ブラシを用いて，歯及び歯肉の健康を保つために行う主たる人工的清掃のことであり，病原因子である歯垢の除去と歯ぐきに適度なマッサージ効果を与えることを目的とする。[田代]

プリオン

タンパク質性の感染粒子を意味する英語から発見者によって作られたプリオン病の病原体を意味する造語。プリオン病には，羊のスクレイピー，牛の狂牛病，ヒトのクロイツフェルト・ヤコブ病などがある。しかし，プリオン遺伝子から作られる正常プリオンには病原性はなく，経口的に摂取された病原性を持った異状プリオンが神経細胞の正常プリオンの変異を誘導する。異状プリオンはタンパク質分解酵素の働きを受けないため細胞内に異常に蓄積する結果，細胞死が誘導されると考えられている。[田神]

➡狂牛病，クロイツフェルト・ヤコブ病

フリー・スクール

不登校や中退の子どもを受け入れ，それぞれの状態に合った自立，学びの機会を提供する居場所である。1970年代から設置され始め80年代後半から急増している。全国で約800近く設置されていると推定される。形態は多様である。社会教育施設が場所を提供しているもの，適応指導教室のように教育委員会が設置しているもの，塾やNPOなどの事業によるもの，父母が任意に開設しているものなどである。[皆川]

フリーター

フリーアルバイターの略称といわれ，一般には高校や大学卒業後，正社員ではないアルバイトなどの非正規で働き収入を得ている若者のことで，近年増加が著しい。高校，大学などの卒業時点で，進学も就職もしていない学卒無業者といわれる集団にほぼ相当する。

2000年度版労働白書でその数は151万人と推計されている。[松本健]

プリテンショナー

1981年に考案された自家用車の衝突安全装置の1つ。衝突を感知すると瞬時にシートベルトを巻き上げ、当初のベルトの緩みによって体が前に行かないようにする仕組みである。衝突の瞬間に運転者の体をシートに密着させることにより、ベルトの本来持っている拘束機能を高める。[竹内—]

不良姿勢 （ふりょうしせい）

正面から見て肩や骨盤の高さが左右で異なっていたり、横から見て腰が過度に反り返っていたり、頭の位置が背中に対し前にいきすぎたりした状態をいう。高枕、肘枕による横寝、足の投げ出し座り、体育座り、足組み座りなどは代表的なものといわれており、これらの姿勢が習慣化すると脊椎側わん症や腰痛症の原因となる。[柿山]

不慮の事故 （ふりょのじこ）

思わぬ事故のこと。国際疾病傷害死因分類（第9回修正分類）では、E104～E114までの「不慮の事故及び有害作用」として分類される。交通事故・溺死・転倒・火災・窒息などがある。全体的にみると、高齢者に多く、次いで乳幼児に多い。また、種類別では交通事故が最も多く、次いで窒息、転倒・転落、溺死及び溺水などが多い。人間の発達段階により、死亡の種類は異なっており、乳児期では異物の誤嚥による窒息が最も多く、次いで溺死及び溺水が多い。幼児期では歩行が可能になるため、交通事故、溺死及び溺水が増加する。思春期・青年期においては交通事故が多い。老年期では嚥下機能の低下による窒息、反射神経の遅延や筋力の低下による転倒や溺死などが多くなる。各年代ごとの事故の防止が必要である。[松岡治]

プール指導 （——しどう）

小学校体育、中学校及び高等学校保健体育の学習指導要領において、運動の内容に水泳が取り入れられている。自己の能力に適した課題を持つこと、クロール及び平泳ぎ等の技能の習得、技能の向上、健康・安全への留意等が学年に応じた目標となっている。水泳は、学校では主に水泳プールにて指導されるため、水泳の指導をプール指導と呼ぶことが多い。また、夏休み中のプール開放をプール指導と呼ぶ場合もある。学校のプールは限られた一定の水量で多人数にて使用されるために汚染されやすく、特に咽頭結膜熱と流行性角結膜炎が流行することがあるために注意が必要である。プールの管理基準は、プール本体の衛生状態、附属施設・設備の管理状況・衛生状態、浄化消毒設備及び管理状況、水質、入場者の管理状況、日常の管理状況の6項目からなっている。水泳中の事故や感染症を防止するためにも、衛生的かつ安全的な管理を徹底することが重要である。[笠井]
➡咽頭結膜熱、流行性角結膜炎

プール熱 （——ねつ）
➡咽頭結膜炎

ブレインストーミング

集団的思考法の一種で、ある課題・事柄についてアイデアや提案を生み出すための創造的方法である。4つのルール（①批判厳禁、②質より量、③自由奔放、④便乗歓迎）を守って実施される。1つの課題・事柄に対して様々な角度から発言させる1種の連想ゲームである。ある提起された課題・事柄について、グループのメンバー全員が自分たちの思いつき・アイデアをできるだけ簡潔に、短い言葉で述べることが求められる。[皆川]

フロイト

精神分析の創始者（1856-1939）。無意識の発見者といわれ、自由連想法や夢分析によっ

て，神経症など精神的疾患の背後にある心理的機制を解釈可能であることを見出した。後に高弟ユング，アドラーなどは，フロイトに異論を唱え独自の精神分析理論を展開する。娘アンナ・フロイトも児童分析を中心とする分析家である。[伊藤Ⅲ]
→ユング，アドラー

ブローカ中枢　（――ちゅうすう）

下前頭回後部（Brodmannのarea44）で前頭弁蓋に相当する部分。この部分の障害で，運動失語を起こす。言語表出の障害で，音声による言語表出，書字による言語表出いずれもが障害され，自発言語は流暢でなく，電文体となることも稀ではない。言語の理解は比較的良好であるが，軽度の障害は稀ではない。[角南兼]
→運動失語

プロゲステロン
→黄体ホルモン

プロスタグランディン

PG。脂肪酸であるアラキドン酸の，シクロオキシゲナーゼpathwayによる代謝産物。PGH_2，PGE_2，$PGF_2\alpha$，PGD_2，PGI_2があり，PGH2は他の前駆体。発熱，疼痛のような急性炎症反応を惹起する他，胃粘膜保護作用，腎血流や糸球体濾過率の制御，膀胱平滑筋の収縮など多彩な生理的作用を示す。[五十嵐]

プロテクター
→労働衛生保護具

プロトコル

治験薬の実施要項，実験計画案をさす。[皆川]

プロービング

歯周病の進行程度を診査するために，歯と歯肉の境目に専用の探針を挿入して，溝の深さ，歯の根の表面の様子，歯石の付着状況などを探ることである。[田代]
→歯周病（歯周疾患），歯石

プロフィール

横顔，人物紹介などの訳語がある。[皆川]

フロン

塩化フッ化炭化水素の総称。化学的に安定で，毒性が低いため，冷蔵庫，クーラーなどの冷媒として大量に用いられた。しかし，大気中に放出されると最終的にオゾン層に達し，そこでオゾン層を破壊することが判明したために，1987年のモントリオール議定書採択により段階的削減が行われることになった。[本田]
→オゾン層

分煙　（ぶんえん）

室内又はこれに準ずる環境において他人のたばこの煙を吸わされないことをいう（健康増進法）。禁煙車や禁煙席の設置あるいは喫煙室や喫煙席の設置などにより，禁煙すべき場所と喫煙してよい場所とを分け，たばこの煙による健康被害から非喫煙者を守るために提唱された言葉である。[皆川]
→たばこ，喫煙，禁煙

分解者　（ぶんかいしゃ）

栄養の観点から生態系をみたときに，栄養源を他の生物に依存（従属栄養）している生物の中で，死んだ生物体やその排泄物又は，その分解物を更に分解して得られるエネルギーによって生活している生物をいう。一般的には，細菌と真菌（カビ）の仲間がこれに含まれる。[田神]
→従属栄養，細菌，真菌

分習法　（ぶんしゅうほう）
→全習法・分習法

文章完成テスト （ぶんしょうかんせいてすと）

「私の将来は」などの刺激文を提示し，それに続けて自由に文章を完成させるタイプの心理テストである。投映法の1つでいくつかの種類がある。スコアリングが定式化されたものは少なく，類似の刺激に類似の記述がみられるかなど，被験者の記述を質的に検討することで，人生の主題や家族との関係など被験者についての理解を深める。［伊藤亜］

粉じん （ふん――）

産業面で人工的に岩石，石炭，鉄鉱金属，木材などを機械力を用いて破砕，爆破，研磨，砕断したときに生じる固体微粒子。例えば石綿，珪藻土，雲母，長石，セメント，石膏，穀粒などと自然界に自然に生じた砂じん，砂ほこりなどをいう。これらは吸気とともに気道に入り，その粒子の大きさや形状によって肺胞まで達するものもある。粗大なものは上気道まで，繊細なものは小気管支から肺胞に達する。［鬼頭］

分析疫学 （ぶんせきえきがく）

記述疫学は人間集団を対象として健康状態や疾患の頻度等の実態を正確に把握し，地域差や経時変化がみられれば，それらの関連要因を考究し，原因の糸口を見出す。しかし記述疫学では，国別，県別，市町村別，職業別等のグループ単位で関連因子と疾患の関係を解析するので，両者の関係は必ずしも個人単位で成立するとは限らない。そこで，個人単位で健康状態や疾患の発生・進展等を規定する諸因子を明らかにするのが分析疫学である。ここでいう「分析」は健康状態や疾病の発生を規定する因子（原因，危険因子）を分析することを意味している。健康状態や疾病の発生・進展を個人単位で究明しようとする分析疫学の方法は大別すると，食習慣，喫煙，飲酒，職業等を調べ，どのような点で患者群と対照群に差がみられるかという点に着目して原因や危険因子を究明しようとする。

一方，コーホート研究では予め多数の集団を対象として飲食習慣や職業等を調べておいたり，様々な検査を実施しておき，その後一定期間「前向きに」対象者の健康状態や疾患の発生状況を調べて，どのような因子や所見を持っている者がどのような疾患にかかりやすいかを調べる。［大澤清］
→コーホート

分別収集 （ぶんべつしゅうしゅう）

ごみの分別とリサイクルに要する自治体のコストを下げる目的で，発生者がごみを分別する方式が定着している。自治体によっては，リサイクル促進を図るために資源ごみをさらに細分化しているところもある。焼却処理過程で生じるダイオキシンなどの有害物質の発生を抑制するために，プラスチック類を分別して別途処理している自治体もある。［田神］
→廃棄物，一般廃棄物，リサイクル，分別収集

分離不安 （ぶんりふあん）

幼児が母親（又は代理の養育者）から離れる時に感じる不安をいう。スピッツ，ボウルビィらの研究が著名である。研究者によって詳細な内容は異なるが，母親との基本的愛着が成立し，母親から分離独立する際に感じる不安といえる。親からの依存・自立の葛藤が高まる思春期・青年期や，児童期の何らかの危機にも体験されることがある。［伊藤亜］

分裂気質 （ぶんれつきしつ）

統合失調症と親和性のある病前性格としてクレッチマーが挙げたもので，非社交性，物静か，まじめでユーモアを解さない，控えめ，従順，正直を特徴とする。最近は人格障害として分類され，妄想性人格障害，分裂病質人格障害，分裂病型人格障害の3者が統合失調症の発症前にみられるとされている。［花田］
→統合失調症，人格障害

平滑筋 (へいかつきん)

血管，気管支，消化管，泌尿生殖器の導管など全身の組織で独特の収縮を司っている筋であり，分布場所から内臓筋とも呼ばれる。また，意志の作用で，随意的に収縮させることができないので，不随意筋でもある。具体的な役割としては，血圧の維持，呼吸の補助，食物の消化，排尿，出産などが挙げられる。[久野・金・加藤]
→不随意筋

平均健康寿命 (へいきんけんこうじゅみょう)

平均寿命が何年生きられるかを表したものであるのに対し，平均健康寿命は，心身ともに健康で，活動的でいられる期間がどのくらいあるかを試算したもの。生活や健康の「質」を考慮した新しい指標として提唱された。具体的には，食事や入浴など日常生活動作を自分で行い，痴ほう状態でもない期間をいう。新しい健康づくり計画「21世紀における国民健康づくり運動（健康日本21）」では，「21世紀のわが国を，すべての国民が健やかで心豊かに生活できる活力ある社会とするため，壮年期死亡の減少，健康寿命の延伸及び生活の質の向上を実現することを目的とする」として，健康寿命の延伸も目標に掲げられた。世界保健機関（WHO）が2000年に発表した日本人の平均健康寿命は74.5歳である。平均寿命との差を短縮するため，生活習慣病の予防や寝たきり防止対策などが求められている。[大川健・竹内一]
→健康寿命，健康日本21

平均寿命 (へいきんじゅみょう)

同時に生まれた人々が出生時から平均して何年生きられるかをいう。正確には，0歳時平均余命のことである。一般に寿命という時にはこれを指している。ヘイフリックの学説によれば生物学的には人間は120歳までの生存可能性を持っているが，実際には遺伝を始め栄養，運動，休養という基礎条件の他に様々な公衆衛生や医療の水準や気候，労働，事故などの社会的条件が加わってくる。日本人の平均寿命は世界一長く2002年には男性78歳，女性85歳であった。[大澤清]

平均余命 (へいきんよめい)

ある年の男女別の年齢別死亡率が将来もそのまま続くと仮定した時に，その後に何年生きられるかを示す年数をいう。例えば日本人の2002年の平均余命は20歳の人では男性59年，女性66年であり，50歳の人では男性30年，女性36年である。[大澤清]

閉塞性睡眠時無呼吸
(へいそくせいすいみんじむこきゅう)

小児の場合主にアデノイド，扁桃肥大などによる上気道狭窄が原因となって，覚せい時には換気が保たれるが，入眠とともに自然な鼻呼吸が障害され，持続的に身体機能に悪影響を及ぼす病態をいう。夜間十分な睡眠が取れず，中途覚せいが多く，寝相が悪い。重症となると熟睡感が得られないため，起きがけの頭痛や授業中に居眠りが多く，落ち着きがないなどの日中の傾眠傾向が出現する。アデノイド切除や扁桃切除術が必要な場合もある。[礒辺啓]
→アデノイド，扁桃肥大

米飯給食 (べいはんきゅうしょく)

学校におけるものは食事内容の多様化を図り，栄養に配慮した米飯の正しい食習慣をつけさせる見地から，教育上有意義であるとして，1976年から正式に導入された。米飯給食を受けている児童生徒数は，2001年5月現在，約996万人であり，これは完全給食を受けている児童・生徒数の99.5％となっている。また，週当たりの平均実施回数は2.8回である。[平山]

ペースメーカー

心臓の調律の歩調取り機能を持つ洞房結節と人工ペースメーカーの両方の意味がある。

正常心臓では心臓の電気的興奮を発生させ，心臓の拍動リズムを作り出す部位を指し，洞房結節がその役割を担っている。人工ペースメーカーは，心臓への電気的刺激を発生させるパルス発生機と心臓に固定する電極からなる装置である。人工ペースメーカーの適応は，完全房室ブロックや洞機能不全症候群などの徐脈性不整脈や上室性頻拍などの頻脈性不整脈などが適応となる。［角南祐］

ヘッドホン難聴 （――なんちょう）

ヘッドホンからもれるほどの大音響の音楽に長時間さらされて，徐々に進行する難聴。治り難いので適切な音量で聞くという予防が大切。［田神］
→聴力障害(難聴)

ヘドロ

家庭からの生活雑排水や工場の未処理の産業廃棄物が河川に流された結果，水底に蓄積した軟らかい汚泥の総称。一般に，腐敗分解した含水率の高い沈殿汚泥が多い。また，ヘドロ中には，各種有害物質が含まれることが多く，生態系に大きな悪影響を及ぼしている。［照屋］

ペニス
→陰茎

ベネット骨折 （――こっせつ）

第1中手骨基部の骨折。バスケットボール，スキー中に多く起こる。母指に遠位方向から強く力が加わる介達力によって発生することが多い。［森川］

ベビーブーム

第一次ベビーブームは，1947～1948年頃の出生数増加現象を指している。ほぼ1年間に220万人程の出生となった。出生数増加の要因は，①終戦を迎え，軍務から離れた人たちが大量に帰国，帰宅したこと，②親同士が決める結婚が多かった当時において，戦後の一時的現象であるが，集団見合いによって婚姻・妊娠が増えたこと等が考えられる。第二次ベビーブームは，第一次ベビーブームで生まれた子どもたちが成人して子どもを産むようになる1970～1975年頃を指し，年間220万人程の出生となっている。第一次ベビーブームの期間及びその直後は，行政は住宅・学校等の整備に追われ，各人が享受する教育・福祉の質・量が低下し，乳児死亡率等が高い等，マイナスが強調されたものの，モノの購買や循環に拍車がかかり，経済ひいては戦後復興に影響を与えたことは否定できない。同様に，第二次ベビーブームは，第一次オイルショックと重なったものの，やはりモノの購買や循環が促進され，不況から脱出が早まったとされている。［軽部］

ベビーホテル

公立保育園が対応しきれていない夜間保育，宿泊を伴う保育，又は時間単位での一時預かりのいずれかを常時行うことで，営業が成り立っているが，無認可（厚生労働省の認可を得ていない）の場合も多い。1980年頃から，乳児の死亡事故が多発したため，厚生労働省は，認可施設に吸収する方針を出した。しかし，女性の社会進出や夜間労働等による一定の需要がある半面，公立保育園では，一般的に夜間保育，休日の保育等に対応できないため，ベビーホテルの一定需要はあり，対策は進んでいないのが実情である。［軽部］

ヘモグロビン
→血色素

ヘリコバクター・ピロリ

ピロリ菌。らせん状にわん曲したグラム陰性の棒状の細菌で，数本の鞭毛を有し施回運動を行う。ウレアーゼにより尿素を分解してアンモニアを産生し，酸度の高い胃でも増殖可能な細菌である。胃粘膜からヘリコバクター・ピロリ菌が分離・培養がされ，感染は消化性潰瘍患者（十二指腸潰瘍患者のほぼ100

％，胃潰瘍患者の約80％）に認められ，原因の1つとして考えられている。1994年にWHOはそれらの起因菌として認定した。また，胃がんの原因とも密接に関連するとした。除菌をすることによって胃潰瘍や十二指腸潰瘍の再発が激減している。胃粘膜に定着した菌は定住し胃粘膜に慢性的な障害を与える。日本での感染率は小児期に始まり，40歳代から急激に陽性率が上昇し，成人の約75％となる。検査方法には胃カメラ検査時に胃の細胞を採取し，菌がいるかどうか判定する直接的な方法と，特別な薬を飲んで，吐く息の中に出てくる二酸化炭素の量を測る方法と，感染により産生された抗体を測定する方法がある。なお，除菌は3種類の抗生物質を飲むことで可能である。［礒辺啓・松岡優］

ヘルシーピープル2010

アメリカ合衆国の公衆衛生局によって示された，2010年から10年間における国民の健康目標を設定したヘルスプロモーション施策。全体を通じた理念は，健康生活の質を高め，かつ長く継続することと，国民の健康格差を少なくすることである。対象となる健康問題は，がん，糖尿病，HIVなどの疾病から，食品の安全，職場の健康・安全，家族計画まで多岐にわたっている。［渡邉］

ヘルシンキ宣言 （——せんげん）

世界医師会が採択した人体実験における倫理指針。1964年世界医師会がヘルシンキで行った総会で採択した。現在，日本ではすべての大学医学部と医科大学，主要な研究機関には倫理委員会が自主的に設置されているが，その指針の基礎としてヘルシンキ宣言が大きな役割を担っている。［大川健・竹内一］

ヘルスカウンセリング

教育職員養成審議会における養護教諭養成カリキュラムについての報告（1997年12月18日）で，新設された科目は「養護概説」と「健康相談活動の理論及び実際」の2つである。この中の「健康相談活動」が取り入れられたきっかけは，次に示す保健体育審議会答申の「養護教諭の新たな役割」に示された内容によるものである。「近年の心の健康問題等の深刻化に伴い，学校におけるカウンセリング等の機能の充実が求められるようになってきている。この中で，養護教諭は児童生徒の身体的不調の背景に，いじめなどの心の健康問題が関わっていること等のサインにいち早く気づくことのできる立場にあり，養護教諭のヘルスカウンセリング（健康相談活動）がいっそう重要な役割をもってきている（1997年9月22日）」「養護教諭の行うヘルスカウンセリング」とは，「養護教諭の職務の特質や保健室の機能を十分に生かし，児童生徒の様々な訴えに対して，常に心的な要因や背景を念頭に置いて心身の観察，問題の背景の分析，解決のための支援，関係者との連携など心や身体の両面への対応を行う健康相談活動である」としてある（保健体育審議会答申）。「新たな役割」の中で示されている「ヘルスカウンセリング（健康相談活動）」というこの括弧付きの言葉は，一般的なカウンセリングと区別するための重要な解釈事項である点に十分留意する必要がある。［石崎］

→健康相談活動

ヘルスプロモーション

「人々がみずからの健康をコントロールし，改善することができるようにするプロセス」と定義される。その基本理念や活動方針はオタワ憲章に示されている。例えばヘルスプロモーションの活動として，「健康のための政策づくり」「健康を支援する環境づくり」「地域活動の活性化」「個人の能力を高めること」「治療中心から自己健康管理中心の保健サービスへの方向転換」が挙げられている。このうち「個人の能力を高める」は健康教育のような個人に対する直接的な働きかけであり，他の活動は健康のための環境づくりといえる。つまりヘルスプロモーションでは，私たち1人ひとりが健康実現のための実践力を養

うと同時に，健康に生きるための環境づくりを特に重視しているのである。ヘルスプロモーションは世界各国の健康施策の基本概念ということができ，日本でもヘルスプロモーションに基づく健康日本21が展開されている。［渡邉］

➡オタワ憲章，健康日本21

ペルテス病　（――びょう）

大腿骨頭と頸部の一部を含めた部分的又は全虚血性壊死で，これに続発する大腿骨頭関節面の陥没変形，骨端成長軟骨板の成長障害による頸部短縮，横径増大などを主徴とする。発症年齢は2～15歳で，特に6～8歳に好発する。男女比は5：1で男児に多い。跛行を主徴として発見されることが多い。疼痛は軽く，運動時痛が主で，股や大腿から膝にかけての疼痛である。［森川］

ヘルニア

臓器・組織の全体あるいは一部が，体壁・体腔内の裂隙・組織の欠損部などを介して，その正常位置から逸脱・突出した状態。病理解剖学的には，ヘルニア門，ヘルニア囊，ヘルニア内容，ヘルニア被膜の4つから構成される。腹壁の孔・管・裂隙などの異常開大，また，手術・外傷などによる体壁の抵抗減弱などの準備状態において，何らかの理由により腹腔内圧が亢進することでヘルニアが発生する。［西川］

ヘルメット

頭を衝撃から守るために，作業場やスポーツの試合などでかぶる兜形の金属又はプラスチック製の帽子。［鬼頭］

ヘロイン

主に吸煙することにより乱用され，強烈な精神依存性と身体依存性とを持ち，歴史的に世界で最も問題視されてきた依存性薬物である。中枢神経抑制作用を有する。ケシを原料植物とするが，ケシからはアヘンが作られ，アヘンからは医療には欠かせないモルヒネと医療上はまったく有用性がないヘロインとが作られる。わが国では麻薬に指定されている。［和田］

➡精神依存，薬物依存，モルヒネ，麻薬

変異原性　（へんいげんせい）

細胞内の遺伝子，DNAや染色体に何らかの要因が作用して，突然変異を誘発する能力をいう。突然変異原性ともいう。要因としては放射線，紫外線のような物理的要因，ベンツαピレン，メチルコランスレン，マスタードガスなどの化学的要因，アフラトキシン（カビ毒）などの生物学的要因がある。このような突然変異誘発物質を変異原物質という。種々の変異原生試験方法が開発されている。サルモネラ菌，大腸菌などの細菌を使う方法，酵母，アカパンカビなどの真核生物を使う方法，ショウジョウバエなどの昆虫を使う方法，トウモロコシ，ダイズ，ムラサキツユクサなどの植物を使う方法，哺乳動物の培養細胞を使う方法などがある。エームス試験，姉妹染色分体交換試験なども代表的な変異原性試験法である。［千葉］

偏差値　（へんさち）

テストなどの成績を相対的に評価するための値。各個人の得点から平均値を引き，標準偏差で除し，さらにこの値を10倍して50点を加えた値。

$$T = 10 \text{（得点－平均値／標準偏差）} + 50$$

かくして平均値50，標準偏差10点に標準化された得点が得られる。このような操作をすることで，平均値，標準偏差，単位の異なる測定値や成績を合計したり，順位をつけたりすることが可能となるので，合理的な評価が可能となる。［大澤清］

偏執狂　（へんしつきょう）

多くの辞典では，偏執質として掲載されており，しかも偏執質は偏執病と同義語で扱わ

れている。そこで，偏執病を医学の領域ではパラノイアという。例えば，シュペヒトは偏執病を躁うつ病的素因を有する個体の外界に対する反応だと述べ，関係妄想などが発生すると偏執病になると指摘している。[松本寿]
→パラノイア

偏食 （へんしょく）

ある特定の食品に偏って食事をとること。ある特定の食品を特別に嗜好したり，逆に特別に嫌悪したりする子どもの食物摂取の状態を指していう。原因としては，心理的に不快な過去経験と結びついている心理的原因，家庭でその食品を食べる習慣がなかったり，両親が偏食であったりするような環境的原因，ジンマシンが出るなどの主としてアレルギー性反応を生じるために起こる身体的原因等が考えられる。偏食の予防・矯正には，①食事の雰囲気・環境づくりを明るく楽しく心がけること，②間食を減らす，戸外遊びをするなどして，十分な空腹状態にしておくこと，③家族の食生活を検討し偏食を正しておくこと，④食事法や調理法の工夫をすることなどがあげられる。[平山]

ベンツピレン

たばこタール成分やコールタール中にみられる強い発がん物質である。5個のベンゼン環が縮合した芳香族炭化水素。黄色の結晶。ベンゾピレン。[皆川]
→たばこ，タール

扁桃炎 （へんとうえん）

扁桃の炎症。扁桃が腫脹して赤くなり，痛みを伴う。しばしば高熱を伴う。飲み込むことが困難になることが多い。免疫機能と関連し，関節，腎，心臓の疾患の原因になることがある。[辻・浅野]

扁桃肥大 （へんとうひだい）

咽頭（のど）にある4つの扁桃輪（ワルダイエル扁桃輪）のうち，両側の口蓋にある口蓋扁桃が高度に肥大している場合をいう。いびきや口呼吸など睡眠時呼吸障害や嚥下障害の原因になったり，言語不明瞭，持久走が困難などが起こる。[浅野]

弁別学習 （べんべつがくしゅう）

2つ，又はそれ以上の刺激に対して，それぞれの刺激を区別して異なる反応を返すようになること。例にはラシュレー跳躍台が挙げられる。これは被験体のネズミに複数の図形を同時呈示し，一方の図形に対して反応できた場合には餌を与え，それ以外の図形へ反応した場合には無報酬となるという状況に置き，刺激の弁別を学習させるというものである。餌のような反応を強化する刺激を正の刺激，反応を強化しない刺激を負の刺激という。[阿部]

保育 （ほいく）

子どもを養護（保護）し，教育（育成）することであり，子どもの幸せを保障し，主体的・自発的な子どもの生活が尊重され，周囲の大人，社会，環境との相互関係のもとに，子どもの発達を援助していく活動である。対象となる子どもは，すべての乳幼児であり，場合によっては，小学校低学年頃までの子どもも含まれる。[井戸]

防衛機制 （ぼうえいきせい）

精神分析用語で，自我を守るための無意識に働く様々なメカニズムを指す。衝動や罪責感・不安などを無意識のうちに打ち消したり他の物に転換したりして，意識化せずにすませるもの。例えば，退行，抑圧，知性化，反動形成，隔離などがある。特に，原始的否認や投影性同一視は，原初的なものとして原始的防衛機制と呼ばれる。適応機制と同義。[伊藤亜]
→適応機制，退行，抑圧，反動形成

防疫 （ぼうえき）

伝染病予防のための対策をいう。狭義に

は，実際の流行に対応する応急，即効的な対策を指している。伝染病の流行が発生するためには，①病原体，②感染経路，③宿主の3条件の存在が必要。したがって，防疫は伝染病発生の3要因に対応して行われる。病原体への対策：国内の常在性伝染病については，患者の早期発見，隔離，消毒を行っている。わが国では「感染症の予防及び感染症の患者に対する医療に関する法律」によって届け出，隔離，消毒の必要な疾患が定められている。[鬼頭]
→伝染病，感染症，病原体，感染経路，宿主

包括医療 （ほうかついりょう）

保健，衛生，医療，福祉，介護などの各分野が一体となり，治療のみならず予防やケアなども含めた医療。[吉田]

膀胱 （ぼうこう）

骨盤内に位置する中空臓器で内面は移行上皮で覆われる。解剖学的に頂部，体部，底部に分けられる。両側尿管口，内尿道口で囲まれる三角部は底部に位置する。膀胱壁は3層の平滑筋で構成され，脳幹部の橋に位置する排尿中枢と，それ以下のレベルの自律神経反射で制御される協調運動により，蓄尿・排尿が行なわれる。[五十嵐]

防災 （ぼうさい）
→災害安全(防災)

防災管理 （ぼうさいかんり）

災害はその原因により，自然災害（地震，洪水，暴風雨，津波，竜巻，干ばつ，山火事，火山噴火等），人為災害（事故，有害物質汚染，火災，テロ等），複合災害（戦争，内乱，民族紛争等）に大別される。防災の体制は，災害対策基本法に基づく防災基本計画（国の規範的計画），地域防災計画（地方公共団体などの施策的計画）の策定により確立され，災害予防，応急対応，災害復旧，災害復興などの防災時期区分ごとに対策がたてられる。一般に，防災管理はリスクマネジメントとクライシスマネジメントに区分できる。前者には物的減災対応や事前防備対応が含まれ，後者には応急活動対応や復旧復興対応が含まれる。学校における防災対策も基本的にはこれらに従うが，特に防災のための教育や訓練が重要となる。学校内の防災体制の確立はもとより，平時から地域の消防署，警察署，病院，保健所，保護者などとの連携を密にし協力体制を整備しておくことが重要となる。[山崎秀]

房室ブロック （ぼうしつ——）

不応期の病的延長のため，房室結節付近で心房刺激の心室への伝導が遅延又は途絶する状態。その伝導障害の程度により第一度房室ブロック（刺激伝導が遅延する場合），第二度房室ブロック（刺激伝導が時折中断される場合），第三度房室ブロック（房室伝導が完全に遮断される場合）の3種に大別される。心不全，心室停止によるめまいや失神発作（アダムス・ストークス発作）の既往，徐脈のための心室性不整脈が出現する時などは人工ペースメーカー植え込みの適応となる。[角南祐]

放射性同位元素 （ほうしゃせいどういげんそ）

同一元素に属する（同じ原子番号を持つ）原子の間で原子量が異なる原子を同位元素という。このうち放射能を持つものを放射性同位元素とよぶ。例えば，天然に存在するカリウムは原子量39のK-39，原子量40のK-40，原子量41のK-41の3種類がある。このうちK-40のみ放射能を持ち放射性同位元素という。[戸部]

放射性同位体 （ほうしゃせいどういたい）

ラジオアイソトープ（RI：radioisotope, radioactive isotope）。核種は原子核内の陽子数と中性子数によって決まる原子の種類と定義され，同位体は陽子数は同じであるため，中性子数の異なる原子と定義される。放

射性物質とは，放射能を持つ物質の意味で，放射性同位体もこの中に含まれる。自然界に存在するRIを天然放射性核種，人工的に核反応で作られたRIを人工放射性核種といい，すべての元素に対して人工的に作られる。[久野・金・加藤]

放射性物質 （ほうしゃせいぶっしつ）

放射性核種を含む物質を一般的にいう。法的規則では，ある定められた値以上の放射能や放射能濃度を持つ物質を指している。既ち「核原料物質，核燃料物質及び原子炉の規制に関する法律」及び「放射性同位元素等による放射線障害の防止に関する法律」では，この用語を用いず，核原料物質，核燃料物質及び放射性同位元素という用語を用いている。労働安全衛生法の電離放射線障害防止規則では，「放射性物質とは放射線を放出する同位元素，その化合物及びこれらの含有物で，次の各号のいずれかに該当するものをいう」と規定して，最低の放射能値と放射能濃度を指定している。[戸部]

放射線 （ほうしゃせん）

安定でない核種は放射線を放出したり，自発的に核分裂して，別の核種に変わる。これを放射性崩壊という。放射線には，電磁波（光子）であるX線，γ（ガンマ）線，ヘリウム原子核であるα（アルファ）線，電子であるβ（ベータ）線，中性子線等の粒子線がある。原子核反応や原子核の壊変により発生するものと，原子のエネルギーレベルの変化によって発生するものとがあり，いずれも直接あるいは間接的に物質中の原子や分子を電離する（電離作用）他，物質によっては発光させたり（蛍光作用），化学変化を起こしたりする。放射線は人間の五感では感じないので，電離作用を利用した電離箱やGM計数管，蛍光作用を利用したシンチレーション検出器など，特別の測定器を用いて測定する。放射線の発生源を放射線源といい，広義には，原子炉や加速器，核燃料施設，工業利用におけるコバルト-60や電子加速器など，医療用線源としてセシウム-137，X線発生装置，重粒子発生装置などがある。[戸部]

放射線障害 （ほうしゃせんしょうがい）

電離放射線の作用により，生体の細胞分裂の阻害，変異，死滅，組織の破壊などが生じ，これらが直接あるいは間接の原因となって生じる障害である。早期にみられる早発性障害（吐き気，全身倦怠，白血球増加・減少，脱毛等）と，期間がたってから現れる晩発的障害（発癌，悪性貧血，白血病，血小板減少等）などがある。[戸部]

放射能 （ほうしゃのう）

2通りの意味で用いられ，1つは，放射性物質が自発的にX線，ガンマ線，アルファ線，ベータ線等の放射線を放出する性質を意味する。もう1つは放射性物質の量を表すもので，放射能の強さを意味し，一般にはこれも放射能と呼ばれている。後者の意味の放射能は，その放射性物質に含まれる放射性核種の原子のうち，何個が単位時間に壊変するかによって定義される。したがって，放射性核種の原子の数が同じであっても，より壊変しやすい不安定な放射性核種においては，より強い放射能を示す。放射能の単位としては，単位時間（1秒間）内に原子核が崩壊する数を表す単位であるベクレル（Bq）が使用される。歴史的にはキュリー（Ci）が使用されてきたが，法令の改正に伴い1989年より本単位が適用されている。[戸部]

放射能汚染 （ほうしゃのうおせん）

原子炉の事故や核実験などによって放射性物質が環境中に放出したり，空中に飛散した放射性物質が広範囲に広がり地表に落ちてくる放射性下降物（フォールアウト）によって汚染が起こる場合がある。また，放射性同位元素（ラジオアイソトープ）を扱う施設の管理の不備などが原因で汚染が起こることがある。このような放射性物質による汚染を放射

能汚染という。人体への影響としては，体外の汚染源から受けるの影響の他，体内に取り込まれた放射性物質による内部被曝による問題がある。放射性物質は，呼吸，経口，皮膚を通じて体内に取り込まれ，物質によっては全身に均等に分布されたり特定の器官・組織に選択的に吸収される。よう素は甲状腺に，ストロンチウムは骨に沈着し，セシウムは多くは筋に，その他，骨や肝臓その他の器官に沈着する。内部被曝の程度は，有効半減期（物質の崩壊と生物学的過程により体内の放射能が半分になる時間）が長いほど大きくなる。[戸部]

防じんマスク （ぼう——）

労働現場で用いられる労働衛生保護具の一種で有害な粉じんをろ過剤（フィルター）で除去し，呼吸器への侵入を防ぐために使用する。防じんマスクにはJIS T8151及び厚生労働省の規格があり，国家検定が告示に基づいて行われ，合格品には検定合格標章がつけられている。この告示の規格によれば，種類には直結式（現在はほとんど）と隔離式，面体には全面形（顔面全体を覆うもの）と半面形（鼻及び口辺のみを覆うもの）とがある。また，性能試験では粉じん捕集効率が95％以上，吸気抵抗が水柱8mm以下であることなどの条件に適合するものと定められている。[鬼頭]

➡労働衛生保護具，粉じん

包帯法 （ほうたいほう）

包帯の目的は，保護ガーゼの固定，止血のための圧迫，骨折・脱臼・捻挫の部位の固定などであり，こうした目的を達成するための方法。したがって，必ずしも包帯である必要はなく，緊急時には，ハンカチ，手ぬぐい，シーツ，パンティーストッキングなど，身近にあるもので代用すればよい。[今村]

法定伝染病 （ほうていでんせんびょう）

かつての伝染病予防法によって規定されたコレラ，赤痢，腸チフス，パラチフス，痘瘡，発疹チフス，猩紅熱，ジフテリア，流行性脳脊髄膜炎，ペスト，日本脳炎の11種をいう。これらの伝染病患者に対しては，流行の蔓延を阻止するために直ちに届け出る他，消毒と隔離を強制的に行うことができるように定められていた。その他，届け出伝染病，指定伝染病の規定があった。現在は，感染症法によって，1類感染症から4類感染症に分類されている。[鬼頭]

➡感染症法，1類感染症，2類感染症，3類感染症，4類感染症

訪問看護 （ほうもんかんご）

介護保険における在宅の要介護者等へのサービスの1つである。病状が安定期にあり，訪問看護を要すると主治医等が認めた要介護者等に対して，病院，診療所，又は訪問看護ステーションの看護師等が居宅を訪問して，療養上の世話または必要な診療の補助を行う。[大川健・竹内—]

➡介護保険

訪問教育 （ほうもんきょういく）

普通学校や養護学校等に在籍するが，障害の程度や疾病その他の問題により，通学が困難な状態にある児童・生徒に対し，教員が家庭訪問によって学習指導や生活指導をするとともに家庭における発達支援・助言を行う教育形態をいう。従来，重度・重複障害児や病弱児の教育方法とされてきたが，現在では不登校児などへも対象が広げられている。[瀧澤]

訪問指導 （ほうもんしどう）

広義には，通学が困難な状態にある子どもに対して，教員が家庭訪問によって指導することをいう。訪問教育のように常態的に訪問指導による教育はもとより，一時的に登校できない状態にある児童・生徒に対して随時に家庭を訪問し指導することも含む。養護教諭などによる家庭訪問による保健指導などもこ

の形態に属する。[瀧澤]

訪問入浴介護 （ほうもんにゅうよくかいご）

介護保険における在宅の要介護者等へのサービスの1つである。利用者の身体の清潔保持と心身機能の維持等を図ることを目的とする。要介護者等の居宅を入浴車等で訪問して，浴槽を家庭に持ち込んで入浴の介護を行う。[大川健・竹内--]
→介護保険

訪問リハビリテーション （ほうもん──）

介護保険における在宅の要介護者等へのサービスの1つである。病状が安定期にあり，計画的な医学的管理下におけるリハビリテーションを要すると主治医等が認めた要介護者について，病院又は診療所の理学療法士又は作業療法士が居宅を訪問して，リハビリテーションを行う。[大川健・竹内--]
→介護保険

暴力 （ぼうりょく）

人間が人間に対して行う物理的な破壊的力をいうが，精神的な暴力や社会的な暴力もあり，いずれにしても相手の意に沿わないことを外部の力によって強制するこという。学校内での暴力による支配関係，家庭内暴力，また社会が行う個人への無視，迫害も暴力と考えてよい。近年，家庭内暴力が話題になっているが，夫から妻，子への暴力など，家庭内への弱者への暴力も増加している。[斎藤]
→家庭内暴力

ボクサー骨折 （──こっせつ）

第4あるいは第5中手骨頸部の骨折。第4あるいは第5中手指節間関節を「固い頭部」とかその他の固いものに打ち当てることによって生じるので，この名がある。[森川]

保健安全・体育的行事
（ほけんあんぜん・たいいくてきぎょうじ）

→健康安全・体育的行事

保健管理 （ほけんかんり）

学校保健を構成する領域の1つで，健康診断と事後措置，健康相談，伝染病予防，学校環境衛生検査などを中心とした活動のことである。児童生徒の健康状態の把握や疾病予防を対象とした主体管理（心身管理），児童生徒の健康や学習に影響を及ぼす環境条件を整備する環境管理，校内及び校外における生活行動の適正化を意図した生活管理に分類される。主体管理と生活管理を対人管理，環境管理を対物管理ともいう。中心となる根拠法規として学校保健法が挙げられる。[高倉]
→学校保健，学校保健法

保健管理センター （ほけんかんり──）

国立大学において，学生及び職員の健康の保持増進を図ることを目的として，保健管理に関する専門的業務を行う厚生補導のための施設のことである（国立学校設置法施行規則第29条の3）。所長には，その大学の教授又は助教授をもって充てる。職員は大学によって異なるが，保健管理医，カウンセラー，保健師又は看護師が配置されている。主な業務は学校保健法に規定されている。[高倉]
→学校保健法

保健教育 （ほけんきょういく）

学校保健を構成する領域の1つで，健康・安全についての科学的認識と実践的能力の発達を目標として行われる。保健教育は教科体育・保健体育あるいは関連教科の中で実施される保健学習と，保健学習以外に特別活動の中で集団に実施される保健指導及び個別に実施される保健指導に分けられる。主な指導内容は学校教育法に基づく学習指導要領を根拠としている。新学習指導要領では総合的な学習の時間が導入され，また，小学校中学年に保健領域が新設された。[高倉]
→学校保健，保健指導

保健行政　（ほけんぎょうせい）

　一般衛生行政，労働衛生行政，環境保全行政，学校保健行政に大別される。一般衛生行政は地域保健を担当し，厚生労働省－保健所－市町村保健センターの体系で行われる。労働衛生行政は産業保健を担当し，厚生労働省－労働局－労働基準監督署の体系で労働基準行政の一貫として行われる。環境保全行政は環境保健を担当し，環境省により総合的に推進される。[高倉]
→学校保健行政

保健行動　（ほけんこうどう）

　健康状態にかかわらず，健康の維持，増進，病気の予防，回復を目的として個人によってなされる行動全般のことである。そのような行動が客観的に効果があるかないかは問わない。健康段階によって，健康であると自覚している人が病気を予防するために行う健康時行動，心身不調な人が治療を求める病気行動，病気回復のために行う病者役割行動に分類される。[高倉]

保健師　（ほけんし）

　保健師助産師看護師法で，厚生労働大臣の免許を受けて，保健所や市町村に勤務し，保健指導に従事することを業とする者として定められている。2001年法改正により保健婦を改称した。[田嶋]

保健室　（ほけんしつ）

　学校保健法第19条に「学校には，健康診断，健康相談，救急処置を行うために保健室を設けるものとする」と規定されている。また，関係通知（文部科学省）により，保健室の設備や備品，広さ等について具体的に示されているが，保健室機能の変化に伴い，保健室に付随する相談室の設置等，施設，設備の整備が望まれている。[三木]
→健康診断，健康相談

保健室登校　（ほけんしつとうこう）

　1996年，（財）日本学校保健会の保健室利用状況調査において「常時保健室にいるか，特定の授業には出席できても，学校にいる間は主として保健室にいる状態」をいうと定義されている。この調査では，保健室登校の児童生徒が小学校，中学校，高等学校でともに増え，特に中学校では4割の学校に保健室登校の生徒がいることがわかった。また，保健室来室者も増加しており，保健室が児童生徒の心の居場所となっている。不登校やいじめ等の心の健康問題の深刻化に伴い，その解決に当たって養護教諭の健康相談活動が重要な意義をもってきている。保健室登校は，ただ単に保健室にいるだけではなく，保健室の機能や養護教諭の職務の特質を生かし，児童生徒自身の自立・成長を支援している教育活動である。対応に当たっては，養護教諭が1人で行うのではなく，全教職員が問題を共有化し，チームで関われる組織体制を整えておくことが大切であるとともに，支援の在り方について保護者と共通理解を図ることが大切である。[三木]
→不登校，いじめ，養護教諭，健康相談活動

保健指導　（ほけんしどう）

　学校では，特別活動の学級活動，ホームルーム活動を中心に教育活動の全体を通じて，個人及び集団を対象として行われ，児童生徒の問題解決能力や実践的態度等を育成し，さらには望まし習慣形成を目指すものである。個人を対象とした保健指導では，心身の健康に問題のある児童生徒の指導（健康診断の事後措置，疾病予防，性，その他），健康生活の実践に関して問題のある児童生徒の指導（食事，睡眠等）があり，集団を対象とした保健指導では，学級活動，ホームルーム活動，学校行事，児童会活動・生徒会活動等における保健指導がある。実施に当たっては，児童生徒の健康実態から自校の健康課題を明確にして，組織的，計画的に推進し，学校教

育目標及び学校保健目標の具現化が図れるようにする。また、特別活動等の指導においては協力授業（TT）ができるような職員間の協力体制の確立を図っていくことが必要である。[三木]
→保健指導，ティーム・ティーチング

保健主事 （ほけんしゅじ）

校長の監督を受け，学校における保健に関する活動の企画・調整に当たる教員のことで，教諭又は養護教諭をもって充てる。保健主事の役割として，学校保健と学校教育全体との調整に関すること，学校保健計画作成とその実施の推進に関すること，保健教育の計画作成とその適切な実施の推進に関すること，保健管理の適切な実施の推進に関すること，学校保健に関する組織活動の推進に関すること，学校保健の評価に関することが挙げられる。[高倉]

保健所 （ほけんじょ）

公衆衛生の向上・増進を図るため，地域保健法（保健所法より1994年改正）に基づいて都道府県・指定都市及び中核市が設置する行政機関である。目的は，管轄する地域の疾病予防，健康増進，環境衛生等，公衆衛生活動の中心的機関としての役割を演ずることである。事業内容としては，地域保健法第6条により以下の14事項が定められている。①地域保健に関する思想の普及及び向上に関する事項，②人口動態統計その他地域保健に係る統計に関する事項，③栄養の改善及び食品衛生に関する事項，④住宅，水道，下水道，廃棄物の処理，清掃その他の環境の衛生に関する事項，⑤医事及び薬事に関する事項，⑥保健師に関する事項，⑦公共医療事業の向上及び増進に関する事項，⑧母性及び乳幼児並びに老人の保健に関する事項，⑨歯科保健に関する事項，⑩精神保健に関する事項，⑪治療方法が確立していない疾病その他の特殊の疾患により長期に療養を必要とする者の保健に関する事項，⑫エイズ，結核，性病，伝染病その他の疾病の予防に関する事項，⑬衛生上の試験及び検査に関する事項，⑭その他地域住民の健康の保持及び増進に関する事項。これらの事項について，企画・調整・指導及びこれらに必要な事業を行う。[田嶋]
→地域保健法

保健センター （ほけん——）

市町村保健センターなど，地域の保健サービスの機関で，保健所とならび市町村の地域住民に対し，健康相談，保健指導及び健康診査その他地域保健に関し必要な事業を行う。[田嶋]

保健組織活動 （ほけんそしきかつどう）

学校における保健管理や保健教育の活動に携わる人々が多岐にわたることから，学校保健活動の円滑な実施のためには，それらの人々の共通理解を図り，共通の目標に向かった有機的な連携による組織的な活動が必要になってくる。この組織活動を担うのは，児童生徒保健委員会，職員保健委員会とこれらを含めた学校保健委員会及び地域学校保健委員会である。[高倉]

保健調査 （ほけんちょうさ）

学校においては健康診断を的確にかつ円滑に実施するため，健康診断を行うに当たり，小学校においては入学時及び必要と認める時，小学校以外の学校においては必要と認める時に，発育，健康状態等に関する調査を行うものとすると定められている（学校保健法施行規則第8条の2）。調査項目は生育歴，既往歴，内科，耳鼻科，眼科，歯科に関する自覚症状，さらに整形外科，アレルギー疾患等も調査している学校もある。[福田]
→健康診断

保護観察 （ほごかんさつ）

更生保護制度の中でも最も重要なもので，犯罪や非行を犯した者を，社会生活を送りながら社会的に更生させるもので，ある一定の

守るべき基準はあるが，本人の自主更生の意志に基づいて補助指導を行うものである。2種類あり，矯正施設に収容しないで職業に就いて自活しながら観察・指導を受けるものと，矯正施設に収容されていた者が社会復帰した場合に，ある一定の期間観察・指導を受け社会的更生の手助けとなるものである。保護観察の実施・監督は，法務省管轄の保護観察所が当たっていて，保護観察官と民間ボランティアの保護司とが観察活動を行っているが，直接対象者に援助指導するのは保護司である。［田嶋］

保護具　（ほごぐ）
→労働衛生保護具

母子感染　（ぼしかんせん）

妊娠，出産，あるいは授乳時に胎盤や産道，母乳などを介して母親から子どもに感染すること。垂直感染ともいう。代表的な例にエイズがあるが，その他にもB型肝炎，梅毒，麻疹などもこの感染様式をとる場合がある。垂直感染に対し，ヒトからヒトへ伝染する通常の感染様式を水平感染という。［上地］
→エイズ，B型肝炎ウイルス，梅毒，麻疹

母子健康手帳　（ぼしけんこうてちょう）

1965年に母子保健法が成立したことを受けて誕生したもので，妊産婦手帳（1942年），母子手帳（1948年）を原型としている。記載できる内容は，妊婦の健康状態，妊婦の職業と環境，妊娠中の経過，出産の状態，出産後の母体の経過，新生児の記録，子どもの健康審査，乳幼児の身体発育曲線，予防接種の記録，2001年に改訂が行われ，働く女性に配慮した記述，乳幼児期からの肥満の予防，育児・介護休業法の説明などが加わっている。［北村］

母子相互作用　（ぼしそうごさよう）

その重要性は様々に議論されているが，とりわけ生後3か月までの相互作用の大切さを指摘する研究が少なくない。エインスワースによれば，その時期の母親の相互作用のあり方が，生後1歳の時点での母子関係の安定性に大きく関係しているという。相互作用としては，授乳の仕方，スキンシップ，泣いた時の反応の仕方などが重要である。こうして充実した母子相互作用のもとに育った乳児は，母子関係が安定しており，そうした安定した関係は子どもの中に自分への信頼感の基礎を形作るのである。ボウルビーのいうアタッチメント（愛着）関係の重要性と同じ結論を語っている。［近藤］

母子保健　（ぼしほけん）

妊娠・出産期にある女性（母）とその子どもの健康の保持・増進を主な目的とした活動。また，母と子のQOL（quality of life；生活の質）の向上を図り，生まれた子どもの一生の生活と健康の基礎作りを目指すものである。さらに，家庭・地域での子育て支援も行う。対象は，胎児，新生児，乳児，幼児，小児と思春期の子どもたちの他，その母親や父親，結婚前後の男女，周産期の女性である。また，育児中の女性や不妊に悩む男女，更年期の女性も対象になる。1965年に制定された母子保健法により，妊産婦の健康診査や乳児健診，幼児（1歳6か月と3歳）健診などが定められており，日本全国どの自治体でも受けることができる。また，出産前には母親学級や両親学級などを通して，出産や育児についての知識を伝えている。［渡辺］
→クオリティ・オブ・ライフ，両親学級

母子保健サービス　（ぼしほけん――）

1994年に地域保健法の制定を受け母子保健法の一部が改正され，市町村母子保健計画が策定されるとともに，1997年からは基本的な母子保健サービスが市町村へ一元化されている。思春期保健，妊娠・分娩・産褥，妊産婦・乳幼児の健康，栄養，食生活，育児，家族計画などをテーマに，母子健康手帳の交付，母親学級（両親学級），新生児訪問，乳幼児

健康相談，乳幼児健康診査，予防接種，育児教室などの事業が展開されている。[北村]
→地域保健法

補償 （ほしょう）

アドラーは，人が劣等感を克服する営みを補償と呼んだ。例えば，身体的に恵まれない人が厳しい練習により優れたスポーツ選手となる場合がこれにあたる。一方，ユングは意識と無意識の相補的な関係を補償と呼んだ。例えば，意識的には男性的な人の無意識は女性的となり，人格の全体性を保とうとするされる。[伊藤直]
→アドラー，ユング

捕食者 （ほしょくしゃ）

食物連鎖の中で，他の生物をもっぱら餌として捕食する生物の集合（個体群）をいう。例えばイワシはプランクトンの捕食者であり，マグロやカツオはイワシの捕食者である。ある生物の個体群とそれを捕食する生物との間の相互作用を被食者－捕食者相互作用といい，両固体群間には密接な関係がある。[田神]
→食物連鎖

ポストハーベスト

収穫後の農作物に，品質保持のための処理をほどこすこと。農薬を使用することも多く，特に輸送中でのカビ発生防止などの目的で行われる。ポストハーベストとして用いられる農薬は収穫前の農薬よりも分解されにくく，残留しやすいことが指摘されている。そのため，健康への影響が危惧されている。[渡邉]

ホスピス

延命のための治療よりも，病気による苦しみを和らげることを目的とした施設。終末期にある高齢者や死期の迫った患者が入院する。通常，起床や家族・友人との面会も自由である。語源は，修道院などに設けられた旅人用宿泊所であるといわれる。[大川健・竹内一]

ホスピタリズム

施設病とも訳されており，特に乳児院や児童養護施設や病院等に長期にわたり入所（入院）し，集団的に養育（保育）され，大人（父母等）との間で個人的に接触する機会が少ない子どもにみられる情緒の発達傷害である。症状は，笑わない，ぼんやりしている，首や体をいつもゆする，体型がずんぐりむっくり等である。[松本寿]

ホーソン効果 （――こうか）

社会心理学において有名なアメリカの実験研究で，ホーソン実験と呼ばれるものがある。それは工場内の人間関係を良好にすることによって，生産効率が上昇したというものである。そのことから，心理学的な研究の場合に研究者と被験者の人間関係が結果に及ぼす影響をいう。[近藤]

母体保護法 （ぼたいほごほう）

1948年に公布された優生保護法が，名称変更，施行された。以下が要点である。①法律の目的の中の「優生上の見地から不良な子孫の出生を防止するとともに」の箇所が，「不妊手術及び人工妊娠中絶に関する事項を定めること等により」に改正され「母性の生命健康を保護すること」とされている（第1条関連）。②優生手術を不妊手術と改めるとともに，遺伝性疾患等の防止のための手術及び，精神病患者等に対する本人の同意によらない手術に関する規定を削除した（第2条～第13条，第25条～第27条及び別表関連）。③都道府県優生保護審査委員会を廃止（第16条～第19条関連）。④遺伝性疾患等防止のための人工妊娠中絶に関わる規定を削除した（第14条関連）。⑤優生保護相談所を廃止した（第20条から24条，第30条及び31条関連）。⑥公布の日（1996年6月26日）から起算して3か月を経過した日から施行することとした。[笠井・松岡優]

勃起中枢 （ぼっきちゅうすう）

　胸腰髄（Th11/12-L2/3），仙髄（S2-4）に位置する。胸腰髄の交感神経が下腹神経叢に至り，ここから下腹神経として骨盤神経叢に達する。仙髄の副交感神経は直接骨盤神経叢に至り，骨盤神経叢の神経線維が勃起神経として陰茎に達する。胸腰髄の中枢は心因性勃起に，仙髄の中枢は反射性勃起に関与する。［五十嵐］

発疹 （ほっしん）

　肉眼的に観察される皮膚の変化をいう。最初に出現するもの（原発疹）として，①斑：紅斑，紫斑，色素斑，白斑，血管拡張を含む。②膨疹：じんま疹。限局性潮紅で一過性痒みを伴う。数時間で退色。③丘疹：隆起した発疹。④結節：丘疹の大きなもの。⑤水疱。⑥膿疱。などがある。二次的に出現する続発疹として表皮剥離，びらん，潰瘍，鱗屑，痂皮などがある。原因は種々のウイルス感染，薬物アレルギー，自己免疫疾患など多様である。［荒島］
→紅斑，じんま疹

ボツリヌス菌 （——きん）

　土壌や海，湖，川などの泥砂中に分布している偏性嫌気性グラム陽性桿菌で，熱に強い芽胞を形成する。酸素がなく，水分や栄養分がある環境下で発育するため，缶詰や瓶詰，真空パックなどの食品中でも増殖する。本菌の増殖により，ボツリヌス毒素（麻痺性神経毒）を産生する。この毒素にはA～Gの7つの型があり，熱に弱く80℃・30分の加熱で無毒化が可能であるが，芽胞は煮沸しても死滅しない。通常，汚染された食品を摂取後36時間以内に，吐き気，嘔吐，下痢などが起こり，次いでめまい，弱視などの眼症状，発語障害，嚥下障害，四肢の麻痺，呼吸困難などの神経麻痺症状を起こす。適切な治療を受けないと，3～7日以内に患者の約30％は死亡する。本菌による感染は，通常は毒素が含まれる食品の摂取によるもので，人から人への感染はない。治療は抗毒素血清を静注又は筋注により投与するが，乳児には使用しない。［上濱］

補導 （ほどう）

　正しい方向に教え導くこと。特に，非行を防ぐために青少年を正しい方向に助け導くことをいう。少年を取り巻く社会環境は，適切なものであるとはいえず，また経済的発展の陰で様々な歪みが生じている。大人たちの意識の中にも物質中心の価値観や無責任な社会風潮が広がり，いつの日からか心の大切さが忘れ去られ，家庭や地域社会の教育力が弱体化している。こうした状況を背景として，近年の少年非行のすう勢は，大きな波を繰り返しながら，数的に増加するだけでなく，質的にも凶悪・粗暴化と，規範意識の欠如や集団化による無責任さ，自己中心的な動機，あるいはストレスからくる衝動的な行動など，現代社会の歪みや欠如を映し出す特徴が見られる。2001年版犯罪白書によれば，2000年中に喫煙や飲酒，深夜徘徊等の不良行為で，警察官や少年補導職員等に補導された少年は，88万5,775人である。最近の少年非行には，それまで非行を犯したことのない少年が，いきなり重大な非行に走る事件が目立つ。しかし，こうしたケースにおいても，少年が重大な非行に至るまでに，不良行為等の問題行動を繰り返している場合が多くみられる。［皆川］

母斑症 （ぼはんしょう）

　母斑（遺伝ないし胎生的素因に基づき，生下時あるいは生後，種々の時期に生じる色ないし形の異常を主体とする皮膚病変）性の病変が皮膚だけではなく全身の諸器官に生じ，1つのまとまった病状を呈する疾患群をいう。全身性母斑症ともいう。これに対して，これらの病変がある局所に限局している場合と，皮膚だけに広範囲に2種以上の母斑様病変のみられる場合とを局所性母斑症といって

いる。身体各所に腫瘍性病変を持ち、また種々の先天奇形を合併する。神経提（櫛）由来のもの、間葉系由来のもの、現在なお起源不明などのものがる。外胚葉性細胞集団で、後に神経櫛、色素細胞に分化する。［松本幸］

ホームドクター

家庭医、かかりつけ医のこと。感染症などの初期治療や慢性疾患の経過観察などには医院でホームドクターに診てもらう方向に進んでいる。利点は家族ぐるみの医療ができ、その地域で今どんなカゼが流行っているかなどを把握している。一方、吐血や心筋梗塞などの緊急疾患では入院設備があり、各科の専門医が勤務している病院が勧められる。［松岡優］

→かかりつけ医

ホームヘルパー

要介護者等の居宅を訪問して、入浴、排泄、食事等の介護、調理、洗濯、掃除等の家事生活に関する相談、助言など、日常生活上の世話をする訪問介護（ホームヘルプサービス）を行う担い手。［大川健・竹内一］

ホメオスタシス
→恒常性

ポリオ
→急性灰白髄炎

ホルムアルデヒド

無色で刺激臭のある気体。これを40％程度水に溶かし込んだものがホルマリンである。各種の化学材料として、例えば壁紙、家具、合板などの接着剤の原料としても使われている。ここからホルムアルデヒドが長期にわたり放散され、いわゆるシックハウス症候群の原因物質になることが指摘されている。［植田］

→シックハウス症候群

ホルモン

分泌細胞から分泌される化学物質で、血中に放出され、遠隔の標的細胞の受容体に結合して生理調節を営む。従来、分泌細胞は内分泌腺と呼ばれた下垂体、甲状腺、副甲状腺、副腎、膵島、性腺、消化管に局在すると考えられていたが、神経、腎、心房、心室、血管内皮細胞、免疫系の細胞、脂肪細胞、血小板のような細胞からもホルモンが分泌されることがわかってきた。［田中宏］

ホルモン分泌異常　（——ぶんぴついじょう）

ホルモンは主に血液中に分泌されて他の組織の機能を調節する物質である。ホルモンを分泌する代表的な臓器として下垂体、副腎、甲状腺、副甲状腺、膵臓、性腺、胎盤などがある。これらホルモンの分泌過剰、あるいは分泌低下の状態をホルモン分泌異常という。小児期では、下垂体の成長ホルモン分泌低下による低身長や、甲状腺ホルモンの分泌異常などが問題である。［村田］

ホン

音の大きさのレベルを表す単位。現在では、デシベル（dB）が使われている。［田神］

本能　（ほんのう）

空腹や口渇を満たすために摂食行動を起こす食欲、種族保存のために性行動を起こす性欲、及び群れをなそうとする集団欲をいう。その中枢は、大脳辺縁系の大脳旧皮質にあるとされ、前視床下部と連絡を持つ。本能に基いて惹起される行動を本能行動と呼ぶ。［礒辺啓］

マ行

マイクログラム

100万分の1gを表す単位。μg。[大澤崇]

マイクロモル

100万分の1モルを表す単位。μmol。[大澤崇]

マイコプラズマ肺炎 （——はいえん）

マイコプラズマはウイルスと細菌の中間に位置し，直径125～153nm程度のウイルスほどの小さな病原体である。ウイルスと異なる点は増殖に生きた細胞を必要とせず（偏性細胞外寄生菌），一部の抗生物質が有効なことから，細菌に分類される。しかし，細菌の特徴である細胞壁を持っていない。マイコプラズマ肺炎はマイコプラズマ・ニューモニエの感染で起こり，小児・若年成人が主で，1歳以下には少ない。咳が夜間に増強し長引くことが特徴である。感染力は麻疹ほど強くないが家族内感染，職場内感染が多い。肝障害，胸膜炎の合併は少なくなく，まれに心筋炎・心外膜炎，中耳炎，多形紅斑，髄膜炎，寒冷凝集素症，血小板減少症などを起こす。有効な治療はタンパク合成阻害剤のマクロライド系抗生剤やテトラサイクリン系抗生物質，ニューキノロン系抗生物質である。近年，細菌性肺炎が激減しているので肺炎全体に占めるマイコプラズマ肺炎の比率は高くなっている。[松岡優]

→ウイルス，細菌，病原体

マウス・ツー・マウス法 （——ほう）

口対口法，呼気吹きこみ法ともいう。人工呼吸で救助者が直接に傷病者の口に空気を吹き入れる方法。一般的であるが，何らかの感染症に感染する危険性がある。そこで蘇生を行う際に，感染症を防止するための蘇生チューブ，シート，フィルムなどの人工蘇生器を用いる。使用法は気道確保した傷病者の口内に一方を挿入し，もう一方から救助者が呼気を吹き込む。蘇生器には一方向性バルブなどがついていて患者の呼気，嘔吐物の逆流を防ぎ感染の危険を低減する。また，通常は色は透明で，患者の嘔吐物の有無を目で確信しながら人工呼吸を行うことができる。[田中哲]
→人工呼吸

マジック・マッシュルーム

催幻覚作用を有するキノコの総称（俗称）。キノコに含まれているサイロシビンが催幻覚作用の主成分とされている。しかし，キノコにはそれ以外の多種多様な化学物質も含まれており，摂取により気分不快，嘔吐，めまい，手足のしびれ，全身のふるえ，死の恐怖などを体験することが多い。呼吸麻痺により死亡したり，知覚異常の中で事故死することもある。[和田]

麻疹（ましん）

モルビリウイルス属（パラミクソウイルス科）の麻疹ウイルスの気道感染による前期カタル症状（発熱，咳，結膜炎等）と後期上半身皮膚発疹を主症状とする小児の感染症。一般に予後は良好であるが，10〜20%に細菌感染（肺炎と中耳炎）の合併がみられ，0.1%に麻疹後脳炎がみられる。この脳炎による死亡率は15%に達することがある。小児の初感染では，10〜14日の潜伏期の後に例外なく発症して終生免疫を得る。ワクチンが有効だが，患者数の減少に伴って自然感染の機会が減少して免疫が増強されなくなったために，ワクチンの有効期間が短縮している。成人の発症を抑えるために，15歳頃に再接種する試みが進められている。［田神］

麻疹ウイルス（ましん——）

球状のエンベロープでヌクレオカプシドを包み込んだ型のウイルス。核酸は6種類のタンパク質をコードしている。標的細胞への結合には，免疫系の受容体のCD46を利用している。［田神］

マタニティ・ブルー

出産直後からみられる気分変動をいう。通常は一過性で，数日で自然に回復することが多い。主な症状は，抑うつ状態，情緒不安定，涙もろさ，不安感，戸惑い，優柔不断，記名力の低下，不眠，食欲不振，頭痛など。中には育児ノイローゼや産褥うつ病などの精神障害が潜んでいたり，神経症やうつ病，統合失調症に以降していく例もある。身近にいる医療従事者の精神的なサポートや家族の理解が不安の軽減に役立つ。［北村］

末梢神経系（まっしょうしんけいけい）

大きく2つに分けられる。1つは運動や感覚に関与する脳神経，脊髄神経であり，もう1つは，主に内蔵機能に関与する自律神経である。脳神経は12対あり，脊髄神経は31対ある。自律神経は，交感神経系と副交感神経系の2系統からなり，互いに反対の作用を示すことが多い。［角南兼］
→自律神経，交感神経，副交感神経

麻痺（まひ）

中枢あるいは末梢の運動神経組織が障害されることにより出現する筋収縮の機能障害である。筋緊張の亢進した痙性麻痺と筋緊張の低下した弛緩性麻痺がある。また，麻痺の部位により単麻痺（一肢の麻痺），対麻痺（両下肢の麻痺），片麻痺（上下肢，軀幹，顔面等の一側性の麻痺），四肢麻痺（上下肢の麻痺）に分類され，知覚障害を伴うこともある。原因としては，先天性の神経障害に起因するもの，感染に基づく炎症性疾患，腫瘍などの圧迫性病変，外傷，神経変性疾患，脳・脊髄血管障害などがある。［礒辺啓］

麻痺性斜視（まひせいしゃし）
→眼筋麻痺

麻薬（まやく）

麻薬及び向精神薬取締法によって定められた物質（薬物）の総称。主なものは，アヘンアルカロイド（アヘン，ヘロイン，コデイン等），コカアルカロイド（コカイン等），LSD，MDMAなどである。世間一般では，乱用され，薬物依存を形成し，様々な社会的問題を生み出す薬物を総称して，「麻薬」と称しているが，法的には前述のように規定された薬物のことをいう。したがって，覚せい剤（覚せい剤取締法によって規定されている）は麻薬ではない。このことは，国が異なると麻薬に指定される薬物の種類も異なることを意味している。［和田］
→ヘロイン，コデイン，コカイン，LSD，覚せい剤

麻薬及び向精神薬取締法（まやくとりしまりほう）

睡眠薬及び精神安定剤等の向精神薬について乱用が懸念されるために，1990年に麻薬取

締法が改正された。要点としては，モルヒネ，コデイン，コカインなどの麻薬及びバルビタール，フェノバルビタール，ジアゼパム，ペンタゾシンなどの向精神薬が，医療又は研究以外に用いられないために，麻薬及び向精神薬の製造，輸出入，販売を業とするものに免許制度を，試験研究施設の設置者に登録制度を設け，麻薬及び向精神薬の譲渡先をこれらの免許業者，登録施設の設置者に限定し，製造，輸出入の許可，届け出，記録を義務づけるなどの制度とした。[笠井]
➔精神安定剤，モルヒネ，コデイン，コカイン，向精神薬

マラリア

プラスモディウム属のマラリア原虫の感染による熱発作，貧血と脾腫を主症状とする感染症。世界各地の約60種類のハマダラ蚊（アノフェレス属）が媒介する。三日熱，四日熱，熱帯熱及び卵型マラリアの4病が区別されている。国内感染はみられなくなっているが，例年約100件の輸入感染例があり，数名が死亡している。地球温暖化による蚊の生息域拡大に伴って汚染地域の拡大が心配されている。治療は，クロロキン，ファンシダール錠，硫酸キニーネなどを内服する。薬剤耐性マラリアには，メフロキンが有効で，国内販売されていないが，東京大学の熱帯病研究センターなどに備蓄されている。[田神]
➔感染症，輸入感染症，地球温暖化

マリファナ

大麻草やその抽出物を指す。大麻はクワ科植物であり，過去には鎮痛鎮静薬として用いられたが，現在では嗜好品として用いられることが多い。主成分はテトラヒドロカンナビノールである。主に精神作用があり，夢幻的陶酔感，色彩の鮮やかさ，形のひずみ，聴覚・触覚の異常などが現れる。身体依存が形成されず，禁断症状はないが，精神依存が形成される。重症の中毒者では精神病的になることがあり，無意欲症候群と呼ばれる現象を起こすことがある。日本では，大麻取締法（1948年）の対象となっており，大麻取扱者（大麻栽培者及び大麻研究者をいう）以外の者が大麻を所持し栽培し，譲り受け，譲り渡し，又は研究のため使用することを禁止し，また原則として大麻を輸入又は輸出すること，大麻から製造された医薬品を施用し，又は施用のため交付すること，大麻から製造された医薬品の施用を受けることを禁止している。[笠井]
➔大麻，身体依存，薬物依存

マリファナ医療 （――いりょう）

大麻草やその抽出物であるマリファナは，現在取締の対象となっている。しかし，2000年12月からハワイ州では，激しい痛みを伴うがんやエイズなど，衰弱性の病気に冒されている患者が，疼痛緩和等のために医師の許可証を得て，合法的にマリファナを入手し使用する医療用マリファナ使用の合法化法が施行された。[笠井]
➔大麻

マルファン症候群 （――しょうこうぐん）

長身，細長い四肢，クモ様の手指，胸部変形（漏斗胸，鳩胸），水晶体脱臼，解離性大動脈瘤などを伴う常染色体優性遺伝性を示す先天的中胚葉性発育異常。身長よりも両手を広げた時の指尖間の距離の方が長い，上半身の方が下半身より短いなどの特徴がある。思春期に側わん症を発症することがあり，特に成長期における矯正装具による保存療法及び変形矯正と固定のための手術療法などが行われている。[角南祐]
➔思春期側わん症

慢性気管支炎 （まんせいきかんしえん）

気管支系内の過量の粘液分泌を特徴とする異常状態で，慢性あるいは反復性に痰を伴う咳を認める。これらの症状が1年間に少なくとも3か月以上あり，少なくとも2年以上みられる場合を慢性気管支炎とする（American Thoracic Societyの定義, 1962年)。病因として気道系への長期刺激が重視され, 重喫煙者・大気汚染地域居住者・鉱山及び重化学工業従事者に多いとされる。[西川]

慢性糸球体腎炎症候群 (まんせいしきゅうたいじんえんしょうこうぐん)

慢性に経過する原発性糸球体腎炎の総称。糖尿病や全身性エリテマトーデスなどの全身性疾患に伴うものは除外する。タンパク尿, 血尿, 高血圧を伴い, 尿では無症候性タンパク尿や無症候性血尿を示すものが多い。しばしば無症状のままで, 数年から数十年にわたって経過し, 徐々に腎機能障害が進行して, さらに進むと慢性腎不全に移行する。(急性腎炎, 慢性腎炎, 慢性糸球体腎炎の項目については, WHO [1982/1995] の原発性糸球体疾患の分類に従った。) [松本幸]
→急性糸球体腎炎症候群, 腎不全

慢性疲労 (まんせいひろう)

疫学的な意味では, 「半年以上の期間続く自覚的な疲労感すべてを意味する用語」と定義されている。疲労は, 作業に伴うエネルギーの減少, 中間代謝産物の蓄積, 体液の酸性化, 内分泌機能や神経系の反応の減弱など様々な要因が総合的に作用して生じるといわれ, 通常は精神機能や生理機能の低下によって作業が量的・質的に低下する。一般に経験する通常の疲労は, 睡眠や休養により回復し, 急性疲労又は一過性の疲労という。しかし, 疲労が回復せず蓄積した状態が続くと休養によって速やかに回復しない慢性疲労に進展していく。慢性疲労は前疾病状態とも呼ばれ, 産業保健において極めて重要な問題である。[戸部]

慢性疲労症候群 (まんせいひろうしょうこうぐん)

これまで健康に生活していた人が風邪などに罹患したことがきっかけとなり, ある日突然原因不明の激しい全身倦怠感に襲われ, それ以降疲労感と共に微熱, 頭痛, 脱力感や, 思考力の障害, 抑うつ等の精神神経症状などが長期にわたって続くため, 健全な社会生活が送れなくなる病気である。病因に関しては, 感染症説, 免疫異常説, 内分泌異常説, 代謝異常説, 精神・神経疾患説など様々な角度より検討がなされてきたが, 最近, 文部科学省の班研究により感染症や化学的, 生物学的, 社会心理的なストレスが誘因となって引き起こされた神経・内分泌・免疫系の変調に基づく病態であり, TGF-βやインターフェロンなどのサイトカインの異常が引き起こす脳・神経系の機能障害であることが明らかになってきた。診断は, ①激しい疲労感のため月に数日は会社や学校を休まざるを得ないような状態が半年以上持続するか繰り返していることと, ②医師の診察を受けて明らかな疾病が見つからないことの他に, いくつかの症状クライテリアを満たすかどうかによって行われる。[戸部]
→インターフェロン, サイトカイン

満腹中枢 (まんぷくちゅうすう)

視床下部の腹内側核にある中枢。過度の食物摂取を抑制する働きがある。動物でこれを両側性に破壊すると, 多量の食物をとるようになり, 甚だしく肥満する。これに対して, 視床下部の外側野の摂食中枢を破壊すると動物は餌をとらなくなる。摂食行動に対して摂食及び満腹中枢は拮抗的に働く神経調節を行っているとみられる。[角南兼]

右利き・左利き (みぎきき・ひだりきき)

人の身体の左右側には手, 足などの対器官がある。子どもには, ある発達期になれば一方が他方より運動的パフォーマンスが勝る現象が生ずる。多くの人は左右機能のうち右側の活動が勝る。この優位な側を利き側と呼び, それが右側であれば右利き, 左側であれば左利きという。これらの総称を片側優位と呼んでいる。健常児では, 3歳頃に右利きか左利きかその大雑把な傾向が少しずつ現れる。そして以後6歳頃まで, 顕著な傾向がわ

からないまま，身体活動を通して優位な側の決定に向け発達していく。発達に遅れのある児童などは，優位性が混乱して両側運動の技能が発揮できず，身体運動のぎこちなさが目立つ。右利きであろうと左利きであろうと利き側が定まらない子どもは，バランス運動，身体意識の運動などの粗大運動がうまくできない。[小林芳]

未熟児　(みじゅくじ)

現在は低出生体重児と呼称する。出生体重が2,500g未満の新生児を指す。早産児では，呼吸障害を示すことが多い。[寺井]
→低出生体重児，新生児

水俣病　(みなまたびょう)

昭和30（1955）年代の初め，熊本県水俣市近郊の水俣湾に面した集落に，歩行困難，手足の震えが止まらない等，原因不明の患者が多数みられているということで，最初伝染病ではないかと考えられていた。しかし，そのような疾患を起こす病原体は検出されず，当時は水俣奇病といわれていた。その地域では，人が異常を訴える前に自然界の動物が，そして，猫や犬，家畜等にも異常がみられていたが，その異常が人類に対して自然界からの警鐘であるということに誰も気がつかなかった。熊本大学の長年に渡る研究によって，新日本窒素水俣工場の作業工程で有機水銀を使用していることが判明し，工場側が長年に渡って未処理のまま，それらを水俣湾に排出し，そして，水俣湾の魚貝類を汚染し，その魚貝類を大量に食べた人達に有機水銀中毒を多数発症させていることが明らかになった。水俣という地域で有機水銀が地域環境を汚染し，大勢の人たちを食物連鎖によって中毒させたことで，その地名をとって水俣病といわれている。[照屋]
→新潟水俣病，有機水銀，食物連鎖

耳だれ　(みみ——)
→耳漏(じろう)

耳鳴　(みみなり)

外部からの音刺激がないのに，耳の中で音がしているように感じる場合で，通常は患者本人にのみ聞こえる自覚的耳鳴だが，時に他人にも聞こえる他覚的耳鳴もある。自覚的耳鳴はほとんどすべての耳疾患で起こり得るが，他覚的耳鳴は筋肉性，血管性，呼吸性雑音が音源となり得る。[浅野]

ミュータンス連鎖球菌　(——れんさきゅうきん)

連鎖球菌の一種でむし歯（う歯）の主要な原因菌であり，ストレプトコッカスミュータンスはこの中に含まれる。広くヒトの口の中に分布し，乳歯の生え始めの頃から検出されるようになる。むし歯の起こりやすい歯のかみ合わせ面のくぼみや溝部分（小窩裂溝），歯と歯の接触部分（隣接面）の歯垢から，より頻繁に見出せ，むし歯の経験と菌の検出率との間に明らかな相関を認める。また，この菌はショ糖から水に溶けにくいネバネバした多糖類を多く作り出す性質があり，短時間で厚みのある歯垢を形成する。さらに，この厚みのある歯垢には，唾液などの溶液はしみ込みにくく，その強い酸産生能力と高い耐酸性から内部は，酸性の状態が長く続き，歯を溶解し，むし歯を発生させる。[田代]
→う歯，歯垢

ミリモル

1000分の1モルを表す単位。mmol。[大澤崇]

ミルズ・ラインケの現象　(——げんしょう)

水道においてろ過給水を開始すると，給水地域のチフスだけでなく，一般死亡率も低下する現象。1893年にミルズがアメリカで，ラインケはドイツで独自に認めたので，ミルズ・ラインケの現象と呼ばれる。水系伝染病がチフスのみでないこと，及び小児の胃腸炎死亡率の低下が関与していることを示している。[千葉]

無煙たばこ （むえん――）

　紙巻きたばこ，葉巻きたばこ，パイプたばこは火をつけて文字通り喫煙するのに対して，嚙みたばこと嗅ぎたばこは火をつけないで用いるのでこのように称される。[皆川]
→たばこ

無過失賠償責任 （むかしつばいしょうせきにん）

　損害の発生について故意・過失がなくても賠償責任を負うこと。汚染原因者としての企業責任について，大気汚染と水質汚濁に係る健康被害に関して企業の無過失賠償責任を法制的に確立したもの。公害の特殊性を考える時，原因者の故意又は過失を立証し，因果関係を確定することは非常に難しいため，1972年に整備された公害関係法では不法行為理論を修正し，無過失賠償責任論に基づく原則が採用された。[千葉]

無月経 （むげっけい）

　月経がない状態をいう。18歳になっても初経がない場合を原発性無月経，これまであった月経が3か月以上閉止した場合を続発性無月経という。妊娠，産褥，授乳期，閉経後などの場合を生理的な無月経という。原発性無月経には先天異常によるものが多い。続発性では，体重減少など広い意味でのストレス性が多い。[大川]
→月経

むし(虫)歯 （――ば）
→う歯

無条件反射 （むじょうけんはんしゃ）

　ソビエトの生理学者パブロフが，空腹状態下の犬にメトロノーム音とともに餌を与える操作を繰り返したところ，餌を与えなくてもメトロノームの音を聴くだけで，犬は唾液反射を示すようになった。餌を無条件刺激，餌を食べるときに生じる唾液反射を無条件反射とした。オペラント条件づけとともに学習理論と深い関係をもっている。[花田]

無症候性キャリア （むしょうこうせい――）

　病原体を保有しているにもかかわらず，症状がまったく現れずに健康人と同様の生活をしているために感染源となりうる状態の人をいう。例えば体の中にHIVが侵入すると，通常，発熱や発汗，体のだるさなど，風邪に似た症状が2～3週間程度続くことがあるが，気がつかないほど軽く済んでしまうこともある。この後，ほとんどの人はまったく症状が現れない状態が続き，HIVの潜伏期間となる。この時期のHIV感染者を無症候性キャリアと呼んでいる。こうした自覚症状のない期間は個人差が大きいが，平均すると約10年間続く。無症候性キャリアは，健康な人とまったく同じように生活することができるため，性的接触などにより，自分でも気づかないうちに，他の人に感染させてしまう可能性がある。また，この期間でも，HIVは少しずつ体内で増え，免疫機能を徐々に低下させるため，微熱等体調を崩し，病院で様々な検査を受けた結果，HIVに感染していることを本人が知るという場合も多い。[渡部]
→HIV，エイズ

無症候性血尿 （むしょうこうせいけつにょう）

　臨床病状をまったく伴わない，肉眼的血尿か，あるいは肉眼的に血尿ではないが，尿沈渣の顕微鏡検査で健常人より赤血球より増えている状態のことで試験紙法においても潜血陽性を示す場合である。血尿を来す疾患（腎・尿路系の悪性腫瘍を含めた疾患，特発性の腎出血，遊走腎）の鑑別が重要である。[松本幸]

無症候性タンパク尿
（むしょうこうせい――にょう）

　種々の病態で起こると考えられる長時間続くタンパク尿のことで，血尿を伴わず血圧が正常範囲であり，腎疾患の既往がなく，腎機能は正常に保たれている。起立性タンパク尿

との鑑別が重要である。予後は概して良好であるが，高血圧になったり，尿タンパクが増加する場合があるので，経過観察が必要である。[松本幸]
→起立性タンパク尿

夢精 （むせい）

夜間，性夢に伴って射精が起きる現象。青年期の健康人にみられる。精嚢腺の充満，及び精嚢腺内圧の上昇により射精反射が起こるとされている。夜間遺精ともいう。[五十嵐]
→射精

むちうち症候群 （――しょうこうぐん）

外傷性頸部症候群。停止中の自動車の後方から，他の車に追突されて衝撃を受けると，頭蓋は慣性のため体幹の運動とは少しずれた動きをする。そのため，頭頸部が過伸展し次の瞬間に過屈曲が起き，頸部の筋肉，靭帯，椎間板，血管，神経などの組織が損傷する。同様の損傷メカニズムとして，自動車の衝突，スポーツ，頭部への物体落下で頸部が過屈曲し起こる外傷がある。[西川]

夢中遊行 （むちゅうゆうこう）

一般には夢遊病という。夢をみながら行動している状態のこと。症状としては，よく観察されるのが睡眠中に突然起きあがり，複雑な行動（表情はうつろで，興奮し走ったり等）をする。専門家によると，この時は「意識が混濁しており，覚醒後，尋ねても，それを記憶していない」という。[松本寿]

迷走神経 （めいそうしんけい）

神経核は延髄にある。咽，喉頭の筋群の運動に関与し，また心臓，肺，消化管に分布する副交感神経を含んでいる。障害されると，嚥下障害，鼻声を来す。また，迷走神経刺激で，徐脈，咳，嘔吐などを来す。[角南兼]
→副交感神経

メサドン

アヘン系麻薬（ヘロイン，モルヒネ等）に極めて近い薬理作用を有するが，快効果，薬物依存性，退薬症状はアヘン系麻薬よりははるかに弱い合成麻薬。ヘロイン依存症者に対してヘロインの代替物として投与される（メサドン療法）。[和田]
→ヘロイン，モルヒネ

メタン

化学式はCH_4。沼の泥土内で植物などの有機物が発酵して生じる。天然ガスの主成分であり，燃料としても重要である。地球温暖化により，寒冷な地方ではメタン生成が増加すると考えられている。メタンは温室効果を持つ気体なので，これにより一層温暖化が進むことになる。[本田]
→地球温暖化，温室効果

メタンフェタミン
→覚せい剤

メチシリン

ペニシリンに耐性ができた黄色ブドウ球菌用に開発された抗生物質であり，菌が産生するペニシリン分解酵素（ペニシリナーゼ）に対して抵抗性を持つように，ペニシリンの分子構造を改変したペニシリンのことである。しかし，メチシリンの開発1年後にはメチシリン耐性の黄色ブドウ球菌（MRSA）が発見された。[鈴木耕]
→黄色ブドウ球菌，抗生物質

メチシリン耐性黄色ブドウ球菌

MRSA（methicillin-resistant staphylococcus aureus）。メチシリンで代表されるペニシリン・セフェム系などの抗菌薬のほとんどに耐性を示す黄色ブドウ球菌の総称である。これらの抗菌薬は菌のPBP2'と呼ばれる細胞壁合成酵素に結合して細胞壁合成を阻害して菌を死滅させるが，MRSAはこれらの

薬剤に結合しにくい遺伝型を獲得した菌である。この遺伝型には非常に多様性があり，抗菌薬の使用方法の違いや抗菌薬使用の経時的な変化によっても，新しいタイプが出現している。さらに，VRSA（vancomycin-resistant *staphylococcus aureus*）のように，これまでMRSAに有効であったバンコマイシンやアルベカシンに対しても耐性を持つ菌も出現してきている。しかし，個々のMRSAがすべての抗菌薬に耐性があるわけではないので，当面は，従来の薬剤を有効に組み合わせ，併用効果により治療することが，MRSA感染症に対する化学療法の課題となっている。［上濱］
→黄色ブドウ球菌，バンコマイシン

メチル水銀 （——すいぎん）

化学的には，1原子の水銀と1分子のメタンとの化合物（化学式はCH_3Hg^-）。水俣病の原因物質で，通常の重金属化合物が通過できない胎盤と脳関門を容易に通過して胎児に重い脳障害を与えた。アセチレンからアセトアルデヒドや酢酸を製造するプラントで触媒として用いられた金属水銀が副反応によって生じていた。［田神］
→水俣病，新潟水俣病，胎児性水俣病

滅菌法 （めっきんほう）

すべての微生物，病原菌，非病原菌を問わず完全に死滅除去することを滅菌という。最近では試験管内でRNAを扱う機会が増え，RNA分解酵素を不活性化する目的でも使われている。種々な方法が用いられており，それぞれに特徴がある。大きく分けて，熱を用いるものと用いないものに分け，さらに物理的・理学的方法と化学的方法に分類される。いずれも微生物の持つ抵抗性を何らかの方法で破壊することにより，消毒滅菌の目的を達成する。熱を必要とする方法（物理・理学的：高圧蒸気滅菌法，乾熱滅菌法，火炎滅菌），（化学的：ガス滅菌法）熱を必要としない方法（物理・理学的：濾過滅菌法，紫外線滅菌法），（化学的：オゾン滅菌法）［鈴木耕］
→高圧蒸気滅菌，火炎滅菌，ガス滅菌

メディカルソーシャルワーカー

medical social worker。医療ソーシャルワーカーのこと。病院や施設などで，患者や障害児・者の社会生活上の問題点（具体的には，家族との調整，住居の整備，就学・就労問題，社会的資源の利用，経済的問題，他機関や地域との調整等）について，専門的な技術や知識を用いてその解決にあたる専門職種。MSWと略称される。［吉永］

メラトニン

セロトニンから生じる物質で松果体から分泌されるホルモン。哺乳類では他のホルモン産生に影響を及ぼし，多くの種において生殖パターンや毛の色のように季節によって異なる変化を調整する。ヒトにおいては，睡眠，気分，思春期及び卵巣周期の調整に影響を及ぼす。［角南兼］
→ホルモン

免疫 （めんえき）

生体が病気に対して抵抗力を獲得する現象。特に感染症やがんに対していわれる。自分と自分以外を区別して，自分以外のものから自分を守る仕組みで，特に脊椎動物で発達している。高分子の自分以外のものが生体に初めて侵入すると，体内のリンパ球やマクロファージが働いて抗体を作る。同じものが2度目に生体内に侵入すると排除，抑制し免疫が成立する。［辻］
→抗体

面接指導 （めんせつしどう）

高等学校の通信制の課程で行われている教育方法の1つで，学校に登校して直接教師から講義，実験・実習，実技などの指導を受けることをいう。一般にスクリーニングと呼ばれている。学習書を頼りに自学自習し，決められたレポートを提出して教師の指導を受け

る添削指導とともに通信教育の中心となるものである。[田嶋]

メンタルトレーニング

スポーツトレーニングにおける精神面のトレーニングの総称である。メンタルトレーニングではメンタルリハーサル，イメージトレーニング，サイキングアップ，リラクセーションなどが実践されている。イメージトレーニングでは，自分が成功したところをイメージしてトレーニング及び競技を行うことにより，記録や成績の向上，技術の習得をもたらす。[西嶋]

メンタルヘルス

mental health。わが国では精神衛生と訳していたが，1987年に当時の精神衛生法が精神保健法（翌年7月施行）に改正されたのを受け，その後は精神障害者の福祉を増進させる意味から精神保健を訳語にあてている。狭義の場合，精神障害の予防であり，それには第一次予防（発生予防），第二次予防（早期発見と再発予防），第三次予防（リハビリテーション）の各段階が考えられている。また，広義の場合，心の健康は身体の健康と同様に，人間の生活全体に関わる重要な問題である。そこで，心身両面の健康の保持向上に努める中で，中心的には心の問題を扱う。今後の保健対策としては，第1に心の健康を維持するための生活条件の整備，第2に各種の相談体制を確立する，第3に適切な保健，医療，福祉，就労などの保障，第4に家族や近隣社会における協力体制（支え合い）の確立など，精神障害者の自立と社会参加を促進することである。[松本寿]
→精神保健，精神保健福祉法

モアレ写真法　（――しゃしんほう）

脊柱側わん症の検診は学校医による視診・触診で行われるが，客観的な検診法として行われる方法。背部表面にしま模様の等高線が写されるので，左右背面の高さの違いがわかり，左右非対称の場合は脊柱側わん症を疑い二次検診を勧める。従来より，児童生徒数の多い学校において実施されてきた。[福田]

盲学校　（もうがっこう）

学校教育法第71条によると，強度弱視を含む盲の児童生徒に対して，幼稚部から小・中・高等部（専攻科を含む）まで，通常学校に準ずる教育を施し，合わせてその視覚的不利を補うことを目的とする学校である。大部分の盲学校は，幼稚部から高等部まで一貫して設置されているが，中には小学部と中学部のみの盲学校，高等部のみの盲学校がある。盲学校における教育課程は，近年の重複化の傾向を受けてその編成も複雑化している。それは，小学校，中学校，高等学校に準じたもの以外に，知的障害養護学校の教育課程と同じもの，自立活動（旧養護・訓練）を主としたものなど児童生徒の障害の重複化に伴う幅広い教育内容である。自立活動は，主に点字指導，歩行指導，弱視レンズ使用訓練である。障害の重い重複障害児に対しての指導は，手の探索・操作，全身の移動による探索行動などである。歩行指導は，白杖全指導と白杖歩行に分かれる。本格的な白杖歩行は，中学校段階になってから行われる。[小林芳]
→弱視，知的障害，自立活動，養護・訓練

妄想　（もうそう）

統合失調症にみられる症状のひとつであり，本人にとっては訂正不能な思考内容であるが，現実とはかけ離れており他人にとっては了解不能である。関係妄想，被害妄想，追跡妄想，貧困妄想，血統妄想，発明妄想など様々な妄想がある。[近藤]
→統合失調症，被害妄想

盲腸炎　（もうちょうえん）
→急性虫垂炎

網膜　（もうまく）

眼球壁の内面をなす厚さ0.1～0.5mmの膜

で，光の受容器である視細胞と視神経を含む視覚の最重要部である。5種の細胞からなり，うち3種は網膜の主要な3層を構成する。即ち，最も外側で色素上皮直下に位置し光受容細胞を含む視細胞層，中央の双極細胞層，そして最も内側の神経細胞層である。光刺激は，視細胞層の視細胞（杆状体細胞及び錐状体細胞）で受容され，双極細胞を経て神経細胞に入り，その突起である視神経線維によって中枢に送られる。視細胞の杆状体細胞は錐状体細胞よりはるかに多く存在し，光に非常に敏感で，薄暗い夜間などで機能する。錐体は明るい環境で働き色を感じる。夜行性の動物には主として杆状体細胞が含まれている。網膜後面の視神経進入部は視神経円盤といい，その中央には円板陥凹というくぼみがあり，ここから網膜中心動脈が入る。ここには視細胞を欠くため視野上に盲点を形成する。視神経円盤の約4mm外側には黄斑があり，その中央にあるくぼみを中心窩という。ここは，ものを注視した時に像を結ぶところで，視覚が最も鋭敏である。［戸部］

網膜剥離 （もうまくはくり）

網膜が網膜最外層の網膜色素上皮層と内側の感覚網膜（9層）との間で分離した状態をいう。原因により裂孔原性網膜剥離と続発性網膜剥離に分類される。裂孔原性網膜剥離は，感覚網膜に生じた網膜裂孔を通して硝子体液が感覚網膜の下に侵入し，網膜裂孔周囲に網膜剥離が起きた状態をいう。近視眼や加齢及び鈍的外傷などと密接な関係がある。10歳代と60歳代にピークがある。多くは原因不明であるが，若年者では野球，テニスなどのボールによる眼球打撲が多い。治療は裂孔閉鎖，復位術などを行う。続発性網膜剥離は，滲出性網膜剥離と牽引性網膜剥離に分類され，前者は網膜血管病変やブドウ膜炎などの炎症，腫瘍などによって起こる。治療は原因疾患の治療である。後者は糖尿病性網膜症などの重症例で起こり，増殖した繊維組織が収縮して網膜を牽引して起こる。治療は硝子体手術等を行う。［朝広］

毛様体 （もうようたい）

虹彩の根部から脈絡膜の間にある輪状の組織で毛様体ひだ部と毛様体扁平部に分けられる。チン小体で水晶体を保持しており毛様体筋の収縮と弛緩で水晶体の厚みを変化させ，水晶体の屈折力を調節している。老視は加齢により水晶体の弾性が減退し調節力が低下しておこる。また無色素上皮が房水産生も行っている。［礒辺真］

網様体 （もうようたい）

脊髄から間脳まで脳神経核と大きな上行路と下行路の間に含まれる部位を占める組織。神経線維が束をつくらず網目状の構造で正中，背側，中心，外側網様体核の4つのグループに分類される。重要な連合中枢であり，脳幹と間脳の核に依存する機能の促進，抑制に働いて調節している。［礒辺真］

燃え尽き症候群 （もえつきしょうこうぐん）

1970年代の米国で医療従事者など対人関係を専門に扱う専門職の間で，「バーンアウト」（燃え尽き）が，精神保健，社会心理学，医療社会学の領域で注目されるようになった。「バーンアウト・シンドローム」の日本語訳。バーンアウトとは「燃え尽くす。消耗・強度の疲労」という意味であるが，これが医学用語に転用され，身体的，精神的な疲弊，消耗状態を表す意味に用いられるようになった。中でも，米国の精神医学者フロインデンバーガーとリチェルソンは，燃え尽きを自分が最善と信じ込んでそれまで打ち込んできた仕事，生き方，対人関係のあり方などが，まったく期待はずれに終わったことによる疲弊（つかれて弱ること）のありさま，と定義している。わが国では，医師や保健師などの医療関係者，福祉や教育関係者など対人援助を専門にしている関係者にしばしばみられ，その対策が求められる。［松本寿］

模擬授業 （もぎじゅぎょう）

　教授の技術向上等を目的として，実際の授業を模して行う授業。授業担当者は教師や教育実習生，教員を目指す生徒などであり，児童生徒も同様の者が演じる。授業担当者は教師になりきって，実際の学校で授業を実施するのと同様の態度・方法で授業に臨む。特に児童生徒役の者に対して，授業の対象学年をみなし，相応の言葉遣い，態度に留意する。児童生徒役の者は生徒になりきって，授業に参加し，発言，討論，板書をノートするなどそれぞれの学年を想定した態度，活動を行う。同時に生徒の立場から教師の指導方法など評価を行う。また，1名以上の指導教員役の者が授業計画，並びに授業の進行などをチェックし評価した方がよい。生徒役の人数を実際の授業を想定して40～50人を限度とした方が望ましい。生徒役を少人数で行う場合にはマイクロティーチングと呼ぶこともある。指導者を1名に限らず，時間を区切って複数の者が教えたり，ティーム・ティーチングを行うことも1つの方法である。［國土］
→ティーム・ティーチング

目標行動 （もくひょうこうどう）

　健康教育においては，生活における行動に関して目標を設定しておくことが極めて重要である。そして，教育内容はその目標を達成するために役立つものを，行動科学の観点から選ぶようにする。授業においても，授業後に生徒ができるようになることは何かという，行動の目標を設定することが重要である。この際，生徒の行動は，「～について説明する，述べる」などのように，外側から見える行動の形で示すのがよい。［家田］
→健康教育，行動科学

モノクローナル抗体 （――こうたい）

　1つのクローンあるいは遺伝学的に同一の集団からなるハイブリッド（融合）細胞（ハイブリドーマ細胞）が産生する抗体。そのため，この抗体は化学的にも免疫学的にも単一物質である。一度作られたものは，大量生産が可能で品質も比較的安定しており，感染症やがんの診断，及び病理組織診断に広く応用されている。また，がん，炎症などの治療にそれらを直接使用する研究が興隆し，一部で実用化されている。［山崎一・吉田］
→抗体

モバイルワーカー

　ノートパソコンやPDA（personal digital assistant，携帯できる小型の情報端末）の機器と，携帯電話やPHS（personal handyphone system，簡易型携帯電話）等の通信機器を使用して，会社外で仕事をする人のこと。例えば，電子メールによって顧客からの問い合わせに出先で答えたり，製作や開発に関するデータベースを外からアクセスして顧客の前ですぐに答えを出したりできる。［植田］

モヤモヤ病 （――びょう）

　ウイリス（大脳）動脈輪閉塞症。脳底部の血管の閉塞が起き（原因不明）異常小血管網が増加する。脳血管造影により診断される。若年女性，10歳以下及び30～40歳代に多い。成人では脳出血，小児では片麻痺，知覚障害，不随意運動，頭痛，痙攣発作で発症する。厚生労働省特定疾患に指定されている。［荒島］

モラトリアム

　もとは経済的な非常事態に際しての債務支払いの猶予及び猶予期間を意味することばで，その後エリクソンが，主として青年のアイデンティティ形成期の特徴を，心理・社会的に把握するために使用したことばである。近年では，社会，経済の急速な発展に対応した知識・技術の習得期間の長期化として，青年期の延長ということを意味している。［松本寿］
→アイデンティティ

森田療法 (もりたりょうほう)

　森田正馬(1874-1938)が，1917年頃以降に神経質(今日の強迫神経症，不安神経症等を含む：森田神経症)の特殊療法として考案した治療法である。この治療法の最も特徴とする点は，「神経質の不安症状を治すことより，それを喚起せしめている人間の心理的態度を喚起させようとする」ことにある。つまり，「不安症状から生存欲の方向に生命エネルギーを転換させようとする」ことである。
[松本寿]
→強迫神経症，不安神経症

森永ヒ素ミルク事件 (もりながひそ——じけん)

　1955年の森永乳業徳島工場の製造過程において，粉ミルクの原乳のpH調整剤に猛毒のヒ素の混じった不純なリン酸塩を使用した。このヒ素入り粉ミルクを飲んだ乳児が衰弱死や肝臓肥大を起こし，死者を131名出し，被害者は1万3,000人を超える世界最大級の食品公害事件。全国的な不買運動へと展開した。[松本健]
→ヒ素(中毒)，食品公害

モルヒネ

　けし(アヘン法で取り締まり対象)の未熟果から得られる乳液を乾燥させたものがアヘンであり，20数種のアヘンアルカロイドを含有し，代表的なものがモルヒネである。中枢神経系(麻薬性鎮痛薬)及び平滑筋臓器(止瀉薬)に対する作用が主である。肉体的及び精神的依存度が高いために，麻薬及び向精神薬取締法により麻薬に指定されている。[笠井]
→麻薬，麻薬及び向精神薬取締法

問題解決学習 (もんだいかいけつがくしゅう)

　デューイを中心とする経験主義の教育思想を背景にして提唱された教授理論。子どもに解決を迫る切実な問題の追究を支援することによって，子どもが自らの生活を拡充する力を高めることである。したがって，子どもの問題意識と主体性が重要視される。しばしば，知識を一定の筋道に沿って学ぶ系統学習と対比される。[鈴木和]
→経験主義教育，系統学習

問題解決活動 (もんだいかいけつかつどう)

　学習者である子どもたちが自分の力で問題を探求し，それを解決していく過程で必要な知識や技能を身につける。この過程における営みをいう。問題解決を行う活動のためには，その過程で「記憶学習」「知覚-運動学習」「概念学習」「問題解決学習」などを総動員していくことになる。[鈴木和]

問題解決過程 (もんだいかいけつかてい)

　問題解決とは，一般に初期状態(現在の状態)と目標状態とのギャップを埋めること指す。換言すれば，ある結果を得る必要があり，それを得るための方法が明らかにされていない問題がある時，その問題の解決を図ることを意味する。問題解決の過程には，一般的に，①試行錯誤，②洞察の2つがある。例えば手の届かないバナナを取るために，長い棒を使うことを思いついたチンパンジーの行動から洞察という概念が導かれた。デューイは問題解決の過程を5段階に分けている。①問題事態の感知：ある未解決の問題に気づく。②問題の把握：問題の性質を明らかにする。③仮説構成：問題解決のための仮説を立てる。④推理：その仮説を推理によって検討する。⑤検証：その仮説の検討に基づき，解決法を実行に移す。また，パースは問題解決の過程を，①発想，②演繹，③帰納，の3段階に分けた。パースは，特に発想の段階を重視した。[鈴木和]

問題解決能力 (もんだいかいけつのうりょく)

　問題解決のために必要とされる諸能力のこと。意欲，知識・理解，技能などが統合されたものとしてとらえることもできる。既ち，与えられた問題(課題)に対して関連した諸

要素や諸事項を多様な方法や独自の手法で分析・統合する能力である。この過程で，知識や構想力，技能も必要とされる。［鈴木和］

問題行動 （もんだいこうどう）

　非社会的行動と反社会的行動に分けられる。非社会的行動は非社会的，消極的な行動特性を持つもので，代表的なものとして不登校や中途退学，自殺などが挙げられる。反社会的行動は社会的に望ましいとされる行動的・価値的基準（社会規範）から逸脱した行動で，喫煙，飲酒，薬物使用，いじめ，暴力行為，非行，援助交際などが挙げられる。最近は多様化し，凶悪化・粗暴化が進んでいる。［高倉］
→非社会的行動

モンテッソーリ法 （——ほう）

　モンテッソーリによる教育法で「注意力の集中」を育成することに主眼がある。特徴は，感覚から概念へと導く知的教育法であって，事物を比較認識するために，P＝pairing，G＝grading，S＝sortingの操作を構造化した教具で子どもらが作業する。アメリカでは，幼児の早期知的教育として，わが国でも障害児教育や保育現場で導入された。［大澤清］

問答法 （もんどうほう）

　問いと答えを基本とした古典的な授業方法。起源はソクラテスの対話法やキリスト教の教理問答書にあるといわれる。教師が予定した正答を学習者から引き出すべく行う授業で，今日でも根強く行われている。［大澤清］

文部科学省新体力テスト
（もんぶかがくしょうしんたいりょく——）

　文部科学省体力・運動能力調査では1998年度からスポーツテストに変わり新体力テストが施行された。6〜11歳，12〜19歳，20〜64歳，65〜79歳に区分される。6〜19歳までは健康関連体力に加えて運動能力を測定する。20〜64歳までは健康関連体力，65歳以上については健康関連体力に加えて歩行能力を測定する。新体力テストが測定する体力要素は筋力，筋パワー，筋持久力，敏捷性，全身持久力，スピード，柔軟性，平衡性，巧緻性である。握力，上体起こし，長座体前屈の3項目は，6〜79歳まで通して用いられる。［西嶋］
→運動能力

門脈循環 （もんみゃくじゅんかん）

　胃，腸，脾臓，膵臓，胆嚢などから集まった静脈血液が1本の静脈にまとめられるがこれを門脈という。この門脈を経て肝臓に入り毛細血管に分かれた後，再び肝静脈に集まり，下大静脈に注ぐ循環系を門脈循環という。［田中宏］
→静脈

ヤ行

野外学習　（やがいがくしゅう）

　教室から出て野外で行う学習。体験を伴う学習であることから，体験学習の1つとしてとらえることができる。例えば，林間学校，臨海学校，スキー学校などが長期の休みを利用して行われる。また，理科の授業で校外に出て行われる岩石の観察なども野外学習である。［鈴木和］

野外教育　（やがいきょういく）

　自然の中で組織的，計画的に，一定の教育目標を持って行われる自然体験活動の総称。自然体験活動とは，自然の中で，自然を活用して行われる各種活動であり，具体的には，キャンプ，ハイキング，スキー，カヌーといった野外でのスポーツ活動，動植物や星の観察といった自然・環境学習活動，自然物を使った工作や自然の中での音楽会といった文化・芸術活動などを含んだ総合的な活動である。［鈴木和］

野球肘　（やきゅうひじ）

　野球などの投球，投擲競技による繰り返す肘外反ストレス，伸展ストレスにより生じる慢性障害の総称。外側型，内側型，後方型に大別される。外側型は離断性骨軟骨炎，内側型は内側上顆の骨軟骨障害，尺側側副靱帯損傷，後方型は肘頭インピンジメント症候群が代表的なものである。これらは成長期に起こることが多く，的確な診断と治療が重要である。［森川］
→離断性骨軟骨炎

夜驚　（やきょう）

　一般に，子どもが夜中に突然起きあがり，怖いといって恐怖の様相を示したり，大声を出して泣いたり，さわいだりする場合のことをいう。子ども自身は，このことをほとんど意識しておらず，翌朝になり起床後にこのことを記憶している子どもは少ないという。また，夜驚は歯ぎしりや夢中遊行とその症状が類似している。［松本寿］
→夢中遊行

薬害　（やくがい）

　薬は病気を治したり，症状を和らげたりするために用いる。このような期待される望ましい効果を薬の主作用という。しかし，薬には，主作用を求めるため，やむを得ずに起こる好ましくない作用も存在する。これがいわゆる副作用と呼ばれるもので，薬を中止したりあるいは他の薬へ変更したりする等の対策をとることにより，未然に防いだり，軽減したりすることが可能である。通常，患者は，医師や薬剤師等の説明により，こうした副作用に関する情報を理解した上で薬を使用する。一方，薬害とは，副作用のような薬が起

こすすべての有害な作用を指すわけではなく，またその重大さで決まるものでもない。むしろ，薬の有害性に関する情報が軽視あるいは無視されて使用された結果として起こる社会的な健康被害と考えられる。日本でも，サリドマイドによる奇形児の出生，キノホルムによるスモン，非加熱血液製剤による血友病患者のHIV感染等，様々な薬害事件が起こり，多くの被害者を出している。このような健康被害に対する救済は，医薬品副作用被害救済・研究振興調査機構法に基づく制度が公的なものとして設けられている。［渡部］
→副作用，サリドマイド，キノホルム，スモン，非加熱血液製剤

薬害エイズ （やくがい――）

　血液凝固因子の異常が原因で出血が止まりにくくなる病気である血友病の治療に，出血を止めるあるいは予防するための薬として血液製剤が用いられる。血液製剤は1970年代になってから数千から数万人分の海外での売血をプールし，そこから凝固因子を濃縮精製して製造された。しかし，製造工程に加熱処理，既ちウイルスを不活化させる工程がなかったため，HIVに感染した血液からつくられた血液製剤を使用すると，HIVに感染する可能性があった。日本では，HIV感染が確認された初期の感染者の多くが，こうした血液製剤を使用した血友病患者であり，薬害エイズの被害者となったのである。現在では，血液製剤の安全性を高めるための様々な取り組みにより，その安全性が向上している。また，薬害エイズを引き起こした当時の責任を明らかにするために多くの裁判が続いている。［渡部］
→血友病，HIV，エイズ

薬害救済制度 （やくがいきゅうさいせいど）

　薬害という語は農薬による農作物の被害に使われていたが，農薬による環境汚染，ヒトや動物の健康障害にまで拡大されてきた。さらに医薬品の副作用，医原性疾患も薬害に含められるようになった。1979年に医薬品副作用被害救済・研究振興調査機構法が制定された。その目的は医薬品の副作用による疾病，障害又は死亡に関して，医療費，障害年金，遺族年金等の給付を行うこと等により，医薬品の副作用による健康被害の迅速な救済を図ることである。例としてキノホルムによるスモン，サリドマイド禍，エイズなどがある。救済給付を受けようとする障害の程度は同法施行令に定められている。［千葉］
→キノホルム，スモン，サリドマイド，薬害エイズ

薬剤アレルギー （やくざい――）

　薬剤は薬品，薬物，くすり，薬の数種類を調合したものなどをいい，一般に生体が同じ量で同種族の大部分のものに対しては無害であるはずの薬（因子）によって，異常な過大な感受性を示す場合をアレルギーという。薬などの因子（抗原）を注射・摂取された動物は生体反応として，その血液中や体液中にこれに対応する抗体を生じ，抗原抗体反応を起こす結果，抗原となった薬などに対する生体の反応が変わる現象である。広義には，免疫既ち生体が感染に対して顕著な防御能を示す場合も含まれるが，狭義には反応の結果障害的な過敏症状を呈するものがある。アレルギーは次の4分類がある。①Ⅰ型アレルギー（アナフラキシー型，IgE型，レアギン型），②Ⅱ型アレルギー（細胞溶解性型，細胞毒性型），③Ⅲ型アレルギー（免疫複合型，アルサス型，血清病型），④Ⅳ型アレルギー（遅延型，細胞性型，ツベルクリン型）。［杉下］
→アレルギー，抗原，抗体，抗原抗体反応

薬剤師 （やくざいし）

　厚生労働省の免許を受け，薬剤師国家試験に合格した者に与えられる。「調剤，医薬品の供給その他薬事衛生を司ることによって，公衆衛生の向上及び増進に寄与し，もって国民の健康な生活を確保するものとする」と薬剤師法第1条に示されている。調剤とは一定

の処方箋に従って2種以上の薬品を配合し，又は1種以上の薬品を使用し，特定の分量に従い特定の用法に適合するように特定の疾病に対する薬剤を調整すること。医薬品の供給は医薬品の製造と販売を中心とする行為である。その他，薬事衛生を司るとは医薬品等の管理，保管，試験・研究，医薬品情報，薬品の鑑定，食品衛生・環境衛生・公害関係等に関する試験，検査や犯罪捜査における科学的鑑定などがある。この大きな3つの業務があるが，特に調剤は薬剤師の専属的業務である。［杉下］

薬剤師法 （やくざいしほう）

薬剤師の任務，免許，試験，業務，罰則について定めた法律で，1960年に制定された。薬剤師の任務は調剤，医薬品の供給その他薬事衛生を司どることによって，公衆衛生の向上及び増進に寄与し，もって国民の健康な生活を確保するものとすると，第1章第1条に規定されている。薬剤師法施行令及び薬剤師法施行規則がある。［千葉］

薬剤耐性菌 （やくざいたいせいきん）

抗生物質などの抗菌剤に対して感受性を示していた菌が，その薬剤を繁用することにより耐性を獲得する場合がある。このような細菌のことをいう。耐性獲得のメカニズムには，突然変異と耐性遺伝子の伝達の2通りがある。ある抗菌剤を長期間使用していると，突然変異によってその薬剤に対する耐性を持った菌が出現することがある。これは他の菌が死滅した後も生き残って増殖する。このような自然耐性菌は，作用の異なる複数の薬剤を併用することにより出現頻度を大きく減少させることができる。後者のメカニズムであるが，細菌の多くは染色体とは別に細胞質内にプラスミドというDNAを持っており，このうちRプラスミド上には耐性遺伝子情報が乗っている。耐性菌と未だ耐性を獲得していない他の菌とが接合することによって，このRプラスミドが伝達され，耐性菌が広がっていくことになる。耐性遺伝子は，時には菌種の壁を越えて伝達されることもある。［上地］
→抗生物質，耐性

薬事法 （やくじほう）

医薬品，医薬部外品，化粧品及び医療用具に関する事項を規制し，これらの品質，有効性及び安全性を確保することを目的とした法律。医薬品等及び医療用具の定義，並びにそれらの製造，販売（輸入を含む）業，あるいは薬局に関する基準，義務，承認など，さらに医薬品等の取扱い，広告あるいは監督についても定めている。1960年に制定された。1979年の一部改正で，新薬承認の厳格化，副作用報告，再評価，医薬品の製造，品質管理に関する基準，医薬品情報の提供などを法規制化した。［千葉］
→医薬品，医薬部外品

薬物・アルコール中毒 （やくぶつ・──ちゅうどく）

薬物は適正に使用すれば疾病の治療や予防に有効であるが，不適切な使用，乱用によって身体に悪影響をもたらす両刃の剣の性質を持っている。覚せい剤，大麻などの医療目的のない化学物質が不正摂取によって幻覚を伴った激しい急性の錯乱状態や中毒や急死などを引き起こす。飲酒については酒の主成分はエチルアルコールであり，未成年者からの飲酒は依存症になりやすく，また，飲酒によりエチルアルコールが中枢神経の働きを低下させ，思考力や自制力を低下させたり運動障害が起きる。イッキ飲みなど急激に大量の飲酒をすると，急性アルコール中毒（軽症は酩酊，重症は人事不省，心不全）を起こし，意識障害や死にいたることもある。薬物・アルコールの乱用は，個人の心身の健全な発育や人格の形成を阻害するだけでなく，社会への適応能力や責任感の発達を妨げるため，暴力，犯罪などに繋がり家庭・社会にも深刻な影響を及ぼす。［杉下］
→覚せい剤，大麻，飲酒，アルコール，イッキ

飲み，急性アルコール中毒

薬物依存　（やくぶついぞん）

　薬物使用を繰り返した結果生じた，使用を止めようと思っても渇望に駆り立てられて自己制御できなくなった状態をいう。WHOは次のように定義している。「ある生体器官とある薬物との相互作用の結果として生じた精神的あるいは時には身体的状態であり，その薬物の精神作用を体験するため，あるいは，時にはその薬物の欠乏から来る不快を避けるために，その薬物を継続的ないしは周期的に摂取したいという衝動を常に有する行動上の，ないしは他の形での反応によって特徴づけられる状態」。便宜上，精神依存と身体依存の2つに分けて考えると理解しやすい。身体依存は，生体がある薬物の薬理作用に順応した結果，その薬物が体内に存在する時にはさほど問題を生じないが，これが切れてくると，退薬症状（離脱症状）として，様々な症状が出てくる状態である。アルコール依存の振戦せん妄がその代表である。一方，精神依存とは，薬物使用に対する渇望に駆り立てられた状態である。その薬物が切れても，身体的な不調は原則的には出ない。薬物依存の必須要件は自己制御困難な渇望に基づく精神依存であり，退薬症状を呈する身体依存ではない。覚せい剤には反跳はあるものの，身体依存はないとされている。また，依存性薬物には使用しているうちに，その薬物の薬理作用に対する慣れが生じることが多々ある。飲酒が習慣化すると，酔うためには量の増大が必要となる。この慣れのことを耐性という。しかし，耐性も薬物依存の必須要件ではない。コカインには耐性がないとされている。しかし，いかなる依存性薬物であろうが，それに依存している限り，何とかその薬物を手に入れようとする薬物探索行動が認められる。喫煙者は，たばこが切れると，時刻，天候にかかわらず，労をいとわず買いに行く。［和田］
→精神依存，覚せい剤，耐性，コカイン，喫煙

薬物依存症　（やくぶついぞんしょう）

　精神依存の状態は薬物の作用を体験したい欲求が生じ，その欲求を自ら抑制できない状態をいい，身体依存の状態は薬物が体内にあることによって身体の機能が維持されている状態をいい，薬物が体内から消失すると，不快，不安，痛み，悪寒，ふるえ，下痢，痙攣などの禁断症状が現れる。依存性薬物を摂取すると薬物を求め，薬物中心の生活になり，薬物購入のため，金の必要性から犯罪に走り，薬物による肝，心障害などの他，幻覚，妄想などの精神症状が現れる。この状態を，薬物依存症という。［杉下］
→精神依存

薬物中毒　（やくぶつちゅうどく）

　薬物が体内に摂取することにより引き起こされる生体の機能の障害をいう。何らかの物質を飲んだとしても，それが消化管から吸収されなければ中毒は発現しない。例えば，体温計の金属水銀は誤飲しても，アレルギーや物理的な影響を除けば症状を発現することはない。しかし，有機水銀は消化管から吸収されやすく水銀中毒症状を発現する。メチル水銀による水俣病がこの例である。中毒の種類には急性，慢性中毒の2種類がある。麻薬中毒や覚せい剤中毒は，麻薬や覚せい剤に対する依存の状態を指すときに使われ，薬物中毒は通常，薬物に対する依存の状態の有無にかかわらず，薬物の摂取によって毒性が発現した状態を指し，薬物に対する依存の状態を指すときは，薬物中毒といわずに薬物依存症という言葉が使われる。［杉下］

薬物乱用　（やくぶつらんよう）

　薬物を本来の使用目的から逸脱して用いたり，用法や容量を医療上等の使用限度を超えて用いたりするなどして，酩酊状態における身体的快楽，気分高揚などを追求する行為。乱用と依存には密接な関係があるが，依存を形成する薬のみが乱用されたり，逆に乱用さ

れる薬に全て依存性があることもない。乱用と依存には明白な差違がある。［笠井］

火傷 （やけど）

体温以上の熱が人体に加わって，皮膚やその他の組織に変化が生じた状態をいう。重症度は，面積と深さと患者の年齢によって判断される。重症の場合には，皮膚の外傷だけにとどまらず，ショック症状や様々な合併症を起こして死に至る場合も多い。できるだけ早く，水道水や衛生的な冷水で，15分以上冷やすことが望ましい。［今村］
→ショック，ショック症状

やせ

最近，若年女性において問題になってきている。過度のやせ願望と誤った体型認識に基づき，やせが進行すると，体力や性的機能の低下，貧血，低血圧，低血糖，睡眠障害，自己嫌悪などの症状が現れ，神経性食思不振症（拒食症）あるいは神経性過食症（過食症）といった摂食障害に陥ることもある。一般にBMIが$18.5kg/m^2$未満，又は標準体重の15％ないし20％未満の場合にやせと判定する。［田中茂］
→神経性食思不振症，過食症，摂食障害，思春期やせ症，BMI

宿主 （やどぬし）
→宿主（しゅくしゅ）

誘因 （ゆういん）

人間がある行動を起こす時，その起因となる動機づけの過程で重要な働きをするのが動因であり，誘因である。そのうち，動因は個体の内部に生じた要求に基づき個体を行動にかりたてること，誘因は個体の外部にあり行動の目標となるもの。例えば，学習は成績を上げるための行動をかり立てる動因，行動の目標となる成績は誘因である。［松本寿］
→動機づけ，動因

有害ガス （ゆうがいがす）

人に健康被害を起こさせる気体の総称。［田神］

有機水銀 （ゆうきすいぎん）

有機水銀化合物。有機化合物と結合している水銀の総称。有機水銀化合物にはアルキル水銀，アリール水銀の他，多くの種類がある。一般に無機水銀に比べ，腸管からの吸収率が高い。フェニル水銀は体内に吸収されても速やかに排泄されるが，アルキル水銀などは排泄されにくく，脳や胎児に移行しやすい。動物体内に存在する有機水銀はほとんどがメチル水銀であり，食用に供する海産魚介類中にも蓄積されていることが知られている。メチル水銀は水俣病のような中枢神経障害を引き起こし，胎児毒性も高く，胎児性水俣病を発生させた他，動物実験で催奇形性も証明されている。メチル水銀の他，エチル水銀やプロピル水銀などの低級アルキル水銀も同様な中枢神経障害を引き起こすことが知られている。［日置］
→アルキル水銀，メチル水銀，胎児性水俣病

有機溶剤 （ゆうきようざい）

常温，常圧のもとで，揮発性に富み，脂溶性の物質をよく溶かすという共通の性質を持つ化学物質の総称である。労働安全衛生法では有害性の程度により区分されている。シンナー遊びに使われる物はシンナー（塗料等の希釈液であり，通常，数種類の化学物質からなる混合物）よりは密売されているトルエンのことがほとんどである。中枢神経抑制作用があり，依存性惹起作用を有するものが多い。吸引により有機溶剤中毒を引き起こす。［鬼頭・和田］

有機溶剤中毒 （ゆうきようざいちゅうどく）

有機溶剤の直接的薬理作用に基づく急性中毒と有機溶剤の長期使用の結果として生じる中枢神経系の2次的変化による慢性中毒とが

ある。中毒症状は有機溶剤の種類によって異なるが，トルエンによる急性中毒は，吸引のたびに認められ，飲酒による酩酊に類似した酩酊状態を作り出す。吸引量が多い場合には，クロロホルムに匹敵する麻酔作用が現れ，生命的に危険である。また酩酊と同時に，時間・空間のゆがみを伴った知覚の異常が出現し，催幻覚剤にも分類される。時には幻聴や幻視も出現し，その体験内容は乱用者にとって「見たい」「体験したい」内容にコントロールできる面があり，夢想症とも呼ばれている。トルエンによる慢性中毒では，有機溶剤を使用していないにもかかわらず，乱用者にとって不快・恐怖の内容の幻覚・妄想が持続したり，能動性・関心が減弱した軽佻浮薄な人間になってしまう（無動機症候群）。身体的には様々な障害を引き起こすが，大脳の萎縮，脳波異常，歯の腐食，視力障害，多発神経炎などは特に深刻である。［和田］

有機溶媒　（ゆうきようばい）
→有機溶剤

有機リン　（ゆうき——）
　有機リン化合物。アルキル基又はアリール基とリン原子が直接結合している化合物をいうが，広い意味ではリン原子を含む有機化合物の総称をいう場合もある。有機リン化合物は農薬や殺虫剤，殺菌剤，除草剤などに使用されている他，難燃剤としても使用されている。［日置］

遊具　（ゆうぐ）
　障害児教育は今，訓練の時代を超えて楽しい自立活動の時代に入ってきた。特に養護学校で遊具を必要とするのは，限られた用具での運動（体育）ではなく，運動遊びを通した教育をするムーブメント教育である。子どもは，楽しい大型遊具（トランポリンなど），パラシュート遊具，スクータボードなどの小型遊具で発達が助長される。［小林芳］

優生保護法　（ゆうせいほごほう）
　目的は優生上の見地から問題のある子孫の出生を防止するとともに，母性の生命，健康を保護することを目的に制定された法律。国民優生法（1940年）を基に，1948年に公布された。内容は，優生手術，人工妊娠中絶，受胎調節の指導である。1996年に障害者に対する差別的な取り扱いを排除するために，不良な子孫出生の防止といった優生思想に基づく規定が排除され，母体保護法に改正，施行された。［笠井・松岡優］
→母体保護法，人工妊娠中絶，受胎調節

遊走腎　（ゆうそうじん）
　腎は呼吸や体動によって限られた範囲内で移動するが，特に安静臥床時に比較して起立時に腎の位置が一定の範囲を超えて移動する場合をいう。正確にはレントゲン検査で脊柱の1椎（脊椎の腹側にある椎骨の円柱状の部分）体以上のずれがある場合である。やせ型の子どもに見られることが多い。本症では尿に異常所見のないことが多いが，尿タンパクや血尿を軽度認める場合がある。治療の必要はない。［松本幸］

有能感　（ゆうのうかん）
　肯定的な自己イメージ。自分の資質・能力が有効かつ適正に機能しているという感覚，あるいは資質・能力が環境との相互作用の中で有効に作用しているという感覚をいう。行動した結果，効果を生みだしできるという実感を味わうと，さらにその感覚を追及していこうとする。そしてどんどん発展していく過程で行動が熟達していき，ついには自分の能力への自信を生み，よりいっそう効果的に行動できるようになっていく。この概念には効力感を含み，さらに進んで効力感の追及を通して自分の能力を十分に生かそうとする人間本来の在り方をも意味している。失敗体験が積み重なると「自分には能力がない」と否定的なイメージを持つ傾向がでてくるが，生

活，学習，役割活動や遊びの全場面で成功体験がなくても，どれかにおける成功体験の成就感を通じて有能感は形成される。［皆川］
→自己効力感

有病率　（ゆうびょうりつ）

（式）

$$\text{有病率} = \frac{\text{有病件数}}{\text{人口}} \times 1{,}000$$

ある特定時点における傷病量を表す。これに対して罹患率は一定の時間内の発生率を表す。［大澤清］
→罹患率

雪印乳業食中毒事件　（ゆきじるしにゅうぎょうしょくちゅうどくじけん）

2000年6月末から7月にかけて発生した，雪印乳業大阪工場製造の「低脂肪乳」等を原因とする一連の大規模食中毒事件。報告があった有症者数は14,780名。大阪府立公衆衛生研究所が「低脂肪乳」から黄色ブドウ球菌のエンテロトキシンA型を検出したことから，大阪市はこれを病因物質とする食中毒と断定し，大阪工場を営業禁止とした。［松本健］
→食中毒，黄色ブドウ球菌

輸血　（ゆけつ）

健康人の血液を患者の血管内に注入する方法。血そのものを輸血する場合から，成分を抽出してそれだけを輸血する方法があり，治療の目的による。ヒトには血液型があって，同じものでなければ副作用を発生することがある。［辻］
→血液型，ABO血液型

ユニセフ（UNICEF）
→国連児童基金

輸入感染症　（ゆにゅうかんせんしょう）

日本国内に常在せず，病原体が国外から輸入された時に疾患が認められる感染症のこと。海港や空港で症状があって発見される場合の他，感染は受けていても潜伏期で通過して国内に入ってから発病する場合，人ではなく，食品などに病原体が存在していて，国内で感染・発病する場合がある。検疫感染症として指定されているコレラ，ペスト，黄熱の他，アメーバ赤痢，マラリア，回帰熱，発疹チフスなどの疾患がある。外来感染症ともいう。最近は，国内に常在する赤痢や腸チフスでも，国外での感染が明らかなものは，輸入感染症と呼ぶようになってきている。輸入感染症の種類と人数の確認は国内の感染症対策にも重要な資料である。［稲葉］
→病原体，感染症

ユネスコ

UNESCO（United Nations Educational, Scientific, and Cultural Organization：国際連合教育科学文化機関）。教育，科学，文化の分野における国際協力と交流を通じて国際平和と人類の福祉に貢献することを目的として1946年11月に設立された。本部はパリにある。憲章前文には「戦争は人の心の中で生まれるものであるから人の心の中に平和のとりでを築かなければならない」という理念が掲げられている。わが国は1951年に加盟している。［大澤清］

UNEP　（ゆねっぷ）
→国連環境計画

指しゃぶり　（ゆび——）

指吸いとも呼ばれる。生後6か月頃から始まり，1歳6か月から2歳を過ぎる頃に減少する（近年では母体内でも指をしゃぶる子どもがいると指摘されている）。「乳児のなんでも口に運ぶ傾向に吸引反射が加わった現象」で，短時間の授乳に対する不満の代償行動ともいわれ，発達途上に表れる正常な行動とされている。［松本寿］

ユング

スイス出身の世界的な精神医であり，深層

心理学者(1875-1961)。当初,フロイトの精神分析の影響を受けたが,後に彼と別れ,独自の学説を発表する。特に,中心的関心は「人間の無意識の世界」にあり,集合的無意識の概念を創始し,分析心理学の創始者である。[松本寿]
→フロイト

養育態度 (よういくたいど)

親の子どもに対する態度は,子どもの性格特性に影響を与える。サイモンズは支配と服従,受容と拒否という2軸を考え,その各々の組み合わせから,過保護型(支配的で受容的),甘やかし型(服従的で受容的),残忍型(支配的で拒否的),無視型(服従的で拒否的)の4つの態度類型を考えた。[井戸]

要介護認定 (ようかいごにんてい)

介護保険給付がなされるかどうかの判断を行うこと。市町村等に設置される介護認定審査会において行われる。手順は,①被保険者の申請,②市町村等の心身状況の訪問調査,③訪問調査結果と主治医の意見書に基づく介護認定審査会での審査・判定,④介護認定審査会の審査判定に基づく要介護・要支援認定である。認定は,身体又は精神上の障害があるため,入浴,排泄,食事等の日常生活の基本的動作について,6か月にわたり継続して常時介護を必要とすると見込まれる状態で,より多くの介護が必要な順に,要介護5から1まで区分される。要支援者とは,身体又は精神上の障害あるため,要介護状態までは至らないが,6か月にわたり継続して,日常生活を営む上で支障があると見込まれる状態の者を指す。介護認定審査会は,保健・医療・福祉の学識経験者により構成され,心身状況の訪問調査は,市町村職員の他,介護支援専門員に委託できる。[大川健・竹内一]
→介護保険,介護保険制度

容器包装リサイクル法 (ようきほうそう——ほう)

正式には,容器包装に係る分別収集及び再商品化の促進等に関する法律という。消費者は容器包装廃棄物を分別排出すること,市町村はこれを分別収集すること,事業者は再商品化することが定められている。対象となる容器は,スチール缶,アルミ缶,ペットボトル,紙製容器包装,プラスチック製容器包装などである。[渡邉]

養護学校 (ようごがっこう)

特殊教育諸学校の1つであり,知的障害者,肢体不自由者,又は病弱(身体虚弱者を含む)な者に対して,幼稚園,小学校,中学校または高等学校に準ずる教育を施し,あわせてその欠陥を補うために,必要な知識技能を授けることを目的とする学校である。学校教育法で都道府県に設置義務が定められ,1979年度より義務制が実施された。1997年度から重い病気や障害を持つ子どものための訪問教育制度が養護学校高等部にも導入された。[田嶋]

養護教諭 (ようごきょうゆ)

学校教育法第28条において,教育職員として位置づけられており,同条7項で職務内容については,「児童の養護をつかさどる」となっている。1972(昭和47)年の保健体育審議会答申では,養護教諭の主体的な役割が明確化され,その解釈も「児童生徒の健康を保持増進するすべての活動」ととらえられるようになった。その後,児童生徒の健康問題の変化に伴い養護教諭の役割がいっそう重視され,1995年に養護教諭の保健主事登用への途が開かれた。また,1997年の保健体育審議会答申では,養護教諭の新たな役割として,健康相談活動が示された。さらに,教育職員養成審議会答申を受け,教育職員の免許法の一部改正が行われ(1998年),養護教諭の養成カリキュラムの改善や養護教諭が保健の授業を担当する教諭又は講師に成り得る等の改善が行われた。その他,養護教諭の定数改善(複数配置)が進むなど,近年は画期的な制度上の改善が図られている。深刻化を増す現

代的健康課題の解決に当たって健康教育の果たす役割は大きく，保健室の機能と養護教諭の専門性を生かした対応が期待されている。［三木］
→健康相談活動，健康教室，保健室

養護訓導 （ようごくんどう）

養護教諭の沿革は，1905（明治38）年の学校看護婦が始まりで，1929年学校看護婦に関する訓令が公布された。1941年の国民学校令の制定に伴って，学校看護婦は養護訓導となり法制化され，教育職員としての身分や地位が確立された。その後，1947年に学校教育法が制定され，養護訓導は養護教諭に改められた。［三木］

養護・訓練 （ようご・くんれん）

児童又は生徒の心身の障害の状態を改善し，又は克服するために必要な知識，技能，態度及び習慣を養い，もって心身の調和的発達の基盤を培うため，盲学校，聾学校及び養護学校の教育課程に，各教科，道徳及び特別活動とともに位置づけられたいた領域であるが，1999年の学習指導要領改訂に伴い，自立活動という名称に変更された。［田嶋］
→自立活動

養護助教諭 （ようごじょきょうゆ）

学校教育法において，職務内容は「養護教諭の職務を助ける」とあり，特別の事情がある時は，養護教諭に代えて養護助教諭を置くことができるとされている。また，養護助教諭の臨時免許状の授与資格等については，教育職員免許法に定められている。［三木］
→養護教諭

幼児期 （ようじき）

一般に1歳～1歳半頃から就学時期である6歳頃までにいたる時期をいう。3歳を境に幼児期前期，後期と区分することも多い。幼児期に入ると，運動能力や言語能力が急速に発達する。1歳6か月になるとほとんどが歩行可能となり，全身運動の基本的な能力は，5，6歳頃になると一通り完成する。粗大運動だけでなく，微細運動の発達も著しい。2～4歳頃，自我の発達によって生じる第1反抗期がみられる。それまで親に従順であった子どもが，自分の主張を通そうと，「いや」と言い出し，とまどう親も多い。しかし，第1反抗期は自発性が順調に発達している証拠といえる。5歳頃になると，このような反抗は減少し，周囲の状況を考えて社会的に望ましい形で自己を表現したり，周囲に合わせようというセルフコントロールの力が芽生えてくる。さらに集団での様々な経験を通して，社会性の発達が促進される。［井戸］
→運動能力，反抗期，セルフコントロール

幼児教育 （ようじきょういく）

幼児期である1歳～1歳半頃から就学時期である6歳頃までにおける家庭，保育所，幼稚園，その他の施設における幼児に対する教育的な働きかけをいう。ブルームは，環境と関係づけて，乳幼児期の子どもの環境が持つ教育的機能の重要性を強調している。［井戸］

溶存酸素 （ようぞんさんそ）

水中に溶解している酸素のこと。略称としてDOと表記される。水中の溶存酸素の多くは大気からのものであるが，水中の藻類の光合成によって発生した酸素の場合もある。溶存酸素量は気圧，水温，溶存塩などの影響を受ける。溶存酸素量は水中の好気性微生物や魚介類などの生育に不可欠であり，生態系に大きな影響を及ぼす因子である。［日置］

幼稚園 （ようちえん）

学校教育法をもとに設置された幼児教育施設の1つであり，所管は文部科学省である。その運用・内容は，幼稚園設置基準及び幼稚園教育要領に規定されている。入園の対象となるのは，満3歳から小学校就学の始期に達するまでの幼児であり，幼児の心身の発達を促す教育を目標としている。近年は保護者か

らの要望で，保育時間の延長を行う園も増え，保育内容が多様化している．[井戸]

幼稚園幼児指導要録
（ようちえんようじしどうようろく）

　学校教育法施行規則第12条の3第1項に定められている幼児の学籍，指導の過程，指導の結果の概要などを記録し，今後の指導や外部に対する証明などに役立たせるための原簿であり，幼稚園園長の責任において作成する公式書類である．園児が卒園する場合にはその写しを進学先の小学校に送付し，途中で転園する場合にも転園先に送付し，小学校，転園先での子どもの指導の参考としている．2000年3月8日に，「幼稚園幼児指導要録等の改善について」と題する文書が通知され，それは同年4月1日から施行された幼稚園教育要領の改訂に伴うもので，その通知に基づく指導要録の作成は2000年度から実施された．それまでの指導要録の基本的な性格は維持しつつ，各設置者等がその様式等を定めるべきであるという趣旨をいっそう明確にするため，様式は示さず「幼稚園幼児指導要録に記載する事項」「盲学校，聾学校及び幼稚部幼児指導要録に記載する事項」を示し，簡素化を図った．また，指導要録の効果的な活用に供するため，「学籍に関する記録，指導に関する記録」について明確化した．[井戸]

腰椎分離症　（ようついぶんりしょう）

　脊椎を構成する椎弓部分の上・下関節突起の中間部分の骨性連絡が断たれ，腰痛あるいは腰痛と下肢痛が出現した腰椎疾患である．以前は先天性あるいは発育性に4～6％の頻度で発生するとされていたが，近年スポーツを愛好する青少年に10～20％に存在するという報告もみられる．発育期での活発な運動により椎弓に生じた一種の疲労骨折と考えられている．発育期のスポーツ活動を一定期間休止し軟性コルセットを装着することにより，分離部が癒合することが多い．[礒辺啓]

腰痛症　（ようつうしょう）

　腰部に疼痛を感じる疾患のうち原因の明らかなものを除外した疾患の総称である．筋の疾患に起因すると考えられるもの，皮下組織，皮下神経，筋膜の病的状態に起因すると考えられるもの，筋・腱・靱帯の障害に起因すると考えられるもの，神経に起因すると考えられるものに分類される．重量物を挙上したり，腰部を捻ったり，不慣れな姿勢での作業中に急性の腰痛発作が出現するものを急性腰痛症という．[礒辺啓]

腰部筋・筋膜炎　（ようぶきん・きんまくえん）

　腰部の繰り返して行う屈伸運動，スポーツ活動，慣れないトレーニングにより発生する腰背筋あるいは筋膜の部分断裂であり，最初は疼痛が顕著ではなく，時間の経過とともに増強する．腰部片側に疼痛，腫脹，熱感が出現する．臥位で圧痛点が明瞭となる．安静，外用剤の使用，薬物療法，理学療法などの保存療法を受傷後の時期をみながら実施する．[礒辺啓]

腰部捻挫　（ようぶねんざ）

　重い物を前屈姿勢で持ち上げようとしたり，不安定な姿勢で物を持ち上げようとしたり，あるいは腰部を捻ったときなどに腰部に突然ぎくっという感じとともに腰痛が生じる腰椎椎間関節の捻挫をいう．運動時痛が強く，腰背筋の異常な緊張が出現し，腰部の運動制限がみられる．椎間関節部に限局性に圧痛がみられ，前後屈により疼痛は増強する．[礒辺啓]

→靭帯損傷（捻挫）

幼保一元化　（ようほいちげんか）

　少子化や女性の社会進出に伴い，幼稚園児の減少，保育所待機児の増加，幼稚園においても預かり保育のニーズの増加など，保育が多様化している．そのような中で，両者施設の共用化（合築・同敷地内に併設等），運営

の一体化をし，制度的にも融合化をし，ニーズに即した保育サービスの多様化を図ろうとする動きのことをいう。[井戸]

余暇 （よか）

　食事・睡眠等の生活する上での基本的時間と，日常生活を維持する生産活動やそれに付随する移動（通勤）に要する時間を，差し引いた時間のこと。余暇活動及び市場の傾向は，昭和の終わり頃には60兆円程度の規模であったものが，バブル経済の絶頂期から崩壊期にかけて急速に成長し，90兆円前後まで拡大した。その後，景気低迷の長期化の影響を受けて余暇需要は縮小傾向にあり，2000年度時点で85兆円規模となっており，他の多くの産業と同じく伸び悩んでいる。余暇への参加者数については，活動（財）自由時間デザイン協会の調査結果によると，2000年度での余暇活動への参加者数の第1位～3位は「外食」「ドライブ」「国内観光」であり，この3種目がわが国で最も参加者の多い余暇活動となっている。また今後成長が期待される新たな余暇市場については，現在までは消費単価が低く，家回りで楽しむタイプの「日常型レジャー」の活性化傾向が続いてきたが，今後は現在の社会動向を反映して，「自分への投資」「いやし」「新しい交流」「社会性」に関連する活動，具体的にはペット飼育や温浴施設，資格取得の専門スクール等が有望とされている。[軽部]

ヨーガ

　古代よりインドに伝承された宗教的実践法の1つ。パタンジャリが創始した古代インド哲学の一派で，瑜伽（よが）派が実践した行法を源にする。根本教典はヨーガ・スートラという。元来は宗教的体験を修得するための身心の解脱方であったが，今日ではハタ・ヨーガ（健康増進法）が広く知られるところとなっている。健康法ヨーガも健康を達成するために工夫され，技術化された体系であるといえる。今日最もポピュラーなヨーガは，人間の健康を規定する条件として食事と運動と精神衛生を考え，この3条件をヨーガ行法的に改善せしめることが健康を実現する方法であるとしている。[大澤清]

抑圧 （よくあつ）

　フロイトによって明らかにされた自我の基本的な適応（防衛）機制をいう。精神分析の基本的な概念である。それは，「個人の満たされない欲求を，無意識的，自動的に抑えて忘れてしまう心的規制」である。このように，抑圧は，無意識的，無意志的に不快なものを排除するもので，抑止とは異なり，無意識的葛藤を引き起こしやすい。[松本寿]
➡フロイト，適応機制，防衛機制

抑うつ状態 （よく――じょうたい）

　うつ状態を指し，躁状態と並んで感情の異常を示す代表的な症状であるが，専門家の知見によると，実際のうつ状態は感情面だけではなく他の領域の症状が関係する場合が多いという。症状は，軽度の場合は外見上変わりなく，自覚的にもの憂い，億劫という程度，重度だと，生気がなく動作が緩慢で焦燥不安が強い。[松本寿]
➡うつ病，躁うつ病

抑うつ神経症 （よく――しんけいしょう）

　軽度のうつ状態をいい，専門家の間でもその原因が，内因性によるものか，心因性によるものかの診断ができないという。通常，うつ状態は悲哀，不安感情，抑うつなどを始め，自殺念慮など攻撃性の内向，不眠など身体症状がありこれらは日々変化する。抑うつ神経症は，この症状のうち軽症であることが特徴である。[松本寿]
➡うつ病，躁うつ病

横浜ぜん息 （よこはま――そく）

　1950年代の戦後経済復興期の京浜工業地帯に多発した小児ぜん息をいう。川崎ぜん息とも呼ばれた。その後，四日市のコンビナート

周辺で四日市ぜん息が猛威を振るうことになり，大気汚染が原因で発生するぜん息は，一般に四日市ぜん息の名で呼ばれることが多くなった。［田神］
→ぜん息

四日市ぜん息 （よっかいち——そく）

三重県四日市に当時東洋最大といわれた石油化学コンビナートが造られて以来，全国平均を高く上回る発生率をみた住民のぜん息症状。イタイイタイ病（富山），熊本水俣病，新潟水俣病とあわせて四大公害と呼ばれる。一般にけいれん性の呼吸困難がみられ，特に閉塞性肺疾患死亡率が高かった。また，50歳以上の年齢層に気管支ぜん息の顕著な増加がみられた。窒素化合物による大気汚染との強い疫学的関連性が指摘された。四日市ぜん息訴訟は，四日市ぜん息の認定患者・遺族12人を原告とし，四日市市の石油コンビナート6社を被告とする公害係争訴訟であり，1971年に結審，同年7月原告側が勝訴し，のちの公害対策に大きな影響を与えた。［植田］
→四大公害裁判，けいれん，気管支ぜん息，大気汚染，公害

欲求 （よっきゅう）

概念的には行動を生起させる内部的条件をいうが，この概念は人間の行動を理解するのに極めて重要な意味がある。また，欲求は「行動を理解するために設けられた動機づけ過程」についての説明概念であり，一次的欲求と二次的欲求に分けられる。人間は基本的に必要としている一次的欲求，一次的欲求が十分満たされないと，欲求に歪みが生じる。この歪みが，一般に欲求不満として表現されるが，そのうち一次的欲求は人間として生存に必要な欲求で，生理的欲求ともいわれ，これが満たされないと，人間として生理的均衡が保てなくなり，病気になったり，時には生存すら危うくなる。また，二次的欲求は，個体の生命維持とは直接関係しない欲求で社会的欲求ともいわれ，これが阻止されると，人格（人間性）を健全に発達させることができないばかりか，欲求の歪みさえ生じ，情緒不安（イライラなど）など代償的行動をとりその解決を図ろうとする。［松本寿］
→一次的欲求，二次的欲求，基本的欲求

欲求不満 （よっきゅうふまん）

個人の欲求が，何らかの妨害により阻止された状態を持続することによってもたらされる不快感・不満感を中心とした心理的・情緒的な緊張状態をいい，これをフラストレーション状態ともいう。欲求の充足が下界により阻止されている時を外的欲求不満といい，主として無意識的な力により主体自体が阻止している時を内的欲求不満という。ローゼンツワイクは，欲求不満を生じさせる原因として，欠乏及び欠陥，喪失，葛藤の3点を挙げ，これを外部，ないし内部からの諸要因を組合せ，次のように分類している。①外部的欠乏による欲求不満，②内部的欠乏又は欠陥による欲求不満，③外部的喪失や剥奪による欲求不満，④内部的喪失や損傷による欲求不満，⑤外部的葛藤による欲求不満，⑥内部的葛藤による欲求不満などである。ところで，一般に人間は，欲求不満を解消させるために，攻撃行動・退行行動・行動様式の固執などの行動を起こすといわれる。［松本寿］
→フラストレーション，葛藤

予防医学 （よぼういがく）

疾病の予防，生命の延長，身体的・精神的な健康と能率の増進を図るための科学と技術（ウィンスロウ）といえる。対象は人間集団と個人であり，人間集団の場合には公衆衛生活動的手法，個人を対象にする場合には臨床医学的手法も応用されることが多い。予防は一次，二次，三次に区分される。一次予防は，身体的疾病，精神的情緒的障害，外傷などの健康障害の発生防止と健康増進であり，予防接種などの疾病の特異的予防も含まれる。二次予防は，健康障害の早期発見・早期治療による進行防止と生体機能の最大限の保

全であり，特定疾患に対する予防活動が中心で，集団検診などが利用される。三次予防は，すでに疾病に罹患したものが対象で，適切な治療と患者管理・指導によって障害による生体機能の損失と生活の質の低下を最小限に防止し，社会復帰を図るものであり，各種リハビリテーション活動も含まれる。[礒辺喜]

予防接種 （よぼうせっしゅ）

各種の感染症に対して免疫を持たない感受性者を対象に，感染予防，発病防止，症状の軽減，病気の蔓延防止などを目的として，人為的に免疫を与えることである。感染症の流行を防ぐ集団予防と，個人が罹患することを防ぐ個人予防としての2つの意義がある。わが国では，ジフテリア，百日咳，破傷風，ポリオ，麻疹，風疹，日本脳炎（以上予防接種法により規定），及びBCG（結核予防法により規定）が定期接種の対象となっている。なお，これらは強制的な義務接種ではなく勧奨接種となっている。その他任意接種が可能な疾患として流行性耳下腺炎（おたふくかぜ），A型肝炎，B型肝炎，水痘（みずぼうそう），インフルエンザ，ワイル病，狂犬病，黄熱などがある。WHOとUNICEFは，ジフテリア，百日咳，破傷風，ポリオ，麻疹，結核に対する予防接種を，全世界の1歳未満の子どもに，実施することを目標に掲げ，1974年から予防接種拡大計画（EPI）を推進している。[上地]
➡感染症，免疫，結核予防法，世界保健機関，国連児童基金

予防接種法 （よぼうせっしゅほう）

伝染のおそれがある疾病の発生及び蔓延を予防するために，予防接種を行い，公衆衛生の向上及び増進に寄与するとともに，予防接種による健康被害の迅速な救済を図ることを目的とした法律。種痘，BCG等の予防接種を市町村において実施するため，1948年に制定された。最近では，1994年に改正され，これまで義務接種といわれてきた予防接種の形態を勧奨接種に改めたことにある。[森光]
➡種痘，天然痘，BCG

予防てん塞 （よぼう——そく）

生えて間もない歯のかみ合わせ面などのくぼみや溝（小窩裂溝）は，むし歯（う歯）にかかりやすい。そこで，接着性のある合成樹脂等でこのくぼみや溝を塞ぎ，むし歯の発生を予防し，初期のむし歯の進行を抑制する方法である。[田代]
➡う歯

予防投与 （よぼうとうよ）

病気の発生を予防する目的で，医薬品を生体に適用することをいう。症状はないが将来起こる可能性のある血管合併症の予防のために抗高血圧薬を投薬すること，肺結核の発症予防のために抗結核薬を投薬すること，脳梗塞予防のために抗凝固薬を投薬することなどがある。[礒辺喜]
➡医薬品

四大公害裁判 （よんだいこうがいさいばん）

昭和30〜40年代にわが国は急速な経済成長を遂げた。重化学工業を中心とする極端な生産性の強化は公害被害をもたらし，付近住民の健康被害にまで発展した。代表的な健康被害に関する訴訟は熊本水俣病，新潟水俣病（第2水俣病），イタイイタイ病，四日市ぜん息であり，このことをいう。すべて結審している。熊本水俣病裁判はチッソ株式会社がアセトアルデヒド製造過程から排出したメチル水銀が原因である健康被害による公害訴訟。第一次訴訟は1969（昭和44）年に提起された。新潟水俣病裁判は新潟県阿賀野川流域で発生したメチル水銀による健康被害で昭和電工株式会社を相手に提起した訴訟。イタイイタイ病裁判は三井金属神岡興鉱業所から排出されたカドミウムに基づく健康被害による訴訟。四日市ぜん息裁判は四日市市コンビナート群の風下の住民が多数を占める健康障害

(ぜん息性気管支炎，慢性気管支炎，肺気腫等)の原因がコンビナートを構成する6社が排出した硫黄酸化物などによるとした訴訟。いずれも昭和40年代の提訴である。[千葉]
→公害，水俣病，新潟水俣病，カドミウム(中毒)，四日市ぜん息，メチル水銀

4類感染症 (よんるいかんせんしょう)

国が感染症発生動向調査を行い，その結果等に基づいて必要な情報を一般国民や医療関係者に提供・公開していくことによって，発生・拡大を防止すべき感染症。インフルエンザ，ウイルス性肝炎，黄熱，Q熱，狂犬病，クリプトスポリジウム症，エイズ（後天性免疫不全症候群），性器クラミジア感染症，梅毒，麻疹，マラリア，メチシリン耐性黄色ブドウ球菌（MRSA）感染症などが分類される。[上地]
→感染症，1類感染症，2類感染症，3類感染症，インフルエンザ，ウイルス性肝炎，黄熱，Q熱，クリプトスポリジウム，エイズ，性器クラミジア感染症，梅毒，麻疹，マラリア，メチシリン耐性黄色ブドウ球菌

ラ行

らい
→ハンセン病

RICE処置 （らいすしょち）

　捻挫，打撲，肉離れなどの応急手当においては，傷害部位の安静（rest）を保ちながら冷却（ice）し，圧迫（compression），挙上（elevation）を行うことが原則とされている。こうした一連の基本的処置のことを，頭文字をとってRICE処置と呼ぶ。安静にするのは，無理に動かせば痛みが増幅し，内出血や腫れがひどくなるからである。また，冷やすことによって血管が縮まり内出血や腫れが抑えられ，痛みが和らぐ。さらに圧迫すると，内出血や腫れが抑えられ痛みが感じにくくなる効果が期待でき，なるべく高く保つのは，傷害部位への血流量を少なくして内出血や腫れを抑えるという意味がある。即ち，このような場合の応急手当の原則は，炎症の広がりをできるだけ抑制しようとすることである。［今村］

→捻挫，打撲，肉離れ

ライフコース

　各個人が一生におけるそれぞれの年代で経験する出来事や役割に関する社会的な発達過程。家族の生活周期も含めてとらえるライフサイクルに対して，ライフコースは，個人の一生における過程に限定される。画一的な価値観にとらわれず，性や年齢によって異なる役割や個人の出来事に着目する。［田中茂］

→ライフサイクル

ライフサイエンス

　生命科学のことであり，生命現象を化学，物理学，生物学，医科学などの自然科学の側面からはもちろん，心理学，社会学のような社会科学や，哲学など人文科学の側面からも総合的に研究しようとする学問分野である。［渡邉］

ライフサイクル

　ある世代が次の世代へ交替するまでの過程。発達段階によって変化する人間の一生の生活周期と考えられる。乳児期から老年期までのいくつかのライフステージに分けられる。個人だけでなく，結婚，出産，育児，教育など家族の発達段階によって変化する生活周期（家族生活周期）を指すこともある。［田中茂］

→ライフステージ

ライフスキル

　「人々が日常生活で遭遇する要求や難題に対して，効果的に対処できるように，適応的，積極的に行動するために必要な能力である」（WHO精神保健部の定義，1993）これ

は，心理社会的スキルであり，人の生活行動の中心部分である。大きく分けて3つの要素から成り立っている。即ち，社会的スキル（コミュニケーションスキル，対人関係スキル，アサーティブネススキル等），認知的スキル（自己認識，共感性，意志決定，問題解決，クリティカル思考等），情動対処スキル（ストレス対処，感情コントロール，セルフコントロール等）である。この用語は，最近よく使われるライフスタイル（生活様式），ライフサイエンス（生命科学）などの英語のカタカナ化と同様に，日本語の訳がピッタリこないために使われている。生きていく上で必要な技術的能力として，ヒューマンスキル，ピープルスキル，EQ（情動知能），生きる力などと同義語とされている。[皆川]
➡生きる力

ライフスキル教育 （――きょういく）

「発達段階に応じて適切な方法で，心理社会的スキルを実行し，強化することを容易にするためのものであり，それは，個人的・社会的発達を促し，人権を擁護し，そして，健康問題と社会問題を予防することにある」（WHO精神保健部の定義，1998）実際的なスキル及びスキルトレーニングを含み，広い範囲のスキルをカバーするものであるが，まず基本スキルを獲得することである。即ち，日常生活において自分で意志を決定し（意志決定スキル），問題を解決し（問題解決スキル），困難な状況に対処するために創造的に思考し（創造的思考スキル），外からの無害・有害な，有益・無益な働きかけに対しそれらをそのまま鵜呑みにすることなく思考し（クリティカル思考スキル），また，人と人との関係を良好に保ち（対人関係スキル），明快に，納得のいくようにコミュニケートすること（コミュニケーションスキル）を学び，自己への気づきを伸ばし（自己認識），他者に対して共感し（共感性スキル），情動に対処し（情動対処スキル）そしてストレスに対処できる（ストレス対処スキル）ようにすることである。これらのライフスキルは，スキルトレーニングだけでなく，学校内外の自然体験，生活体験，集団遊びなど多くの学校カリキュラムの中でも習得されるものである。
[皆川]

ライフスタイル

長い歴史の中で形成されてきた人々の生活様式，行動様式，思考様式を表す。社会学の分野で用いられてきた言葉であるが，マーケティングの分野にも導入され，消費行動の決定要因としても注目されるようになった。気候・風土などの自然環境，歴史的背景を含む社会的環境など，様々な要素の影響を受けて規定される。生活習慣病等，健康との関連が注目されている。[田中茂]
➡生活習慣病

ライフステージ

人間が一生の間に通過する各々の発達段階。幼児期や青年期などの年齢段階を指すことが多い。エリクソンは，それぞれのライフステージに特有の心理的・社会的危機があり，それらを克服せずに次の段階へ移ると心理的発達に問題が生じうると考えた。ハヴィガーストは，こうした危機の克服を発達課題とした。[田中茂]
➡幼児期，青年期，発達課題

裸眼視力 （らがんしりょく）

屈折異常をレンズやコンタクトレンズ等による矯正しないで測定した視力をいう。一般的には，5mの距離から左右1眼ずつランドルト環視力表を未矯正のまま読むことができた，一番小さな指標の数値をもって裸眼視力とする。[朝広]
➡屈折異常，視力

ラマーズ法 （――ほう）

フランスのフェルナンド・ラマーズが，ソ連の生理学者パブロフの理論に基づいて構築した精神予防性無痛分娩法である。産痛が大

脳皮質を介した条件反射によるものであるとの考えから、妊婦が呼吸法と弛緩法の訓練を受けて、産痛を自己コントロールする方法を習得するものである。また、妊婦に自分の身体と出産の各段階を意識させ、子宮収縮の間隔が短くなった時に有用な呼吸法及び特に娩出時に有用な呼吸の抑制の仕方を教授する。また、妊婦に対して妊娠、分娩に関する正しい知識を与えて、無知から生じる、恐怖、緊張、疼痛を緩和し、よりよい分娩に導こうとする出産準備教育でもある。さらに、陣痛発来から分娩終了まで介添えする介助者（大半が夫）が必要とされ、勉強や訓練を一緒に行う。[笠井]

乱視 （らんし）

無調節状態で、平行光線がどこにも焦点を結ばない状態をいう。主に角膜が完全な球面でなく歪んでいるためである。正乱視と不正乱視がある。正乱視は屈折力が方向によって異なり、強い屈折力のある方向を強主経線、弱い屈折力がある方向を弱主経線という。円柱レンズによって矯正される。不正乱視は角膜の表面がなだらかでなく、でこぼこ（凹凸）しているもので、ハードコンタクトレンズ装用によって視力が改善されるものもある。角膜移植が適応のこともある。[朝広]

卵子 （らんし）

有性生殖においては、それぞれ雄と雌に由来する2つの成熟した生殖細胞（配偶子）があり、染色体数は体細胞の半数である。両者が融合することによって、新しい個体が生ずるが、その雌の配偶子を卵、又は卵子と呼ぶ。時に卵細胞という言葉も用いられる。卵子は雄の配偶子（精子）に比べて大きい。[大川]
→精子

卵巣 （らんそう）

女性の性腺で子宮の両側に1個ずつある親指大の器官である。女性ホルモンの分泌と排卵という2つの機能を有する。これらは視床下部、下垂体によってコントロールされており、下垂体からの卵胞刺激ホルモン（FSH）が卵胞の成熟と合わせて卵胞ホルモンを分泌させ、黄体形成ホルモン（LH）は成熟した卵胞からの排卵を促すとともに、黄体を形成させ卵胞ホルモンと黄体ホルモンを分泌させる。これら卵巣の働きが月経周期を作り出している。[北村]
→女性ホルモン，排卵，黄体形成ホルモン，黄体ホルモン

ランナー膝 （——ひざ）

ランナーにしばしば起こる膝前面の痛みに習慣的につけられた呼称で、病態は様々である。比較的多いのは膝蓋骨裏面の痛みで、膝蓋軟骨軟化症が近い診断名であるが、ひろく膝蓋大腿関節痛を指している。[森川]

卵胞 （らんぽう）

卵巣の皮質には胎生期に形成された原始卵胞が存在している。生まれた段階では原始卵胞の数は両側で40万個にも及んでいる。月経周期の始めに15〜20個の原始卵胞が発育を始め、卵胞刺激ホルモンの作用によって卵胞が発育するが、卵胞期の前半にそのうちの1つが選択され主席卵胞となって成熟を続ける。主席卵胞以外の卵胞は閉鎖卵胞となり発育を停止し変性消失する。排卵直線の卵胞の直径は20mm程度である。[北村]
→月経，卵胞刺激ホルモン

卵胞刺激ホルモン （らんぽうしげき——）

FSH。脳下垂体前葉で分泌する糖タンパクホルモン。間脳視床下部の黄体形成ホルモン放出ホルモン（LH RH）により分泌が促進される。男性では精細管の発育に働き、ICSH（間質細胞刺激ホルモン＝黄体形成ホルモンと同じもの）と共同して精子形成の促進に働く。女性では黄体形成ホルモンとの共同作用により、卵胞の発育、成熟、エストロゲンの分泌に働く。[大川]

➜黄体形成ホルモン

卵胞ホルモン
➜女性ホルモン

リウマチ性心疾患 （——せいしんしっかん）

リウマチ熱によって起こる小児期に多い心臓の病気である。リウマチ熱は，A群溶連菌による上気道感染に引き続いて起こるもので，発熱，関節痛，関節炎，心炎など多彩な症状がみられる。リウマチ熱の診断基準があり，これに基づいて診断する。一般的に経過は良好であるが，心炎の後遺症として僧帽弁閉鎖不全や狭窄などの弁膜症を残すと，時に重篤な心不全になることがある。最近のわが国では医療の進歩により，この病気はまったくといってよいほどなくなっている。[村田]

リウマチ熱 （——ねつ）

A群レンサ球菌感染症に合併する非化膿性急性炎症である。主に学童期に発生する。発展途上国で多く先進国では減少している。診断は改訂ジョーンズ基準がある。これは，A群レンサ球菌感染症にかかった証拠に大症状（関節炎，舞踏病，心炎，皮下小結節，輪状紅斑）2つ，あるいは1つの大症状と2つの小症状（発熱や関節痛，リウマチ熱の既往，ESR又はCRPの上昇，白血球数の上昇，PR間隔の延長）の存在が必要である。[寺井]

理学療法 （りがくりょうほう）

PT（physical therapy, physiotherapy）。運動療法や物理療法などの身体的治療技術。運動療法は，関節可動域改善，筋力強化，耐久性の向上，心肺機能の改善，神経学的回復の促進，移動手段の確立などを目的として行われる。[吉永]
➜運動療法，物理療法

理学療法士 （りがくりょうほうし）

PT（physical therapist, physiotherapist）。病院などで医師の指示のもとに患者に理学療法を実施するリハビリテーション医療専門職。養成校を卒業後に国家試験を経て，その資格を得る。医療の他，福祉や行政の分野でも活躍が期待されている。[吉永]
➜理学療法

リカルデント・ガム

砂糖の含まれていないチューインガムのこと。リカルデントとは，リン酸カルシウムとタンパク質の複合体のこと。これが歯冠の表面をおおうエナメル質の内側に浸透して，初期のむし歯（う歯）を修復するので，むし歯予防効果がみられる。しかし，すでに歯がしみたり，痛みを感じるようになった段階では，効果がない。ヨーロッパ・アメリカについで日本では2000年5月から販売されている。医薬品ではない。[皆川]
➜う歯

罹患率 （りかんりつ）

（式）

$$罹患率 = \frac{1年間の届出者数}{人口} \times 100,000$$

有病率がある特定の時点の疾病の量を表すのに対して，罹患率は一定時間（期間）内の発生量を表している。分母の人口は年間の罹患率を求める場合には年央人口，月間の罹患率であればその月の人口を用いる。[大澤清]
➜有病率

リケッチア

0.2〜0.5μmの大きさの細菌とウイルスの中間的な微生物で，生きた細胞の中でしか増殖できないが，グラム陰性菌に近い細胞壁をもち抗菌薬に感受性があることなどの特徴から，細菌に分類される。クラミジアによく似た特性を持つが，リケッチアはつつが虫病に代表されるように，ベクターと呼ばれる媒介昆虫により感染する。リケッチアによる感染症には発疹チフス群，紅斑熱群，つつが虫病群，ロシャメリア，コクシエラがある。日本では，つつが虫病の他オウム真理教事件で有

名になったQ熱（原因菌：コクシエラ・バーネッチ）が，知られている。早期に発見し，抗菌薬を用いることで治癒する。［上濱］
→細菌，ウイルス，クラミジア，つつが虫病，Q熱

離婚率　（りこんりつ）

年間の離婚件数の人口に対する比率。
（式）

$$離婚率 = \frac{1年間の離婚件数}{年央人口} \times 1,000$$

近年（平成10年代前半）では，20万件台，人口千対2件程度の発生率となっている。集計は夫の居住地で行われている。［大澤清］

リサイクル

不要になったものや廃棄物を再生利用すること。リサイクルを促進するために，循環型社会形成推進基本法のほか，容器包装リサイクル法や家電リサイクル法などが制定されている。［渡邉］
→容器包装リサイクル法，家電リサイクル法

離人症　（りじんしょう）

何らかの理由により自己の具体的な存在感が失われ，対象を認識しながら存在感がない状態をいう。離人症性障害では，自分が自分の精神や身体から遊離して傍観者のように感じることを持続的，反復的に体験する。非現実感，自己疎隔感，自己身体の自己所属感の喪失，自己と外界を隔てる薄い膜，感情喪失感などの形で表現されることもある。［斎藤］

リターナブル容器　（——ようき）

回収・再利用を前提とした容器。資源供給が乏しかった時代の流通容器は，経費を製造業者の負担によって，回収・再利用されてきた。リターナブル容器は資源コストが安く回収・再利用コストが高い時代になっても，この制度を維持して容器素材の資源の節約を推進する運動のシンボル的存在である。［田神］

離断性骨軟骨炎　（りだんせいこつなんこつえん）

関節面の一部が軟骨下層とともに壊死に陥り，母床から分離して関節遊離体になる疾患。骨端症の一種で，壊死を起こす原因として素因と外傷が考えられている。10歳～20歳くらいの男に多く，激しいスポーツを行った経歴を持つものが多い。肘関節の上腕小頭，膝関節，距骨に発生頻度が高い。［森川］
→壊死

リデュース

廃棄物をできるだけ減らすことであり，リサイクル（再生利用）とリユース（再利用）と合わせて3Rと呼ばれる。［渡邉］
→リサイクル，リユース

リトミック

eurhythmics。エミール・ジャック＝ダルクローズ（1865-1950，スイスの音楽教育家・作曲家）が提唱した音楽教育であり，音楽と身体の動きを融合した指導方法に特徴がある。日本の教育に関しては，1923年にパリで学んだ小林宗作によって紹介された。現在は，舞踏，演劇，幼児教育，障害児教育などでも応用や指導がなされている。［笠井］

離乳　（りにゅう）

母乳やミルクから卒業し，大人の普通食への準備期間である。特に新生児期は母乳が優れているが，徐々に栄養が不十分になる。また，ミルクを飲む嚥下動作だけでなく，咀嚼運動も脳細胞の発達に重要である。離乳期は前期，中期，後期，完了期の4つに区分され，開始の目安は生後4か月から5か月，終了の目安は1歳から1歳3か月である。1日1回のドロドロ状のものから始め，次いで1日2回舌でつぶせる固さのものを与える。生後9か月から11か月は1日3回歯ぐきでつぶせる固さのものを与える。なお生後1か月から4か月は準備期として生後1か月頃から麦茶，2か月頃から果汁や野菜スープを与え

リハビリテーション

rehabilitation。障害者が身体的，精神的，社会的，職業的，経済的に可能な限りの有用性を発揮するように回復させること（全米リハビリテーション協議会の定義，1942）。医学的リハビリテーション，職業的リハビリテーション，教育的リハビリテーション，社会的リハビリテーションなどの分野がある。［吉永］

リプロダクション

再生産と訳される。配偶子が関与する場合としない場合があり，前者を有性生殖，後者を無性生殖という。人間の場合には前者であり，自己の個体と同じ種を再生産するためには，精子と卵子の受精が必須であり，その目的を達成するために性交が行われる。再生産は種の保存のための手段として重要である。最近では，生殖医療という名のもとに，人工授精，体外受精・胚移植など，人為的な再生産が行われている。［北村］
→精子，卵子，受精，体外受精・胚移植

リプロダクティブ・ヘルス/ライツ

性と生殖に関する健康/権利と訳されている。WHOは「生殖の過程に単に病気や異常が存在しないだけではなく，生殖の過程が身体的，精神的及び社会的に完全に良好な状態（well-being）で遂行されること」と定義し，さらに基本的要素として，①妊孕性を調節し抑制できること，②すべての女性にとって安全な妊娠と出産，③すべての新生児が健康な小児期を享受できる新生児の健全性，④性感染症からの自由を挙げている。［北村］

リボ核酸 （——かくさん）

RNA（ribonucleic acid）。五炭糖のリボースとリン酸及び塩基が結合したヌクレオチドが連なる1本の長い鎖状分子。塩基同士が結合して立体構造をとることができる。塩基はアデニン（A），グアニン（G），シトシン（C）がDNAと共通だが，チミン（T）を持たず，ウラシル（U）を持つ。転移RNA，伝令RNA，リボソームRNAがある。［松村］
→転移RNA，伝令RNA

リボソーム

細胞の細胞質に含まれる粒子の1つで，数本のRNA分子と約50種のタンパク質からなるRNAタンパク複合体。細菌から脊椎動物に至るすべての細胞に含まれる。大小2つの粒子（哺乳類では60Sと40Sサブユニット）が会合する。タンパク質合成時には40Sサブユニット上で伝令RNAが移動し，次々に空いたコドンに転移RNAを結合させる。［松村］
→伝令RNA，転移RNA

流行 （りゅうこう）

ある疾病や健康に関連した出来事が特定の期間に，特定の集団や地域において通常より高頻度に発生すること。患者数は病原体や曝露人口の規模，発生の時と場所，曝露集団の感受性などによって異なり，どの程度の患者数であれば流行状態とするといった規定はない。稀有な症例が続けて発見された場合は，流行を疑う十分な根拠となり得る。［上地］

流行性角結膜炎 （りゅうこうせいかくけつまくえん）

主にアデノウイルス8型などによる感染力の強い急性濾胞性結膜炎である。眼瞼腫脹，異物感があり，眼脂を伴う。潜伏期間は7～10日，耳前リンパ節腫脹が起きることがある。合併症として点状表層角膜炎を起こす。登校は医師により伝染のおそれがないと認められるまで出席停止である（学校保健法施行規則）。接触感染のため，手指の水洗，アルコール消毒が必要である。［朝広］
→結膜炎，接触感染

流行性髄膜炎 （りゅうこうせいずいまくえん）

髄膜炎菌性髄膜炎のこと。髄膜炎菌による

化膿性髄膜炎であるが，大規模な流行を起こすため，この名がある。感染者からの飛沫により感染し，潜伏期は3〜4日である。感染が起こると，まず敗血症を起こし，高熱や皮膚などでの出血斑，関節炎などの症状が現れ，その後，髄膜炎が起こり，頭痛，吐き気，精神症状，発疹などの主症状を呈する。髄膜炎を起こした場合，治療を施さなければ死亡率はほぼ100％となるが，ペニシリン系の抗菌薬が比較的有効であるので，早期に適切な治療を行えば治癒する。予防法として，ワクチン投与及び抗生物質の予防投与があるが，ワクチンは日本では認可されていない。国内での発症はわずかであり，赤道アフリカが最大の流行地となっている。このため，本症の多発地域への旅行者で，ワクチン接種を希望する場合は，個人輸入するか，海外で接種する。［上濱］
→髄膜炎，ワクチン

リユース

リターナブル瓶のように廃棄物を減らすために資源を再利用することである。洗浄してそのまま使ったり，修理によって機能回復をはかるなど，環境負荷が少ないため，循環型社会の形成に欠かすことができない。［渡邉］
→環境負荷，リサイクル，リデュース

両親学級 （りょうしんがっきゅう）

核家族化などが進行する中，社会的に孤立する傾向が強く，妊娠・分娩・育児に関する情報伝達が不足し，助言者や援助者が得にくい状況がある。そのような時代背景を踏まえて，妊婦とその夫を対象に学習の場を提供することにより，相互間のコミュニケーションを通じて連帯感を持たせ，自信をつけさせるための集団的保健指導をいう。特に父親となる夫が育児にどのような協力ができるかなどがテーマとなる。関連したものに母親学級がある。［北村］

緑色植物 （りょくしょくしょくぶつ）

光エネルギーを物質に固定するクロロフィルが緑色の植物をいう。同じ機能を持ちながらクロロフィルが赤い紅色植物，茶色い褐色植物などが区別されているが，いずれも水中生活をする藻類である。［田神］

緑内障 （りょくないしょう）

眼内圧の上昇によって視野障害など視機能障害を来す病態で，①原発緑内障，②続発緑内障，③先天緑内障に分類される。原発緑内障は，原発開放隅角緑内障と原発閉塞隅角緑内障に分類される。原発開放隅角緑内障は慢性的に眼圧が上昇し，視野の欠損が徐々に拡大する。自覚症状に乏しく，末期には視力障害も伴う。また，眼圧の高くない開放隅角緑内障（正常眼圧緑内障）もあり，視神経がその眼圧に耐える力がないと考えられている。原発閉塞隅角緑内障は，急性と慢性に分類される。①急性原発閉塞隅角緑内障は眼圧の急激な上昇（40mmHg以上）により視力低下，眼痛，頭痛を伴い，角膜の浮腫，瞳孔の散大などが認められる。一夜にして失明の危険がある。②慢性原発閉塞隅角緑内障は，隅角閉塞が軽度なため眼圧上昇も軽度であり自覚症状に乏しいが，視野の欠損など視機能障害を起こす。先天緑内障は，隅角の形成不全による房水排出障害が原因である。一般的に男児に多い。角膜径が拡大している。経過は不良なことが多い。治療は房水流出の確保と房水産生の抑制を目的とする薬剤及び手術による。［朝広］

リラクセーション

広く心身の緊張をほぐしストレス反応を軽減するために用いられる方法を指す。自律訓練法，漸進的筋弛緩法，呼吸法を用いたトレーニング，催眠療法，イメージ療法など臨床的にも用いられる方法から，心身そしてスピリチュアルな健康増進法として日常生活で行われるヨーガ，瞑想，太極拳，アロマセラピ

ーなど様々な方法がある。[朝倉]

臨界事故　（りんかいじこ）

1999年に茨城県東海村にあるJCO東海事業所で，高濃縮ウランの臨界爆発事故が発生した。高濃縮ウランの精製作業過程で，基準量の数倍に上る高濃縮ウランが沈殿槽に充填されたため，反応が臨界点を超えて爆発を起した。従業員や住民が被曝し，従業員には死者も出た。大事故が起きる可能性のある高濃縮ウランを，危険性の認識のない作業員がバケツで扱うなどの信じられない実態が，原子力行政への不信感を一気に高めた。[家田]

淋菌感染症　（りんきんかんせんしょう）

淋菌への感染によって起こる。性器の炎症の他，腟や尿道にも感染していることが多く，おりものの増加，排尿痛やうみの混じった尿が出るなどの症状が現れる。[上濱]
→淋病

臨時健康診断　（りんじけんこうしんだん）

児童生徒等及び職員の臨時の健康診断は，必要時に行うとされており（学校保健法第6条第2項），風水害等により伝染病の恐れがある時，夏季における休業日の直前又は直後等において必要がある場合行うとされている（同法施行規則第8条）。臨海や林間学校等の学校行事や結核に関する検診等の必要時に行われることが多い。[三木]

臨床医学的検査　（りんしょういがくてきけんさ）

様々な検査技術を駆使して，呼吸器，循環器，消化器，神経系などの病気の診断や病気の状態を解析し，治療方針の決定，経過の観察，予後の判定に寄与する臨床医学の一分野である。患者から採取した血液，尿，糞便，喀痰，髄液などを調べる検体検査と心電図，脳波，呼吸機能，視力や聴力など患者を対象に直接調べる生理検査とがある。[内山]

臨床心理士　（りんしょうしんりし）

財団法人日本臨床心理士資格認定協会（以下協会）が認定する，心理臨床家に付与される準公的資格である。この制度が始まってすでに10年以上経過し，有資格者は2003年の時点で約10,000人である。類似の制度は諸外国にも存在しており，「心の専門家」の社会的ニーズとその専門性の確たる裏づけは，現代社会において必要不可欠なものといえよう。最も進んでいる制度としてはアメリカ合衆国のものが1945年にスタートしている。州政府の資格として博士号取得者に対して付与され，医師免許証と同じほどの社会的評価を得ているようである。一部の州では薬物の処方もできる。カナダでもほぼ同様な制度が1970年から施行されている。日本の制度では修士号取得を前提としており，協会の指定を受けた大学院（2003年現在105大学院）の修了者にのみ受験資格が与えられる。現在の課題は国家資格化であり，多方面から議論が続けられている。[近藤]

リン中毒　（――ちゅうどく）

リンには黄リン，赤リン，黒リンがある。黄リンの毒性は強く，赤リンの毒性はほとんどないと考えられている。皮膚，呼吸器，消化器から吸収される。皮膚に付着すると深く，疼痛性の化学火傷をもたらす。経口の急性中毒では，1～2時間で嘔吐，吐き気，腹痛，下痢が起こり，数日後，肝・腎障害，肺浮腫，ショックなどが起こる。[太田]

リンパ

リンパ管内を流れる組織液。リンパ漿と細胞成分とに分かれる。細胞成分はほとんどはリンパ球である。胸管，右側リンパ本幹をへて鎖骨下静脈へ流入する。[前田]

リンパ管炎　（――かんえん）

リンパ毛細管やリンパ幹管の炎症である。リンパ毛細管が炎症を起こすと皮膚の発赤，

疼痛，腫脹が生じ，炎症が進行すると中枢側へ線状の発赤がみられる。[前田]

リンパ節 （——せつ）

リンパ管の走行途中にあるリンパ球を主体とした細胞の集簇する器官である。被膜で覆われている。実質は皮質と髄質に分けられる。皮質表層にリンパ球が密集している部分があり，その中央部には胚中心がある。ここで，抗体やリンパ球の産生が行われている。髄質には髄索がある。成人では全身に300～600個のリンパ節が存在する。[前田]

淋病 （りんびょう）

淋疾。淋菌によって起こる感染症。人体外の環境では非常に弱いため，性交による感染がほとんどで，潜伏期間は3日～2週間である。男性ではまず淋菌性尿道炎による排尿痛があり，続いて黄色い膿が出る。症状が軽くなる場合があり，放置すると副睾丸炎を起こし，睾丸が腫れて痛む。両側で副睾丸炎を起こすと子どもができなくなることがある。また，亀頭まで炎症が及び亀頭包皮炎になることもある。女性では腟や子宮の炎症を起こし，おりものの増加や下腹部痛などの症状がでる。放置した場合，卵管炎を起こし，子宮外妊娠や不妊症の原因となることがある。また，妊娠中の母親が淋菌に感染していると，出生時に産道感染し，新生児に淋菌性結膜炎を起こし，失明の原因となる場合もある。治療には抗菌薬が有効であるが，完治するまで継続することが重要である。[上濱]
➡淋菌感染症，感染症

累積感染者数 （るいせきかんせんしゃすう）

一定の期間内に当該感染症に罹患した者の数。[鬼頭]

累積死亡者数 （るいせきしぼうしゃすう）

一定の期間内の当該疾病や事故などによる死亡者の数。[鬼頭]

るいそう

やせ細ることで，肥満の反対。脂肪組織や筋の減少により，標準体重の－10％以下に体重が減少した時のこと。ただし，体質的に本来やせている場合はこれに当てはまらない。意識的な食事制限時以外で急激に体重が減少したときは，表示体重からの減少が著明でなくても羸痩（るいそう）と呼ぶことがある。[松本健]
➡やせ，肥満

冷湿布 （れいしっぷ）

元来は，冷水で湿らせた布のことをいう。物理療法の1つで，一般的に，打撲，捻挫，肉離れなどの際には，できるだけ早くその発症部位を冷やし，冷湿布をするのがよい。現在では，鎮痛・消炎作用のある薬剤が塗布されたテープもしくは布状の冷湿布が市販されており，これを用いることによって，固定の役目もある程度期待できる。[今村]
➡物理療法，打撲，靱帯損傷，肉離れ

レイノー病 （——びょう）

2年以上にわたり，原病が明らかでなくレイノー現象（一次性レイノー現象）を生ずる疾患をいう。レイノー現象とは，四肢末梢の発作的血流障害により，蒼白からチアノーゼ，発赤という色調変化を示す現象をいう。局所的，全身的寒冷やストレスが誘因となり，一過性で，指趾壊疽を生ずることはなく予後は良好である。[太田]

レーザー医学 （——いがく）

光線の中で，いくつかの特定の波長を持ったものは，ヒトの皮膚を切ったり，がん細胞を焼却したり，しみや黒子を切除できる。この光線をレーザーといい，治療に応用した分野をレーザー医学という。[辻]

レジオネラ菌 （——きん）

1976年にアメリカのフィラデルフィアで在

郷軍人会総会が開かれ，その参加者などの間で原因不明の肺炎が集団発生した。その病原菌は在郷軍人会のLegionをとってレジオネラと命名された。レジオネラ属は水系，土壌など広く自然界に分布するブドウ糖非発酵のグラム陰性桿菌である。この菌は細胞内寄生性のため，生体に侵入後，食細胞に食食されても殺されず，その細胞中で増殖が可能である。この細菌の増殖に必要な温度は25～43℃で，他の細菌に比べて高温環境に強く，塩素耐性も高い。空調の冷却水や加湿器，給湯設備，循環式浴槽，人工の滝や噴水などからも分離され，これらの施設・設備を介して感染する。本菌による感染には，レジオネラ肺炎と肺炎症状を伴わないポンティアック熱があるが，日和見型の感染症で，抵抗力が低下しやすい幼児や老人には注意が必要である。［上濱］
→在郷軍人病

レジオネラ症　（——しょう）

レジオネラ菌による感染症。レジオネラ肺炎の潜伏期は2～10日で，倦怠感や筋肉痛，頭痛などの前駆症状に続き，悪寒を伴う39～40℃の高熱を出す。さらに進行して，呼吸困難，意識障害などを起こし，重症になる場合がある。ポンティアック熱は，インフルエンザに似た症状で，悪寒，筋肉痛，発熱などを呈し，数日で軽快することが多い。わが国では最近になって，公衆浴場を介した大流行と24時間風呂による家庭内感染による死亡事故が多発した。［上濱］
→レジオネラ菌，在郷軍人病

レストレス・レッグ症候群　（——しょうこうぐん）

原因不明の自律神経失調症。足がむずむずするような不快感を認め，足を動かさずにはいられない。睡眠を妨げる要因となる。老齢者に多い。［寺井］

レセプター
→受容体

レックリングハウゼン病　（——びょう）

神経線維腫症ともいわれ，フォン・レックリングハウゼンにより名づけられたのでこの病名がある。常染色体優性遺伝をする病気で，末梢型と中枢型がある。末梢型は生後数年以内に皮膚の色素沈着（カフェオレ斑，（直径2cm以上）が5個以上現れるのが特徴であり，神経線維腫といわれる皮膚の隆起はその後に出現する。全身の皮膚に隆起がみられるので，美容上大きな問題があり，患者に対する対応に注意が必要である。中枢型は，末梢型の変化がほとんどなくて，頭蓋内あるいは脊椎管内に腫瘍ができるものである。［村田］

劣性遺伝　（れっせいいでん）

相同染色体の片方に優性の対立遺伝子が存在する時，もう片方の劣性の対立遺伝子が表現型にまったく寄与しないような遺伝形式のこと。遺伝子は父親と母親から受け継ぐので2つで1対になっているが，劣勢遺伝の形質は通常この1対の両方ともが劣勢遺伝子の時に表れる。劣性遺伝する病気には，常染色体の遺伝子に欠陥のある常染色体劣性遺伝病とX染色体劣性遺伝病がある。［松村］
→染色体，相同染色体，遺伝子，常染色体

劣等感　（れっとうかん）

自分を他人と比較して自分が能力，体格，容貌など，何らかの特徴，又は自己全体について劣っているのではないかと感じることによって，自己を低く評価するひけめの感情である。一般に，身体的劣等感，心理的劣等感，社会的劣等感等に区別できるが，単なる劣性の自覚や意識だけでは劣等感とはいわない。［松本寿］

レディネス

2つの意味があり，その1つはかつてソーンダイクによって示された「効果の法則の生理的な基礎」で，心身の準備がある時学習す

れば効果が上がり，その逆は効果が得られないとする考え方である。もう1つは学習のレディネスといわれるもので，学習者が学習する時，学習するのに必要な条件が用意されている状態をいう。[松本寿]

レトロウイルス

RNAウイルスの一種。ウィルスを構成する核酸はDNAもしくはRNAであり，RNAを持つウイルスをRNAウイルスという。また，RNAからDNAを合成することを逆転写，これに関わる酵素を逆転写酵素というが，この逆転写酵素を持つために，レトロウイルスと呼ばれる。すなわち，自己のRNAを逆転写酵素を用いて転写，合成して宿主の細胞の遺伝子（DNA）に潜り込ませ，宿主の細胞に自己の複製を作成させる。レトロウイルスの分類は次の3つである。①ATL（成人T細胞白血病）ウイルス，②ヒト免疫不全ウイルス（HIV），③サルのフォーミーウイルス。基本構造として，直径約100nmの球状であり，内部コアの遺伝物質としてRNA，周囲にはカプシドタンパクがあり，さらに外部は糖タンパクと脂質のエンベロープで包まれている。[笠井]
→リボ核酸，デオキシリボ核酸，逆転写酵素，成人T細胞白血病，HIV

レプチン

最近発見された，体脂肪量の調節を制御するといわれるホルモン。肥満遺伝子に異常があるマウスは，このホルモンが体内で作られないため，異常に食欲が亢進し，エネルギーの消費が減るため，肥満にいたる。しかし，人間の肥満におけるレプチンの役割はまだ不明な点も多い。[竹内—]
→ホルモン，肥満

レーベンフーク

1632-1723。オランダ人。アマチュア科学者で顕微鏡の発明者。17世紀後半ごろ，独自に発明した約200倍の顕微鏡を用いて細菌などの微生物を発見・記録した。[田神]

レム睡眠 （——すいみん）
→睡眠，逆説睡眠

レントゲン

ドイツの物理学者。1895年，不透明体を通過する一種の電磁放射線（X線）を発見，1901年，ノーベル賞を受賞した。物質に対する透過性と写真作用，蛍光作用を利用してX線撮影やX線透視に利用されている。X線の生物学的作用（殺菌作用など）を利して照射治療も行われる。[荒島]
→X線検査

老化 （ろうか）

多細胞生物，特に有性生殖を行う動物の生活史の後期に，加齢に伴って生ずる生理機能の衰えを指す。環境に対する体の適応機能の衰えや，抵抗力の低下などによって示される成熟期以降の退行的変化を意味する。老化の理論には，プログラム説とエラー破局説の2つがあり，相補って個体の老化が進んでいくものと考えられている。[吉田]
→加齢現象

労災保険 （ろうさいほけん）

業務上の事由又は通勤による労働者の負傷，疾病，障害・死亡などに対し，迅速かつ公正な保護を図り必要な保険給付を行い，被災労働者の社会復帰の促進など，労働者に係わる福祉の増進に寄与する制度で，労働者災害補償保険の略。労働者が業務上または通勤途上に負傷，病気または死亡した場合に，労働者や遺族を保護するために所定の保険給付をおこなう保険。1人でも労働者を雇っている事業所の事業主は加入しなければならず，その保険料は全額事業主が負担する。事務は，中央では厚生労働省，地方では労働局・労働基準監督署が行っている。[長谷川・山崎秀]

労災補償 （ろうさいほしょう）

労働者が業務・通勤によって負傷，疾病，廃疾，死亡した場合，事業主の災害補償責任を明確化し，労働者を迅速・公正に保護するための保険給付を行い，社会復帰の促進，労働者・遺族の援護を図る制度で，労働災害補償の略。労働基準法に基づく。主に次の２つの補償を義務づけている。①雇用主側に労働者の療養費を負担すること（労基法第75条），②働くことができなくて賃金がもらえないときには，その間の生活を保障するために平均賃金の60％を支払うこと（同法第76条）。［長谷川・山崎秀］

老人医療 （ろうじんいりょう）

70歳以上の高齢者（寝たきりなどの障害認定を受けた場合は65歳以上）は，国民保健の向上及び老人福祉の増進を図ることを目的とする老人保健法（1982年制定）の医療の対象となる。70歳以上の高齢者にかかる医療費を医療保険の各制度で共同して負担するとともに，診療報酬などの面で高齢者の心身の特性にあった医療を実現していこうとするものである。高齢者の場合には，心身機能が低下することに対して，疾病の治療という視点で考えるより，むしろある程度の障害を認め，残された機能を活かして生活の質を高めることが大事であるという考えがある。老人保健法で給付される医療とは，診察，薬剤や治療材料の支給，処置や手術，病院や診療所への収容，看護などである。［大川健・竹内一］

老人病 （ろうじんびょう）

青壮年期にはみられないが，加齢とともにあらわれてくる身体的及び精神的な疾病を指す。多くの場合，痴呆，失禁，転倒骨折などのように，加齢に伴う諸器官の生理的機能低下及び体動の減少に伴う廃用症候群とが重なって生じる。近年では，これらを老年症候群という概念でとらえる動きがある。これは１つの臓器の症状・疾患ではなく，多くの臓器が関与し，複数の原因が重なって生じる症状・疾患であり，高齢者患者を人間として総合的にとらえるものである。［吉田］
→加齢現象

老人福祉法 （ろうじんふくしほう）

老人福祉の基本法として1963年に制定された法律。老人の福祉に関する原理を明らかにするとともに，老人に対し，その心身の健康の保持及び生活の安定のために必要な措置を講じることにより，老人の福祉を図ることを目的とされている。［森光］

老人保健法 （ろうじんほけんほう）

国民保健の向上と老人福祉の増進を目的にした保健医療政策の推進を定めた法律（1982年制定）。老人保健法による保健事業は，①おもに70歳以上の高齢者を対象とした医療等と，②40歳以上の成人及び高齢者を対象とした保健事業の２つに大別され，後者に関わるものとして，健康手帳の交付，健康教育，健康相談，健康診査，機能訓練，訪問指導の６つが規定されている。［吉田］

老衰 （ろうすい）

生物において加齢とともに身体の構造・機能が退行していく現象。臓器の細胞数が減少し，萎縮するとともに，機能が低下する。身長・体重の減少，頭髪・歯牙の脱落，皮膚のしわの増加，目や耳の機能低下などがその例である。［稲葉］
→加齢現象

労働安全衛生行政 （ろうどうあんぜんえいせいぎょうせい）

労働上の安全と衛生面の管理に関わる行政機構と運営，実務の総称。職場における労働者の安全と健康を確保するとともに，快適な職場環境の形成を促進することを目的とする。具体的には，労働災害防止のための危害防止基準の確立，責任体制の明示，自主的活動の促進，措置を講ずる等その防止に関する

総合的計画的な対策の推進等が挙げられる。厚生労働大臣は，労働政策審議会の意見を聞いて，「労働災害防止のための主要な対策に関する事項その他労働災害の防止に関し重要な事項を定めた計画（労働災害防止計画）」を策定しなければならない。事業者は厚生労働省令に従って総括安全衛生管理者を選任し，その者に安全管理者，衛生管理者又は技術的事項を管理する者の指揮をさせなければならない。一方，労働者は労働災害を防止するため必要な事項を守る他，事業者その他の関係者が実施する労働災害の防止に関する措置に協力するように努めなければならない。労働安全衛生法に基づく。第一線の実務は各都道府県労働局及び労働基準監督署で行われている。労働基準監督官，地方労働衛生専門官が，事業場における健康管理，労働環境改善対策などの監督指導にあたっている。非常勤職員として労働衛生指導医，地方じん肺審査医などが配置され，各分野の指導などに携わっている。［長谷川・山崎秀］

→労働災害

労働安全衛生法　（ろうどうあんぜんえいせいほう）

1972年法律57号。この法律は，労働基準法（1947年法律第49号）と相まって，労働災害の防止のための危害防止基準の確立，責任体制の明確化及び自主的活動の促進の措置を講ずる等その防止に関する総合的計画的な対策を推進することにより職場における労働者の安全と健康を確保するとともに，快適な職場環境の形成を促進することを目的としている。［松本健］

労働衛生　（ろうどうえいせい）

目的は，従来は作業をする者が有害な因子により労働する能力を失う，又は減少させられることがないように，職業性疾病や災害の発生を防止することであったが，最近はそれより一歩進んで，健康的な労働の場をつくり，労働者のより高い健康状態を確保することが目標となっている。労働に起因する健康障害の防止を図り，労働者の健康を保持・増進する学問・実践活動を指す。労働衛生という用語は，1947年に労働省が設置され，労働基準局に労働衛生課が設置された頃から，この領域の包括的な用語として用いられてきた。類似の用語として産業保健，産業衛生，職業保健などがある。労働衛生対策の基本は，①作業環境管理，②作業管理，③健康管理の3つである。作業環境管理は，作業環境中の種々の有害要因を除去し快適な作業環境の維持を図るもので，発生源の密閉，自動化，隔離や排気，換気装置や個人防護対策などによって進められている。作業管理は作業自体を管理し職業性疾病の予防を図るもので，作業場所・作業方法・作業姿勢・曝露時間などへの配慮が含まれる。健康管理は健康診断などにより労働者の健康を継続的に観察し，職業性疾病などの予防，衛生管理の改善・向上を図るものである。近年，健康教育，健康管理体制の重要性も指摘されている。1972（昭和47）年の労働安全衛生法に基づく。［長谷川・山崎秀］

労働衛生保護具　（ろうどうえいせいほごぐ）

作業環境管理の面から，職場内に外的な有害要因があり，それを除去できない場合に労働者が着装して作業する保護具。呼吸用保護具（防じんマスク，防毒マスク，送気マスク等），防熱衣等（防熱面，防熱衣等），労働衛生保護衣（保護手袋，保護長靴等），保護眼鏡（遮光眼鏡，防じん眼鏡等），耳栓（1種・2種，防音用耳覆など），その他の保護具（絶縁用保護具，放射線用保護具等）がある。［長谷川・山崎秀］

労働基準法　（ろうどうきじゅんほう）

労働条件の基準を定めた最も代表的な法律。労基法と略される。1947年に戦前の各種労働者保護法令を集大成する形で，労働者の保護のために，最低の労働条件を規定した法律。その内容は，労働契約，賃金，労働時間，休憩，休日及び年次有給休暇，安全及び

衛生，年少者，女性，機能者の養成，災害補償など広範囲である。労働条件の原則として，労働者が人たるに値する生活を営むための必要を充たすべきものでなければならないとするとともに，この法律で定める労働条件は最低のものであるから，労働関係の当事者はこの基準を理由として労働条件を低下させてはならないことはもとより，その向上に努めなくてはならないとしている。労働基準法は強制法規であり，違反した労働契約は該当部分が無効になる。また，刑罰法規でもあり，ほとんどすべての規定に刑罰が設けられている。その後，たび重なる改正を経て，1959年には最低賃金法が，1972年には労働安全衛生法が，それぞれ分離独立する形で成立をみている。特に1999年改正法は，雇用機会均等法改正に伴う女性労働者関係の制限規定の撤廃，60歳以上高齢者などにおける労働契約の契約期間上限の延長，労働契約締結時における労働条件の明示範囲の拡大，退職時の証明書に退職事由を追加，1年単位の変形労働時間制に関する規制緩和（裁量労働制），36協定制度の見直し，年次有給休暇制度の拡充など広範囲に及んでいる。条文は附則を除き121条からなり，「総則」「労働契約」「賃金」「労働時間，休憩，休日及び年次有給休暇」「安全及び衛生」「年少者」「女性」「技能者の養成」「災害補償」「就業規則」「寄宿舎」「監督機関」「雑則」「罰則」の各章からなっている。［大川健・竹内一・山崎秀］

労働災害 （ろうどうさいがい）

労働安全衛生法（1972年法律57号）第2条に次のように定義されている。労働者の就業に係る建設物，設備，原材料，ガス，蒸気，粉じん等により，又は作業行動その他業務に起因して，労働者が負傷し，疾病にかかり，又は死亡することをいう。厚生労働省は，主要産業における労働災害の発生状況を明らかにすることを目的として，半期ごとに労働災害動向調査甲調査（事業所規模100人以上）及び年に1回同乙調査（同10～99人）を実施しており，労働災害の状況は次の労働災害率（度数率及び強度率）並びに労働損失日数で表している。度数率とは，100万延実労働時間当たりの労働災害による死傷者数で，災害発生の頻度を表し，強度率とは，1,000延実労働時間当たりの労働損失日数で，災害の重さの程度を表している。［松本健］

労働時間 （ろうどうじかん）

一般的に，労働者が労働するために使用者の指揮，監督下に入っている時間のことである。休憩時間は使用者の監督指揮から離れて，労働者が自由にできる時間であり，労働時間ではない。所定内労働時間は就業規則などで決められた時間をいい，所定外労働時間はそれ以外のいわゆる時間外，残業などにおける労働時間のことである。作業準備時間及び作業終了後の整理，整頓などの後始末の時間は，使用者の制度的な指揮監督の下に，また使用者の明示，黙示の指揮監督の下に行われる限り労働時間に算入される。使用者が労働者の教育，訓練，研修などを行う場合，その研修が義務とされ，強制されている場合にはその研修時間は労働時間となる。労働時間について，労働基準法第32条で使用者は労働者に休憩時間を除き1日について8時間，1週間について40時間を超えて労働させてはならないと規定している。2000年の年間総実労働時間は1,859時間で，1998年から3年連続1,800時間台となっている。所定内労働時間も1998年から連続して1,750時間を下回り，所定外労働時間は130時間台となっている。この傾向には，1997年4月に実施された週40時間労働制が大きく影響しているが，経済不況の影響も無視できない。産業別の月間労働時間（2000年）では，鉱業，建設業がそれぞれ170時間台で多く，卸・小売業・飲食店が130時間台で少ない。国際的にみて日本の労働時間は長いことが特徴であるが，製造業に限ってみると日本の方がアメリカより年間労働時間は短い（1997年）。［大川健・竹内一・山崎秀］

漏斗胸 (ろうときょう)

胸郭前壁の陥没変形で3歳くらいまでに自然緩解することが多い。稀に外科的矯正を必要とする場合がある。成人期に遺残すると，美容的問題，心肺機能低下，精神的・心理的問題が深刻となることがある。手術治療の適応となれば，合併症などの点から小児期に実施することが望まれる。［礒辺啓］

老年学 (ろうねんがく)

加齢現象を研究する科学。疾病や生理現象を研究する医学の他に，社会学，経済学，心理学，行動科学など多くの立場からの研究協力が必要となる。［稲葉］
→加齢現象

老年人口 (ろうねんじんこう)

人口を年齢によって分割し，0～14歳を年少人口，15～64歳を生産年齢人口，65歳以上を老年人口とすることが多い。場合によっては，60歳以上を老年人口と呼ぶこともある。全人口に占める老年人口の割合を老年人口係数という。（年少人口＋老年人口）÷（生産年齢人口）を従属人口指数という。［大澤清］

老年精神病 (ろうねんせいしんびょう)

医学辞典などを調べてみても，その概念は必ずしも明確になっていないが，専門家の間での共通理解として，広義には老年期に起こる精神病を意味し，狭義には脳の変化により起こる老年性痴呆を意味する。そのうち，広義には器質性精神傷害と機能性精神傷害があり，狭義には主症状の痴呆の他，副症状のうつ状態などが伴う。［松本寿］
→精神病，痴呆

ロジャーズ

1902-1987。現象学的心理療法家として知られる。既成概念によって診断するのではなく，クライエント自身の追体験を重視し，その自己決定力に絶対の信頼を置くクライエント中心療法＝非指示的カウンセリングの創始者である。人間の本質を善とする人間観を根底におき，人間的ふれあいを重視した。［松本寿］
→クライエント中心療法

6価クロム (ろっか——)

クロムは環境中では主に酸化数が3又は6の3価クロム又は6価クロムとして存在する。クロムは生体の微量必須元素であるが，6価クロムは付着や吸入により皮膚や気管に等に炎症を起こし，長期吸入すれば，肺ガンや鼻中隔穿孔を起こすため，水質汚濁や土壌汚染に係る環境基準等が設定されている。クロムはメッキ，ニクロムやステンレス等の合金の原料，顔料等に広く利用されている。［小林剛］

6価クロム公害 (ろっか——こうがい)

1973年3月，東京都江東区の地下鉄用地及び市街地再開発用地に埋め立てられた6価クロムを含む大量の鉱さいが発見され，6価クロム土壌汚染が社会問題となった。汚染者負担の原則に基づき，都の指導の下で日本化学工業(株)が鉱さいの封じ込め処理等を行い，2000年5月に終了している。［小林剛］

ロールプレイング

役割演技法と呼ばれ，教科書・資料の状況例あるいは教師や児童生徒が作った状況設定について，あるシナリオを演じたり（構成済ロールプレイング），自然発生の話し合い（自然発生的ロールプレイング）をすることである。ある状況（場面）を設定して，その状況（場面）の役割を与えて演じさせ，それを通じて模擬体験・仮想体験をしたり，問題点の解決方法を考えさせる訓練法である。ロールプレイと同義である。［皆川］

ローレル指数 (——しすう)

発育状態の評価にあたっては，身長，体重のような個々の指標の値だけでなく，それら

のバランスを考慮し総合的に評価を行う必要がある。ローレル指数は，体重(kg)÷身長^3(cm)×10^7によって求め，身長と体重のバランスから肥満傾向の評価に用いられることが多い。身長を一辺とした立方体を仮定したとき，その立方体と体重との関係を数値化したものであり，人体の密度に近いイメージになっている。この指数の平均値は生後急速に低下するため乳幼児期には用いられない。学童期以降は，思春期まで若干低下を示し思春期後は若干の上昇に転ずるものの値は比較的安定している。このような特徴のため，ローレル指数は従来から学校保健の分野で広く用いられてきた。学童期では160以上を肥満と判定するのが一般的であるが，年齢によって値の変化があることを配慮しないと間違った判断につながる可能性があるので注意が必要である。［戸部］

→カウプ指数，BMI，肥満

ワ行

ワーカホリック

　仕事に必要以上に没頭している状態をいう。一般には，仕事中毒，あるいは仕事依存症といったりする。これは仕事熱心で，普段の生活のほとんどを仕事に打ち込み，仕事以外の生活に関心を示さず，また時間も使わず，仕事から離れると不安になったり，疲弊状態となり，心身の健康を損なうこともある。［松本寿］

脇腹痛　（わきばらつう）

　運動開始後数十分立ったところ，消化管の小さなガスが次第に集まって大きなガスとなり胃や腸の壁を圧迫して発症する。消化管の機能が低下し，胃や大腸にガスがたまりやすい人に発症しやすい。［森川］

ワクチン

　感染症の原因となる病原微生物の免疫原性は残して弱毒化し，無毒化して用いる製剤であり，ワクチンを投与する操作を予防接種という。ワクチンに用いる抗原には，弱毒化した微生物株を直接生体に投与する生ワクチンと，細菌が産生する毒素を取り出して，ホルマリン処理により毒性をなくしたトキソイド，病原体を殺し免疫を作るのに必要な成分を取り出して毒性をなくした不活化ワクチンなどがある。また接種回数を減らす目的や効力の増強の目的で，2種類以上の異なるワクチンを含む混合ワクチンと，2種類以上の同種異型のワクチンを含む多価ワクチンも使用されている。学校現場で行なわれる集団予防接種にはツベルクリン反応，BCGなどがある。予防接種の副作用としては，死菌ワクチンの場合，不活化に用いた薬品や保存料などによるアレルギーの症状を示すことがある。
［鈴木耕］
→感染症，予防接種，抗原，トキソイド，ツベルクリン反応，BCG

ワッセルマン反応　（——はんのう）

　ドイツの細菌学者ワッセルマンによって考案された梅毒の血清学的診断法である。この診断法は，カルジオリピンという梅毒抗原（抗原）と被検者血清（検体）とをモルモット血清（補体源）の存在下で混合して反応させ，混合液中に残存する補体の量を測定している。抗原と抗体の結合物は補体を消費するために，混合液中に残存する補体量を測定することで検体中のカルジオリピンに対する抗体の有無すなわち梅毒に感染しているのかどうかの判定ができる。抗原には，当初は先天性梅毒児の肝臓からの抽出物が用いられていたが，その後はウシ心臓のアルコール抽出物が，そして最終的にはカルジオリピンと呼ばれる物質が使用されるようになった。この物質は後にジホスファチジルグリセロールであ

ることが確認された。この反応で，カルジオリピンが抗原として認識されていることは事実なのであるが，なぜ梅毒患者の血清中に抗原であるカルジオリピンに対する抗体が増加するのかは現在のところ明らかになっていない。［坂本］
→梅毒，抗原，抗体，血清

ワールドテスト

　箱庭療法の原型であるローエンフェルトの世界技法（つまり視覚と触覚による感覚の要素を用いると，子どもは内的世界を表出しやすい）を，ビューラが投影法として標準化したテストである。具体的には，積木等の玩具で「何か」を作らせ，その作品を攻撃性等の観点から分析する方法である。［松本寿］

腕神経叢麻痺　（わんしんけいそうまひ）

　腕神経叢は第5・6・7・8頸髄神経根及び第1胸髄神経根からなり，肩甲部・上肢の知覚・運動を支配している。麻痺により肩甲部～上肢の機能が失われる。原因の大部分は外傷であるが，頸部と上肢の間の過伸展による損傷が多い。その他，頸部・肩への直達外力によって生じる損傷もある。いわゆる分娩麻痺は新生児にみられる腕神経叢麻痺である。［西川］
→麻痺

索引

■ア行

アイコンタクト	2
愛着障害	2
アイデンティティ	3,155,383
アイバンク	3
アヴェロンの野生児	3
亜鉛欠乏症	3
アオコ	3
青潮	4
赤潮	4,201
アキレス腱炎	4
アキレス腱断裂	4
悪臭	4
悪性腫瘍	4,290,330
悪性新生物	4,13
悪性貧血	4
アクティブセイフティ	5
あくび	5
足尾銅山鉱毒事件	266
アスベスト	15,259
アスペルガー症候群	5
アセチルコリン	5
アセトアルデヒド	9,22
アタマジラミ	5
アデノイド	5,358
アデノシン3リン酸（ATP）	5
後産	6,263
アトピー	6,224
アトピー性皮膚炎	6
アトピー素因	9,10
アドラー	6,356,370
アドレナリン	42
アナフィラキシー	6,30,201
アナボリックステロイド	268
アニサキス症	6
アノミー	7
アヘン	361,374,384
アポクリン腺	7,330
アミノ酸	7,269,281,290,342
アメリカ疾病管理センター	7,184
亜硫酸ガス	7,13,311
アルキル水銀	7,221,390
アルキル水銀中毒	8
アルキルフェノール類	8
アルコール	8,16,234
アルコール依存症	8,9,22,36
アルコール多飲	8
アルコール中毒	9,388
アルツハイマー型痴呆	9,274
アルデヒド	9
アルマ・マタ宣言	353
アレルギー	9,10,220,223,387
アレルギー性結膜炎	9,72
アレルギー性鼻炎	6,10,101
アレルギー・マーチ	10
アレルゲン	9,10,113
アンケート調査	177
安全衛生教育	10
安全学習	11,62
安全管理	11,62,348
安全教育	11,62,248
安全指導	11,62
安全能力	11
安全文化	12
安全保護具	135
アンチロック・ブレーキ	12
アンフェタミン	12
安楽死	12
胃炎	12
硫黄酸化物	13,259,311
胃潰瘍	13
異化作用	13,293
E型肝炎ウイルス（E型肝炎）	13
胃がん	13
閾値	13
生きる力	13,401
育児	14
医原病	14
医師	14
意識障害	14
意識喪失	14
意識調査	14
易刺激性	14
意志決定・行動選択	15
いじめ	15,339,367
異常人格	15,235
異常プリオン	96
石綿	15
石綿肺	15
依存	389
イタイイタイ病	200,398
一次汚染物質	311
一次救命処置	16,219,311
一次消費者	16
一次生産者	16
一次性徴	238,239
一次の災害	312
一次の欲求	16,312,397
一次予防	230,397
1類感染症	16
イッキ飲み	16,388
一酸化炭素	16,89,259,272
一酸化炭素中毒	16,61
一斉授業・一斉学習	16,57
一斉保育	17
逸脱行動	17
一般廃棄物	17,324
遺伝	17,19
遺伝子	17,25,409
遺伝子組み換え食品	18
遺伝子工学	18
遺伝子診断	18
遺伝子操作	18
遺伝子治療	19
遺伝情報	17,18,19
遺伝相談	19

遺伝病	19	運動強度	288
イド	153	運動失語	28,356
移動性ペースメーカー	19	運動失行	28
遺尿	19	運動失調症	28
いのちの教育	172	運動障害	28
いのちの電話	19	運動処方	28
異物除去	20	運動神経	28
イメージトレーニング	20,381	運動性失語症	76
医薬品	20,204,388,398	運動性動脈性低酸素血症	29
医薬品副作用被害救済制度	20,195	運動性無月経	29
医薬部外品	20,388	運動能力	29,385
医薬分業	20	運動発達	29
医療関係者	20,172	運動負荷	288
医療圏	21	運動負荷心電図検査	29
医療サービス	21	運動不足	227
医療少年院	21,194	運動不足病	29
医療制度	21	運動麻痺	30
医療ソーシャルワーカー	380	運動誘発アナフィラキシー	30
医療的ケア	21	運動誘発性ぜん息	30
医療電子工学	21	運動誘発性低酸素血症	30
医療費	21,133	運動領	30
医療保険	22,116,122,175	運動療法	30,403
医療保険制度	346	エアバッグ	30
医療保障	22	エアロゾル	31
陰萎	22	英才教育	252
陰核	22,187,232	エイジング	31
陰茎	22,187,232	エイズ(AIDS)	31,33,240,399
飲酒	22,388	エイズウイルス	168
インスリン	22,221	エイズ教育	32
インスリン依存型糖尿病	23	エイズ予防法	32,84
インスリン非依存型糖尿病	23,230	衛生害虫	32,320,333,337
インセスト・タブー	23	衛生管理	32
インターフェロン	24,75,376	衛生教育	33
インテーク	24	衛生行政	33
咽頭結膜熱	24	衛生検査技師	33
院内感染	24,180,246	衛生工学	33
インピンジメント症候群	24	衛生動物	33,119
インフォームドコンセント	24,172,329	HIV検査	34
インフルエンザ	24,181,304,399	HIV抗体検査	34
インポテンス	25	HIV感染	387
VDT作業	25	HTPテスト	34
ウイルス	25,291,345,373,403	HB抗原	34
ウイルス抗体検査	127	栄養塩類	4,34,165
ウイルス性肝炎	26,75,284,399	栄養価	35
ウイルス性結膜炎	26,111	栄養教育	35
ウイルス性疾患	26	栄養士	35
ウイルス性食中毒	198	栄養失調	35
ウイルス性肺炎	146	栄養障害	35
ウィンドウ・ピリオド	26	栄養所要量	35,200
ウェクスラー式知能検査	26,274	栄養素	36,200,257
ウェルシュ菌	198,298	栄養低下	36
う歯(蝕)	26,158,284,333,337,377	栄養不足	257
う蝕活動性試験	27	栄養不良	36
宇宙船地球号	27,134	栄養療法	36
うつ状態	396,414	A型肝炎ウイルス(A型肝炎)	13,37,37
うつ病	27,317	疫学	37,168
右脳	27	疫学調査	37
運動技術	28	腋下動脈	38
運動技能	27,321	液性抗体	38
運動技能関連体力	230	疫痢	38

エクリン腺	38,330	オープンスペース	47
エゴ	153	オペラント条件づけ	95,190,378
エゴグラム	38	親子関係診断テスト	47
エコー検査	39	音圧	45
エコシステム	39	音響外傷	47
エコスペース	80	温室効果	47,379
エコノミークラス症候群	39	温室効果ガス	259,271,311
エコマーク	39	温湿布	47
エコロジー	39,237	音声言語異常	48
壊死	39,404	温度感覚	48
SRSV食中毒	40	温熱性発汗	48,330
エストラジオール	232	温熱中枢	48,86
エストロゲン	44,203,233,242,287,327	温排水公害	48
エスノグラフィ	40		
エスノメソドロジー	40	■力行	
エタノール	8,9	外因性	306
エチルアルコール	8,388	壊血病	49
エチル水銀	7	介護	204
X線	41,168,307,410	外向型	306
X線検査	41,307	開口障害	49
X染色体	232	外呼吸	49,131,307
エナメル質	41	介護サービス	49
エネルギー代謝	41	外骨腫	50
ABO式血液型	41,108	介護福祉士	50
エピネフリン	42,281,322	介護保険	50,175,365,366
エボラ出血熱	16,42,132	介護保険制度	50
エマージング・ウイルス	42	介護保険法	22,282,299
エマージング・ディジーズ	42	介護療養型医療施設	50
エリクソン	3,266,383,401	介護老人保健施設	50
円形脱毛症	43	外斜視	50
遠視	43,101	外出血	51,183
炎症	43	買春	325
延髄	43	外傷	51
エンテロトキシン	44	外傷後ストレス障害	51
エントロピー	43	外傷性腓骨筋腱脱臼	51
円背	43	カイスの輪	51
横隔膜	43	外性器	232
応急手当	44	外側上顆炎	52
黄色ブドウ球菌	44,298,335,345,379,392	外側側副靭帯損傷	52
黄体形成(化)ホルモン	44,118,233,236,288,327,402	ガイダンス	52
黄体形成ホルモン放出ホルモン	402	回虫症	52,101
黄体ホルモン	44,156,232,233,402	解糖	52
横断的方法	44	介入授業	52
黄熱	45,112,399	海馬	52
横紋筋	45,207	灰白質	53,263
おおい試験	45	外反膝	53
オキシダント	13,45,122,311	外反肘	53
オギノ式	45,343	外反扁平足	53
オージオメータ	45,281	外反母趾	53
オスグッド・シュラッター病	45	回避	53
汚染者負担の原則	45	回避性人格障害	53
オゾン	46,60	回復体位	53
オゾン層	46,259,271,356	開放性骨折	53
オゾンホール	46	海洋汚染及び海上災害の防止に関する法律	54
オタワ憲章	46,360	外来感染症	54,392
おとがい部挙上法	90	解離	54
オーバートレーニング症候群	46	解離性障害	54
オーファンドラッグ	46	カウプ指数	54,258,338,341
オープン・エデュケーション	47,57	カウンセラー	54,55,205
オープンスクール	47	カウンセリング	54,95,224,245,247

索引 421

火炎滅菌	55,147,380
化学性食中毒	198
化学的酸素要求量	55,152,230
化学物質	56,166,242
化学物質過敏症	55,166
化学物質中毒	166
化学物質の審査及び製造等の規制に関する法律	56
かかりつけ医	56
過換気症候群	59,167
顎関節症	56
角結膜炎	26,56
核酸	56
学習	56,58,273,331
学習意欲	57
学習形態	57
学習指導	57,144
学習指導案	57
学習指導要領	57,95,170,252
学習障害	57,105,192,202,297,339
学習の転移	58
学習評価	58
覚せい亢進症状	58
覚せい剤	58,127,388,389
覚せい剤中毒	58
覚せい剤取締法	12,59
覚せい・睡眠中枢	59
喀痰検査	59
獲得免疫	59,165
学年閉鎖	66
角膜移植	3
角膜障害	140
角膜反射法	74
学力	58
かけがえのない地球	134
過呼吸症候群	59
過酸化脂質	60
下肢長	60
過失傷害致死罪	60
過失致死	60
過剰歯	60
過食症	60,197,390
下垂体	60
下垂体機能障害	60
下垂体前葉ホルモン	126,137
ガス交換	29,60,131,190,210,323,326
ガス中毒	61
ガス滅菌	61,380
仮性近視	250
かぜ症候群	61
仮説実験授業	61,181
仮想現実	290
家族計画	61,182
課題分析	62
カタルシス	62
学級活動	62
学級閉鎖	66
脚気	62
学校安全	11,62,229
学校医	62,115
学校医所見	63
学校栄養職員	63
学校開放	63
学校カウンセラー	224
学校カウンセリング	54
学校環境衛生	63,68
学校環境衛生基準	64
学校看護婦	394
学校管理	64
学校管理規則	64
学校基本調査	64,279
学校給食	64,93
学校給食法	64
学校教育法	65,69,393,394
学校災害	65,66
学校歯科医	65
学校施設管理者賠償責任保険	65
学校施設・設備	65
学校週5日制	66
学校生活管理指導表	66,215
学校伝染病	66
学校閉鎖	66
学校防災	66
学校保健	67,313,366
学校保健安全計画	67
学校保健委員会	68
学校保健活動	67
学校保健管理	68
学校保健行政	69,367
学校保健統計	69,114,339
学校保健法	69,114,115,366
学校保健法施行規則	69
学校薬剤師	69
葛藤	70,130,193,287,397
合併処理浄化槽	70
家庭相談員	70
家庭内暴力	70,302,366
カテコールアミン	42,71,310,322,350
家電リサイクル法	71,404
カドミウム(中毒)	71,197,200,259
カーナビゲーション	71
カネミ油症	71,200,340
過敏性腸症候群	72
花粉症	72,127,135
過保護・過干渉	72
体つくり運動	72
体ほぐし	72
カリキュラム	72,95
加齢	73,238,410
加齢現象	73,414
過労死	73
川崎ぜん息	396
川崎病	73
がん	4,73,196,230
眼位検査	74
肝移植	237,302
簡易水道	74
簡易生命表	74
肝炎ウイルス	74
肝炎の感染経路	74
肝炎の検査法	74

肝炎の自覚症状	74	関節鼠	83
肝炎のスポーツ感染	75	感染	83,291
肝炎の治療法	75	汗腺	83
感音難聴	75,140,280	感染型食中毒	83
寛解状態	75	感染経路	83,84,363
感覚器	75	感染源	84
感覚記憶	75	感染症	
感覚性失語症	76		84,168,180,209,291,315,336,345,375,392,398,399,416
感覚中枢	76	感染症新法	32
眼科検査	76	感染症法	84,198,365
換気	76,131	感染症予防	181
眼球運動	76	感染症予防法	84
環境	76,79,168,183,255	完全生命表	74
環境アセスメント	76	感染の門戸	84
環境影響評価	243	肝臓	84
環境衛生	77	乾燥皮膚	85
環境衛生学	174	冠動脈硬化症	85
環境衛生監視員	77	冠動脈障害	85
環境衛生検査	77	間脳	85,263
環境汚染	77,165,321	カンピロバクター菌	198
環境科学	77	顔面神経麻痺	85
環境基準	78,99	緘黙症	85
環境基本法	13,78,79,121,251,259	管理栄養士	85
環境教育	78,121	寒冷中枢	86
環境国際行動計画	134	既往歴	86
環境省	78	記憶	75,86
環境心理学	79	危害分析重要管理点方式	328
環境対策車	79	器官	86,255
環境庁	78	気管	86
環境の質	79	気管支	86,323
環境負荷	79,256,406	気管支炎	86
環境保健	79	気管支ぜん息	86
環境保全	80	危機管理	86
環境保全行政	367	危機状態	87
環境ホルモン	165,200,286,308	危機理論	87
環境要因	80	奇形	87
環境容量	80,99	危険運転致死傷罪	60,128
環境リスク評価	80	気質	87
眼筋麻痺	80	器質的障害	87
眼瞼下垂	81,175	技術	91
がん検診	81	キシリトール	87,337
眼瞼内反	81	キス病	87
看護	81	寄生虫	88,101,291,345
肝硬変	81	寄生虫病	52,88,128
看護師	81	寄生虫病予防法	88
観察学習	82,174	寄生虫卵検査	88
患者調査	82,114,134,168,186	基礎体温	88
患者の運搬法	82	基礎体温法	89,343
感受性	82,84	基礎代謝	89
感受性者	82	喫煙	89,324,356
冠循環	82	喫煙防止教育	89
感情	191	吃音	90,113
感情障害	27,251	拮抗作用	90
冠状動脈	82	気道確保	90,132,311
眼精疲労	82	気道閉塞	90
間接圧迫法	83,157	キネシオロジー	90
関節炎	83	技能	91
間接喫煙	185	技能教育	91
間接撮影	41	キノホルム	91,228,387
関節疾患	83	希発月経	243

索引

キーパンチャー病	91	業務上過失致死罪	60
気分	191	業務上疾病	98,197
気分障害	251	虚血性心疾患	85,98,212,296
基本的人権	91	拒食	60
基本的生活習慣	91	拒食症	163,208,390
基本的日常生活活動度	41	許容線量	98
基本的欲求	16,92	許容度	99
義務教育	177	霧	227
偽薬	353	切り傷	99
逆説睡眠	92	起立性タンパク尿	99
虐待	169	起立性調節障害	99,167
逆転写	410	菌	99
逆転写酵素	92,410	禁煙	100,356
逆転層	92	禁煙ガム	100,310
キャノン	92,126	緊急避難	100
ギャング・エイジ	169	近視	100,101
キャンパス・ハラスメント	245	筋ジストロフィー	100
牛海綿状脳症	96	近親相姦	23
救急救命処置	92	禁断症状	234,389
救急処置	367	筋電図	100
救急用絆創膏	93	筋力	100,264
救急連絡網	93	空気感染	101
給食指導	93	クオリティ・オブ・ライフ	101
給食設備	93	くしゃみ	101
給食調理員	93	薬	386
急性アルコール中毒	16,94,388	口対口法	373
急性胃炎	12	駆虫	101
急性灰白髄炎	94,315	駆虫薬	101
急性肝炎	75	屈折異常	101,175,205,250,401
急性糸球体腎炎症候群	94,212,215	熊本水俣病	398
急性出血性結膜炎	26,94	組み換えDNA技術応用食品	18
急性腎炎	94	くも膜下出血	293
急性虫垂炎	94	クライエント	54,102,107,205
急性熱性疾患	73	クライエント中心療法	102
急性腰痛症	395	クラミジア	102,323,403
Q熱	94,399,404	クラミジア結膜炎	111
救命処置	343	クリオキノール	91
教育委員会	95,170	グリコーゲン	102
教育課程	72,95	クリトリス	22,187,232
教育基本法	95,113	クリーニング業法	102
教育計画	95	クリプトスポリジウム	102,399
教育相談	95	クリミア・コンゴ出血熱	16
強化	95	グリーン購入	103
境界性人格障害	96	くる病	103
胸郭変形	96	グループ・ダイナミクス	103
狂牛病	96,200,354,399	クレッチマー	87,228,357
教室環境	96	黒いスモッグ	206
教授・学習過程	96	クロイツフェルト・ヤコブ病	103,354
教職員健康診断	97	クロム	414
狭心症	97	クロム公害	103
矯正視力	97	クローン	104
強制保険	170	ケア・マネージメント	104
胸腺	97	ケア・マネージャー	104
ぎょう虫症	97,101	経過観察指導	104
強迫観念	97	経験	331
強迫行為	97	経験学習	104
強迫神経症	97,98,208	経験主義	166,294
強迫性障害	98,208	経験主義教育	104
恐怖症	98,208	頸肩腕障害	104
胸部誘導	98	経口感染	105

経口避妊薬	231,287,343,347	原因療法(薬)	111
経済協力開発機構	45	検疫(所)	111
ケイ酸	105	検疫伝染病	112
計算障害	105	嫌煙権	112
形成的評価	105	幻覚	112,338
経線弱視	105	幻覚剤	112
ケイソン病	105	原核細胞	112,144,206
頸椎損傷	105	減感作療法	113
ゲイトウェイ・ドラッグ	105,264	嫌気性菌	113
系統学習	105,384	原級留置	113
頸動脈	106	健康	113,244
珪肺	106	健康安全・体育的行事	113
経皮感染	106	健康観察	113,114
けいれん	106,249,339	健康管理	114
劇症肝炎	75	健康関連体力	230,385
下血	106	健康教育	33,114,383,394
KJ法	106	健康指標	114
ゲシュタルト心理学	158	健康寿命	114,358
ゲシュタルト療法	106	健康食品	115
下水	106	健康診断	68,115,119,177,215,242,367
下水処理	106	健康診断の事後措置	115
下水道	107	健康診断票	63,115
下水道整備緊急措置法	107	健康増進法	185
下水道法	107	健康相談	68,114,115,367
ゲス・フー・テスト	107	健康相談活動	116,360,367,393
ケースワーク	107	健康づくり運動	116
血圧	107,124	健康手帳	116
血液型	41,108	健康日本21	112,116,358,360
血液検査	108	健康保険	116,134
血液疾患	108	健康保険証	116
血液製剤	108,387	健康保険法	22,116,117
結核	108,209,229,283,340	健康リテラシー	117
結核休暇	108	言語障害	117
結核菌	108,137,283,325,340	言語障害児教育	117
結核健康診断予防接種月報	109	言語中枢	117
結核検診	109	言語聴覚士	40,117,118,226
結核予防法	109	言語治療	40,118
血管運動反射	109	言語発達障害(遅滞)	118
月経	109,130,156,209,232,233,378,402	言語療法	40,118
月経異常	109	言語療法士	117,226
月経周期	232,243	検査	288
月経障害	109	現在生命表	243
月経前症候群	109	原子爆弾被爆者の医療等に関する法律	118
血行障害	110	剣状突起	118
血色素	110	原始卵胞	118
血漿	110	原子力災害	119
欠食	110	検診用アンケート	119
血清	110,416	顕性感染	332
血栓	319	建築物用地下水の採取の規制に関する法律	119
決定臓器	346	原虫	119,291,345
血糖	110,296	幻聴	294,338
血糖測定パッチ	110	顕微鏡	119
血糖調節中枢	110	高圧蒸気滅菌	119,147,380
血尿	111	後遺症	120
結膜炎	111,196,303	行為障害	120
血友病	111,387	抗HIV剤	120
血友病患者	339,387	構音障害	120
ゲノム	17	高温適応限界温	120
煙	227	公害	120,121,148
下痢	111	公害教育	121

公害健康被害補償制度	121	後天性素因	129
公害健康被害補償法	121	後天性免疫不全症候群	31,33,240,399
公害対策基本法	120,121	後天梅毒	129
公害病	121	行動科学	383
公害防止計画策定地域	122	行動主義	129,211,317
口蓋裂	122	行動主義心理学	158,272
光化学オキシダント	45,**122**,268	後頭葉	129
光化学スモッグ	92,**122**,206,227,268,272	更年期	130
口角炎	122	更年期障害	130
高額療養費	122	紅斑	**130**,371
交感神経	122,204,207,349	公費負担制度	130
交感神経系	350,374	抗不安薬	127,233,234
後期死産	123	硬膜下血腫	**130**,293
好気性菌	113,**123**	校務分掌	130
興行場法	123	合理化	**130**,155,287
口腔咽喉頭疾患	123	合理的機制	131
航空機騒音	**123**,251	抗利尿ホルモン	187
航空機騒音障害防止法	123	高齢化社会	131
口腔疾患	123	高齢者	411
合計特殊出生率	190	高齢社会	131
攻撃性	123	コカイン	**131**,234,264,374,375
高血圧	124	呼気吹きこみ法	373
抗原	9,10,**124**,127,165,337,387,416	呼吸	**131**,173
抗原抗体反応	9,**124**,127,220,337,387	呼吸運動	**131**,223
膠原病	**124**,249	呼吸器	131
咬合異常	124	呼吸器系	132,136
光合成	**124**,271	呼吸器系疾患	132
後産	6,23	呼吸中枢	132
高山病	125	呼吸停止	132
高脂血症	**125**,230	国際監視伝染病	132
公衆衛生	125	国際自然保護連合	132
公衆衛生学	174	国際疾病分類	132
後十字靭帯損傷	125	国際赤十字	313
高周波音	278	国際伝染病	132
公衆浴場法	125	国際連合教育科学文化機関	392
恒常性	**126**,204,287,332	国際労働機関	2,179
甲状腺	126	国勢調査	**133**,211
甲状腺刺激ホルモン	126	国民医療費	133
甲状腺ホルモン	281	国民皆保険体制	22,**133**
工場騒音	126	国民健康・栄養調査	114,**133**
工場排水	126	国民健康調査	134
工場法	126	国民健康保険	**134**,346
口唇炎	126	国民健康保険法	22
口唇ヘルペス	126	国民優生法	391
抗精神病薬	**127**,233	国立感染症研究所	134
向精神薬	**127**,374	国連環境開発会議	121
合成洗剤	127	国連環境計画（UNEP）	134,135
抗生物質	**127**,265,335,379,388	国連児童基金（UNICEF）	**134**,398
厚生労働省設置法	127	国連人間環境会議	134
抗体	6,9,124,**127**,337,380,383,387,416	50%致死量	135
抗体検査	127	湖沼水質保全基本方針	135
抗体産生能	128	湖沼保全法	135
鉤虫症	128	個人用保護具	135
交通安全	11,**128**,229	枯草熱	**135**,337
交通安全指導	128	固体廃棄物	136
交通災害	128	骨格系	136
交通事故統計	128	骨幹部	136
交通騒音	129	骨形成不全症	136
交通統計	128	骨疾患	136
後天性心疾患	129	骨折	**136**,266

骨粗鬆症	136	サイドエアバッグ	144
骨端部	**136**,137	サイトカイン	**144**,376
骨肉腫	**137**	サイバネティックス	**144**
コッホ	**137**,269	細胞	**144**,253
固定法	**137**	細胞分裂	**144**
コデイン	**137**,374,375	催眠療法	**145**
古典的条件づけ	190	裁量労働制	**145**
子どもの権利条約	134,**137**,194	サーカディアンリズム	58,**145**
子ども110番の家	**137**	サーカニュアルリズム	**145**
子どもへの暴力防止プログラム	**138**	作業環境測定法	**145**
ゴナドトロピン	236	作業関連疾患	197
コーピング	**138**,225	作業主任者	**145**
個別指導	**138**	作業療法	46,**146**
コーホート	**138**	作業療法士	46,**146**
ごみ	17,325,357	座高	**146**
コミュニケーション	224	刺し傷	**146**
コミュニティ道路	**138**	嗄声	**146**
雇用機会均等法	**139**	挫創	39
コラーゲン	136	錯覚	**147**
孤立	**139**	擦過傷	228
コルチコステロイド	**139**	殺菌法	**147**
ゴールドシュタイン	160	サテライトオフィス	256
ゴールドプラン21	**139**	サナトロジー	172
コレステロール	125,**140**,288	左脳	27
コレラ	112,**140**,198,315	サーベイランス	**147**
コレラ菌	137,**140**,277	サモアの思春期	**147**
孤老	**140**	サリドマイド	20,**147**,387
コロナウイルス	146	サルモネラ菌	**148**,198
コロニー	327	酸化硫黄	13
婚姻率	**140**	酸化ヘモグロビン	148
根源欲求	6	産業医	**148**
混合難聴	**140**,280	産業衛生	412
昏睡体位	14,**140**	産業公害	**148**,300
コンタクトレンズ	146	産業精神衛生	**148**
コンドーム	**140**,231,343	産業廃棄物	17,143,**148**,324
コンパートメント症候群	**141**	産業保健	412
コンピュータ	**141**	残気量	**149**
コンピュータ教育	**141**	酸欠事故	**149**
コンピュータ断層撮影法	168	3歳児健康診査	**149**
コンプレックス	**141**,342	三次医療圏	21,**149**
		産児制限	**149**
		産褥熱	**149**
■サ行		三次予防	398
災害	142,180,363	酸性雨	7,**149**,259,272
災害安全	**142**	酸素欠乏症	**150**
災害救助法	**142**	酸素需要量	**150**
災害対策基本法	**142**	酸素摂取能力	324
催奇形性	**142**	酸素摂取量	**150**,218
細菌	142,291,345,356,373,403	サンプリング	**150**
細菌性食中毒	40,83,**143**,298	参与観察	40,**150**
細菌性赤痢	**143**,315	霰粒腫	**150**
採光	**143**	残留性	**150**
再興感染症	84,**209**	3類感染症	**151**
在郷軍人病	**143**	ジアルジア	**151**
サイコセラピー	220,236	シアン	**151**
最終処分場	**143**	シアン化物	**151**
臍帯血移植	**143**	自慰	**151**,239
在宅医療	**144**	死因	**151**
在宅サービス	49	死因別死亡率	**152**
最適温度	169	ジェンダー	**152**,231,240
最適化学習	**144**		

索引			
ジェンナー	152,184,292	自己免疫疾患	161
自我	153,154,157	自己免疫病	249
歯科医師	153	自己理解	161
自我意識	153,154	自殺	161,251
歯科衛生士	153	自殺念慮	161,194
歯科技工士	153	死産	123,161,183
志賀潔	153	死産率	161
死学	172	脂質	161
視覚障害	154	歯周炎	162
視覚障害児教育	154	歯周疾患	162,269
自覚症状	154	歯周疾患要観察者	152
歯科検診	154	歯周病	158,162,164,230,269,333,356
自我障害	154	歯周ポケット	162
C型肝炎ウイルス（C型肝炎）	74,75,81,154	思春期	162,309,329
G型肝炎ウイルス（G型肝炎）	155	思春期外来	162
自家中毒症	155	思春期側わん症	163,244
自我同一性	3,155	思春期貧血	163
自我分裂	155	思春期妄想症	163
自我防衛	155	思春期やせ症	163,197,208
自我欲求	155	自傷	163
時間的退行	155	視床下部	163
色覚	156	自浄作用	164,300
色覚検査	69,156	自浄能力	164
磁気共鳴映像法	156	姿勢	164
識字率	178	姿勢異常	221
色素性乾皮症	156	歯石	164,333,356
子宮	156,232	事前・事後テスト法	164
子宮がん	156	自然環境保全法	164
子宮内膜	156,232	視線恐怖	164
事業者	156	自然浄化作用	164
仕業点検	157	自然増加率	164
刺激伝導系	157	自然淘汰	185
止血	157	自然富栄養化	165
止血法	281	自然放射能	165
試験	157	自然保護	165
資源	157	自然保護機関	132
試験紙法	157	自然保護憲章	165
自己	153,157,159	自然免疫	165
自己愛	309	歯槽膿漏症	162
自己愛性人格障害	157	自尊感情	166,247
自己意識	153,158,160,161	自尊心	247
思考	158,159	視聴覚教育	166,289
歯垢	26,158,162,164,292,333,377	視聴覚メディア	166
試行錯誤学習	158	市町村保健センター	368
思考実験	159	膝蓋腱炎	166
耳垢栓塞	159	膝蓋腱反射	336
自己概念	159	シックハウス症候群	166,327
自己観察	247	シックハウス病	327
自己血輸血	159	しつけ	166
自己顕示性	159	実験疫学	37,167
自己肯定感	247	実験学校	167
自己効力感	159	実験計画法	167
事故災害	160	実験主義	167
自己実現	160	失行症	167
自己中心性	160	失語症	76,117
仕事依存症	416	失神	167
仕事中毒	416	失認症	167
自己認識	160,401	疾病異常	339
自己認知	161	疾病構造	167
自己評価	160	疾病・障害及び死因分類	151

疾病統計	168	就学援助	177
疾病予防	168	就学義務	177
質問紙調査	168,254	就学時健康診断	177
至適温度範囲	169	就学指導	177
至適体重	169	集学治療	178
児童買春	325	就学猶予・免除	178
児童買春・ポルノ禁止法	169	就学率	178
児童期	169	習慣形成	178
児童虐待	169	周期性嘔吐症	155
児童憲章	170,171	週休2日制	178
児童厚生施設	170	重金属	259
自動車損害賠償責任保険	170	重金属中毒	179
指導主事	170	周産期	179
指導書	170	周産期死亡率	179
児童神経症	193	重症急性呼吸器症候群	146
児童精神医学	193	従属栄養	179,299,356
児童相談所	70,171	従属栄養生物	179,180
児童中心主義	294	重大災害	180
児童福祉司	171	集団感染	180
児童福祉法	171	集団検診	180
児童養護施設	171	集団指導	180
指導要録	171	縦断的方法	44
シートベルト	30,171	集団ヒステリー	180
シナプス	172,209,335	集団免疫	180
歯肉炎	172	柔道整復師	181
し尿	325	重度重複障害	280
死の医学	172	十二指腸潰瘍	181
視能訓練士	172	周波数	45
視能訓練士法	172	習癖	181
死の告知	172	集落	327
自発呼吸	173,210	授業研究	181
地盤沈下	173	授業書	61,181
耳鼻咽喉科検診	173	授業評価	182
ジフテリア	315	授業分析	181,182
自閉症	5,173,191,193	宿主	83,88,168,182,245,363
自閉症児施設	173	受精	182,233,258,316,327,405
脂肪肝	173	受精卵	182,258,274,316
死亡診断書	173	主題学習	182
死亡統計	168	受胎調節	182,391
死亡率	174,255	受胎調節法	45
シミュレーション	174	シュタイナー学校	182
社会医学	174	主体要因	183
社会的学習理論	174	出血	157,183
社会的認知理論	159,174	出血性結膜炎	111
社会病理	175	出産	183
社会福祉士	175	出生前診断	183
社会保険	21,22,175	出生率	183
車間距離警報システム	175	出席停止	184
弱視	154,175,353,381	出席督促	184
尺側側副靱帯損傷	176	種痘	184,292,398
尺度	176	受動喫煙	112,184
斜頸	176	主任制	185
斜視	51,175,176,307	種の保存	185
射精	176,233,239	寿命	114,358
シャブ	58	受容器	185
循環型社会	406	受容体	186
ジャンパー膝	166	主流煙	185,186,351
主因	176	受療行動調査	186
週案	177	受療率	186
自由回答法	168,177	シュレッダーダスト	186

手腕振動症候群	328	少年院	194
循環器	186	少年鑑別所	194
循環器系	136	少年期	194
循環器検診	186	少年自殺	194
循環器疾患	230	少年犯罪	195
循環中枢	187	少年非行	195
循環のサイン	187	少年法	193,194,195
循環不良	187	小脳	195
順応	187	消費者	39,195
情意機能	187	消費者被害救済制度	195
小陰唇	187,233	消費者保護基本法	195
昇華	187,261,287,336	上腹部圧迫法	196
生涯学習	188	障壁	196
生涯教育	188	静脈	196,385
障害児(者)教育	188,391	静脈系	196
障害児保育	188	睫毛内反	81
障害者福祉	188	睫毛乱生	196
消化管出血	189	消化器系	136
消化器	189	食あたり	198
消化器検診	189	職業がん	196
浄化作用	62	職業性カドミウム中毒	197
浄化槽	70,230,269	職業病	197,328
浄化槽法	189	職業分類	197
松果体	189	食行動	197
衝撃吸収ボディ	189	食思異常	197
衝撃吸収ボンネット	189	食事指導	197
条件づけ	190	食事療法	198,257
条件反射	190	食生活習慣	198
症候群	342	食中毒	148,198,277,345,392
しょう紅熱	190	職場環境	198
踵骨骨端炎	190	職場体操	198
少子化	190	食品衛生	199
小循環	190	食品衛生監視員	199
症状精神病	190,235	食品衛生管理者	199
上水道	190	食品衛生法	199
上水道・下水道普及率	191	食品公害	200
常染色体	17,191,231,236,409	食品成分	200
情操	191	食品添加物	199,200,201
情操教育	191	食物依存性運動誘発アナフィラキシー	201
情緒	191	植物状態	319
情緒障害	191	植物性プランクトン	201
情緒障害児教育	191	植物人間	201
情緒障害特殊学級	192	触法行為	195,201,340
情緒不安定	192	職務命令	201
衝動	192	食物アレルギー	201
情動	191	食物環	202
常同運動障害	192	食物繊維	200,202
消毒	147,192	食物連鎖	16,39,165,202,242,286,310,321,370,377
小児	192	食欲不振症	163
小児がん	193	初経	192,202,239
小児神経症	193	助産師	202
小児神経精神医学	193	助産所	202
小児精神病	193	書字(表出)障害	202
小児成人病	193	女性ホルモン	44,109,130,203,232,242,402
小児ぜん息	396	女性用コンドーム	141,203
小児難病	193	所属	203
小児分裂症	193	初潮	202
小児保健	194	ショック	203,266
小児麻痺	94	ショック症状	203,296,390
少年	193,194	所定外労働時間	203,413

ショートステイ	203	腎症候性出血熱	213,336
初任者研修	204	心身症	72,213,220
処方せん	204	心身障害児	213
自立活動	204,381,394	心身相関	213
自律神経系	204,208,335	シンスプリント	214
自律神経失調症	205,352	新スポーツテスト	114,394
視力	175,205,401	腎生検	212,214
視力検査	205	新生児	214,377
視力障害	154	新生児死亡率	214
事例研究法	205	真正てんかん	214
歯列	206	腎性糖尿	214
歯列矯正	206	腎臓	214,343
白いスモッグ	206	心臓検診	215
耳漏	206	腎臓検診	215
塵埃	206	深層心理学	215
腎移植	219	心臓性急死	215
人格	228,329	心臓病	301
真核細胞	144,206	心臓ペースメーカー	215
人格障害	206,357	心臓発作	215
心悸亢進	206,215	心臓マッサージ	118,187,215,311
心気症	208	身体依存	8,9,234,361,375,389
心気神経症	208,344	身体計測	216
心機能不全	207	身体検査	115
心筋	45,207	身体障害	216
真菌	207,345,356	身体障害者福祉法	216
心筋梗塞	207	身体組成	169
心筋疾患	207	靭帯損傷	216
真菌症	99,207	靭帯断裂	217
神経系	136,207,308	身体の虐待	169,239
神経細胞	172,208	診断的評価	105,217
神経質	208,384	診断テスト	217
神経遮断薬	208	伸張反射	335,336
神経症	193,208,235,348	身長別標準体重	217
神経衰弱	208	陣痛	217
神経性過食症	206,390	心停止	217
神経性食思不振症	197,208,390	心電図	29,215,217
神経性大食症	206,246	心電図検査	217
神経性無食欲症	208,246	振動	217
神経線維腫症	209,408	浸透圧	218
神経調節	209	振動規制法	218
人口圧	209	振動公害	218
新興感染症	42,84,209	シンドロームX	218
人口構成	210	シンナー	390
人工呼吸	90,132,173,187,210,311,373	心肺機能	218
人工死産率	210	じん肺症	218,219
人工授精	210,232,405	心肺蘇生法	16,219
人口静態	211	じん肺法	219
人口統計	210	心不全	219
新行動主義	158,211	腎不全	219
人口動態統計	211	心房中隔欠損症	219
人工妊娠中絶	161,211,391	じんま疹	220,371
人口ピラミッド	210	心理学的検査	220
人口問題	209,211	心理的虐待	169,239
心雑音	211	診療所	220
腎糸球体疾患	212	心療内科	220
心疾患	212,301	心理療法	220,236,245,317
腎疾患	212	森林浴	220
心室中隔欠損症	212,326	随意運動	220,221,351
人種	212	水銀	220
滲出性中耳炎	213,276	水銀中毒	220

水系感染	221	生活習慣	198,229
水質汚濁	221	生活習慣病	
水質汚濁防止法	78,221		114,125,162,168,186,193,218,229,235,295,315,331,401
膵臓	221	生活態度	230
錐体外路	221	生活体力	230
錐体路	221	生活年齢	230,274
垂直感染	369	生活の質	35,101,369
垂直接触	245	生活排水	221,230
水痘	222,291	生活保護法	230
水頭症	222	生活リズム	230
水道方式	222	性感染症	141,203,230,240,241,303
水平感染	369	性器クラミジア感染症	231,399
髄膜炎	148,222,406	性器ヘルペスウイルス感染症	231
睡眠	222	性教育	231,232,245
睡眠学習	223	性差	232
睡眠時無呼吸症候群	223	精子	228,231,233,236,268,405
睡眠障害	223	性周期	232
睡眠相後退症候群	223	成熟	232,238,252,331
睡眠薬	127,234,374	性情報	232
スギ花粉症	72,223	生殖医療	232
スキナー型プログラム	224	生殖器	232
スキャモンの発育曲線	331	生殖機能	233
スキンシップ	224	生殖機能障害	233
スクリーニングテスト	224	青色鼓膜	233
スクールカウンセラー	224	成人	193,232,240
健やか親子21	225	精神安定剤	127,233,344
頭痛	225	精神医学	233
ステロイド	225	精神依存	233,361,375,389
ステロイド精神病	225	精神衛生	381
ステロイドホルモン	44,139	精神衛生法	236
ストーカー	225	精神疾患	234
ストレス	225,226,246,261,265,342	精神障害	208,234,236,255
ストレス対処	225,261	精神衰弱	234
ストレス耐性	225	精神性発汗	48,234,330
ストレスマネジメント	226	精神遅滞	192,234,273
ストレッサー	225,226,246	成人T細胞白血病	234,410
スーパーエゴ	153	精神年齢	230,274
スピーチセラピスト	226	精神薄弱	234
スピロヘータ	226,291,305	精神病	193,208,235,250,414
スペインかぜ	25	成人病	193,229,235
スポーツ安全保険	226	精神病質	235
スポーツ医学	227	精神分析	235,285
スポーツ外傷	227	精神分析学	3,215,235
スポーツ障害	227	精神分裂病	294
スポーツ心臓	227	精神保健	235,381
スポーツテスト	264	精神保健福祉センター	235
スポーツ貧血	227	精神保健福祉法	234,236
スモッグ	227	精神保健法	234,236
スモン	20,91,228,387	精神療法	55,209,220,236,245
すり傷	228	性成熟	311
スリーマイル島原発事故	228	性腺	236
精液	228,232,233	性腺原基	236
生化学	228	性腺刺激ホルモン	236
性格	228,329	性染色体	17,191,232,236
性格異常	228	精巣	232,236,237,268
性格類型	228	生存曲線	237
生活安全	11,229	生態学	237,315
生活科	229	生態学的指標	237
生活規生	229	生体肝移植	237
生活指導	229	生態系	39,237,238,271,301,321

生体リズム	230,**238**	セリエ	225,**246**
性徴	**238**	セルフエスティーム	**247**
成長	232,**238**	セルフ・エフィカシー	159
成長加速現象	**238**,311	セルフコントロール	**247**
成長ホルモン	222,**238**,286	セルフメディケーション	**247**
精通	192,**239**	セルフモニタリング	**247**
性的嫌がらせ	245	セロハンテープ法	**247**
性的虐待	169,**239**	遷延性植物状態	**247**
性的成熟	**239**	尖圭コンジローム	231
性的欲求	**239**	潜在学習	**248**
性転換手術	**240**	潜在危険	**248**
性同一性障害	**240**,245	潜在的カリキュラム	95,**248**
生徒指導	229,**240**	前十字靭帯損傷	**248**,334
青年期	3,**240**,401	全習法	**248**
性の逸脱行動	**240**	染色体	17,191,206,**249**,253
性の商品化	**241**	全人教育	**249**
性病	231,**241**	全身性エリテマトーデス	**249**
性病予防法	84,231,**241**	潜水夫病	105
政府開発援助	**241**	ぜん息	6,30,127,**249**
生物化学的酸素要求量	230,**241**,338	選択学習	**249**
生物学的指標	**241**	選択教科	**249**
生物学的濃縮	**242**	選択制授業	**250**
生物学的半減期	**242**	選択反応時間	**250**,336
生物圏	**242**	先天異常	87,**250**
生物指標	**241**	先天近視	**250**
生物時計	**242**	先天性心疾患	**250**
生物濃縮	39,**242**,321	前頭葉	**250**,295
性ホルモン	109,236,**242**	せん妄	**250**
精密検査	**242**	腺様増殖症	5
生命表	74,**242**	前立腺	228,**250**
生命倫理	323	躁うつ病	193,235,**250**
性欲	239	騒音	126,129,**251**
生理休暇	**243**	騒音規制法	**251**
生理的早産	**243**	騒音性難聴	**251**
生理的欲求	397	騒音対策	**251**
生理不順	**243**	相関カリキュラム	**251**
世界エイズデー	**243**	臓器移植	**251**
世界自然憲章	**243**	臓器移植ネットワーク	**252**
世界保健機関(WHO)	46,101,115,118,**243**,358	早期がん	**252**
世界保健憲章	**244**	早教育	**252**
セカンドオピニオン	**244**	総合衛生管理製造過程	199
赤十字	313	総合健康診断	315
脊髄	**244**,276	総合的な学習の時間	179,**252**
脊柱・胸郭異常	**244**	操作主義	**252**
脊柱側わん症	**244**,381	早熟	**252**
赤痢	38,143,198	創傷	51,99,**253**
赤痢菌	38	躁状態	396
セクシュアリティ	**244**	増殖	232,**253**
セクシュアル・ハラスメント	139,**245**	双生児法	**253**
セクハラ	245	相対評価	171
セシウム137	**245**	相談面接活動	95
セックス・カウンセリング	**245**	早朝尿	**253**
赤血球	289,347	相同染色体	**253**,409
舌根沈下	**245**	僧房弁逸脱症	**253**
接触感染	**245**,303,405	僧帽弁閉鎖不全症	**254**
摂食障害	163,**246**,390	足関節捻挫	**254**
接触(性)皮膚炎	**246**	測定	**254**
絶対評価	171	側頭葉	**254**,295
セパシア菌	**246**	続発性腎炎	**254**
セラチア菌	**246**	側わん症	244

鼠径ヘルニア	254	大脳新皮質	263
鼠径リンパ肉芽腫症	241	大脳皮質	263,270
組織	255	大脳辺縁系	263
素質	255	体罰	263,278
粗死亡率	114,255	胎盤	263
咀嚼	255	胎盤感染	263
ソーシャルワーカー	255	対物管理	11,62
粗出生率	183	大麻	263,375,388
措置入院	255	大麻取締法	264
ソーラーシステム	256	退薬症状	389
ソリブジン	256	代理出産	264
ソ連かぜ	25	体力	264,321
尊厳死	256	体力・運動能力調査	264
損失生存年数	114	体力診断	264
		体力診断テスト	217,264
■夕行		体力測定	216,264
第一反抗期	394	体力テスト	28,264,385
ダイエット	257	体力トレーニング	265
ダイオキシン	55,200,257,300,357	唾液	265
体温調節中枢	48,257,332	多剤耐性	265
体外受精	258	多剤耐性結核菌	265
体外受精・胚移植	232,258,405	多重人格	265
体格	258	脱臼	265,266
退学	258	脱臼骨折	266
大気汚染	121,150,259,268,272,300,397	脱水症	266
大気汚染物質	259,286	達成動機	266
大気汚染防止法	13,78,259	多動(性)	266
大規模学校	259	田中正造	266
体験学習	386	たばこ	89,184,234,266
退行	155,259,287,362	たばこ煙	112,267,310
胎児	259	たばこ規制枠組み条約	89,267
胎児性水俣病	260,390	多発性骨髄腫	254
胎児治療	260	ダブル・スクール現象	267
体脂肪率	337	打撲	267,400,408
体臭恐怖	260	ターミナルケア	267
大出血	260	タール	89,267
体循環	260	ダルク	268
代償	155,260	炭化水素	259,268
代償行動	260	単純性肥満	268
帯状疱疹	222	男女産み分け法	268
対症療法薬	261	男女共同参画社会	268
対処行動	261	男性不妊	268
対人管理	11,62	男性ホルモン	232,236,242,268,288
対人恐怖症	164,260	炭疽菌	137,269
耐性	9,261,265,388,389	単調労働	269
体性感覚	185,261	単独処理浄化槽	70,269
耐性菌	261	炭肺症	269
代替医療	261	タンパク質	201,206,269,290
代替フロン	46	炭粉沈着症	269
大腸菌	43,261	チアノーゼ	269
大腸菌O157	262,298	地域歯周疾患治療必要度指数	269
大動脈弁閉鎖不全症	262	地域保健	270
態度学習	262	地域保健法	270,368,369
態度形成	262	チェルノブイリ原発事故	270
態度測定	262	知覚	270
態度変容	262	知覚学習	270
体内時計	189	知覚中枢	270
体内リズム	189	地球温暖化	165,271,311,333,375,379
第二水俣病	310	地球温暖化防止	256,268
大脳	263	地球化学	271

地球環境の悪化	271	腸閉塞	280
地球サミット	121	聴力異常	280
地球生態系	271	聴力検査	280
知識	272	直接圧迫法	83,157,281
チック症	272,297	直接塗抹法	88,281
窒息	272	治療	281
窒素酸化物	272	治療教育	281
腟内リング	273	治療食	198
知的障害	57,193,235,273	チロシン	281
知的発達	273	椎間板ヘルニア	281
知能	273,274,321	通疫現象	181
知能検査	220,273,274,331	通過儀礼	281
知能指数	274	通過率	282
知能テスト	274	通勤災害	282
チフス症	148	通所介護	282,285
痴呆	274	通所リハビリテーション	282
致命率	274	通信教育	282
チャイルドシート	31,274	通性感染	282
着床	182,233,274,316,327	痛風	283
治癒	275	使い過ぎ症候群	283
注意	275	突き指	283
注意欠陥／多動障害	41,266,275	つつが虫病	283,403
中央教育審議会	275	ツベルクリン	137,416
厨芥	276	ツベルクリン反応	108,283,340
中間宿主	276	爪かみ	284
中耳炎	206,276	手足口病	284,291
中耳真珠腫	276	低温適応限界域	284
中心静脈栄養	276	D型肝炎ウイルス（D型肝炎）	284
中枢神経系	207,209,276,335	定期健康診断	63,114,284,306
中性脂肪	125,276	デイケア	284,285
中絶	211	低血糖	285
中途覚せい	276	抵抗	285
中毒性精神病	277	抵抗力	264,380
中毒110番	277	帝国学校衛生会	313
中途退学	258	デイサービス	282,285,299
肘内症	277	低酸素血症	223,285
中脳	263,277	低周波空気振動	285
チュートリアル学習	277	低出生体重児	285,377
腸	277	低身長	285
腸炎ビブリオ	198,277	訂正死亡率	114,286,318
超音波	278	ディーゼル排気	286
超音波エコー画像検査	278	低体重	337
超音波診断法	278	ディベート	286
懲戒（生徒の）	278	ティーム・ティーチング	57,251,286,383
聴覚学習	279	低用量ピル	287,347
聴覚障害児	278	デオキシリボ核酸（DNA）	228,287
聴覚障害児教育	278	適応	187,287
聴覚領	278	適応異常	287
腸管出血性大腸菌感染症	43,151,200,279	適応機制	130,155,187,259,260,287,293,295,336,362
長期欠席	279	適応障害	287
腸球菌	279,335	適性	288
腸脛靱帯炎	279	適正負荷	288
調剤	387,388	デシベル	288,372
超自我	153,154	デス・エデュケーション	172
腸チフス	315	テスト	288
超低周波騒音	279	テストステロン	44,242,288
腸毒素	44	テスト・バッテリー	288
聴能訓練	279	テスト不安	289
重複障害児	280	テスト法	289
重複障害児教育	280	鉄欠乏性貧血	110,163,257,289

テトラクロロエチレン	289,300	トゥレット症候群	272,**297**
テニス肘	52,**289**,307	道路交通法	**297**
テーピング	**289**	トキソイド	**297**,328,416
デューイ	104,167,384	徳育	295
テレビ教育	**289**	特異体質	350
テレビゲーム	**289**	読字障害	**297**
転移	**290**	特殊学級	**297**
転移RNA	**290**	特殊教育	188,**297**
伝音難聴	140,280,**290**	特殊教育諸学校	**298**
てんかん	274,**290**	特殊健康診断	**298**
転換性障害	**290**	毒素型食中毒	**298**
典型教材	**290**	ドクターヘリ	**298**
典型公害	120	特定家庭用機器再商品化法	71
伝染	**291**	特定疾患	**298**
伝染性疾患	**291**	特定保健用食品	115
伝染性膿痂疹	**291**	毒物及び劇物取締法	**298**
伝染性皮膚疾患	**291**	特別活動	180,**299**
伝染病	**291**,362	特別教育活動	**299**
伝染病予防法	84,365	特別支援学級	**297**
デンタルプラーク	158,162	特別支援教育	188
デンタルフロス	**292**	特別養護老人ホーム	**299**
天然痘	152,184,**292**	特別用途食品	115
天然痘根絶宣言	112,184,**292**	匿名断酒会	36
天然放射性（同位）元素	**292**	独立栄養	**299**
電離	**292**	独立栄養生物	16,**299**
電離放射線	**292**	独立栄養物	16
伝令RNA	**292**	独立行政法人日本体育スポーツ振興センター	
同一化	155,**293**		65,128,**300**,315
同一視	**293**	都市型公害	300
動因	155,**293**,390	土壌	**300**
投影	**293**	土壌汚染	**300**
頭蓋内血腫	**293**	土壌汚染対策法	301
頭蓋内出血	**293**	土壌の自浄作用	301
同化作用	**293**	都市緑地保全法	301
動悸	206,215	トータル・ヘルス・プロモーション・プラン	301
動機づけ	**293**	突然死	215,223,224,**301**
討議法	**293**	突然変異	185,209,**301**,361,388
道具主義	**294**	突然変異原	301
道具的条件づけ	190	突然変異原性	361
統合失調症		突発性心筋症	**302**
112,161,164,193,235,250,260,**294**,334,338,357,381		ドナー	237
撓骨動脈	**294**	ドナーカード	**302**
凍死	**294**	ドーピング	**302**
投射	**293**	ドミノ肝移植	**302**
凍傷	**294**	ドミノ理論	**302**
同性愛	**294**	ドメスティック・バイオレンス	**302**
透析療法	219,**295**	トラウマ	**303**
痘瘡	112,184,292	トラコーマ	111,**303**
頭頂葉	**295**	トラッキング	**303**
道徳教育	**295**	ドラッグ	**303**
糖尿病	23,221,285,**295**	鳥インフルエンザ	**303**
逃避	53,155,**295**	トリクロロエチレン	300,**304**
頭部外傷	**295**	トリハロメタン	**304**
糖負荷試験	**296**	トリプチルスズ	**304**
頭部後屈あご先挙上法	**296**	ドリンカー曲線	237
動物性プランクトン	**296**	トルエン	390,391
動脈	**296**	トルエン中毒	**304**
動脈硬化	212,**296**	ドルトン・プラン	**305**
動脈硬化症	**296**	トレーナビリティ	**305**
動脈性出血	**296**	トレーニング	288,**304**

トレーニング効果	288	日本脳炎	351
トレポーレマ・パリドム	305	日本薬局方	20
土呂久地区とヒ素鉱毒事件	305	乳酸	313
		乳児期	313
■ナ行		乳児健康診査	314
内因性	306	乳児施設	314
内科検診	306	乳児死亡率	114,314
内観	306	入眠障害	314
内向型	306	乳幼児突然死症候群	314
内呼吸	49,131,307	尿検査	157,253,314
内視鏡検査	307	尿毒症	219
内斜視	307	尿路感染症	315
内出血	183,307	2類感染症	315
内性器	232	任意保険	170,315
内申書	307	人間環境宣言	134,135
内側上顆炎	307	人間工学	315
内側側副靱帯損傷	176,308	人間生態学	237,315
ナイチンゲール	308	人間疎外	315
内反足	308	人間ドック	187,315
内部環境	308	妊産婦手帳	369
内分泌	308	認識	315
内分泌かく乱化学物質	200,237,308	妊娠	182,203,275,316,327
内分泌系	308	妊娠週数	316
長与専斎	308	妊娠診断薬	316
ナショナル・トラスト運動	309	妊娠中絶	240,316
ナノグラム	309	妊娠中毒症	316
鉛中毒	309	認知	316
生ワクチン	416	認知構造	316
悩み	309	認知行動	317
ナルシズム	309	認知心理学	272
なん語	309	認知療法	317
難聴	75,213,280,290	ねたきり老人	317
難病	298,310	熱けいれん	317
新潟水俣病	310,398	熱失神	317
肉離れ	310,400,408	熱射病	266,317
ニコチン	89,100,234,267,310	熱中死	317
ニコチンガム	89,310	熱中症	312,317
ニコチン中毒	310	熱疲労	318
ニコチンパッチ	89,311	ネフローゼ症候群	215,318
二酸化硫黄	7,13,121,311	ネフロン	318
二酸化炭素	271,311	年金保険	175
二酸化窒素	60,272	捻挫	216,400,408
二次医療圏	21,149,311	年少人口	210,414
二次汚染物質	311	年少労働	318
二次救命処置	219,311	年齢(階級)別死亡率	318
二次性徴	162,232,238,239,242,288,311,329	年齢調整死亡率	255,319
二次的の災害	312	脳	276
二次的欲求	16,312,397	農業害虫	320
西ナイルウイルス脳炎	312	脳血管疾患	319
二重盲検法	37,312	脳血栓	319
二次予防	230,397	脳死	302,319
日案	177	脳死判定	319
日常生活動作	114,312	脳出血	319
日内リズム	189	脳神経	207,374
日射病	312	脳性麻痺	319
日照権	313	脳卒中	221,296,319
二部授業	313	能動喫煙	185
日本学校保健会	313	脳動静脈奇形	320
日本赤十字社	313	脳ドック	320
日本体育・学校健康センター	300	脳内出血	293

索引　437

脳軟化症	320	白昼夢	327
脳波	320	バクテリアコロニー	327
脳梅毒	320	白内障	327
脳貧血	320	麦粒腫	328
農薬	320,337	白ろう病	218,328
農薬安全使用基準	321	ハサップ（HACCP）	328
農薬汚染	321	ハシシ	263
農薬中毒	321	破傷風	146,328
農薬取締法	321	バシラス菌	328
農用地の土壌の汚染防止に関する法律	321	バズ学習	328
能力	321	パスツール	269,329
野口英世	322	パーソナリティ	228,329
後産	6,203	はだし教育	329
ノーマライゼイション	322	パターナリズム	329
乗物酔い	322	バーチャル・リアリティ	290
ノルアドレナリン	109,322	発育	238,329
ノルエピネフリン	281,322	発育加速現象	329
ノロウイルス食中毒	40	発育急進期	238
ノンレム睡眠	59,92,222	発育曲線	329
		発育障害	330
■ハ行		発育スパート	238,311
肺	323	発育不全	330
肺炎	323	発汗	48,330
ばい煙	259,323	発がん物質	330
バイオエシックス	323	白血病	193,234,330
バイオテクノロジー	323	発見学習	330
バイオフィードバック	324	パッシブセイフティ	189,331
バイオメカニクス	90	発症因子	331
バイオロジー	323	発疹	130
媒介生物	324	発達	232,273,331
肺活量	324	発達課題	331
肺がん	324	発達曲線	331
肺感染症	325	発達診断	331,332
肺気腫	324	発達心理学	272
廃棄物	17,136,143,148,324	発達段階	332
廃棄物処理	325	発達遅滞	332
廃棄物処理法	17,324	発熱	332
肺結核	325	発病	332
敗血症	148	抜毛症	332
売春	325	発問	333
肺循環	190,219,325	鳩胸	96,244
売春防止法	325	鼻アレルギー	337
排水基準	326	パニック障害	208,333,348
肺炭疽	269	母親学級	369,406
肺動脈弁狭窄症	326	パブロフ	190,378
梅毒	129,241,322,326,399,416	ハマダラカ	324,333
梅毒血清反応	326	歯みがき指導	333
梅毒スピロヘータ	320,322,326	場面緘黙	191,334
背部叩打法	326	パラジクロロベンゼン	55
ハイブリッドカー	79,326	パラチフス	315
ハイブリッド細胞	383	パラノイア	334,362
肺胞	323,326	バリアーフリー	216,334
肺胞気	326	バルビツール酸剤	334
ハイムリック法	196	ハロー効果	334
廃用症候群	327	バーンアウト	382
排卵	89,232,233,274,316,327,402	汎化	334
ハイリスク	327	半月板損傷	334
ハウス病	327	反抗期	334
パーキンソン病	221,274,327	バンコマイシン	42,279,335
迫害	366	バンコマイシン耐性腸球菌	335

犯罪	195,**335**	被扶養者	116
犯罪少年	**335**,340	ヒポクラテス	**344**
反射	**335**	ヒポコンドリー	**344**
反社会的行動	341	飛沫感染	245
反射弓	**335**	肥満	169,258,268,276,337,**344**,408,410,415
反射中枢	**336**	肥満細胞	337
ハンセン病	**336**	肥満症	173,345
ハンタウイルス	**336**	肥満度	54,268
ハンディキャップ	**336**	肥満分類	337
バンデューラ	159,174	ひやり・はっと体験	**345**
反動形成	287,**336**,362	ヒューマンチェーン	**345**
反応時間	**336**	ヒューリスティクス	**345**
反復性膝蓋骨脱臼(亜脱臼)	**336**	病因	168
ピアジェ	160,169,266,273	病原性ブドウ球菌	**345**
鼻アレルギー	**337**	病原体	84,245,276,291,324,**345**,363,373,392
非う蝕性甘味料	**337**	病原微生物	291,345
非営利組織	41,341	病弱・身体虚弱児	**346**
鼻炎	**338**	病弱・身体虚弱児教育	**346**
被殴打児症候群	169	被用者保険	**346**
被害者	**338**	標準化死亡比	**346**
被害妄想	334,**338**,381	標準体重	217
B型肝炎ウイルス(B型肝炎)	34,74,75,**338**	標的臓器	**346**
非加熱血液製剤	**339**,387	病理	175
被患率	**339**	病理学	**346**
ひきこもり	**339**	日和見感染	31,34,207,282,345,**347**
ひきつけ	**339**	ピル	343,**347**
ピグマリオン効果	266,**339**	疲労	313,376
非言語性学習障害	**339**	疲労骨折	136,395
非行	193,**340**	ヒロポン	12,58
非行少年	**340**	ピロリ菌	181,359
非行予測検査	**340**	貧血	227,**347**
微細運動	394	貧困	**347**
鼻疾患	**340**	ファストフーズ	**347**
非社会性行為障害	**341**	不安神経症	208,**348**
非社会的行動	**341**	不安全行動	**348**
鼻出血	**341**	不安全状態	**348**
ヒスタミン	72,337	フィジカルセラピスト	**348**,403
ヒステリー	208,**341**	フィードバック	324,**348**
非政府組織(NGO)	**341**	フィトンチッド	**349**
ヒ素(中毒)	**341**,384	フィラリア	**349**
比体重	**341**	風疹	291,**349**
ピーターパン・シンドローム	**342**	富栄養化	3,34,127,165,201,221,230,300,**349**
ビタミン	**342**	フェイルセーフ	**349**
左利き	376	フェニル水銀	390
鼻中隔わん曲症	**342**,351	不活化ワクチン	416
必須アミノ酸	7,35,**342**	副交感神経	122,204,207,**349**,374,379
ビデオ教材	**343**	複合災害	363
ひとみしり	**343**	副甲状腺	**349**
ヒト免疫不全ウイルス	31,**33**,343	副作用	**350**,386
一人遊び	**343**	複式学級	**350**
避難訓練	**343**	副腎	**350**
泌尿器系	**343**	副腎髄質ホルモン	**350**
避妊	149,**343**	副腎皮質刺激ホルモン	**350**
避妊手術	**344**	腹痛	**350**
避妊法	141	副鼻腔炎	**350**
避妊ワクチン	**344**	腹膜炎	351
皮膚	**344**	副流煙	185,186,**351**
皮膚炎	**344**	不顕性感染	332,**351**
皮膚感覚	**344**	浮腫	**351**
皮膚疾患	**344**	不随意運動	**351**

不随意筋	45,207,358	閉塞性睡眠時無呼吸	358
不整脈	215,**351**	米飯給食	**358**
フタル酸エステル類	**352**	ベクター	19,324
普通体重	337	ペスト	16,112
フッ化物	**352**	ペースメーカー	19,215,**358**
フッ素	352	ヘッドホン難聴	**359**
物理療法	**352**,403,408	ヘドロ	**359**
不定愁訴	**352**	ペニシリン	127,379
不適応	287	ペニス	**22**,232
ブドウ球菌	345	ベネット骨折	**359**
不登校	139,178,191,193,258,279,339,**352**,367	ベビーブーム	165,**359**
不同視	175,**353**	ベビーホテル	**359**
舞踏病	351	ヘモグロビン	110,347
ぶどう膜炎	**353**	ヘリコバクター・ピロリ	181,**359**
不妊	**353**	ヘルシーピープル2000	184
不妊症	231,232,268,**353**	ヘルシーピープル2010	**360**
不妊治療	233,258	ヘルシンキ宣言	**360**
浮遊粒子状物質	121,259,286,**353**	ヘルスカウンセリング	116,**360**
プライマリーケア	**353**	ヘルスプロモーション	46,116,118,**360**
プライマリーヘルスケア	125,**353**	ペルテス病	**361**
プライマリーメディカルケア	**353**	ベルナール	308
プラシーボ	**353**	ヘルニア	**361**
フラストレーション	70,**354**,397	ヘルペスウイルス	222
フラッシュバック現象	342,**354**	ヘルメット	**361**
ブラッシング	172,**354**	ヘロイン	264,**361**,374
プリオン	96,345,**354**	ベロ毒素	262
フリー・スクール	**354**	ベロ毒素産生性腸管出血性大腸菌	43
フリーター	342,**354**	変異原性	**361**
プリテンショナー	**355**	変異原物質	**361**
不良姿勢	244,**355**	偏差値	58,**361**
不慮の事故	160,**355**	偏執狂	**361**
プール指導	**355**	偏食	**362**
プール熱	24	ベンツピレン	89,267,**362**
ブレインストーミング	**355**	扁桃炎	**362**
フレオン	46	扁桃肥大	362,**362**
ブレスロー	229	扁平足	53
フロイト	123,215,266,**355**,393,396	弁別学習	**362**
ブローカ中枢	250,**356**	弁別反応時間	336
プロゲステロン	44,232	保育	**362**
プロスタグランディン	**356**	防衛規制	130,155,187,259,260,287,293,295,336,**362**
プロトコル	**356**	防疫	**362**
プロービング	**356**	包括医療	**363**
プロフィール	**356**	膀胱	343,**363**
フロン	46,259,271,**356**	膀胱炎	315
分煙	185,**356**	防災	**142**
分解者	39,165,**356**	防災管理	66,**363**
分習法	**248**	防災教育	67
文章完成テスト	**357**	房室ブロック	**363**
粉じん	61,218,259,**357**,365	放射性同位元素	**363**
分析疫学	37,**357**	放射性同位体	245,**363**
分泌	232	放射性物質	119,**363**,**364**
分別収集	**357**	放射線	165,292,**364**
分離不安	**357**	放射線障害	**364**
分裂気質	**357**	放射能	**364**
平滑筋	**358**	放射能汚染	**364**
平均健康寿命	**358**	防じんマスク	**365**
平均寿命	**358**	包帯法	**365**
平均余命	114,**358**	法定伝染病	**365**
閉経	130	訪問看護	**365**
米国精神医学会の診断基準	208	訪問教育	**365**

訪問指導	365
訪問入浴介護	366
訪問リハビリテーション	366
暴力	70,366
ボクサー骨折	366
保健医療サービス	50
保健衛生行政	174
保健学習	67,114,366
保健管理	67,114,366
保健管理センター	366
保健教育	33,67,366
保健行政	367
保健行動	367
保健師	367
保健室	367,394
保健室登校	367
保健指導	67,114,138,366,367
保健主事	185,368,393
保健所	368
保険診療	21
保健センター	368
保健組織活動	368
保健調査	154,368
保健婦	367
保険料	175
保護観察	368
母子感染	338,369
母子健康手帳	369
母子相互作用	369
母子保健	369
母子保健サービス	369
補償	261,370
捕食者	370
ポストハーベスト	370
ホスピス	267,370
ホスピタリズム	370
ホーソン効果	370
母体保護法	316,370,391
勃起障害(ED)	22
勃起中枢	371
発疹	371
ボツリヌス菌	298,371
補導	371
母斑症	371
ホームオフィス	256
ホームドクター	372
ホームヘルパー	372
ホメオスタシス	93,126,204,225
ポリオ	94,347,351
ホルムアルデヒド	55,259,297,372
ホルモン	372,380,410
ホルモン分泌異常	372
ホルモン様作用物質	237
ポリ塩化ビフェニール	200,340
ホン	372
香港かぜ	25
本能	372

■マ行

マイクログラム	373
マイクロモル	373
マイコプラズマ肺炎	323,**373**
マウス・ツー・マウス法	210,**373**
マジック・マッシュルーム	373
麻疹	291,**374**,399
麻疹ウイルス	374
マスターベーション	151
マズロー	92,160,266
マタニティ・ブルー	374
末梢神経系	207,209,**374**
麻痺	374
麻薬	127,361,**374**,375,384
麻薬及び向精神薬取締法	127,**374**,384
麻薬中毒	389
マラリア	209,324,333,**375**,399
マリファナ	263,**375**
マリファナ医療	375
マルファン症候群	375
マールブルグ病	16,132
慢性アルコール中毒	9,173
慢性胃炎	12
慢性肝炎	75
慢性気管支炎	375
慢性糸球体腎炎症候群	2,99,212,376
慢性疲労	376
慢性疲労症候群	376
右利き	376
未熟児	377
水俣病	200,260,310,**377**,380
ミニピル	347
耳だれ	206
耳鳴	377
ミュータンス連鎖球菌	377
ミリモル	377
ミルズ・ラインケの現象	377
民間非営利組織(NPO)	**41**
無煙たばこ	378
無過失賠償責任	378
無機水銀	8
無月経	109,163,**378**
むし(虫)歯	26,158,284,337,352,377,398
無条件反射	378
無症候性キャリア	378
無症候性血尿	378
無症候性タンパク尿	378
夢精	239,**379**
むちうち症候群	379
夢中遊行	223,**379**,386
ムーブメント教育	281,**391**
夢遊病	379
迷走神経	379
酩酊	94
メサドン	379
メタン	268,271,**379**
メタンフェタミン	12,58
メチシリン	379
メチシリン耐性黄色ブドウ球菌	345,**379**,399
メチル水銀	7,**380**,389,390
滅菌法	380
メディア・リテラシー	232

索引

メディカルソーシャルワーカー	380
メラトニン	189,380
免疫	25,82,161,180,**380**,398
免疫グロブリン	2,6,38,127,**338**
面接指導	380
メンタルトレーニング	381
メンタルヘルス	381
モアレ写真法	381
盲学校	154,298,**381**
妄想	294,338,**381**
盲腸炎	94
網膜	156,**381**,382
網膜剥離	382
毛様体	382
網様体	382
燃え尽き症候群	382
模擬授業	383
目標行動	383
モノクロナール抗体	383
モバイルワーカー	383
モヤモヤ病	383
モラトリアム	3,**383**
森田療法	208,**384**
森永ヒ素ミルク事件	200,**384**
モルヒネ	137,361,375,**384**
問題解決学習	106,294,**384**
問題解決活動	384
問題解決過程	384
問題解決能力	384
問題行動	385
モンテッソーリ法	385
問答法	385
文部科学省	170
文部科学省新体力テスト	264,**385**
門脈循環	385

■ヤ行

野外学習	386
野外教育	386
野球肘	386
夜驚	386
薬害	256,**386**
薬害エイズ	31,**387**
薬害救済制度	387
薬剤アレルギー	387
薬剤師	204,**387**,388
薬剤師法	388
薬剤耐性	120
薬剤耐性菌	388
薬事法	388
薬物	303,388,**389**
薬物・アルコール中毒	388
薬物アレルギー	350
薬物依存	268,**389**
薬物依存症	389
薬物探索行動	233
薬物中毒	388,**389**
薬物乱用	303,**389**
火傷	390
やせ	258,**390**

宿主	83,88,168,**182**,245,363
誘因	390
有害ガス	390
有機水銀	260,310,377,389,**390**
有機水銀中毒	200
有機溶剤	390
有機溶剤中毒	390
有機リン	391
遊具	391
優生保護法	316,370,**391**
遊走腎	391
有能感	391
有病率	339,**392**,403
雪印乳業食中毒事件	392
輸血	159,**392**
ユニセフ(UNICEF)	**134**,398
ユニバーサルデザイン	334
輸入感染症	375,**392**
ユネスコ(UNESCO)	392
指しゃぶり	392
ユング	160,215,306,356,370,**392**
養育態度	393
要介護認定	393
容器包装リサイクル法	**393**,404
養護概説	360
養護学校	117,298,**393**
養護教諭	116,367,**393**
養護訓練	394
養護・訓練	381,**394**
養護助教諭	394
幼児期	**394**,401
幼児教育	394
溶存酸素	394
幼稚園	394
幼稚園幼児指導要録	395
腰椎分離症	395
腰痛症	395
腰部筋・筋膜炎	395
腰部捻挫	395
幼保一元化	395
余暇	396
ヨーガ	396
抑圧	155,362,**396**
抑うつ状態	396
抑うつ神経症	208,**396**
横浜ぜん息	396
四日市ぜん息	7,**397**,398
欲求	70,155,160,260,**397**
欲求不満	70,123,260,287,**397**
予防医学	168,227,**397**
予防接種	181,**398**,416
予防接種法	398
予防てん塞	398
予防投与	398
四大公害裁判(訴訟)	310,**398**
4類感染症	399

■ラ行

らい	336
らい菌	336

RICE処置	400	リンパ節	408
ライフコース	400	淋病	241,408
ライフサイエンス	400	累積感染者数	408
ライフサイクル	400	累積死亡者数	408
ライフスキル	400	るいそう	408
ライフスキル教育	401	冷湿布	408
ライフスタイル	401	レイノー病	408
ライフステージ	400,401	暦年齢	230
裸眼視力	401	レーザー医学	408
ラジオアイソトープ	363	レジオネラ菌	143,408
ラッサ熱	16,132	レジオネラ症	143,409
ラマーズ法	401	レストレス・レッグ症候群	409
ラロンド	114	レスポンデント条件づけ	190
卵子	118,233,327,**402**,405	レックリングハウゼン病	**409**
乱視	402	劣性遺伝	17,409
卵巣	232,236,258,402	劣等感	141,409
ランナー膝	402	レディネス	409
卵胞	402	レトロウイルス	410
卵胞刺激ホルモン	44,118,203,233,236,327,402	レプチン	410
卵胞ホルモン	156,203,233,402	レーベンフーク	119,410
乱用	389	レム睡眠	59,92,222
リウマチ性心疾患	403	連鎖球菌	26
リウマチ熱	253,403	レントゲン	410
理学療法	352,403	老化	73,410
理学療法士	403	聾学校	278,298
リカルデント・ガム	403	労災保険	175,410
リガンド	186	労災補償	197,411
罹患率	392,403	老人医療	22,411
リケッチア	283,291,403	老人病	411
離婚率	404	老人福祉法	411
リサイクル	357,404	老人保健法	22,284,285,411
離人症	404	老衰	411
理想体重	337	労働安全衛生法	11,**412**,413
リターナブル容器	404	労働衛生	412
離断性骨軟骨炎	386,404	労働衛生行政	367
リデュース	404	労働衛生保護具	135,365,412
リテラシー	118	労働基準法	126,412
リトミック	404	労働災害	348,411,**413**
離乳	404	労働時間	413
リハビリテーション	217,227,282,284,405	漏斗胸	96,244,414
リプロダクション	405	老年学	414
リプロダクティブ・ヘルス/ライツ	405	老年人口	210,414
リボ核酸(RNA)	405	老年人口割合	131
リボソーム	405	老年精神病	414
流産	405	ロサンゼルス型スモッグ	122,227
流行性角結膜炎	111,355,405	ロジャーズ	55,159,160,414
流行性髄膜炎	405	6価クロム	414
リユース	404,406	6価クロム公害	414
両親学級	369,406	ロールプレイング	414
緑色植物	406	ローレル指数	54,258,341,414
緑内障	406	ロンドン型スモッグ	227
リラクセーション	381,406		
臨界事故	407	■ワ行	
淋菌感染症	407	Y染色体	231,236
臨時健康診断	407	ワーカホリック	416
臨床医学的検査	407	脇腹痛	416
臨床心理士	224,236,407	ワクチン	25,292,338,406,416
リン中毒	407	ワッセルマン反応	326,416
リンパ	407	ワールドテスト	417
リンパ管炎	407	腕神経叢麻痺	417

欧文索引

AA (alcoholics anonymous)	36	LD	281
AD/HD (attention deticit/hyperactivity disorder)	266,**275**	LD_{50}	**135**
		LH	44,233,236,327,402
ADL (activities of daily living)	**41**,114,312	LH RH	402
AIDS (acquired immunodeficiency syndrome)	31	LSD	42,374
alternative (and complementary) medicine	261	MDMA	374
AS (Asperger's syndrome)	5	MRI (Magnetic Reasonance Imaging)	**156**,320
ATL	410	MRSA (methicillin-resistant staphylococcus aureus)	42,335,345,379,399
ATP	5		
BADL (basic ADL)	41	NGO (Non Governmental Organization)	41,**341**,347
BCG	283,**340**,398,416	NPO (Non Profit Organization)	**41**,341
BHC	337	O157	43,199,200,261
BLS (basic life support)	16	OC (oral contraceptives)	**347**
BMI (body mass index)	54,258,337,341,344	OCD	55
BMR (basal metabolic rate)	89	OD	99
BOD (biochemical oxygen demand)	152,230,**241**,338	ODA (Official Development Assistance)	**241**
BPD (borderline personality disorder)	96	OECD	45
BSE (bovine spongiform encephalopathy)	96	OT (occupational therapy, occupational therapist)	46,**146**
CD (conduct disorder)	**120**		
CD4	31,**168**	PCB	71,200,**340**
CDC (Centers for Disease Control and Prevention)	7,147,184	PMI	114,**338**
		PMS	109
CJD (Crevtzfeldt-Jakob disease)	103	ppb (pert per billion)	**344**
CO (quesionable caries under observation)	**152**	ppm (pert per million)	**344**
COD (chemical oxygen demand)	55,**152**,230,241	PRTR (pollutant release and transfer register)	**337**
complementary medicine	261	PT (physical therapy, physiotherapy)	**403**
CPITN	269	PTSD (post-traumatic stress disorder)	342
CT (computed tomography)	130,**168**	QOL (quality of life)	35,**101**,369
DALY	115	rehabilitation	**405**
DDT	**286**	RI (radioisotope, radioactive isotope)	**363**
DMFT	**284**	RICE	**400**
DNA (deoxyribonucleic acid)	17,18,19,25,206,228,**287**,292,301,410	RNA (ribonucleic acid)	19,25,380,**405**,410
		SARS (severe acute respiratory syndrome)	**146**
DSM-IV	15,120,158,206,208,265,297,339	SAS	**223**
DV (Domestic Violence)	71	SBS	**166**
EB (Epsten-Barr)	87	SHES (school health education study)	**152**
EQ (educational quotient)	401	SHPPS (school health policies and programs study)	**184**
FSH	44,203,236,327,**402**		
GID	**240**	SHS	**166**
GO (gingivities under observation)	**152**	SMON	91,**228**
HACCP (hazard analysis critical control point)	199,**328**	SOHO (satellite/small office home office)	**256**
		SRSV	40
HB	34	ST (speech therapy, speech therapist)	**40**
HIV (human immunodeficiency virus)	31,**33**,34,120,168,387,410	STD (sexually transmitted diseases)	203,**230**,241
		TSH (thyroid-stimulating hormone)	**126**
HQC (health quality control)	**34**	UNEP	134,135
HTP	**34**	UNESCO (United Nations Educational, Scientific, and Cultural Organaization)	**392**
IADL (instrumental ADL)	41		
ICD-10	120,132,151,208,341,348	UNICEF	**134**,398
ICSH	402	VDT (visual display terminals)	25
ICU (intensive care unit)	2	VRE	**335**
IFN (interferon)	24	VRSA (vancomycin-resistant staphylococcus aureus)	42,380
Ig (immunoglobulin)	38,127		
IgA	2,127	VTEC	43
IgE	6,10,38,127,337	WBGT (wet-bulb globe temperature)	318
ILO (International Labour Organization)	2,**179**	WHO (World Health Organization)	46,89,101,113,115,116,118,124,125,147,209,243,244,292,353,358,389,398,400,401,405
IQ (intelligence quotient)	273,**274**		
IUCN	**132**		
KJ	106	work-related disease	197

がっこう ほ けん　けんこうきょういくようご じ てん
学校保健・健康 教 育用語辞典
ⓒS Osawa, Y Tajima, K Isobe, K Tagami, M Watanabe 2004
　　　　　　　　　NDC 375 450p 21cm

初版発行────2004年3月20日

　　　　　　　　おおさわせい じ
編者代表────大澤清二
発行者────鈴木一行
発行所────株式会社大修館書店

　　　　〒101-8466 東京都千代田区神田錦町3-24
　　　　電話03-3295-6231（販売部）03-3294-2358（編集部）
　　　　振替00190-7-40504
　　　　［出版情報］http://www.taishukan.co.jp

装丁者────サンビジネス　海野雅子
印刷所────広研印刷
製本所────関山製本

ISBN4-469-26540-3 Printed in Japan

Ⓡ本書の全部または一部を無断で複写複製（コピー）することは、
著作権上での例外を除き禁じられています。